敬赠大洪君，欣享理解历史的同好

世界金融史

体系的碰撞与变化

贺力平 著

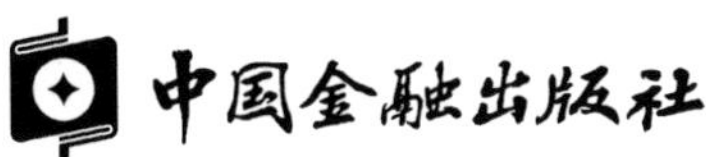

责任编辑：肖丽敏
责任校对：孙　蕊
责任印制：丁淮宾

图书在版编目（CIP）数据

世界金融史：体系的碰撞与变化/贺力平著. —北京：中国金融出版社，2023.10
ISBN 978-7-5220-1984-0

Ⅰ.①世…　Ⅱ.①贺…　Ⅲ.①金融—经济史—研究—世界—20世纪
Ⅳ.①F831.9

中国国家版本馆CIP数据核字（2023）第065458号

世界金融史：体系的碰撞与变化
SHIJIE JINRONGSHI：TIXI DE PENGZHUANG YU BIANHUA

出版
发行　中国金融出版社

社址　北京市丰台区益泽路2号
市场开发部　(010)66024766，63805472，63439533（传真）
网上书店　www.cfph.cn
　　　　　(010)66024766，63372837（传真）
读者服务部　(010)66070833，62568380
邮编　100071
经销　新华书店
印刷　河北松源印刷有限公司
尺寸　185毫米×260毫米
印张　31.25
字数　612千
版次　2023年10月第1版
印次　2023年10月第1次印刷
定价　108.00元
ISBN 978-7-5220-1984-0

世界金融史
体系的碰撞与变化

[作者引言]

《世界金融史：体系的碰撞与变化》讲述20世纪世界金融发展历程，概括金融机构和金融市场在20世纪的变化趋势，梳理各国金融体制在20世纪前半期和后半期从离散走向趋同的缘由。上篇“地区和国别”概述市场经济国家、计划经济国家（转轨经济国家）和发展中国家（地区）的金融变化；下篇“专题”聚焦市场经济国家中各类银行在20世纪前半期和后半期的巨大变化、机构投资者在20世纪后半期的崛起，以及国际金融关系在20世纪前后两个时期的嬗变。本书旨在展现20世纪世界金融发展变化的全景图，既陈述金融机构和市场演进中的创新与成就，又论及各种金融体制的矛盾和冲突。

《世界金融史：体系的碰撞与变化》与《世界金融史：从起源到现代体系的形成》是姊妹卷。此卷所聚焦的20世纪特指1914年第一次世界大战爆发至1990年，这70余年世界变化翻天覆地，各国金融体制在多种变革力量的冲击下经历了惊涛骇浪，现代金融与各国经济增长交织缠绕，从趋同到离散，再从离散到趋同。与《世界金融史：从起源到现代体系的形成》相续，《世界金融史：体系的碰撞与变化》展现了金融与经济、金融与政治法律、金融与宗教文化以及金融与国际关系的错综复杂关系。在市场经济环境中，竞争是推动金融机构创新和金融市场进化的基本动力，金融监管和监管改革则是确保金融市场平稳运行的重要保障。

对许多读者而言，20世纪重要国家的金融事件已耳熟能详，因而本书无意重复20世纪世界金融史上为人所熟知的事件和人物，而是意在勾勒20世纪世界金融发展变化的脉络，坚持问题导向，诠释20世纪世界金融发展历程中的重要问题。这里略示其中10个问题，有关议论探讨散见全书。

1. 形成于19世纪末20世纪初的世界金融体系有哪些重要特征?

2. 商业银行在20世纪发生了哪些重要变化?

3. 为何投资银行在20世纪下半期不再具有在20世纪上半期那样的重要性?

4. 为何新型机构投资者在20世纪后半期会快速增长?

5. 在计划经济体制中金融占据何种地位?

6. 在经济体制转变过程中为何金融至关重要?

7. 20世纪70年代兴起的伊斯兰金融是中世纪传统的复活吗?

8. 布雷顿森林体系因何而生? 又因何而亡?

9. 为何各国金融体制在20世纪最后几十年复现趋同?

10. 各大多边开发银行有何异同?

倘若读者对上述问题未开卷而已有已见，那本书或会提供不囿成见的知识和见解碰撞，旨在禆益学术的进步。

本书引用的统计数据，来源已在相关处做了说明，但有一些人均收入水平或各国GDP增长率数据未逐一注明来源。综合说明，本书常用统计数据来源为：（1）B. R. 米切尔编的《帕尔格雷夫世界历史统计》三卷本，经济科学出版社，2002年（提供各国当前价格并以本币计算的GDP历史数据，数据截至1994年）；（2）安格斯·麦迪森的《世界经济千年统计》，伍晓鹰、施发启译，北京大学出版社，2009年（提供以固定价格美元衡量的世界各国人均GDP历史数据，数据截至2003年）；（3）国际货币基金组织“世界经济展望数据库”（IMF WEO Database），提供1980年以来各国宏观经济数据；（4）世界银行“世界发展指标数据库”（World Bank World Development Indicators Database)，提供1962年以来各国经济发展数据。(3) 和 (4) 均为在线数据库。

关于几个概念的说明

合股公司或合股银行 (Joint - stock Companies/Banks) 指上市公司或上市银行，合股公司又称“公共公司/公众公司”(Public Companies) 或“公开上市公司”(Publicly Traded Companies)。但是，合股银行不同于公共银行或公立银行 (Public Banks)，后者在欧洲专指中世纪以来一直存在的政府组建银行。中文常以“股份制银行”指合股银行，但依据历史观点，并非所有股份制银行都是上市银行，更准确地说，许多股份制银行成立后长期并未上市(各国或一国在不同时期对未公开上市企业的持股人数通常有上限限制)。

本书常以“私人部门金融机构”泛指政府系统以外的金融机构，即在中央银行或国家银行之外的所有金融机构，包括混合所有制金融机构。该概念不同于“私人金融机构”，此特指私人所有的，且未上市的金融机构，包括私人银行。须注意“私人部门金融机构”包括公开上市银行和公开上市非银行金融机构，且在有的国家以二者为主体。

“私有化”一词可以有两种不同的含义：一是指向公众出售国有股份；二是指上市公司大股东从股票市场回购流通股份并按法定程序退市 (交易所摘牌)。

世界金融史

体系的碰撞与变化

[致 谢]

在本书前卷《世界金融史：从起源到现代体系的确立》完成前后，作者得到许多机会与学术同行以多种形式就有关问题深入交流，借鉴和吸取同仁的新成果和新见解。2022 年 5 月 5 日，在中国人民银行研究局局长和中国金融学会金融史专业委员会主任委员王信主持召开的“简论现代金融体系的形成”专题研讨会上，中国人民大学财政金融学院何平教授与中国社会科学院金融研究所张晓晶所长等多位专家学者提出诸多宝贵批评意见。2022 年 5 月 31 日，在北京大学经济学院经济史学系主任周建波教授主持的北大经济史学名家系列讲座第 166 讲“现代金融革命始于何时何地”研讨会上，中国人民大学财政金融学院何平教授、江西财经大学经济学院邱永志副教授（现任云南大学历史系教授）、北京大学经济学院张亚光和赵留彦长聘副教授等专家学者从不同角度给予中肯评论。2022 年 6 月 30 日，在武汉大学经济管理学院刁莉教授主持的《世界金融史》专题读书会上，多位与会嘉宾发表坦诚见解，就有关问题展开热烈讨论，包括薛畅、邱永志、张亚光、何平教授，以及国家开发银行研究部田慧敏研究员、武汉大学经济管理学院金融系王胜教授和经济系李旭超副教授等。这些交流让作者受益颇多，并深切感到需要继续努力探析古往今来世界金融发展的脉络。

本书现卷《世界金融史：体系的膨胀与变化》聚焦20世纪。此时期的前后两段，无论是作为个体的各国金融还是作为整体的国际金融，世界金融的面貌都发生了可谓翻天覆地的变化。在这方面，作者有幸就两个专题与学术同行坦诚交流。2022年8月25日北京大学第二届中外文化交融与中国金融业创新博士生学术会议上，在西南大学历史文化学院刘志英教授主持的研讨环节，我提交了关于20世纪前半期中国银行业格局变化的初步分析，此分析后来成为本书第三章第二节中国部分的基础。在2023年3月1日中国银行研究院陈卫东院长主持的专题研讨会上，我就“布雷顿森林体系瓦解新探”发表个人见解，并与多位与会者交换意见，为此特别感谢钟红副院长和赵雪主任的帮助。

20世纪与19世纪并非截然分割的时代。历史的连续和变化在某些事物上表现得尤为显著，美国的投资银行即为一例。我很高兴就此话题（“再认识华尔街的历史作用”）在2021年10月19日中国社会科学院美国研究所的研讨会上与多位嘉宾交流，他们是中国政策科学研究会经济政策委员会徐洪才副主任、中国工商银行现代金融研究院宋玮分析师、中国社会科学院美国研究所副所长宋泓研究员、中国社会科学院美国研究所经济研究室室主任罗振兴副研究员，美国研究所马伟博士主持此研讨。

对外经济贸易大学金融学院多位领导和同仁一直鼓励和支持本书写作，为此特别感谢范言慧教授和席丹教授。

如同以往，作者在本书写作进程时常出现对知识和信息支持的急切需要，许多生活或工作在国外的友人不辞劳苦大力相助，使作者得以快速解疑释惑。他们中既有作者的国际学术同行，也有作者以前指导过的学生，包括外籍学生。他们分别在澳大利亚、加拿大、德国、日本、巴基斯坦、新加坡、英国和美国等国家。我请教的问题包括澳大利亚1980年代的金融改革、加拿大大银行的综合经营特色及其由来、德意志联邦共和国中小银行的经营特色及其由来、意大利1930年代新建国有金融机构和控股机构、日本都市银行的企业股份持有近况、穆斯林国家中常规金融活动的近况、淡马锡公司经营业绩的波动、伦敦市区银行机构提供的伊斯兰金融服务、美国诸多商业银行信托部的股权投资行为等等。

特别感谢东北财经大学郭连成教授和武汉大学经济管理学院刁莉教授指出本书初稿中有关地方出现的多个错误。遇到若干历史和金融/财务概念问题时，我所求教的同仁们都给予了慷慨的知识和信息支持，包括中国社会科学院日本研究所张季风研究员、清华大学经济管理学院谢德仁教授、复旦大学历史系吴景平教授、河北大学戴建兵教授、中国工商银行现代金融研究院蒋立场研究员、意大利 University of Macerata 经济与法律系 Massimo Biasin 教授。几位年轻专业人士还提供了国别资料和部分章节审读的帮助。作者竭力避免发生常识性错误，但对所有剩余错误与遗漏负责。

老友小青先生再次友情通阅全书文稿，帮助正词润句，让我感激不尽。我们共同的好友、中国社科院研究生院84级同学刘大洪，致事后潜心历史研究和写作，实为吾侪之楷模。本书敬赠大洪君。

几位学生再次为本书写作提供文献资料查找和整理帮助，为此特别感谢张子蕴、武玉坤、高明璐和高源。

中国金融出版社的张艳花主任和肖丽敏主任再度大力支持本书出版，高质量、高效率把关编排事务，谨致诚挚感谢！

贺力平

2023年7月

世界金融史

体系的碰撞与变化

[要　目]

世界金融史

体系的碰撞与变化

[目 录]

下篇　专　题

图表目录

世界金融史
体系的碰撞与变化

［导 论］

20 世纪金融发展和变化的基本线索

《世界金融史：体系的碰撞与变化》是《世界金融史：从起源到现代体系的形成》的续作，分别为前卷与后卷。前卷讲述自古以来的金融发展与现代金融体系在主要先行国的形成，时间至 1914 年第一次世界大战爆发；后卷以 20 世纪为主，重点讲述世界各地区代表性国家的金融、银行和证券市场发展历程和重要变化以及国际金融关系的演变。

为更好地理解 20 世纪世界金融发展的历史脉络，这里对 20 世纪的时期划分、各国金融体制的曲折历程、20 世纪金融发展的基本脉络以及国际金融关系的演变轨迹略加论述。

一、20 世纪的时期划分

本书的“20 世纪”有特定含义，不是指日历始自 1900 年后的一百年，而是指 1914 年“一战”爆发至 1990 年前后（1989 年柏林墙倒塌至 1991 年苏联解体）的 70 余年，因而是一个“短促的”世纪。此说法来自不列颠史学家艾瑞克·霍布斯鲍姆（1917—2012 年），他认为 19 世纪是“漫长的世纪”，始于 1789 年法兰西大革命，恰为不列颠工业革命发轫，是政治经济双重革命（Dual Revolution）的起点，终点是 1914 年“一战”爆发，故 19 世纪为“漫长的”世纪。而 20 世纪是“短促的世纪”，是“极端的年代”，是矛盾、革命和体系碰撞的年代，起自 1914 年，止于 1991 年苏联解体和“冷战”结束。①

① 艾瑞克·霍布斯鲍姆.《极端的年代：1914—1991》，郑明萱译，北京：中信出版社，2014 年，第 4 页和第 8 页脚注①。

也有学者认为20世纪是漫长而非短促的世纪，因为此世纪为“美利坚世纪”，始于19世纪最后几十年美国对英国的经济超越以及20世纪后半期对苏联的超越。提出此观点的是意大利学者杰奥瓦尼·阿瑞基（Giovanni Arrighi，1937—2009年），他以“超长周期”的视角解读中世纪晚期以来的世界历史。①霍布斯鲍姆和阿瑞基都赞成“大历史论”，认为世界历史由某些巨大力量推动，这些力量集合政治、经济和文化诸多因素，同时影响各国社会经济和国际关系。本书认为，“大历史论”的意义在于，现代金融发展所处的大环境受历史力量的决定，它们的运转有其逻辑和特点；虽然金融活动也能影响其所在的国际国内环境，但大环境对金融活动的影响远大于金融能赋予大环境的影响。

据此，我们可将金融在20世纪的发展变化划分为两个时期，即20世纪前半期和20世纪后半期。20世纪前半期为两次世界大战及两战期间，此为各国政治经济和金融体制分裂时期；20世纪后半期始于“二战”结束并止于“冷战”终结，是市场经济体制和计划经济体制并行且变化的时期，也可说是“冷战”结束后经济金融新全球化的“史前”时期。20世纪前半期和20世纪后半期还可再加细分。在20世纪前半期，“一战”结束后的《凡尔赛和约》至1929年纽约股市崩盘为世界金融体系瓦解后的“修复”时期，此后爆发的世界金融危机和大萧条宣告了回归“全球体系”梦想的破灭，各国金融体系（金融体制）转向离散。在20世纪后半期，1970年以前为两大阵营的平行时期，之后为“平行线”的逐渐并拢甚至相交，此时期也为市场经济国家金融体制转向趋同。1990年前后，随着“冷战”结束和各国加快对外经济金融开放，各国金融体制出现更多趋同变化。从此角度看，本书聚焦的短促20世纪是“冷战”后金融全球化或再全球化的“史前史”。

本书第一章概述金融在19世纪末20世纪世界范围的发展，揭示“世界金融体系”即国际金融关系在这个时期的基本特征和内在矛盾。此章为20世纪世界金融变化的序曲。

二、各国金融体制在20世纪的曲折历程

如前所述，20世纪充满了矛盾、革命和体系碰撞，而有的历史学者认为，20世纪前半期特别展示了“自由主义列车的脱轨”。②剧烈变动的大环境使各国政府都竭力寻求“最适合本国需要”的经济与金融体制，采取多种政策促成经济与金融体制的大变革，由此带来20世纪初世界金融体系的分崩离析和20世纪30年代大萧条后各国金融体制的

① 杰奥瓦尼·阿瑞基.《漫长的20世纪》，姚乃强等译，南京：江苏人民出版社，2001年。

② 亚当·图兹.《滔天洪水：第一次世界大战与全球秩序的重建》，陈涛、史天宇译，北京：中国华侨出版社，2021年，第16页。

多样化。表 0－1 概述了若干世界重要经济体在 20 世纪上半期的银行与金融体制。

表 0－1　　　　世界重要经济体在 20 世纪上半期的银行与金融体制

类型	国家	时间	重要立法及政策
工业化市场经济体	美国	1933—1940 年	通过《格拉斯—斯蒂格尔法案》，确立存款业务与证券业务的分离；建立存款保险机制；设立权力巨大的联邦机构证券交易委员会；内幕交易非法化
	英国	20 世纪上半期	银行业形成“五巨头”；分业经营如旧；立法和监管政策无重大调整；1931 年《麦克米伦报告》承认对中小企业的金融服务存在“缺口”
	法国	1941 年	维希政府通过“银行法”确立分业经营体系；政府强化对储蓄体系的控制
成长中的市场经济体	中国	1928—1936 年	1924 年“银行通行法”和 1931 年“银行法”规范了银行准入条件；1928 年组建中央银行；1933—1936 年几大银行被国有化，形成“四行二局”
	巴西	1930—1945 年	长期实行国家银行制度（国家银行兼营中央银行和商业银行业务）；限制银行准入；部分银行国有化；鼓励储蓄机构发展
法西斯主义国家	德国	1933—1945 年	大型全能银行国有化；1934 年“信贷控制法”确立政府对银行和金融市场的调节作用；实施金融业准入限制
	意大利	1923—1944 年	打压大银行，扶持地方金融机构；组建国有控股公司掌管金融机构重组；1936 年“银行法”明确划分长期融资和短期融资
	西班牙	1936 年后	效法意大利组建“全国工业院”（INI），主管产业重组；1946 年“银行法”强化政府对中央银行和各类金融机构的控制，因遭反对而未推行国有化
	日本	两战期间	1918 年和 1927 年银行危机促使中小银行依附五大都市银行；形成财阀；1927 年“银行法”不禁止银行持股企业，要求所有银行接受大藏省监管
中央计划经济体制	苏联	20 世纪 20 年代及以后	继承并扩充沙俄时代的全国性储蓄系统；建立大一统的国家银行体制，辅之以专业银行和非银行金融机构；实行外汇管制；信贷成为五年计划的组成部分

注：依据第二、三、四、五、六章材料归纳。

这些经济体被分为四组，第一组是“工业化市场经济体”，以美国、英国和法国为代表（“二战”时期的维希法国属特殊政治体制，但其通过的“银行法”为战后法国继承），3 国的共同特点是在 1933 年或 1941 年完成向金融分业经营的过渡（英国因其“自然的”历史缘故早已金融分业），除英国外美国和法国都加强了政府对金融机构的监管（美国引入银行存款保险机制和组建证券交易委员会）。

第二组是“成长中的市场经济体”，以中国和巴西为代表。中国在经历短暂的“自由化”后开始对大银行实行国有化，政府主导全国性金融体系的建设；巴西则继续实行限制准入的金融政策并以综合性国家银行为主导金融机构。

第三组是“法西斯主义国家”，包括德国、意大利、日本和西班牙。政府通过中央银行控制金融机构的流动性（德国、日本），或者通过新组建的控股公司控股并整顿金融机构（意大利、西班牙）。在德国和日本，金融机构成为政府内外政策的重要工具。但是，法西斯主义国家的金融体制互不相同，包括金融机构的国有化程度、综合经营范围以及家族在金融集团中的控制力。此时期日本出现财阀，而在其他法西斯国家未有类似现象。

第四组为“中央计划经济体制”，此时期仅有苏联。该体制的特点是金融已被纳入全国性计划体系，银行与非银行金融机构不再具有任何经营自主性。与 20 世纪后半期其他计划经济体制不同，苏联长期保留了债务工具的运用。

综上所述，四组国家的金融体制互有区别，同一组国家之间金融体制也多有不同。显而易见，各国金融体制在 20 世纪上半期已显著地分道扬镳，20 世纪初出现的趋同趋势不复存在。

在 20 世纪后半期，即 20 世纪 40 年代末“冷战”开始至 1991 年“冷战”结束，世界各国大体分为三类：市场经济体、计划经济体和介于两者之间的发展中经济体。如果说市场经济体和计划经济体两者的各国经济金融体制多少有些共性，那么发展中经济体的各国在经济金融体制上则是五花八门，经济金融发展程度也高低互异。

考察此时期各国金融体制演变的一个途径是关注市场经济体各国的动向。表 0 – 2 概述了世界主要市场经济体（8 个工业化国家）20 世纪下半期在金融领域的主要立法和政策调整，从中可见若干共同趋势。第一，放松原有的管制，尤其在存款利率和外汇交易领域，金融机构随之扩大自主定价权。第二，以往未向外资金融机构开放的国家（加拿大和澳大利亚等）转向开放。第三，国有金融机构占重要地位的国家（法国、意大利和澳大利亚等），陆续推出私有化措施，减少政府对金融机构的持股。第四，取消限制甚至鼓励金融机构跨业并购重组，主要是允许银行收购非银行金融机构，包括证券承销商和保险公司等，金融机构综合经营成为潮流。第五，以多种措施鼓励证券市场发展，包括增加证券承销商和经纪人的竞争性、开放投资基金市场、降低证券交易税费等，英国 1986 年“大爆炸”、日本 1993 年分步骤“大爆炸”和加拿大 1987 年“小爆炸”均属于此类。

表 0-2　世界主要市场经济体在 20 世纪下半期金融体制调整概况

国家	时间	主要立法改革
美国	1981—1999 年	全面放松管制；有关存款利率、银行设立分行和银行控制公司跨州经营的限制大部分取消；1999 年“金融服务现代化法”废除 1933 年《格拉斯—斯蒂格尔法案》，金融机构综合经营合法化
英国	1971—1986 年	1971 年银行业“去卡特尔化”；1980 年银行信贷范围的限制被取消（银行进入住房贷款市场）；1986 年“金融大爆炸”，证券承销引入竞争；住房和储蓄机构开始商业化转型
日本	1980—2000 年	1980 年松动外汇管制；1981 年修改“银行法”，不禁止银行持股企业，但对持股数额设定限制；1985 年松动存款利率管制；1993 年“金融制度改革相关法”引入英式证券市场改革（“大爆炸”），但允许一个过渡时期
德国	1985—1995 年	1985 年修订“银行法”，不禁止银行持股企业，继续实行持股数额不超过银行资本金的规定；社保体系开始调整；1995 年前后推行金融自由化，证券交易所对外商开放，下调证券交易税费
法国	1967—1993 年	1967 年局部放松对银行经营（存款期限和网点数目）的限制；1981 年金融机构再国有化；1987 年开始出售金融机构的国有股（第一次私有化）；1993 年第二次私有化
意大利	1981—1992 年	1981 年意大利银行（中央银行）独立性增强；1982 年改组工业复兴院（IRI）；另一重要国有资产管理机构意大利信用院（IMI）于 1992 年出售给私人部门
加拿大	1980—1987 年	1980 年修订“银行法”，允许外资进入本国银行业；1987 年推出金融改革“小爆炸”，允许银行并购非银行金融机构，加拿大式综合经营或全能银行启步；1992 年完成金融监管机构的合并
澳大利亚	1979—1996 年	1979 年发布主张金融自由化的《坎贝尔报告》；陆续放松存款利率限制并开放外汇市场；1985 年后允许外资金融机构进入，鼓励本国金融机构并购重组；1991—1996 年分三次出售联邦银行国有股

注：依据第二、五、六章材料概括。

事实上，上述五大共同趋势不限于表 0-2 所列的 8 个工业化国家，其他工业化国家以及一些发展中国家（尤其新兴市场经济体）不同程度也发生了类似变化。可以说，1991 年“冷战”结束前，工业化国家和部分发展中国家已经出现放松管制、对外开放金融市场、金融机构非国有化、金融机构综合经营和加快发展证券市场的动向。1991 年“冷战”结束后，这些动向向世界范围扩散，形成全球浪潮，构成新一波金融全球化。1991 年后的金融全球化孕育于 20 世纪 70 年代和 80 年代。

综上所述，世界各国金融体制在 20 世纪经历了“之”字形的曲折变化。1914 年“一战”爆发前，各国经济金融发展趋同，尽管此时期各国经济金融体制的差异已经显现。“一战”爆发后，各国经济金融体制进入离散化时代。20 世纪 30 年代初，世界金融危机和经济大萧条后，各国政策反应迥然不同，金融体制的差别自此显著增大。1950 年前后“冷战”开始，国际经济呈现市场经济与计划经济阵营的对立，两者之间则为个体差别甚大的“第三世界”。此时期，不论是市场经济体还是计划经济体，政府都强力干预经济和金融。市场经济体制与计划经济体制看上去有天壤之别，但两者在大型企业和财政金融组织上却有着一些惊人的相似。加尔布雷思（1908—2006 年）是活跃于 20 世纪后半期的美国经济学家，1985 年他为自己 1967 年初版的《新工业国》写了再版序言，其中说道，“资本主义世界与社会主义世界里的大官僚组织难道不会趋同吗？1959 年春天的几个月里，我跑遍了苏联的各个地方，与苏联的工厂经理和经济学家们交谈，相信情况可能也会如此。我的结论是却是存在着这样一种趋同”。[①]这个看法表明，看待各国经济和金融体制之间的趋同或离散，一定程度上取决于观察者采取何种角度。本书已在多处指出，“二战”结束至 1990 年代初，世界众多国家——无论是工业化经济体还是发展中国家抑或实行计划经济体制的国家，政府都在不同程度上大力推行金融机构国有化和金融机构分业经营的政策；另外，各国政府的具体政策和做法千差万别，难有共性可言。总之，各国金融体制在“冷战”时代总体上是离散的。1990 年前后，当“冷战”趋于缓和并最终结束时，各国金融体制再现趋同。这就是各国金融体制在 20 世纪的基本变化情形。

三、20 世纪金融发展的基本线索和主要问题

本卷论述的“金融”特指“现代金融”，即工业革命以来由新诞生的金融中介机构和金融市场所组成的金融体系。现代金融在社会经济中的基本作用是促进货币化资源的市场流动、配置和循环。在现代金融体系中，金融中介机构包括银行、证券交易商、保险信托公司和各类投资基金等，它们活跃于信贷市场、证券市场、货币市场和外汇市场以及商品市场等，向企业、居民和政府提供间接融资服务，并助力直接融资。

资源的货币化古已有之，但远未普及。劳动、土地、生产工具和原材料的充分货币化在近代才开始并登峰造极。资源流动也古已有之，但以市场交换方式而发生的资源流动到近代以来才逐渐增多。市场的重要性与日俱增并超过各种形式的非市场化方式，包括税赋劳役和馈赠捐献等。财政和其他形式的转移支付继续在现代社会经济中发挥重要作用，但它们不再是社会资源流动的唯一或首要途径。

当资源的货币化达到一定程度，资金便成为货币化资源的同义词，而金融作为资金有偿转让和市场交易的制度安排，则开始发挥推动储蓄和投资增长、推动社会资源跨地区和跨行业流动与配置并在国民经济中循环往返的新作用。随着专业化金融机构和金融市场诞生，生产性企业获得空前机会将生产性资源投入财富创造过程，由此推动经济增长之轮滚滚向前。

---

① 约翰·肯尼斯·加尔布雷思.《新工业国》，嵇飞译，上海：上海人民出版社，2012 年，第 11 页。

从历史角度来看，金融发展意味着金融机构和金融市场的专业化、综合化和国际化。专业化是指随着市场的扩大而出现金融业务和市场的细分，新型金融机构、金融工具（产品）和交易制度层出不穷。亚当·斯密在《国富论》中指出，分工受市场范围的限制，意即市场范围越大，分工越精细，这适用于包括金融在内的所有产业，因为专业化实为分工的同义语。同时，专业化也意味着多样化，即金融机构和市场的多样化。20 世纪 70 年代后，美国金融市场上兴起并购型私募股权基金，早期从业者多来自华尔街投资银行，这是新型金融业务从传统金融机构分离出来的事例。

金融综合化是指金融机构（尤其是大型金融机构）从事多种金融业务并不断扩大经营规模。如同其他许多行业，金融业也存在规模经济和范围经济效应。规模经济效应，是指在一定条件下，经营规模扩大可降低经营成本（平均成本），使盈利增加；范围经济效应，是指不同业务之间存在正相关性，同时开展多种业务有利于降低成本和增加盈利。中世纪晚期，欧洲曾出现单纯的存款银行（它们多为公共银行），仅吸收存款和提供存款转账，不从事贷款。在 20 世纪，商业银行无不同时从事存贷汇等多种业务，因为存款与贷款之间存在正关联性，一些银行业务与非银行金融业务之间也存在正关联性（如存贷汇业务与理财投资业务之间）。出于逐利的本能，许多金融机构，尤其是大型金融机构，都积极开展综合经营和扩大经营规模。美国私募股权基金早期专注企业并购融资，但羽翼丰满后也进行多样化金融和投资业务，表现出强烈的综合经营意向。

金融国际化指金融机构开展境外经营，与其专业化和综合化发展一脉相承，由其竞争实力决定。金融机构寻求国际发展，不仅有助增加盈利，还可分散风险，更有利于维持和扩大其在市场中的领先地位。金融国际化是金融机构和市场竞争关系演进到高级阶段的必然结果。但是，国内外政治法律制度和交易规则差别显著，金融国际化或会因此受阻。金融国际化的发展需要得到诸多条件的支持。

20 世纪初和 20 世纪末的金融有三大不同。第一，20 世纪初各国的金融机构多为地域性、小型、专业化的；而 20 世纪末各国的金融机构多为跨地域、大型和综合经营的。第二，20 世纪初各国金融机构享有极大的经营自由权，政府很少制定专门的金融监管立法；而 20 世纪末各国都组建专门的金融监管机构，制定大量金融经营规则。第三，20 世纪初国际金融处于自发状态，缺少统一的国际规则，也无全球性政府间组织，而 20 世纪末国际金融不仅有了发挥重要作用的布雷顿森林体系，所适用的统一规则也不断增多。

20 世纪金融发展表明，随着金融机构的壮大，经营业务日益多样化、综合化和国际化，金融市场成为国民经济中资源流动和资源配置的主渠道。随之而来的市场体制的一系列问题逐渐显现，有的甚至变成妨碍经济和金融体系安全运行的危害和障碍。下述五大问题是金融领域中市场缺陷或市场失灵的典型表现，它们促使 20 世纪金融监管不断增加和改革调整。

（一）集中与垄断

在企业产权市场高度发达的经济体系中，大量掌握货币化资源的少数大型金融机构可成为社会经济中最大的持股者，如果法律不限制其持股行为，凭借运用甚至滥用金融杠杆，它们可控股金融业和其他产业。金融杠杆是指企业和金融机构以借入资金作为抵押再借入更多资金开展负债经营，“滥用杠杆”则指借入资金的规模超过稳健经营所允许的比率，或者违背借贷契约将短期并承诺固定回报的借贷资金转用于期限长和收益不确定的股权投资。金融杠杆及其滥用不仅导致企业股权关系的非规范变动，带来垄断的威胁，而且给金融体系的安全运行造成重大风险。

（二）利益冲突

从事多样化经营业务的大型金融机构极易发生利益冲突或角色冲突，因为不同的业务常有不同的利益诉求。例如，一家投资银行同时开展并购融资和资产管理业务，前一类业务工作人员知悉客户内幕信息，为后一类业务工作人员禁知，按原则后者只能获取市场公开信息。如果任由信息在投资银行各部门流动，不仅会诱发内幕交易，还会降低诚信标准，损害客户和公众利益。再如，企业作为大股东入主银行后，暗中将大量存款资金以“优惠条件”贷给本企业，造成与其他股东以及银行储户之间的利益冲突，此属不公正、不透明的关联交易。可见，利益冲突或不透明的关联交易会妨碍金融机构的公正和稳健经营。

（三）信息不对称

金融交易基于当事人对标的资产的价值判断，而价值判断基于对相关信息和知识的掌握。既然信息具有价值并且客观上不均匀分布于交易者，便产生了信息不对称。各行各业都存在信息不对称，但它在金融行业特别突出，因为在金融市场上（尤其在证券市场上）交易标的的相关信息时刻变动影响标的价格，关乎证券投资的盈亏。如果投资者认为无从获取相关信息，便不会参与投资，此为信息不对称的逆向选择问题（交易合同签订前的行为特征）。如果投资基金的管理人（基金经理）认为所管理资产投资失误的损失仅由投资者承担，那么，基金经理倾向于冒险投资（过度承担风险），此为信息不对称的道德风险（道义风险）问题（交易合同签订后的行为变化）。逆向选择和道德风险在现代金融业中随处可见，证券市场中的“羊群效应”也属此列。“羊群效应”，是指许多投资者在证券买卖中随着其他投资者的操作（如“追涨杀跌”），依据间接信号（其他投资者的买卖）而非直接信号（标的资产的相关信息）作出投资决策。银行业中的存款挤兑也为“羊群效应”。金融业中信息不对称问题普遍存在，根本原因是金融业的快速发展和大众化，以及部分从业者难以抵抗利用信息不对称快速致富的诱惑。信息不对称干扰了金融资产的正确定价，并加重了金融资产价格的波动，也危害了金融交易的公平。

（四）服务有缺位，包容性不足

金融在 20 世纪世界各国发展的共同趋势是日益大众化或平民化，此为 19 世纪工业革命和工业化以来金融发展的必然结果。但是，在市场经济环境中，各类金融机构以盈利为经营目的，只服务于有支付能力的客户，天然具有奖优惩殆的倾向，而社会成员总有收入差距，部分社会成员存在支付能力不足或信用不足问题，他们因而难以获得金融服务。企业部门也存在类似情况，大企业需要的金融服务通常会得到及时充分的满足，而中小企业和新成长企业对金融服务的需求与得到的服务（金融服务供给）之间常有缺口或差距。为缩小社会发展差距和缓和社会矛盾，很多国家的政府采取措施鼓励金融机构的包容性服务，包括豁免大众储蓄机构和信用合作社的税收，对商业银行和投资基金的特定业务给予补贴，或者设立专门的国有金融机构（“政策性金融机构”）在指定领域开展经营。但是，金融服务缺口很难被完全消除，因为金融机构无论是否为营利性或政策性机构，都会为客户设置门槛，或出于风险控制和满足监管要求而对客户需求进行甄别筛选，或出于效率原则而确定业务范围。这样，金融机构在合规、成本控制与服务范围之间必定存在矛盾，服务差距在所难免。

（五）系统风险

系统风险是金融机构风险管理的对立面和重点，特指无法通过分散投资而化解的全面市场风险，因为以银行和各类机构投资者（包括保险公司和投资基金）为代表的金融机构的基本经营优势之一，即为通过组合资产管理（投资分散化）降低风险。银行将贷款发放给不同行业和不同地区的企业，这些企业不会在同一时期遭受相同的负面冲击。同理，人寿保险公司和证券投资基金持有不同企业的证券，其收益率大多并不具有正相关性。银行和机构投资者通过组合资产管理向客户（储户和投资者）提供降低风险的服务，因而获得源源不断的资金供给并借此开展资产转换的多样化经营，进而推动货币化资源的市场化流动并支持社会经济的持续增长。但是，系统风险的发生意味着金融机构和金融市场丧失了降低风险的功能，社会经济因此出现广义的“脱媒”，即资金（货币化资源）不仅脱离银行体系，而且退出证券市场（狭义的脱媒指资金脱离银行体系）。因此，金融体系全面紊乱，社会经济遭遇信用紧缩，经济衰退随之而来。简言之，系统风险带来金融业的全面危机，造成金融体系丧失功能。系统风险非同于 19 世纪工业化国家银行体系不时遭遇的流动性风险或流动性危机，后者主要通过中央银行制度予以应对。1914 年第一次世界大战爆发时，英国政府债券（统一公债）价格暴跌，安全资产变得如同风险资产。如何应对金融体系中的系统风险成为 20 世纪许多国家激烈争论的问题，焦点是如何看待政府与市场的关系。金融在 20 世纪世界各国的发展变化，既是金融机构在不断变化的竞争性市场环境中通过创新和调整维持生存及获得增长的过程，又是各种立法理念和政策方针相互碰撞和不断试错的过程。

上述五大问题是现代金融体系与生俱来的市场缺陷，既是金融发展的必然结果，也是推动金融体系不断改革和调整的动因。银行和证券投资基金等金融中介的诞生和发展，一方面起到了帮助社会克服现有市场缺陷的作用，另一方面却难免继续遭遇新的市场缺陷问题。面对市场缺陷，人们总会提出种种不同的解决方案，市场主导和政府主导的意见此起彼伏，有时激烈交锋。正因如此，20 世纪的世界作为现代金融业波澜壮阔快速发展的大舞台，不断上演跌宕起伏、千转百回的多幕剧。

四、20 世纪国际金融关系演变的基本轨迹

国际金融关系有两层含义：一是由私人部门资本跨境流动所促成的各国金融关系；二是主权政府就货币金融事务订立双边或多边协议并开展合作，由此形成政府间国际金融关系并影响私人部门跨境资金流动。私人部门资本跨境流动古已有之，自大航海时代以来便持续不断地扩展到世界各地。主权政府之间的国际货币金融合作主要发生在 20 世纪，这个时期见证了政府间国际金融关系的大发展。在 19 世纪，部分欧洲国家的中央银行已开始双边合作，但多为临时和偶然作为。多边货币合作在 19 世纪仅有拉丁货币联盟等个别事例。

19 世纪最后几十年至 20 世纪初，随着金本位制在世界的扩散和普及，由欧美列强主导的世界金融体系初步形成。此时期，世界金融体系的基本特征是，全球银行网络普及、出现以伦敦和巴黎为中心的国际资本市场、跨境直接投资兴起、各国货币市场利率走势趋同、私人部门短期资金跨境流动加快。但是，该体系包含诸多内在矛盾和局限，诸如国际融资条件苛刻和成本高昂、国际银行网络主要服务于外向型经济、跨境资金流动助长金融风险国际扩散、跨境金融频受国际政治干扰等。这些内在矛盾和局限，叠加各国发展的不平衡以及列强争霸，注定此时期世界金融体系不可持续，“一战”爆发敲响了它的丧钟。

主导 1919 年巴黎和会的意识形态依然是 19 世纪盛行的“自由主义国际哲学”，《凡尔赛和约》并未真正重视国际经济和金融关系的制度建设和组织建设。国际联盟下属的经济金融处及后来的经济金融组织（EFO）仅为一个联络机构。虽然国际联盟在 20 世纪 20 年代初中东欧国家治理超级通胀过程中发挥了重要作用，但它远非一个成熟的全球性政府间国际金融组织。当欧美为应对德国支付战争赔款，于 1930 年成立国际清算银行，并使该机构在应对 1931 年奥地利金融危机中发挥重要作用，它仅有效运行一年。在世界金融危机的阴影中，1933 年在伦敦召开了规模空前的“世界经济与货币会议”，但无果而终，“标志着世界陷入了分裂和经济民族主义”。①

---

① 亚当·图兹.《崩盘：全球金融危机如何重塑世界》，伍秋玉译，上海：上海三联书店，2021 年，第 287 页。

“二战”结束时建立的布雷顿森林体系（国际货币基金组织与国际复兴开发银行）是 20 世纪国际金融关系进程的里程碑。布雷顿森林体系具有三大历史意义：（1）成立永久性国际组织专门管理国际货币事务；（2）在体系参与国出现需要时为其提供融资支持；（3）制定具有约束力的国际规则。虽然布雷顿森林体系关于各国货币汇率政策的基本规则在 20 世纪 70 年代被废除，但其核心机构和国际融资安排却得以保留，继续在国际货币金融合作中发挥重要作用。

布雷顿森林体系的初衷是阻止国际经济领域中的“分裂和经济民族主义”，重点是维护战后世界的国际货币秩序。布雷顿森林体系自始便存在三大设计缺陷：（1）主张各国金融市场开放，却未准备好应对跨境资金大规模流动带给国际货币体系的冲击；（2）强调维护国际货币体系稳定的重要性，却忽视各国发展差距扩大对国际货币体系稳定运行的不利影响；（3）将黄金定为国际储备的基础，却未曾预料在开放的国际货币金融体系中黄金储备的跨国流动及其调整对国际合作提出的超高要求。

20 世纪后半期，全球和区域层面分别诞生若干多边开发银行及其附属国际金融机构，它们是国际金融中的全新事物。多边开发银行的宗旨是向欠发达国家和地区提供优惠资助，助其改善社会经济条件。多边开发银行的创立体现了国际社会运用金融工具缩小各国发展差距的追求。

综上所述，推动各国在 20 世纪加大国际金融合作的基本动力来自对国际公共物品的需要，来自对缩小国际发展差距政治经济意义的认识，来自对多边国际规则认同程度的提升。货币金融领域中最重要的国际公共物品是国际货币金融稳定，即平稳的货币兑换和跨境资金流动，包括跨境支付中交易各方共同遵守的计价标准和交易规则。对这些国际公共物品需求的快速增长始现于 19 世纪最后几十年，但彼时盛行“自由主义的国际哲学”，国际社会尚未形成对国际金融稳定这类国际公共物品的认知。

在各国经济相互依赖不断加深的背景下，国际社会在 20 世纪产生对国际公共物品的巨大需求，但国际公共物品的供给却并非一帆风顺。世界由众多主权国家组成，各国自有本国利益，其对“公”与“私”及其关系的认识极少达成一致，各国参与国际合作的意愿也千差万别。20 世纪 30 年代围绕国际清算银行和伦敦世界经济会议的前前后后以及战后数十年布雷顿森林体系的兴衰充分展示了国际金融合作之不易以及合作程度的起伏变化及其影响。

[第一章]

世界金融体系的形成及内在矛盾

19世纪末和20世纪初，以全球银行网络化、全球证券市场形成和跨境直接投资兴起为特征的世界金融体系，是1871年后国际贸易和国际金融不断发展的体现，更是工业革命先行国在全球持续扩张并主导世界政治和国际关系的产物。然而，自世界金融体系的基本框架形成后，其诸多内在矛盾及局限性便不断显现。第一次世界大战的爆发，中断了全球金融市场的运行，世界金融体系由此破裂。

一、国际贸易发展与金本位制扩散

自1871年普法战争至1914年第一次世界大战爆发，欧洲享有44年的和平。工业革命早已在大不列颠基本完成，并扩散至欧洲各国。其间，欧洲列强既明争暗斗，又大肆对外扩张，主宰了此时期的世界政治和国际关系。大不列颠工业革命的成功，使英国一跃成为世界第一大贸易国和新型国际贸易关系的开拓者，但也激发了后进者的追赶。以德意志帝国和美利坚合众国为代表，它们既实行开放的贸易和金融政策，又采取高关税的保护主义政策，同时不约而同地转向金本位制，推动了货币制度转变的世界潮流。正是在国际贸易大发展和金本位制普及的大背景下，至20世纪初，世界金融体系得以形成。

国际贸易大发展

大航海时代后，葡萄牙人和荷兰人一度执国际贸易的牛耳，他们驰骋于五大洋，以大帆船将产自亚洲的香料珍宝运往欧洲。此种贸易，虽裨益了欧洲富裕阶层，但带给各国经济制度的实质性变化却乏善可陈。工业革命改变了一切。制造业的兴起推动了城市人口的膨胀，工业国对进口粮食和矿物原料的需求不断扩大。连同为工业品开拓海外市场的需求，两者共同催生出高效便捷的运输工具。由此，铁路和蒸汽动力船舶在19世纪上半期随之诞生，并很快普及，由此推动了国际贸易的飞跃。

19世纪上半期，欧洲多国建设铁路皆出于它们发展国内市场的需要。在铁路的发祥地大不列颠，兴建铁路的初衷是将煤从产地运往消费地。而当铁路技术扩散到南北美洲、亚洲、非洲和澳大利亚等地区时，当地的或外来的铁路兴建者大多是为了发展出口产业。在这些地方，最早的铁路线由内地的粮产地或大矿场通往某个港口城市。至19世纪后半期，铁路和海洋运输的发展促使世界诸多地区形成出口导向的新经济格局。

有研究者估计，在“一战”爆发前的80年中，以蒸汽机车为牵引的铁路使陆地运输成本降低了一半。①在远洋运输方面，欧洲至美洲的客运票价，以低级舱位计，从1825年的100美元降低至1880年的20～30美元；若乘坐统舱，利物浦至纽约仅为8美元。②

在苏伊士运河建成之前，经由此地的电报线路于1856年开通，伦敦与印度加尔各答的通信由耗时两个月缩短为几分钟。③ 1869年运河通航后，印度孟买到伦敦的航线缩短近一半，使远东（东亚）到西欧的航线缩短1/3左右。虽然巴拿马运河至迟在1914年才开通，但早在1855年当地就修通了今天运河线附近铁路，也为人员和货物跨越大西洋和太平洋提供了便利。④苏伊士运河和巴拿马运河以及邻近铁路的修建都有赖于外国资金和外国工程师。

世界各地的铁路长度，1840年为5 500千米，1870年为13.05万千米，1910年增加至64.04万千米。1870—1910年，欧洲各国铁路长度年均增长3%，欧洲以外地区年均增长则高达5.4%。⑤世界营业铁路长度在1913年超过了100万千米，其中欧洲为30%，北美洲为46%，亚洲为10%。⑥

全球的贸易总量在此时期呈现快速增长。世界商品进出口总量年均增长率在1870—1900年为3.24%，1900—1913年升至3.75%。此增速虽低于1840—1870年5.1%的水

---

① 威廉·伍德拉夫．“1700—1914年国际经济的出现”，载卡洛·M．奇波拉主编《欧洲经济史》第四卷下册，吴继淦、芮苑如译，北京：商务印书馆，1991年，第262－263页。

② 伍德拉夫，前引文，第269页脚注1。

③ 查尔斯·金德尔伯格．《西欧金融史》，第二版，徐子健等译，北京：中国金融出版社，2007年，第237页。

④ 在横贯北美大陆的第一条铁路大动脉于1869年建成通车之前，巴拿马铁路承担了北美大陆东西两岸人员和货物传送的重任（克里斯蒂安·沃尔玛尔．《铁路史》，陈帅译，北京：中信出版集团，2021年，第117页）。

⑤ 原始数据来自A.G.肯伍德和A.L.洛赫德．《国际经济的成长：1820—1990》，王春法译，北京：经济科学出版社，1997年，表1，第7页。

⑥《帕尔格雷夫世界历史统计》各卷中表F－1“营业铁路长度”；欧洲统计中的俄罗斯数字包括其在亚洲部分的铁路线。

平，但大大高于整个18世纪不超过1.5%，1800—1840年不超过3%的水平。①此后，全球贸易总量年均增速超过3%的情形在第二次世界大战结束后方才再现。

1870—1913年国际贸易发展的重要性不能仅凭其增速和规模来判断，因为它具备了崭新的意义。19世纪前半期，“国际分工”尚未成为一个成熟概念。而在19世纪最后30年至20世纪初，随着欧洲多国成长为制造业大国及其对粮食和原材料的国际需求快速增长，欧洲以外的广袤地区——包括北美洲、大洋洲、亚洲和非洲——不同程度上发展起面向欧洲市场的专业化粮食种植和原材料开采经济，欧洲工业国则向这些地区提供工业制成品。这是人类历史上从未有过的国际交换关系和跨国劳动分工，它构成了日渐成型的“世界经济体系”的核心。②

推动国际贸易、国际金融和世界经济发展的基本力量是新生的创业群体。早在1848年发表的《共产党宣言》中，马克思和恩格斯就指出了该群体的早期来源，“从中世纪的农奴中产生了初期城市的城关市民；从这个市民等级中发展出最初的资产阶级分子”。他们在随后的工业化进程中更加发奋作为，最终促成了人类历史上第一次经济全球化，“不断扩大产品销量的需要，驱使资产阶级奔走于全球各地。它必须到处落户，到处创业，到处建立联系”。③

奔走于全球各地的新创业群体对知识和信息有巨大需求，知识和信息也因此加快了跨境流动。④大众传播媒介正是工业革命和工业化的产物。19世纪中期后，随着电报电话等新技术的发明，大众传播媒介得到进一步发展，面向工商金融界的财经媒介更是出现了腾飞。

路透社（Reuters）是当今世界国际化程度最高的综合信息服务机构，创始人早年曾是柏林的一位书商，1848年革命失败后逃亡巴黎，为一家新闻社担任翻译。1850年，他前往德意志西部小镇亚琛（此镇距马克思故乡特里尔约120千米），创办了自己的通讯社，使用信鸽在亚琛和布鲁塞尔之间传送股价信息。次年，他走访伦敦，意识到此地才是新闻的大市场，遂决定租用伦敦皇家交易所的写字间，采用电报技术传送股价和公司相关信息。彼时，路透社并非该领域的唯一提供商，在众多竞争者中最终脱颖而出，主要归功于其信息传送速度和信息覆盖广度的优势。⑤

---

① W. W. Rostow, *The World Economy: History & Prospect*, Austin and London: University of Texas Press, 1978, Table Ⅱ-7, p. 67. 世界贸易年均增长率在1840—1860年为4.84%，1860—1870年为5.53%，这30年加权平均数为5.1%。

② 马克思提及“国际分工”，大概始于他1848年文章“关于自由贸易的演说”（《马克思恩格斯选集》第一卷，第208页）。文中，马克思强调了国际分工是国际贸易的结果，不是国际贸易的原因。

③ 马克思和恩格斯．“共产党宣言”．《马克思恩格斯选集》第一卷，北京：人民出版社，第252和第254页。

④ 研究者认为，以技术转移和扩散为实质内容的“知识贸易”在1870—1914年得到高速增长［参见纪尧姆·多丹等．“全球化（1870—1914年）”，载斯蒂芬·布劳德伯利和凯文·H．奥罗克．《剑桥现代欧洲经济史1700—1870（第二卷）》，张敏、孔尚会译，北京：中国人民大学出版社，2015年，第13-15页］。

⑤ Donald Read, *The Power of News: The History of Reuters*, Oxford University Press, 2nd ed., 1999, p. 14.

由伦敦出版的《经济学家》（*The Economist*）周刊是目前世界上发行历史最悠久的综合时事财经期刊，创始人詹姆士·威尔逊（1805—1860年），出生于苏格兰，早年经商，出于参与经济政策讨论的目的而于1843年创办《经济学家》。当时大不列颠社会争论的焦点问题是《谷物法》。《经济学家》支持自由贸易政策，强烈反对限制谷物进口的法规（《谷物法》后来于1846年被废除）。威尔逊主编及其接任者沃尔特·白芝浩（1826—1877年）都十分重视国际事务和金融事务，很早即开辟有关专栏，包括“货币市场”和“证券市场”等。[①]不仅如此，威尔逊和白芝浩还分别涉足银行经营业务，前者甚至创办了一家后来声誉卓著的国际银行，即成立于1853年的麦加利银行（Chartered Bank of India, Australia and China），直译是印度、澳大利亚和中华特许银行。此银行后作为不列颠帝国海外银行业中的“百年老店”，1969年与另一家海外银行（不列颠南非标准银行）合并，现名渣打银行（Standard Chartered Bank）。

世界金融体系成型于1870—1914年，恰逢伦敦发挥全球金融中心作用之际。金融中心的运行离不开金融信息的流动。也正是在此时期，伦敦见证了两大金融日报的诞生及其壮大，即创办于1884年的《金融新闻》（*Financial News*）和创办于1888年的《金融时报》（*Financial Times*）。回顾这两家报社的百年历史，研究者认为，三大因素给专业化金融媒体带来了庞大的读者群。一是不列颠成为世界贸易中心、航运中心以及短期资金流动的中心；二是不列颠成为国际证券资金（长期资本）流动的中心；三是金本位制度的国际扩散。[②]截至19世纪末，这两家金融日报针对同一读者群激烈竞争，长久难分伯仲。[③]最迟在1945年“二战”结束时，在当时国有化浪潮中，两家报纸方才合并，即延续至今的《金融时报》（伦敦出版的英文日报）。

金本位制的国际扩散

金本位制是基于规则的、单一的贵金属商品货币制度。据此，金是一国的基本计价单位，也是所有纸钞和信用发行的可兑换对象及最后支撑。在中世纪，欧洲多国和阿拉伯—穆斯林王朝铸造并流通金币，但那并非现代意义上的金本位制，因为当时尚未普及纸钞（银行券），也无面向大众的金融机构，谈不上纸钞和信用与金币或金块金条的可兑换。19世纪实行金本位制的各国，允许公众持有金条金块，它们的跨境流动基本不受限制。在金本位制的各种形式中，金币本位制最为纯粹，即纸钞随时随地可兑换为金币。世界不少国家在1880—1913年实行了金币本位制，故此时期被称为“古典的”金本位时期，其间跨境资本流动性升至空前高度。

---

① The Economist ed. *The Economist* 1843 - 1943: *A Centenary Volume*, Oxford University Press, 3rd impression, 1953.

② David Kynaston, *The Financial Times*: *A Centenary History*, Viking, 1988, p. 1.

③ David Kynaston, *The Financial Times*: *A Centenary History*, p. 26.

不列颠是世界上首个实行金本位制的重要国家，然而它完成向金本位制的过渡却漫长且曲折。该国中世纪早期始铸银币（以银便士为主），1663 年始铸金币基尼，此后金银币并行流通（此为金银复本位制）。1717 年牛顿担任皇家铸币厂总监时，确定了英镑的成色（金含量），并将金价定得略高于欧洲大陆。此后，随着黄金不断流入（大不列颠境内彼时鲜有产金），国内流通的铸币渐以金币为主，银币逐渐降为辅币甚至退出流通。由此，大不列颠从名义上的金银复本位制演变为事实上的单一的金本位制。1815 年拿破仑战争结束后，英国（联合王国）恢复了战争期间暂停的纸钞可兑换，铸造了新的英镑金币（索维林），并通过新法律确认了黄金条块的跨境流动性。至此，英国确立了法制上的金本位制。

英国开始法制上的金本位制之时，恰遇工业革命进入新一轮发展热潮，铁路建设运动即发生于此时期。前面提到的数据来源显示，世界贸易总量年均增长率在 1820—1860 年为 3.8%，而英国在此 40 年货物出口量的年均增长率高达 5.3%。[①]英国成了当时世界第一出口大国，向世界展示了出口导向经济持续发展的辉煌成就和金本位制的稳定作为。

但是，在 1873 年以前，世界上并没有其他国家追随英国采取单一的金本位制，大多数国家仍继续实行金银复本位制或单一的银本位制。[②]究其原因，包括银的供给比金更加充沛，国际金银比价长期保持稳定，银可同时充当国内支付工具和跨境支付工具，在此用途上银优于金，等等。

当世界流行金银复本位制时，许多国家的主要贸易伙伴都未实行单一的金本位制。在此种局面中，一国无必要率先转向金本位制，否则很可能给本国贸易带来消极影响。而且，不少国家当时认为，贸然转向金本位制，若不具备英国的贸易和金融实力，很可能无法在国内维持足够的黄金储备，会因此造成国内货币供给不足和需求不振。对此现象，当代学者以“网络外部性”概念来解释 19 世纪最后几十年金本位制的国际扩散。[③]

1873 年前后，几桩历史事件不经意地导致了国际货币制度的转向。一是 1870 年普法战争的爆发及随后德意志帝国的诞生；二是 1860—1865 年美利坚合众国内战及随后出现的整顿国内货币事务的需要。德国和美国两国的人口规模此时已超过大不列颠，经济总量也与之不相上下。

---

① 世界贸易总量年均增长率在 1820—1840 年为 2.81%，在 1840—1860 年为 4.84%（Rostow，前引书，Table Ⅱ-7），两者平均为 3.825%。该 40 年英国（联合王国）出口年均增长率来自 Angus Maddison, *Phases of Capitalist Development*, Oxford University Press, 1982, Table F2, p. 247.

② 唯一的例外是葡萄牙于 1854 年决定采用金本位制，此举被认为主要出于葡萄牙与不列颠之间的“特殊关系”（Marcello de Cecco, *Money and Empire: The International Gold Standard*, 1890 - 1914, Frances Pinter Publishers, 1984, p. 42）。葡萄牙与不列颠的特殊关系主要起源于拿破仑战争期间英军协助葡萄牙抵抗法军入侵。

③ Christopher M. Meissner, “A New World Order: Explaining the Emergence of the Classical Gold Standard, 1870 - 1913”, *Journal of International Economics*, vol. 66, 2 (July 2005): 385 - 406.

德意志帝国成立后，依照与法兰西第三共和国签订的和约，其获得 50 亿法郎的战争赔款，其中绝大部分以金币或金币汇票支付。在 1871 年，这笔赔款相当于法国国内生产总值（GDP）的 21% 或德意志帝国国民生产净值（NNP）的 52%。德意志“意外地”获得这笔巨额的流动性财富，随之陆续出台转向金本位制的措施。首先，在 1871 年 12 月决定铸造金币，此前德意志境内仅流通银币。其次，在 1873 年 7 月通过“铸币法”确立了马克金价。3 年后，德意志帝国于 1876 年组建帝国银行，明确由该机构管理全国银行体系的黄金储备并承担维持马克纸钞的黄金可兑换性的最终责任。至此，德国成为欧洲大陆最早一批实行金本位制的国家之一，而它已是该地区的最大经济体。

在拿破仑三世在位时期（1850—1870 年），法兰西是欧洲大陆实行金银复本位制的最大经济体（当时德意志尚未统一），其周边多国实行类似货币制度。为了预防因各国银币铸造标准不同而引起银币（以及金银条块）的频繁跨境流动及其不利影响，法国政府提议欧洲大陆国家建立货币联盟。该提议得到多个邻国的响应，仅普鲁士和奥匈帝国态度冷淡（此两国当时正处于尖锐的对立状态）。法国、比利时、瑞士和意大利于 1865 年签署了组建“拉丁货币联盟”的国际协议，并在 1868 年吸收西班牙和希腊加入。该货币联盟的主要任务是成员国达成银币铸造的统一标准并开展一定程度上的国际货币合作。[①]但是，法国在两年后卷入普法战争，并因战败而支付巨额赔款，无暇顾及拉丁货币联盟。该联盟在 1870 年后名存实亡，尽管寿终正寝迟在 1924 年。

更重要的是，当法国于 1873 年提前完成支付 50 亿法郎战争赔款后，两桩大事使金银复本位制难以持续，即国际银价下跌和国内通货紧缩。

国际货币市场上，在 1870 年以前，金银比价长期维持在 1∶15 的基本水平上，少数年份或月份中出现的波动大多不超过该基值的 2%，大于 5% 的波动更是罕见。[②]学界普遍认为，在没有政府直接干预的条件下，若允许金银自由铸币以及自由退出货币职能，金银比价存在自动稳定的倾向，而且金银复本位制有可长期持续的前景。[③]但是，倘若一个或几个大型经济体带头改变了国际市场上的金银比价，那么，金银的跨境流动就会改变一国境内金银货币存量比例，从而影响金银复本位制的可持续性。而且，在金价较高的国家，货币制度会“自发地”转向事实上的单一的金本位制；在银价较高的国家，货

① “拉丁货币联盟”（Latin Monetary Union）有时也被称为“拉丁铸币联盟”（Latin Coinage Union），Karl Erich Born, *International Banking in the 19th and 20th Centuries*, Berg Publishers Limited, 1983, p. 4.

② 贺力平.“中外历史上金银比价变动的趋势及其宏观经济意义”，《社会科学战线》2019 年第 12 期，第 46–47 页。

③ 彼得·伯恩霍尔兹.“格雷沙姆法则：理论”，彼得·纽曼等.《新帕尔格雷夫货币金融大辞典》第二卷，北京：经济科学出版社，2000 年，第 278–280 页；另外，世界范围内，金的产量（供给）增速 19 世纪初以来一直高于银，北京：（de Cecco, *Money and Empire: The International Gold Standard*, 1890–1914, p. 42），也就是说，如果对金银的需求保持不变，那么，19 世纪后半期应该出现金价下降和银价上升，而不是相反；简言之，是需求变化导致了金价上升和银价下降。

币制度会“自发地”转向事实上的单一的银本位制。1873 年后在德美等国出现的货币立法上的变动是引起银价走低的重要原因，而在银价持续大幅走低后，复本位制不再可持续，有关国家便面临转向单一货币制度（要么金本位要么银本位）的选择。由于前述“网络外部性”缘故，包括法国在内的世界大多数国家选择了金本位制。

在国内，法国在 1873 年前后出现通货紧缩，此为大量贵金属通货因支付战争赔款而外流的结果。但通货紧缩意外地带来了贸易收支的改善，即法国与德国以及与其他所有国家的贸易都出现了法国顺差增多的情形。[①]在此背景下，法兰西银行买进黄金，黄金储备快速增加。随之，法国转向了事实上的金本位制。后来，法国于 1878 年基本完成向法制上的金本位制的转变。随着法国的转变，拉丁货币联盟的其他成员国也转向了金本位制。

在美国，联邦政府在南北战争期间发行了大量不兑现的绿背纸钞（美元），因此引发了通货膨胀。战后，联邦政府面临清理整顿的任务。由于立法者意见分歧，此事在国会久拖不决。在 1873 年通过的“铸币法”包含一个条款，即铸币厂不再接受民间银块铸造银币。按照此前实行多时的法律，铸币厂在规定的价格范围内必须接受民间送来的金银条块铸币。虽然 1873 年的“铸币法”并未禁止银币在社会上的流通，仅中止了民间白银的铸币转换，但新规定却给金银复本位制的运行带来重大影响。彼时，银价在市面上并非太低，白银条块的民间持有人尚未有冲动进行铸币转换。可是，1876 年当银价显著跌落后，民间的白银条块持有人开始强烈要求政府修改法律，恢复以前的白银铸币做法。对此，国会仅作出了一些小让步，而官方铸币厂的基本做法是不再购买民间白银条块并转铸银币，等于减少了对白银条块的铸币需求，促使银价进一步跌落。随后，银币在美国货币供给总量中的份额日益减少，美国货币制度事实上转向了金本位制。在国际银价不断走低和许多国家以立法形式转向金本位制的背景下，美国国会于 1900 年通过“金本位法”，正式确立了法制上的单一金本位制，使白银接近于完全的非货币化。[②]1873 年新“铸币法”意味着美国成了世界上第一个转向事实上的单一金本位制的非欧洲国家（英属殖民地、加拿大和澳大利亚等国不在此列）。

1860—1880 年，在拉丁货币联盟之内的意大利和西班牙以及在该联盟之外的奥匈帝国，多次因国内原因无法维持纸钞的可兑换性，包括与银币的可兑换。这几个国家走向

---

① 欧洲金融史学者金德尔伯格曾引述法国学者的文献，主导法国战争赔款的德意志帝国首相俾斯麦后来说：“下一次我们赢得对法战争胜利时，我们将要求由我们来付给它一笔赔款。”一位德意志外交官与一位法兰西外交官还有过这样的对话，前者说：“我们看起来不像收到过几十亿。”后者回应说：“我们看起来也不像付出过那笔钱。”（查尔斯·P. 金德尔伯格.《1929—1939 年世界经济萧条》，宋承宪、洪文达译，上海：上海译文出版社，1986 年，第 20 页脚注 1）。

② 在知名货币学者米尔顿·弗里德曼看来，立法者在 1873 年通过铸币法时，未能充分预见到那个条款（不再接受民间委托银币铸造）的宏观经济后果，即引起银价进一步跌落，促使白银在美国乃至在世界上弱化了其充当货币流通手段的职能，并由此在一定程度上助长了当时的通货紧缩）。鉴于此，该事件可称得上是“1873 年罪行”（弗里德曼.《货币的祸害》，张建敏译，北京：中信出版集团，2016 年，第 3 章）。

金本位制的道路跌宕曲折，勉强在1880年前后开启白银的非货币化进程。西班牙于1878年停止收购民间白银条块铸造银币，奥匈帝国于1879年废除银币的自由铸造法。

北欧的瑞典和丹麦于1873年组建了斯堪的纳维亚货币联盟，挪威后来也加入该联盟。它们共同决定采用金本位制，取代以前的银本位制。西欧的荷兰和比利时也在1873年推出了类似的举措。

沙俄在1876年暂停了面向个人的银币铸造，仅为对华贸易保留了银币铸造的业务。[①] 1890年后，沙俄与日本在东亚的角逐日趋激烈。无独有偶，两国皆在1897年通过法律实现了向金本位制的转换。

国际银价在19世纪最后30年不断跌落，给亚洲和拉丁美洲诸多国家带来重要经济影响。截至20世纪初，拉丁美洲各国大多未完成货币制度的现代化改革，未能牢固确立国内货币规则，也缺乏专业化管理机构。有些拉美国家在一段时期中实行金本位制，它们发行的纸钞却经常遭遇兑换危机。有研究者认为，拉美国家在金本位制上的变化和摇摆，反映了当地大种植园希望扩大初级产品出口的意愿，他们认为本币贬值有利于出口增长。[②]可以说，19世纪末的拉美国家已成为国际贸易体系的重要角色，但它们不愿受金本位制的束缚。

在亚洲，奥斯曼帝国于1881年取消复本位制，改行单一的金本位制。已成为英属殖民地的印度于1890年实行卢比与英镑的挂钩，即采用了金汇兑体制（因为英镑具有高度的黄金可兑换性）。其他的英属殖民地（加拿大、澳大利亚以及南非的开普敦等）则在19世纪60年代基本完成向金本位制的过渡。截至20世纪初，世界上继续流通银币或银两的大型经济体为数寥寥，仅有清帝国、波斯和墨西哥。

金本位制在国际上的普及具有三大积极效应。首先，各国货币之间的可兑换性提高；其次，各国货币之间汇率的波动性降低；最后，在国际贸易和交易中，各国价格的透明度大大增加。这三大效应有利于降低国际贸易和国际投资中的交易成本。国际贸易和国际投资在19世纪最后几十年中快速增长，与金本位制的普及密不可分。

事实上，金本位制带给各国经济最大的国内作用是促进了金融机构——尤其是银行的快速发展。金本位制的基本特征是纸钞（银行券）的可兑换性以及黄金成为世界通货（全球货币）。任何国家凡实行金本位制，则该国人民对本地流通的纸钞（银行券）便会增加信心，也会相应增加对银行和金融机构的信任（尽管那里的许多银行和金融机构皆由私人开办和经营）。这样，金融媒介过程——社会资金作为存款或投资基金经由金融机构流向各种最终用途——便会持续增长。换言之，这就是广义货币总量和社会融资

① Dickson H. Leavens, *Silver Money* (Cowes Commission for Research in Economics Monograph No.4), Principia Press, 1939, p.33.

② de Cecco, *Money and Empire: The International Gold Standard*, 1890–1914, pp.58–60.

规模的不断扩大。金本位制有利于两者的持续快速增长。

统计数据显示，1872—1913 年，英法美三国货币总量中，白银占比从 13% 下降至 3%，黄金占比从 28% 下降至 10%，流通中纸钞和辅币占比从 32% 下降至 19%，活期存款占比却从 27% 增加至 68%。[①]显然，三国在实行金本位制期间共同见证了活期存款相对于其他货币形式的较快增长，此为银行体系高速扩张的确凿证据。对此，有评论者不无揶揄地说："当黄金正在庆祝战胜自己的光荣对手——白银—— 的著名胜利时，它却每一年都被自己的所谓穷亲戚 ——纸钞 ——抛后一大段。"[②]毋庸赘言，在各种货币形式的竞争中，真正的赢家是银行存款。

19 世纪最后几十年至"一战"爆发，国际贸易和国际金融在世界范围内的快速增长，正是发生在金本位制国际扩散和普及的大背景下。

二、世界金融体系的形成

以全球银行网络化、全球证券市场产生与跨境直接投资兴起为特征的世界金融体系，形成于 19 世纪与 20 世纪之交，通过各种方式将工业化波及的国家及地区的经济和市场都囊括进来，各国各地区均成了统一的世界金融大市场的一个地理单位。

全球银行网络化

工业革命以来，在世界范围内，为商业机构和公众提供非现金支付和结算服务的银行首先普及于西欧国家。但是，在很长的时期，除少数全国性银行和大银行之外，一般的商业银行都不从事跨境支付和贸易信贷业务，各国的银行基本上处于相互分离的状态。不列颠工业革命于 18 世纪后半期开始后，跨境支付和贸易信贷渐渐由商人银行承担。但是，伦敦的许多商人银行直到 19 世纪末尚未完全专业化。像罗斯柴尔德和巴林这样的商业及金融巨贾所从事的业务除跨境支付和贸易信贷外，包括且不限于证券承销、贵金属交易、商品贸易和银团贷款等。很明显，这样的银行格局不能适应 19 世纪中期后国际贸易大发展的需要，尤其不能满足像不列颠帝国这样的贸易大国发展与其广袤殖民地以及与非欧洲国家贸易的需要。

跨国银行网络和全球银行网络是跨境资金传送的基本渠道，也是世界金融体系的基本骨架。跨国银行网络的组成单位是那些已经建立了相互往来关系（代理行关系）的国别银行机构，包括本土银行设立海外分行以及海外银行设立本土分行等。跨国银行网络

① 弗雷德·赫希和彼得·奥本海默．"管理货币的试验：1920—1970 年的通货、信贷额价格"，载卡洛·M. 奇波拉．《欧洲经济史》第五卷下册，林尔蔚译，北京：商务印书馆，1988 年，第 181 页（表 1）。

② 赫希和奥本海默，前引文，第 179 – 180 页。

的基本功能是为贸易企业和有关机构提供跨境资金传送、汇兑、清算结算以及信用支持等服务。相比于非银行网络的跨境资金传送和汇兑，例如现金搬运和小额交易，跨国银行网络所提供的非现金支付服务更加有利于远距离和大额交易，既安全又高效。19 世纪中期后，电报电话技术的应用极大地支持了跨国银行网络的运行和扩张。当跨国银行机构发展起覆盖全球的直接代理和间接代理关系时，便形成了全球银行网络。

英法荷等老牌殖民大国是建立跨国银行网络和普及全球银行网络的先驱。后来者如德意志和美利坚则在 19 世纪末和 20 世纪初奋起直追，为填补和充实全球银行网络作出新贡献。

由欧洲国家及其殖民者建立的海外银行又被称为“殖民地银行”或“帝国银行”。荷兰人 1828 年设立的爪哇银行（Bank of Java）被认为是第一家殖民地银行，由荷兰商人创办，得到荷兰王室的特许授权，在荷属东印度当局的管辖范围（今天的印度尼西亚）从事发钞、汇兑和其他普通银行业务。19 世纪后半期，该银行在荷兰本土以及其他欧美国家设立分行，成为跨国银行。

在爪哇银行成立几年后，不列颠开始效仿，在 1838—1843 年将银行特许分别授予了几家在印度、澳大利亚等地的新机构[①]，使之成为第一代殖民地银行，其官办色彩浓厚，主要业务是为殖民地当局服务的发钞、税款代收和保管等，同时也为殖民地与宗主国之间的商业往来提供汇兑和跨境支付服务。

19 世纪 50 年代，不列颠基本完成工业革命，政府的经济政策转向“放任自流”。英属东印度公司作为政商合一的机构曾经享有许多经营和贸易垄断权，对该机构的去垄断化和政商分离始于 1813 年，完成于 1858 年。此时正值第一代殖民地银行向第二代殖民地银行转折的中间阶段。

前面提到的麦加利银行（1853 年开业）被认为是第一代殖民地银行向第二代殖民地银行转折的事例。该银行由商人发起，获政府授予经营特许。自 1860 年后，不列颠政府几乎不再颁发银行特许。在殖民地创办的银行，或虽在本土创办但经营场所主要在殖民地的银行，通常是按照公司法注册成立的合股公司，它们通过发行证券而募集资金（资本）。第二代殖民地银行包括非洲标准银行（1862 年创建）、盎格鲁—埃及银行（1864 年创建）和汇丰银行（1865 年创建）等。[②]第二代殖民地银行不仅具有突出的商业色彩，而且十分重视贸易信贷和跨境支付业务。它们除了在殖民地各大城市设立分行，还在伦

---

① 19 世纪 30 年代正是不列颠在国内开放合股银行的时期，而此时政府当局（财政部与殖民部）却开始向申办殖民地银行的人颁发特许并制定营业规范（Philip L. Cottrell，“‘Conservative abroad，liberal at home’：British banking regulation during the nineteenth century”，in *Stefano Battilossi and Jaime Reis，eds. State and Financial Systems in Europe and the USA：Historical Perspectives on Regulation and Supervision in the Nineteenth and Twentieth Centuries*，Ashgate，2010，pp. 21 - 40）.

② Hubert Bonin and Nuno Valério，eds. *Colonial and Imperial Banking History*，Routledge，2016，pp. 6 - 7.

敦等国际金融中心开设分行或与之建立代理行关系。由于这些银行与宗主国关系密切，它们往往也被称为“帝国银行”（Imperial Banks）。

加拿大的第一家本土银行是1817年创办的蒙特利尔银行，同名城市位于圣劳伦斯河下游（下加拿大地区）。尽管此时加拿大为英属殖民地，但蒙特利尔银行并不被归入殖民地银行，因为它完全由当地人创办。该银行的贸易导向方针十分突出，开办当年即在上加拿大（圣劳伦斯河上游及安大略湖周边地区）若干城市设立分行，并于次年（1818年）在纽约市设立代理所。1859年，蒙特利尔与纽约市的铁路建成通车，蒙特利尔银行随即在纽约市金融区开设颇具规模的办公机构。[①]按照纽约州的法律，外来银行不可在本地开展普通银行业务，所以，蒙特利尔银行的办事处实际业务主要是跨境支付和汇兑等。这是19世纪北美银行跟随贸易发展和建立跨国银行网络的一个早期事例。

19世纪50年代，法兰西、西班牙和葡萄牙几个老牌欧洲殖民帝国分别在各自殖民地组建银行，其共同特征不仅是政府（宗主国政府和殖民地当局）直接干预繁多，包括出资和委任高级经理，而且不同程度上具有欧洲大陆国家全能银行的色彩，即从事多种多样的银行和金融业务，有时还进行直接投资和商业买卖。在法国，全能银行倾向在拿破仑三世时期尤为突出。法国政府甚至将大银行概念推广到殖民地和海外，与不列颠展开银行网络竞争。巴黎贴现行（Comptoir d'escompte de Paris，后简称CNEP，晚清民初有时误称“法兰西银行”）初创于1848年，在拿破仑三世扩张主义政策鼓舞下于1860年进军国际银行业，先在上海和加尔各答设立分行，后在亚洲和大洋洲等诸多大城市以及法属殖民地开设分行。1875年，法兰西第三共和国政府支持组建了东方汇理银行[（Banque de l'Indochine）直译为“印度支那银行”]，重要参与者包括巴黎巴银行和法兰西兴业银行。[②]

德意志银行是德意志帝国成立后涌现的合股大银行之一，成立之初便立志大力发展国际业务，于1872年在上海和横滨开设分行。1873年国际金融危机爆发后，德意志银行不仅自身感到金银流动性紧张，而且认为银价跌落后远东地区的两分行再难获得以金价计的盈利，遂于1876年决定关闭。德意志银行保留它在伦敦和巴黎等地的经营处。13年之后的1889年，当德意志银行以及德意志贴现公司（Disconto－Gesellschaft）等几家德意志金融机构认为自身实力已增强且新时机来临，决定联合出资组建德华银行（也称德亚银行，Deutsche－Asiatische Bank）。德华银行借鉴了东方汇理银行的经营模式，在国外开展广泛的综合金融业务。

1884年柏林会议通过瓜分非洲的协议后，欧洲多国大举深入非洲腹地，抢占地盘，确立各自的“有效统治”。19世纪末和20世纪初，欧洲列强在各自殖民地建立的地域性

① The Bank of Montreal, Growth of BMO, https://history.bmo.com/category/growth-of-bmo/#bmo-in-us.

② Bonin and Valério, eds. *Colonial and Imperial Banking History*, pp. 12－13.

银行大批涌现，其中不乏仅凭名称即可看出其宗主国，例如，不列颠西非银行（1890 年创建）、比利时刚果银行（1909 年创建）、德意志—东非银行（1904 年创建）和德意志—西非银行（1906 年创建）等。[①]在南非，英裔人士于1860 年后组建了数家合股银行（不包括前面提到的南非标准银行）。

在几乎整个 19 世纪，美国对外贸易的金融服务除许多贸易公司自行承担外，在国内主要依靠摩根父子公司那样的商号（以及它们在伦敦和其他欧洲城市拥有的代理处），在国外则主要依靠罗斯柴尔德那样的商人银行（包括它们在美国内设立的代理处）。1913 年美联储成立之前，银行在美国的跨境支付和贸易信贷中的作用很有限，主要原因是按照当时的监管规则，本国银行不得设立国外分行以及外国银行不得在境内从事银行经营。这种情况给美利坚运通（American Express）的发展带来机会。该公司创建于1850 年，初为普通快递企业。1857 年后在国内开展汇款业务，1891 年推出旅行支票业务，该年运通在巴黎设立了分理处。运通的旅行支票业务很快成为面向个人的时尚跨境支付模式，并为后来许多从事国际金融业务的银行采用。

19 世纪末美西战争后，随着美国成为工业化强国，其银行业开始走向世界。1902 年在香港和上海开业的国际银行公司（IBC，在香港称为“万国宝通银行”，在上海称为“花旗银行”）为美资第一家海外银行，但其当时在美国国内并无从事银行业务的分支机构。截至 1913 年，国际银行公司在亚洲、拉丁美洲和欧洲设有 17 家分行，而不包括运通的所有美资银行共有海外分行 26 家。[②]

美联储成立后，国民城市银行（后来因收购 IBC 而在中文中称为“花旗银行”）是第一家申请到在国外开设分行的美资银行。该银行随后很快涉足欧洲和南美，并进入亚洲市场，成为美国国际银行业的标杆。

后起的沙俄和日本等国一方面欢迎外国银行来本国设立分行，另一方面组建了自己的国际银行，不仅在本国开展国际金融业务，并且在伦敦和巴黎等国际金融中心以及周边国家设立分行。

“一战”爆发前，全世界所有重要城市和口岸城市都设立了银行，许多大银行不仅自身拥有国际分行网点，而且与国外银行建立了相互代理关系。全球范围内的跨境资金传送在人类历史上首次变成了现实。

面向企业长期融资的全球证券市场的确立

“全球金融市场”和“全球资本市场”很大程度上实际指“全球证券市场”，意即

---

① Bonin and Valério, eds. *Colonial and Imperial Banking History*, pp. 13 - 14.

② Mira Wilkins, *The Emergence of Multinational Enterprise: American Business Abroad from the Colonial Era to* 1914, Harvard University Press, 1970, p. 107.

跨境证券发行和投资，即各国证券市场相互连接，出现国际证券市场一体化的发展趋势。全球证券市场（全球资本市场）的出现，为企业——尤其是快速成长的大企业，不论其来自何地、何产业——通过国际证券发行获得长期资金（资本）提供了可能。全球证券市场有利于企业不仅突破传统银行信贷的束缚，而且超越本国金融市场的局限。在有利的相关条件下，全球证券市场可为一国经济加快发展助力。世界主要证券市场面向国内外制造业企业，为它们提供证券融资的场所和相关服务始于19世纪末，在20世纪初得到快速发展。面向企业的全球证券市场在20世纪初初步形成，成了世界金融体系的重要组成部分。

公司证券的发行和交易早在17世纪初就出现在阿姆斯特丹。至19世纪初，西欧国家的证券交易所主要交易本国政府债券和特许公司证券。以不列颠为例，证券市场向外国政府发行者的开放始于1815年拿破仑战争结束后，向普通合股公司的开放（“再开放”）则始于1825年（当年议会废除通行百年之久的“泡沫法”）。

1815年《巴黎和约》规定，法国在未来数年内支付7亿法郎战争赔款，此数额相当于当年法国GDP的9.5%。随后3年，法国政府通过巴林公司在伦敦市场发行国际债券，结合其在国内发行的年金债券，很快获得支付赔款所需的足额资金，换得外国占领军的撤出。[①]不列颠知名经济学家大卫·李嘉图1823年去世时，遗产中有超过千万法郎的法兰西债券。

1811年，在宗主国西班牙遭到拿破仑战争重创后，拉丁美洲的诸多西属殖民地掀起独立风潮，与西班牙派遣军展开了激烈战斗。新独立的拉丁美洲国家利用欧洲列强的矛盾，获得了不少外部援助，包括借入国际资金。这个时期形成的国际借贷惯例是，外国债务人（主权债发行人）与欧洲证券承销商签订借款合同，确定借款数额、币种、利率、折扣和偿还期限等重要细节，后者据此在本国证券市场上公开代理发行该证券。此种方法当时也用于英国给希腊的借款，该国1821年爆发独立运动，1828年挣脱了奥斯曼帝国的枷锁（此年也是它国际借贷违约之年）。19世纪20年代后半期，新独立的拉丁美洲国家以及希腊纷纷发生外债违约，形成了一波国际违约浪潮。[②]

英国证券市场对外国公司发行人的开放，始于美国的铁路建设公司。在伦敦市场上

---

① 金德尔伯格.《西欧金融史》，第234页。金德尔伯格用了“资金回流”（recycling）一词描述英法之间的跨境资金流动，该词为20世纪70年代石油危机后国际金融界的流行概念。关于法国赔款数额的相对度量，研究者另有专文论述，Eugene N. White, “Making the French Pay: The Costs and Consequences of the Napoleonic Reparations”, *European Review of Economic History*, No. 5 (2010): 337-365.

② 至少有13个拉丁美洲国家在1827—1829年出现外债违约，参见卡门·M. 莱因哈特和肯尼斯·S. 罗格夫.《这次不一样：八百年金融危机史》，綦相等译，北京：机械工业出版社，2012年，表6-2，第71-72页；杰罗姆·鲁斯.《主权债务简史》，黄名剑、张文婷译，北京：中信出版集团，2020年，第100-102页。鲁斯认为，1828年是拉丁美洲国家的第一次债务危机，而刚刚独立的希腊则开启了南欧国家债务违约的传统（21世纪初它们的债务危机不过反映了此种历史姻缘）。

市和交易的美国政府债始于1836年，主要是州政府债，后来也有市政债。[①]在伦敦上市的美国铁路公司债券始于1838年，当年余额为3 000万美元，但到1857年就多达4亿~5亿美元。[②]伦敦市场之所以热情欢迎美国的铁路证券，是因为这些债券发行人往往得到了有关州政府的支持，违约风险相对低。1850年前后，联合王国政府统一债券的市场收益率常在3%左右，而投资美国铁路债券多能得到超过5%的收益。

伦敦股票交易所在1871—1914年的快速增长和对外开放程度的升高，可从如下两个指标来衡量。一是该交易所各类挂牌证券的市值总额，1873—1913年由22.7亿英镑增加至95.5亿英镑，年均增长3.6%，两倍于同期内英国经济增长率（1.8%）。二是国外证券在总市值的占比，此指标又可分解为国外政府债券（包括殖民地政府债券）占比和外国铁路公司证券占比，前者基本不变，从21.4%至21.3%，后者则大幅上升，从15.%升至30.7%。[③]

1886年以前，在伦敦交易所挂牌上市的证券发行者除了国内外政府外，主要是铁路公司、公用事业单位、金融机构及矿业公司等，几乎没有制造业公司，因为投资者对制造业企业不熟悉，它们的营业收入比其他机构有较多的不确定性。该年，吉尼斯酿酒公司（《吉尼斯纪录》创办人所在企业）在巴林的协助下上市，顺利成为伦敦市场首家上市的大制造业公司。该公司证券市值在1913年高达9.2亿英镑，占交易所总市值的10%。[④]

伦敦市场的两大领先实践——向外国证券发行人开放和向铁路公司以及制造业公司证券开放——产生了广泛深远的影响，后为巴黎和纽约等交易所采用。由于新兴制造业在美国发展更快，制造业企业在美国的经营规模更大，世纪之交的纽约证券市场上演了更多激动人心的制造业大公司上市秀，其中包括J. P. 摩根一手策划的世界首家“独角兽”公司，即1901年上市的合众国钢铁（U. S. Steel）公司，初始市值高达7.57亿美元，两倍于当时英国第一大上市制造业企业（3亿美元）。[⑤]

截至19世纪末，各大证券交易所之间出现了“合作共赢”的证券上市和交易安排，即大型发行人在不同交易所同步上市或平行发行。1890年，阿根廷政府债券由多家承销商推荐在欧洲上市，即巴林在伦敦市场、巴黎巴银行，在巴黎以及德意志贴现公司（Disconto - Gesellschaft）在柏林上市。[⑥]阿根廷政府此次筹资计划将资金用于改善首都布

---

① D. C. M. Platt, *Foreign Finance in Continental Europe and the United States*, 1815 - 1870, London: George Allen & Unwin, 1984, Appendix Ⅱ, p. 191.

② Platt, *Foreign Finance in Continental Europe and the United States*, 1815 - 1870, Appendix Ⅲ, p. 193.

③ Ranald C. Michie, *The London Stock Exchange: A History*, Oxford University Press, 1999, Table 3.2 and 3.3, pp. 88 - 89. 外国铁路公司市值占比由铁路公司市值占比减去不列颠铁路公司市值占比而得出（表3.3）。

④ Michie, *The London Stock Exchange: A History*, p. 94.

⑤ Michie, *The Global Securities Market: A History*, p. 122.

⑥ Cassis, 前引书, p. 131.

宜诺斯艾利斯的基础设施。但不幸的是，阿根廷政府当时已遇到财政困难，而主承销商巴林公司未能充分尽职审核，过于乐观地投入大量资金买进难以脱手的阿根廷债券。当巴林公司被发现资金短缺后，伦敦金融市场发生了一场震动。在英政府官员的指示下，英格兰银行联合多家金融机构集资相救，使巴林免于破产。此也表明，作为彼时的“新兴市场经济体”，阿根廷政府的筹资计划显然受到全球证券市场（全球资本市场）的追捧。

在阿根廷政府债券发行失败的十多年后，全球证券市场终于取得一次成功，这就是著名的美利坚电报电话公司（AT&T）国际平行发行。1905—1908 年，该公司价值超过 1.5 亿美元的证券陆续在纽约、伦敦和阿姆斯特丹交易所上市，在美国的主承销商是基德·皮博迪（J. P. 摩根也参与），在伦敦的主承销商是巴林，在阿姆斯特丹的主承销商是霍普公司（Hope & Co.）。此次发行成功后，1909—1912 年，AT&T 为其纽约分支再次发行国际证券，价值为 7 000 万美元。[①]很明显，如果 1914 年没有爆发“一战”，势必会有更多的类似 AT&T 的制造业或服务业公司在 20 世纪初加入国际证券发行潮流，享受全球资本市场的红利。

跨境直接投资的兴起

在欧洲，跨境直接投资早已有之。像雅各布·富格尔（1459—1525 年）这样的德意志企业家曾四处开办矿场和工厂，俨然成为世界上最早的跨国企业。恩格斯的父亲是德意志莱茵河北部地区的纺织业主，1837 年前往英格兰棉纺织业之都曼彻斯特考察，决定与当地一位企业家组建合伙公司，并让青年恩格斯作为合伙人代表长驻曼彻斯特，这是工业革命时期欧洲跨境合资和合伙企业的事例。富格尔与恩格斯父亲的跨境直接投资，是家族企业的行为，与 19 世纪中期后在许多欧美国家兴起的合股公司及其跨境直接投资有明显区别，后者代表了跨境投资的新潮流。

跨境投资或跨境资本流动是一个广义概念，泛指各种形式的跨境资金流动，既包括短期资金和长期资金，也包括私人部门资金和公共部门资金（官方资金）。通常，作为狭义概念的“资本”仅指私人部门的长期资金（尤其是股权资金）。但是，通常的“跨境资本”则包括各种性质和期限的资金。国际借贷、国际债券发行和国际股权投资（直接投资）都是跨境资本流动的重要形式。

以前常用的“资本输出”和“过剩资本”与跨境资本流动及跨境直接投资皆有关系，但也有重要区别。依现代观点，“资本输出”实际指一国的经常账户顺差，即金融账户逆差。这其实是如何看待一国对外收支差额及其变动的问题。对有些国家而言，对外收支（国际收支）差额会呈现周期性的变动，即有年份为顺差，而另有年份为逆差。

也有学者从结构角度来看待国际收支差额，使用“投资—储蓄”缺口这样的术语来

① Cassis，前引书，p. 131 and endnote 196 on p. 323.

表示国际收支差额。以此而论，经常账户顺差意味着国内储蓄大于国内固定资本形成（或简称国内投资），经常账户逆差则意味着国内投资大于国内储蓄。前者对应“资本输出”，后者对应“资本输入”。

从历史角度观察，一国出现国际收支差额，正是其从封闭经济转变为开放经济的表现。在封闭经济条件下，一国对外贸易不发达，不可能因对外贸易而引发大规模的跨境资金流动。只有对外贸易的大发展，一国才可能出现显著规模的对外收支差额。同时，也只有全球银行网络普及和全球证券市场形成之时，一国才有外部条件或对外“资本输出”，或由外“资本输入”。倘若没有全球银行网络和全球证券市场，显著规模的“资本输出”或“资本输入”皆不可能发生。换言之，19 世纪最后 30 年至“一战”爆发，跨境资本大规模流动不过是国际贸易和国际金融（全球银行网络普及和全球证券市场一体化）大发展的体现。

资本输出并非意味着一国出现了“过剩资本”，有种看法认为，一国随着经济发展，必然出现国内投资机会消失从而产生过剩资本，这显然是一种基于静态的认识。

就英法德美四国而言，它们的经常账户差额在 19 世纪末和 20 世纪初各有特点。如图 1－1 所示，从各国经常账户差额与国内生产总值或其近似指标的比率来看，1880—1913 年，英国不仅一直为正值，而且保持了最高水平，1890 年和 1913 年分别为 8% 和 10%，34 年平均值为 5.1%；法国自 1884 年后保持连续顺差，最高时为 1905 年的 5.7%，34 年平均为 2.7%；德国在 1880—1913 年一直为正值，但水平较低，平均为 1.8%；美国则在大部分年份为逆差，1897 年后才转为连续性顺差（1909—1910 年除外），平均为 0.1%。而且，图 1－1 中 4 条曲线的升降轨迹表明它们并无明显同步性。

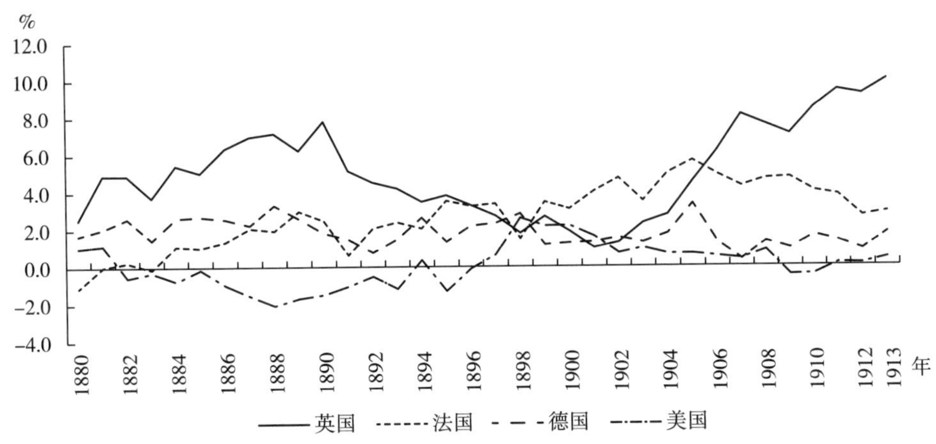

图 1－1　1880—1913 年英法德美经常账户差额与国内生产总值比率

［资料来源：《帕尔格雷夫世界历史统计》欧洲卷和美洲卷中表 J－1（国民账户）和 J－3（国际收支）；英法为 GDP（国内生产总值），德为 NNP（国民生产净值），美为 GNP（国民生产总值）］

从图 1 - 1 所显示的四国经常账户差额的表现可以推论，在此期间，英国是最大的资本输出国，法国次之，德国更次之，美国则基本是资本输入与输出相等（事实上是 1897 年前以输入为主，此后以输出为主）。而且，我们还可以推论，因这四国是当时世界上最大的几个经济体，它们合计的资本输出意味着世界其他国家作为一个整体即为资本输入。

英法两国虽然当时输出资本最多，但所输出的资本大抵采用证券投资的形式，很少涉及直接投资。两国的对外证券投资，形式多种多样，包括认购外国主权债、外国铁路公司证券（以英国为主）、外资金融机构证券（以法国为主）以及银团贷款等。跨境直接投资较多的是德美两国。

在世纪之交，德意志大企业如西门子公司等已在奥匈帝国、俄罗斯、西班牙和瑞典等国开办工厂。在罗马尼亚，六大德国企业在德意志银行和贴现公司的金融支持下从事石油开采①，体现了这两家金融机构的全能银行特色。

事实上，在世纪之交，四国中资本输出最少的美国才是跨境直接投资的佼佼者。1893—1914 年，美利坚大公司在欧洲和欧洲以外地区非金融领域中所从事的企业并购和绿地投资（开办新工厂矿山等）至少涉及铜矿、石油、铝和铝制品、卷烟、化工、钢铁、机械制造、电气、仪器制造和汽车等行业，投资对象国包括加拿大、墨西哥、不列颠、法兰西、德意志、奥地利—匈牙利、意大利、西班牙等。②汽车厂商福特公司“一战”前已在不列颠、德意志和意大利等国设厂。一家美利坚卷烟公司 1901 年前后曾试图收购英格兰最大的同业公司，激起当地的反收购运动。在世纪之交，欧洲人开始谈论经济领域中的“美国入侵”。③

毫无疑问，“一战”前美国是世界上对外直接投资资金数额最多、涉及产业和投资对象国最多的国家。原因多种多样，但肯定不排除美国政府 19 世纪末的对外政策变化。例如，1898 年美西战争后，美国获得对古巴、波多黎各和菲律宾多地的控制权，美资企业随后进入这些地区以及周边的加勒比海和西太平洋，扩大了在这些地区的直接投资。④但对外政策显然不是主要因素，尤其不能解释美国公司在欧洲国家的大举扩张。

美国公司在欧洲国家直接投资的大量增加，主要得益于几大经济因素的支持。一是美国经济增长快，企业成长快，尤其是新兴产业中的大企业往往拥有大量专利权，相对欧洲同行具有竞争优势。二是 1890 年后美国反托拉斯法的推行一定程度上限制了国内的

---

① Herbert Feis, *Europe The World's Banker* 1870 - 1914, Yale University Press, 1930, p. 70.

② Wilkins, *The Emergence of Multinational Enterprise*, Chapter V Expanding Abroad 1893 - 1914, pp. 80 - 109.

③ “美国入侵”或“美利坚入侵”（American invasion）据称首次由奥地利外交部长说出，后很快成为畅销书的标题，“美利坚入侵者”（American invaders）和“世界的美利坚化”（Americanization of the World）也属此类（Wilkins, *The Emergence of Multinational Enterprise*, pp. 70 - 71）。

④ Wilkins, *The Emergence of Multinational Enterprise*, pp. 74 - 75.

跨州并购活动，许多企业因而转向国外市场。三是美欧之间以及美国与其他许多国家之间，包括关税在内的贸易壁垒严重，因而直接投资成了绕过贸易壁垒而寻求发展的有效措施。四是美利坚企业家比他们的欧洲同行更加拼搏进取和敢于承担风险，他们在国内市场已取得敌意并购的经验，勇于将之运用于国外市场。反观欧洲许多国家，“一战”以前，同业企业或上下游相关企业很少发生敌意并购。

在世纪之交，由众多美国公司在世界范围内的跨境直接投资，是推动企业产权市场变革和增加趋同倾向的重要因素。这也恰好是 19 世纪后半期以来全球经济和金融一体化（或各国经济和金融全球化）的重要内涵。

跨境资本流动性的升高与利率趋同趋势

经济学和金融学中的“跨境资本流动性”概念不是简单指一年中一国有多少资金流入和流出，而是指在一段时期内相对于本国经济总量，有多少资金以多快的速度进出国境。这里，“多少”和“多快”都是相对指标，不应用绝对量指标来度量。更重要的是，研究者使用“跨境资本流动性”概念时，都会观察跨境资本流动如何对有关的经济变量——利率、汇率、物价变动率以及经济增长率等作出反应。换言之，跨境资本流动性是一个揭示各国金融市场（包括短期资金市场和长期资金市场）如何应对国内外经济和金融行情的变动，并如何进行调整的概念。这个概念的复杂性在于，在进行历史考察时，首先要承认有关国家在国内已形成了全国性的统一金融市场（资金在一国境内可自由流动和已出现全国性金融中心）；其次还需认识到有关国家对资金进出国境不予限制（如该国已采用金本位制）；最后还得确认跨境信息流动是畅通无阻的（资金持有人或投资者能及时获得有关信息）。只有满足了这些条件，才可以使用“跨境资本流动性”概念并借此进行分析。

在世界金融发展史上，19 世纪末和 20 世纪初是跨境资本流动性首次达到极高程度的时期，几乎可媲美于 20 世纪末和 21 世纪初。两位研究者用 4 个指标来刻画 1870—2000 年跨境资本流动性的总体趋势并得出了上述结论。①这 4 个指标是国外资产或国外负债与国内生产总值的比率、实际利率趋同性、经汇率风险调整的名义利率趋同性以及股票收益率。由于数据获取的缘故，该研究仅使用了十多个工业国的数据。

这里我们借用一个较为通俗的指标来说明。图 1 – 2 显示 1880—1913 年英法荷三国政府债券市场率的年度指标，它们是各自国家政府债券收益率的混合平均数，即没有区分债券期限和具体时点。三国的数据来自各国的证券市场，但因为三国金融市场相互开放，证券持有人（投资者）应能对有关信息作出及时反应并调整投资组合，故该指标在

① Maurice Obstfeld and Alan M. Taylor “Globalization and Capital Markets”, in Michael D. Bordo, Alan M. Taylor and Jeffrey G. Williamson, eds. *Globalization in Historical Perspective*, University of Chicago Press, 2001, pp. 121 – 183.

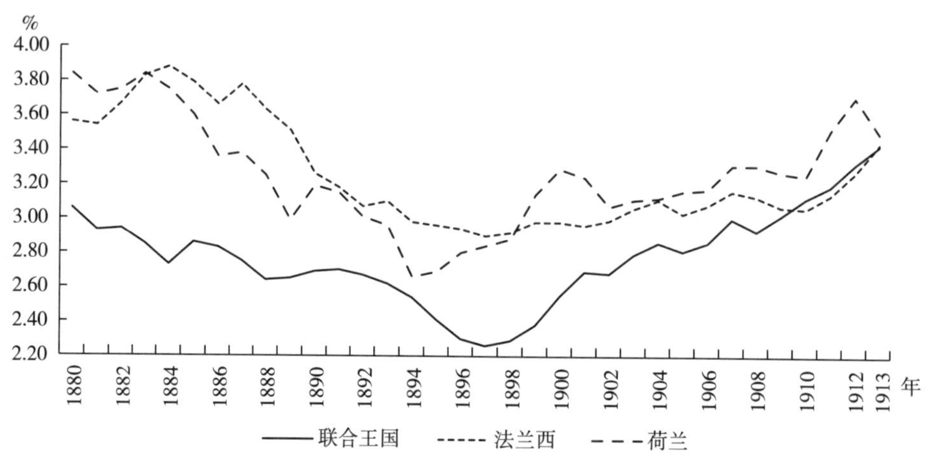

图 1－2　1880—1913 年英法荷政府债券收益率

（资料来源：Marc Flandreau，Frédéric Zumer. The Making of Global Finance 1880—1913［M］. OECD，2004：125，Table DB 16.）

三国之间具有可比性。不难看出：（1）在所观察期间（1880—1913 年）三条曲线的变动（上升或下降的方向及程度）具有时间相似性；（2）三条曲线的差距随时间在缩小；（3）在 1910 年以前，英国指标位于下方，为三国中最低者。进一步推论，表明（1）三国市场具有联动性；（2）该指标在三国具有趋同性；（3）1910 年以前英国指标具有"国际基准利率"的意义，即伦敦是首屈一指的国际金融中心，而在此后法国指标低于英国，则意味着巴黎的国际金融中心地位已与伦敦并驾齐驱。顺便一提的是，1898 年后英国政府债券收益率转向上升与 1899—1902 年布尔战争有关（该事件给英国政府的财政及债务融资带来压力）。

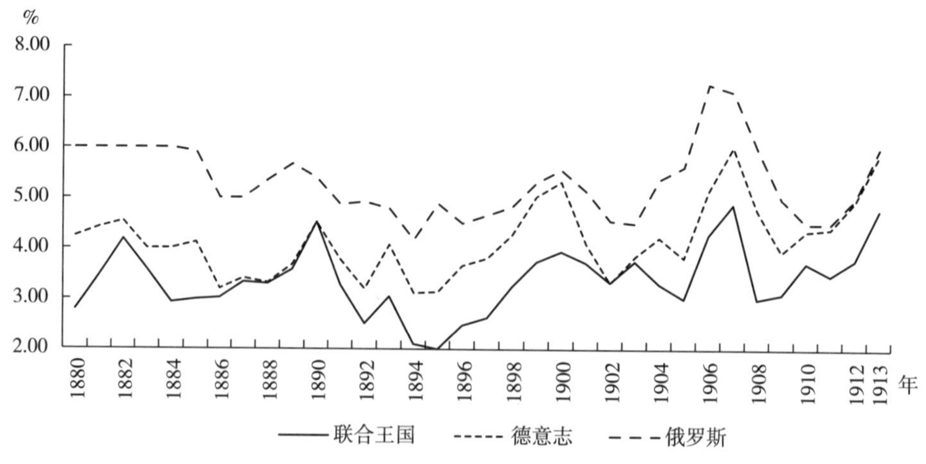

图 1－3　1880—1913 年英德俄中央银行贴现率

（资料来源：Flandreau，Zumer. The Making of Global Finance 1880—1913［J］. Table DB 17，p. 126.）

考虑到数据的可比性，图 1 – 3 所示为 1880—1913 年英德俄三国的中央银行贴现率，即政策性短期利率。对此时期该三国而言，中央银行贴现率的可比性或略好于政府债券收益率，因为三国的证券市场发达程度和开放程度有差别。这里，我们仍然可见三国此时期中央银行贴现率呈现与图 1 – 2 相同的特征：（1）升降起伏在时间上十分接近即三者具有联动性；（2）三者差距随时间缩小即它们具有趋同性；（3）英国（联合王国）指标位于下方表明它具有"国际基准利率"的意义。

为何英德俄中央银行贴现率的联动性和趋同性的升高意味着三国之间跨境资本流动性的上升？这是因为在所考察时期内，三国采用了金本位制（俄罗斯于 1897 年正式采用）。为此，三国中央银行为了维持本国货币（纸钞和银行存款）与黄金和外币的平价，不得不对金融市场的行情变动尤其是跨境资金流动作出反应。例如，在本国资金即将大量外流和本币面临贬值压力时，本国中央银行会采取提高贴现率的措施。当然，三国中，英国此时期通常不必多虑德俄的市场行情，而后者则必须顾及英国的市场行情（综上所述，此时期英国利率为"国际基准利率"）。

总体上看，世界范围内的跨境资本流动性在 1870—1913 年得到空前提高，其程度之高足以支持一个世界金融体系在世纪之交形成。此时期也是经济和金融全球化的黄金时期，是国际金融发展的一个辉煌时期。前文已在多处述及其中缘由，这里再做归纳。

第一，时值新一波技术革命和工业化在全球快速推进的时代，也是现代金融在许多国家快速成长的时期，人们在拥有更多财富的同时，拥有了更多的流动性财富（现金、银行存款和证券等）。

第二，国际贸易大发展推动了跨境支付和贸易信贷的快速增长，与贸易相关的跨境资金流动呈现持续增长态势。

第三，交通运输和通信技术的进步不仅使货物跨境传送更便利，也加快了信息传播。公共媒介的发达为各国投资者提供了信息服务，有利于他们对市场变动作出及时反应及更快调整跨境资本流动。

第四，金本位制的国际扩散不仅促使更多的国家加入金融开放的行列，而且极大地提高了各国货币的可兑换性并为投资者和贸易企业降低了汇兑风险。

第五，全球银行网络的普及不仅给世界各地的参与者提供了跨境资金以非现金方式传送的可能，而且其汇兑服务事实上也提升了各国货币的可兑换性。

第六，先行国家证券市场的发展和对外开放为外国的政府和企业进行大规模国际融资（跨境融资）提供了极大便利。

第七，随着新来者登台，国际金融市场（尤其国际资本市场）涌现出美利坚大公司那样的跨境投资者，他们敢于承担风险，善于开发并适应国际市场环境，为跨境资本流动提供了新动力。

第八，多个国际金融中心相互竞争，国际金融领域百舸争流，跨境资本流动之火不断得到“新薪”。

国际金融中心争芳斗艳，合力助推跨境资本流动

1870年前后，伦敦是世界金融中心，地位无可撼动。那时，作为国际贸易支付和结算工具的英镑汇票皆由与伦敦建立了代理行关系的银行开具，并最终在伦敦得到清算。为此，各银行和其他凡有国际业务的金融机构均需在伦敦设立办事处，并存放现金和活期存款（流动性）。

沃尔特·白芝浩在1873年出版的《伦巴底街：货币市场概述》一书比较了伦敦、巴黎、纽约和德意志帝国的银行存款数额，分别为1.2亿英镑、1 300万英镑、4 000万英镑和800万英镑。[①]尽管这些数字不一定是各银行体系存款数的精确统计，但昭示了伦敦的全球领先地位，其两倍于后三者之和。白芝浩指出，伦敦的存款数包括大量来自国外的资金。对此，他说：“自法德战争（普法战争）以来，我们已在空前高的程度上成为欧洲的银行家。巨大数额的外国钱财出于不同目的而存放在这里的不同账户中，恐慌一来它们便可能会被取走。”[②]

但是，普法战争后，法德美等国经济加快增长，增速皆高于英国。以法国为例，其经济在普法战争后很快复苏，1880年更进入它的“美丽时代”，至此“一战”爆发。经过几番重组，法兰西大金融机构的经营规模急剧膨胀。截至1913年，按资产额计算，里昂信贷为世界第一大金融机构（1.13亿英镑），前十大中还另有两家法资机构（巴黎国民贴现和兴业银行）。[③]在19世纪大部分时期，不列颠合股银行专注于国内业务（存贷和支付业务），商人银行则专注于证券业务和国际业务，如此分工显然对两者的增速有影响。以巴黎为总部的法兰西大银行同时从事国内业务和国际业务，增速当然得以快过不列颠金融机构。

1880年后，法兰西第三共和国政府对巴黎证券市场的国际化发展给予了诸多直接和间接支持，推动了包括沙俄在内的多国政府前来巴黎发行主权债。截至1913年，法国人以证券形式持有的外国长期资产为450亿法郎，英国人持有的为19.8亿英镑，[④]依当时英镑兑换法郎汇率（1:25.22），英国数值比法国多不到10%。

各国外汇储备的币种构成变动也表明英镑地位的相对下降。1899年底，英镑在各国外汇储备总额中的占比为42.6%，法郎为11%，帝国马克为9.8%，英镑占比两倍于法郎与帝国马克之和。但在1913年底，英镑占比下降至37.8%，法郎占比上升至24.5%，

---

① 白芝浩.《伦巴底街》，刘璐、韩浩译，北京：商务印书馆，2017年，第5页。

② 白芝浩，前引书，第15页，译文依英文版略有变动。

③ Cassis，前引书，Table 3.3，p.92. 该表中，德意志银行排名第2（资产额1.12亿英镑），排名第3为英资米德兰银行（1.09亿英镑），美国的国民城市银行（花旗银行）排名第13（5 700万英镑）。

④ Feis，前引书，p.23 and p.51.

帝国马克占比上升至 12.2%，法郎与帝国马克之和与英镑仅有 1 个百分点差距。[①]倘若“一战”未在 1914 年及后来爆发，法郎的地位定会赶上英镑。而且，考虑到纽约金融中心和美元在国际金融中的冉冉上升，英镑地位的下降甚至可能更快。

在一定意义上，纽约作为国际金融中心的成长慢于欧洲大陆的巴黎或柏林，虽然纽约金融中心所依托的美利坚经济在总量规模上早在 1870 年后不久就超过了英国，后来也远远地拉开了与法德的差距。“一战”爆发前，世界经济重心在东半球或亚欧大陆，纽约金融中心因地处西半球而较少分享到国际货币市场增长的好处，包括黄金和外汇储备的存放以及国际短期借贷的便利。纽约金融中心受到的一个重要限制是，1913 年以前，纽约州既不允许本州银行在海外设立分行或开展经营，也不允许外资银行在本州开办银行业务，这严重限制了纽约作为国际金融中心的竞争力。纽约证券市场的国际竞争力主要在于它的资金实力、市场容量以及融资效率。1900 年 8 月，英国政府为了资助布尔战争，邀请 J. P. 摩根公司承销 1 000 万英镑国际借款。该笔借款的债券在纽约很快发行成功，此事让伦敦金融城深感惊讶。[②]

若以证券交易所作为金融中心的标志，“一战”爆发前全球已有上百个金融中心。1914 年世界共有 106 家重要的证券交易所分布在六大洲，其中欧洲 55 家，北美洲 16 家，亚洲 14 家，拉丁美洲 10 家，大洋洲 15 家，非洲 11 家。[③]金融中心此时已初显多样化和覆盖全球的趋势。

三、世界金融体系的内在矛盾与局限性

19 世纪和 20 世纪之交形成的世界金融体系是欧美列强主导的国际金融系统，它包括国际银行网络的普及、各国证券市场的一体化以及跨境资本游走于世界各地。欧美列强的金融精英组成了一个松散的国际金融“俱乐部”，以利润为导向，服务于外向型经济发展，不仅相互间缺少协调一致的多边国际规则，更在与世界广大的落后国家和地区之间有着政治体制和经济体制上的诸多差别。简言之，此时期的世界金融体系是一个发展不充分、不平衡且缺少稳定性的体系，面临着以下若干重要问题。

国际金融市场融资成本高昂且融资条件苛刻

世界范围内跨境资本流动性上升是 19 世纪的基本趋势，尤其在 19 世纪最后 20—30

① Peter H. Lindert, Key Currencies and Gold 1900 – 1913, *Princeton Studies in International Finance*, No. 24, 1969, Table 3, p. 22；巴里·艾肯格林.《资本全球化：国际货币体系史》，彭兴韵译，上海：上海人民出版社，2009 年，表 2.2，第 21 页。

② Youssef Cassis, *Capitals of Capital: A History of International Financial Centres*, 1780 – 2005, Cambridge University Press, 2006, p. 121.

③ Michie, *The Global Securities Market: A History*, Table 5.2, p. 136.

年至“一战”爆发。跨境资本流动性上升的基本意义是，越来越多的国家在进行跨境融资时面对日益接近的利率水平；更重要的是，那些晚些加入国际金融市场的国家，不仅可得到跨境融资便利，而且可节省跨境融资成本。

历史资料支持这一看法。以俄日中三国为例。一份关于俄罗斯政府1821—1894年在伦敦和巴黎市场上历次发行债券的面额利率汇编表格显示，该指标从期初的6%或5%下降至期末的4%甚至3%。[①]那些以英镑或金币标价债券的面额利率通常低于以银元或卢布标价债券的面额利率，说明债券的币种选择是影响利率的一个重要因素，实行金本位制有利于主权债发行利率成本的下降。日本政府于1870年在伦敦市场发债，此为其首次发行境外主权债，面额利率为9%。1873年日本政府在伦敦市场第二次发债时，面额利率为7%，此时日本已进行了货币制度改革。1885年后，日本政府债券在伦敦市场的收益率开始下降，1886年起低于6%。[②]19世纪和20世纪之交，清政府债券在伦敦市场上的收益率低至5%甚至4.5%，较此前30年或20年它向外借款时常常支付的7%或8%利率大为降低。[③]总之，上述数字都表明，在19世纪最后几十年，来自欧洲边缘和东亚的国家在西欧金融市场上发行主权债所支付的跨境融资成本在降低。

毫无疑问，19世纪后期至20世纪初，在国内金融市场和国际金融市场已有相当发展的背景下，任何国家的债务融资——包括国际债券即主权债融资——成本都呈现下降趋势，除非该国遭遇意外冲击并发生债务违约。但是，如果将上述“面额利率”或“债券市场收益率”作为有关国家的主权债融资成本指标，则有偏误。

面额利率是债券发行者对债券持有人在债券存续期内每年支付的固定数额与债券面额的比率。如果面额就是债券发行者的出售价格，那么，面额利率即为债券发行者的发行利率（也等于融资成本）。事实上，债券发行（以及一般借款合同）在19世纪至20世纪初的习惯做法是，债券发行（借款本金支付）时，债券发行人或中介机构都要扣除一定数额，此为“发行折扣”。如果一笔债券面额利率（面息率）为5%，发行折扣率为90%——发行者出售100元面额实收90元，此时发行者支付的融资成本为5.6%，此也为债券持有人（投资者）的毛收益率。1817年，法兰西波旁王朝政府在国内外同步发行5%年率的年金债券，面额折扣率高达57.97%，依此计算波旁王朝此次债券的发行

① Marc Flandreau and Nathan Sussman, Old sins: Exchange clauses and European foreign lending in the 19th century, Manograph, Washington, D. C., November 2002, Table 4. 1.

② 富田俊基.《国债的历史：凝结在利率中的过去与未来》，彭曦等译，南京：南京大学出版社，2011年，第273－274页。

③ William Goetzmann, Andrey Ukhov, and Ning Zhu, “China and the World Financial Markets 1870－1930: Modern Lessons from Historical Globalization”, *Economic History Review*, 60, 2 (2007): 267－312. 清政府为甲午赔款而发行的第一期国际贷款得到了沙俄政府担保，其发行利率和市场收益率因此较其他同类债券低。沙俄之所以当时力促清政府同意接受它的担保，乃是因为希望借此从清政府获得在华经商新特权。

利率为 8.625%，十分接近于当时法国政府债券的市场收益率。[①]

历史文献记载了许多主权债发行时适用的折扣率。例如，1895—1911 年，清政府有记载的 112 笔对外借款（包括主权债发行）中，27 项明确订立了折扣，面额折扣率从 83% 到 97.5% 不等。[②]

面额利率和发行折扣都是债券发行成本的一部分，但不一定是其全部成本。有时，在面额折扣之外，债券承销的中介机构额外收取费用，或仅收中介费而不对面额打折。无论如何，承担中介费的是债券发行人。但中介费往往不透明，历史文献记载的仅是一些个例。

19 世纪，巴林兄弟公司是比肩罗斯柴尔德的伦敦商人银行，也为知名的主权债承销商。1890 年巴林承销 2 100 万英镑的阿根廷主权债失败，仅售出 15 万英镑，险些触发重大金融危机。[③]跨境金融业中的“百年老店”巴林为何会失足？显然是由于巴林与阿根廷政府生意往来数十年，被新项目所吸引，更受这笔阿根廷主权债交易的丰厚利润诱惑所致。三年前的 1887 年，巴林给阿根廷一铁路公司的两笔贷款到期，本金合计 40 万英镑，账上利润多达 18 万英镑（项目毛收益率高达 45%）。[④]像巴林这样的国际证券承销商所赚的利润当然出自发行人，理应计入发行成本。

国际债券市场在 19 世纪后半期得到很大发展，但仍有欠成熟之处。具备国际债券承销能力且有声誉的中介机构屈指可数，使巴林和罗斯柴尔德等少数大机构在该市场上赚得盆满钵满。

还应该看到，无力及时偿债的主权债发行者，在债务重组之际，往往还得承受额外的负担，甚至付出政治代价。墨西哥于 19 世纪 60 年代、奥斯曼帝国以及当时名义上仍属奥斯曼帝国的埃及于 1875 年分别受到欧洲列强以行使债权人权利的名义而发起的干预。从现代观点看，发生这种干预，体现了在当时的国际金融环境中，对主权债违约的惩罚具有任意性，缺少必要的且适宜的主权债重组机制和规范。

一般而言，在同等条件下，国际借贷成本高于国内借贷，因为：（1）借贷双方的信息不对称问题在国际借贷上更加突出；（2）国际借贷合同的执行成本（包括跨境诉讼费

---

① Eugene N. White, “Making the French Pay: The Costs and Consequences of the Napoleonic Reparations”, *European Review of Economic History*, No. 5 (2010), p. 346. 另有资料记载汇丰银行在 1874 – 895 年承销清政府主权债发行的细节，包括每笔发行的折扣率，95% 和溢价发行的情形皆有（Frank H. H. King, *The History of the Hongkong and Shanghai Banking Corporation*, Vol I, Cambridge University Press, 1987, Table 14.2, p. 548）

② 徐义生编.《中国近代外债史统计资料 1853—1927》，北京：中华书局，1962 年，第 28 – 53 页。

③ Philip Ziegler, *The Sixth Great Power: A History of one of the greatest of all banking families, the House of Barings, 1762 – 1929*, Alfred A. Knopf, 1988, p. 242. 此处还引述了伦敦《经济学家》周刊当时对巴林公司承销行为的批评，认为它为了将阿根廷债券推销出去，肆无忌惮地误导投资者。

④ Ziegler, 前引书，p. 238.

用等）大大高于国内借贷；（3）国际借贷难免涉及汇率变动带来的风险。[①]此外，若将当代国际经济和金融分析中的流行概念国别风险（Country Risk）视为信息不对称之外的因素，则无论是在19世纪还是在20世纪，该种风险在世界范围内一直十分显著，并是导致国际借贷成本居高不下的重要原因。

国际银行网络具有主要服务外向经济发展的突出偏向

自19世纪上半期以来，银行在越来越多的国家和地区出现。在亚非拉地区，最早一批银行多由不列颠、法兰西或其他欧洲国家的殖民者创办。不列颠人前往英属殖民地创办银行，法兰西人前往法属殖民地创办银行，等等。这些银行的直接目的是服务殖民地当局和殖民地经济，尤其为殖民地与宗主国的商业联系提供跨境支付和贸易信贷服务。此外，在加拿大、澳大利亚和南非等地，一些已植根当地的欧洲人后裔也创办了银行，其宗旨是服务本地经济。即便在这些地区，由于本地经济的发展与出口部门的增长有着密切联系，这些殖民地的本土银行也有着支持出口贸易的突出倾向。

除上述两类银行——“殖民地银行”和“殖民地本土银行”，19世纪中叶实际上还有第三类银行，即欧洲人在非直属殖民地以及非殖民地的外国开办的银行。如前所述，这类银行的增加以及银行在所有独立国家的发展，构成了19世纪末至20世纪初全球银行网络普及的基础。在这方面，值得一提的是不列颠人19世纪在巴西创办的两家银行。

1822年，葡萄牙王室留在巴西的摄政王宣布独立并成立巴西帝国。此后至1889年为巴西历史上的“帝国时期”。此时期，不列颠人在巴西先后创办两家银行，即伦敦巴西银行（London & Brazilian Bank）和巴西葡萄牙银行（Brazilian & Portuguese Bank）。两家银行组建于1862—1870年，早于文献中常说的“帝国主义时代”（1871—1914年）。巴西历史学者认为，这两家银行的创办代表了不列颠资本输出新时代的开始，即一方面增加对外投资，另一方面积极扩大直接投资。以前，不列颠人对外投资多为购买在伦敦市场发行的国际债券，而此后他们则更多地采取组建有限责任公司（LLCs）的方式去国外开展经营，这与本国和投资对象国（如巴西）的公司法调整有关。[②]

伦敦巴西银行于1862年组建时，股东以不列颠人为主，另有三位特殊股东，即奥斯曼帝国银行（Ottoman Bank）的巴西代表、纽约商人和巴西里约热内卢商人。该银行的经营特点是，资产业务以短期贷款和期票发行为主，负债业务（资金来源）除了认缴资本及其增长以外，主要是付息存款（此做法出于适应当地市场的需要，与不列颠本土银

---

① 此三点在许多国际金融教科书中皆有述及，知名金融史作家弗格森给予了简洁说明（尼尔·弗格森．《金钱关系》，唐颖华译，北京：中信出版社，2012年，第259页）。

② Carlos Gabriel Guimarães, “Foreign Direct Investment in Imperial Brazil and the Activities of British and Portuguese Banks”, in Bonin and Valério, eds. *Colonial and Imperial Banking History*, pp. 39 – 41.

行的惯例完全不同)。[①]最能看出该银行业务与巴西对外贸易具有密切关系的事例是，该银行虽仅在里约热内卢开设分行，但它可在巴西其他城市、伦敦、巴黎、汉堡、纽约以及葡萄牙、乌拉圭和阿根廷的首都等多地为其客户签发信用证。19 世纪巴西经济的特点是咖啡种植和出口。伦敦巴西银行和其他的外资银行及本土银行皆为此作出了贡献。

巴西经济增长和市场扩大给其他同类银行的加入提供了空间。1863 年诞生了与伦敦巴西银行几乎完全类似的另一家银行，即巴西葡萄牙银行。该银行仍以不列颠股东为主，7 名发起人中 6 名填报的地址皆在伦敦，仅 1 名在里约。[②]初始资本金也同样为 100 万英镑。两家银行的业务模式也十分接近（包括在巴西当地吸收付息存款）。很明显，巴西当时的出口导向经济相当繁荣。

1864 年伊始，巴西卷入一场与邻国巴拉圭的长期战争，资源大量耗费在军事冲突中。巴西不少本土商业机构和金融机构遭遇严重挫折，有的甚至倒闭。伦敦巴西银行和巴西葡萄牙银行分别进行了增资扩股和重组，后者甚至更名为里约热内卢英吉利银行(English Bank of Rio de Janeiro)，突出了其英资色彩。综观 19 世纪，研究者认为，这两家银行在巴西被视为外资银行，对于不列颠以及在较小程度上对葡萄牙而言，它们兼有“殖民地银行”和“帝国银行”的属性。[③]它们的最大作用是支持了巴西出口贸易，促进了出口导向经济的发展。

19 世纪最后 20 年至“一战”爆发，法德等国大银行进入奥斯曼帝国，在当地开展综合经营，直接投资开办铁路公司和工矿企业。外资主导的土耳其铁路主要连接安纳托利亚棉花和羊毛产地与海岸港口，而非连接内地粮食产地与消费城市。此种铁路布局使土耳其 20 世纪 20 年代从伊斯坦布尔进口纽约小麦价格为 5 美元/吨，但从安卡拉运来的小麦竟高达 8. 8 美元/吨。[④]当然，不能将国内经济发展的不平衡都归因于外资或外国金融机构，本国地理和历史因素往往也有重要作用。[⑤]

20 世纪国际经济学界的一个长期争论问题是，一国经济出口部门在一段时期的较快增长是否意味着该国经济发展的不平衡。或许像 19 世纪的巴西和其他一些国家和地区，因咖啡出口产业的快速扩张导致经济发展不平衡。但是，在加拿大，本土银行自始即积极支持当地木材出口产业，出口持续快速增长是 19 世纪加拿大经济发展的突出特点。但很少有人指责 19 世纪加拿大经济的不平衡发展。日本在 1880 年组建横滨正金银行，

---

① Guimarães，前引文，p. 43.

② Guimarães，前引文，Table 3. 2 p. 46.

③ Guimarães，前引文，pp. 52 –53.

④ Feroz Ahmad, *Making of Modern Turkey*, Routledge, 1993, p. 95.

⑤ 一位外国研究者 20 世纪 30 年代来华考察后说道：“华南面对外洋，而且久与海外发生重要的关系。这一半是因为南方沿海的都市，后路都被山脉所阻，而南向的海洋风平浪静，足以使人心向外。甚至现在，汕头的商人知道暹罗的事情比汉口的还多。厦门与马尼拉的经济关系，比厦门与天津的经济关系更加密切。”（雷麦.《外人在华投资》，蒋学楷、赵康节译，北京：商务印书馆，1962 年，第 9 页）。

其宗旨是开展国际金融业务，为日本企业海外贸易提供金融服务和支持。该银行后来多年的确为日本的出口扩张提供了极大的支持，为日本的出口部门成长贡献巨大。但是，人们很难认为像日本这样的国家，出口部门的较快增长即意味着经济发展的不平衡，抑或加入国际银行网络必定会引发经济结构的偏差。

跨境资金流动助长金融风险国际扩散

19 世纪是金融业在工业革命先行国快速发展的时期，也是史上第一次出现银行倒闭风潮的时期。在这之前，各国经济中从未有过如此多的银行，所以银行发生倒闭的风潮也属正常。但是，有两个新现象值得关注。一是本国金融市场行情有时会产生始料不及的国际效应，二是外国金融的动荡会影响本国银行业的安全。这些情况在 19 世纪上半期便已出现，在后半期的表现愈加突出。

1836 年是合众国第二银行 20 年营业执照的到期年份。该银行总裁竭力促使银行执照得到展期，但其政见却与时任合众国总统安德鲁·杰克逊大相径庭。两人之间爆发了一场被人们称为“银行战”的较量。在杰克逊总统的力推下，联邦政府出台了黄金货币化的政策。一是 1834 年通过法案，允许各种外国金币在经过成色鉴定后在国内合法流通，而且将金银比价确定得高于此前的水平。二是 1836 年颁布《硬通货公告》，在联邦土地出售中推行收取硬币且不收纸钞的做法。这两条措施抬高了金价，促使黄金从国外流向美国。在大西洋彼岸，英格兰银行为阻止黄金外流，于 1836 年夏两次提高利率（贴现率），导致国内银行市场流动性紧张，进而有地区性大银行因流动性不足而停业。[①]在不列颠金融市场出现利率飙升后，商业和金融风潮回旋到北美大陆，致使 1837 年美国遭遇严重金融危机。[②] 1836—1837 年美英两国先后遭遇金融危机，共同因素是两国之间的跨境资金（黄金）流动，而初始是由于美国黄金政策的调整（间接因素还包括“银行战”）。

1870 年以后，随着金本位制的扩散，更多国家加入对外金融开放和跨境资金流动的行列，金融风险的国际传递有增无减。1873 年 9 月 18 日，北美大券商杰伊·库克公司突然宣布倒闭，直接导因是该公司承销了一大笔难以脱手的铁路公司证券。很快，纽约等地出现银行挤兑、金价升水。英国因为及时提高利率而得以稳定国内金融市场。但在最初开始施行金本位制的德意志帝国，大量存款被储户提取。该国此前从法国获得大量黄金赔款，此时却眼见本国银行体系的黄金储备不断流失而束手无策。在欧美各国中，美德两个新实行金本位的国家受 1873 年金融危机的冲击尤为严重。

---

① 约翰·D. 特纳.《英国银行业危机：1800 年以来跌宕起伏的英国银行业》，杨培雷译，上海：上海财经大学出版社，2019 年，第 94－95 页。

② 杰瑞·马克汉姆.《美国金融史》（第一卷），黄佳译，北京：中国金融出版社，2017 年，第 181－182 页。

知名货币理论和历史学家米尔顿·弗里德曼等在其名著《美国货币史（1867—1960）》中，对1867—1960年美国历次金融危机的国内外关联均有详述。他这样刻画1882—1885年的情况："在经济紧缩阶段，资本流入的减少进一步加剧了价格和收入的下降。资本流入之所以减少，在一定程度上也是英格兰银行应对黄金流失所采取措施的滞后反应。另外，外国投资者对美国的铁路部门和金融管理丧失信心，开始质疑美国维持金本位的能力，相应地，这些投资者没有继续增加投资，而是减少了在美国的投资。1884年5月发生的金融恐慌应归咎于由于外国投资者抛售所持有的美国证券而导致的黄金流出。"①

实行金本位制的国家害怕黄金外流，因为黄金是国内通货的发行基础。只要黄金源源不断地从国外流入，国内经济通常即处于景气状态。但是，在遇到黄金外流时，如果本国通货（纸钞和银行存款）出现不稳定的情况，有中央银行的国家（如欧洲的英法德等），政策性利率（贴现率）通常会提高。但是，提高利率常常给经济运行带来不利影响，它使企业财务成本增加，尤其对已经背负较高债务的企业来说，利率上升可能给其致命一击。简言之，在金本位制货币体系中，跨境资金流动有时会与国内经济稳定运行构成矛盾。

上述矛盾关系可这样表述，即黄金流入则喜，流出则忧；但是，在金本位制下，由于实行开放的金融政策，一国无法让黄金只进不出。因此，黄金流动（跨境资本流动）时好而时不好，长久地困扰着有关国家的货币当局或中央银行。

中央银行缺少连续且稳定的合作机制

从另一个角度看，黄金流动关系意味着，在国际金融领域，各国中央银行开展合作属于"帕累托改进"，即"在不损害别人利益的条件下，至少有一方的利益可得到改善"，中央银行合作很可能带来多方皆赢（"双赢"）的结果。简言之，倘若黄金流出国可从流入国得到流动性支持，则前者或可避免金融危机；而这也相当于改善了后者（黄金流入国）的外部市场环境，使其免受外部负面冲击。当然，现实情况比此简述复杂得多。在19世纪，黄金流出或流入大多不经过中央银行（美利坚合众国在19世纪大部分时间没有中央银行），各国政府并不完全掌握黄金（包括白银）流动的信息。很多时候，贵金属仅仅是被持有人从银行体系中取出并藏于家中。在信息不充分的情况下，各国政府进行国际沟通和协调的成本极高，且不易达成协议，即便达成协议也难以持续。

19世纪是多边国际合作开始和发展时期。在涉及国际公法和私法的国际合作领域

---

①　米尔顿·弗里德曼和安娜·J. 施瓦茨.《美国货币史（1867—1960）》，巴曙松、王劲松等译，北京：北京大学出版社，2009年，第65－66页。

中，1815 年维也纳大会开启了先例。[①] 19 世纪下半期，国际金融领域中更出现过多次谋求多边合作的努力。1860 年，英法两国签订了旨在全面降低关税的《科布登—谢瓦利尔条约》（Cobden - Chevalier Treaty），为世界树立了自由贸易的一个范例。此后，考虑到币制问题已成为影响国际贸易发展的重要因素，拿破仑三世的法兰西于 1865 年倡议各国就币制问题进行协调。不列颠当时已采用金本位制，合众国正忙于内战后国内秩序的恢复，所以两国对法兰西的建议不感兴趣。普鲁士与奥地利正为德意志主导权而明争暗斗，无暇顾及法兰西主导的货币合作提议。但法兰西成功与比利时、意大利和瑞士达成协议，组建了拉丁货币联盟。[②]此后，趁着举办巴黎博览会，法兰西于 1867 年提议召开了国际货币会议（史称第一次国际货币会议），讨论了国际范围内银币与金币的挂钩问题，但会议的实际结果仅是小范围地扩大了拉丁货币联盟。此后，1878 年和 1881 年在巴黎又召开两次国际货币会议，主题是在金本位制已扩散的背景下如何稳定银价。1892 年在布鲁塞尔召开了第四次（19 世纪最后一次）国际货币会议，议题仍是如何稳定银价。与前两次一样，此次会议未取得实质性成果，国际金银比价继续完全浮动。四次国际货币会议的共同动机是防止因金银比价的波动而出现“不必要的”跨境资本流动。由于多数欧美国家在 19 世纪 70 年代已完成向金本位的过渡，后来的金银比价波动对它们的跨境资本流动的影响事实上已大为减少，其所遇到的跨境资金流动问题更多来自其他方面，如利率行情的变动以及国内金融机构的稳定。

在双边关系领域，19 世纪见证了许多国际货币金融合作。1825 年不列颠遭遇拿破仑战争结束后的第一场金融危机，英格兰银行亟须增多黄金储备以应对危机。为此，英格兰银行与法兰西银行进行了金银对换，前者以银换后者的金。彼时法兰西实行事实上的金银复本位制，而且法兰西银行的黄金储备“碰巧”相当充足。法兰西银行于 1836 年和 1839 年再次向英格兰银行提供黄金，其中一次且通过私人中介（罗斯柴尔德）完成交易。[③] 1846 年，法兰西农业歉收，为进口粮食花费了大量贵金属。为了补充贵金属储备，法兰西银行通过私人中介（巴林）向不列颠提出请求，后者此时按照 1844 年《银行法》的规定可接受外国证券作为资产，结果法兰西银行得到了价值 2 500 万法郎的银，而英格兰银行则得到了对应的法兰西政府 5 厘债券。[④]这桩交易很可能标志着现代中央银行资产构成中外汇储备的起源。当然，英格兰银行那时获得的法兰西政府债券，不是通过公开市场买卖，而是经由双边个案协商，此与 20 世纪或 21 世纪的流行做法有很

① Simeon E. Baldwin, “The International Congresses and Conferences of the Last Century as Forces Working Toward the Solidarity of the World”, *American Journal of International Law*, Jul., 1907, Vol. 1, No. 3 (Jul., 1907), p. 566.

② 巴里·艾肯格林.《资本全球化：国际货币体系史》，彭兴韵译，上海：上海人民出版社，2009 年，第 14 页。

③ Marc Flandreau, “Central Bank Cooperation in Historical Perspective: A Sceptical View”, *Economic History Review*, Nov., 1997, New Series, Vol. 50, No. 4 (Nov., 1997), p. 741.

④ Flandreau, “Central Bank Cooperation in Historical Perspective: A Sceptical View”, pp. 743 - 744.

大不同。

英法中央银行之间的合作几乎贯穿整个19世纪。1890年巴林因承销阿根廷政府债券失败而遭遇支付危机，被迫求助于英格兰银行。时任英格兰银行行长威廉·利德尔达尔（William Lidderdal，1889—1892年在任）将此事报告给财政大臣乔治·乔基姆·戈森，后者转而请求罗斯柴尔德。通过罗氏，英格兰银行很快从法兰西银行借到价值300万英镑的黄金，并从沙俄购入150万英镑黄金（由英格兰银行向俄出售财政券而得）。与此同时，此时英格兰银行将贴现率提高至6%。①

1907年美国纽约发生的金融危机影响多家金融机构，纽约一度发生银行挤兑。股价的暴跌使数家大券商和信托公司摇摇欲坠。当时美国金融市场已有投资者融资购买股票，因而稳定股价就具有稳定信贷进而稳定金融的战略意义。J. P. 摩根意欲通过合众国钢铁公司收购田纳西梅钢公司来提升股价，但须得到总统首肯以便日后不受司法部运用《谢尔曼反托拉斯法》的束缚。此意很快得到西奥多·罗斯福总统的同意，股票市场和银行市场随之企稳。同一周，《纽约时报》报道大西洋最豪华的邮轮从利物浦运抵价值1240万美元的黄金。②这些黄金得以输入，皆拜J. P. 摩根和塞利格曼等华尔街大投行与欧洲同行的安排。

综上所述，19世纪的国际货币金融合作具有几个特点。（1）多边的货币合作总体不成功（如四次国际货币会议），也不持续（如“拉丁货币联盟”）。（2）双边的货币金融合作以英格兰银行与法兰西银行为代表，但其合作并不遵从固定模式，也无明确规则，而且还经常通过第三方私人金融机构。（3）在美国，大型私人机构在影响和“管理”跨境资本流动上发挥了重要且越来越大的作用。（4）在世界范围，截至20世纪初，各国中央银行之间缺少连续、明确、固定的国际合作。

从几个大国来看，导致上述局面是由于：（1）不列颠作为当时领先的经济和金融大国，认为英格兰银行的贴现率调整虽有一定副作用，但正面作用强大，与其他国家签署体现“平等”原则的国际协议意义不大。（2）法兰西虽然抱有多边合作的意愿和提出过方案，但数次受挫后无力再予推进。19世纪后半期，尤其19世纪80年代后，法兰西在国际金融领域中更多采取双边性质的举动，而且更多掺杂地缘政治因素（参见下述）。（3）德意志帝国虽然认识到跨境资本流动的金融风险，但倾向于采取特别措施来应对。凯恩斯在“一战”爆发前的一本书中评价德国的货币金融政策，说其黄金储备不够多，其政策性利率（贴现率）的效力又不够大，实际上不时采取中止或限制黄金流动（支

① Sir John Claapham, *The Bank of England: A History*, Volume Ⅱ (1797 - 1914), Cambridge University Press, 1970, pp. 329 - 330.

② *New York Times*, November 9, 1907, p. 2. 转引自罗伯特·F. 布鲁纳.《1907年金融大恐慌：从市场完美风暴中吸取教训》，杨培雷、杨卓尔译，上海：上海财经大学出版社，2016年，第120页。在次危机期间，从欧洲运抵美国的黄金总量超过2100万美元。

付）的办法。①用今天的话来说，彼时德国采取了“低调的”资本管制措施。（4）直到1907年金融危机爆发，美利坚合众国行政当局和众多立法者始终对金融市场的自我纠错能力似乎笃信不疑，所以，美国不仅很少与别国有官方性国际合作，在国内也迟迟未组建中央银行（美联储）。

对19世纪的英法德美等国来说，至“一战”爆发前，的确从未经历严重程度如20世纪30年代大萧条那样的金融危机。而且，至“一战”爆发，在国际货币金融领域，虽鲜见多边合作，但却不乏双边合作，不合作或者反合作十分罕见（以竞争性贬值为例的反合作在20世纪30年代反倒成了一个普遍性问题）。可以说，19世纪至“一战”爆发，因从未遭受过严重的短期性问题的困扰，国际金融体系埋藏了未来必须解决的长期问题隐患。

主权债融资过程频遭政治干预，地缘政治与国际金融纠缠不清

马克思发表《资本论》第一卷时（1863年），地缘政治似乎不是影响跨境资本流动的一个重要因素。在马克思看来，资本由于逐利性太强而几乎丧失了国民性，他说：“荷兰在1701—1776年的主要业务之一就是贷放巨额资本，特别给贷给它的强大竞争者英格兰。现在的英格兰与美国之间也发生了类似的情形。”②然而，情况很快就发生了变化。

1870年普法战争后，不仅世界经济和国际金融领域出现一系列重要发展，世界政治和国际关系领域也有诸多显著变化。德意志帝国成了欧洲大陆最大列强，并竭力追求更大的发展空间，法兰西第三共和国发愤图强企盼东山再起，奥匈帝国和沙皇俄罗斯则不甘落后千方百计寻求自己的上升通道。美利坚合众国已是世界第一大经济体，在西半球和西太平洋频频作为。不列颠虽是世界第一大殖民帝国和领先金融国，但日渐需要不竭余力地维护自己的世界霸主地位。③在东亚，19世纪80年代后，日本作为后起之秀加入地区竞争。在亚洲大陆以及西亚北非，满清和奥斯曼土耳其两个传统大国日渐衰弱，沦为列强鱼肉的对象。在此背景下，政治与金融的关系变得愈加复杂。

一位德意志学者认为，19世纪末至20世纪初，在日趋激烈的地缘政治竞争中，金融或资本输出成了列强对外政策的“工具”（Instrument）或“杠杆”（Lever）。④尤其在列强争夺势力范围之处，其大型国际性金融机构都发挥了此种作用。这种看法得到普遍

① 约翰·梅纳德·凯恩斯.《印度的货币与金融》，安佳译，北京：商务印书馆，2013年，第15页。

② 马克思.《资本论》（第一卷），《马克思恩格斯全集》（第二十三卷），北京：人民出版社，1972年，第824页。

③ 1913年不列颠殖民帝国在全球的统治范围达3000万平方千米，人口4.5亿；法兰西殖民帝国的统治范围达1000万平方千米，人口5000万（Cassis, *Capitals of Capital: A History of International Financial Centres*, 1780－2005, p. 74）。

④ Born, *International Banking in the 19th and 20th Centuries*, p. 146.

认同。一位法兰西学者认为，至 20 世纪初，三大列强在奥斯曼土耳其各有金融代理，即巴黎利用帝国奥斯曼银行（Imperial Ottoman Bank），柏林利用德意志银行（Deutsche Bank），伦敦利用土耳其国民银行（National Bank of Turkey）。①帝国奥斯曼银行成立于 1863 年，总部设在君士坦丁堡，初始大股东为英法投资家，奥斯曼政府为小股东，后来法资成为实际控制人（该银行的增资扩股主要在巴黎交易所进行）。② 1870 年后，该银行大量涉足奥斯曼政府的债务重组和财政整顿事务，发挥了综合性商业银行（全能银行）和土耳其政府财务管理人的双重作用。不列颠外交部对法资在帝国奥斯曼银行中拥有过大影响深感不满，于是促成了土耳其国民银行的组建（1908 年），该行完全由英资控制。在世纪之交，欧洲至中东地区的铁路建设开始筹划，同时，土耳其及周边发现石油。欧洲列强围绕这些项目加剧竞争，金融机构和跨国信贷（包括主权债）成为重要杠杆。

满清中国同样如此。东方汇理银行为法国政府服务，德华银行为德国政府服务，为英国政府服务的则主要是汇丰银行。③ 1895 年甲午战争结束，中日签订《马关条约》，清政府向日本赔款。预见到清政府的经费需要，沙俄联合法国促使清政府向其借贷，俄法组成了清政府债券的国际承销团，沙俄政府为债券担保，使该债券面额利率低至 4 厘。借此，沙俄迫使清政府同意由它承建东北铁路并组建华俄道胜银行。为防止俄法两国取得过多特权，清政府只同意由两国承销《马关条约》赔款支付额的一部分（所谓“一期借贷”）。这样，后来由汇丰银行和德意志银行等机构组成的国际承销也取得了对清政府的贷款权（此谓“二期借贷”）。

德法俄三国关系在 19 世纪末的变化是地缘政治因素影响跨境资本流动的一大例证。1887 年前，德意志是沙俄最大的外资来源国，反映了此时期两国良好的外交关系。但自 1887 年，两国关系急剧恶化，俾斯麦首相当年决定禁止沙俄证券在柏林市场发行。然而，法兰西却十分愿意满足沙俄的融资需求。截至 1914 年，法兰西对外投资总额（450 亿法郎）中的 1/4（113 亿法郎）是该国持有的俄罗斯证券。④圣彼得堡的多家大银行和俄罗斯各地的大工业企业都有法资的影子。

美利坚合作国在世纪之交加入列强竞争，尤其在拉丁美洲开始实行扩张主义政策。此时，“金元外交”（Dollar Diplomacy）一词成了美国对外政策的流行词，尽管如何付诸行动常常引起争议。该词有两层含义：一是对外政策为国民的海外经济利益服务；二是本国海外投资应受对外政策的保护。但在实践中伍德罗 · 威尔逊总统（1913—1921 年在

---

① Cassis, *Capitals of Capital: A History of International Financial Centres*, 1780 – 2005, p. 135.

② 该银行的前身成立于 1857 年，1863 年转为英法与奥斯曼的合资银行。该行在伦敦和巴黎设有分行，1870 年后巴黎证券交易所向该行提供了新增资本融资，此后它的巴黎分行以及法资便在该行管理事务上占了上风（Born, *International Banking in the 19th and 20th Centuries*, pp. 120 – 121）。

③ Cassis, *Capitals of Capital: A History of International Financial Centres*, 1780 – 2005, p. 135.

④ Born, *International Banking in the 19th and 20th Centuries*, p. 122.

位）似乎有意降低对外政策的经济利益倾向，但在其任期内仍曾出兵海外保护美利坚的经济利益。①

人们在21世纪就如何看待大英帝国（不列颠殖民体系）与其对外投资的关系仍有争议。如果认为列强的对外投资受制于并服务于本国的对外政策，那么，其对外投资的地理分布理应与其对外政策（外交关系）对应。例如，不列颠帝国的对外投资应大部分投放在其殖民地。然而，在1870—1913年，殖民地仅占不列颠对外投资总额的一小部分。有数据显示，此时期“狭义的”殖民地——包括印度、南非和马来半岛等在不列颠对外投资总额中占比为16.9%；“广义的”殖民地——包括加拿大、澳大利亚和新西兰（三地之和为20.5%）在内，占比合计为37.4%。②后者虽多于前者，但也仅稍高于1/3。简言之，不列颠帝国对外投资的大部分配置在非殖民地区，而且其中很多完全是出于纯粹的经济目的，如投资在美利坚合作国（占比为20.5%）拉丁美洲（占比为12.8%）和欧洲大陆国家（占比为9.7%）。

还有研究者认为，相对法兰西，不列颠对外投资之所以较多投向了殖民地，一个重要原因是其殖民统治客观上推进了当地社会制度建设，包括增强法治、普及教育、促进信息传播，由此改善了投资环境，使外资和本土投资显著增长。③这种看法很容易被指“为殖民主义辩解”，但提出者却认为应区分“好的”与“坏的”殖民主义，尤其在跨境资本流动方面两者不可同日而语。④

争议实质涉及金融机构在跨境资本流动中决策的独立性，即它们是否对政府的意见和政府的对外政策言听计从。“一战”爆发前，美利坚投资银行界明显有两派，“扬基帮”和“犹太帮”。在涉及沙俄和德意志帝国等国际问题上，两派观点多有不同。日俄战争后，J. P. 摩根开始参与对俄证券融资，而属于“犹太帮”的库恩·洛布等倾向于对日证券融资。“一战”爆发至美国参战（1917年4月），协约国代表游说华尔街银行家组织银团贷款，库恩·洛布总裁雅各布·希夫表示反对，一分钱也不愿贷给沙俄，此举完全出于希夫对沙俄的犹太人政策的不满。⑤在20世纪20—30年代，一些美国银行家和企业家自行决定开展与苏联合作。

总之，19世纪和20世纪之交，随着列强的争霸愈演愈烈，它们对包括金融在内的

---

① Born, *International Banking in the 19th and 20th Centuries*, pp. 148－149. 美国海军陆战队于1915年进入海地并在1916年进入相邻的多米尼加共和国。

② 多丹等“全球化（1870—1914年）”，前引书，表1.4，第9页。此处还显示，殖民地在法兰西对外投资总额中占比为8.9%，在德意志帝国对外投资总额中占比为2.6%。

③ Niall Ferguson, British Imperialism Revised: The Costs and Benefits of “Anglobalization”, Development Research Institute Working Paper Series No. 2, Stern School of Business, New York University, April 2003.

④ 这方面更有影响的一篇文章是，Daron Acemoglu, Simon Johnson and James A. Robinson, “Reversal of Fortune: Geography and Institutions in the Making of the Modern World Income Distribution”, NBER Working Paper, No. 8460, Sept. 2001.

⑤ V. P. Carosso, *Investment Banking in America: A History*, Harvard University Press, 1970, p. 204.

各项事业的干预有增无减，在一些国家和地区之间的跨境资本流动受到了地缘政治因素的强烈影响。当然，经济因素在多数工业国之间的跨境资本流动中仍起主要作用。

国际经济和金融发展高度不平衡，后进民族颇感迷茫

国际金融和跨境资本流动在19世纪后半期至20世纪初出现大发展，但世界经济和金融发展的不平等问题却愈加突出。即便在工业化国家，有识之士也认识到金融发展在一定条件下会造成经济和社会发展的不平等问题。亨利·乔治（1839—1897）是19世纪下半期美利坚的社会活动家和政治经济学家，他在1878年初次发表的著作《进步与贫困》中将金融（资本运作和投资）与财富集中联系起来。他说，“当资本大量集中时，经常以专横和贪婪的手段进行腐蚀、掠夺和破坏，我希望引起读者注意的是，用上述手段取得的利润不要与作为生产要素之一的资本所取得的合法报酬相混淆。在进步社会中随着财富集中往往导致权力的集中”。[①]他认为，工商业萧条于1872年首次清晰地出现在美国，“而后以不同程度遍布文明世界。它主要由于铁路体系不适当地扩充，许多事情看来与此有关……在迅速建造铁路和工业萧条之间确实有一种联系。但凡懂得土地价值增加的意义和注意到建造铁路对土地投机影响的任何人都能容易地看到这种联系”。[②]他在此力图表达，铁路建设助长了土地投机风潮，因为铁路建设不仅需要占用土地，而且在线路建成后铁路附近土地的价值会发生变化。如此一来，越来越多的投机者参加土地买卖，大量社会资金卷入土地投机，进而转化为地租（级差地租，即那些位于优越地段的土地所有者所能得到的高租金）。与此同时，工人工资却长久维持在仅能勉强生活的最低点；[③]进而，收取地租的群体与工薪阶层的收入和财富差别越来越大，而且经济走势将不会稳定。亨利·乔治的思想引领了美国社会的进步主义运动。

当代研究者依据重新整理的历史数据发现，在19世纪的不列颠和美利坚，社会成员的收入和财富分配水平确有朝向不均等的趋势，20世纪上半期方才中止了此趋势。[④]也就是说，在国内层面，工业化和金融发展那时很可能起着拉大社会成员收入分配差距的作用，尽管同时推动着社会成员平均收入水平的上升。

在国际上，当代研究者在考察了十多个有历史数据的国家后认为，19世纪初至“一战”爆发，各国内部的收入分配不均等略有上升，而国家间的人均收入差别却显著上升。[⑤]这里所提到的“国家”指考察样本中的所有国家，包括当时已经参加和尚未参加工

---

① 亨利·乔治.《进步与贫困》，吴良健、王翼龙译，北京：商务印书馆，2017年，第177页。

② 亨利·乔治.《进步与贫困》，吴良健、王翼龙译，北京：商务印书馆，2017年，第246页。

③ 亨利·乔治.《进步与贫困》，吴良健、王翼龙译，北京：商务印书馆，2017年，第253页。

④ Peter Lindert, “Three Centuries of Inequality in Britain and America,” in Anthony B. Atkinson and François Bourguignon, eds., *Handbook of income distribution*, Vol I, Elsevier, 2000, pp. 167 –216.

⑤ François Bourguignon, and Christian Morrisson. “The size distribution of income among world citizens: 1820 –1990”, *American Economic Review*, 92 (September): 727 –44.

业化的各国。研究者分析后发现，在那些已经工业化的各国之间，人均收入水平出现了趋同趋势，如同前面说的利率趋同一样；而在工业化国家与非工业化国家之间，两组的人均收入水平则出现了离散趋势，即它们人均收入水平的国际差距在此时期不断拉大。①

如前所述，跨境资本流动总体上有利于各国利率水平趋同，但是，即便存在跨境资本流动，各国利率水平并非必然“自动地”趋同，因为各国金融市场和金融机构以及其他相关条件差别尚多，它们都会影响本国的利率水平以及跨境资本流动。与此同理，工业化和金融发展与各国收入水平趋同之间具有正相关性，但它并非必然出现在所有国家。

四、大战爆发与体系分裂

1870 年普法战争至“一战”爆发前，欧洲总体上处于和平时期。但自世纪之交，欧洲大国陆续卷入一些地区性军事冲突，比如 1898 年美西战争、1899—1902 年布尔战争（不列颠与南非荷兰人）和 1905 年日俄战争。此外，法德两国在 1904 年和 1911 年因摩洛哥问题两次发生对峙，而在 1912 年和 1913 年的两场巴尔干战争中欧洲列强更是剑拔弩张，频频示强。世纪之交至“一战”爆发的十多年中，欧洲虽然总体和平，但和平还是战争已成为欧洲的首要问题。

“一战”爆发后，交战国纷纷出台金融管制措施，国际贸易和跨境资本流动受到巨大冲击。战争给交战国带来了空前的经济和财政压力，战争融资凸显了各国经济和金融体制的特点和局限。战后，曾经覆盖全球的世界金融体系已瓦解，原已存在矛盾完全表面化了。

战争与和平问题中的金融

进入 20 世纪后，国际知识界对战争与和平问题的关注日益增多，民众的担忧也与日俱增。主流舆论中出现“战争不可避免论”和“战争无用论”。前者多为左翼思想家所主张，认为战争是现行经济关系和经济制度的必然后果，后者却认为各国经济的相互依赖性决定了战争无用，战争是人类的非理性行为。

在前者中，不列颠作家霍布森 1902 年出版的《帝国主义》很有代表性。在他看来，帝国主义的根本特征就是列强采取对外扩张和侵略性政策，而这种政策有其经济根源，即国内市场存在结构性缺陷，经济发展需要不断拓展海外市场。后来成为德意志社会民

① Peter H. Lindert and Jeffrey G. Williamson, “Does Globalization Make the World More Unequal?” in Michael D. Bordo, Alan M. Taylor and Jeffrey G. Williamson, eds. *Globalization in Historical Perspective*, University of Chicago Press, 2001, pp. 227 – 275.

主党理论家的奥地利人希法亭在1910年发表了《金融资本》，提出“金融资本”已在主要资本主义国家占据经济和政治生活的垄断地位，左右了国内政策与对外政策，各国之间的矛盾日益尖锐并且不可调和，战争在所难免。

罗莎·卢森堡（1871—1919年）出生于俄属波兰，大学毕业加入德意志社会民主党，投身于创建波兰党组织的事业。她1913年发表了《资本积累论》，提出了迥然不同于霍布森和希法亭的观点。卢森堡依据马克思《资本论》第二卷关于资本循环和流通的分析框架，力图论证剩余价值（或说剩余货物）在封闭形态的资本主义经济中无法实现。她的基本思路是，生产生产资料的第一部类资本家必须将剩余货物销售给生产消费资料的第二部类资本家，在简单再生产的条件下，两大部类之间的交换可完全实现，但在资本积累的条件下，很有可能发生第一部类用以交换第二部类的生产资料在数量上超过第二部类的可交换产品，这样，两大部类的交换就出现了“实现”问题。卢森堡据此认为，资本积累一定会遇到国内市场不足的问题，而且这并非源自工人阶级的消费不足。换言之，即使给工人增加工资，只要有资本积累，只要有扩大再生产，国内市场有限的问题就会出现。为此，资本主义经济增长必须寻求扩大国外市场，即到那些非资本主义的落后农业国去寻找市场。因此，殖民扩张成为决定资本主义各国竞争成败的关键因素。

《资本积累论》的观点在德意志社会民主党内引起争论，正统派人士著书予以系统化的批驳。后来，苏联的官方理论家也指责她的分析欠缺逻辑性。①但是，卢森堡的思想影响极大，它使人们相信，战争是资本主义经济制度内在矛盾的产物，是帝国主义国家追求自身经济利益行为的后果。几年后大战爆发，似乎证明了“战争不可避免论”的正确。罗莎·卢森堡与霍布森和希法亭都为世界范围的反资本主义、反帝国主义和反殖民主义运动提供了理论支持。

“一战”爆发后，两位俄罗斯思想家也提出了自己的见解，将战争归咎于帝国主义经济制度。尼·布哈林（1888—1938）在流亡奥地利和瑞士期间，于1915年完成了《世界经济和帝国主义》一书，列宁为其作序。该书提出“国家资本主义托拉斯”新概念，认为这是国家政权与垄断资本主义的结合，由此国家政权（政府）完全变成了企业家（资本家）的利益代表。②列宁写于1916年的《帝国主义是资本主义的最高阶段》这一著作虽然未使用该词语，但他在后来使用了“国家资本主义”一词，并使之广为流

---

① M.C. 霍华德和J.E. 金．《马克思主义经济学史（1883－1929年）》，顾海良等译，北京：中央编译出版社，2014年，第111－113页。

② 尼·布哈林．《世界经济和帝国主义》，蒯兆德译，北京：中国社会科学出版社，1983年，第101页。有学者认为，布哈林在此书中提出的“国家资本主义托拉斯”即等于“国家资本主义”（Fanny Coulomb，“The Evolution of the Economic Thought Confronted with World War I and the Reparations’ Issue”，in Fabrizio Bientinesi and Rosario Patalano，eds. *Economists and War*：*A Heterodox Perspective*，Routledge，2017，p. 33）。

传。大战期间，这两位革命家发表论著，促使反资本主义和反帝国主义的运动在俄罗斯从思想走向了行动。

但是，当时也有从各国经济关系的分析入手，却得出了迥然不同结论的人士。他们认为，即便从经济利益的角度出发，战争毫无可取之处，那种以为战争可增进战胜国经济利益的看法是“大幻觉”。不列颠人诺曼·安吉尔（1876—1967 年）曾久居欧洲大陆和美利坚，目睹了“一战”爆发前列强的紧张关系。其在 1910 年发表的《大幻觉》一书中认为，文明各国的财富以信用和贸易为基础，战端一启，信用和贸易立刻萎缩，无国能从战争中获利。他说，人们对宗主国“拥有”殖民地并从中获利存在误解。例如，英格兰“拥有”加拿大，但在加拿大市场上，瑞士商人凭借本事却将英吉利商人赶出，而瑞士并不“拥有”加拿大。①他还说，1871 年普鲁士从法兰西夺走阿尔萨斯—洛林，不过是改动此地的属名罢了，因为当地居民及其产权归属并未发生任何变化，德意志人民的福利水平并未因此而增加。②他还假设一种情况，如果德意志吞并荷兰，那么，荷兰商人则在与德意志商人的竞争中更有优势，因为前者进了德意志关税区，不再面临关税壁垒。③最后，如果发生极端的情况，侵略者将被占领地的人民赶走甚至消灭，那么，占领者也就失去了自己本已得到的市场，这等于商业自杀。④总之，从经济角度看，战争行为不可取，认为战争可带来经济利益是幻觉，和平才是经济道理所在。⑤

诺曼·安吉尔主张和平，《大幻觉》成了畅销书，但列强并不为之所动。⑥事实上，当时欧美社会的主流经济学家均反对战争主张和平。卡耐基国际和平基金会堪称典型。安德鲁·卡耐基在 1901 年将自己的钢铁公司卖给以 J. P. 摩根为首的银团，转而当上职业慈善家，并于 1910 年出资 1 000 万美元（按消费者物价指数计算相当于 2022 年的 3. 14 亿美元）兴办卡耐基国际和平基金会。该机构聘请哥伦比亚大学经济学教授、知名的边际主义学者约翰·贝茨·克拉克（1847—1938 年）出任经济和历史研究部主管。克拉克随即在瑞士伯尔尼举办大型国际学术聚会，邀请欧美知名经济学者参会，为“经济学如何能帮助实现世界的持久和平”而建言献策。⑦然而，如同安吉尔的《大幻觉》畅销书一样，经济学者的声音并未对当时的政治决策产生重要影响。

当代历史学者十分关注大战的起源问题，并花费大量精力研究各国经济利益与对外

---

① Norman Angell, *The Great Illusion*: *A Study of the Relation of Military Power in Nations to their Economic and Social Advantage*, 3rd edition, New York and London: G. P. Purnam's Sons, 1923, p. 35.

② Angell, *The Great Illusion*, p. 35.

③ Angell, *The Great Illusion*, p. 32.

④ Angell, *The Great Illusion*, p. 30.

⑤ 100 年后，尼尔·弗格森认真地批驳了安吉尔的观点，指出战争可带来税收的增加，安吉尔的观点才是“幻觉”（《金钱关系》，第 361－365 页）。

⑥ “一战”爆发和结束后，安吉尔继续从事和平事业，并于 1933 年获诺贝尔和平奖。

⑦ 鲍德温．“战争与经济学”，《新帕尔格雷夫经济学大辞典》（第二版），第 8 卷，第 623 页。

政策决策的关系。十分清楚的是，如果说钢铁公司和造船公司积极争取本国海军的订单，它们同样希望能得到船运公司的青睐，因为后者的订单量很可能远多于海军。[①]在金融领域，政府与私人金融家和金融机构的关系更加复杂。究竟政府是金融寡头的利益代表还是金融寡头成了政府对外政策的工具，抑或两者已经成为某种一体化的事物（犹如布哈林所说“国家资本主义托拉斯”）？人们从19世纪末至20世纪初法德俄三国错综复杂的三角关系中看到了所有这些情形，每一种说法皆能找到某种支持。[②]一个较为中肯的说法是，“国际银行家们处于一种自相矛盾的境地”。[③]如果承认金融家们与政府是两个群体，那就不得不承认后者对前者的影响要远大于前者对后者。如果金融家的首要目标是投资收益和利润，那他们则不会心甘情愿支持本国政府发动一场不会取得最终胜利战争的对外政策。

简言之，“一战”爆发前的各国金融市场与世界金融体系均存在诸多严重问题。一些大金融家和大型金融机构从事了与其身份不符的事情。但是，大战爆发的主要责任在于有关国家的对外政策。这些国家有意无意地助长国内民族主义情绪的蔓延，大搞军备竞赛，在国际关系中拉帮结派，对不顺从的国家实行武力恐吓政策。一些政府为了达到自己的政策意图，甚至竭力去控制本国所有的资源，包括左右本国金融机构的行为。总之，列强的内外政策在国内外两方面都引起了日益尖锐的矛盾，最终酿成失控的大规模国际冲突。

战时金融政策

“一战”爆发前，欧美多国实行“古典金本位制”，以金币为基本货币单位，纸钞与金币可兑换，黄金条块原则上可自由进出国境。大战爆发后，金币本位制受到冲击。银行储户不仅纷纷提取存款，而且要求银行支付金币。很快，不仅银行面临金币库存告罄，而且各国中央银行也感到黄金储备不足。大战爆发在金融上的第一波冲击就是各国纷纷中止金本位制的运行。

在各大中央银行中，英格兰银行黄金储备最少，它维持金本位制的压力也最大。1913年底，英格兰银行持有的黄金储备按市价为1.65亿美元，法兰西银行为6.79亿美元，德意志帝国银行为2.79亿美元，俄罗斯国家银行为7.86亿美元，合众国财政部为12.9亿美元。[④]在国际形势风声鹤唳之时，联合王国财政部和英格兰银行1913年才召集伦敦金融界研讨黄金储备问题并提出增加储备的建议，这些意见尚未付诸行动，大战便

① 詹姆斯·乔尔和戈登·马特尔.《第一次世界大战的起源》，薛洲堂译，北京：商务印书馆，2021年，第259页。

② 乔尔和马特尔.《第一次世界大战的起源》，第266－278页。

③ 乔尔和马特尔.《第一次世界大战的起源》，第282页。

④ Lindert, Key Currencies and Gold 1900－1913, Table 1, pp. 10－12. 该表还显示，英格兰银行黄金储备少于奥匈帝国银行（2.5亿美元）、意大利三大银行（2.65亿美元）和阿根廷政府基金（2.25亿美元）。

于1914年7月末爆发。[①]

英格兰银行作为一家发钞银行和联合王国银行体系的黄金储备管理者，在漫长历史中积累了应对金融危机（银行危机）的丰富经验。在18世纪的七年战争和反法同盟战争时期，英格兰银行暂停了黄金兑付并发行了小额纸钞，满足了社会的用钞需求。遇到黄金外流时，英格兰银行通常会立即提高贴现率，以利率工具促使黄金回流。大战爆发后，上述两个措施很快得到启用，英格兰银行以及联合王国政府力图展现“一切如常”的姿态。在发钞方面，财政部发行1英镑小额钞票。[②]在利率方面，英格兰银行将贴现率提高到10%（几乎是前所未有的高度）。但是，这些措施显然不够。

事后看，大战爆发给各国金融带来的是一场系统性金融危机。所谓“系统性金融危机”，指危机期间所有金融资产的价格都出现暴跌，系统风险全面爆发，此时投资者无法在证券市场的各板块之间或各种金融资产之间进行转换而寻求“避风港”。在寻常的金融危机中，政府债券通常被认为是安全资产，许多投资者会出售其他证券而买进政府债券。但在1914年7月下旬（此时联合王国尚未对德宣战），伦敦金融市场的投资者就已大量抛售统一公债，其市价从75.8英镑跌至69英镑，跌幅达8.9%。[③]统一公债以往长期被投资者视为安全资产，此时却变得如同风险资产。如果说那时还有“避风港”，则即金币或者黄金条块莫属。只有“真金白银”才被当作应对系统性金融危机的最后工具。

为应对金融危机，联合王国财政部、英格兰银行、伦敦股票交易所等许多官方机构和行业组织出台了诸多临时措施，包括所有票据（商业票据和银行票据）延期支付一个月，银行门店休息一周，证券交易所休市，中止“银行法”实施及金币兑换，英格兰银行扩大贴现窗口的业务范围，以及修订海事保险运行规则确保航运业在战时正常运转等。这些措施使各类债务人（包括企业、商贸公司、银行和证券公司等）缓解了立即支付的财务压力，这是政府部门在未大量增加直接流动性支持的条件下所能做的极限，极有利于避免私人部门和金融机构发生违约风潮。大多数银行在8月中旬恢复营业，尽管此时战火已开。

伦敦股票交易所在停业157天后于1915年1月4日恢复证券交易。主张尽早复市的人认为，如果不复市或者复市太晚，股票交易将大量转向场外，停市前的股票交易清算无法完成，政府新债券也将无法顺利发行并使战争融资受到不利影响。可见，股市复市

---

① 理查德·罗伯茨.《1914年金融大危机》，杨培雷、杨卓尔译，上海：上海财经大学出版社，2017年，第122－132页。

② 1914年底，包括财政部钞票在内的英镑现钞流通量为6100万英镑，不含财政部钞票的数额则为3160万英镑（B. R. 米切尔编《帕尔格雷夫世界历史统计》欧洲卷，贺力平译，北京：经济科学出版社，2002年，表G1，第831页）。

③ 罗伯茨.《1914年金融大危机》，表1.1，第17页。

具有重要的意义。1914 年 8 月大战爆发前后，世界各国（包括中立国和非交战国）的股市全都暂停，纽约股市于当年 11 月恢复（那时美国尚未参战），为最早一批复市。

“一战”前，联合王国是世界最大的债权国，法兰西居其次。大战爆发后，英法两国虽然先后恢复股市运行并维持了国内银行体系的基本稳定，但均面临财源不足的挑战。尤其对于法兰西而言，大量对外债权配置在交战国沙皇俄罗斯，其所需资源必须另外设法筹措。为此，法国与英国一样都在大战爆发后不久向美国提出融资请求。

英国因握有大量美国债券，大战爆发一度使英镑升值。1914 年 7 月末至 8 月初，在英旅行的美国人达 2 000 名，散布全球各地的美国人更多达 8 万。[①]他们在外旅行多使用美元旅行支票或类似汇票，但在战争爆发后纷纷遭国外机构拒收。美元随即出现贬值。此外，一笔在伦敦上市的价值 1 亿英镑的纽约市政债即将到期，美国（而非英国）遇到了黄金外流压力。如果英国的债权人大量抛售所持有的美国债券并将出售所得返回英国，那么，美元的贬值压力将雪上加霜。

在此背景下，一项涉及多方的国际协议在英美（也涉及法美）两国之间达成，由联合王国政府借入本国债权人持有的美国证券并向后者额外支付 0.5% 的利息，以此为担保通过 J. P. 摩根公司在美国发行国际债券，募集的资金用于在美国市场采购战争物资（包括军火和民用品），资金的支付结算也通过 J. P. 摩根公司等金融机构进行。[②]这样，钱款（黄金）不必往返大西洋两岸，而大量货物却可以源源不断地从北美输往不列颠。在这套复杂的交易中，爱德华·斯退丁纽斯（Edward Reilly Stettinius，1865—1925 年）脱颖而出。此君早年参与芝加哥交易所投机，加入一家商贸公司后当上总裁。战争爆发后加入 J. P. 摩根公司，负责贸易事务，组织美利坚企业为联合王国的政府采购供货并安排相应的物流和出口事项。斯退丁纽斯工作勤奋，将万千头绪的工作处理得井井有条，为英国增强战斗力作出了巨大贡献。德意志帝国陆军参谋总长鲁登道夫说，斯退丁纽斯一个人抵得上协约国的一支军团。[③]毫无疑问，金融和国际金融影响了战争的结局，下述各国战争融资也证明如此。

各国战争融资

第一次世界大战不同于以往的战争，它是工业强国之间的大规模军事冲突，战火遍及陆地、海洋和天空，大量前沿科技成果被投入战争中。大战惨烈地破坏各国的生命财产和经济资源。由此，如何为战争筹措资金（战争融资）便成了新问题。或者说，是老问题提出了新挑战。

---

① 杰瑞·马克汉姆.《美国金融史》第二卷，高凤娟译，北京：中国金融出版社，2018 年，第 71 页。

② 杰瑞·马克汉姆.《美国金融史》第二卷，高凤娟译，北京：中国金融出版社，2018 年，第 72 页。

③ 罗恩·彻诺.《摩根财团：美国一代银行王朝和现代金融业的崛起》，金立群译校，北京：中国财政经济出版社，1996 年，第 203 页。斯退丁纽斯的一个儿子在“二战”末期当上美国国务卿。

凯恩斯是思维敏锐的宏观经济学家。1939 年 9 月，纳粹德国入侵波兰后，他在报刊撰文就战争融资发表见解。后来，这些文章汇编为《如何支付战争开支》一书。其基本思想是，大规模战争期间，交战国最佳融资方法是“强制储蓄”，即公开的加税和政府暂缓偿还债务。[①]此种观点在经济学界引起很大反响，并对“二战”期间部分交战国的经济和金融政策产生影响。凯恩斯的这个看法基于对“一战”期间主要交战国战争融资方法的经验总结。他说，“一战”期间，不列颠给予国民的是纳税收据，法兰西是长期公债券，德意志帝国则是货币。对此，金德尔伯格认为，凯恩斯的说法并不准确，他列出的数字表明税收仅为英国战费的一半，尽管超过法国（14%）和德国（13%）。[②]关于“一战”期间主要交战国的战争融资，当代经济学家依据历史资料给出了精确的判断。就战债与战费的比例而言，他们的估算是，大不列颠占比为 81.3%，法国占比为 79.8%，德意志占比为 97.6%，美国占比为 71.4%。[③]但这些数字高度笼统，未能准确揭示各国战争融资的特点。

有研究者指出，各国战争融资有三个重要问题，即是否加税、向谁借钱、如何借钱。在加税方面，德意志帝国和法国在国内皆遇到困难。在德意志帝国，税权大部分在各邦手中，帝国政府缺少决策权，此情况在“一战”结束后才改变。在联合王国和美国，政府推出加税政策，征收所得税并提高税率，虽然是暂时性的。两国对债务融资的依赖程度得以有所降低。[④]这是主要交战国在战争融资上的第一个大差别。

在“向谁借钱”方面，协约国与同盟国差别甚大。协约国的英国和法国都向美国大量借款，其中法国还向英国借款，1917 年前沙皇俄罗斯则主要向法国借款。大战结束时，协约国相互间的对外资产负债地位相比以前变化巨大。美利坚合众国成了对外净债权国，1919 年它对协约国债权总额为 19 亿英镑。不列颠对协约国债权总额为 17.4 亿英镑，负债为 8.42 亿英镑。法国对协约国债权总额为 3.55 亿英镑，负债为 10.58 亿英镑。[⑤]而在同盟国方面，其能借到的外债十分稀少。大战刚爆发，德意志帝国威廉二世的私人金融顾问、汉堡银行家马克斯·华宝（Max Moritz Warburg，1867—1946 年）在北

---

① R. F. 哈罗德．《凯恩斯传》，刘精香译，北京：商务印书馆，1997 年，第 521 - 522 页。

② 金德尔伯格．《西欧金融史》，第 308 页。德意志联邦共和国经济史学者认为，税收支付了德意志帝国和法国战费的 1/7，以及英国和美国的 1/4（卡尔·哈达赫．《二十世纪德国经济史》，扬绪译，北京：商务印书馆，1984 年，脚注 2，第 11 页）。

③ Larry Neal, *A Concise History of International Finance: From Babylon to Bernanke*, Cambridge University Press, 2015, Table 11.1, p. 233. 此表汇集的数字来自 Broadberry and M Harrison, eds. *The Economics of World War I*, Cambridge University Press, 2005.

④ 金德尔伯格．《西欧金融史》，第 309 - 311 页。

⑤ 金德尔伯格．《西欧金融史》，表 16.4，第 323 页。

欧发行价值300万美元债券，数额甚少，却还行之不易。[①]另外，在同盟国阵营，奥匈帝国则只能向德意志帝国借款。[②]简言之，协约国与同盟国在外部融资资源（国际金融资源）上差别巨大，而这也影响它们内部融资的行为。

德意志帝国及奥匈帝国都面临国内税源不足和外部融资空间狭小的问题，面对战费的猛烈增长，它们只能最大限度依赖于国内融资，随之引出“如何借钱”的问题。“一战”爆发前，包括德国和奥匈帝国在内的欧洲国家中，证券市场已有很大发展，可为常规化的财政赤字债务融资提供支持。但是，证券市场的发达程度，德奥两国与英法两国有差距。“一战”爆发后，德奥政府债发行利率常为5厘或更高，而英法两国同类债券利率却可低至3.5厘。战时融资中，债券发行规模比发行利率更加重要，因为政府力图确保在规定的时间筹集到足够的资金。英法德奥各国一次发债规模多为上亿本币单位，相当于本国经济总量（GDP）的数个百分点，有时超过10%。如此大规模的债券发行，完全依照市场化发行方式（投资者自愿认购的方式），大战爆发后已难得到有效保证。鉴于此，包括法国在内的欧洲大陆国家都采取了向银行摊派发行的方式，即商业银行和储蓄银行响应政府号召，解囊认购政府债券。此种发行方式绕过二级市场，由政府直接向国内银行体系借款，政府债务和财政赤字由此得以“货币化”。这里，“货币化”的含义是，政府债券进入国内银行体系资产负债表中的资产方，其所对应的负债方主项目是存款，而存款是国内货币总量的一部分。如果政府债券的认购者是公众，则认购者通常会取出银行存款购买债券。在此种方式下，由于债券认购资金脱离了银行，政府债务未被“货币化”。简言之，政府债务是否货币化与债务发行方式有关。

政府债务货币化（面向国内银行体系发行公债）是否意味着扩大货币发行，主要取决于中央银行的制度设计和政策运作。“一战”爆发前，英法德奥各国的储蓄银行已将大量资金配置在公债上，此种做法并未带来扩大货币供给的效果。但是，“一战”爆发后，法德奥等国的商业银行也大量购入政府债券，并以此为抵押向各自的中央银行申请增加票据贴现，因而使货币供给有所扩大。更重要的是，如果由中央银行直接购买政府债券，那就等于向政府敞开了“钱袋子”，此时政府增发债券就等于扩大货币供给。“一战”爆发后，各国皆中止了金本位制，此时中央银行直接认购政府债券，不仅意味着扩大国内货币供给，也意味着增加纸钞发行，且是增加不可兑现的纸钞。当然，新增的货

---

① 金德尔伯格.《西欧金融史》，第312－313页。马克斯·华宝与其移民到美国的弟弟保罗·华宝曾在“一战”爆发前一段时间中努力促成德美金融的紧密联合以便挑战不列颠的金融中心地位（James Harold，“Lessons from the financial preparations in the lead – up to World War I”, in Stephen Broadberry and Mark Harrison eds. *The Economics of the Great War: A Centennial Perspective*, CEPR Press, 2018, pp. 51 –57）。这两位华宝兄弟与另一位20世纪知名金融家西格蒙德·华宝（1902—1982年）有亲戚关系，后者是尼尔·弗格森传记作品《顶级金融家》（阮东译，北京：中信出版社，2012年）的主角（该书译名为沃伯格）。

② 奥匈帝国于1914年11月和1915年7月分别在德发行6厘主权债合计5亿克朗（布哈林.《世界经济和帝国主义》，第122页）。

币供给很大一部分会留在银行体系内，因为政府开支会使用支票和汇票，而企业和事业机构相互开支时也会大量使用非现金支付工具。

过去有个不正确的看法，认为通货膨胀是纸钞（尤其是不可兑现纸钞）发行增多的结果。从国际比较的角度来看，纸钞发行增加多少或增长多快，并不完全决定通货膨胀的高低。

表 1 - 1 所举数据可资证明。“一战”期间，按消费物价指数（CPI）衡量，德意志帝国和奥地利（奥匈帝国的奥地利部分）的通货膨胀大大高于英法，但前者现钞流通额的增速却仅略高于后者。1914—1918 年，四国 CPI 年均涨幅从高到低依次为奥地利占比为 88.7%（1914—1917 年），德国涨幅为 32%，法国涨幅为 20.8%，英国涨幅为 18.9%；现钞流通额涨幅依次为德国涨幅为 55.5%，奥地利涨幅为 53.1%（1914—1917 年），英国涨幅为 50.3%，法国涨幅为 39.2%。简言之，现钞流通额增幅与 CPI 涨幅之间并不存在确切的对应关系。

表 1 - 1　1914—1918 年四国现钞流通额和 CPI 指数

年份	联合王国		法兰西		德意志帝国		奥地利	
	现钞流通额（亿英镑）	CPI 指数	现钞流通额（亿法郎）	CPI 指数	现钞流通额（亿马克）	CPI 指数	现钞流通额（亿克朗）	CPI 指数
1914	0.61	100	73.3	100	58.6	100	51.4	100
1915	0.90	124	122.8	120	83.6	125	71.6	158
1916	1.57	143	155.5	135	114.4	165	108.9	337
1917	2.06	176	198.5	163	182.5	246	184.4	672
1918	3.11	200	275.4	213	330.7	304	—	1163

注：此表的现钞流通额与金德尔伯格的《西欧金融史》表 16.1（第 311 页）不同。此处为宽口径统计数，例如，联合王国包括英格兰银行钞票和财政部钞票，德意志帝国包括帝国银行和其他发钞行的发行数。此处奥地利仅指奥匈帝国的奥地利部分。

资料来源：现钞流通额来自米切尔编的《帕尔格雷夫世界历史统计》欧洲卷，表 G1；CPI 指数来自 Maddison, Phases of Capitalist Development, Table E3, pp. 238 - 239。

德国战争融资方法的一大特点是，帝国政府发行大量短期债券，其中大部分由帝国银行直接予以贴现。这种方式无异于政府直接向银行透支，只是透明度不同。公众如果知晓这种情况，则对政府财力、银行体系和纸钞的信心都会受到不利影响。换言之，很可能正是此种特殊情况导致了战时德国（以及奥匈帝国）通胀率大大高于英法。值得指出的是，在国内层面，法兰西银行的做法与德意志帝国银行并无显著差别，但法国得到大量外援而德国却没有，这也是造成两国通胀差别的重要因素。

战争融资与战争成败的关系，在经济相对落后的两个交战国——沙俄和奥匈表现得十分明显。传统观点认为，该两国经济以农业为主，粮食自给能力强，而不列颠则依赖粮食进口。按理来说，开战后经济最易崩溃的应该是不列颠，而俄奥则能战至最后。[①]事实上，沙俄正是因为前线军队和后方工人出现食物匮乏而退出战争并爆发革命。造成战时沙俄粮食产量下降的主要原因是落后的农业经济制度[②]，而将食物供给全然寄托于传统方式则反映了该国陈旧的法律和金融体制。[③]奥匈帝国的情形与沙俄相似，虽然两国处于交战状态。沙俄于1917年10月爆发革命，退出战争，此事本应能极大地减轻奥匈的压力，岂料内部动乱接踵而来，它不得不先于德意志帝国退出战事。

协约国在东线失去了沙俄的支撑，而在西线得到了美国的加入。美国1917年4月正式参战，给协约国带来的不仅是军事力量，更有财力和物力。1917年5月至1918年9月，联邦政府分四次发行自由债券（Liberty Bond/Loan），利率在3.5%～4.25%，期限为15～25年，面额低至50美元。加上1919年4月发行的胜利债券（Victory Liberty Loan），美国政府与“一战”相关的债券发行合计超过200亿美元。[④]这些资金的用途十分广泛，除支付美军在欧洲战场的费用，还包括给予盟友的贷款和援助。按一位美国金融史著者的说法，“不列颠在1917年发现自己快要破产了”[⑤]。若未大量得到来自北美的金钱和物资支持，英国（以及法国）定难支撑至胜利终局。

联邦政府“一战”期间发行“自由债券”，借鉴了杰伊·库克在南北战争时的做法，在全国大做广告，直接销售给公众，当然，部分债券也出售给银行和其他金融机构。而且，大部分债券都允许交易，全国范围内很快就出现了正规的国债市场。研究者认为，“一战”期间美国国债发行和国债市场出现四大制度创新，一是引入发行拍卖制度（公开叫价出售），二是规范财政和债务资金的银行账户制度，三是建立联邦债务总额上限（未经国会批准行政当局不得突破债务限额），四是实行“定期而可预测的”国债发行规划。[⑥]“一战”结束时，美国联邦政府深切认识到，发达繁荣的国债市场对财政和债务管理具有重要意义。此后，美国联邦政府持续不断利用国内债券市场并延续至今。

政策和体制的分道扬镳

第一次世界大战常被称为总体战（Total War），即需要动员全社会资源以决胜负。各交战国政府都将打败敌国当作政策之最高目的，要求私人企业、金融机构和民间社会

---

① Stephen Broadberry and Mark Harrison, “The Economics of World War I: An Overview”, in Broadberry and Harrison (eds), *The Economics of World War I*, Cambridge University Press, 2005, p. 13.

② Andrei Markevich, “Russia in the Great War: Mobilisation, grain, and Revolution”, in Broadberry and Harrison eds. *The Economics of the Great War*, pp. 103－108.

③ Stephen Broadberry and Mark Harrison, “The Economics of World War I: An Overview”, in Broadberry and Harrison (eds), *The Economics of World War I*, Cambridge University Press, 2005, p. 13.

④ 杰瑞·马克汉姆.《美国金融史》第二卷，第78页。

⑤ 杰瑞·马克汉姆.《美国金融史》第二卷，第79页。

⑥ 肯尼斯·D. 加贝德.《美国国债市场的诞生：从第一次世界大战到“大萧条”》，林谦译，上海：上海财经大学出版社，2013年，第4－5页。

以全力配合。为此，政府在战时广泛介入经济事务，对银行、保险、证券交易和跨境资金流动等诸多金融事务订立新规则。欧洲大陆国家——无论协约国、同盟国抑或中立国对一些行业或重点企业实施国有化（美国也有对部分铁路线路的国有化措施），政府直接插手微观经济事务。在出现生活物质短缺的欧洲交战国，配给成了公众的常规生活方式。

在奉行自由主义的美国，参战也带来了经济政策的大调整。为协调军火采购而成立于1917年的“战事工业局”（War Industrial Board）拥有组织战事相关生产和物流的大权。为提高该机构的运作效率，威尔逊总统任命金融家伯纳德·巴鲁克（1870—1965年）担任主管。巴鲁克早年做糖业期货大获成功，后买入纽交所席位成为专职投机家，因在股市中单打独斗而被称为“华尔街孤狼”。自上任“战时工业局”，巴鲁克运用他自学而来的组织管理经验，不畏艰辛成功地完成交办任务。后来在“二战”期间他还接受罗斯福总统和杜鲁门总统的多项任命。①

人们常以为各国的战时政策是临时措施，战后便会撤销。的确，很多战时机构和措施在战后消失了。但是，战事发生在全球范围内工业化普及与世界经济和金融体系摇摇欲坠的背景下，战争已给人类社会造成难以磨灭的伤痕。面对国内社会动荡和国际局势的变化，各国对政治经济体制不得不作出重大调整。战争给世界带来了影响深远的变化，其中尤以政治层面的变化为最。

第一，确立普选制（Suffrage），取消选举权的财产资格限制并将之扩大到成年男女公民。在“总体战”中，各交战国政府皆不遗余力地号召男女老少奔赴战场或支援前线，战后必须“回报”民众，将选举权逐渐扩大到全体公民。

第二，左翼政党登上欧洲多国政治舞台，占据政治中心地位。这在德意志和联合王国表现突出。在德意志，1890年党禁法废止后，社会民主党（SPD）遂成为议会第一大党。德皇退位和“一战”结束之际，在社民党推动下，德意志共和国（史称“魏玛共和国”）成立，社民党人出任第一届首相。在具有工会运动传统的英国，工党1900年成立后，很快获得重要的政治地位。“一战”期间，工党成员首次进入内阁。1924年，首届工党政府产生。德意志社民党和不列颠工党都主张公有制，都反对传统的资本主义所有制。当然，英国工党政府还得等到“二战”结束才开始大规模国有化运动。

第三，大战中实力不支的沙皇俄罗斯成了当时国际体系中的“薄弱环节”，于1917年爆发十月革命，在俄罗斯造就了一个崭新政权，并在后来形成崭新的经济体制。十月革命是旧的世界经济体系和金融体系瓦解的开始，也是后来不断壮大的计划经济体制的

① 巴鲁克与美国政府的关系，很好地证实了苏格兰思想家亚当·弗格森1776年发表的一个观点：“由于公共防务的需要，所以政府成立了很多新部门，而人的才智也有了运用他们政府力量的最阔忙的场所。”（转引自克拉潘《现代英国经济史》下卷，姚曾廙译，北京：商务印书馆，1986年，第621页。）

政治缘起。

第四，极端思潮涌现，思想分裂成为20世纪的普遍现象。“一战”对传统思想观念产生巨大冲击，以往正统的信仰崩塌。思想出现“真空”，争夺人心的意识形态竞争由此启动。一方面，包括法西斯主义在内的各种崇尚暴力和激变的社会学说日渐流行；另一方面，普通百姓深切感受到现行社会经济体制的弊病，战前的放任自流体制和战时的国有经济体制等皆暴露出缺陷。民众对现状的普遍不满以及他们在思想上的易受操控，为一些政治家的快速崛起提供了土壤。20世纪由此成为一个政治变化跌宕起伏的时代。

“一战”结束时，凯恩斯作为经济专家接受联合王国财政部委派，参加巴黎和会。会议期间，他见证了各大国的狭隘自私以及美国总统威尔逊的无奈，未等会议结束便辞官而去。回伦敦后，他三个月即完成了遐迩闻名的《和约的经济后果》一书，严厉批评协约国在德国赔款问题上的政策立场。该书反映的是凯恩斯对战后世界政治经济秩序重建前景的悲观看法。凯恩斯不愧为严肃而深刻的学者，此后始终忧思“世界向何处去”。1924年和1926年他分别受邀在牛津大学和柏林大学讲演，两次皆为同一题目，即“放任自流（放任主义）的终结”。①

凯恩斯讲演表达的要义是，人类社会的基本矛盾是个人利益与公共利益的冲突。但是，社会经济已出现新事物可将两者加以协调，联合股份公司（合股公司）可算之一，英格兰银行即为一例。该银行股份虽为私有，而总裁的决策却很少单纯顾及股东们的利益得失。大企业和大金融机构的管理者不再受制于股东，走上了社会化的道路，国家社会主义（State Socialism）是一个优劣兼备的新事物；世界前途的忧患在于欧洲缺少手段，而美利坚缺少意志。②

回顾历史，凯恩斯的论述可被理解为，“一战”之后世界各国在经济和金融发展上开始了新追求，历史发展的轨迹已发生变动，国际秩序丧失了稳定，经济和金融的世界体系不复存焉。

---

① John Maynard Keynes, The End of Laissez - faire, 2nd ed. Hogarth Press, 1926. 该书有一简略版，其中译文载凯恩斯《劝说集》，蔡受百译，北京：商务印书馆，1962年，第236－243页。

② 在凯恩斯之后，美国金融史学者金德尔伯格提出，20世纪30年代世界经济大萧条的原因是，“不列颠没有能力继续发挥其世界经济体系的保险者的作用，而合众国迄至1936年又拒绝扮演这一角色”（金德尔伯格.《1929—1939年世界经济萧条》，第12－13页）。此说法近来被称为“金德尔伯格陷阱”。显然，凯恩斯早于金德尔伯格表达了类似看法。

上篇

地区和国别

［第二章］

工业化国家金融体制的演变

本书前卷概述了19世纪至20世纪初世界重要工业国（大不列颠、法兰西、德意志帝国、美利坚合众国、沙皇俄罗斯和日本）的金融体制演变进程。事实上，现代金融体制（体系）的一些重要成分却是最早出现在上述国家之外，例如，瑞典国家银行的创立早于英格兰银行，全能银行模式最早出现在比利时，组合投资基金原为荷兰的发明。无论在19世纪还是在20世纪，若干重要金融创新也是首先出现在一些小国。其间，不仅加拿大和澳大利亚的经济和金融由小变大，“袖珍国”瑞士在国际金融上甚至占据了举足轻重的地位。

一、各国金融体制的离散与趋同

从19世纪初起，工业革命扩散至欧洲大陆。至该世纪中期，欧洲殖民者将工业技术带到了加拿大和澳大利亚“新大陆”。在这些地区，银行和证券市场等金融新事物陆续出现，并在工业化建设中发挥了重要作用。

如同工业化先行国和大型经济体——大不列颠、法兰西、德意志、美利坚、沙俄和日本在19世纪的金融发展历程一样，本章简述的九个工业化国家在其金融发展历程上同样丰富多彩并具有鲜明的国别特征。

迄今为止，注重历史的经济学者提出了四种观点（“假说”）来诠释各国金融体制发展历史的差别。第一种观点是亚历山大·格申克龙（1904—1978年）的“政策决定论”。该观点专用于解释后进国家金融体制的特殊性，认为后进国家在追赶领先工业国的进程中，由于存在资源制约和社会条件的不足（“结构性障碍”），竭力采取“大推进”战略，倾向于组建全能银行，借以快速调动社会资源投入重点产业发展领域。①这个看法似乎可以解释为何奥匈帝国的金融体制与德意志帝国相似，但却未必能说明比利时与荷兰在金融体制上的差别。

第二种观点可称为“法制差别论”，强调各国法制传统的差别及其对金融结构演化的影响。该观点认为，法制传统的不同导致了对证券市场投资者保护程度的差别，以“弱保护”为特定的法制环境只能衍生出银行主导的金融体制。②此观点似乎有助于说明英美金融体制与德法的差别，但却难以解释加拿大与澳大利亚19世纪中期以来金融体制的差别。

第三种观点是“政治决定论”，它不同意以“法制”因素来解释各国金融体制的差别，因为法制传统一旦形成，便会持续几十年甚至上百年。其间，许多国家的金融体制已经发生了重要变化。③“政治决定论”认为，一国金融市场（尤其是证券市场）的发展多受制于政府的政策决策，而政策决策则受国内利益集团（压力集团）的影响。一般而言，一国的出口部门（及其政治代言人）支持对外金融开放；若一国出口产业得到快速发展并成为重要经济部门，它的政治影响力就会显著提升；而只要实行对外金融开放，证券市场就会较快增长。的确，20世纪70年代初布雷顿森林体系瓦解后，许多工业化国家陆续放松金融管制，证券市场在原相对不发展的国家中出现更快的增长。“政治决定论”似乎有助于说明20世纪80年代前后工业化国家出现的金融体制趋同倾向，甚至多少也适用于说明20世纪90年代“冷战”结束后全球范围内的经济和金融体制趋同动向。但是，纵观历史，许多工业化国家曾在同一时期采取贸易保护政策，但其金融体制却迥然不同（如19世纪末的美德两国）。简单地以“开放”或“保护”及其效应来看待各国金融体制的演变，似有局限性。

第四种观点是“市场分割论”，认为各国金融体制的演变主要由其金融机构在资金市场上的竞争以及资金（存款资金）的分流决定，而这是金融机构在已形成的社会制度和市场环境中自主行为的结果。④以19世纪欧洲大陆国家为例，合股大银行（全能银行或混合银行）的兴起都伴随两大趋势：一是政府大力扶植储蓄机构的成长，资金在存款市场出现分流（部分存款资金从商业银行转向储蓄银行）；二是中央银行在较早阶段开始承担“最后贷款人”职能，并为银行提供流动性支持，防止它们遭遇流动性危机的冲击。换言之，全能银行堪称制度环境的产物，而非格申克龙所主张的是政府金融政策的

① 亚历山大·格申克龙.《经济落后的历史透视》，张凤林译，北京：商务印书馆，2012年。

② Rafael La Porta, Florencio Lopez - de - Silanes, Andrei Shleifer, and Robert W. Vishny, “Law and finance”, *Journal of Political Economy* 106 (1998): 1113 - 1155.

③ Raghuram G. Rajan and Luigi Zingales, “The Great Reversals: The Politics of Financial Development in the 20th Century”, *NBER Working Paper* 8178, 2001.

④ Douglas J. Forsyth, and Daniel Verdier, eds. *The Origins of National Financial Systems: Alexander Gerschenkron Reconsidered*, London and New York: Routledge, 2003.

结果。本章简述的所有欧洲大陆国家，皆出现全能银行，但其后来的发展各异。而在加拿大和澳大利亚，19 世纪至 20 世纪前半期全能银行之所以缺位，是由于政府监管政策不允许其存在。

长期关注工业革命以来金融机构与经济发展关系的美利坚学者龙多·卡梅伦（1925—2001 年）主持了两项大型研究，综述了 19 世纪以来欧美日等多国（地区）的金融发展。[①]两项研究的基本结论是，金融在各国工业化进程中发挥了重要积极的作用（金融作用的“非中性”），但不存在普世的“最优金融结构”；金融机构的积极作用有时会被一国经济中其他消极因素抵消，一般而言金融的作用非同于宗教或政治机构（后者有时本身不发挥积极作用）；要想认识金融的作用，必须从历史角度进行考察（Historical Approach），此观点接近后来制度经济分析流行的“路径依赖”概念。

历史从来不是理论研究者的“真空实验室”，所有历史事件都发生在已形成的国内制度和国际关系背景下。倘若某国于某段时期在金融领域实行“放任自流”（Laissez - Faire）的方针（如形成“自由银行业”的局面），即出现了某种意义上的“真空实验室”，该国此后多会发生政策逆转。澳大利亚即为一例。

二、20 世纪前半期：奥地利（奥匈帝国）　意大利　荷兰　比利时　瑞士　瑞典　西班牙　加拿大　澳大利亚

依据各国在 20 世纪初的人口和经济规模，在此依次简述九个工业化国家从 19 世纪末至 20 世纪前半期（“二战”时期）的金融发展历程，重点是考察它们金融结构的特征及其来龙去脉。九国之中，西班牙在 20 世纪初并未完成工业革命。

奥地利（奥匈帝国）

在 20 世纪世界金融史上，奥地利令人瞩目之处是其最大银行（工商信贷银行）于 1931 年爆发危机，引起世界金融市场的震荡。奥地利工商信贷银行的破产与同时期美国众多中小银行的倒闭相呼应，是 20 世纪 30 年代世界经济萧条的重要因素。一位系统探究奥地利工商信贷银行事件的学者认为，导致该银行于 1931 年破产的原因可追溯到 19 世纪中叶。[②]

---

① Rando Cameron, ed. *Banking in the Early Stages of Industrialization*: *A Comparative Study*, Oxford University Press, 1967; Rando Cameron, ed. *Banking and Economic Development*: *Some Lessons of History*, Oxford University Press, 1972. 前书论及英格兰、苏格兰、法兰西、比利时、德意志、俄罗斯和日本；后书论及奥地利（奥匈帝国）、意大利、西班牙、塞尔维亚、日本、路易斯安那和合众国。但两书皆未论及瑞士、瑞典、加拿大和澳大利亚以及前述各国（地区）20 世纪初以后的演变情况。

② 奥雷尔·舒伯特.《1931 年奥地利工商信贷银行危机》，沈国华译，北京：上海财经大学出版社，2018 年，第 45 页。

19 世纪中叶是奥地利与普鲁士在德意志乃至整个欧洲大陆激争的时期。两国存在许多共性，人民皆说德语，商业文化接近，中世纪以来皆出现私人银行。两国于1857 年组建“奥地利—德意志货币联盟”（Austro - German Monetary Union），决定共同使用同盟塔勒银币（Vereinsthaler），此举多少算是 10 年后法兰西主导的“拉丁货币联盟”的榜样。更早时，奥地利和普鲁士均为拿破仑战争的胜利者，分享了法国的战争赔款，两国几乎同时开始工业化。显然，统一的德意志可以包括奥地利，但是，奥地利与德意志也存在重大差别。奥地利人多信仰天主教，而德意志北部和莱茵河流域的人多属新教。而且，奥地利的哈布斯堡家族绝无可能与普鲁士的霍亨索伦家族达成分享治权的妥协。1866 年的普奥战争终结了奥地利在德意志的影响力，促使奥地利转向东南方向的多瑙河中下游和巴尔干地区。1867 年，哈布斯堡王朝与匈牙利王国签署妥协协议，正式组建二元帝国体系，实则为一个邦联。奥匈帝国统治范围远超今天的奥地利和匈牙利，1913 年已拥有人口 4 800 万，在欧洲仅次于沙皇俄罗斯和德意志帝国。

奥地利于 1816 年组建奥地利国民银行。该银行虽名为“国民”，实则仅为皇室和政府服务，其发钞业务早期主要为大面额票据。19 世纪 50 年代前半期，奥地利皇室政府资助了国内大部分铁路建设，形成了国营铁路体制。但由于投资大部分来自预算，且预算增长缓慢，为加快铁路建设，奥地利政府在 1854 年开始私有化铁路，并对私人铁路投资承诺至少 5.2% 的年回报。[①]包括来自德意志的大量私人部门资金涌入奥地利铁路建设，其境内及邻近地区的铁路长度在 19 世纪 50 年代增长迅猛。为进一步改善国内资金供应状况，奥地利政府号召数家国际性大银行家（包括罗斯柴尔德家族的一个分支）合资组建一家大型银行，面向国内工商业客户，此为成立于 1854 年工商信贷银行（Creditanstalt Bank for Commerce and Industry）的由来。该银行募集资本金 6 000 万盾，规模远大于奥地利国民银行。[②]不仅如此，政府的意图自始即欲使之成为法兰西动产信用公司（Crédit Mobiliers）那样的综合性金融机构，从事吸收存款和长短期信贷，并且开展股权投资。1883 年，在奥地利 58 家重要银行中，13 家被政府认为是动产信用公司类银行（全能银行）。[③]

工商信贷银行成立后大力资助基础设施建设，成了像德意志银行那样的全能银行，对奥地利（以及奥匈帝国）经济在工业化景气时期（Gründerzeit）的快速发展贡献甚大。1870—1913 年奥匈帝国 GDP 年均增长率为 1.93%（略低于欧洲平均水平 2.15%），

---

① Richard L. Rudolph, “Austria, 1800 - 1914”, in Cameron, ed. *Banking and Economic Development: Some Lessons of History*, p. 38.

② Rudolph, “Austria, 1800 - 1914”, p. 38; Pieter M. Judson, *The Habsburg Empire: A New History*, The Belknap Press of Harvard University Press, 2016, pp. 231 - 233. 奥匈帝国 1892 年币制改革以克朗（Krone）取代了盾（Gulden），比价为 2:1；同时，克朗与法郎时价为 1:2.5；如此推算，6 000 万盾至少相当于 3 亿法郎或 1 190 万英镑（英镑与法郎比价为 1:25.22）。

③ Rudolph, “Austria, 1800 - 1914”, p. 38.

人均 GDP 增长率为 1. 14%（略高于欧洲平均水平 1. 08%）。[①]“一战”爆发前，奥匈帝国中的捷克等地工业化已达很高水平，但作为一个整体，奥匈帝国在欧洲经济发展中处于中等偏低地位，人均 GDP 虽高于俄罗斯，却大大低于德意志。

按当代研究者的看法，在奥匈帝国时期（1867—1918 年），两国实际组成了一个货币联盟，其特征有以下三点：（1）形成了统一的中央银行，由 1877 年成立的奥匈银行（ÖUB）取代以前的奥地利国民银行（ÖNB）；（2）两国财政各自独立，但皆采取扩张性方针以加快经济建设；（3）鼓励国内证券市场发展（维也纳交易所成立于 1771 年，布达佩斯交易所成立于 1864 年），借此为政府债务融资提供支持，但该市场总是担忧政府债券的信用风险。[②]随着奥匈帝国于 1892 年采用金本位制，以新铸金币克朗替代以前的银币盾（也称佛罗林或福林），奥匈银行遂转型成为中央银行。

19 世纪 60 年代最后几年，奥匈帝国境内出现许多新银行，多为上层人物创办，包括来自法兰西的外资银行。同其他欧洲国家一样，其银行种类日益繁多，包括抵押贷款银行、贴现银行、商业银行和储蓄银行等。[③]在合作银行领域，奥地利有专为富人提供金融服务的小型机构。但 19 世纪 60 年代后，德意志的合作银行概念 —— 城市的平民银行/大众银行和乡村的莱夫艾森银行传入奥地利并成为主流形式。与德意志不同，奥地利的合作银行直至 20 世纪 30 年代均属分散化发展类型，各家合作银行独立经营，互不联合。[④]

1918 年，奥匈帝国皇帝退位，境内多国宣布独立。奥地利经济很快陷入困境，尤其是早前的粮食供应国（匈牙利和乌克兰等）无法再按正常条件继续供货。奥地利出现超级通货膨胀后，国际联盟很快介入并协助进行财政整顿。原有的奥匈银行（ÖUB）被改组为奥地利国民银行（OeNB），取得了一家中央银行应有的货币政策独立性。新通货先令取代了旧币克朗。

奥地利许多金融机构都受到了帝国瓦解和超级通胀的冲击，大多勉强渡过了危机。在经营业务调整方面，工商信贷银行却是一个例外。该银行在奥匈帝国时期已将业务范围扩大到帝国全境的主要城市，帝国瓦解后它继续在那些已变成国外的地方开展经营。但是，1930—1931 年初，在欧洲经济衰退浪潮中，工商信贷银行的国外债务人大量违约，使银行资本金亏空殆尽，不得不宣布重组。对已呈衰退之势的奥地利经济来说，此

---

① 斯蒂芬·布劳德伯利和凯文·H. 奥罗克.《剑桥现代欧洲经济史 1700—1870（第二卷）》，张敏、孔尚会译，北京：中国人民大学出版社，2015 年，表 2. 2，第 28 页。

② Marc Flandreau, “The Bank, the States, and the Market: An Austro - Hungarian Tale for Euroland, 1867 - 1914”, Working Papers 43, Oesterreichische Nationalbank (Austrian Central Bank), 2001.

③ Thomas Barcsay, “Banking in Hungarian Economic Development, 1867 - 1919”, *Business and Economic History*, Vol. 20 (1991): 216 - 225.

④ Johann Brazda, Holger Blisse, and Robert Schediwy, “Cooperative Banks in the Austrian Banking System”, Simeon Karafolas ed. *Credit Cooperative Institutions in European Countries*, *Springer*, 2016, pp. 3 - 6.

事无异于雪上加霜。

20世纪前半期奥地利金融体制的最大特点是它的“银行—产业关系网”，即大银行与大企业之间相互持股和互派常驻董事，形成紧密及长期稳定的伙伴关系。[①]此与德意志的全能银行模式看似相同，但奥地利有其特点。首先，全能银行模式在奥地利更加突出，奥地利的大银行在本国金融体系中占据的地位高于德意志大银行，主要原因是储蓄银行和其他类型银行在奥地利的发展逊于德意志。其次，奥地利大银行和大企业对政府经济政策的影响力较大，两者都是社会经济中卡特尔化的重要推手。而在德意志，卡特尔化的主力军是产业联合会。简言之，奥地利经济中的垄断趋势强于德意志（20世纪初奥地利是“金融资本”概念发明者希法亭的故乡并非偶然）。最后，在危机四伏的20世纪20年代，奥地利大银行（尤其是工商信贷银行）的管理出现严重问题，不仅内部风险控制弱化，而且不时采用异常手段粉饰太平而掩盖问题。研究者认为，工商信贷银行爆发危机，固然有宏观和外部因素，但最重要的原因还是银行的管理失当。[②]

20世纪30年代初，欧洲一些国家出现严重经济衰退，这些地方很快发生了政治转变。希特勒的纳粹政党在德意志掌权后，对外扩张的一大步骤即是1938年3月吞并奥地利（希特勒出生于奥地利）。随之，奥地利国民银行被德意志帝国银行合并，奥地利通货先令被帝国马克所取代。由此，奥地利被纳入纳粹德国的经济和金融体制。

“二战”结束时，在同盟国占领军的促成下，奥地利脱离德意志成为独立的中立国，原有的经济和金融体制得以恢复。总体而言，奥地利金融体系一直具有鲜明的欧洲大陆特色，即银行长期占据主导地位，大银行的综合经营倾向十分突出，它们同时是国内证券市场上最重要的机构投资者。1999年，奥地利作为11个创始国之一加入欧元区。

意大利

意大利代表了欧洲中世纪金融发展的巅峰。至中世纪晚期，银行遍布意大利各地。但是，有一个传统说法是意大利银行家在17世纪遭遇了“灭顶之灾”，许多银行销声匿迹，人们甚至不再记载利率数据。[③]较新的看法认为，在1861年意大利统一前，亚平宁半岛以及西西里岛和撒丁岛皆有数目可观的私人银行家（私人银行），他们大多是个人企业（无限责任的商号），仅在一地开展经营，面向本地的富人和商业，[④]但它们不是现代金融机构。现代金融在意大利的诞生和发展始自1861年统一前后。

---

① Peter Eigner, “Bank – industry Networks: The Austrian Experience, 1895 – 1940”, as Chapter 5 inPhilip L. Cottrell, ed. Rebuilding the Financial System in Central and Eastern Europe, 1918 – 1994, Scolar Press, 1997, pp. 91 – 114.

② Eigner, “Bank – industry Networks: The Austrian Experience, 1895 – 1940”, p. 109.

③ 悉尼·霍墨、理查德·西勒.《利率史》（第四版），肖新明、曹建海译，北京：中信出版社，2010年，第540页。

④ Luciano Segreto, “Private Bankers and Italian Industrialisation”, in Youssef Cassis and Philip Cottrell eds. *The World of Private Banking*, Ashgate, 2009, pp. 179 – 181.

意大利的统一基本上是一个和平进程，缓慢而曲折。1861 年意大利王国成立时，一些地方尚未归属，另一些地方则基本保留原有的财政体制，中央政府的财权有限。这种情况极大地影响了新政权的货币统一进程和新货币（里拉）的币值稳定性。里拉与法郎的 1:1 比价最早由法属意大利王国（1805—1814）推出，后由统一的意大利王国继承。但是，直到 1893 年以前，意大利王国未能保持住里拉与法郎（以及其他货币）的比价。意大利在第一次世界大战虽为胜利的协约国一方，但里拉却严重贬值。“二战”末期，里拉贬值更甚。从 1861 年至 1980 年，里拉是欧洲各国货币中贬值程度最高之一，这反映出意大利的经济和政治以及中央银行体制中存在突出问题。

1861 年前后，不列颠已完成工业革命，拿破仑三世统治下的法兰西正在如火如荼地进行经济建设，普鲁士地区的工业化也蒸蒸日上。这样的国际环境给意大利各地的精英人士和后来的中央政府官员莫大的刺激，他们积极参照国际经验开展工业建设和推动金融发展，以英法德为标杆，尤以法德两国为鉴。至“一战”爆发前，意大利建成了包含多种新式金融机构和金融市场的现代金融体系，为工业化提供了必要的支持。

意大利金融发展在 19 世纪后半期至 20 世纪初至少有五个特点。一是外资参与了最早一批新式银行的创建；二是合作银行的发展得到宗教界（天主教）的大力支持；三是得益于历史传统和地理位置优势，米兰一跃成为意大利的金融中心；四是真正的中央银行诞生于实行金本位制之时；五是与其他欧洲大陆国家一样一度流行全能银行。

意大利统一前，西北部皮埃蒙特毗邻法兰西，与法经济关系紧密；东北部威尼托（原属威尼斯共和国）在 1815 年维也纳会议后划归奥地利，与奥匈帝国以及德意志经济关系密切；南部则与西班牙关系密切。由于拿破仑三世支持了意大利独立，法资成了意大利独立后最早、最大规模进入该国的外资，尤其在银行领域。法资银行首先进入皮埃蒙特，后至罗马及其周边地区。佩雷尔兄弟的动产信用银行在意大利设立分支机构，竭力照搬其在法兰西的经营模式。[①] 19 世纪 60 年代至 80 年代中期，意大利不仅引进了若干家法资大银行，而且在巴黎证券市场大量发债。然而，两国经济关系在 1887—1898 年遇到挫折，爆发了关税战。此时，德资银行进入意大利，连同来自瑞士和奥匈帝国的金融机构，意大利再次出现外资银行浪潮。包括德意志在内的中欧金融机构主要活跃于威尼托地区。

合作银行是意大利从德意志引进的概念，尤其受莱夫艾森银行模式的影响。意大利该类型的机构最早出现在 1883 年，被称为“农村银行”。教皇利奥八世在 1892 年发布“新事物”（Rerum Novarum）通谕，呼吁采取行动打击“敲骨吸髓”的高利贷，维护社会团结。许多教会和教士行动起来，在各地组建合作银行（“农村银行”）。19 世纪末全

---

① 金德尔伯格.《西欧金融史》，第 154－156 页。该书认为，20 世纪 60 年代出现了意大利“第一波外资年银行浪潮”。

国合作银行数目接近900家，其中775家与天主教会有关。[①]与合作银行携手同进的还有储蓄银行。1913年，合作银行、储蓄银行和邮政储蓄机构在意大利金融机构资产总额中占比高达28%，[②] 高于同期英法的水平，在欧洲大国中仅次于德国。意大利合作银行于1892年后的中央银行（意大利银行）结成了紧密合作关系，前者成为后者的地方代表。[③]

合作银行在意大利于两次世界大战期间经历一段独特插曲。1922年法西斯主义在意大利兴起后，竭力控制像合作银行这样的基层金融机构。法西斯党在各个合作银行安插党棍，排挤原有经理人员以及会员代表，由此引起公众从合作银行大量提取存款，不少合作银行因此关门。[④]

近代早期以来，意大利许多城市皆有商品交易所，但它们很少涉及证券交易。意大利统一后，各城市竞相争做全国性的金融中心。由于商业文化历史传统和地理位置优势，米兰脱颖而出。在商业金融历史传统上，中世纪以来米兰就是伦巴底人的聚居区。在地理位置方面，米兰位于从意大利翻越阿尔卑斯山前往欧洲腹地的必经之路。此外，米兰在皮埃蒙特与威尼托之间，恰好在意大利繁荣两翼的中间地带。更重要的是，早先依靠政治势力而创立并快速发展的数家金融机构在总部迁移罗马后，因1893年的金融危机且未得到新组建的中央银行救助而倒闭，驱使其他多家幸存的大金融机构陆续迁往米兰。[⑤]截至20世纪初，意大利政府债券和大银行股份在米兰交易所上市，有些同时在巴黎交易。米兰成为意大利证券交易中心和金融中心，而与罗马无缘。这在一定程度上与那时意大利政治体制集权倾向不足有关。此为意大利有别于英法德的一个地方。

意大利王国国民银行与意大利王国于同年成立，但它不是唯一的发钞行，且对其他发钞银行并无监管权。该行是股份制银行，高管由股东选举产生。多家发钞行并行的局面延续到1893年。在此期间，意大利频发货币兑换危机。意大利里拉自1861年起原则上是可兑换金银的通货（纸钞/银行券），但经常徒有虚名。为维持里拉的可兑换，意大利需要从国外大量借款。意大利货币体系的不稳定，与其中央银行制度的缺陷和财政体制的分散化密不可分。

1892年堪称意大利金融危机之年，当年一家大银行（罗马银行）因经营不善而巨额亏损。有政治家希望意大利王国国民银行出手相救，但遭到众多议员的反对。为避免再

---

① Ivana Catturani and Maria Lucia Stefani, "Italian Credit Cooperative Banks", in Simeon Karafolas ed. *Credit Cooperative Institutions in European Countries*, Springer, 2016, p. 150.

② 雷蒙德·W. 戈德史密斯.《金融结构与发展》，浦寿海、毛晓威、王巍译，北京：中国社会科学出版社，1993年，表D-14，第478-479页。

③ Alessandro Polsi (translated by Donald A. Bathgate), "The early development of universal banking in Italy in an adverse institutional context, 1850-1914", in Douglas J. Forsyth and Daniel Verdier eds. *The Origins of National Financial Systems: Alexander Gerschenkron Reconsidered*, Routledge, 2003, p. 106.

④ Catturani and Stefani, "Italian Credit Cooperative Banks", p. 151.

⑤ 金德尔伯格.《西欧金融史》，第159页。

遇“道德—政治危机”，意大利国会通过“1893 年银行法”，将王国国民银行改组为意大利银行（Bank of Italy），发钞银行由 6 家减为 3 家，且开始实行定额发钞制度。各发钞行统一贴现率，建立储备金制度（一定限额内的外币可充当储备），意大利银行的高管由政府任命。①此外，银行可从事普通的商业银行业务，付息吸收存款，发放 6 个月期限内的贷款。很明显，1893 年《银行法》存在缺陷，并未严格限制中央银行与商业银行之间的业务竞争，对中央银行关于维护里拉的可兑换性职责的规定十分模糊，关于票据的规定也含糊其辞而为后来的超额发行埋下隐患。里拉直到 1902 年之前才实现可兑换。②

19 世纪 60 年代后，进入意大利的法资银行带来了全能银行模式，后来的德资银行也有同样倾向。19 世纪 90 年代，意大利银行体系中至少有 3 家大银行可称为全能银行，即商业银行（Banco Commerciale）、意大利信用银行（Credito Italino）和意大利动产信用银行。其中，动产信用银行未能渡过 1893 年危机，清算后由罗马银行（Banco di Roma）接替。另两家全能银行在 1907 年金融危机的冲击下也遭挫折。总的来说，19 世纪 80 年代至 1907 年是全能银行在意大利的“黄金时期”。③

全能银行既从事多样化金融业务，又在全国各地开设分支机构的大银行，在意大利也被称为“混合银行”（Mixed Banks），总部均设在米兰。动产信用银行倒闭几年后出现另一家全能银行，即米兰银行公司（Società Bancaria Milanese），1904 年后改名为意大利银行公司。④全能银行大量投资于包括铁路在内的基础设施（意大利于 1905 年实行了铁路国有化）和大型工业项目，与大企业（合股大公司）保持紧密关系。意大利“混合银行”之外还有其他类型的银行，包括地方性的商业银行、贴现银行和私人银行等。一些私人银行从事普通商业银行业务，也持股工业企业。⑤

两次世界大战之间，法西斯主义在意大利的兴起给银行体系带来重要影响。第一，如前所述，在法西斯势力干预下，合作银行的发展势头受阻。第二，法西斯主义鼓励发展地方储蓄银行。值得注意的是，两次世界大战期间，意大利参照德意志经验，组建中央储蓄银行。第三，政府打压大银行，并对全能银行进行了重组，还将新的信贷政策强加于银行体系（参见下述）。1925—1936 年，大银行在意大利各类银行资产总额中占比

---

① 米歇勒·弗拉迪阿尼、弗兰克·斯宾里尼.《意大利货币史》，康以同译，北京：中国金融出版社，2019 年，第 106 页。

② 1902 年里拉实现了事实上的可兑换，但当局彼时未公开宣称实行可兑换（Bank of Italy：History，参见 https：//www. bancaditalia. it/chi - siamo/storia/index. html）。

③ Polsi，前引文，p. 108.

④ Segreto，“Private Bankers and Italian Industrialisation”，p. 196 - 199.

⑤ Segreto，“Private Bankers and Italian Industrialisation”，Table 10. 3，p. 200.

由 23.7% 降至 20.6% 。[①]私人银行的数目从 1924 年的 141 家减少至 1936 年的 42 家。[②]第四，法西斯主义提升了意大利银行在全国金融体系中的地位，使其垄断了发钞业务。1926 年颁布的法令取消了拿波里银行和西西里银行的发钞权，意大利首次实现发钞统一。第五，实行"强势里拉"政策，推动里拉升值。"一战"结束前后，里拉出现严重贬值。法西斯势力上台后，推动意大利重返金本位并提高里拉的金价（里拉升值的经济后果之一是意大利陷入通货紧缩）。但是，意大利 1936 年入侵埃塞俄比亚并遭国际制裁，里拉随后即贬值。总的来说，法西斯政府在货币和金融领域中的诸多整顿措施为它争取民心作出了一定贡献。

在世界经济衰退的阴影下，意大利于 1930 年发生信贷危机，一些重要金融机构摇摇欲坠。为稳定金融市场和经济，意大利银行（中央银行）出手救助多家信贷机构，其向三大全能银行（混合银行）提供的信贷在 1932 年多达全国纸钞流通总量 57% 。[③]仅仅利用中央银行稳定经济并非法西斯政权的思路。经济危机初发时，意大利法西斯政权就开始构建独具特色的反危机和求增长的经济金融政策方针，与传统市场经济指导思想分道扬镳。1931 年意大利政府组建大型控股公司"意大利信用院"（Istituto Mobiliare Italiano，IMI），由多家公共金融机构联合出资，以中央银行贷款为条件接收其贷款对象即混合银行持有的工业企业股份（"债转股"），初期目的是防止这些股份被廉价出售以及有关企业退出市场，后来也将持股对象企业当作发放中长期贷款（投资）的对象。但是，"意大利信用院"的投资行为被认为过于保守，难以满足意大利快速发展的需要，意大利政府两年后决定成立另一家且规模更大的国有控股机构，即"工业复兴院"（Istituto per la Ricostruzione Industriale，IRI）。该机构得到意大利政府的担保，通过发债获得经营资金，在成立之初的 1933 年就持有意大利所有合股公司 21.5% 的股份，持有意大利全部电话公司资本的 83% 和航运公司资本的 55.9% ，此外，还控股三大混合银行。[④]政府组建"工业复兴院"时称该机构为临时措施，却在 1937 年宣布其为永久性经营机构。至此，法西斯统治下的意大利形成了新的金融运行框架，长期融资与短期信贷分离，两大国有控股公司（"意大利信用院"和"工业复兴院"）以及其他指定的专门信贷机构负责长期融资，所有银行则负责短期信贷，意大利银行（中央银行）终止所有普通商业银行业务，仅承担"银行之银行"业务（票据再贴现）。此为 1936 年"银行法"

---

① Polsi，前引文，Table 5.4，p. 113.

② Segreto，"Private Bankers and Italian Industrialisation"，Table 10.4，p. 203.

③ Peter Hertner，"Modern banking in Italy"，in Manfred Pohl，ed. *Handbook on the History of European Banks*，Edward Elgar，1994，p. 570.

④ Hertner，"Modern banking in Italy"，p. 571.

所绘制的框架。[①]意大利银行此时被国有化，中央银行的自主性降至意大利历史上最低点。[②]

当然，对意大利经济和金融发展而言，最大的不幸是墨索里尼当局在“二战”中站在历史的对立面。意大利在“二战”末期遭遇严重通货膨胀，对战后的经济和金融发展带来影响。

荷兰

荷兰在近代早期有过辉煌的金融发展成就，但在18世纪后逐渐黯然失色。就自身缘故而言，荷兰经济自17世纪末以来发展停滞不前，缺少同时期英格兰经济那种多样性和生生不息的内外互动性。就外部环境而言，英格兰和法兰西的海外殖民事业后来居上，在18世纪后的国际贸易竞争中更是力拔头筹，将擅长香料贸易的荷兰甩至其后（茶叶、糖和咖啡等新大宗商品的贸易量后来远超香料）。既然荷兰不再是国际贸易发展的先锋，其紧密服务于贸易的金融也就不再具有显赫的创新性（荷兰在18世纪上半期作出的一大金融创新是创建组合投资基金，参见第六章第五节）。荷兰学者说：“大约从1780年起，荷兰从贸易和银行业的领先地位，回落到与其规模更相称的地位，从此满足于跟随国际发展，而不再是引领国际发展。”[③]当然，早就发家致富的荷兰人比其他西欧民族多了一份保守。

18世纪末和19世纪初，在法兰西大革命前后，荷兰数次发生动乱和政权更替。原来的阿姆斯特丹银行奄奄一息，股票交易所时开时停，荷属东印度公司正在垂死挣扎。1815年维也纳会议后，欧洲列强策划创建荷兰王国。[④]荷兰王国成立后即参照英格兰银行和法兰西银行的做法，于1816年组建尼德兰银行（De Nederlandsche Bank，中文也称“荷兰银行”）。这是一家公众认股的合股公司，主要职责是整顿纷乱的流通币市场，像当年的阿姆斯特丹汇兑银行那样负责制定荷兰银币盾的铸造规格并竭力维护其市场价值，在票据和纸钞（银行券）逐渐流行的背景下从事贴现或现金兑换业务。但在它成立后的半个世纪，尼德兰银行并不是真正意义上的中央银行。1865年荷兰通过的《银行法》，要求尼德兰银行建立全国性的机构和通信网络，即在阿姆斯特丹以外的其他城市设立分行，将金融服务遍布全国，方使之成为名副其实的全国性银行。而且，随着荷兰

---

① 弗拉迪阿尼、斯宾里尼.《意大利货币史》，第177页；瓦莱里奥·卡斯特罗诺沃.《意大利经济史：从统一到今天》，沈珩译，北京：商务印书馆，2000年，第316－319页。

② Bank of Italy：History，参见 https：//www. bancaditalia. it/chi－siamo/storia/index. html。

③ 马基林·哈特、乔斯特·琼克、扬·卢滕·范赞登.《荷兰财政金融史》，郑海洋译，上海：上海财经大学出版社，2022年，第95页。

④ “荷兰王国”的正式名称是“尼德兰王国”（Kingdom of the Netherlands），此名称沿用至今。但是，“尼德兰”一词本意是“低地”，包括比利时和卢森堡在内。1815年尼德兰王国成立时，比利时和卢森堡的确在其管辖范围内，直至1830年。故此，1815—1830年有时也称为“尼德兰联合王国”时期。

在19世纪70年代过渡到金本位制，尼德兰银行开始承担为国内银行体系管理黄金储备的职责，具备了现代中央银行的基本特征。当然，尼德兰银行自诞生之日起便具有管理政府债务并通过贴现业务促进政府债券可流通性（市场性）的职责。

银价跌落是荷兰转向金本位制的主要原因，并决定了荷兰的币制转向是一个渐进过程。荷兰长期以银铸币，尼德兰银行的储备以银为主。但在19世纪70年代后，国际市场上出现银价跌落，使尼德兰银行储备资产的市场价值减少。为维护自己的资产负债表，尼德兰银行不断增加黄金储备，相应减少白银储备。这样，黄金在国内货币市场渐成主导货币，而白银则自动从市场上减退。事实上，尼德兰银行仅铸面额为10盾的金币供应市场，而且铸造量不足，在市场上实际流通的交易媒介是纸钞（银行券）和各种非现金支付工具。对此，荷兰学者认为，那时荷兰实行的是“金块本位制”（Bullion Standard）不同于金币本位制（Coin Standard）。①

荷兰的银行体制演变也是渐进的。除政府开办的阿姆斯特丹银行、尼德兰银行和米德尔堡汇兑银行等，专业银行机构在荷兰出现至迟在19世纪中期。此前，荷兰各省会城市皆有一两家现金管理公司，主要业务是钱币兑换、证券零售、小额信贷发放等，多由个人经营，规模不大，鲜有接受存款。②此外，一些荷兰大商人至少从18世纪开始就兼营一些银行业务，包括跨境支付和贸易信贷等。在荷兰早期私人银行家中，霍普公司（Hope & Co.）最著名。该公司与英格兰的巴林商号类似，主要从事商品贸易，间或涉足大宗国际金融交易。在拿破仑战争时期，霍普公司曾与法兰西金融家合作，后者安排将西班牙政府在墨西哥的白银运往北美，后由霍普公司协助转换成汇票用于西班牙给法兰西的战争赔款。在拿破仑战争结束后的几年中，霍普公司又与巴林公司联手，在伦敦和阿姆斯特丹等地推销法兰西政府债券，筹款为后者支付战争赔款。

荷属东印度公司在第四次英荷战争（1780—1784年）中遭到重创，1796年被国有化，1799年解散。荷兰王国成立后，政府于1824年组建了一家新的国际贸易公司（荷兰贸易公司），它是一家合股公司，经营地域包括印度尼西亚和加勒比荷属殖民地。它的商业化程度高于前东印度公司，为收购农产品向殖民地的种植者和小经营者提供预付款，后来还向农产品下游企业（纺织和制糖企业等）开展抵押贷款、信托投资和股权融资等多种形式的金融合作。截至19世纪70年代末，各种预付款占了荷兰贸易公司总资产的20%。③18世纪中，一家在苏格兰的企业（不列颠亚麻公司）本来是单纯的贸易企业，后来转成一个拥有多家分行的大型商业银行。荷兰贸易公司的事例与此类似，只是其从事的是国际经营，且始终以贸易为主业。

---

① 哈特、琼克、范赞登.《荷兰财政金融史》，第99页。
② 哈特、琼克、范赞登.《荷兰财政金融史》，第100页。
③ 哈特、琼克、范赞登.《荷兰财政金融史》，第102页。

如果将普通商业银行理解为吸收付息存款并发放贷款的专业机构，那么其在荷兰的出现的确较晚。荷兰在19世纪初出现一个机构名为“卡萨联盟”（Associatie Cassa，也可译为“现金联盟”），主业为代人托管现金，收入以佣金为主（2/3），兼有贷款收息（1/3）。该机构不给存款客户付息，大量存款现金事实上被锁入保险柜。[①]有研究者认为，存款业务在18世纪和19世纪的荷兰之所以不发达，可能与当时荷兰证券市场的发展有关。荷兰证券市场一直有很高的流动性，买卖股票和政府债券都十分便易，每时每刻买家和卖家众多，还有制度化的快速成交工具。人们若需现金产生收益，可径直前往股市进行投资。

与此相对应，荷兰很多机构都提供票据贴现业务，有些机构在19世纪中期进而发展成为专业化的贴现公司或贴现银行。早前，票据多由商业企业基于其个人信用（商业信用）发行，而当它们被专业金融机构接受并成为可流通（流转）的票据时，金融信用便诞生了。后来，金融机构发行的票据与日俱增，金融信用普及起来。尼德兰银行成立之初就开展票据贴现业务，政府债券持有人可随时兑换现金，客观上减少了人们对其他存款机构的需求。[②]

1848年，西欧多国发生动乱和革命，荷兰却在此时进行了一场自上而下的君主立宪改革，政治变得相对开明。此时距工业革命在荷兰启动不久。继比利时之后，荷兰的铁路建设始于19世纪30年代末。19世纪50年代中期后，法兰西佩雷尔兄弟的动产信用银行概念传入荷兰，当地上层人士提出了创办本土动产信用银行的计划，尼德兰银行和荷兰贸易公司皆准备投入大量资金成为股东。但是，荷兰政府未批准大型投资计划，而获得批准的较小规模的新机构（全能银行）却皆未能取得成功。[③]原因很简单，希望获得长期融资的企业无须通过动产信用之类的中介机构便可径直前往证券市场。即便对于普通企业，19世纪中期的荷兰证券市场已可提供高效而便捷的融资服务，而且融资规模的门槛很低（低至50万盾）。1855年前后，荷兰铁路公司通过由私人银行家、证券交易商和经纪人组成的银团募集超过5 000万盾的长期资金。[④]显然，一国在工业革命兴起之前是否存在一个发达和繁荣的证券市场是其是否出现全能银行的关键因素。换言之，证券市场是全能银行的最大竞争对手。

19世纪最后40年，大量新型金融机构在荷兰涌现。最早的一家合股银行（股份制商业银行）创办于1861年。截至1913年，荷兰形成五大商业银行并存的局面。它们大

---

① 哈特、琼克、范赞登.《荷兰财政金融史》，第102－103页。

② 哈特、琼克、范赞登.《荷兰财政金融史》，第102－104页。尼德兰银行贴现业务的普及和重要性被认为体现了当时（19世纪前半期）荷兰金融体系中“头重脚轻的结构”（第104页）。

③ 哈特、琼克、范赞登.《荷兰财政金融史》，第115页。

④ 哈特、琼克、范赞登.《荷兰财政金融史》，第115页。1900年荷兰国民收入17.9亿盾（见表2－1），若按2.5%年均增长率倒推，1855年荷兰国民生产净值约为5.9亿盾，即该集资额相当于当年荷兰国民收入的8.5%。

量吸收付息存款，在各地设立分行，向客户发放短期贷款，显然具有英式银行的风格。

信用社和合作银行也是在此时期进入荷兰。农村地区的合作银行几乎完全采用了德意志莱夫艾森银行的模式，而且参照其经验建立了全国连锁网络。按宗教派别划分，荷兰分别有“中央农业合作银行”和“中央莱夫艾森银行”，前者隶属天主教会，后者隶属新教教会。①

至20世纪初，荷兰形成了现代金融体系，基本特征是拥有多样化的金融机构和金融市场，既高度开放且坚持市场导向，又有中央银行给予一些特定金融机构（如储蓄银行和合作银行）一定政策扶持。表面上看，荷兰现代金融体系的基本特征与其他工业化国家似乎并无差异。但是，如果审视荷兰主要金融机构的行为及其在金融体系中的地位，即可发现荷兰与他国的重要差别。以下依据表2－1荷兰银行业的资产构成来概述荷兰金融体系在20世纪上半期的特点。②

表2－1　1900—1940年荷兰银行业资产总额构成　单位：%

年份	1900	1913	1923	1933	1940
（1）中央银行	25.4	15.7	17.9	17.8	24.6
（2）商业银行	36.2	44.9	48.5	36.6	32.0
（2a）五大商业银行	17.4	22.7	23.3	18.0	17.6
（3）储蓄和农业银行	16.1	17.5	16.0	25.0	24.3
（4）抵押银行	22.3	21.9	10.7	16.2	11.1
（5）转账服务	—	—	7.3	4.4	8.1
总资产（亿盾）	10.9	23.2	64.4	66.5	72.2
总资产/国民收入	61	83	122	138	123

注：原表中的储蓄银行、邮政储蓄银行和农业银行此处合并为一类（3）；原表中1918年和1928年数此处略去；（1）～（5）行合计数为100.0。

资料来源：哈特、琼克、范赞登《荷兰财政金融史》，表6.2，第128页。

第一，中央银行（尼德兰银行）在全国金融体系中占据显著地位。在表2－1中，中央银行在荷兰银行业资产总额中占比在20世纪初高达1/4，后来虽有所下降，但在1940年以前从未低于13%。在英德等国，该指标在19世纪末和20世纪初从未超过10%。荷兰中央银行这种显著地位，并非由于其业务范围广泛（在许多非欧洲国家，中央银行或国家银行在本国金融体系中占据显著地位主要因为它们大量兼营普通商业银行甚至非银行业务）。荷兰中央银行的显著地位主要因为其票据业务和世纪之交涉足的外

① 哈特、琼克、范赞登．《荷兰财政金融史》，第123页。

② 就金融机构而言，表2－1覆盖范围不够全。戈德史密斯在《金融结构与发展》中的表D－18（第485－486页）中显示1913年荷兰人寿保险公司资产3亿盾，金融机构资产总额在24亿－25亿盾。显然，表2－1与戈德史密斯数据的差别就在于人寿保险公司。

汇业务，这两项都是荷兰经济发展的历史特色，其商业发达并以贸易立国。从另外一个角度看，票据业务的普及恰是荷兰社会中信用充分发展的反映。

第二，商业银行在荷兰银行（金融）体系中虽占有重要地位，但并非“独霸天下”。在20世纪上半期，商业银行在银行业资产总额中的占比最高时接近一半（1923年），但在多数年份中仅略高于1/3。五大商业银行的资产份额仅在部分年份稍高于1/5，多数年份却低于此水平。20世纪初，荷兰人口超过500万，大大小小的商业银行却多达300家，可见那时在荷兰商业银行领域，机构相当分散，集中的情况并不突出。

第三，受政策保护的储蓄银行和农业银行在20世纪上半期持续增长，成为荷兰银行体系中的重要角色。储蓄银行和邮政储蓄银行概念来自英国，农业银行（莱夫艾森银行）来自德意志，但它们都很好地移植于荷兰金融土壤，表明荷兰的金融文化与其他欧洲国家相当亲近。如果考虑到人寿保险公司同时期的显著发展（参见74页脚注②），显示荷兰金融体系明显出现了社会资金从商业银行分流的趋势。

第四，抵押银行是荷兰金融的传统特色，但其重要性随商业银行的发展而在20世纪上半期出现下降。1900—1940年，抵押银行在荷兰银行业资产总额中占比从22.3%降至11.1%，虽然绝对额继续保持增长（从2.4亿盾到8亿盾）。

第五，转账服务（Giro Transfer/Giro Banking）作为一种跨机构合作机制，创立后得到快速增长，反映了市场化环境中相互竞争机构开展互利共赢的合作。现代金融系统中的转账服务（Giro）19世纪起源于欧洲大陆，是在不同银行之间、银行与非银行金融机构之间、邮局网点之间以及邮局网点与非邮局网点之间相互建立代理关系，以非现金方式为客户传送资金。在如此安排下，正在转账系统中的资金不属于此环节中的任何一家机构，因此它们在表2-1中被单独统计。转账服务是包括荷兰在内的欧洲银行业的一大特色，在20世纪上半期已极为成熟。

从19世纪到20世纪，荷兰对外金融关系的一大变化是由过去单纯的“财务投资人”转变为一个“战略投资人”。荷兰对外证券投资始于17世纪，到18世纪荷兰已成为世界最大的国际投资人。19世纪继续见证了这一趋势。当然，19世纪最后30年是英法德等国对外投资增长更加迅猛的时代。相比这些欧洲列强，荷兰黯然失色。但是，就对外投资与国民资产的比率而言，荷兰无疑为全世界最高，1895年达到了28%（当年荷兰对外投资存量为24亿盾），1910年荷兰对外投资达到28亿盾（与国民资产的比率为21%）。[①]若按4%年收益率估算，这些投资一年可产生回报1.12亿盾，相当于荷兰国民收入的4.6%。

新变化是，随着荷兰大企业的成长，它们逐渐增加了对外直接投资，而且在增长速度上超过了传统类型的证券投资。直接投资在荷兰对外投资存量中的占比，1900年为

① 哈特、琼克、范赞登.《荷兰财政金融史》，第115页。

20%，1938 年升至 56%。[①]知名荷兰公司诸如皇家壳牌、飞利浦和联合利华等是对外直接投资的主体。

荷兰在第一次世界大战中保持中立，未受到直接攻击，使它成了逃难的国际资金“避风港”。正因如此，大战期间荷兰经济和金融市场维持了相当高的热度，有的银行甚至由于过度扩张，在战后遭遇困难。19 世纪最后 30 年新兴的港口城市鹿特丹是荷兰加速工业化时期的明星。鹿特丹联合银行成立于1911 年，恰逢新一波工业建设热潮。该银行借鉴德意志全能银行的做法，大量发展与工商企业的伙伴关系，与大企业交叉持股和相互董事任职。1921 年，鹿特丹联合银行的分支机构开始显露风险，个别小银行遭遇挤兑。虽然此时尼德兰银行已有所行动，但它的反应不够迅速，主要原因是它对鹿特丹联合银行的问题了解有限。1924 年银行危机全面爆发，尼德兰银行在荷兰政府的支持下完成了对危机银行的救助和整顿，这是尼德兰银行第一次发挥其“最后贷款人”的作用。鹿特丹联合银行危机是荷兰建国400 年来唯一一次典型的银行业危机，[②]它给荷兰银行业的稳健经营敲响了警钟，也锻炼了中央银行的金融监管能力。此后，当 20 世纪 30 年代大萧条和金融危机蔓延至欧美之时，荷兰竟未受危及。

荷兰在“二战”时期未能有“一战”时期的幸运。纳粹德国的铁蹄于 1940 年粉碎了荷兰的中立，并在占领期间大肆掠夺荷兰的经济资源。但是，军事占领并未破坏荷兰的基础制度，其经济和金融在战后很快得到恢复。

比利时

相比荷兰，比利时是个年轻的国家，但在金融发展上堪称后起之秀。有学者认为，比利时是“欧洲的驾驶舱”（Cockpit of Europe），意指该国虽小，却为欧洲大陆国家的工业化提供了很多教益。[③]比利时与荷兰原本“一家人”，16 世纪末荷兰闹独立后比利时继续受西班牙王朝的统治。1794—1814 年法兰西大革命和拿破仑帝国期间，比利时受法兰西所统治，持续 20 余年，法语由此成为该地区的通用语言之一。1815 年拿破仑战争结束后，比利时与荷兰在欧洲列强的安排下合并为尼德兰联合王国。1830 年，比利时不满合并而独立，很快得到列强承认。比利时此时已是一个积极奋发有作为的民族，全力推进工业建设，经济发展水平直追荷兰。图 2－1 显示比利时和荷兰 1500—1990 年人均国内生产总值（固定美元值 GDP）。1500 年，比利时（875 美元）略高于荷兰（761 美元）。100 年后，已获独立的荷兰（1381 美元）高于仍在西班牙统治下的比利时（976 美元）。200 年后（1700 年），“黄金世纪”尾声的荷兰几乎是比利时的两倍（2 130 美

① 哈特、琼克、范赞登.《荷兰财政金融史》，第 135 页。

② 哈特、琼克、范赞登.《荷兰财政金融史》，第 144 页。

③ Cameron, ed. *Banking in the Early Stages of Industrialization*, p. 129.

元对1 144美元）。但是，1820 年后，比利时人均 GDP 开始快速上升，至 1870 年与荷兰相差无几，至 1914 年则超过了荷兰（3 923 美元对 3 686 美元）。在整个 20 世纪，比利时与荷兰一直是比翼双飞。比利时对荷兰的赶超发生在 19 世纪，是工业化时代后进赶超先行的事例。比利时人多信奉天主教，而荷兰人多信奉新教，可见宗教不再是一个重要相关因素（天主教对待许多世俗事务的态度在 19 世纪发生了重要变化）。19 世纪中叶前后，比利时实行君主立宪制，社会经济政策总体上趋于开明温和，这是它在 19 世纪能够后来居上的重要原因。

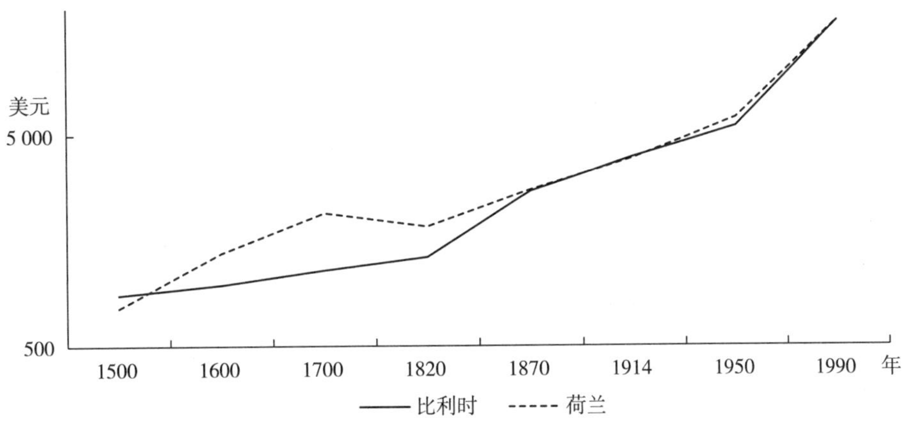

图 2-1　1500—1990 年比利时和荷兰人均国内生产总值

（资料来源：麦迪森. 世界经济千年统计［M］. 53-56，表 1c.）

比利时在 19 世纪上半期为世界金融发展作出了两方面贡献：一是在欧洲最早组建全能银行（1830 年比利时通用公司）；①二是在 1850 年组建颇具特色的中央银行（比利时国民银行）。比利时的铁路建设始于 1835 年，在欧洲大陆仅晚于法兰西，早荷兰 4 年。比利时之所以能在欧洲率先推出全能银行经营方式，直接原因至少有三点：（1）工业革命在不列颠将近完成，铁路和蒸汽机车等新技术的可应用性大为提高（比利时第一条铁路建设完全照搬不列颠技术）；（2）19 世纪 20 年代开始的比利时工业革命带有浓厚的“自上而下”色彩，国王不仅个人出资组建新机构，而且亲自筛选投资项目和制订建设方案；（3）经济建设急需大量人才和资金，但当时国内供给明显不足，因而集中化方式在此时优于分散化方式。在西班牙统治时期，比利时曾有发达繁荣的商品交易市场，但后来日渐衰落。在尼德兰联合王国（1816—1830 年）和后来的比利时王国，其国内金融市场发展远逊于荷兰。金融市场的不发达是组建全能银行（通用公司）并使之开展混业经营的重要原因。此外，在 19 世纪中叶比利时工业革命的中期，在新兴产业多

① 该公司被研究者称为“世界上第一家合股投资银行”（Cameron, ed. *Banking in the Early Stages of Industrialization*, p. 131）。

样化发展之前，许多行业容易出现垄断。对此，具有官方背景的全能银行比普通的商人或创业者更容易取得政府授权，甚至得到特许经营权。

比利时通用公司成立于1822年，其后大量投资与铁路和有轨电车相关的煤矿开采、钢铁、机械等产业。1830年比利时独立，由原荷兰国王参与组建的通用公司险些因政治缘故被解散。虽然该公司得以存留，但比利时新政府于1835年组建了另一家金融机构，即比利时银行（Banque de Belgique）。它也是一家全能银行，大量投资工业企业，与通用公司形成竞争关系。在19世纪中叶，这两家全能银行在比利时并驾齐驱，助力比利时跻身19世纪工业化领先行列。[①]

德意志帝国的全能银行与工业伙伴（如德意志银行与西门子公司之间）的关系大体平等，比利时则不一样，很多时候，比利时全能银行是工业企业的发起人和主要投资人，因而也是工业企业的核心决策人。换言之，工业企业实为比利时全能银行的子公司或分支机构。19世纪末以前，以通用公司和比利时银行为代表的全能银行控制了比利时多半的现代工业。20世纪30年代以前，比利时工业中的许多企业重组皆由一家或数家全能银行定夺。全能银行几乎完全控制了比利时工业的命脉。

但是，随着工业化深入和国内外经济相互影响，比利时金融业在19世纪后半期至20世纪初发生了几个重要变化。

第一，全能银行界内部变化剧烈。比利时银行集团受1876年和1885年金融危机的冲击而倒下，资产被重组，主要后继者为布鲁塞尔银行（Banque de Bruxelles）。此后，通用公司集团在比利时经济和金融体系中的地位进一步上升，同时，出现若干家新的全能银行。通用公司集团在1880年后比利时金融业中的快速发展，归因于一方面不断组建新的分支机构，另一方面并购其他金融机构，尤其是针对市场变化大力开展吸收存款业务，而且在世纪之交响应国王利奥波德二世的对外政策在国际市场上积极扩张。

第二，得益于政府政策支持，储蓄存款银行保持快速增长。20世纪前半期，按狭义口径，比利时的银行主要分为四类：（1）通用公司；（2）其他全能银行；（3）商业银行；（4）存款银行。1913年，狭义口径存款银行的资产额为4.23亿比利时法郎，占四类银行资产总额的13.7%，而在1930年，同一口径存款银行的资产额为19亿比利时法郎，占比下降至5%。[②]但是，按另一项统计，储蓄银行在比利时金融机构资产总额中的占比从1880年的10.1%上升至1913年的21.9%，且在1948年仍为14.3%。[③]而且，在

---

① 龙多·卡梅伦、拉里·尼尔.《世界经济简史：从旧石器时代到20世纪末》，潘宁等译，上海：上海译文出版社，2012年，第9章“早期工业化国家的发展模式”将比利时与英国、美国、法国和德国并列（第264－295页）。

② G. Kurgan－van Hentenryk, “Finance and financiers in Belgium, 1880－1940”, in Youssef Cassis, ed. *Finance and Financiers in European History*, 1880－1960, Cambridge University Press, 1992, Table 17.1, p. 320. 此期间通用公司资产占比从46.3%升至54.8%。

③ 戈德史密斯《金融结构与发展》，表D－3，第458－459页。此表中，全能银行被归入“存款银行”。

三类储蓄银行中，政府储蓄银行的规模远远超过商业储蓄银行和私人储蓄银行。进入20世纪后，在农村地区天主教会支持下，合作银行快速普及，后来还成立了比利时信用合作总社（Crédit Général de Belgigue）。[①]情况表明，在全能银行占绝对主导地位的比利时金融体系中，若无政策支持，储蓄银行（以及普通存款银行）难有发展空间。

第三，至20世纪初布鲁塞尔成为重要的国际金融中心，在欧洲仅次于伦敦、巴黎和柏林。布鲁塞尔金融中心的特点是，一方面有大量外资金融机构聚集，另一方面比利时金融机构（尤其是大型全能银行）国际化程度很高。法资早在19世纪前半期就进入了比利时金融机构（比利时金融机构也几乎在同时期进入法国），德资则主要在19世纪末大规模进入比利时。20世纪初，德法两国金融机构将比利时当成了角逐的场所。除德法两国外，欧洲其他国家的资金也进入了比利时。在比利时的外资金融机构，有的持股比利时金融机构，有的则按当地法注册为比利时公司。大多数比利时合股银行和合股公司都有外资的身影。1911年比利时合股公司新筹资额为1.34亿比利时法郎，其中，合股银行认购4 800万，财务公司认购2 700万，比利时私人银行认购870万，外资银行和银行家认购5 000万。[②]如果考虑到合股银行中已经有外资股份，上述数字中的外资规模则更大。

1913年，前20大国际金融机构排名榜显示，比利时通用公司是唯一不属五强的“小国”金融机构。[③]当年比利时通用公司资产额为7 200万英镑，远超瑞士之最（瑞士银行公司，3 200万英镑）和荷兰之最（Handel－Maatschappij，2 100万英镑）。[④]比利时通用公司不仅规模巨大，而且国际化程度很高。20世纪初，在国王利奥波德二世扩张主义对外政策的鼓舞下，通用公司与欧洲多国的金融机构建立了合资合作关系，甚至还前往非洲和亚洲设立分支或开办合资机构。

进入20世纪后，随着全能银行增多和工业化深入，金融机构之间和工业企业之间的竞争逐渐加剧。在此背景下，金融机构日益分化。首先，一些全能银行向持股公司转化，将不同的金融业务交给下属专业化公司进行。其次，一些全能银行向商业银行转化，将业务重点放在吸收活期存款和发放短期贷款上。最后，一些新兴大工业企业为摆脱对全能银行的依赖，组建自己的全能银行并力图控股某个全能银行。[⑤]

由于银行与工业企业的紧密关系以及由此给银行流动性管理带来的挑战，比利时银行业受到1930—1932年欧洲金融危机的严重冲击，中小银行遇到的问题更甚，大银行则

① Hentenryk, “Finance and financiers in Belgium, 1880－1940”, p. 326.

② Hentenryk, “Finance and financiers in Belgium, 1880－1940”, endnote 3, p. 333.

③ Yossef Cassis, *Capitals of Capital: A History of International Financial Centres*, 1780－2005, Cambridge University Press, 2006, Table 3.3, p. 92. 当时的“五强”指英美法德与奥匈帝国。

④ Cassis, *Capitals of Capital*, endnote 161, p. 320.

⑤ Hentenryk, “Finance and financiers in Belgium, 1880－1940”, p. 326.

因为留有大量储备（准备金）而幸免于难。当时，比利时政府因银行业问题而数次重新组阁。在此背景下，当美利坚合众国国会于1933年6月通过新“银行法”（《格拉斯—斯蒂格尔法案》），比利时于当年8月也通过新“银行法”，两者基本精神一致，即要求拆分全能银行，商业银行与投资银行分离。比利时当时最大的两家全能银行（也称混合银行）是通用公司和布鲁塞尔银行，[①]前者将属下的所有常规银行业务集中于一家新银行（通用公司银行或简称通用银行），后者则将整合后的常规银行业务集中于旧名称下的新机构，同时另建一家控股公司管理所有非银行业务。[②] 1935年比利时又通过新的“银行法”，要求所有机构用两年时间适应新标准，否则不得自称“银行”。比利时当局的新举措主要为保护储蓄者，也显然受到了加强政府作用思潮的影响。为更好地监管银行，比利时政府设立了专职部门。此后，比利时银行不再持有企业股份，而工业企业则可持有银行股份。若干年后，一些比利时大银行成了大企业的子公司或分公司，银企之间的控股关系完全改观了。

瑞士

瑞士是内陆国，位于欧洲心脏，地理位置优越，它恰好处于欧洲屋脊阿尔卑斯山。在铁路和汽车普及以前，不仅瑞士与邻国的交通不便，而且国内人员与货物流动多有壁垒。晚至16世纪，瑞士还是欧洲的穷乡僻壤，许多农民子弟成年后外出充当雇佣军。4个世纪后，瑞士人却站在欧洲经济和金融发展之巅。瑞士能成为20世纪后的世界工业和金融强国，实属现代文明的奇迹。

瑞士的成功得益于四大因素。第一，16世纪加尔文宗教改革后，瑞士成为周边国家精英人士的避难天堂，他们带来了技艺、资金和国际人脉。瑞士最早的一批私人银行家可追溯至16世纪末来自法兰西的胡格诺移民。[③]第二，瑞士获得并坚持永久中立地位。周边各国和国际列强对瑞士中立地位的认可，始自拿破仑战争结束后的维也纳会议（1815年）。此后，20世纪的两次世界大战皆未动摇瑞士的中立地位，瑞士从中得到巨大的国际金融效益，即持续性的显著规模的跨境资金流入。第三，瑞士自19世纪初走上适合自身特点的联邦制道路，既最大限度地保持国内政治稳定，又充分发挥地方当局对各地经济和金融发展的保护和扶持作用。瑞士在1815—1848年是一个邦联，后来逐渐转变为联邦（其正式名称至今仍为“邦联”，即Confederation）。在国土面积仅有4万多

① 两家银行占比利时当时全部银行资产的一半；通用公司控制比利时铜业的全部，锌业的2/3，钢铁和玻璃业的一半（Caroline Fohlin, “A Brief History of Investment Banking from Medieval Times to the Present”, as Chapter 7 in *The Oxford Handbook of Banking and Financial History*, footnote 34, p. 155）。

② Hentenryk, “Finance and financiers in Belgium, 1880 – 1940”, p. 327.

③ Youssef Cassis, “Private Banks and the Onset of the Corporate Economy”, in Cassis and Cottrell, eds. *The World of Private Banking*, p. 52.

平方千米的瑞士，26 个“邦”（Canton）拥有很多自治权，它们特别注重本地的金融发展。各“邦”皆有各自的邦立银行（Cantonal Banks），以支持本地经济，这使瑞士成为经济和金融发展“小而全”“小而精”的典型。一些“邦”讲法语，与法兰西关系密切；另一些“邦”讲德语，与北方和东边的德语系国家关系密切；还有个别“邦”讲意大利语，与南部邻国关系密切。第四，为保证瑞士在纷争不息的国际关系中源源不断地享受国际金融效益，瑞士联邦议会在 1934 年通过《银行保密法》（实际名称为《银行和储蓄银行的联邦法》），将银行职员及相关人员泄露客户信息定为联邦罪行，以此增强客户（尤其是国际客户）对银行的信心。瑞士金融机构成为欧洲富豪大亨避险资金的托管所，此种地位在 20 世纪后半期提升至全球高度。

与其他欧洲国家一样，随着工业革命的到来，瑞士金融在 19 世纪后半期至 20 世纪初期得到快速发展，并形成多样化的结构。20 世纪上半期瑞士金融发展的主要特点可概括为以下四点。

第一，“小而全”。至第一次世界大战爆发，瑞士除了有数百家规模大小不一的私人银行外，还有前面提到的邦立银行，此外还有储蓄银行、专业信贷机构和财务公司、多种保险公司和中央银行等。它们中间，最具瑞士特色的金融机构是超大规模的私人银行（参见下述第三点）和邦立银行。如前所述，邦立银行由地方政府出资设立，绝大多数创建于“一战”前（第一家邦立银行 1834 年创立于伯尔尼），它们立足于本地经济，主营业务是抵押贷款，与普通商业银行差别不大。邦立银行在瑞士银行机构资产总额中的占比，1880 年为 28%，1913 年为 38%，1945 年为 45%。[①] 20 世纪 30 年代国际经济大萧条之后，引入存款保险机制。大多数瑞士商业银行给予储户的存款保险金额是 10 万瑞士法郎（瑞郎），而邦立银行则提供百分之百的存款保险。在瑞士官方统计中的银行，1910 年为 449 家，1930 年为 362 家，1950 年为 325 家，[②]前 20 年减少 71 家，后 20 年仅减少 37 家，显示机构数目相对趋稳。在此时期，瑞士几大银行快速成长。简言之，瑞士几大银行的发展并未以排挤或吞并小银行为主导方式。

第二，瑞士国内形成了多个金融中心。苏黎世、巴塞尔和日内瓦皆是金融中心城市，行政首都伯尔尼也堪称金融中心。西欧金融史专家金德尔伯格在其关于国际金融中心形成历史的专论中，认同瑞士多金融中心的说法。[③]苏黎世和日内瓦成为金融中心是由于各自与德语系和法语系民族的紧密联系，以及周边聚集的精细工业活动（瑞士钟表工业从手工业时代到机器时代一直为国际领先）。巴塞尔成为金融中心，主要由于 1930 年

---

① Youssef Cassis and Jakob Tanner, “Finance and financiers in Switzerland, 1880 – 1960”, in Cassis, ed. *Finance and Financiers in European History*, 1880 – 1960, Table 16. 5, p. 298.

② Cassis and Tanner, “Finance and financiers in Switzerland, 1880 – 1960”, Table 16. 1, p. 296.

③ Charles P. Kindleberger, The Formation of Financial Centers: A Study in Comparative Economic History, *Princeton Studies in International Finance* No. 36, Princeton University, 1974, p. 37 – 41.

以来它是国际清算银行的所在地。所在地由关于德国经济复苏的国际协商委员会决定，该委员会曾考虑欧洲及瑞士其他城市，但最终排除了其他选项。例如，日内瓦已是国际联盟所在地（若选此地作为国际清算银行所在地则可能使之受国际政治的较大影响）；洛桑太小；苏黎世已是瑞士中央银行的所在地且受德意志的影响较大，等等。①巴塞尔被选中，除了其政治上相对中立，还有它当时是瑞士唯一与外国铁路线连接最多的城市。1974 年，一家西德银行（赫斯塔特）倒闭，十国集团中央银行行长决定成立“银行规制和监督委员会”，将常设机构设在巴塞尔。国际金融界后来常说的“巴塞尔委员会”即指此机构。当然，就金融机构资产规模论，苏黎世无疑是瑞士最大的金融中心，这主要因为当地五大金融机构自 20 世纪前半期以来的高度国际化。这五家机构是瑞士联合银行、瑞士银行公司、瑞士信贷、瑞士再保险和苏黎世保险。②

第三，大银行利用大企业客户和国际市场得到快速发展。瑞士三大银行——瑞士联合银行（成立于 1862 年）、瑞士银行公司（成立于 1854 年或 1872 年）和瑞士信贷（成立于 1856 年）——皆创建于工业化时期，均由私人银行家发起。这种关系至少说明，合股银行与私人银行并不必然具有竞争性。这三大银行自始便采取合股形式（有别于多数私人银行作为个人或合伙企业的无限责任制），目的是为初兴的铁路建设和大工业项目提供融资。瑞士那时已有若干股票交易所，均受到当地政府（“邦”）的严格管束，而且不具备同时期伦敦交易所那样的可融资规模。瑞士合股银行当时发挥了美利坚投资银行的功能，一方面承销铁路公司和工业公司在股市的证券发行，另一方面提供私募集资服务和信贷支持等。在所有交易所中，苏黎世股票交易所规模较大，吸引的大公司也较多。因此，三大银行的总部都设在此地。1896 年苏黎世交易所在地方政府压力下同意接受银行为会员，③瑞士大银行由此与德意志和奥地利的合股银行更加类似，它们也因此得到了比私人银行更大的竞争优势。

两大因素促使瑞士大银行进入 20 世纪后得到较快发展。一是瑞士工业的国际竞争力足以进军国外市场，瑞士大银行也随之跨出国门。瑞士信贷于 1910 年专门成立一家子银行赴阿根廷开展银行业务。④二是临近“一战”爆发，瑞士大银行意识到国际“逃难”资金必会增多，为此未雨绸缪积极准备。早在 1906 年，海外资产即占瑞士大银行资产总额的 55%。1913 年虽然较低，但也有 32%。⑤大银行在瑞士银行机构资产总额中的占比

---

① Gianni Toniolo, *Central Bank Cooperation at the Bank for International Settlements*, 1930 – 1933, Cambridge University Press, 2005, p. 44 and endnote 118 on p. 498.

② 瑞士联合银行（Union Bank of Switzerland）与瑞士银行公司（Swiss Bank Corporation）于 1998 年合并，新机构名为“瑞银集团”（UBS Group AG）。

③ Ranald Michie, *The Global Securities Market: A History*, Oxford University Press, 2006, p. 96.

④ Cassis, *Capitals of Capital*, p. 128.

⑤ Cassis, *Capitals of Capital*, p. 128.

1880 年为 12%，1913 年升至 27%，1929 年更高达 41%。[①]

值得指出的是，包括大银行在内的瑞士银行，自 19 世纪工业化至 20 世纪后半期前，在经营方式上很少受到政府当监管限制，它们具有极大的经营自主权。同德奥等国的银行一样，瑞士银行可投资于企业股权，发放长期信贷，购买国外资产，依据现金流（而非盈亏业绩）决定股东分红，等等。但是，瑞士银行经营者大多十分保守。合股大银行虽然不时遭遇困难，但在遇到流动性紧张时，它们表现出了强大的快速筹资能力，而且多发生于瑞士中央银行于 20 世纪初成立之前。由于瑞士大银行与大工业企业结成长期合伙关系，并自 20 世纪初共同扩张海外，这使研究者认为瑞士工业的成功应归功于瑞士银行业的强大支持。[②]

第四，瑞士在欧洲最晚成立中央银行。成立瑞士中央银行（瑞士国民银行）的决议于 1905 年通过，两年后开始营业。此时，欧洲所有的国家皆已有中央银行（或“国家银行”或“国民银行”）。在瑞士国民银行成立前，瑞士有 36 家发钞银行。[③]虽然瑞士于 1867 年加入了拉丁货币联盟，瑞郎原则上与法郎实行 1∶1 的等价，但汇率时有波动，而且瑞士境内不乏外币流通。19 世纪最后几十年，瑞士政商人士多次讨论成立中央银行，但诸多“邦”表示反对。1899 年联邦议会终于获得了多数同意，但却为中央银行的选址发生分歧，耗时 6 年未决。最后的折中是，瑞士国民银行的主要业务部门分设于在苏黎世和伯尔尼，前者为贴现和外汇交易部，后者为发行、储备和联邦债务管理部。[④]而且，瑞士国民银行实行股份制，一半股份出售给“邦”及邦银行（它们基本不流通），另一半出售给公众（可自由买卖），此股份结构延续至今。机构选址和股份结构上如此安排，目的是防止任何一个或一派政治势力控制该机构。苏黎世有理由担心伯尔尼的政治家操纵中央银行，日内瓦也有理由担心苏黎世的大银行对中央银行业务影响过大。自由主义者害怕干预主义者，后者也不情愿眼睁睁地看着前者得势。总之，最终结局是各派的妥协，是相互牵制的平衡。故此，瑞士的中央银行体制乃至该国的金融体系不可以某一“主义”去解读。而且，同是联邦制的瑞士与美利坚在金融结构上也存在重大区别。

虽然瑞士在两次世界大战中保持中立而避免了战火，但其金融业在战争期间仍受到巨大影响。在“一战”和“二战”期间，瑞士银行机构资产增长率分别都显著低于国民收入。[⑤]显然，在非和平时期人们对银行的需求出现了收缩，发生了脱媒。此种情况即便在 1929—1938 年大萧条期间也未发生，该时期瑞士国民收入年均增长为 -1.5%，银行机构资产为 -1.3%，后者受损程度略小于前者。

---

① Cassis and Tanner, “Finance and financiers in Switzerland, 1880 - 1960”, Table 16.5, p. 298.

② Cassis and Tanner, “Finance and financiers in Switzerland, 1880 - 1960”, p. 300.

③ Cassis and Tanner, “Finance and financiers in Switzerland, 1880 - 1960”, p. 300.

④ Kindleberger, The Formation of Financial Centers, p. 40.

⑤ Cassis and Tanner, “Finance and financiers in Switzerland, 1880 - 1960”, Table 16.2, p. 297.

瑞典

北欧的瑞典与中欧的瑞士有一个重要共同之处，即1815年以后未再卷入欧洲列强纷争。在17世纪和18世纪初，瑞典曾与周边多国冲突，一度还是“瑞典帝国”。瑞典虽处欧洲大陆的边缘，但在货币金融上却有过出色重要的创新。

出生在里加并曾在荷兰生活的商人帕尔姆斯特鲁奇（Johan Palmstruch，1611—1671年）移居瑞典后，提议开办银行，承诺将一半利润上缴王室，由此得到特许，于1654年创建斯德哥尔摩银行（Stockholms Banco）。帕尔姆斯特鲁奇发现，阿姆斯特丹银行拥有百分之百准备金，从事发钞（“存款证书”）却不从事贷款，而另一家银行（Lehnebank）从事贷款却没有百分之百准备金（此做法现在称为“部分准备金”制度）。[①]后者的经营秘诀值得借鉴。他开办的斯德哥尔摩银行吸收存款并发放贷款，即实行“部分准备金”制度。但因为存款多为短期，而贷款的期限较长，该银行很快遇到资金期限错配问题。为了一试，斯德哥尔摩银行于1661年发行了信用券（Kreditivsedlar），持券人可据此兑换金属通货（当时瑞典流行银钱和铜块）。这是欧洲纸质银行券（纸钞）的滥觞。但是，该银行几年后因信用券无法兑现而倒闭，帕尔姆斯特鲁奇因此而入狱。

1668年瑞典国家银行（Sveriges Riksbank）成立，接管了斯德哥尔摩银行并予以重组。瑞典国家银行也有货币金融创新。首先，它由瑞典国会创立，仅对国会负责，不属于行政当局，具有高度的经营自主权。[②]其次，它在18世纪和19世纪上半期先后4次实行不兑现的纸钞发行制度（Fiat Standard），最长一次持续32年（1745—1776年）。[③]这番经历早于英格兰银行，而且可称为是不引致通货膨胀的现代信用货币制度的先例。最后，虽为发钞银行，但至1897年以前它并未垄断发钞权，而且一直从事普通存贷款业务（吸收公众存款并发放工商信贷）。1897通过新宪法后，瑞典国家银行停止常规银行业务，转型成为中央银行，距1873年瑞典采用金本位制已过24年。

由于瑞典政府无法利用瑞典国家银行代理其债务并进行债务融资，它于1789年创立“国家债务署”（National Debt Office/Riksgäldskontoret）。由此，瑞典在19世纪工业化开始之前便形成了“二元”货币金融首脑机关（“国家银行”与“国家债务署”），这对瑞

---

① Klas Fregert, “Sveriges Riksbank: 350 years in the making”, as Chapter 3 in Rodney Edvinsson, Tor Jacobson, and Daniel Waldenström, eds. *Sveriges Riskbank and the History of Central Banking*, Cambridge University Press, 2018, pp. 95–96.

② 瑞典议会关于瑞典国家银行的议案（法律）1688年通过后，300年后才于1999年修改（Fregert, “Sveriges Riksbank: 350 years in the making”, p. 93）。

③ Rodney Edvinsson, Tor Jacobson, and Daniel Waldenström, eds. *Exchange Rates Prices and Wages*, 1277–2008, Ekerlids Forlag, 2010, p. 40.

典金融体系的形成有重要影响。[①] 19 世纪中期前后在瑞典的商业银行拥有发钞权，体现了国家债务署的主张。若依瑞典国家银行，此事难有可能。

斯堪的纳维亚半岛开始工业化晚于欧洲大陆。瑞典于 1855 年建成第一条铁路（挪威早一年，芬兰则晚至 1861 年）。19 世纪上半期为该地区工业化的萌芽期，后半期是发展期，19 世纪最后 20 年或 10 年为加速期。瑞典现代类型的金融机构初现于 19 世纪 20 年代。此后 80 余年，瑞典金融发展先后受到来自三个国家经验的重要影响。

在 19 世纪 50 年代及以前，瑞典金融发展主要受不列颠经验的影响。19 世纪 20 年代，瑞典出现第一批储蓄银行，均为小城镇和农村社区的小型机构。与德意志等国一样，瑞典储蓄银行在 19 世纪中期后的发展得益于地方政府支持，它们促进了工业化时期瑞典农业的发展。[②]

1830 年王室特批一家按“私人合股公司”（Enskilda）注册的银行，即有限责任银行。当时，由于瑞典国家银行隶属于国会而不听命于政府，瑞典政府便授予多家私人合股银行发钞权，以此获得对金融事务的影响力。1856 年成立了一家大型的私人合股银行，该行学习苏格兰银行经验，一方面积极吸收存款并基于自有资本和存款资金发放贷款（当时其他私人合股银行则主要基于银行券发行发放贷款），另一方面在国内推广代理行制度以发展跨行支付和结算体系（此做法后来也促进了分行网点的建设）。借鉴不列颠银行业的经验使当时多数瑞典银行机构的贷款主要为短期类型，显然无法适应工业化的新需求。

瑞典于 19 世纪 60 年代大步踏入工业化时期，政府对企业活动的限制大为放松，出台了新的合股公司法，银行可依新法注册成立并面向公众募集股本资金。来自丹麦的投资人带来了法兰西动产信用的新概念，于 1863 年策划组建了一家大型合股银行（但丹麦资金后来撤出）。瑞典原本设想，新合股银行与原有的私人合股银行（多数已发展成为商业银行）关系互补，但实际却是激烈的竞争。瑞典的动产信用银行变得与商业银行极为相像，因为前者不得不日益重视应对资金流动性风险。

1860—1890 年，包括动产信用类型在内的瑞典商业银行随工业化进程快速增长。它们从事的业务种类多于普通商业银行，包括工业企业证券承销、跨境支付和贸易信贷等，开始具有混合银行的特征。同时，随着银行经营规模和范围的扩大，政府对银行的监督不断增多。1886 年关于银行的立法首次引入条款禁止私人股份发钞银行利用自有资金买卖或持有股票及地产。为规避法律限制，银行高管和董事们经常组成银团（Consor-

---

① Håkan Lindgren and Hans Sjögren, Banking systems as “ideal types” and as political economy: The Swedish case, 1820 – 1914, in Douglas J. Forsyth and Daniel Verdier eds. *The Origins of National Financial Systems: Alexander Gerschenkron Reconsidered*, Routledge, 2003, p. 128.

② Lindgren and Sjögren, Banking systems as “ideal types”, pp. 129 – 130.

tia/Syndicate）从银行取得授信并去承销工业企业证券。[①]

19 世纪最后 10 年至“一战”爆发，是瑞典积极探讨并引入德意志全能银行模式的时期。在整个工业化时期（1860—1913 年），瑞典铁路和工业建设的资金来源高度多样化，既有新式银行、国内证券市场和传统信贷机构的资金，又有来自中央和地方政府的资金（包括债务融资资金）以及国外借款和投资等。其中，政府和国外资金的重要性在下降，而社会对长期资金的需求却在不断增长。自然，当德意志工业化和金融发展成就渐为人知时，瑞典经济和金融界就引入德意志全能银行模式而争论。1860—1890 年的经历表明，一方面，瑞典经济对产业融资（以证券和长期信贷为形式的大规模企业融资）的需求在不断增长；另一方面，银行若将资金大量配置于长期的且流动性较低的资产，势必增加风险。

争论的结果是瑞典出台了两部折中的法律。一是 1907 年决定组建“银行监督署”（Bank Inspection Board），它不仅有大量公职专业人员，而且可直接对银行发出整改或处罚指令。二是 1909 年立法允许商业银行联手组建投资银行，从事产业金融业务（证券承销和长期资金供给等）。很明显，瑞典的立法者在寻求平衡，尽量避免采取极端立场。但这种倾向使政策（立法措施）缺乏稳定。比如，关于商业银行可否持股，1911 年《银行法》作出让步，允许银行持股，但持股数额与银行的资本规模挂钩。而 1934 年的法规又取消了银行的持股权。瑞典许多银行随后逐渐减少它们持有的企业股权，但最终迟至 20 世纪 50 年代方才完成。[②]这些政策摇摆与经济周期不无关系。1911 年的放松规定出台于经济景气之时，而 1934 年法规正值金融危机和大萧条之际。

20 世纪前半期，瑞典金融业主要由这几类机构组成，即商业银行、私人储蓄银行、邮政储蓄银行（包括转账服务系统）、农村信用合作社、私人保险公司和政府养老金。1918—1938 年，资本金（以及经营规模）增长最快的金融机构是私人储蓄银行和私人保险公司，两者在 1938 年金融机构资本金总额的占比分别升至 29% 和 25%，而商业银行占比降至 33%（1918 年为 62%）。[③]

股票交易所在瑞典的成长过程颇具特色。斯德哥尔摩股票交易所现在将诞生日定于 1863 年，其实当年不过是市政当局在得到王室授权后举行证券拍卖会，第一场拍卖会成交 22 单，而在 1853—1860 年总共不过 10 单。[④]直到 20 世纪初，斯德哥尔摩交易所通行的做法是不定期举办证券拍卖会，交易商与经纪人不做严格区分，很多证券中介同时兼

---

① Mats Larsson and Håkan Lindgren, “The Political Economy of Banking: Retail Banking and Corporate Finance in Sweden, 1850 - 1939”, in Youssef Cassis, ed. *Finance and Financiers in European History*, 1880 - 1960, Cambridge University Press, 1992, p. 344.

② Larsson and Lindgren, “The Political Economy of Banking”, pp. 350 - 351.

③ Larsson and Lindgren, “The Political Economy of Banking”, Table 18. 1, p. 347.

④ Steffen E. *Andersen*, *The Evolution of Nordic Finance*, Palgrave Macmillan, 2011, p. 160.

营其他生意。这表明瑞典经济那时商业化程度远逊于一些西欧国家，而且交通与通信落后，无法在一个城市持续聚集并保持活跃的证券市场。

1901 年的新法规为瑞典（斯德哥尔摩）证券交易所制定了许多新规则，使之接近于一个规范的和成熟的证券交易所。但是，在该法规颁布前的数年中，瑞典一些银行（尤其规模较大者）已开始承接证券交易业务。新法规实行后，此种情况继续存在，并使交易所注册的证券中介人数不断减少。1907 年调整了法规，银行被允许成为斯德哥尔摩交易所的会员。除了不能买卖自己的股票，银行可代客户参与股票交易。这样，瑞典股市的会员制度非常接近德意志、挪威和芬兰，而迥然不同于伦敦和哥本哈根。①

西班牙

西班牙和葡萄牙是大航海时代全球扩张的主角，两国依照 1494 年签订的《托尔德西里亚斯条约》（Treaty of Tordesillas）划分殖民范围，西班牙拥有南北美洲广大地区和亚洲菲律宾等地的殖民统治权，葡萄牙则获得巴西和非洲的广大地区以及亚洲的一些贸易据点。

在西葡两国大肆殖民扩张时代（16 世纪），西班牙殖民者满足于军事占领、委任统治者和传播天主教，当然也热衷于开采银矿和铸造银币。葡萄牙人的商业兴趣强于西班牙，但他们的许多重要商业据点后来却被荷兰人抢走。

商业不发达，使西葡两个殖民大国长期未见任何显著的金融发展。与工业革命相关的现代金融活动出现于 19 世纪中期，而且是在外国资本流入后才兴起。在此之前，值得一提的是西班牙政府的财政管理和支付需求催生了西班牙银行（Bank of Spain）前身的出现。

近代早期以来，西班牙成为欧洲列强，同时坚持扮演罗马天主教的捍卫者。因此，信奉新教的荷兰于 16 世纪末摆脱了西班牙的统治，同样信奉新教的英格兰（及后来的大不列颠）也自那时起与西班牙结下"世仇"。1763 年北美独立战争爆发后，为了支持大不列颠的敌人，西班牙站到了争取独立的一边（此举客观上助长了独立力量在西属美洲的发展以及西属殖民帝国后来在美洲的瓦解）。北美独立战争期间，大不列颠海军截断了美洲白银运往西班牙本土的航线，使西班牙不得不启用纸钞发行计划。为此，西班牙需要一家专业化机构管理纸钞发行，并依托它来处理政府相关的财政支出和纸钞兑现事务（包括发放军饷等）。这就是 1782 年在马德里创办的圣查理银行（Banco Nacional de San Carlos，直译为"圣卡洛斯国民银行"；中文名译自其英文名 Bank of St. Charles），该银行得名于当时的国王，由皇室颁发许可。银行以股份方式向私人投资者募集资金，但经营需服从政府（皇室）的需要。银行发行了西班牙历史上的首批纸钞，一种可被称

① Andersen, *The Evolution of Nordic Finance*, p. 162.

为“认沽权证”（Warrants，当时的实际含义是政府债券按原面额认购的证书）的纸质票据，但并不流行于世。①

1789 年法兰西大革命爆发后，西班牙数次与大不列颠和法兰西发生军事冲突，本土曾遭拿破仑大军入侵。西班牙政府向圣查理银行大量借款，但战后无力偿还。1829 年，政府与该银行达成协议，银行豁免政府价值 3.1 亿里亚尔（Reales）的债务，同时取得新组建银行（西班牙圣费尔南多银行）价值 4 000 万的股份。新银行得名于在位国王，也由皇室颁发许可，拥有在首都马德里地区的垄断发钞权以及给政府的贷款权。此时，美洲西属殖民地纷纷宣布独立，一些殖民者携款返归，西班牙的国际收支由此得以改善，银行的经营状况似乎相当不错。

工业革命之风在 19 世纪 40 年代吹到了伊比利亚半岛。加泰罗尼亚地区历史上是繁荣的地中海贸易港口，其首府巴塞罗那见证了西班牙第一家非官方的商业性银行的诞生，即 1844 年成立的以该城市命名的银行（Banco de Barcelona）。当年，在首都马德里，另一家银行（伊莎贝拉二世银行）获得皇室许可，并打算参照拉斐特在法兰西的通用形式在西班牙开展综合性金融业务。上述两家银行都享有发钞权，伊莎贝拉银行更是圣费尔南多银行的竞争者和“眼中钉”。正是在此时期，西班牙建成了第一条铁路（1848 年），而邻国葡萄牙则至迟在 1854 年才有第一条铁路。

1847 年西班牙出现一波投机热潮，但很快破灭。伊莎贝拉二世银行此前积极作为，同时进军发钞、票据贴现、工业信贷和长期融资等多个领域。然而它很快出现风险暴露和业绩滑落，随之被并入圣费尔南多银行。1847 年西班牙通过法律，限制成立非官方的合股公司和进行公开股份融资，此举类似于英格兰 1720 年的“泡沫法”，② 但两者时间相差超过百年，反映了西班牙在此领域的落后。

欧洲经济在 19 世纪 50 年代步入活跃时期，拿破仑三世的法兰西出现经济建设热潮，对欧洲其他国家影响很大。法资金融机构一方面在国内大肆扩张，另一方面也伺机进入他国，尤其邻国西班牙和意大利。1848 年加利福尼亚和澳大利亚发现金矿，激起多国增加货币用金的兴趣。西班牙和葡萄牙于 1854 年始铸金币，但两国仍处于金银复本位制。此时期西班牙感到有必要对货币和金融体系进行整顿，于 1856 年出台新银行法（《发行银行法》），决定将圣费尔南多银行改名为西班牙银行（Banco de España），高管由政府任命，可在其他城市设立分行；同时规定重要城市只可有一家发钞银行并需服从一定规则。随后，西班牙出现大量新银行，包括来自法兰西的佩雷尔兄弟和罗斯柴尔德等“高级银行家”。法资金融机构大量涉足西班牙的铁路建设项目。但在 19 世纪 60 年代后期，

① Bank of Spain：About us：History，参见 https：//www.bde.es/bde/en/secciones/sobreelbanco/historiabanco/Del_Banco_de_San/。

② 金德尔伯格.《西欧金融史》，第 164 页。

部分由于法国国内的原因，大批法资撤离西班牙，包括从金融领域撤资。①此时西班牙本土的银行已开始成长起来。当代西班牙金融业的一些显赫机构即诞生于该时期。

1874 年，法令授予西班牙银行在全国的垄断发钞权，同时规定地方银行作出非此即彼的抉择，或者继续发钞但须成为西班牙银行的分行，或继续从事普通商业银行业务但停止发钞。多数银行选择前者，成了西班牙银行的分行；仅有 5 家选择后者，继续自主经营。②

1865 年法国与意大利等国成立“拉丁货币同盟”时，西班牙并未加入。两年后，西班牙采用该货币同盟的铸币标准，并锁定了新通货比塞塔与法郎的 1:1 比价（以及与意大利里拉等他国货币的比价）。1873 年后，西班牙跟随其他欧洲国家转向了事实上的金本位制，但从未采取法律上的措施予以确认。1883 年后，由于西班牙国内继续大量使用银币，而且其纸钞明确与银币挂钩，比塞塔与法郎汇率显著波动，比塞塔呈贬值之势。这反映了西班牙银行自始一直从事综合性银行业务，从未打算成为专业化的中央银行，因而它不需采用明确的货币本位制或者遵循某种公开承诺的货币信贷政策规则。直到 20 世纪初，在西班牙金融体系中，西班牙银行“一家独大”，1913 年占了全国金融机构资产总额 62.2% 以上。③除综合性银行外，西班牙仅有一些普通存款银行（商业银行）、储蓄银行和抵押银行。

19 世纪中期后，西班牙工业化和君主立宪制改革慢于其他欧洲国家，经济落后越发明显。1898 年美西战争，西班牙不敌新兴大国美利坚，昔日的殖民帝国深感羞辱。虽然西班牙在“一战”中保持中立并借此得到诸多贸易和经济增长机遇，但国内矛盾已经积重难返，社会分化日益突出。1936 年，西班牙爆发内战。

20 世纪前 30 年却是西班牙政府积极推动金融发展的时期。1921 年，西班牙政府通过新银行法（Cambó Banking Act），首次对西班牙银行的中央银行业务与普通商业银行业务作出明确划分，开始运用优惠贴现利率工具发挥其“银行之银行”的作用。1921 年是西班牙银行成为完整意义中央银行的元年，也算是西班牙响应当时国际联盟对世界各国建立和完善中央银行体制的呼吁。

西班牙政府此时期的其他重要举措包括鼓励和发展储蓄机构和信贷机构，鼓励社会资金流向工业建设项目。1923 年，西班牙政府为发展出口贸易创立海外贸易银行（Overseas Trade Bank），资金由政府和私人机构共同承担。

1936—1939 年的内战重创西班牙经济。通货膨胀，货币贬值，政府债台高筑。其

① 金德尔伯格．《西欧金融史》，第 166 页。

② Bank of Spain：About us：History，参见 https：//www. bde. es/bde/en/secciones/sobreelbanco/historiabanco/Del_Banco_ de_ San/。

③ 戈德史密斯．《金融结构与发展》，表 D－28，第 496－497 页。

间，黄金储备被共和派运往苏联，而后者将之用作国际债务清算。①军人佛朗哥在内战后成为西班牙的独裁者，直至1975年病逝。上台后佛朗哥推行闭关锁国政策，大搞自给自足的工农业建设（西班牙曾长期进口粮食）。“二战”结束后，为缓和与同盟国的关系，佛朗哥装模作样地进行了一些国内改革，并于1953年废止自我孤立的经济政策（实践已证明该政策未给西班牙经济带来起色）。②

在金融领域，佛朗哥在执政的第一个10年采取“维持现状”政策，所有银行及其网点均不得发生任何变更，一切照旧。1921年的银行法25年后于1945年底到期，佛朗哥授意推出1946年“银行法”，该法体现了他的法西斯主义的经济和金融政策思想。首先，西班牙银行接受政府的全面指导；其次，外汇业务交由商务部负责；最后，银行监管和利率调节交由财政部操办（利率实际上保持不动）。当时，佛朗哥政府的强硬派拟将中央银行和大银行都收归国有。西班牙银行董事会中的一位学者成员发表意见说，该银行经受住大萧条的冲击，已被证明为成功案例，不应再有任何大变动；连德意志和意大利极权政府皆未搞银行国有化，西班牙更不应该。③他的意见显然被听取，佛朗哥统治下的西班牙银行业由此避免了一场大折腾。

因为西班牙政府面向公众发行债券，它要求所有银行不得向储户支付具有实质意义的利率，这样公债发行便不与银行存款发生竞争（公债支付一定数额的利息）。这项政策，客观上促使西班牙银行积极增设新网点，以此吸引更多存款；同时，一些银行暗中向存款大户支付利息回报。④

加拿大

历史上的加拿大与美利坚有三大相同之处。(1) 皆为欧洲殖民地，人口主体为欧洲移民及其后裔。(2) 在独立或统一后，皆地广人稀，疆域横跨两洋。(3) 建国之初都采用联邦制，并实行立宪议会制。这些共性决定了加美两国在经济发展早期阶段以出口初级产品为主，一直与国际市场保持紧密联系，金融业在起步阶段就得到国内市场的充分支持。

但是，从金融发展的角度看，加美之间也有三大不同之处。(1) 加拿大获得独立和

---

① Gabriel Tortella, “Spanish banking history, 1782 to the present”, in Manfred Pohl, ed. *Handbook on the History of European Banks*, Edward Elgar, 1994, p. 870.

② Raymond Carr, ed. Spain: A History, Oxford University Press, 2000, p. 268.

③ Gabriel Tortella and José Luis Garcia Ruiz, *Spanish Money and Banking: A History*, Palgrave Macmillan, 2013, p. 118. 关于纳粹时期德国银行机构的国有化情况，研究者认为，“纳粹当局口口声声宣称要使信贷机构国有化，实际上却把德累斯顿银行和商业银行等大信贷机构的股份再次转让给私人。仍然作为国营银行的只剩下那些对国家经济生活无足轻重的银行”（夏尔·贝特兰.《纳粹德国经济史》，刘法智、杨燕怡译，北京：商务印书馆，1990年，第145页）。

④ Tortella, “Spanish banking history, 1782 to the present”, p. 871.

统一的时间大大晚于美利坚。在1867年成为自治领之前，加拿大几大地区分属于不同的殖民地。因此，姑且不论人口数量，加拿大的市场容量在19世纪远小于美利坚。(2)与前一点相关，加拿大工业化起步晚于美利坚。加拿大于1836年建成第一条铁路，晚美利坚6年。1854年，加拿大铁路线总长刚超过1 000千米，此时美利坚铁路总长已近27 000千米。换言之，加拿大的工业化实际上始于19世纪后半期，尤其成为自治领以后。(3)加拿大较晚出现证券市场，而当其出现时，商业银行在加拿大的经营已颇具规模并将近成型。加拿大第一家证券交易所1861年在多伦多开业，不久因投机泡沫破灭而解散。1863年蒙特利尔成立一家证券交易所，1871年多伦多有了新的证券交易所。此时距加拿大第一家本土银行的创立已近半个世纪。[①]而且，截至19世纪60年代，加拿大政府和大合股公司已在伦敦交易所发行债券或股票。[②]由此，加拿大本地的证券交易所长期运行在国际交易所的阴影下。

以上因素决定了加拿大的金融发展以银行为主。但是，加拿大银行发展的道路既不同于宗主国不列颠，也不同于南方邻国美利坚。当然，它们之间存在一定相似性。与英式合股银行相比，加拿大的银行（尤其是大银行）均建立了自己的分行网点，并高度重视面向公众和普通工商企业的零售业务。不同的是，加拿大的银行（尤其是大银行）在早期阶段便开展跨境支付和国际金融业务，而英式合股银行在20世纪前基本不涉足此领域。加拿大与英式银行体系还有一个重要差别，即直到20世纪30年代前，加拿大没有出现英格兰银行那样的机构。1867年前，这可归因于加拿大没有中央政府，而在1867年后却只能归结为加拿大没有感到此必需（参见下述）。

加拿大银行体系与美式体系的差别更加明显，前者从一开始就没有对银行是否设立分行以及如何配置资产等事项作出法律或监管政策上的限制。南方邻国在1791—1836年先后两次运行“合众国银行”并在之后长期不再有试图创建国家银行或中央银行，以及在1863年推出国民银行制度及在1913年建立联邦储备体系，但加拿大并未照搬这些做法，只是在一些具体事情上参照了其经验。[③]

从19世纪初至20世纪上半期，加拿大银行业发展可划分为三个阶段（时期）：一是独立前时期，即早期至1867年自治领成立；二是独立后的工业化时期，即1867—1914年；三是1914年至第二次世界大战。在第一个时期，各殖民地分别开办新银行，

---

① 在美国，第一家证券交易所——费城经纪人协会（Philadelphia Board of Broker）创建于1790年（1875年改为现名费城证券交易所），距该国第一家银行（1782年成立的北美银行）仅8年；纽约股票交易所成立于1792年，据该州第一家银行（1784年成立的纽约银行）也为8年。

② Michie, *The Global Securities Market*: *A History*, p. 105.

③ 加拿大第一家银行（蒙特利尔银行）组建于1817年，有著者认为，此事发生在合众国第二银行1816年成立之后，而且前者参考了美利坚早期政治家和财政金融专家亚历山大·汉密尔顿思想的影响（克里斯多夫·科巴克、乔·马丁《从华尔街到贝街：美国与加拿大金融的起源与演变》，张翮译，北京：中译出版社，2022年，第29页）。

它们可在本殖民地（以及外国）开设分行。在第二个时期，跨地设立分行的限制完全取消，部分银行成为全国性大银行，加拿大形成全国统一的银行监管框架。在第三个时期，国际国内金融市场高度不稳定，金融体系的稳定和安全成为重要问题，加拿大开始探讨创建中央银行制度。

早期的加拿大分为上加拿大和下加拿大，上加拿大在圣劳伦斯河的上游（今天的安大略地区），下加拿大在下游（今天的魁北克地区）。下加拿大的移民和商业活动早于其他地区，这里诞生了加拿大第一家银行，即1817年成立的蒙特利尔银行，运营至今。当时加拿大尚未独立，各殖民地也未统一，银行审批权在各殖民当局手中，各银行均有发钞业务，殖民地当局仅负责加拿大元的铸币标准和纸钞的可兑换性。此点与当时的美国很类似，即各州政府负责审批银行，银行经营发钞业务。

两大事件促进了此时期加拿大本土银行扩张跨地分行。一是不列颠宗主国于1836年授特许权于一家殖民地银行，"不列颠北美银行"（Bank of British North America）。该银行有权在加拿大任何地方设立分行，它的确也在加拿大各个殖民地开设分行。此事激起了加拿大本土银行的不满。第二件或许与此有关，即1841年上、下加拿大合并（魁北克与安大略合并为同一殖民地），此后两地银行皆可在对方殖民地开设分行。

1867年加拿大自治领成立，合并了今天加拿大东部各大省区（中部和西部的其他地区后来陆续加入自治领）。但就在自治领成立前一年，当地三大银行先后倒闭，其中包括安大略地区最大银行（"上加拿大银行"）。这些灾难性事件促使自治领当局高度重视银行安全和监管。1870年自治领议会通过《联邦银行法》，确立了加拿大的银行监管框架。该法的几个要点是：（1）"银行法"每10年修订一次，以求与时俱进；（2）银行审批权归属自治领当局（联邦政府），全国统一规范；（3）开办银行至少需要10万加元实缴资本金；（4）各银行发钞量不得超过实缴资本金；（5）银行若破产清算，股东必须对银行未偿债务承担双倍责任（double liability）；（6）银行不可从事非银行业务以及从事房地产贷款；（7）银行兑换所发纸钞时不得打折；（8）银行准备金的一半须购置政府票据。[①]这些措施部分是殖民地当局已经实行（第5点），也有一些参考美国国民银行制度而新增加的（第8点）。后来，加拿大自治领政府还增加了监管要求，包括提高资本金充足度、依负债额确定准备金水平、定期发布财务报告和接受外部审计等。

1867—1913年是加拿大工业化快速发展时期，其间加拿大铁路长度从3 666千米增至47 160千米，年均增长5.6%，超过同期美国铁路长度增长率（4.2%）。大规模基础设施建设和工业投资需要相应规模的融资，而此时加拿大证券市场尚未发展。正是因为国内证券市场欠发展和银行信贷的局限，加拿大的铁路建设在1867年前遇到诸多融资

① Kurt Schuler, "Free Banking in Canada", in Kevin Dowd ed. *The Experience of Free Banking*, Routledge, 1992, p. 86.

“瓶颈”。[①] 1867 年自治领成立后，加拿大联邦政府和地方政府都加大了对铁路建设的支持，包括提供投资回报担保甚至直接提供资金等，此时期铁路建设大项目大多利用伦敦证券市场。显然，当时加拿大银行仅扮演“配角”。

1867—1913 年也是加拿大本土银行加速增长时期。加拿大所有银行的分行数目从 1869 年的 150 家增至 1919 年的 4 000 家，按人口平均分行数指标衡量，加拿大于 20 世纪初即超过美国。[②]由于银行机构之间此时期的合并重组，银行数目在 19 世纪末便不再增加。加拿大现今的五大银行格局形成于 19 世纪末。[③]除前面提到 1817 年成立的蒙特利尔银行，其他四大银行是丰业银行（Scotiabank，成立于 1833 年）、多伦多道明银行（Toronto - Dominion Bank，1857 年）、帝国商业银行（Canadian Imperial Bank of Commerce，1868 年）和皇家银行（Royal Bank of Canada，1870 年）。

银行业在加拿大工业化进程中快速成长，无形中挤压了国内证券公司。截至 20 世纪初，加拿大金融体系不再可能产生如华尔街投资银行般强大的证券交易商或国际金融商。加拿大的证券公司多为小型证券经纪人和交易商，很少涉猎跨境融资和企业并购融资，更不会主导产业重组和政府债券发行。截至 20 世纪初，加美两国形成了各具特色的金融体系，相互之间可比性乏善可陈。值得一提的是，人寿保险公司在加拿大金融体系中的地位与在美国高度相近。人寿保险公司在金融机构资产总额中的占比，加拿大 1913 年为 13.2%，美国 1912 年为 13%。[④]

如果没有世界大战和世界经济大萧条的来临，加拿大或许永无中央银行。工业化时期各大银行的快速扩张和稳健运行表明，加拿大已经解决了金融发展与金融安全的矛盾。而且，在维护加元的货币秩序方面，加拿大财政部至少部分发挥了中央银行的作用（保证金本位制的正常运行）。但是，“一战”的不期而至以及很早地成为交战国，使加拿大成了 1914 年 8 月世界上首批宣布中止金本位制的国家之一。19 世纪最后 30 多年至“一战”爆发，加拿大的财政金融体制一直运行在金本位制（货币可兑换）基础上。中止金本位制无异于釜底抽薪，加拿大财政金融体系的动荡在所难免。

“一战”结束后，加拿大努力重返金本位制。20 世纪 20 年代初加拿大遇到事关银行体系在变化了的货币体制中如何稳健运行的新问题。首先，中止金本位制的法律（1914

---

① 张崇鼎.《加拿大经济史》，成都：四川大学出版社，1993 年，第 11 章第 213 - 216 页及第 14 章，讲述 1867 年前加拿大铁路建设的曲折事迹，许多项目因为资金不足而半途而废。“一战”结束时，加拿大数条铁路干线出现严重业绩问题，联邦政府很快决定实行国有化，并自 1920—1923 年基本完成（第 357 页）。（该书主编者在“序言”中说，此书参照伊斯特布鲁克等《加拿大经济史》1988 年版编写，得到加拿大政府及驻华使馆的帮助）。

② Schuler，“Free Banking in Canada”，p. 87.

③ 有文献提及加拿大近年来的“六大银行”，但从数据看，第六大银行与前五大银行在资产规模和分行数目等指标上差别甚大［参见芭芭拉 · L. 米勒《加拿大金融制度》（外国金融制度译丛），王海晔译，北京：中国金融出版社，2005 年，表 2，第 14 页］。

④ 戈德史密斯.《金融结构与发展》中表 D - 5（加拿大）与表 D - 33（美国）。

年《金融法》）已实行多年，多数银行已经适应此法，它们不情愿恢复纸钞可兑现。其次，加拿大银行体系以及财政体系中的现金（金币）准备数量远远低于战前水平，且还由于国际原因而剧烈波动。最后，为保障银行体系稳健运行，需要有一套具有灵活性的准备金（流动性）调节机制。正是这些问题，促使加拿大最终于在 1934 年出台新法案，并于次年组建了中央银行（加拿大银行）。

在加拿大的宗主国不列颠，中央银行（英格兰银行）起源于政府债务管理。在加拿大的南方邻国，中央银行（美联储）出于防范银行业危机并推动跨州支付系统（银行服务基础设施）建设的动机。在一些欧洲大陆国家，组建中央银行主要出于管理纸钞发行的目的。然而，加拿大不同于所有这些国家。加拿大建立中央银行的主要目的是通过设立一套具有灵活性的准备金调节机制（系统），使银行体系可有效应对大萧条造成的通货紧缩。

澳大利亚

就历史渊源而言，澳大利亚与加拿大很相似。两国历史上人口主体是来自不列颠的殖民者，长期处于宗主国的管辖下。但两地也有诸多不同。澳大利亚开发时间较晚，当地经济 19 世纪中期前以牧业为主，中期以后则采矿业发达。工业化来到澳大利亚至迟在 19 世纪最后 30 年。铁路建设来得晚，但增长更迅猛。澳大利亚铁路长度在 1869—1913 年从 1 390 千米增加至 31 453 千米，年均增长 7.2%，超过同时期加拿大。澳大利亚人口总数在 1851—1911 年从不到 50 万增加至 230 万，年均增长 2.8%，创世界纪录。

早期澳大利亚的金融发展显著受到宗主国不列颠的影响，程度更甚于加拿大。1850 年前后，澳大利亚的银行属于不列颠人的“殖民地银行”，即殖民者前往殖民地开办的银行。19 世纪最后几十年出现殖民地银行的本土化。

澳大利亚在 20 世纪前半期以前的金融发展可分为三个时期，即 1850 年前的初始时期，1850—1890 年“自由银行业”时期，19 世纪 90 年代银行业大危机之后的调整时期。澳大利亚于 20 世纪初取得自治领地位，有了第一部宪法。此后，包括制度建设和调整的重要金融决定皆由澳大利亚独立作出。

澳大利亚本土的第一家银行新南威尔士银行（Bank of New South Wales）成立于 1817 年，时间与加拿大相同。该银行由殖民地总督的关系人创办，按英格兰法律传统注册，系合伙人不超过 6 人的无限责任公司。截至 19 世纪 20 年代，陆续有几家类似的地方银行在澳大利亚不同地方组建。针对创办银行活动的增加，大英帝国财政部于 1840 年出台“殖民地银行规制”（Colonial Bank Regulation），要点包括：（1）银行券必须见票即付；（2）股东承担认缴资本的双倍责任；（3）贯彻“实际票据”原则（Real - bill Doctrine），银行不得发放房地产抵押贷款；（4）银行不得发行面额小于 1 英镑的银行券

(纸钞)；(5) 定期向有关机构提供统计数据。[①]后来还增加了有关发钞额不超过实缴资本金的规定。与殖民地时期加拿大的一个差别是，上述银行业经营原则在澳大利亚并未得到严格遵守。

19 世纪 50 年代，澳大利亚多地发现金矿，创业热潮随之涌现。随着移民和总人口的不断增长，经济和金融发展出现腾飞。此时，澳大利亚的金融发展与同时期的加拿大分道扬镳。在澳大利亚，创业者不仅创办银行，而且创建证券市场。1850 年前，证券交易在澳大利亚已出现，但无法持续并成型，因为当时的证券融资需求太小（殖民地当局和大合股公司若有融资需求均赴伦敦市场）。在率先发现金矿的维多利亚州，墨尔本于 1861 年组建了澳洲第一家证券交易所。新南威尔士的采矿业兴起后，悉尼于 1871 年设立证券交易所。矿业经济扩散至昆士兰后，布里斯班也建立了证券交易所（1884 年）。[②]尽管殖民地当局继续前往伦敦发债（伦敦市场相对于澳洲仍具有融资成本和效率上的优势），但澳大利亚的本土矿业公司、铁路建设公司和公用设施公司已大量利用当地证券市场。证券市场在澳大利亚工业化时期的作用显著大于同时期的加拿大。

19 世纪 50 年代至 80 年代，其他类型的新金融机构陆续在澳大利亚出现，包括按揭社、储蓄银行、土地银行（专业化于土地抵押贷款的金融机构）、信用合作社、财务公司和人寿保险公司等。储蓄银行在澳大利亚尤其普及，因为它得到殖民地当局的特别支持。储蓄银行的存款资金在澳洲的用途不像在不列颠本土主要购买国债，而是可以发放抵押贷款。[③]

1850—1880 年也是普通商业银行（澳洲人当时称为“交易银行”或“贸易银行”，Trading Banks）高速增长时期。数据显示，至 1880 年，平均每 2 760 澳洲人有一家银行分行，超过了英格兰与威尔士（12 000 人）、苏格兰（4 000 人）和美利坚（9 200）等。[④]

19 世纪 80 年代澳洲地价暴涨，尤其在维多利亚的墨尔本。这场后来戛然破灭的泡沫，不仅由于投机者押注地价会持续走高，更是因为许多金融机构卷入其中，为投机者输送了大量资金。储蓄银行和按揭社发放土地抵押贷款，一些普通商业银行也开展了类似业务。多个证券交易所在其中推波助澜。矿业公司必和必拓的前身（Broken Hill Proprietary Company）1885 年上市时，投资者据悉为本地人士；10 年后，一半投资者竟为不列颠人。[⑤]毫无疑问，开放繁荣的股票市场吸引了国际投资者，引致跨境资金大规模流

① Kevin Dowd, “Free Banking in Australia”, in Kevin Dowd ed. *The Experience of Free Banking*, Routledge, 1992, p. 52.

② Michie, *The Global Securities Market: A History*, p. 106.

③ Dowd, “Free Banking in Australia”, p. 55.

④ Dowd, “Free Banking in Australia”, p. 57.

⑤ Michie, *The Global Securities Market: A History*, p. 106.

入，在经济景气时当然会助长资产价格泡沫。

1888年10月，维多利亚银行协会决定提高存款利率（4%升至5%）并停止发放房地产贷款，引发地价下跌，随后出现银行倒闭和企业破产风潮。超过一半的发钞银行停止了兑付，1/3的银行倒闭。[①]澳大利亚经济此后陷入通货紧缩状态，物价水平至1897年才止跌企稳。

19世纪80年代末爆发的金融危机持续数年，此后金融部门调整时断时续，耗时20余年，直至“一战”爆发。

在长期的通货紧缩和经济低迷背景下，工党在澳大利亚政治舞台兴起。1901年澳大利亚独立后，工党主张联邦政府加强对银行机构和金融部门的管制并在必要时推行国有化，极大地削弱了澳大利亚金融界的政治地位。澳大利亚政府那时出台有关金融业的政策措施，时常不走正常法律程序。[②] 1910年通过的法律将发钞权收归联邦政府财政部。[③]工党上台后于1911年推动组建完全由联邦政府所有的联邦银行（Commonwealth Bank of Australia）。按照章程，该联邦银行开展所有常规性商业银行业务和储蓄银行业务，与包括合股银行在内的私人金融机构展开竞争，助力国民储蓄事业的发展，代理联邦政府资金账户并负责政府债务管理。很明显，这是一家没先例的新金融机构，是混合类型的“国家银行”，与当时已有的中央银行概念相差甚远。不过，联邦银行包含中央银行的要素，即负责管理政府债务。恰因如此，“一战”的爆发以及随后澳大利亚参战使联邦银行的该功能急剧扩大，“无意”中变得接近于一家中央银行。

在联邦银行之外，20世纪初以来的澳大利亚银行业不似以往那样冒进。银行的营业网点减少了，银行之间结成了卡特尔。在20世纪30年代世界新大萧条期间，政府进一步扩大了联邦银行的经营权利，推动它成为澳大利亚黄金和英镑外汇储备的管理者以及外汇市场的调节者。为此，政府要求私人部门银行将其黄金和外汇储备转让给联邦银行。私人部门银行对此表示反对，在无力抵抗后转而采取了英镑配给和提高英镑汇价的措施。这些措施客观上加剧了澳大利亚通货紧缩和经济衰退，使澳大利亚银行界再次声名狼藉。[④]在20世纪30年代末和“二战”期间，澳大利亚政府授予联邦银行更多、更大的权力，包括决定澳大利亚货币市场利率和监管银行机构的资金头寸。

概括地说，在1850—1950年的100年里，澳大利亚金融从高度放任自流转为受严加管制的局面，是工业化国家的一个特例。

---

① 塞尔文·科尼什.《澳大利亚中央银行的发展与演变》，中国人民银行南太平洋代表处编译，北京：中国金融出版社，2010年，第2页。

② Dowd，“Free Banking in Australia”，p. 72.

③ 1920年由财政部转给独立机构发钞署（Australian Notes Board），1924年则另转给联邦银行（塞尔文·科尼什.《澳大利亚中央银行的发展与演变》，北京：中国人民银行南太平洋代表处编译，北京：中国金融出版社，2010年，第3页）。

④ Dowd，“Free Banking in Australia”，p. 75 and p. 77.

三、20 世纪后半期：意大利　加拿大　澳大利亚　瑞士　荷兰　比利时　西班牙　瑞典

本节简述的八个工业化国家中，意大利的政治体制在“二战”末期开始转型，西班牙的转型则至迟在 20 世纪 70 年代。两国的经济和金融体制调整渐进而滞后。“二战”结束后至 20 世纪 70 年代，加拿大和澳大利亚已成长为世界经济和国际金融中具有重要影响的国家。截至 20 世纪 80 年代和 20 世纪 90 年代初，所有工业化国家的金融体制都出现一定的趋同倾向。

意大利

战后初期，意大利在 1944—1947 年遭遇严重通货膨胀。为此，意大利进行了多方面的努力，包括财政改革、平衡预算和改组意大利银行等。意大利于 1946 年加入布雷顿森林体系（国际货币基金组织和国际复兴开发银行），并于次年放开贸易管制和放弃双重汇率体制，设立外汇署监管所有外汇交易。路易吉·伊诺第（Luigi Einaudi，又译艾劳迪，1874—1961 年）在 1945—1947 年担任意大利银行行长，因其出色的通胀治理成就而获政治声誉并于 1948 年担任战后意大利共和国首任总统。

1957 年意大利加入欧洲经济共同体（EEC），次年实行里拉的局部可兑换（非居民可自由兑换里拉）。在此前 10 年，意大利与其他西欧国家接受美国“马歇尔计划”援助，参加欧洲支付联盟（EPU），由此得以克服对外支付工具短缺，并逐渐恢复国际贸易并踏上战后经济增长之路。

意大利银行在重获银行监管权之后，确立了银行业发展的几个方针：一是鼓励小银行的发展，促进银行与地方经济的紧密联系；二是提倡银行信贷在促进消费与投资之间以及促进公私部门发展之间更加协调；三是注重维护证券市场的平稳，避免价格大幅波动；四是不再限制甚至鼓励银行合并，但禁止回归全能银行模式。[①]在 20 世纪 50 年代和 20 世纪 60 年代，意大利银行体系继续维持 1936 年“银行法”所确定的格局，长期融资与短期信贷分野明晰。针对战后工业发展所提出的大量长期融需求，中央和地方层面组建许多专门投资机构。由于长期投资机构受到各级政府的显著影响，战后意大利经济发展在一定程度上面临地方市场分割问题，而这在其他欧洲国家很少见。事实上，20 世纪末以前，意大利地区经济发展不平衡的问题十分突出。

仅就金融而言，战后意大利是欧洲各国中最能体现“银行为主”金融格局的国家。以存款/GDP 比率为例，意大利该指标在“二战”后高于其他许多欧美国家，但在股票

---

① Bank of Italy：History，参见 https：//www. bancaditalia. it/chi – siamo/storia/index. html。

市值/GDP、股票融资在固定资本形成中占比与每百万人口上市公司数三个指标上，意大利低于欧美多国。表2－2表明，第一个有关银行发展的指标在战后水平高于战前，后三个有关股市发展的指标则是战后低于战前。

表2－2　　20世纪意大利银行和股市发展指标　　单位：%

年份	1913	1929	1938	1950	1960	1973	1980	1990
存款/GDP	0.23	0.21	0.31	0.23	0.81	0.54	0.59	0.40
股票市值/GDP	0.17	0.23	0.26	0.07	0.42	0.14	0.07	0.13
股票融资在固定资本形成中占比	0.07	0.26	0.03	0.02	0.08	0.02	0.04	0.04
每百万人口上市公司数	6.32	6.40	3.11	2.70	2.79	2.46	2.36	3.82

资料来源：Raghuram G. Rajan，Luigi Zingales. The Great Reversals：The Politics of Financial Development in the 20th Century［N］. NBER Working Paper 8178，2001，Tables 2，3，4，and 5.

在意大利统一后的工业化时代，米兰证券市场快速发展，但主要限于政府债券。虽然那时已有公司债券和股票，但它们从未成为意大利企业，包括在铁路建设和工业项目中的主流融资形式。与其他一些欧洲大陆国家一样，地方政府在铁路建设融资中发挥了重要作用。当铁路建设后来颇具规模时，政府实行国有化。1873年国际金融危机期间，意大利政府开始干预股市，并在19世纪末对股市交易征收重税。“二战”后，意大利政府长期不对外开放股市，担心股市价格的“过度波动”。

股票市场在意大利金融和经济发展中地位的相对低下，不是简单的由于政府对股票交易征税且税率偏高。最重要的缘故在于经济结构的因素。意大利有不少国有企业，但它们对股票融资的依赖程度低于非国有企业，虽然有些大型国有企业已是股市中的“蓝筹股”。同时，意大利有大量中小企业，而这些企业不会形成对股票融资的显著需求。当然，也应当看到，中小企业在意大利经济中的活跃，与银行和信贷机构的普及以及显著规模的非规范金融活动有一定关系。

战后至20世纪80年代，意大利银行一方面取得了全面监管银行和控制银行信贷的权力，另一方面仍继续接受政府直接干预，独立性甚低。20世纪70年代初发生布雷顿森林体系瓦解和石油价格暴涨，西欧各国中意大利受此双重冲击最大。意大利通胀高攀，里拉持续严重贬值。1981年改革促使意大利银行摆脱财政部的管辖，也不再直接承销政府债券。此项改革意义重大，意大利通胀得以逐渐下降，满足欧洲货币统一的要求，意大利成为1999年欧元推出时最初的11个创始国之一。

1982年后，意大利政府开始推进结构改革。一位学者被委以重任，主持工业复兴院（IRI）的改组重建，此时该机构已是意大利的超级大公司（控股企业的雇员多达数十万），在世界大公司排名榜上也占显赫位置。但它也是意大利臭名昭著的低效率国有企业，冗员充斥，懒惰成风。由于意大利官场的争斗，工业复兴院未被彻底私有化，但极大地“瘦身”了。意大利信用院（IMI）则于1992年出售给私人机构，脱离了意大利国营经济和金融体系。

加拿大

经过两次大战和大萧条的洗礼，加拿大金融体系更加完整和平衡，在战后几十年中有力地支持了加拿大经济复苏和快速增长。从“二战”结束到20世纪80年代初，加拿大跻身世界前十大经济体，人均GDP接近美国。

加拿大金融体系战后出现两次大调整。第一次是1954年通过“国民住房法”，要求加拿大各银行开展住房抵押贷款。这是政府政策不顾银行家普遍反对、百年未有的大变革。[①]立法者的意图是希望银行助力解决战后经济快速增长（以及城市化）过程中的住房问题。与其他工业化国家不同，加拿大金融体系中储蓄银行偏弱，信用合作机构不够普及，英式按揭社欠发达，因此，当住房问题突出时，政治家（包括立法者）自然不得不在集社会资金之大成的银行身上打主意。

有趣的是，尽管加拿大银行家曾强烈反对住房贷款政策的变革，但在立法通过后，各银行迅速开展了住房贷款，银行很快成为加拿大住房抵押贷款的第二大资金来源（第一大为人寿保险公司）。截至2000年，银行提供了加拿大全部住房抵押贷款的70%，且占银行资产总额的20%。[②]

战后加拿大金融政策的第二次大调整始于1980年，当年修订的“银行法”允许外资银行进入加拿大。在这之前，加拿大不少银行已经前往国外，尤其南方邻国。加拿大对外开放本国银行市场，晚于其他国家对它的开放。

对外开放政策在国内产生了意外的效应。当外资银行进入加拿大后，人们发现政府债券市场很可能会被来自南方邻国的大券商主导。对此，加拿大财政部积极推动本国银行收购和支持国内券商。[③]这样便提出了如何重新评价和界定加拿大金融体系中的“四大支柱”。加拿大金融“四大支柱”是银行、保险公司、信托公司和证券投资商。20世纪30年代以来，它们在加拿大分业经营、互不相属。在监管上，银行受联邦政府监管，保险公司同时受联邦和省级政府监管，信托公司和证券投资商受省级政府监管。四大支柱中，银行是主角，战后初期在加拿大金融机构资产总额中占比达60%。[④]

史称1987年是加拿大“小爆炸”（Little Bang）之年，新规则允许金融机构“跨界”并购，实为允许银行收购其他金融机构。加拿大的大银行闻风而动，收购了证券投资商和信托公司，由此展开了加拿大特色的银行混业经营。除了不持股于非金融企业，加拿

---

① 科巴克、马丁.《从华尔街到贝街》，第248页。
② 科巴克、马丁.《从华尔街到贝街》，第248页。
③ 科巴克、马丁.《从华尔街到贝街》，第251页。
④ 科巴克、马丁.《从华尔街到贝街》，第247页。

大的大银行与德国和日本的大银行没有显著差别。①

包括美英在内的许多工业化国家在20世纪80年代推出了以放松管制为主调的金融改革。自20世纪80年代以来美国多次发生大型金融机构破产倒闭和金融市场系统性风险，但在加拿大这类事件却十分罕见。三位美国知名学者比较了加美两国的金融体制，将加拿大防范金融风险的实践追溯到19世纪初殖民地时期，认为加拿大金融体系的系统性风险都集中在银行，尤其大银行之中，而这些大银行很早就开始接受防范系统性风险的外部监管并积极从事内部风险隔离的机制建设。②“擒贼先擒王”——在银行主导的金融体系中，加拿大将防范系统性金融风险的重点置于大银行，这是三位研究者得出的基本结论。事实表明，加拿大金融体系的各有关方，包括立法机构、行政当局和监管机关、金融机构从业者等，长期以来形成了审慎决策和小心作为的传统，既不盲目照搬也不一概排斥国外经验，进取而不鲁莽。显然，民族性格也是影响金融发展与安全的重要因素。

大型银行，尤其从事综合金融业务的大型银行，最易发生三类问题并招致社会指责，即垄断（滥用市场权力）；“大而不倒”（过度承担风险）；利益冲突。在加拿大，五大银行长期并存的局面弱化了关于银行业垄断的批评，而且加拿大并不限制新来者进入银行和非银行金融业。就“大而不倒”而言，该问题在加拿大远不如在美国突出，一来加拿大银行的风险承担程度不如美国同行高，二来加拿大银行的经营规模小于美国同行。针对利益冲突问题，加拿大1987年金融改革提出三大措施，即综合性银行设立内控机构负责防止利益冲突，不允许证券员工与银行员工以及资产管理员工之间进行信息交流；提高对银行信息披露的要求；联邦和省级监管部门定期检查。③

澳大利亚

澳大利亚金融体系在20世纪后半期经历数次重要调整和变动，曲折多变犹如20世纪后半期。特别值得关注的几大变动是：首先，20世纪60年代确立了基本符合国际规范的中央银行制度；其次，20世纪50年代至60年代，大力推进国有银行发展；再次，20世纪80年代开始实行国有银行私有化；最后，经过20世纪80年代至90年代的放松管制，澳大利亚大银行纷纷开展跨界并购。

澳大利亚联邦银行自1911年成立便具有一些中央银行的成分。在20世纪20年代澳大利亚重返金本位以及20世纪30年代遭遇大萧条冲击时，联邦银行扩大了政策性金融

---

① 查尔斯·弗里德曼．“综合性银行业：加拿大的情况”，载蒂米奇·威塔斯主编．《金融规管：变化中的游戏规则》，曹国琪译，上海：上海财经大学出版社，2000年，第393－416页。

② Michael D. Bordo, Angel Redish, Hugh Rockoff, “Why didn't Canada have a banking crisis in 2008 (or in 1930, or 1907, or ...)?”, *The Economic History Review*, 68: 1 (2014): 218－243.

③ 查尔斯·弗里德曼．“综合性银行业：加拿大的情况”，载蒂米奇·威塔斯主编．《金融规管：变化中的游戏规则》，曹国琪译，上海：上海财经大学出版社，2000年，第402、第410－411页。

业务，并具有了宏观经济重要性。此时发生一场围绕联邦银行性质的争论。“二战”结束，澳大利亚政府于1945年出台新法律，明确规定联邦银行承担中央银行的货币政策职能，进一步提升了联邦银行作为中央银行的地位。但是，联邦银行依然是一家混合类型的银行，同时从事普通银行业务和中央银行业务。这在工业化国家中十分罕见，其原因如前所述，是工党在澳大利亚政治中的强势地位。

各派政治力量平衡后，澳大利亚政府于1953年推出一项折中措施，成立联邦交易银行，将联邦银行的货币市场业务转至此机构，以安抚私人部门对金融机构的不满情绪。但这实为徒劳之举，因为联邦银行继续同时从事中央银行业务和商业银行业务。当工党在野时，澳大利亚政府于1959年推动通过“储备银行法”，从联邦银行剥离中央银行业务，移交给1960年成立的联邦储备银行（同时移交的还有农村信贷业务，此项业务当时被认为符合中央银行的职责）。[①]至此，澳大利亚基本完成现代中央银行制度的建设，联邦储备银行成为充分意义上的中央银行。

与此同时，联邦银行继续作为政府全资所有的商业银行。此外，澳大利亚政府另组建了联邦银行公司，下辖联邦交易银行、联邦储备银行和新联邦发展银行（由联邦银行前属抵押贷款银行部和工业融资部组成）。这些机构的名称就表明，澳大利亚政府力图让国有银行机构在几乎所有银行领域中全面发展，与私人银行机构竞争。

在布雷顿森林体系时期（1945—1971年），澳大利亚与其他工业化国家一样，在金融业实行诸多管制措施，包括银行存贷利率管制、货币兑换限制和汇率管制等。澳大利亚虽为资源产品出口大国，但经常账户长期逆差。为此，澳大利亚对跨境资金流动和汇率波动特别担忧，其金融政策决策每每受此牵连。20世纪70年代初，布雷顿森林体系瓦解对澳大利亚经济冲击很大，原有的管制措施日渐失灵。

1983年是澳大利亚货币金融政策大调整之年，当年该国转向浮动汇率体制并开放金融账户交易，后者意味着允许外资金融机构进入本国。与此而来的是国内经济和金融领域的开放松管制（Deregulation），包括推进国有银行私有化、鼓励银行并购其他金融机构。[②]国有银行私有化的典型事例是澳大利亚政府于1991—1996年分三次将所持联邦银行股份对外出售。另外，为应对1985年后外资银行进入澳大利亚市场，澳大利亚政府鼓励国内大银行跨界并购其他金融机构，积极寻求国际市场发展，尤其是亚太地区。这些变化使澳大利亚银行和金融日益接近其他工业化国家。

---

① 科尼什．《澳大利亚中央银行的发展与演变》，第15页。

② 澳大利亚政府为准备放松管制（金融自由化改革）于1979年发布一份官方报告（《坎贝尔报告》），全面阐述金融改革的对象和措施及其依据和意义（何建雄、冯润祥．《澳大利亚金融制度》，中国金融出版社，2016年，第162－169页）。

瑞士

“二战”结束后，瑞士金融在高速增长的同时不仅保持了多样化的金融机构结构，而且大银行加速扩张、外资金融机构大量，瑞士的国际金融地位大大提高。至20世纪80年代初，苏黎世在一些国际金融指标上的排名仅次于纽约和伦敦。20世纪80年代中期，日本证券价格的上涨使东京的排名超过苏黎世，巴黎和法兰克福在20世纪90年代也超过了苏黎世）。1950—1970年是瑞士金融高速增长的时期，这也是“冷战”加剧的时期。在两大阵营对立之际，社会主义国家出于政治风险考虑愿与瑞士（一定程度上也有其他西欧国家）金融机构进行往来，瑞士以中立地位在此时期再次获得显著的国际金融效益（跨境资金持续流入）。

表2-3　　1945—1992年瑞士三大银行资产额　　单位：亿瑞郎

年份	1945	1955	1965	1975	1985	1992
瑞士联合银行	11.6	23.9	95.7	472.9	1 394.5	2 060.9
瑞士银行公司	18.3	31.5	101.4	498.4	1 279.3	1 717.5
瑞士信贷	16.1	30.4	93.8	368.0	886.6	1 434.3
三大银行合计	45.9	85.8	290.9	1 339.3	3 560.5	5 212.7
三大银行资产/瑞士 GDP（%）	33.0	31.9	49.2	95.7	130.3	132.4

资料来源：三大银行资产额数据来自 Youssef Cassis. Commercial Banks in 20th - century Switzerland ［M］//Youssef Cassis, Gerald D. Feldman, and Ulf Olsson, eds. The Evolution of Financial Institutions and Markets in Twentieth - century Europe, Scolar Press, 1995, Table 4.1, p.65；瑞士国内生产总值1945—1975年数据来自《帕尔格雷夫世界历史统计》（欧洲卷），1985年和1992年来自国际货币基金组织（IMF）“世界经济展望数据库”（WEO Database）。

表2-3显示，瑞士三大银行资产在1955—1975年从85.8亿瑞郎增至1339.3亿瑞郎，年均增长14.7%，其与瑞士GDP比率从31.9%升至95.7%。这段时期是战后西欧经济增长的“黄金时代”，更是瑞士金融业（尤其是瑞士大银行）的辉煌时期。1975年后，瑞士三大银行资产继续快速增长，但年均增长率已减至两位数以下。

在三大银行中，它们的排位战后以来也出现重大变化。1945年，瑞士联合银行在三大银行资产排名中位居第三，1985年则升至第一。瑞士联合银行排名的上升，主要归功于其扩张性政策。一是并购其他金融机构，包括大型私人银行和混合型金融公司等。二是在国内各地遍设分行，扩大经营规模。三是开拓国际业务，包括承销欧洲证券等离岸金融业务。进入20世纪90年代，联合银行扩张速度放缓，部分大股东遂生不满，他们响应瑞士银行公司的合并呼吁，终于促成该两大银行于1998年完成合并重组，成为当时世界名列前茅的超大型金融集团。新机构称为瑞士银行集团或瑞银集团（UBS），瑞士银行公司不再保留。①

---

① 瑞士第二大银行（瑞士信贷或瑞信）2023年3月爆发诸多丑闻，随后在瑞士政府撮合下，瑞士银行集团同意并购瑞信。

总体而言，虽然瑞士大银行（包括具有一定规模的私人银行和商业银行）不受法律限制可从事多样化的金融和投资业务，且与国内大企业（对中小银行而言是本地企业）结成了稳定的伙伴关系，但它们长期以来追求专业化经营的优势，常规主营业务是证券承销（尤其是离岸证券）、外汇交易、私人委托的资产管理（尤其是组合资产投资）和贵金属交易等。①

瑞士银行（尤其是大银行）在国际金融市场上的竞争优势得益于“冷战”时期各国普遍实行的资本流动管制政策以及20世纪70年代初布雷顿森林体系瓦解所引起的汇率波动。当一些国家出现通胀爬升和货币贬值时，大量避险资金流入瑞士，瑞郎的国际货币地位由此而显赫。但是，20世纪70年代正是各国金融开始放松管制和对外开放的时期，瑞士于1980年取消了对非居民存款支付瑞郎利息的禁令。随着许多外资银行的进入以及它们组建各种形式的承销银团（辛迪加），瑞士大银行原来在国际证券（尤其是离岸证券）业务中的竞争优势受到削弱。瑞士大银行的对策是加快在国外的扩张步伐，在世界各大城市开设分行或代表处，打入当地金融市场。

瑞士在世界上实属一内陆小国，但它的再保险公司（Swiss Re）却为世界最大。初看令人费解。世界范围内，现代再保险行业——由专业化再保险公司运用专业风险管理方法分包火险和海事险等——兴起于19世纪中期，于20世纪80年代形成了由德意志（以及奥匈帝国）再保险公司占主导的格局。不列颠为世界第一工业国，本应为再保险事业的先驱，然而却困于法律上的一条陋规。②进入20世纪后，美国成为世界最大再保险市场，且一直对外开放保险市场，但美利坚再保险公司却仅在国内经营，因不适应欧洲各国的烦琐规制而疏远了国际市场。“二战”期间，本已执世界牛耳的德意志多家再保险公司遭受挫折，后续发展受到影响，而前往美国市场的欧洲公司中仅有瑞士同时具备经济实力和业务专长两方面的优势。③瑞士再保险公司的巨大成功源于对国际市场机遇的把握和利用。

荷兰

“二战”结束后，荷兰政府经济政策的总方针是促进福利社会的增长、保持国民经济各部门的协调和积极参与西欧经济一体化进程。在政策因素与市场环境因素的共同作用下，战后荷兰金融出现了诸多新变化。

第一，包括养老金在内的机构投资者快速扩张。1950年，荷兰养老和私人保险基金

① Cassis, “Commercial Banks in 20th – century Switzerland”, p. 71.

② 1746年法律有一条款禁止海事再保险，后来的历史学者认为，当时立法者的意图是防止重复保险，但法律行文的明确含义是不准再保险。此法律至迟在1867年才被取消（Andre Straus and Leonardo Caruana de las Cagigas, eds. *Highlights on Reinsurance History*, Bruxelles and Bern: P. I. E. Peter Lang, 2017, p. 10）。

③ Straus and de las Cagigas, eds. *Highlights on Reinsurance History*, pp. 16 – 17.

余额为80亿盾，1986年增加至2 400亿盾，年均增长10%。其他投资资金从微不足道增加至1986年的370亿盾，年均增长率超过11%。[①]在此背景下，银行存款不再是20世纪80年代荷兰民众储蓄和投资的最重要渠道。

第二，金融机构不断进行并购重组，产生一批大型甚至超大型金融机构。荷兰政府金融政策的一个特点是，允许金融机构开展“跨界”并购，例如允许银行与保险公司合并以及允许不同类型的银行合并等。20世纪80年代后荷兰资产规模最大的金融机构（ING，荷兰国际集团）前身是1845年创立的火险公司，该公司在19世纪后半期壮大成为一家综合性保险公司，后于1991年与荷兰邮政银行合并成为荷兰国际集团（荷兰邮政储蓄银行由荷兰政府于1881年创办，1986年被私有化）。1995年，国际知名商人银行巴林公司在伦敦濒临破产，荷兰国际集团以1英镑收购巴林并承担了该公司的全部债务。由此，荷兰国际集团跻身于国际性大型金融机构行列并名列前茅。

值得一提的是，荷兰政府的金融监管政策并不禁止银行持有企业股份，仅对银行持股的数额和比例作出了限制性规定。例如，银行不得将自有资本的20%以上投资于非金融企业；在投资对象企业中，银行股份不得达到控制股程度。[②]换言之，在荷兰，银行可进行小规模的股权投资，且只能在投资对象企业中充当小股东角色。就此而论，荷兰的不少金融机构虽因其多样化的投资而具有全能银行的色彩，但与德意志全能银行有着显著差别，后者的股权投资往往具有更多“战略性”投资的特征。

第三，荷兰政府重视发挥政策引领作用，鼓励在薄弱经济领域增进金融服务。20世纪30年代初，英国政府和学术界关注金融服务业与中小企业融资需求之间的关系，认为两者之间存在“缺口”，提出若干改进措施。荷兰显然受此影响，于1935年成立一家政策性金融机构（荷兰工业金融公司），旨在促进金融机构为中小企业融资，但由于资金规模偏小和信贷审查过于严格而未发挥显著作用。[③]“二战”结束后，荷兰政府针对当时经济复苏和结构性调整的需要，出资并联合私人资金先后组建复兴银行和出口金融公司等机构。复兴银行不受股权投资的常规性约束，为荷兰中小企业在战后初期的复苏发挥了重要作用。[④]20世纪80年代以来，荷兰政府与西欧诸多国家一样，开始出售国有企业股份，同时加强对私营部门尤其是大企业的监管。

第四，保持金融市场对外开放，利用外资金融机构进入推动国内金融结构动态调整。荷兰金融市场对外开放具有悠久历史，阿姆斯特丹在17世纪和18世纪作为国际金融中心，即曾允许外国证券在本地发行。进入20世纪后，荷兰政府证券市场对外开放，国际投资者开始大量参与。“二战”后，尤其随着20世纪70年代后欧洲经济体一体化

---

① 哈特、琼克、范赞登.《荷兰财政金融史》，第166页。
② 哈特、琼克、范赞登.《荷兰财政金融史》，第183页。
③ 哈特、琼克、范赞登.《荷兰财政金融史》，第136页。
④ 哈特、琼克、范赞登.《荷兰财政金融史》，第169页。

进程的加快，荷兰对外开放国内金融机构的股权，外资并购若干荷兰金融机构。荷兰政府为此修订有关金融机构并购重组和关于金融机构资本金的政策，一方面放宽限制措施，另一方面提高审慎要求。这样，在外资进入与国内金融结构调整之间形成密切的互动关系。

荷兰以前缺少能源，但在1958年发现大型天然气储藏，此后天然气除了满足国内需求还可大量出口。这原本是值得庆幸的事，但人们后来却发现，一国若像荷兰这样突然获得丰厚的资源恩赐，经济上未必是好事。简单而言，一国原已具备有一定国际竞争力的制造业，但由于大气田从天而降使其出口收入猛增，全国工薪水平上涨，反而使该国制造业的国际竞争力下降。如果下降程度超过了天然气出口增长带来的收益，则该国的一般福利水平会低于发现大气田前。因此，发现大气田在经济上可谓“得不偿失”。伦敦出版的《经济学家》周刊在1972年称此为“荷兰病”，该词随后在国际上流行，泛指严重依赖自然资源出口的国家及其恶化的经济结构。[①]

事实上，荷兰经济在20世纪60年代至70年代维持了正常的增长。在油气出口大量增多后，荷兰继续保持了产业多样性和制造业的国际竞争力。荷兰在农业种植、家禽饲养、食品加工、电子产品、高科技仪器等领域中的国际领先地位长久不衰。很明显，荷兰金融服务的多样、普及和有效发挥了重要作用。可以说，荷兰金融发展从未停息，它总随着市场环境的变化而不断调整。以农业为例，荷兰高度商业化的农业在战后不断深入发展和调整，而为之服务的金融机构——莱夫艾森合作银行和农业银行——随之也进行了许多调整。经过轮番整合，这两大农村和农业金融机构于1972年合为一家，即拉博银行（Rabobank，全称为“莱夫艾森和农业银行中央合作社”）。该机构现为荷兰最大的金融机构之一，广泛参与国际银行业务，为世界绿色金融的领军者。

比利时

比利时因其地理位置在两次世界大战中都遭受德军入侵，战争给比利时带来巨大创伤。但是，归功于比利时民族的韧性，比利时经济在两次大战后皆很快得到重建。“二战”后，比利时政府沿袭了1933年“银行法”所划定的框架，直到20世纪90年代以前一直坚持商业银行和投资银行分离。战后，比利时继续实行出口导向的经济发展政策，积极参加欧洲经济一体化进程，在西欧各国中较早实现（恢复）货币可兑换，这些都给比利时银行和金融体系带来重要影响。

20世纪50年代至90年代初，比利时银行业发生许多变化，一些变化与其他西欧国家相同，另外一些则具有比利时特色。

银行数目，由于并购重组，比利时本土银行逐渐减少，从1960年的67家减至1991

① “The Dutch Disease”, *The Economist*. 26 November 1977, pp. 82 – 83.

年的21家；同时，外资银行却逐渐增多，外资分行数从7家增至35家，外资子行数从9家增至34家。内外资银行合计，比利时银行数目总体有所增加，从1960年的83家增至1991年的90家。①

外资银行云集比利时，除了历史因素外，还由于布鲁塞尔的国际地位。该城市战后成了众多跨国政治机构的所在地，尤其是与欧盟相关的机构，包括欧洲联盟常设执行机关欧盟委员会（正式组建于2014年，但其前身包括1965年由三家机构合并而来的欧洲共同体，以及创建于1957年的欧洲经济共同体）、作为欧盟各国首脑定期会晤机制的欧洲理事会（1974年），以及由欧盟各国部长代表组成的欧盟理事会（2014年）等。此外，布鲁塞尔具有独特的地理优势，它位于由伦敦、巴黎和柏林（或者1990年以前的波恩）所构成的三角形的中心，在跨国协议中，三大欧洲城市的金融机构或不情愿接受任何其他一方或两方，但都乐于接受"第四方"布鲁塞尔。早在1963年，一家比利时银行和一家德意志银行、一家不列颠银行和一家荷兰银行联合成立了咨询委员会，探讨跨境支付和金融交易问题并达成共识。它们后于1970年共同出资成立"欧洲银行国际公司"（EBIC），并吸收奥地利、法兰西和意大利的银行加入，推进跨境银行支付和结算业务。②正因如此，1973年成立的"环球同业银行金融电讯协会"将总部设在布鲁塞尔。该机构负责制定和改进各国银行进行跨境支付和清算的报文规范，后来在推动跨境支付和国际金融的发展上发挥了重要作用。

伴随这些国际机构，离岸金融（面向非居民的金融服务）就有了市场。比利时一家银行最早发行和配售欧洲债券（离岸金融工具）。③

比利时本土商业银行战后以来不仅在数目上减少了，而且在追求规模上与战前有很大不同。在1990年依资本额指标的世界前100大银行排名榜中，有7个欧洲小国入围，其中比利时、奥地利和芬兰各有1家（比利时为通用银行），而瑞士、荷兰、瑞典和丹麦分别有2~3家入围。④就人口和经济规模而言，比利时超过瑞士、瑞典和丹麦，仅略逊荷兰。19世纪末至20世纪初，通用公司（通用银行前身）曾跻身于世界前10大金融机构，早已为明日黄花。

比利时商业银行机构不再追求超大规模，并不意味着它们停止增长和发展。相反，它们在国内银行体系中增长最快。按比利时统计，该国有三类银行，即商业银行、储蓄

① G. Kurgan – van Hentenryk, "Comercial Banks in Belgium, 1935 – 90", in Youssef Cassis, Gerald D. Feldman and Ulf Olsson, eds. *The Evolution of financial Institutions and Markets in Twentieth – century Europe*, Scolar Press, 1995, Table 3.5, p. 52.

② Susan V. Scot and Markos Zachariadis, *The Society for Worldwide Interbank Financial Telecommunication (SWIFT): Cooperative governane for network innovation, standards, and community*, Routledge, 2014, pp. 9 – 10, and footnotes 9 and 10, pp. 21 – 22.

③ Hentenryk, "Comercial Banks in Belgium, 1935 – 90", p. 51.

④ Hentenryk, "Comercial Banks in Belgium, 1935 – 90", Table 3.7, p. 59.

银行和公共信贷机构。1950 年，这三类银行在银行业资产总额中占比分别为 45%、5% 和 50%，至 1990 年变为 67%、11% 和 22%。[①]这些数据意味着战后 40 年中，商业银行已成为比利时最重要的银行机构，规模远超另两类机构。

与其他许多国家一样，战后初期的比利时银行大量依赖活期存款（往来账户存款）。该类存款在 1950 年占比利时全部银行资金来源的 71%。而在 20 世纪 50 年代至 60 年代，比利时监管当局与其他许多国家一样，实行利率管制，将银行短期贷款利率固定在 1. 15% 的低水平。[②]为此，多数银行无法向往来账户存款支付利息，不得不另辟捷径吸引储户存款或开拓资金来源。就整体而言，比利时银行机构大量开发了定期存款、存折存款和债券及现金券发行。截至 1990 年，在全部资金来源中，活期存款占比降至 18%，定期存款升至 47. 5%，存折存款升至 18. 4%，债券和现金券发行升至 16%。[③]

20 世纪 80 年代末，比利时金融立法开始若干重要新调整。1988 年的新规定允许银行涉足保险业务，或收购保险公司，或自建保险分公司。1990 年的新规取消了股票经纪人的专营权，银行也可进入证券交易领域。这是银行综合经营趋势的复兴，即回归以往的“混业”经营模式。当然，与过去不同的是，行政当局对金融机构的监管更加严密，金融机构的内部风险控制机制也有大改进。

西班牙

在佛朗哥统治时期（1939—1975 年），西班牙政府金融政策的特点是，一方面强调政府对社会经济和金融事务的控制与指导，另一方面却扶持若干私人银行机构发展壮大。五大银行拥有的分行在 1940—1956 年由 959 家增至 1 619 家，全国各类银行数目则维持在 100 家左右。[④]此时期，私人银行积极配合政府的经济政策，将大量资金投向工业和基础设施项目。同时，由于此时西班牙经济不对外开放，国内私人银行得以独享经济增长的效益。有数据表明，截至 1965 年，5 家私人银行控制了西班牙全部投资的一半。[⑤]

佛朗哥政府于 1941 年组建了专门负责战略性投资的“全国工业院”（INI），其名称和实践与法西斯意大利非常接近。该机构从多种渠道获得资金，重点投资于与国防紧密相关的产业，包括重制造业和铁路等。但是，该机构从未投资于私人银行，后者一直保持股份资本的独立性。当然，全国工业院在它重点投资的领域，并非完全排斥私人企业。相反，它经常与私人企业合作，联合投资和联合经营。

---

① Hentenryk, “Comercial Banks in Belgium, 1935 –90”, Table 3. 1, p. 48.

② Hentenryk, “Comercial Banks in Belgium, 1935 –90”, Table 3. 1, p. 48.

③ Hentenryk, “Comercial Banks in Belgium, 1935 –90”, Table 3. 4, p. 51.

④ Tortella, “Spanish banking history, 1782 to the present”, p. 871.

⑤ Eric Solsten and Sandra W. Meditz, eds. *Spain: A Country Study*. Washington: GPO for the Library of Congress, 1988, the Section of Banking in the Chapter of the Economy.

佛朗哥政府于1962年将西班牙银行国有化，并赋予它监管私人银行的权力（此前它在原则上拥有实行货币政策的权力）。10年后，西班牙银行又得到监管储蓄银行和信用合作社的权力。简言之，在佛朗哥时期，西班牙银行作为一家中央银行，其权力逐渐增多。

佛朗哥政府在1962年将银行分为三类，即私人银行、储蓄银行和官办信贷机构。私人银行又进而分为普通商业银行和工业银行，后者可将较大比例的资金投资于工业企业的股份。普通商业银行的数目多于工业银行，它们主要向私营企业提供短期贷款，但也从事长期贷款。然而，在20世纪70年代至80年代，两种银行的界限逐渐模糊。到20世纪80年代后半期，西班牙100家私人银行中约1/4是工业银行，其中7家在全国银行经营规模排名中名列前茅，它们直接或间接地控制了全国银行资产额的80%。[①]这个集中度高于世界许多国家。

佛朗哥政府组建了许多专业化的信贷机构，包括工业信贷银行（Banco de Credito Industrial）、西班牙抵押信贷银行（Banco Hipotecario de Espana）、农业信贷银行（Banco de Credito Agricola）。此外，还有地方信贷银行（Local Credit Bank）和1923年组建的海外贸易银行。所有这些机构皆由“国有资产管理总署”（Direccion General del Patrimonio del Estado，DGPE）管辖。该机构从政府预算获得资金，将之分配给各家官办信贷机构。这些机构的顽症是，它们低成本获得资金，再以接近市场利率放贷，无论经营好坏均可旱涝保收。减少政府对这类信贷机构的直接介入并促使其资金来源成本逐步接近市场水平，是20世纪80年代开始改革的基本方向。

佛朗哥时期西班牙没有养老金制度，工薪阶层大多以银行存款（长期储蓄存款）形式进行投资，给银行业的较快增长提供了有利条件。“二战”结束后，西班牙的经济增长率在西欧各国中偏低，但与之前相比有了提高。战后西班牙经济增长一直伴随通货膨胀，至少相对邻国葡萄牙来说其通胀十分显著。西班牙货币比塞塔对美元的贬值程度远超过葡萄牙货币埃斯库多。为此，西班牙银行的基准贴现率从20世纪50年代的4.6%提高至20世纪70年代中期的7%。1975年佛朗哥去世时，布雷顿森林体系已近终结，国际金融市场正处于动荡不安中，此时西班牙放弃高压式经济政策，外资流入加速，国内通货膨胀持续爬升。为此，西班牙银行的货币政策转向，实行加息政策，国内利率水平随之上升。[②]

按固定美元价值衡量，西班牙的人均GDP自19世纪以来长期低于它以前的殖民地阿根廷。例如，1900年西班牙为1 786美元，阿根廷为2 756美元；1950年西班牙为

---

① Eric Solsten and Sandra W. Meditz, eds. *Spain: A Country Study*, the Section of Banking in the Chapter of the Economy.

② 霍墨、西勒.《利率史》（第四版），第573页。

2 189美元，阿根廷为4 987 美元。直到1975 年，西班牙（8 346 美元）首次超过阿根廷（8 122 美元）。[①]当然，这种超越，不全是西班牙经济增长的功劳，包含了阿根廷经济增长趋缓甚至停顿的因素。

佛朗哥逝世前一年（1974 年），西班牙推出自由化政策，具体措施包括放开银行设立分支机构的限制，允许外国银行进入，在诸多项目上解除存款利率和贷款利率限制。一年之内，40 余家外资银行涌入西班牙，许多银行都推出新的储蓄工具，银行间拆借市场（货币市场）在西班牙形成。[②]西班牙银行业看似迎来了春天。

尚在佛朗哥统治下的西班牙此时推出自由化改革实属无奈之举。西班牙为石油进口国，国际油价暴涨导致西班牙经济陷入衰退。西班牙面临对外收支和财政收支的“双赤字”（逆差），在缺少外援以及国内高压政策难以为继的背景下只好选择放开（初期仅为局部放开）。此外，独裁统治多年后，佛朗哥以为只要经济恢复增长便可挽回民心。

但是，已长期习惯于高压经济政策环境的银行并不适应新的环境。1977 年，银行坏账问题开始暴露，多家从事长期贷款的“工业银行”被发现资不抵债。此时西班牙正处于后佛朗哥时代的民主化转型过程，当局随即采取两大措施来应对。一是通过存款保险条例，希望借此避免银行挤兑；二是鼓励好银行收购坏银行。但是，两条措施皆未取得预期效果。西班牙政府于1977 年 11 月发布行政令建立“存款保险基金”，要求各银行按 1. 2‰比率缴纳保费，但广大储户此时并不相信其存款已受到有效保护，许多银行依然眼睁睁看着存款流失。一些银行许诺给存款大户超高利率回报，其存款额往往超过存款保险限额（50 万比塞塔），而此类存款却为最不稳定的资金来源。[③]银行合并带来的新问题是，好银行吞并坏银行后发现自己也接近资不抵债，成为需要救助的对象。[④]

西班牙银行危机为何持续 8 年之久（1977—1985 年）？原因之一是西班牙当时正处于政治转型时期，行政当局努力避免采取任何可能被认为过于激进的举措。原因之二是当时西班牙经济增长缓慢，政府财力不足，1983 年政府才动用大笔资金出手救助和改组银行。原因之三是当时许多西班牙银行信息不透明，坏账问题发生多时之后才为人知晓。

西班牙政府数次推出新举措处置银行危机。第一，1978 年成立一家公私合股的资产管理公司（“银行公司”），专门收购问题银行并通过行使控股权进行整顿，该公司被称为“银行医院”。[⑤]第二，1980 年将存款保险基金投入运行，由该机构垫付问题银行限额

---

① 安格斯·麦迪森.《世界经济千年统计》，伍晓鹰、施发启译，北京：北京大学出版社，2009 年，表 1c 和表 4c。

② 阿里斯托沃洛·德·胡安.《从好银行家到坏银行家：银行业风险识别与监管》，沈联涛译，北京：中国金融出版社，2021 年，第 39 页。

③ Tortella and Ruiz, *Spanish Money and Banking*: *A History*, p. 143.

④ Tortella and Ruiz, *Spanish Money and Banking*: *A History*, p. 144.

⑤ 阿里斯托沃洛·德·胡安.《从好银行家到坏银行家：银行业风险识别与监管》，沈联涛译，北京：中国金融出版社，2021 年，第 41 页。

内的储户并开始行使银行监督权。第三，1983 年对鲁马萨集团公司（Rumasa）实行国有化，其旗下 20 多家银行完成整顿后被转售于其他银行。西班牙政府和西班牙银行（中央银行）为此次政府花费资金合计 8 000 亿比塞塔，[①]相当于 1983 年西班牙 22.5 万亿比塞塔 GDP 的 3.6%。

西班牙于 1986 年与葡萄牙一起加入欧洲共同体。欧共体要求，新成员国必须对其他成员国开放国内市场，并逐渐过渡到相同的行业经营标准。很明显，西班牙政府在 20 世纪 80 年代前半期积极作为解决银行危机，用意之一是迎接加入欧共体。西班牙银行一位高管在 1986 年宣称："西班牙根本没有危机，危机是行长和你（西班牙政府）为了改革金融体系并对银行家'大换血'而捏造出来的。"[②]此话值得辨析一番。

表 2-4　1978—1985 年西班牙银行数据　单位：万亿比塞塔，%

年份	现钞流通		储蓄银行存款		商业银行存款		GDP	
	总量	与 GDP 比率	总量	与 GDP 比率	总量	与 GDP 比率	现值	增长率
1978	1.05	9.3	2.75	24.5	2.38	21.2	11.23	1.46
1979	1.16	8.8*	3.26	24.8	2.61	19.9*	13.13	0.04
1980	1.32	8.7*	3.71	24.5*	2.91	19.2*	15.19	1.20
1981	1.47	8.6*	4.35	25.5	3.27	19.2	17.05	-0.41
1982	1.67	8.5*	5.10	25.9	3.39	17.2*	19.72	1.24
1983	1.84	8.2*	5.92	26.3	3.56	15.8*	22.53	1.65
1984	2.04	8.0*	6.74	26.4	3.79	14.8*	25.52	1.70
1985	2.26	8.0	7.80	27.7	4.27	15.1	28.20	2.36

注：带"*"者为较上年下降。

资料来源：现钞流通量、储蓄银行存款、商业银行存款和 GDP 现值均来自《帕尔格雷夫世界历史统计》（欧洲卷），GDP 实际增长率来自世界银行"世界发展指标"数据库和国际货币基金组织"世界经济展望"数据库。

表 2-4 显示，西班牙现钞流通、储蓄银行存款和商业银行存款三大指标的绝对值在 1978—1985 年连年增长。如果仅以这些观察值而言，很难说此时期西班牙发生了银行危机。但是，就三大指标与 GDP 的比率而言，纸钞发行量在 1979—1984 年连年下降，储蓄银行存款在 1980 年下降，商业银行存款在 1979—1980 年以及 1982—1984 年下降，这些显然意味着异常情况的出现。尤其商业银行存款与 GDP 比率在此期间多个年份的下降，不仅意味着商业银行存款增长慢于名义 GDP 增长，而且可能意味着商业银行存款在其中一些年份扣除物价因素后出现绝对值减少。倘若如此，则属于严重银行危机。当然，总的来看，1978—1985 年西班牙银行不是一场严重银行危机，而是一种"慢性的和

① 阿里斯托沃洛·德·胡安.《从好银行家到坏银行家：银行业风险识别与监管》，沈联涛译，北京：中国金融出版社，2021 年，第 47 页。

② 阿里斯托沃洛·德·胡安.《从好银行家到坏银行家：银行业风险识别与监管》，沈联涛译，北京：中国金融出版社，2021 年，第 36 页。

相对温和的”银行危机。

在20世纪80年代后半期和20世纪90年代初，欧洲银行界人士认为，西班牙的银行缺少竞争力，对外开放后它们将面临生存挑战。[①]事实上，西班牙银行业不仅经受住了考验，而且涌现出新星。直至20世纪80年代末，西班牙前七大银行仅剩下4家；至20世纪90年代末，西班牙两大银行发展成为跨国银行，在欧洲和拉美多国拥有大量分支机构，跻身于国际大银行行列。这两大银行是桑坦德（Santander）与西班牙对外银行（BBVA）。事后看，欧洲银行界人士早先对西班牙银行业的悲观预言推动了西班牙银行业的改革和新生。

在储蓄银行和官办信贷机构领域也发生了许多重要变化。储蓄银行以前主要分布在中小城镇和乡村地区（反映了西班牙曾长期是一个农业国），但在20世纪80年代中大量进城，它们相互间也进行了大量合并重组。如表2－4所示，西班牙储蓄银行吸收的存款在1978—1985年远远超过商业银行。储蓄银行在西班牙定位为非营利性金融机构，享受税收优惠；储蓄银行的“所有者”实际上是很多样化的，包括机构、地方政府和储户等。至20世纪80年代末，经过并购重组并立足于大城市的许多大型储蓄银行的盈利业绩良好。

西班牙“全国工业院”（INI）也从20世纪80年代开始私有化，将它持有的诸多西班牙大工业公司的股份对外出售，包括出售给来自欧盟其他成员国的企业。1992年，全国工业院改组，合并于另一家国有持股公司。

瑞典

瑞典在1850—1950年的百年之间，从农业国蜕变为工业国，建成了具有鲜明特色（“小而全”和“小而强”）的现代工业体系。瑞典在20世纪上半期虽未卷入两次世界大战，但却发展起了强大的国防工业。进入20世纪以后，瑞典与其他北欧国家迈向福利社会体制。高税收和高公共支出成了瑞典经济的一大特色。瑞典金融在“二战”后的发展和变化受到这些因素的强烈影响。

从“二战”结束到20世纪80年代初期，瑞典金融受到政府的强力管制。政府不仅有两大专业监管机构（银行署和保险署）进行常规性监督和准入控制，而且采用一系列措施，直接干预和影响金融机构的业务，包括利率管制、信达配给、准备金定额、债券发行审批、资产配置限制和外汇控制等。虽然瑞典与其他北欧国家并未实行直接的国有化措施，但它们采取的金融管制措施的繁杂和严密堪比计划经济体制。

19世纪末瑞典的法律允许商业银行组建投资银行，这不仅使许多商业银行与其他金融机构建立紧密的关系，而且让金融机构与企业形成密切关系。在有的国家，这极有可

① Tortella and Ruiz, *Spanish Money and Banking: A History*, p. 145.

能演变成财团甚至财阀，即社会经济中滋生出具有排他性和垄断性的经济组织。这种情况战后是否出现在瑞典以及它与金融政策的关系如何，是研究者十分关注的问题。

不可否认，战后瑞典经济出现集中化趋势。从“二战”结束到20世纪70年代，大银行集团（由商业银行组建的投资公司）控股企业的员工占比由30%上升到40%。瓦伦堡家族（Wallenberg）控制了瑞典前两大银行中的一家。[①]战前瑞典银行业已出现集中化倾向并形成了三大银行主导的格局。[②]战后对银行和金融机构的强化监管更加有利于大金融集团和企业集团，因为它们之间可开展多种隐蔽的或属灰色地带的关联交易来规避监管限制。瑞典学者将银行与其他金融机构和企业的关系网称为“金融网”，认为这张金融网特别受益于20世纪50年代和20世纪60年代的经济和金融管制政策。[③]此时期瑞典政府加强经济和金融管制，目的是推进福利社会体制的建设（如为全体人民提供廉价住房）、促进国防工业的发展和避免经济周期及金融危机。政策制定者未曾预料，这些政策使一些大企业集团和家族企业集团得到了更快发展的机遇。

战后时期瑞典金融业的放松管制始于20世纪70年代，主要由于国内缘故，与布雷顿森林体系的瓦解并无直接关系。瑞典政府在福利社会的建设中债务包袱越来越大，需要通过放松管制活跃国内金融市场，提高发债效率和降低利息负担。但是，放松管制未能阻止“金融网”势力在瑞典进一步壮大，因为大金融机构充分利用了放松管制带来的扩张机会，例如银行进入保险领域，银行与保险公司形成伙伴关系（此时期银行监管署与保险监管署合并为一家机构），银行不仅一如既往控股投资公司，还可设立新财务公司等。

1950—1992年，瑞典商业银行从89家减少至22家，[④] 体现了商业银行业的集中趋势。但更能反映银行业结构变化的是储蓄银行数目及其行为。同期内，瑞典储蓄银行从606家减少至134家。储蓄银行经营行为的变化更大。从1962年起，瑞典的储蓄银行被允许从事几乎所有银行业务。1968年后，储蓄银行及合作银行与商业银行之间不再有任何经营方式上的差别。1987年新“银行法”允许储蓄银行转制为有限责任合股公司，与商业银行在公司法上的差别消除了。这些变动符合储蓄银行（以及合作银行）的追求，它们希望分享较快增长的商业银行市场。由于这些变化，21世纪后的瑞典统计不再区分“商业银行”“储蓄银行”“信用合作银行”，仅为“银行”或“商业银行”了。[⑤]有趣的

① Mats Larsson, “Overcoming Institutional Barriers: Financial Networks in Sweden, 1910 – 90”, in Youssef Cassis, Gerald D. Feldman and Ulf Olsson eds. *The Evolution of financial Institutions and Markets in Twentieth – century Europe*, Scolar Press, 1995, p. 135.

② Andersen, *The Evolution of Nordic Finance*, Table 10.2, p. 254. 前三大银行在瑞典银行业资产总额中的占比1918年为37.6%，1924年升至46.5%，1940年仅一家就达24.7%（另两家数据缺失）。

③ Larsson, “Overcoming Institutional Barriers: Financial Networks in Sweden, 1910 – 90”, pp. 133 – 135 and pp. 137 – 139.

④ Andersen, *The Evolution of Nordic Finance*, Table 9.17, p. 242.

⑤ Andersen, *The Evolution of Nordic Finance*, Table 10.6, p. 264.

是，20 世纪 90 年代初，在瑞典可称为“银行”的机构仅 20 余家，而 21 世纪后则增至 100 多家。

瑞典 1978 年放开银行存款利率上限管制，1985 年取消银行贷款规模上限和贷款利率上限，1986 年取消保险公司持有债券的限制。①与此同时，瑞典逐步取消对外汇交易的限制，瑞典金融机构可对外投资及举借外债，外资金融机构可进入瑞典市场。1990 年前，瑞典实际利率（名义利率减去通胀率）长期为负数，扣除税收后该水平则更低。② 1985—1989 年为瑞典信贷总量和经济总量快速扩张时期，股票价格和房屋价格此时期也持续高涨，瑞典经济明显过热。

1990 年，瑞典经济因外部环境因素放慢增长，政府出台利息税改革并使税后实际利率转正，瑞典金融市场行情随之发生逆转。非银行金融机构首先暴露风险，随后银行坏账问题浮现。截至 1991 年底，贷款损失额占瑞典信贷总额 3.5% 并在 1992 年第四季度银行危机高峰时达到 7.5%。③股价和房价在此期间大幅下跌。

表 2-5　　1990—1993 年瑞典银行数据　　单位：万亿克朗，%

年份	现钞流通		储蓄银行存款		商业银行存款		GDP	
	总量	与 GDP 比率	总量	与 GDP 比率	总量	与 GDP 比率	现值	增长率
1990	0.070	5.12	0.170	12.5	0.365	26.8	1.36	0.75
1991	0.073	5.05*	0.167*	11.5*	0.395	27.3	1.45	-1.10
1992	0.074	5.12	0.198	13.7	0.387*	26.8*	1.44*	-0.94
1993	0.076	5.25	0.209	14.5	0.391	27.1	1.44	-1.83

注：带“*”者为较上年下降。

资料来源：现钞流通量、储蓄银行存款、商业银行存款和 GDP 现值均来自《帕尔格雷夫世界历史统计》（欧洲卷），GDP 实际增长率来自国际货币基金组织“世界经济展望”数据库。

表 2-5 显示，1991 年瑞典现钞流通量和储蓄银行存款比前年减少，1992 年商业银行存款比前年减少，1991—1993 连续三年实际 GDP 下降。这些都是银行危机的表现，1991 年主要为储蓄银行危机，1992 年则主要为商业银行危机。

截至 1993 年瑞典政府累计向银行业投入 650 亿克朗，相当于当年瑞典 1.44 万亿克朗 GDP 的 4.5%。当然，瑞典政府有意将大部分资金用于问题银行的资本金补充、流动性支持和机构整顿，而不是补贴问题银行的原股东。

研究者认为，瑞典 1990—1993 年银行危机与瑞典政府的汇率政策有关。20 世纪后

① 彼得·恩格伦德、维萨·维赫里亚．“北欧银行危机：芬兰和瑞典的比较分析”，斯特凡诺·巴蒂洛西、杰米·瑞斯．《欧美金融体系发展与政府监管：19—20 世纪的历史》，“成方三十二译丛”翻译组译，北京：中国金融出版社，2021 年，图 10.2B，第 181 页。

② 恩格伦德、维赫里亚．“北欧银行危机：芬兰和瑞典的比较分析”，图 10.1，第 179 页。

③ 恩格伦德、维赫里亚．“北欧银行危机：芬兰和瑞典的比较分析”，第 188 页。

半期的瑞典经济外向程度很高，为典型的小型开放经济体。为支持出口增长，瑞典于1982年进行一场克朗贬值，但因贬值幅度过大受到国际货币基金组织的正式询问和调查。此后，瑞典刻意维护克朗与马克和英镑的汇率目标。1992年11月前，瑞典央行出于维护目标汇率的动机数次大幅上调政策性利率，动用外汇储备干预汇市，仅当外储消耗殆尽后才放弃汇率挂钩体制，让克朗浮动。①此时国内高利率已经导致一大批国内企业陷入财务困境，它们随后将财务危机转嫁给银行。

四、本章小结

以下重点从全能银行、储蓄银行和中央银行这三个角度总结前述十余个国家19世纪至20世纪初的金融发展历程。

全能银行（混合银行）出现于所有欧洲大陆国家，但不同国家持续时间互异。在荷兰，全能银行如同“昙花一现”。比利时是全能银行最成功的国家，但也有全能银行倒闭的情形。奥地利（奥匈帝国）的全能银行十分接近德意志帝国，但在奥地利、意大利和瑞典等国都出现过大型全能银行倒闭或遭遇严重困难，并影响此模式在这些国家的持续性。意大利和西班牙的金融体制在法西斯政权时期出现了重要的相似变化，两国此时期发展起来的“工业融资”（产业融资）概念扩散到其他国家。加拿大和澳大利亚未曾出现全能银行，因为独立前的殖民当局和独立后的联邦政府，都实行限制银行投资行为的金融政策。

储蓄银行在19世纪中期后出现于所有工业化国家，但发展程度各国有别。欧洲大陆国家的储蓄银行发展最快，因为它们得到政府和宗教组织的共同支持。但是，储蓄银行的经营方式和作用在各国有很大不同，有的国家支持储蓄银行发展地区性甚至全国性联合组织，有的甚至支持储蓄银行开展普通商业银行的业务。澳大利亚左翼倾向的政府大力扶持储蓄银行，而加拿大的此种倾向则相当微弱。

各国在中央银行制度的发展进程上差别显著，可以说是“一国一例”，它们差别之大，毫无模式可言。比利时、加拿大和澳大利亚组建中央银行（或作为其前身的“国家银行”或联邦银行）皆有金融危机的背景。即便如此，它们的具体政策反应（新建机构的政策功能定位）互不相同。奥匈帝国、意大利和西班牙等国的国家银行向中央银行的转变与货币体制（实行金本位制）密切相关。在瑞典，中央银行的雏形诞生于其他金融机构之前。作为19世纪末金融业十分发达的国家，瑞士则至迟在20世纪初才建立中央银行（欧洲各国的最后一个）。凡此种种表明，在需要政策积极介入之处，各国的差异如天壤之别。进入20世纪后，各国之间的差别有缩小的趋势。

① 索瓦多·吉尔法松等.《全球危机中的北欧国家：脆弱性与恢复力》，刘影祥等译，北京：社会科学文献出版社，2015年，第78页。

[第三章]

金融与第三世界（发展中国家）的发展追求

相比于工业化国家，第三世界国家的金融发展历程在20世纪呈现更加多样的形态和趋势，不少国家甚至经历了多次金融体制的碰撞和转变。发展中国家为追求经济增长，在20世纪寻求金融发展的故事扣人心弦。许多发展中国家在经济和金融发展过程中都面临三大任务，即促使传统金融机构现代化、创立新型金融机构和接纳外来金融机构。这三大任务有时相互冲突，它们自身有时也充满矛盾与摩擦。传统与创新构成了一对基本矛盾。

一、形态多样的金融体制与发展路径

耶鲁大学学者雷蒙德·戈德史密斯在20世纪60年代整理分析了各国自19世纪末以来在金融总量和金融结构上的趋势。他一共得到了35个国家和地区的资料，几乎囊括了所有的工业化国家和有代表性的非工业化国家。从这些历史资料中，戈德史密斯概括出12条适用于所有国家和地区的趋势①，其中4条关系到工业化国家与发展中国家（戈德史密斯当时称为"发达国家"和"欠发达国家"）的比较。（1）金融机构资产相对于国民经济总量（国内生产总值或国民财富值）的金融比率指标在世界各国皆有不断升高的趋势，但在发达国家显著高于欠发达国家（而在发达国家该指标不会无限上升）；（2）金融机构资产配置中股份占比指标有不断升高的趋势，且发达国家显著高于欠发达

① 雷蒙德·W. 戈德史密斯.《金融结构与发展》，浦寿海等译，北京：中国社会科学出版社，1993年，第34－38页；王广谦.《20世纪西方货币金融理论研究：进展与述评》（修订版），北京：经济科学出版社，2010年，第379－380页。

国家；（3）金融机构资产总额中的银行占比指标在欠发达国家高于发达国家，但所有国家该指标有下降趋势；（4）包括利率和其他费用在内的融资成本在发达国家通常低于欠发达国家，但此指标受到各国通货膨胀的严重影响，并不必然呈现长期固定变化的趋势。

戈德史密斯认同各国经济结构与金融结构之间存在密切关系，并承认各国政治制度、法律传统、经济金融政策等因素对金融结构的重要影响。但是，戈德史密斯使用统计方法，所有的“历史因素”均被抽象成“历史数据”。人们如果不了解有关的历史背景，那些历史数据本身（各种比率指标在长时期中的变化趋势）既不能解释历史变化的前因后果，也不能揭示各国历史过程的特征。历史是统计数据与相关事件的结合。

戈德史密斯的一大贡献是，以统计数据明确无误地说明了20世纪初以来工业化国家与发展中国家在金融发展上的显著差别，这些差别同时表现在金融总量、金融结构和融资成本等多方面。至20世纪60年代末和20世纪70年代初，许多经济学家认识到，包括拉丁美洲国家在内的许多发展中国家战后以来所追求的发展战略并未取得预期的成就。不仅如此，其中有不少国家在经济上陷入“走走停停”的状态，不能摆脱周期性通货膨胀的困扰。同时，日本和一些东亚经济体在经济发展上取得了显著成就，它们的金融体制和金融政策与拉丁美洲国家形成鲜明对比。这些情况引起许多研究者的深思。1970年前后，多篇成果涌现，人们越来越多地使用“金融深化”和“金融压制”概念来描述一些发展中国家金融部门发展或欠发展的问题。①

“金融深化”（Financial Deepening）主要指戈德史密斯提出的金融发展几大衡量指标在一国经济增长过程中呈现逐渐升高的趋势，即金融中介在经济增长进程中发挥越来越大的作用。但是，第二次世界大战后许多发展中国家并未出现此趋势。出于数据可得性的缘故，有的研究者使用了广义货币与国民生产总值（GNP）比率指标（该指标主要指一国货币普及程度，即货币化深度，但在实践中也常用此表现金融发展程度），据此观察1950—1969年11个代表性发展中国家，发现没有任何国家印证该指标存在显著提升。②简而言之，一个本应在经济发展过程中出现的重要趋势却在现实中没有出现，其中必有蹊跷。

“金融压抑”（Financial Repression，或为“金融抑制/金融压制”）是“金融深化”的反义，即金融深化没有出现。除了以前述金融深化或货币化指标来表现，“金融压抑”

① 爱德华·肖.《经济发展中的金融深化》，邵伏军等译，上海：格致出版社，2015年（英文原著出版于1973年）；罗纳德·麦金农.《经济发展中的货币与资本》，卢骢译，上海：上海三联书店，1997年（英文原著出版于1973年）。肖与其合作者于1967年发表的文章已表达了后来著作的基本观点，John G. Gurley and Edward S. Shaw, "Financial Development and Economic Development", *Economic Development and Cultural Change*, Vol. 15, No. 3 (April 1967): 257-268.

② 麦金农.《经济发展中的货币与资本》，表8-4，第107页。11个国家是阿根廷、巴西、智利、印度、菲律宾、土耳其、斯里兰卡、哥伦比亚、巴基斯坦、秘鲁和委内瑞拉；其中，略有提高的国家有6个：智利、印度、菲律宾、土耳其、哥伦比亚和委内瑞拉。

还有其他一些表象，例如，（1）国内储蓄不足；（2）企业投资的外源融资有限和大量依赖内源融资（内源融资包括利润留存、公积金提取和面向企业员工发行融资凭证等）；（3）政府管制利率和汇率等重要货币金融指标；（4）政府直接参与分配金融资源，如外汇资源和企业证券上市指标等；（5）政府设定对私人金融交易行为的多种限制，包括金融资产的可转让性和定价方法等。（1）和（2）是现状的反映，（3）～（5）是政府金融政策的表现。在“金融压抑”的这些表象中，有的具有因果关系。例如，如果政府人为压低利率水平，就不利于国内储蓄的增长，进而使国内储蓄小于国内投资需求，导致出现储蓄缺口。再如，政府限制土地资产的交易，使农村的土地所有者失去获得信贷的足够机会，被迫为借款支付更高的利率。①

为何许多发展中国家的政府倾向于采取“金融压抑”的政策？主要有三个因素。第一，这些国家的政府在一定时期有特定的经济发展战略，尤其是产业发展目标，比如推动出口产业的增长，或为实行进口替代。以拉美为例，大多数国家第二次世界大战后都实行进口替代发展战略。为此，政府需要管控对外贸易和外汇，往往采取压低名义汇率以便国内工业企业能以较低成本进口设备和中间投入品。这样，国内一旦出现通货膨胀，很快引起实际汇率的上升（本币实际升值），而这意味着外汇需求较快增长。在外汇供给趋缓（出口增长乏力）的背景下，这将导致外汇缺口扩大，于是政府只能加强外汇控制，使金融压抑愈加严重。

第二，政府拥有自己的产业部门（国有企业），想方设法予其特惠和保护。为支持和扶持国有企业，政府不仅集中预算资金（财政资金），而且力促金融资源（信贷资金和证券市场）向其倾斜。当国企通过这种干预得到相对多的金融资源，意味着社会经济的其他部门相应丧失必要的金融资源，即出现金融压抑。

第三，政府执著于某种经济哲学或囿于陈见，经济政策缺乏远见，捉襟见肘，顾此失彼。有研究者指出：“在一定程度上，金融压抑政策或许应当归咎于经济决策上缺乏远见，它可能没有注意到，负利率使储蓄变得便宜，并导致储蓄短缺；同样，高估汇率意味着外币便宜和进口廉价，并导致出口不再有利。常被忽略的还有，政府打包票说会减少征税，但它却转向开征通胀税，或者去国外谋求代价昂贵的借款。进行微观经济决策时常只考虑当下那个经济部门，却漏掉了其他经济部门。”②有时政府对某些领域强行干预，而对其他领域却“放任自流”，造成社会经济发展呈现高度的不平衡、不协调。

当然，有时政府的金融政策受到政治或国家安全的重要影响。一般而言，当国际关系紧张和国际冲突爆发，政府倾向于采取金融管制和经济管制措施。

“金融深化”和“金融压抑”概念的使用者大多主张金融自由化，减少政府对货币

---

① 麦金农在其著作中举出20世纪60年代马来西亚的事例（麦金农《经济发展中的货币与资本》，第84页）。

② 爱德华·肖.《经济发展中的金融深化》，第10页。

金融事务的干预，允许资金自由流动（包括跨地区跨行业流动），实行对外金融开放，不歧视非国有企业和非主导产业，鼓励竞争，解除利率和汇率管制，使之灵活调整以反映市场供求关系及其变动。20 世纪 70 年代，在世界范围内出现一波金融自由化浪潮，而当时发展中国家（尤其是拉丁美洲国家）出现的金融自由化浪潮尤与“金融深化”和“金融压抑”概念有关。但是，进入 20 世纪 80 年代后，随着多个拉丁美洲国家发生债务危机和金融危机，金融自由化遭遇逆流，理论界出现新争论。①

“金融深化”“金融压抑”或“金融自由化”等概念都涉及发展中国家政治体制、产业政策与金融发展的关系，尤其关系到工业化国家在其早期发展阶段上曾经遇到而后来基本解决的六对矛盾。

第一对矛盾是财政与金融的对立。前现代政权通常将金融视为财政的对立面，因为它们不愿进行债务融资，尤其不愿意在国内向自己的“臣民”借债。所以，在政治体制转型之前的许多发展中国家，政府借债的顺序是向外国借款在先，向本国居民借款位后，其本质是这些国家的政治体制和财政体制尚未完成现代化转型，政府与国民的关系尚有待宪政框架来界定。

第二对矛盾是货币与金融的关系。许多工业化国家在早期发展阶段上就解决了货币（通货）的公共产品属性问题，即不再将货币发行视为政府融资的重要工具或来源。政府要么组建专门的机构（发行银行）从事发行业务，要么仅为货币发行订立规则，发行本身交由私人部门金融机构。在许多发展中国家，政府直接掌管货币发行业务，或由财政部实施，或通过财政部左右货币发行机构，不管该机构是否为政府直属机关。如此一来，金融发展所需要的基本条件——计价单位保持价值基本稳定常常得不到保障，金融机构也从事投机保值的活动，脱离对实体经济的必要支持。

第三对矛盾是银行中介与证券市场（尤其股票市场）之间的对立。这个矛盾的背后是国有经济与私人部门的关系。许多发展中国家工业化初启就积极发展国有经济，其做法不同于一些工业化国家的铁路国有化以及在“二战”结束后为推动产业重组而在部分领域推行的国有化。虽然与一些社会主义国家相比并不算高，但发展中国家的国有化程度大大高于工业化国家。发展中国家的国有化常常是包罗万象，不仅有基础设施、公用

---

① 1982 年阿根廷和墨西哥发生外债和金融危机后，美国经济学家 Carlos Díaz - Alejandro（1937—1985 年）发表多篇文章探讨拉丁美洲金融危机，认为危机的重要教训是，拉美国家在条件不成熟时就开放金融和引进外资；拉美国家不是美国的一个州，发生危机后它们申请外援时只能接受债权人的苛刻条件。他的两篇代表作是：《拉美债务：我不认为我们仍旧在堪萨斯州》［“Latin American Debt: I Don't Think We Are in Kansas Anymore”, *Brookings Papers on Economic Activity*, No. 2 (1984): 335 - 403］；《告别金融压抑，迎接金融崩盘》［“Good - bye Financial Repression, Hello Financial Crash”, *Journal of Development Economics*, Vol. 19, No. 1 - 2 (1985): 1 - 24］。2015 年，哈佛大学教授 Carmen M. Reihart 在 Carlos Díaz - Alejandro 纪念讲座上讲演（两位学者皆出生于古巴的哈瓦那），详细回顾后者 30 年前关于金融自由化和金融危机的观点并阐述其当代意义（“The Antecedents and Aftermath of Financial Crises as Told by Carlos F. Díaz - Alejandro”, *Economía*, Vol. 16, No. 1 (Fall 2015): 189 - 217）。

事业和普通工矿企业，还有银行和非银行金融机构等。大量国有企业的存在及其对融资的庞大需求，促使政府在金融上实行特殊政策。例如，政府鼓励银行发展，是因为政府已经控制了大部分银行，银行越发展，意味着政府控制的金融资源越多。再如，政府限制股票市场的成长，尤其限制股票市场向私营企业提供融资服务，因而私营企业无法在融资上取得对国有企业的竞争优势，由此，国内金融体系中便出现银行中介与证券市场的对立。

第四对矛盾是特权与法治的对立。这种矛盾在工业化国家的转型过程中曾普遍出现，但在许多发展中国家，由于转型时间漫长，这种矛盾变得持久普遍，时常特别尖锐。金融部门作为货币化的社会资源聚集地，成了特殊利益集团争夺影响力和控制力的对象。特殊利益集团不希望建立普遍的法制，因为这会削弱其地位和利益，社会的大部分货币化资源已被其掌控。特权与法治的对立，是经济和金融不稳定的重要原因。

第五对矛盾是规范金融与非规范金融的并行。“规范金融”指正规金融机构与规范经济部门（尤其是国有经济部门）之间的往来，相当于工业化国家早中期阶段就有的“高金融”或“大金融”（High Finance/Haute Finance/Horse Banque）概念。“非规范金融”则指民间社会自发的金融活动，初期时缺少全社会统一的规则，信息透明度不高。在工业化国家的早期阶段，例如 18 世纪末和 19 世纪初的英格兰，友谊社和固定成员的按揭社即属于这类金融活动（它们后来皆经历了法律调整并被纳入正规金融体系）。而在一些历史悠久的发展中国家，民间金融活动十分活跃且形式多样，主要受当地社会习俗或宗教规章制约，而非由成文法规范。同时，这些国家两类金融活动长期并行，构成“二元金融市场”，它不仅阻碍正规金融市场的成长，而且带来了管制（Regulation/Repression）与放松管制（Deregulation）之间的矛盾，因为放松管制意味着金融资源流向非规范金融的领域，这会损害国有经济（“规范经济”）部门的利益；而如果不放松管制，全社会金融资源的增长则趋于缓慢。

第六对矛盾是国内融资与国际融资的关系。有一些发展中国家在国内金融市场未发展的背景下，大量对外借债，且因未能应对外债风险而发生通货膨胀和货币贬值，进而影响国内金融市场的发展进程。此种情况与 19 世纪的北美和澳洲形成鲜明对比。后者当时虽然大量对外举债，但国内金融市场却同时成长，并最终成为本国政府融资的主要来源。国内融资并不必然与国际融资发生矛盾，但在历史上的一些发展中国家，两者确成矛盾双方。

以上六种矛盾不同程度地存在于所有发展中国家。在不少国家，这些矛盾呈现出一定的周期变动性。对不少发展中国家而言，这些矛盾之所以长期存在并左右摇摆，很重要的原因是，先前形成的意识形态后来非但没有改变，而且得到强化，这种意识形态将本国金融的落后归咎于外部因素。国际学术界也不时为这种意识形态摇旗呐喊。①

二、20世纪前半期：中国　印度　土耳其（奥斯曼帝国）南非　巴西　墨西哥

19世纪末至20世纪初，银行和股票市场等现代金融事物陆续扩散到欧美以外的国家或地区，它们在此时期开始工业化运动。但这些国家和地区与欧美国家在政治和经济体制上存在显著差别。政治独立的国家往往不能保持政治稳定并稳步推进工业化建设和金融发展，而政治不独立的国家（地区）则主要在外力作用下开展工业革命和现代金融。

中国（晚清与民国时期）

至19世纪末和20世纪初，多种金融机构出现在中国，包括票号钱庄、外资银行、民营银行、官办银行和非银行金融机构。外汇市场、票据市场和证券市场在一些通商口岸开始活跃，而大城市的钱庄之间以及较晚近的民营银行之间发展出同业拆借，它们共同构成形成中的中国金融市场。

票号和钱庄属于中国特色的本土金融机构，前者以汇兑业务为主，兼营存贷款，在若干城市设分号；后者早先以银钱兑换为主，后来大量从事存贷款并向客户提供支付服务，虽无分号却有同业往来。票号和钱庄多为家族生意，仅部分商号有外人持股，但股东的权利和义务并无成文法的界定，它们与其经营活动主要遵从习惯法。②至20世纪初，票号已呈衰落之势，而钱庄则仍方兴未艾。在上海等大城市，许多钱庄开展同业拆借并与外资银行建立同业往来，还发行不同形式和用途的票据并相互贴现，此类活动为中国本土货币市场的雏形。

1842年《南京条约》开始五口通商，后来又开放其他口岸城市。各口岸城市的租界外商云集，多以国际贸易为主，外资银行随之而来。多数外资银行依其母国法律

---

① 国际学术界在20世纪60年代和70年代一个非常流行的观点是，发展中国家与工业化国家是“外围”与“中心”的关系，而这正是“外围”地区不发展的根源，因为“外围”按照“中心”的需求而形成，“外围”没有自己的经济发展动力和条件，它们存在储蓄外流、缺少内部市场和不具有技术开发能力等问题（托马斯·E. 韦斯科夫“帝国主义和第三世界的经济发展”，载查尔斯·K. 威尔伯．《发达与不发达问题的政治经济学》，高铦等译，北京：中国社会科学出版社，1984年，第187－211页）。“外围”国家（欠发达国家）为何出现储蓄外流？乃是因为跨国公司在当地投资，得到丰厚利润并将之汇出，使得当地的储蓄（资金供给）与投资（资金需求）不再匹配（资金缺口出现）；另外，它们引进跨国公司投资却要用外汇“付费”，这就相当于出现了当代经济学中的货币错配（资产计价的货币不同于负债计价的货币）；因此，欠发达国家出现金融结构的恶性循环（参见罗纳德·缪勒“跨国公司和第三世界的不发达”，威尔伯前引书，第220－221页）。

② 在清朝，票号“不向官府登记，不领执照，也不缴纳商税，完全处于无政府状态”；但开办当铺和钱庄须登记，自康熙年每家每年纳税五两（黄鉴晖．《山西票号史》（修订本），太原：山西经济出版社，2002年，第59页）。

注册为合股公司，由职业经理人管理，以存贷汇为主业，其中“汇”的含义宽泛，包括汇款和转账、外汇买卖以及汇票承兑。19世纪后半期至20世纪初，许多外资银行在口岸城市发行纸钞，或以银两、银元计价。①外资银行的发钞权后来在1935年国民政府法币改革时取消。外资银行主营业务除了贸易信贷和金银外汇买卖外，还向口岸城市（尤其租界内）的房地产开发商提供融资服务，不时也向公用事业及中国工矿企业发放贷款。

近代中国第一家本土银行是1897年成立的中国通商银行，创办人为清朝大臣盛宣怀（1844—1916年）。该银行由朝廷特批，“定向”招股。实缴资本白银250万两中，官督商办企业轮船招商局和电报局合计认购100万两，盛宣怀和李鸿章等认购73万两（其中含因招股不足而由盛宣怀垫支的34万两）。②银行总部设在上海，效仿外资银行在国内多座城市开设分行。银行英文名为“中华帝国银行”（Imperial Bank of China），③颇有国家银行的意味。创办初期的中国通商银行不是普通的民营银行，但也非正式的国家银行。

1904年，清廷为支持币制改革而设立户部银行，此为正式的国家银行。1908年清廷机构改革，户部改为度支部，户部银行随之更名为大清银行并增发资本。户部银行及后来的大清银行均实行官股与商股混合制，官股占一半，从事代理国库、铸币、印钞和代募公债等业务，初具中央银行的职能。此外，为支持基础设施建设，清廷于1908年批准成立交通银行，也采用官商合股，实为官办。1912年中华民国临时政府成立后，大清银行改组为中国银行，为新政府行使国家银行（中央银行）的职责。1916—1927年，中国银行和交通银行因大量吸收民间资本而近乎成民营银行。④

在清廷的财政货币体系中，咸丰朝（1851—1861年）在京城设立官银钱号（1853年），主管银两与银票兑换，并敕各省开设官钱局。后来，省官钱局渐有省府银行的特征。辛亥革命后，尤其一些省宣布独立时，官钱局改组为银行，浙江银行、山东银行、湖南银行等皆属此类。⑤其中，有的后经民营化改组，成为合股民营银行（股份制商业银行），有的继续为地方官办银行。20世纪20年代末和30年代初还出现“军办银行”，由地方军阀创办，但大多“设停无定，寿命不长”。⑥ 1926—1936年，地方官办银行由18

① 姜建清、蒋立场．《近代中国外商银行史》，北京：中信出版集团，2016年，表8.3，第266页；宋佩玉《中国外资银行百年史（1945—1949）》，上海：上海远东出版社，2022年，第222页。

② 中国人民银行上海市分行金融研究室编．《中国第一家银行》，北京：中国社会科学出版社，1982年，第10-11页。

③ 燕红忠．《中国金融史》，上海：上海财经大学出版社，2020年，第238页。

④ 程麟荪．《近代中国的银行业》，徐昂、袁煦筠译，北京：社会科学文献出版社，2021年，第64-69页。

⑤ 戴建兵．《中国近代商业银行史》，北京：中国金融出版社，2019年，第3页。

⑥ 刘克祥．“1927—1937年中资银行再统计”，《中国经济史研究》2007年第1期，第57页。

家增至50家，①平均一年增加3家。

清末至民国，政府数次专门为银行立法，为银行业的发展提供法律框架。1908年清廷颁布的“银行通行则例”共15条款，1924年北京国民政府颁布“银行通行法”共24条款，1931年南京国民政府颁布“银行法”共51条款，显示立法覆盖范围不断扩大，规定日臻细化。②1908年“银行通行则例”明确将钱庄票号账局等接受存款的机构均视为银行，纳入统一规制。1931年“银行法”明确了银行公司的不同组织形式（有限责任与无限责任的划分）、最低资本金数额、经营范围和银行检查等事项。

至20世纪20年代初，中国民营银行业形成“北四行”和“南三行”的局面。“北四行”指盐业银行（1915年成立于北京）、金城银行（1917年成立于天津）、中南银行（1921年成立于上海）和大陆银行（1919年成立于天津）。四家银行于1922年组成“四行联合营业事务所”，约定就发钞和结算等业务密切合作。“南三行”是上海商业储蓄银行（1915年）、浙江兴业银行（1907年）和浙江实业银行（前身浙江银行，1910年）。三家银行仿“北四行”建立代理行关系（往来银行关系，也称“互相对开户头”），但未设正式合作机构。

在非银行金融机构方面，外资财产保险公司于19世纪前半期进入中国口岸城市。19世纪后半期中国本土保险公司始现，标志性事件为监督商办的轮船招商局于1875年在上海创办保险拓商局，随后于1876年和1878年先后成立仁和保险公司和济和船栈保险局（两者后于1886年合并为仁济和保险公司）③。

与欧美国家相比，20世纪初的中国缺少专业储蓄机构、人寿保险公司、证券经纪商和贸易融资商等金融机构，反映出当时民商法立法滞后、金融信用缺乏、金融市场不够发展以及贸易融资为外资银行所主导的状况。

清政府于1894年发行“息商借款”，1898年发行“昭信股票”，以及1911年发行“爱国公债”，皆以直销方式进行，对国内金融中介机构和金融市场几无促进。清末，证券交易所最早出现于上海公共租界，民国后政府先后批准在上海、北京和天津等地组建证券交易所，交易公司股票和国债。20世纪20年代和30年代前半期，金融机构和金融市场在中国快速发展。

20世纪30年代是近代中国金融发展的重要时期，其间发生若干重大事件，政府推出多项重大改革措施。国际货币形势变化、国内货币体制改革与银行业发展之间的关系，是学者长期关注的重点。知名货币理论和货币史学者米尔顿·弗里德曼在代表作《美国货币史（1869—1960）》中说，1933年上台的罗斯福总统为迎合国内政治需求，

---

① 刘克祥、吴太昌.《中国近代经济史（1927—1937）》，北京：人民出版社，2012年，表7－15，第1901－1902页。

② 朱荫贵.《近代中国的资本市场：生成与演变》，上海：复旦大学出版社，2021年，第68－69页。

③ 中国保险学会《中国近代保险史》，北京：中国金融出版社，2022年，第68页。

推出“白银收购法”，带来出乎预料的结果，即引起银价高升，使当时的白银大国中国被迫脱离银本位，成了“在经济上和政治上削弱中国的一个主要因素”。[①]弗里德曼很可能受到美国的中国问题专家费正清的影响，后者在其名著《美国与中国》中数次表达此种看法。[②]

弗里德曼与其合作者发表上述观点后，一些学者（包括货币理论家和中国研究者）撰文反驳。托马斯·萨金特与其合作者认为：“美国白银收购项目并未导致最终促使中国脱离银本位及采用纸币制的诸多不利事件。国民政府的决定是中国脱离银本位制的根本原因，因为国民政府希望趁机利用银价高涨带来的资本利得（‘红利’）并摆脱商品货币制度施加于它的束缚。”[③]弗里德曼在1992年仍固执己见，认为美国的“白银收购法”是国民政府转向法币制度并在后来出现超级通货膨胀的一个重要因素。[④]

这场学术争论中的焦点是如何看待1933—1935年中国银行业的状况，以判断“究竟当时是否发生了银行危机”。

有五个指标可供评判。第一，银行数目。若发生银行危机，会出现银行倒闭歇业数目增加和新增银行数目减少。如表3－1所示，1933—1935年未出现实存银行数目减少，而且，从新增银行/停业银行比来看，1933年和1934年属1926—1936年最高年份，即新增银行远多于停业银行。银行数目变动的数据不支持“1933—1935年银行危机”的说法。

---

① 米尔顿·弗里德曼与安娜·J. 施瓦茨.《美国货币史（1867—1960）》，巴曙松、王劲松等译，北京大学出版社，2009年，第500页（此书英文原著初版于1963年）。

② 费正清.《美国与中国》初版于1948年，后多次再版，第四版中译本（张理京译，北京：世界知识出版社，2000年）一处说，“美国的白银收购计划已经加深了中国的经济萧条，并且正在吸走中国的通货，造成极大的危害”（第246页）；另一处说，“1934年，华盛顿主要由于国内的原因开始执行购买白银的计划，这一计划不久就使中国经济失调并陷于萧条。它导致大量白银被偷运出中国，使中国不得不于1935年放弃银本位制，采用有管理的纸币……”（第308页）。

③ Loren Brandt and Thomas J. Sargent, “Interpreting New Evidence about China and U. S. Silver Purchases.” *Journal of Monetary Economics* 23 (1989): 31－51.

④ Milton Friedman, “Franklin D. Roosevelt, Silver, and China”, *Journal of Political Economy*, Vol. 100, No. 1 (Feb., 1992): 62－83.（中译文见米尔顿·弗里德曼.《货币的祸害：货币史上不为人知的大事件》，张建敏译，北京：中信出版集团，2016年，第7章，第177－212页）。日本一位学者认为，罗斯福政府1934年6月出台的“白银收购法”是导致1934—1935年上海“金融恐慌”的原因（城山智子《大萧条时期的中国：市场、国家与世界经济》，孟凡礼、尚国敏译，南京：江苏人民出版社，2010年，第156－169页）。

表 3－1　　1926—1936 年中国本土银行数量　　单位：家

年份	实存银行数量	当年新增银行	当年停业银行	新增/停业比
1926	177	13	7	1.9
1927	171 *	6	12	0.5 **
1928	185	22	8	2.8
1929	192	15	8	1.9
1930	207	23	8	2.9
1931	215	19	11	1.7
1932	210 *	21	26	0.8 **
1933	226	24	8	3.0
1934	247	35	14	2.5
1935	254	31	24	1.3
1936	258	16	13	1.2

注：＊表示当年比上年减少；＊＊表示系数小于 1。

资料来源：刘克祥．1927—1937 年中资银行再统计［J］．中国经济史研究，2007（1）：35，表 4.

第二，银行资本金。银行危机意味着银行发生亏空和资本金损失，即银行资本金总量减少。表 3－2 列示两个不同来源的估算表明，1933—1935 年中国本土银行资本金连年增加，估算之一是从 3.19 亿元增至 4.34 亿元，估算之二是从 2.51 亿元增至 3.7 亿元。当然，1934 年和 1935 年资本金数字包含政府向银行的注资（参见后述），但这并非意味着若无政府注资，其时中国本土银行资本金就会减少。值得注意的是，倒是在 1931 年和 1932 年，依表 3－2 数据，中国本土银行资本金有所减少，意味着期间有些银行发生了严重的经营问题（1931 年“九一八”事件和 1932 年“一·二八”事件应为主因）。

表 3－2　　1926—1936 年中国本土银行资本金　　单位：亿元

年份	估计Ⅰ	估计Ⅱ
1926	2.36	1.64
1927	2.43	1.67
1928	2.61	2.05
1929	2.72	2.12
1930	3.00	2.14
1931	2.99 *	2.22
1932	3.04	2.15 *
1933	3.19	2.51
1934	4.19	3.43
1935	4.34	3.70
1936	4.55	4.03

注：＊表示当年比前年减少。

资料来源：估计Ⅰ：刘克祥．1927—1937 年中资银行再统计［M］．表 6；估计Ⅱ：程麟荪．近代中国的银行业［M］．271－272，附表 1.

第三，银行存款。银行危机通常意味着储户挤兑和银行存款减少。表 3－3 列出 1926—1936 年三类银行机构的存款（“国内近代银行”同于“中国本土银行”），从中可见：（1）国内近代银行的存款总额连年增加，1933—1935 年尤为明显；（2）外资银行和钱庄的存款在部分年份减少，尤其钱庄的存款在 1934—1936 年连年减少；（3）三类银行机构的存款总额在 1926—1936 年连年增加，1933—1935 年增长明显。简言之，存款指标不显示中国各类银行作为整体在 1933—1935 年遇到危机；如果有危机发生，最后可能的是钱庄（参见后述）。

表 3－3　　1926—1936 年中国各类银行机构存款　　单位：亿元

年份	国内近代银行	外国银行	钱庄	合计
1926	10.1	5.5	7.3	22.9
1927	10.5	5.0*	7.4	22.9
1928	12.1	5.6	7.0*	24.7
1929	14.2	6.8	7.2	28.2
1930	17.4	8.9	7.6	33.9
1931	20.0	8.0*	7.9	35.9
1932	21.7	8.8	8.4	38.8
1933	26.7	7.7*	8.5	42.9
1934	31.2	6.9*	8.1*	46.2
1935	39.3	7.7	7.6*	54.6
1936	47.8	9.1	7.0*	64.0

注：* 表示当年上年年减少。

资料来源：托马斯·罗斯基．战前中国经济的增长［M］．唐巧天，毛立坤，姜修宪译．杭州：浙江大学出版社，2009：381，表 C.15.

第四，货币供应量。银行危机通常意味着储户挤兑存款并将纸钞兑换为贵金属或外汇，此类行为都会导致货币供给量减少。如表 3－3 所示，1933—1935 年未出现银行存款减少；表 3－4 显示，其间广义货币供应量也未减少。1933—1935 年，广义货币供应量中的银和铜钱连年减少，反映了白银外流带来的冲击；但是，此种下降对广义货币供应量的影响已被同期纸币和银行存款的增加完全抵消。总之，广义货币量的变动不支持“1933—1935 年银行危机”的说法。①

① 张嘉璈（《通胀螺旋》，于杰译，北京：中信出版集团，2018 年，表 B－3，第 429 页）提供 1926 年以来历年银行活期存款数，显示此指标 1933—1935 年由 15.8 亿元增至 23.2 亿元。据此可知，此时期中国狭义货币供给量也连年增加，未有任何减少。

表 3 – 4　　1932—1936 年中国广义货币量的估计　　单位：亿元

年份	银两和银元	铜钱	纸币	银行存款	广义货币
1932	22.9	2.8	9.2	35.1	70.0
1933	22.8 *	2.7 *	9.8	39.0	74.2
1934	20.0 *	2.6 *	11.1	42.2	75.9
1935	17.0 *	2.6 *	14.1	50.4	84.2
1936	13.9 *	2.5 *	24.4	59.6	100.4

注：* 表示当年比上年减少。

资料来源：罗斯基《战前中国经济的增长》，表 C.16，第 382 – 383 页。此处银行存款小于表 3 – 3 银行存款合计数，系因扣除了同业存款。另外，此处“广义货币量”为前 4 列的加总，略不同于原表（原表加总时疑出现偏误）。

第五，利率走势。银行危机意味着借款人和银行自身的违约风险显著增加，而这势必导致利率显著升高。换言之，利率变动可作为判断银行危机的重要依据。图 3 – 1 所示 1933—1936 年各月上海银行间拆借利率，此指标对供求关系以及外部事件的反应极为灵敏，可作为重要参考。不难看出，此时期该利率的异常变动出现在 1934 年 11 月至 1935 年 1 月，3 个月均值为 0.25，大大高于 1933 年的 0.05 和 1934 年的 0.09。若此时期发生过银行危机，显然即在此 3 个月，之后不复再有（拆借利率在 1935 年 2 月回落至 0.08）。若论年度均值，1935 年为 0.14，显著高于 1934 年和 1936 年（0.08）。但凭此难以推断是否发生银行危机，因为与 1931 年的水平（0.13）非常接近。

简言之，利率数据不能证明当时中国发生了持续时间一年之久的银行危机；据此，至多可认为 1934 年 11 月至 1935 年 1 月中国银行业出现异常，但异常并非必然为银行危机。后面将述及，此异常情况主要由钱庄的资金紧张引致，可以说是钱庄业危机的反映。

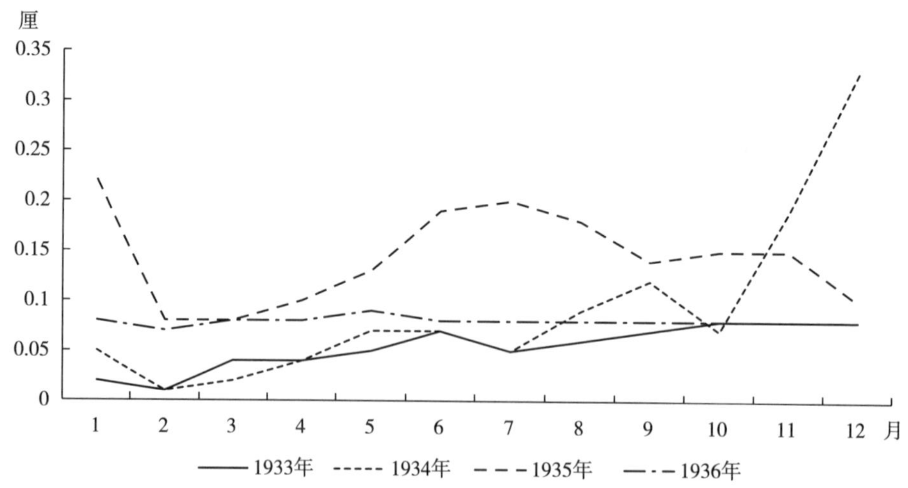

图 3 – 1　1933—1936 年上海银行间拆借利率

［资料来源：戴建兵．白银与近代中国经济（1890—1935）［M］．上海：复旦大学出版社，2005：259，表 38（原出自 Frank M. Tamagna Banking and Finance in China［M］. Institute of Public Relations，1942，p. 66.）］

概括而言，以上五方面数据都不支持 1933—1935 年中国发生银行危机的说法。然而，仍有当代学者认为当时中国发生了银行危机，依据是政府对多家重要银行大量注资。[①]的确，国民政府在 1934 年和 1935 年多次注资银行，包括 1928 年成立的中国中央银行。1935 年 3—4 月的银行注资特别引人注目，因为：（1）资金规模巨大，国民政府为此发行 1 亿元“金融公债”（当年中国国内生产总值约为 290 亿元）；（2）用途专门，“金融公债”募集资金主要用于政府对中央银行、中国银行和交通银行的注资（包括偿还政府对中央银行的欠款）；（3）集资方式特别，“金融公债”仅向“中中交”三银行发行；（4）“成就辉煌”，政府由此取得对三家银行的控股权（政府持股比例达到 60%）。[②]很显然，国民政府定向发行“金融债券”获得资金并注资三大银行，意在银行国有化，而非为应对银行危机。

截至 1935—1936 年，在政府诸多政策的推动下，国内金融业形成“四行二局”格局。“四行”指中国中央银行、中国银行、交通银行和中国农民银行（前身成立于 1933 年，1935 年作为特许银行正式成立）；“二局”指中央信托局（1935 年由中央银行设立）和邮政储金汇业局（1930 年成立）。此外，当时三大民营银行，中国通商银行、四明商业储蓄银行（1908 年创办，活跃于长江中下游）和中国实业银行（1915 年创办，活跃于华北）也于 1935—1936 年改由政府控股。总之，1935 年后民营银行不再是中国金融业的主体。

如前所述，钱庄是近代中国的传统和半传统的金融机构，也可谓近代中国的私人银行。如表 3 - 3 所示，1932 年钱庄和外资银行合计占存款总额的 44. 1%，而至 1936 年仅为 25. 2%，钱庄存款减少还甚于外资银行。前已述及，1936 年“国内近代银行”已多为政府控股。

钱庄于 1933—1935 年遭受巨大冲击，每况愈下。1928—1932 年，国际市场银价持续大幅跌落，国民政府铸造银元获得丰厚铸币税收益，遂于 1933 年 3 月宣布“废两改元”。此为钱庄业受到的第一次冲击。1934 年 6 月，当国际银价因罗斯福“白银收购法”转为上涨时，钱庄面临库存白银流失和存款流失的双重冲击。1934 年下半年，中国钱庄业发生“大恐慌”，首先从上海开始。[③]图 3 - 1 所示的 1934 年 11 月和 12 月上海拆借市场利率大幅攀升实为此情况的反映。1935 年 10 月，国民政府宣布实行法币，取消银元的货币地位，对钱庄业再次造成巨大冲击。钱庄式微，意味着中国传统私人银行业的消退和政府对金融业控制的提升。当然，钱庄在中国社会有着顽强的生命力，此后在

① 卡门·M. 莱因哈特、肯尼斯·S. 罗格夫.《这次不一样：八百年金融危机史》，綦相等译，北京：机械工业出版社，2012 年，A. 3 银行危机标识，第 260 页；A. 4 银行危机历史摘要，第 268 页。

② 洪葭管.《中国金融通史》（第四卷：国民政府时期 1927—1949 年），北京：中国金融出版社，2008 年，第 308 - 310 页。

③ 李一翔.《近代中国银行与钱庄关系研究》，上海：学林出版社，2005 年，第 189 页。

抗日战争、解放战争以及新中国成立初期，钱庄仍在各地经营，直到最后被整编并入大一统的国有银行体制。

在国际银价高升和中国白银外流期间（1933 年 6 月至 1934 年 9 月），国内银行和国民政府都获得了额外“红利”，早先持有的白银（银元和银块）得以高价售出，增加了外汇和黄金收入，总资产未因“白银问题”有丝毫减少（表 3-4 所示的货币供应量在 1933—1936 年连年增加即为旁证）。个别银行在 1933—1935 年发生经营问题，但与白银问题直接关系甚小。简言之，不存在“1933—1935 年中国银行业危机”，如果说当时有金融危机，则主要是钱庄危机。

民国金融业在 20 世纪 30 年代中期转向政府控股为主，背后既有复杂多变的国内政治因素，也受当时国际环境和中外关系变化的巨大影响。在 20 世纪前半期的中国（以及其他许多第三世界国家），金融绝无可能存在于“政治真空”中，金融发展不可能不烙上政治变动的印记。金融业在 20 世纪前半期的中国有很大发展，但也难免出现断裂、震荡和跳跃。

印度（不列颠殖民地时期）

英法七年战争（1756—1763 年）使大不列颠取代其他欧洲列强成为南亚次大陆的新霸主。作为政商一体的英属东印度公司逐渐向这片大陆的内陆渗透，以新统治者身份通过多种手段获取各地王公贵族的臣服。东印度公司推行社会改革的措施激起了当地的反抗，印度多地于 1857 年爆发大起义。起义被镇压后，不列颠政府次年决定解散东印度公司，对印度实行直接统治，将英式政治和行政体制引入印度，直至第二次世界大战结束。不列颠殖民统治下的印度地域范围包括今天的印度、巴基斯坦和孟加拉（部分时间甚至包括英属缅甸）。

中世纪印度的多个王朝实行货币税，社会经济的货币化程度因此而提高。除非遭遇战争和自然灾害，印度从未中断国内商业和对外贸易。由于幅员辽阔、族群众多和自然环境的多样化，印度境内流通的币制复杂多变，多种样式的金银铜钱先后或同时流通。印度很早就发明了非现金支付工具（亨第汇票），并将之用于远距离的跨境支付和交易。土生土长的个体银行家（Shroffs）各处皆有，主要以自有资金为大众和经商者提供信贷，数额有多有少，利率或高或低，地区之间差别显著。令人意外的是，至 20 世纪中期，印度社会仍然有相当部分不使用货币，人们之间的交换以实物为媒介（以物易物并用实物支付工资等）。数据显示，20 世纪 50 年代初，印度农村 43% 和城市 8% ~11% 的经济活动不使用货币，全国人口消费支出中的 1/3 为自给性活动。①这个背景决定了现代金融在那时印度社会的普及性无法达到理想高度。

① A. G. Chandavarkar, “Money and Credit, 1858-1947”, in Dharma Kumar, ed. *The Cambridge Economic History of India*, vol. 2: 1757-1970, Cambridge University Press, 1983, p. 764.

不列颠殖民者来到印度后，在破坏一些传统手工业的同时，引入了现代工业。1853年印度建成第一条铁路（当时仅长32千米），此为亚洲第一条铁路。截至1895年，英属印度全境铁路总长超过30 000千米。1910年印度铁路长度居世界第四，超过英国。[①]随着印度工业化和经济结构变化，现代银行业渐渐在印度生根发芽。至20世纪初，印度银行业形成了四类主体并行共存的局面，它们分别是管区银行、汇兑银行、合股银行和本土个体银行。[②]在20世纪上半期，四类主体分别出现调整与整合。

“管区银行”（Presidency Banks），由东印度公司在自己划定的三大管辖区组建，即1809年成立的孟加拉银行（Bank of Bengal），[③] 1840年成立的孟买银行（Bank of Bombay，该银行倒闭后由1868年成立的同名银行所取代），1843年成立的马德拉斯银行（Bank of Madras）。1857年以前，东印度公司一直拥有行政权，这三家管区银行即由该公司行使行政权而特批。

三家银行的共同特点是，东印度公司（以及后来的英属殖民当局）参股并有权委派三位董事；银行的主营业务为票据贴现和发放短期贷款（期限不超过3个月）；接受存款；接受贵金属和珠宝等作为资产抵押；年化利率不高于12%。孟加拉银行成立时即有这些规则，后来的孟买银行和马德拉斯银行皆参照实行。孟加拉银行成立时，宗主国英格兰尚未废除“泡沫法”（合股商业银行在英格兰还未诞生），这意味着该银行实际参照了当时苏格兰合股银行的经营模式。另外，三家银行事实上都主要为不列颠商人服务，为其提供贸易信贷并代理跨境支付。

“管区银行”的名称不仅体现了政治色彩，而且意味着它们成立时并未遵循成文法。事实上，作为英属殖民地的印度在1857年后才有正规的立法程序。1861年的《纸币法》（Paper Currency Act）将发钞权集中于殖民地当局，各银行不再自行发钞。殖民地当局为此设立了专门机构掌管现金库，作为纸币发行的准备（储备）金。1876年《管区银行法》通过后，殖民当局撤出了在三家银行的股份，放弃了董事任命权，但保留了审查各银行财务报表的权利。至此，管区银行原则上是普通的商业银行。但因为经营规模较大，而且与殖民地当局关系密切，事实上扮演着“银行之银行”的角色（接受来自其他银行的存款并为之提供再贴现服务）。1920年通过专门法，将三家管区银行并入新成立

---

① 英印殖民当局在铁路建设上实行过两项政策，一是收益担保，即给私人投资者承诺至少5%的回报率，凡遇实际回报低于此数，殖民当局予以补差；二是直接出资兴建并由政府机构经营，此相当于实行铁路国建国营（John M. Hurd，“Railways”, in Kumar, ed. *The Cambridge Economic History of India*, vol. 2: 1757－1970, pp. 738－739）。

② 约翰·梅纳德·凯恩斯1913年著作《银行的货币与金融》（安佳译，商务印书馆，2013年）第七章概述了此局面。

③ Arun Kumar Banerji，“The Presidency Banks: The Transition”（Review Article），*Economic and Political Weekly*, Vol. 23, No. 24 (Jun. 11, 1988), p. 1216. 另有文献说，孟加拉银行的前身是加尔各答银行（Bank of Calcutta），成立于1806年；而在此之前，由不列颠人和欧洲商人组成的商号在加尔各答已开展接受存款、发放贷款和贴现票据等业务（Chandavarkar，“Money and Credit, 1858－1947”, pp. 775－776）。

的印度帝国银行，并要求新银行5年之内在全国各地至少开设100家分行。帝国银行实行两种贷款利率：一是基本银行利率（Bank Rate），适用于以政府债券为抵押的贷款；二是亨第利率（Hundi Rate），适用于最优级别短期商业票据贴现。①帝国银行行长后来出任1934年成立的印度储备银行（中央银行）的首任行长。

1876年“管区银行法”规定，管区银行不得从事外汇业务，不得发放超过6个月期限的贷款，不得在伦敦市场从事境外筹资。这些规定意在削弱其国际属性，增加本土色彩（当时已出现对管区银行忽略印度本土需要的批评），并提高资产的流动性，但这些规定客观上为其他类别的银行发展腾挪出空间。

不列颠殖民当局1860年后的立法允许组建基于有限责任原则的合股公司，包括合股银行。印度本土人士于是开始组建合股银行。印度此时已大量种植和出口棉花，国内经济受国际市场波动的影响大增。由于剧烈市场波动，印度本土人士创办的许多合股银行都倒闭了，1870年，资本加储备金超过50万卢比的印度合股银行仅剩2家。②这种动荡，不仅使印度合股银行难以拓展国际金融业务，而且其本土业务发展也极不顺利。截至1914年，仅有一家印度合股银行（印度正金银行，Indian Specie Bank）在境外（伦敦）设有分行，但其业务主要为白银和珠宝买卖，很少涉足英镑汇票等。③

这样，印度的外汇业务（国际金融业务）主要由“汇兑银行”经办。早期的汇兑银行由英商组建，包括由联合王国政府在伦敦授予特许的殖民地银行。其中，著名的是麦加利银行（Chartered Bank of India，Australia，and China，1853年成立）、印度国民银行（National Bank of India，1863年成立）、汇丰银行（1864年成立）、印度有利银行（Mercantile Bank of India，1893年成立），以及东方银行（Eastern Bank，1910年成立）等。19世纪末和20世纪初，其他列强的银行陆续进入印度从事国际金融业务，包括法资巴黎国民贴现公司、德资德亚银行、俄资华俄道胜银行（原意为“俄亚银行”）、日资横滨正金银行以及美资国际银行公司（万国宝通银行）等。④

凯恩斯认为，在20世纪初，管区银行与汇兑银行构成了印度金融体系中的“欧洲货币市场”，而合股银行与个体银行家则构成了当地金融市场。或许由于印度社会的特性（种姓制度和多宗教并存等），个体银行家和放款人遍布城乡，甚至成了传统经济中以及现代经济边缘部分中信贷提供的主体。殖民地当局1929年的估计表明，印度国内贸易90%的融资从无组织的货币市场获得，南印度农民75%的借款由个体放款人提供。印度储备银行1951年的调研认为，印度农村信贷的90%来自个体放款人和其他非机构来

① Chandavarkar，“Money and Credit，1858 – 1947”，p. 779.

② Chandavarkar，“Money and Credit，1858 – 1947”，p. 779. 1870年1卢比值23便士，相当于1英镑值10.5卢比；“50万卢比”不足5万英镑。

③ Chandavarkar，“Money and Credit，1858 – 1947”，p. 782.

④ 凯恩斯.《印度的货币与金融》，第141页。

源（Non-institutional Sources）。[①]

鉴于此，殖民当局重视在印度推广正规金融，引进信用合作社，出台反高利贷法。1907—1946 年，印度信用合作社数目从 843 个增至 17 万个，周转资金从 237 万卢比增至 16 亿卢比。[②]有人甚至认为，印度是西方之外第一个成功引入信用合作社的国家，虽然期间经历了不少波折。[③]

印度金融在 20 世纪前半期经历了三大变化。一是本土合股银行在波动中壮大起来；二是中央银行得以在 1930 年组建；三是本土证券市场几经曲折而终于成型。

1903 年，印度爆发抵制英货的民族自治运动（Swadeshi Movement），本土工商阶层创办公司和银行的热情提升。印度人创建的合股银行不断增加。“一战”爆发给印度经济和本土银行的加快发展提供了机会，但是，合股银行的发展并不平顺，不少合股银行未能长期生存。

英国自 18 世纪下半叶开始殖民统治印度以来，数次讨论组建“国家银行”或“全国性银行”，后于 19 世纪中叶明确将议题定为“中央银行”问题。由于此时已有三家管区银行和多家殖民地银行，议程变得复杂。殖民当局于 1861 年决定设立现金储备库并垄断发钞权，于 1883 年决定实行金汇兑本位制，仍未决定成立中央银行。20 世纪初，有关讨论复始，凯恩斯也参加了政策协商（其著作《印度的货币与金融》就是这场争论的成果）。“一战”的爆发推迟了决策。殖民当局辗转多年，终于在 1934 年通过立法，并于次年组建印度储备银行，中央银行计划由此在印度落地。此时，三家管区银行已并入帝国银行。印度储备银行其实不过是接手了帝国银行的中央银行业务，并包揽了殖民地政府的发钞业务。

印度储备银行实行股份制，政府持有 1/5 股份。按照法律，政府有权任命储备银行的人事并制定储备银行的经营政策。16 人组成的董事会中 12 位为印度人，4 位来自大英帝国。首任行长原籍澳大利亚，该职位 8 年后由印度人担任。[④]印度独立前，印度储备银行在高管人员构成上内外混合。

不列颠在 1858 年实行对印度的直接统治后，许多商人前往印度。19 世纪 60 年代前半期美国爆发南北战争，棉花经济在英属印度繁荣起来。此时英属印度推行公司制度改革，合股公司成为许多创业者的首选。加尔各答有英商发行和交易合股公司股票，孟买随后有印度本土商人发行和交易合股公司股票。但是，由于英属印度当局和印度铁路公司主要在伦敦市场借债，印度本土证券市场当时缺乏足够的需求刺激。而且，英商证券发行和交易多用英镑，本地货币卢比仅为印度商人所用。1870 年后，与银挂钩的卢比汇

① Chandavarkar, “Money and Credit, 1858 - 1947”, p. 798.

② Chandavarkar, “Money and Credit, 1858 - 1947”, Table 9. 4, p. 802.

③ Chandavarkar, “Money and Credit, 1858 - 1947”, p. 801.

④ 约翰·辛格顿.《20 世纪的中央银行》，张慧莲等译，北京：中国金融出版社，2015 年，第 64 页。

价不断下跌，影响了人们使用卢比的偏好。卢比后来虽然实行了金汇兑本位制，但是在证券交易中仍不普及。1901 年所有印度合股公司的实缴资本，以卢比计价的金额总计不过2 500万英镑。①两次世界大战期间，印度本土证券市场有了一些发展，公司债券和股票市值合计与国民资产的比率在 1937—1940 年达到 1.6%，虽然是当时有统计的各国中为最低，但已不失为统计上的显著一例。②

土耳其（奥斯曼帝国）

奥斯曼帝国在其登峰造极时横跨亚欧大陆，尽管 20 世纪初仍控制一小部分巴尔干地区，其统治范围主要在西亚北非。19 世纪中期后，奥斯曼帝国的核心统治区限于小亚细亚，即今天的土耳其。埃及和阿拉伯半岛名义上属奥斯曼帝国，但当地总督实际独立行使治理权。土耳其（奥斯曼帝国）是穆斯林社会，本土传统金融活动主要由个体银行家（Sarrāf）承担，他们与印度的同类人士（Shroffs）一样，大多使用自有资金，少数也接受他人存款。其主业不是放贷，而是钱币兑换、票据传送以及各种工商业活动。此外，穆斯林社会还有特殊类型的信托机构，兼有宗教和金融属性，绝大部分活动限于社区或村社的小范围。奥斯曼帝国中央政府的财政开支主要依赖税收和各省督的奉贡，但奉贡次数与数额在帝国晚期日益不定。

奥斯曼帝国的财政体系自 17 世纪末出现带有包税性质的玛尼凯恩（Malikane）机制。在该机制中，有特权的承包人先垫付上缴税款，待税款进账后获得价差收益。税款垫付和进账的时间差通常不超过 3 个月，故为短期融资。玛尼凯恩的参与者集中在首都君士坦丁堡，并形成了一定的垄断，这使该机制无法扩大税收总额。奥斯曼政府后来决定停用玛尼凯恩。1768—1774 年俄土战争暴露了奥斯曼帝国财政体系的弱点，帝国政府随后决定创立一个长期借债机制，称为“艾斯哈姆”（Esham）。艾斯哈姆与玛尼凯恩相似（两词在实践中有时也混用），但期限延长，而且政府有意让参与者（承包人）去扩大税基。但由于效果不理想，奥斯曼帝国政府常在艾斯哈姆与直接征税之间摇摆。③

19 世纪上半期，部分个体银行家上升成为帝国政府的内部借款人（债权人）。他们本来是有实力的钱币兑换商，后来得益于玛尼凯恩及艾斯哈姆，成了大型包税商。他们经常聚集在君士坦丁堡的一个商业中心区，故被称为“加拉塔金融家”（Galata 系该区地名）。最早一批致富者为希腊裔，后来还有亚美尼亚裔和犹太裔等。他们在取得包税权（大型包税合同）后，往往还会通过一些复杂的个人关系网进行分包，有时甚至会与国外银行家联手从事跨国金融交易。加拉塔金融家群体的部分成员后来参与银行创建，

---

① Ranald C. Michie, *The Global Securities Market: A History*, Oxford University Press, 2006, p. 110.

② Michie, *The Global Securities Market: A History*, Table 6.3, p. 200. 该表含另一个发展中国家墨西哥（11.9%），其余皆为工业化国家。

③ 瑟夫科特·帕慕克.《奥斯曼帝国货币史》，张红地译，中国金融出版社，2021 年，第 161 - 162 页。

其中的一些活跃分子拥有广泛的国际联系，还联手外商开办合资银行。[①]

奥斯曼帝国崛起于与拜占庭帝国的战争中，后与欧洲多国交战。但是，奥斯曼帝国始终并未中断与欧洲的贸易往来。正因如此，进入奥斯曼帝国的第一家银行来自欧洲，尽管它仅短暂存活 3 年。此银行名为“士麦那商业银行”（Commercial Bank of Smyrna，士麦那系伊兹梅尔的旧称），1844 年由一群英吉利商人出资 20 万英镑在伦敦组建，其宗旨是促进伊兹梅尔地区对外贸易，它仅是一家商业性金融机构，与母国或东道国政府并无实质性关系。1847 年，不列颠金融市场发生动荡，该银行未能幸存。[②]

奥斯曼本土第一家银行出现于 1847 年，由两位与政府有密切关系的加拉塔金融家出资 20 万英镑组建，名为君士但丁堡银行（Banque de Constantinople），主业为政府短期贷款和稳定帝国纸钞的汇价。此时，奥斯曼帝国已开始利用纸钞发行获取铸币税，作为弥补财政亏空的一种手段（早年它已使用过铸币减值的办法）。显然，该银行一开始就注定难以持久，因为在发钞不断增加的背景下无论如何都实现不了稳定纸钞汇价的目的。君士坦丁堡银行于 1852 年关闭。

1853—1856 年克里米亚战争是欧洲国际关系史上的重要事件，更是奥斯曼帝国近代金融史上的重要转折点。战争中，奥斯曼帝国与英法结盟并向它们借债，由此引发了后续一系列重要事件。战争期间奥斯曼帝国的两笔借款（债券发行）分别在 1854 年和 1855 年，数额为 300 万英镑和 500 万英镑，由不列颠商人银行承销，前笔借款由帝国的埃及省税款担保，后笔借款由英法政府出于政治目的给予担保，两次债券发行利率分别为 6% 和 4% 。[③] 借款数额虽然不大，但由于奥斯曼政府疏于财政管理，更谈不上经济增长，不得不于 1863 年进行财政和外债调整，并借入更多外债，此次借款后来出现债务负担“滚雪球”效应，迫使奥斯曼帝国于 1875 年宣布停止还本付息，触发一场外债违约危机。经过与欧洲列强数年谈判，奥斯曼于 1881 年同意成立“公债管理署”（Ottoman Public Debt Administration），由该机构掌管国内重要税收，并在国际监督下负责偿还外债事务。此事被公认是对奥斯曼帝国主权的严重损害。

从克里米亚战争结束到 1881 年，是奥斯曼帝国引进新外资银行和开始国内金融改革的时期。1856 年，不列颠人在本国政府支持下出资 50 万英镑于伦敦成立奥斯曼银行（Ottoman Bank），它得到联合王国皇室特许和奥斯曼帝国政府同意，在君士坦丁堡设立经营中心，并可在除埃及外帝国境内各地开办分行。1863 年奥斯曼帝国进行外债重组，拿破仑三世的法国政府决意发挥主导作用，法兰西资金参股该银行，该行改名为奥斯曼帝国银行（Imperial Ottoman Bank/Banque Imperiale Ottom）。由于该银行后来的股份发行

---

① 瑟夫科特·帕慕克.《奥斯曼帝国货币史》，张红地译，中国金融出版社，2021 年，第 169－172 页。

② 瑟夫科特·帕慕克.《奥斯曼帝国货币史》，张红地译，中国金融出版社，2021 年，第 178 页。

③ Edhem Eldem，“Ottoman financial integration with Europe：foreign loans，the Ottoman Bank and the Ottoman public debt”，*European Review*，Vol. 13，No. 3（2005），p. 434.

皆在巴黎市场进行，法资遂控股该行。为此，不列颠投资者后来另起炉灶，发起成立另一家金融机构在奥斯曼开展经营。

奥斯曼帝国银行是一家外资金融机构，奥斯曼政府仅持有少数股份。但按照协议，该银行承担了奥斯曼政府的外债还本付息的支付和相关的外汇交易业务，并代收部分国内税款以及向帝国政府提供短期贷款。在1878年俄土战争中，奥斯曼帝国银行一番踌躇后向帝国政府提供了急需的借款。[①]此时，该银行俨然成了奥斯曼帝国的“国家银行”，甚至“中央银行”。另外，随着该银行在奥斯曼帝国各城市开设分行并开展普通商业银行业务，它与其他陆续出现的金融机构产生竞争。至1913年，它在帝国境内诸多城市开设分行多达80家，当时所有其他银行的分行数目仅60家。[②]

1856年，奥斯曼帝国政府对内颁布法令，首次提及组建银行之事。1881年与欧洲列强达成新协议后，奥斯曼帝国国内市场进一步向外资开放。除了奥斯曼帝国银行，其他国家的金融机构陆续进入，它们相互间在奥斯曼（土耳其）金融市场上展开竞争，尤其在铁路和工矿建设项目上竞争激烈。

19世纪80年代，土耳其本土人士开始创立银行，多位加拉塔金融家积极发起和投资新银行。世纪之交，青年土耳其运动兴起后，本土银行业得到进一步发展。此外，奥斯曼政府于1888年组建农业银行（Ziraat Bankasi），旨在向农民提供低息贷款。截至“一战”爆发，这家政策性银行在各地分理处多达400家。[③]

奥斯曼帝国第一条铁路建于1865年，仅长75千米。至1882年，每年仅增97千米（奥斯曼帝国全境，非只是今天的土耳其）。1882—1909年，每年新增铁路也不过178千米（小于同期瑞典铁路新增水平）。奥斯曼工业化进展缓慢，很大程度上因为缺少资金供给。中央政府债台高筑，新增收入大部用于还本付息，无力举借新债从事经济建设。包括加拉塔金融家在内的本土个体银行家轻易不肯投资建设新型工业，仅有少量外资机构（包括奥斯曼帝国银行）和半独立的地方政府为铁路和工业建设提供资金。1882年后，随着德资银行等国际资本进入，铁路建设才有了起色。

“一战”期间，奥斯曼与同盟国为伍，协约国成了敌人，法英控股的帝国银行作为敌方资产而被冻结。政府此时试图建立另设一家国家银行来接管其中央银行的业务，但未开办便大战结束，奥斯曼帝国作为战败国被迫中止原有计划。第一次世界大战后，帝国银行恢复营业，继续承担部分政府银行的职能。

第一次世界大战后不久爆发革命，在青年党领袖穆斯塔法·凯末尔的领导下，土耳

---

① 此期间的贷款包括500英镑“防务借款”和其他短期应急性借款（Eldem, “Ottoman financial integration with Europe”, p. 441）。

② Christopher Clay, “The Origins of Modern Banking in the Levant: The Branch Network of the Imperial Ottoman Bank, 1890 - 1914”, *International Journal of Middle East Studies*, Vol. 26, No. 4 (Nov., 1994), p. 589.

③ 帕慕克.《奥斯曼帝国货币史》，第188页。

其共和国于1923年成立。几年后，土耳其共和国开始全面改革，大刀阔斧地废除旧俗陋规，取消伊斯兰教教规（Sharia）的法律地位，引进欧式民法体系，推行文字拉丁化，解放妇女，大力推进工业化和经济建设。凯末尔主义者在意识形态上反对帝国主义，在实践中却热情欢迎外国资本投资。[①]吸引外资政策本来很有利于土耳其经济复苏，但由于土耳其与希腊和亚美尼亚爆发大规模冲突，大批希腊裔和亚美尼亚裔人（他们多为当地的社会精英）逃离土耳其，使土耳其经济复苏和发展受到不利影响。土耳其政府对外资的开放态度多少弥补了人才流失带来的损失。1920—1930年土耳其1/3新建公司是与外资的合资企业。[②]

与其他许多国家一样，土耳其经济在20世纪30年代受到大萧条的不利影响，但土耳其在此期间推出了两大金融改革措施：一是组建中央银行；二是创办一家土耳其特色的工商银行。

在共和国成立之初就提出组建中央银行，但由于多种原因而搁置。20世纪20年代，国际联盟多次号召各国建立中央银行并确保其独立运行的地位。土耳其响应号召，数次邀请欧洲专业人士咨询指导。1930年土耳其通过法律，确立了中央银行的职责、组织构架和法律地位等。土耳其共和国中央银行（CBRT）股份分别由财政部、全国性银行、重要公司机构和国民持有，拥有垄断发钞权，实行以“支持本国经济发展”为目标的货币政策。[③]货币政策目标的这种定位，或许是土耳其在后来反复遭遇高通货膨胀的一个因素。

土耳其共和国成立第二年（1924年），政商界的一批资深人物发起成立了一家全国性大银行（商业银行，Is Bankasi）。当时，在旧都伊斯坦布尔，外资银行和非穆斯林的加拉塔金融家（资本家）是金融界的主流。该银行的使命就是要与之竞争，联合私人部门的多方面力量，促进工商界与政府的协调，广泛参与和推动经济建设。[④]很明显，该银行有意像19世纪末来到奥斯曼帝国的许多外资全能银行那样开展综合银行业务。此银行显然属于土耳其当代研究者认为的20世纪20年代始现于土耳其“公私混合银行体系”（Mixed Private - Public Banking System）的一部分。[⑤]

1923年，土耳其共有35家银行，其中22家土耳其本土银行，13家外资银行，本土银行大多为中小银行。1932年，土耳其银行数目增至60家，其中45家本土银行，15家

---

① Feroz Ahmad, *Making of Modern Turkey*, Routledge, 1993, pp. 93 - 94.

② Ahmad, *Making of Modern Turkey*, p. 95.

③ Central Bank of the Republic of Türkiye: Our History, online at https: //tcmb. gov. tr/wps/wcm/connect/EN/ TCMB + EN/Main + Menu/About + the + Bank/History.

④ Ahmad, *Making of Modern Turkey*, p. 96.

⑤ Yüksel Görmez, Serkan Yiğit, The Economic and Financial Stability in Turkey: A Historical Perspective, Fourth Conference of Southeast Europe Monetary History Network (SEEMHN), National Bank of Serbia, 2009, p. 6.

外资银行。本土银行中包括几家新创办的大型国有银行，其余为私人银行。[①]从这些数字可见，土耳其在那个时期采取了“两条腿走路”的方针，本土银行和外资银行共存，私人银行与国有银行并行。

1923—1945 年，土耳其 GDP 年均增长率达到 4%，其间多次剧烈波动（此时期土耳其未卷入“二战”）。[②]考虑到土耳其共和国继承了奥斯曼帝国的主体债务，每年为还本付息支出大量预算资源，[③]它在 20 世纪前半期的增长业绩令人称道。

不过，土耳其的经济发展政策不时出现重大调整，对金融部门产生重要影响。总的来说，土耳其在 1930—1950 年实行国有化为主的发展方针，20 世纪 50 年代转向开明的经济政策，1960—1979 年又转向“计划经济”模式（同时也是进口替代和内向发展战略时期），20 世纪 80 年代后再度转向开明和开放。进入 21 世纪后，土耳其仍然频繁调整经济和金融政策。

南非

至 20 世纪初，南非与澳大利亚一样是不列颠殖民帝国之一部分，两地的经济和金融发展因此有不少共性，例如，本土注册的银行和伦敦注册的银行（“帝国银行”或“殖民地银行”）并存，银行业以英式银行为主，即合股银行可在各地设立分行并以短期贷款为主业，证券市场在矿业热潮中快速兴起，矿业公司股票发行和交易尤其活跃，等等。但是，南非与澳大利亚的金融发展存在重要区别。在不列颠殖民者之前南非已有大量荷兰殖民者后裔，后者在当地早已发展起自成一体的经济，包括农业、商业和一定的银行活动。不列颠殖民者 19 世纪初来到此地，与荷兰殖民者后裔平安相处几十年。在 19 世纪最后 20 年，随着金矿和钻石矿的新发现，不列颠殖民者与已经本地化的阿非利卡人（也称布尔人，以荷兰裔为主）在地权和矿权等问题上出现争端，先后爆发两次战争。或许受此种矛盾的牵制，在 1880—1913 年的快速经济增长过程中，南非没有发生澳大利亚那样严重的金融危机，因此，南非的金融结构在 20 世纪初未出现大调整。另外，第二次布尔战争后成立的南非联邦开始实行并在后来逐渐加强种族隔离制度，严重妨碍了社会和经济正常发展。与此不无关系的是，南非与包括澳大利亚在内的工业化国家的经济差距一直未有实质性缩小。[④]

20 世纪中期以前，现代金融在南非的发展经历了三大转折：一是 19 世纪 60 年代帝

---

① Yener Altunbaş, Alper Kara, and Özlem Olgu, *Turkish Banking: Banking under Political Instability and Chronic High Inflation*, Palgrave Macmillan, 2009, pp. 42 - 43.

② Yüksel Görmez, Serkan Yiğit, The Economic and Financial Stability in Turkey, Chart 2, p. 4.

③ 至迟在 1932 年，土耳其政府当年 1.46 亿里拉预算中，6 000 万里拉用于还本付息，8 600 万里拉用于常规公共项目支出（Ahmad, *Making of Modern Turkey*, p. 95）。

④ 依据麦迪森提供的数据，南非人均 GDP 固定美元值相当于澳大利亚的比率在 1870 年为 26%，1913 年为 31%，1950 年为 34%，1990 年为 22%。

国银行来到南非；二是20世纪初南非组建中央银行；三是非银行金融机构在20世纪前半期较快增长。

从17世纪初至18世纪末，地处好望角的开普敦归荷兰东印度公司管辖，该公司在此地设有官办银行（荷属东印度公司即为政商合一机构）。19世纪初不列颠接管后，荷兰人原来的官办银行被私有化。至19世纪60年代，不列颠殖民者在开普敦殖民地陆续开办了多家银行，但多为私人小银行。当时该地区的经济主要是农业以及为过往的商船提供后勤的服务业。1861年和1862年，两家帝国银行——伦敦南非银行（Bank of London and South Africa）和标准银行（Standard Bank）先后在伦敦组建，此时南非尚未发现大金矿。1862年，两家帝国银行实缴资本合计为52.5万英镑，而开普敦殖民地其余25家银行平均资本额仅为2.3万英镑。[①]帝国银行成立后，一方面组建自己的分行，另一方面收购私人银行。在1873—1891年矿业热潮时期，另三家帝国银行也来到南非。截至1892年，开普敦殖民地仅剩一家私人银行，其余皆为帝国银行。[②]

矿业热潮在南非出现的时间晚于澳大利亚约10年，在1860—1880年先后出现三次高峰（史称“矿业革命”，Mineral Revolution）。其间，世界各地的淘金者蜂拥而入，矿业公司股票价格不断上涨，众多投机者追涨。然而，为何南非在19世纪90年代末发生如澳大利亚那样严重的银行危机？至少有两大因素发挥了重要作用。一是南非银行业在股价暴跌前已进行了整合，多数小银行已被收购。至1891年南非（开普敦殖民地）实际仅有三大银行在运行，即标准银行、非洲银行和非洲银行公司。这三大银行的审慎程度不尽相同，但均避免了将大量资产配置于价格波动剧烈的资产（股票和地产）上。二是这些帝国银行具有较好的筹资能力，包括补充资本金和筹措流动资金。在危机频繁的1890—1892年，三家帝国银行实缴资本增加27.2万英镑。按另一个统计，1890—1895年帝国银行实缴资本增加37.5万英镑，现金准备（储备）增加37.2万英镑。[③]而且，标准银行此时已是“一行独大”，占全部帝国银行实缴资本和准备金的65%~81%。标准银行南非分行在危机前得到伦敦总行的警示，并在危机期间未采取任何可能加剧危机的过激措施，平稳度过了1889—1892年股价暴跌、黄金减收和大干旱等多个灾难性事件。[④]

布尔战争结束时，不列颠政府与阿非利卡代表达成了初步和解。后经多次谈判形成

---

① F. Stuart Jones，“Origins，Growth and Concentration of Banking Capital in South Africa，1860 - 1992”，*Business History*，Vo.36，No.3（1994），Table 1，p.66.

② 1861年成立的伦敦南非银行于1877年被标准银行收购，1873年成立的东方银行（Oriental Bank）于1879年被清算；1879年成立的非洲银行（Bank of Africa）于1912年被国民银行（National Bank）收购，1891年成立的非洲银行公司（African Banking）于1920年被标准银行收购（F. Stuart Jones，“The imperial banks in South Africa 1861 - 1914”，*South African Journal of Economic History*，Vol.11，no.2（1996），Table 1，p.24）。

③ Jones，“Origins，Growth and Concentration of Banking Capital in South Africa”，Table 1，p.66；Jones，“The imperial banks in South Africa 1861 - 1914”，Table 2，p.33.

④ 姜建清、樊兵、高文越．《非洲金融明珠：标准银行集团史》，北京：中国金融出版社，2018年，第65 - 66页。

最终妥协，于1911年成立南非联邦。此时南非国土面积超过120万平方千米，人口将近600万（多于澳大利亚）。“一战”期间，南非联邦派兵攻入邻国，驱赶德意志帝国在当地驻军，使南非联邦的实际统治和影响范围快速扩大。“一战”前后不列颠国内合股银行寻求对外发展，这些银行原本立足国内市场，此时已拥有广泛网点，经营实力大增。人们开始更多地称其为“存款银行”或“伦敦清算银行”等。[①]在国内银行网络布局已趋完备和自身经营实力已有大提高的背景下，它们开始进入国际金融业务领域，在国外拓展经营网点，而南非成了它们当时的首选地。巴克莱银行和劳埃德银行等伦敦清算银行都在南非开设分行，积极拓展当地业务。

“一战”结束后不久，一个旧问题在南非有了新发展。南非与不列颠其他殖民地一样，自19世纪上半期以来遵循金镑（Gold Sovereign）铸币标准并实行纸钞兑换制度（本地银行按要求发行可兑现的银行券）。在南非金价与伦敦金价保持基本一致（扣除运费因素）或两地套利活动不够兴盛时，这套体制运行良好。可是，大战结束后伦敦金价上涨，南非的诸多银行随之很快发现本行的储备大量减少，持券人兑换黄金的需求日益强烈。这相当于在南非银行体系出现了“脱媒”问题，即人们持有现金的倾向升高，不愿将“闲置的”现金存入银行。如果任其蔓延，南非的银行则势必会资金短缺和业务萎缩。

为此，南非银行机构开始呼吁政府采取措施扭转形势。1919年10月举行了全国黄金大会，商讨解决办法，会上出现两大意见：一是请求政府不再强制各银行实行现金兑换制；二是通过全国统一立法消除货币银行领域中联邦各地的政策差别。第二条意见明显反映了标准银行等大行（包括在南非开设分行的伦敦清算银行）的利益倾向。

南非联邦政府响应银行界的呼声，于1920年通过立法（《货币与银行法》），决定组建南非储备银行，由该机构负责纸钞发行并维护金本位制的运行。各商业银行仅需将部分资金（准备金/储备金）存放于储备银行，需要现金（金币或条块）时向储备银行申领。这套机制在名称和做法上相似于美联储。南非储备银行于1921年开始营业并于次年发钞，它是非洲第一家中央银行。

1931年9月，联合王国宣布脱离金本位，随后英镑在国际货币市场上贬值。此时，南非储备银行听从政府的指示，继续维持南非镑的金本位地位，此也相当于南非镑对英镑升值。但是，南非很快面临黄金外流，储备银行黄金储备开始减少。标准银行和巴克莱银行响应政府号召，拿出自有资金协助储备银行建立“黄金池”，但由于规模有限而很快告罄。[②]1932年底，南非宣布退出金本位制。此后，南非加入伦敦策划的英镑区。

20世纪前半期南非金融体系中的最大变化是，非银行金融机构增长速度大大高于银行。“一战”前，南非已有多种金融机构，包括官办和私营储蓄机构、按揭社和各种保

① Michael Collins, *Money and Banking in the UK: A History*, Croom Helm, 1988, p. 207.

② 姜建清、樊兵、高文越.《非洲金融明珠：标准银行集团史》，第99-100页。

险公司等。1913—1948 年，在南非金融机构资产总额中，储蓄机构占比由 8.2% 升至 8.9%，按揭社由 5.9% 升至 14.6%。保险公司占比初期已达高水平，其间由 17.6% 降至 13.2%（降低 4.4 个百分点）。最大的下降者是商业银行，占比由 51.8% 降至 29.7%（降低 22.1 个百分点）。[①]这些变化，反映了南非政府在此时期推行的经济和金融政策及其效果。当时南非政府的社会和经济政策已经出现种族歧视倾向，但对待中低收入的白人群体却有包括住房方面的扶持性措施。这是按揭社在此时期高速增长的一个重要因素。另外，为了支持经济多样化发展，避免集中在采矿业，南非政府组建了若干政策性金融机构。此外，南非政府一直积极推动公共部门的养老金发展。这些都直接或间接导致商业银行在金融体系中的地位相对下降。

巴西

1840 年，未满 15 岁的葡萄牙王子宣誓成为巴西帝国皇帝佩德罗二世，临朝亲政至 1889 年。这是一位励精图治、勤奋好学的君主，希望巴西早日加入世界列强阵营。[②]佩德罗二世并不专制，至多算一位被捆住手脚的威权主义者，他所继承的巴西帝国在政治制度上早已实行君主立宪制和联邦制。在巴西还是“葡萄牙・巴西・阿尔加维联合王国”一部分时（1824 年），宪法规定，政府必须尊重债权人，由议会决定税收、支出和借债等重大财政事项。巴西帝国的许多土地已分配给大领主，有些领主（庄园主/种植园主）占有的土地面积甚至超过欧洲小国。联邦政府（中央政府）财源主要是关税收入，而关税税率依据与不列颠的条约已被锁定。[③]各州州长在国内政治中享有很高地位。在这样的制度框架下，巴西帝国一方面雄心勃勃、奋发有为，另一方面不断大举借债但却从不违约，由此成了 19 世纪拉丁美洲各国主权债履约的“模范生”。[④]

在南美国家中，巴西国土面积最大、人口最多，且自然资源丰富，气候条件良好。18 世纪和 19 世纪以来，所有可引进的经济作物——咖啡、糖、烟草和棉花等都成了巴西的大宗出口产品，为巴西源源不断地挣得外汇收入。但是，巴西在 19 世纪没有富裕起来，至 20 世纪初没有完成工业化，到 20 世纪中期仍未跻身世界工业化国家之列。得天独厚的巴西在人均 GDP 指标上从未超越宗主国葡萄牙（阿根廷在这一指标上 20 世纪前半期一直高于西班牙），更未能像加拿大和澳大利亚在 20 世纪前半期缩小与不列颠的

---

① 戈德史密斯.《金融结构与发展》，表 D-27，第 495 页。

② 佩德罗二世空闲时的爱好据说研究巴西动物好学习各种艰涩的语言（包括梵文、中文和印第安人语言等），唐・查尔斯・凯罗米里斯、斯蒂芬・哈珀.《人为制造的脆弱性：银行业危机和信贷稀缺的政治根源》，廖岷、杨东宁、周叶青译，北京：中信出版集团，2015 年，第 353 页。

③ 凯罗米里斯、哈珀.《人为制造的脆弱性》，第 344 页。

④ 卡门・M. 莱因哈特、肯尼斯・S. 罗格夫.《这次不一样：八百年金融危机史》，綦相等译，北京：机械工业出版社，2012 年，表 6-2，第 71-72 页。该表显示，巴西最早外债违约出现于 1898 年，此时巴西已是共和国（1889 年军事政变的政治成果）。

差距（至20世纪中期两国人均GDP高于英国）。

拉丁美洲本地和国外学者对该地区各国19世纪初独立以来未能获得持续快速增长进行广泛研究，提出了很多看法。关于巴西，有学者认为，虽然其1824年宪法与1688年英格兰光荣革命有极大相似之处（君主的财权受议会的制约以及政府不再发生债务违约），但在巴西，诺贝尔经济学奖获得者道格拉斯·诺思（1920—2015年）所说的制度变革——“政府承诺和恪守信誉是产权保护的第一步，而产权保护则是经济增长的首要条件”①——却没有像在18世纪英格兰（大不列颠）那样发生。17世纪末以后的英格兰（大不列颠），政府借债和坚持不违约促成了债券市场的成长，后者衍生出发达的私人资本市场，进而给予19世纪初兴起的铁路建设以莫大的融资支持。而在巴西帝国时期，即便政府做到了坚守不废债、不违约，但无论是现代银行还是证券市场都未得到充分发展，更谈不上现代制造业的兴盛。②

历史上巴西金融不发达的原因何在？当代学者普遍认为有三大原因。第一，巴西独立后未能确立货币规则，货币长期不稳定，妨碍了银行体系和国内金融市场的成长。独立后，巴西政府将大银行办成了自己的提现机器，养成了赚取铸币税的习惯，结果却是严重损害政府的声誉，而且也让巴西长久不能摆脱通货膨胀痼疾。

巴西银行（Banco do Brasil）是当代巴西的大商业银行之一，历史上三次倒闭或清算，三次“起死回生”。③葡萄牙摄政王1807年逃往巴西时，鼓励私人投资者组建了巴西银行（“第一巴西银行”）。摄政王授予巴西银行发钞和代理政府税款等特权，并采取行政手段推广巴西银行纸钞的流通。作为回报，巴西银行认购政府债券，以此支持摄政王政府的财政开支。这样，在巴西历史上，纸钞发行与政府债务扩张联系紧密，政府获得了铸币税收益，后果却是发生通货膨胀。由于巴西政府经常不能稳定币值，每一次遇到严重通货膨胀和本币贬值而需要作出政策反应时，它都会对银行体系进行大调整，但巴西银行体系却不能因此得到持续的和渐进的改善。④

而且，巴西银行的股份资本通过私募筹集，直到19世纪末一直没有发展起成熟的公募方式。这样，证券市场并未随着巴西银行股份发行或巴西政府内债发行而相应成长

① Douglass C. North and Barry R. Weingast, “Constitutions and Commitment: The Evolution of Institutions Governing Public Choice in Seventeenth – Century England”, *Journal of Economic History*, Vol. 49, No. 4 (Dec., 1989): 803 – 832.

② William Summerhill, “Sovereign Commitment and Financial Underdevelopment in Nineteenth – century Brazil”, in Thorsten Beck and Ross Levine, eds. *Handbook of Finance and Development*, Edward Elgar, 2018, pp. 242 – 257.

③ “第一”巴西银行存活于1808—1829年，“第二”巴西银行存活于1851—1853年（仅2年），“第三”巴西银行存活于1853—1906年，“第四”巴西银行为1906年以后者（凯罗米里斯、哈珀．《人为制造的脆弱性》，第342 – 346、第350和第364页）。

④ 由于巴西帝国同时背负大量内债和外债，它没有内在动力采用通胀或贬值的办法去降低任意一种债务的实际价值，因为倘若这样做，另一种债务的实际负担便会加重（Summerhill, “Sovereign Commitment and Financial Underdevelopment in Nineteenth – century Brazil”, p. 247）。由此而论，巴西在19世纪频繁出现的通胀或贬值并非政府有意为之，而是政府追求铸币税的“不经意的”结果。

起来。这是19世纪巴西与18世纪英格兰的重要差别之一。

第二，巴西帝国政府长期实行限制创办合股公司和限制私人部门金融业的政策，妨碍了金融和工商业在巴西的发展。直到1882年，巴西只存在为数不多的政府特许的合股公司和合股银行，犹如1825年不列颠废除“泡沫法”之前的情形。1850年以前，有限责任概念未被引入巴西民法体系。巴西政府限制私人部门合股公司和合股银行的发展，动机在于害怕投资者减少认购政府债券，害怕社会资金流向与政府意图不吻合的领域。1860年后，佩德罗二世热心支持铁路建设，政府为此特许组建大铁路公司并使之得到多方面融资，铁路建设自那时起才在巴西逐步加快。当时的巴西政府并未认识到，从长远看，支持私人部门工商业和金融业的发展而非相反更加有利于解决政府债务融资问题，也更加有利于推进政府经济政策目标。

第三，通过制定限制性的市场准入政策，巴西政府助长金融和工商领域中普遍存在的“寻租”行为并使之制度化，严重扭曲了社会资源的配置。1850年的商法规定，申办合股公司必须得到内阁批准，若申办人想得到某些经商权利（如跨州经营），还须得到议会同意。设置如此严格的程序，用意不单是配合政府债务融资或经济政策，而是为了让政界人士“利益均沾”。事实证明，银行业长期处于政府严格限制进入的状态。截至1875年，巴西共有12家银行，除3家外资银行和巴西银行外，8家是私人部门银行，其中至少7家竟由议员创办和经营。七任巴西首相担任过银行董事长或董事。巴西银行圣保罗分行曾出现这样的情形，银行董事开会时，一位与会者问另一位，“男爵，您需要钱吗?”得到“不”的回答后，会议宣布结束。[①]

上述情况意味着，巴西此时的银行将贷款主要给予利益相关者，属于“寻租”交易。银行当时在巴西是十分赚钱的机构，因为在政府的特许制度保护下，它们不仅拥有发钞权，而且可将发钞量增至实缴资本的两倍。这样，它们可用实缴资本的3倍资金购买国债或发放贷款，而且遇到客户要求兑现纸钞时可用所持国债支付。只要不发生兑换危机，所有银行均稳赚不赔。[②]

严格的准入限制政策和“旱涝保收”的经营方式使巴西的银行业停滞不前。据研究者估算，银行给私人部门信贷1875年仅为巴西GDP的15%。[③]几十年后，统计数据表明，巴西金融发展水平仍然在拉丁美洲主要国家中偏低。根据戈德史密斯提供的数据，1913年巴西金融机构资产合计与GDP比率为35.7%，大大低于阿根廷（58.4%）或墨西哥（62.1%）。[④]银行业（以及金融业）的不发展，使巴西私人经济部门的融资条件长

① 凯罗米里斯、哈珀.《人为制造的脆弱性》，第351-352页。

② 凯罗米里斯、哈珀.《人为制造的脆弱性》，第350页。

③ 凯罗米里斯、哈珀.《人为制造的脆弱性》，第351页。

④ 戈德史密斯.《金融结构与发展》，表D-1（第455页）、表D-4（第460页）、表D-17（第483页）和表E-1（第509页）。

期得不到改善。以利率为例，1829—1889 年，巴西政府外债在伦敦市场的发行成本（市场收益率）从 13.9% 降至 5.12%，内债发行利率从 12% 降至 5.12%，但私人市场借贷利率一直高于政府债券利率 5.8 个百分点。[①]这意味着，巴西私人部门借贷成本在 19 世纪大部分时间高达 2 位数。

巴西帝国政府在 19 世纪 80 年代调整了金融政策，批准了许多新银行。1889 年上台的新政府还试图在巴西推行德式全能银行模式，几家与政府关系密切的大银行不仅重获发钞权，还可向工商企业提供长期贷款。在新金融政策的推动下，巴西出现了一波金融发展和经济建设热潮。但是，泡沫未持续多久便在 1891 年破裂。“一战”爆发前，巴西银行数目从最多时（1891 年）的 130 家减少至 40 余家，银行市值在 1891—1895 年跌至峰值的 20%。[②]在此期间，巴西发生了首次外债违约。

巴西政府一直对银行进入严加把控，却为何在 19 世纪 60 年代允许外资银行进入（参见第一章第三节关于“国际银行网络”简介）？巴西的国际关系和对外政策应是该情况的主要因素。巴西独立后一直与葡萄牙保持紧密外交关系，而葡萄牙在 19 世纪事实上选择联合王国为其安全保障。进入巴西的外资银行以英资为主，兼有少量葡萄牙资金，19 世纪末以前没有来自其他国家的外资银行。

1889—1930 年是巴西历史上的“旧共和国”时期，其间巴西经济形成咖啡种植及其出口主导的格局。在 19 世纪 90 年代初金融危机后，巴西金融调整到以“第四”巴西银行为主导的模式，该银行实际是 1906 年被国有化的“第三”巴西银行。按照新的金融政策，新巴西银行继续从事普通商业银行业务，同时代理政府税款收支，但不再从事全能银行特色的股票投资和长期贷款（不发放期限在 6 个月以上的贷款）。[③]简言之，“第四”巴西银行同时是商业银行和政府银行，但不再是全能银行和发行银行（财政部负责纸钞发行）。“一战”期间，巴西与其他南美国家都受益于外部需求增加，经济增长有所加快。然而，巴西却没有加入当时国际联盟所倡导的各国组建中央银行的国际浪潮（巴西至迟在 1964 年才组建中央银行）。

1930—1945 年是巴西“威权民粹主义”时期，强势总统瓦加斯此时推行“民粹主义、反共产主义、反犹太主义和法西斯主义”的混合政策。此时期，巴西政府推行银行国有化，将最重要的银行都收归国有，“第四”巴西银行的特权地位得到增强，开始垄断巴西的外汇交易，并以此支持政府的债务融资。[④]以前，巴西获得银行贷款最多的行业是咖啡种植业及其商贸业，但大萧条带来的咖啡价格低落使巴西政府敦促银行贷款转向

① Summerhill, “Sovereign Commitment and Financial Underdevelopment in Nineteenth - century Brazil”, pp. 252 - 253.

② 凯罗米里斯、哈珀.《人为制造的脆弱性》，图 13.1，第 363 页。

③ 凯罗米里斯、哈珀.《人为制造的脆弱性》，第 365 页。

④ 弗朗西斯科·维达尔·卢纳、赫伯特·S. 克莱因.《巴西经济社会史》，王飞译，北京：中国社会科学出版社，2020 年，第 86 页。

制造业（巴西全面转向进口替代的工业化和金融支持政策则要等到“二战”结束以后）。而且，瓦加斯政府还要求银行发放政治性贷款，向政府部门和支持政府的政治团体提供贷款。[①]此外，巴西政府积极推动储蓄银行发展，力图通过该新机构让政府掌握更多金融资源并在社会经济中发挥更大作用。1938 年，联邦和州两级储蓄银行在巴西金融机构资产总额中占比达到 10.8%，而在 10 年前该指标几乎为零。1938—1948 年还见证了巴西政府主导的社会保险机构快速成长，其在巴西金融机构资产总额的占比由 2.7% 升至 11.6%。[②]

墨西哥

包括墨西哥和巴西在内的诸多拉丁美洲国家，经济上从西班牙或葡萄牙统治者那里继承了大土地所有制和使用廉价劳工的传统，政治上形成了名义民主实则非民主体制。墨西哥 1821 年独立后，各派政治寡头轮番上台，你争我抢。在 1821—1876 年的 56 年中，墨西哥共出现过 75 位总统。[③]毫不奇怪，1876 年以前，墨西哥没有任何像样的现代金融机构，仅有一些规模微小的私人银行在商业经济缝隙中生存。1830 年，制造业主呼吁政府利用进口附加税创办一家工业发展银行，为崭露头角的工业提供信贷支持。12 年后，墨西哥政府却因急需现金变卖了该银行，相当于“政府没收了它自己的银行”。[④]墨西哥政府 1863 年同意一家外资银行（伦敦、墨西哥和南美银行）进入，该银行当时规模极为有限，主要在墨西哥北部边境地区经营。[⑤]独立后的墨西哥政府面对有限的国内金融资源，多次举借外债，并于 1827 年、1833 年和 1866 年三次发生主权债违约。

1876—1911 年，墨西哥处于迪亚斯独裁统治下，政治相对稳定。在迪亚斯追求中央集权的过程中，墨西哥发展出了自己的国家银行。1884 年，墨西哥通过《商业法》，取消了州政府颁发银行牌照的权利，提议参照英格兰银行模式组建墨西哥国民银行，即由联邦政府授予该银行特权，由它承担国库代理、纸钞发行、债务管理、票据贴现、信贷发放等职责。换言之，联邦政府不出资，但却可从银行的垄断性经营中坐享其成。

《商业法》理所应当地遭到州政府的反对。经过一番较量，墨西哥联邦政府于 1897 年通过《通用银行法》，对州政府作出了一定让步，墨西哥国民银行的垄断地位有所弱化。银行审批权仍在中央政府，但州政府享有建议权。同时，除墨西哥国民银行和伦敦墨西哥银行外，所有银行不得跨州经营。

中央政府与地方政府在银行规制问题上的反复较量，带来的重要后果是，墨西哥所

---

① 凯罗米里斯、哈珀.《人为制造的脆弱性》，第 367 页。
② 戈德史密斯.《金融结构与发展》，表 D-4，第 460 页。
③ 凯罗米里斯、哈珀.《人为制造的脆弱性》，第 289 页。
④ 凯罗米里斯、哈珀.《人为制造的脆弱性》，第 290 页。
⑤ 凯罗米里斯、哈珀.《人为制造的脆弱性》，第 290 页。

有银行都须与中央或地方政府建立密切关系，没有某个政府的强力支持，新银行就无法在墨西哥降生或成长。如此银行—政治关系格局必使现有银行反对新银行进入，竭力独享已有的市场范围。独裁时期的墨西哥银行业由此出现了直接因“市场因素”引致的金融压制，有别于巴西帝国时期的金融压制。

1910 年，墨西哥全国有 42 家银行，资产总额为 4 亿美元（1911 年），其中，墨西哥国民银行和伦敦墨西哥银行就占 60% 以上。①此时墨西哥银行业具有突出的经营者少、集中度高的特点。统计分析表明，墨西哥两大银行此时盈利水平极高，其市场价值（股票市值）远大于重置成本（资产的现金价值）。②换言之，这两大银行实际上从其垄断经营中赚取了大量租金收入，这表明“寻租”行为（收获租金或垄断利润）与金融压制有着密切的关系。

在 1876—1911 年迪亚斯独裁统治时期，墨西哥经济增长加快。1850—1876 年，墨西哥平均每年建成铁路 25 千米，而在 1876—1910 年，平均每年建成 560 千米。但是，在经济快速增长时期，墨西哥并没有推进社会和政治制度的改革和建设，社会矛盾反而进一步加剧。1911 年，墨西哥爆发动乱，独裁者迪亚斯出走，此后 10 年墨西哥一直动荡不安。墨西哥 42 家银行中 36 家遭到抢劫或洗掠。③内战中依靠枪杠子上台的总统发现无钱可抢以及无债可借时，干脆滥发纸钞和强征铸币税，使墨西哥随后爆发严重的通货膨胀。

革命制度党（PRI）是十年内战和革命时期的胜利者。行伍出身的革命制度党人执政至 1945 年（文职党人后来则执政至 2000 年）。墨西哥回归威权主义政治体制后，大张旗鼓进行多方面改革，包括推行土地再分配、提高工会地位、实行保护关税等，从 20 世纪 40 年代起还大力发展国有企业。革命制度党刚坐稳政权，便开始“修复”与银行业的关系。至 20 世纪中期前，革命制度党在银行业的两大举措是建立墨西哥银行和发展多种政策性银行机构。

在一定意义上，1925 年组建墨西哥银行是大权在握的革命制度党人的一项“金融创新”。此事的背景有三。首先，包括革命制度党人在内的墨西哥统治者在内战期间已经丧失了金融信誉，但上台后认识到信用紧缩是阻碍经济复苏的重要因素，他们需要与私人银行家达成和解。其次，既然墨西哥在可见未来没有必要借助外资，那么可为节省资金而对外债违约，因为即使不违约，外资也不会增加对墨西哥的资助，而且违约发生后

① 斯蒂芬·哈珀、阿曼·多拉佐、诺埃尔·毛雷尔.《产权的政治学：墨西哥的制度转型》，何永江、余江译，北京：中信出版集团，2019 年，第 83 页。

② 哈珀、多拉佐、毛雷尔.《产权的政治学：墨西哥的制度转型》，第 83 页。

③ 哈珀、多拉佐、毛雷尔.《产权的政治学：墨西哥的制度转型》，第 83 页。

北方邻国（强大的债权国）不会出兵干预。[①]最后，政府为修复信誉，不能口说无凭，需要采取切实措施，将政府资产或未来收入“质押”出去，换取金融界和国内投资者的信任。显然，以前承担政府银行职能但由私人持股的墨西哥国民银行无法完成这个“新使命”。新使命需要新机构，墨西哥银行应运而生。

墨西哥政府1924年对外债违约后，实际上获得一笔开办墨西哥银行的“启动”资金，墨西哥政府将此笔款项存入联邦金库，待墨西哥银行组建后作为政府投资（股份）。依据新法规，墨西哥私人银行和投资者可以参股墨西哥银行，它是公私混合所有制，但政府拥有该银行的人事和政策控制权。另外，墨西哥银行拥有垄断发钞权和政府借款专营权，原来由墨西哥国民银行负责的税款代理业务转移给墨西哥银行。此外，墨西哥银行从事普通商业银行业务，包括票据贴现和发放贷款。

在墨西哥银行的制度设计中，公私混合所有制和对政府贷款两项被认为是体现墨西哥政府“承诺与信誉”的具体措施。如果墨西哥政府对该银行违约，则意味着对墨西哥所有私人银行的违约，因为这些私人银行皆是该银行的股东。同时，政府违约也意味着自断财源，一是无法获得后续贷款，二是得不到银行的利润回报（墨西哥政府已持有该银行大量股份）。简而言之，墨西哥银行成了政府与私人银行界的利益结合体。此点使墨西哥政府后来长期实行银行业限制准入的政策，维护包括墨西哥银行在内的所有现有银行的既得利益。

从技术上说，墨西哥银行是墨西哥的中央银行，但在20世纪前半期墨西哥的中央银行体制与世界其他国家却少有可比性。

除了墨西哥银行，革命制度党政府从20世纪20年代起陆续组建了多家政策性金融机构，即发展银行（开发银行）。第一家是1925年成立的农业信贷国民银行，以支持农村地区的土地再分配和农业生产。最大的发展银行是1934年成立的“国民金融公司”（NAFIN），其资本金来自出售政府担保的长期债券。该机构的初衷是资助制造业中小企业（它们难以从墨西哥的商业银行和投资银行获得贷款），但后来却将大部分资金贷给大企业集团，并在工会要求下向濒临破产的制造厂商提供救济资助。[②]

概括地说，20世纪上半期以及下半期很多时候，墨西哥银行业的基本特征：（1）墨西哥银行作为“核心”发挥极端重要的作用（1940年它在墨西哥金融机构资产总额中占比高达46%）；（2）包括墨西哥银行在内的所有银行都受政府的强烈影响，大量发放政治性贷款，同时也服从政府经济政策，向墨西哥国有企业提供大量资助；（3）政策性

---

① 有经济学者对此撰文分析，墨西哥政府1924年决定对外债违约是理智的抉择，事实上墨西哥违约后美国并无特别举动（哈珀、多拉佐、毛雷尔《产权的政治学：墨西哥的制度转型》，第93页。）

② 凯罗米里斯、哈珀.《人为制造的脆弱性》，第313－314页。

金融机构在运行过程中大都偏离初衷。①

三、20 世纪后半期：“亚洲四小龙” 印度尼西亚 印度 以色列 沙特阿拉伯 南非 巴西 阿根廷

进入 20 世纪后半期，亚非拉许多民族走上独立发展道路。“亚洲四小龙”是 20 世纪 80 年代高速经济增长和工业化的新星。但在 20 世纪 80 年代和 90 年代，一些拉丁美洲和东亚新兴市场经济体先后遭遇金融危机。许多发展中国家的金融体制在 20 世纪后半期经历了不同程度的动荡和摇摆。

“亚洲四小龙”

“亚洲四小龙”是 20 世纪 90 年代的流行词，指中国香港、新加坡、中国台湾和韩国四个经济体，尤指它们采取基本相同的出口导向的发展战略，经历 20 余年的高速经济增长实现工业化，接近或达到世界高收入水平，它们也被称作“新兴工业化经济体”。1993 年，世界银行发表《东亚奇迹》长篇报告，详细考察“亚洲四小龙”与拉丁美洲国家在经济结构和发展政策上的差别，字里行间充满对“东亚经济模式”的赞赏。“亚洲四小龙”一度享有广泛的国际声誉。

“亚洲四小龙”的经济发展成就对中国（大陆）影响很大。邓小平 1992 年南方谈话提到，“现在，周边一些国家和地区经济发展比我们快，如果我们不发展或发展得太慢，老百姓一比较就有问题了”。②当时的“周边一些国家和地区”不仅有“亚洲四小龙”，还有正在效法它们的“四小虎”，即印度尼西亚、泰国、马来西亚和菲律宾。中国自 1990 年代采取外向型经济发展战略，与“四小龙”和“四小虎”皆有一定关系。

四小龙经济发展提出多个金融问题，包括：（1）金融体制与出口导向发展战略是否有关系？（2）金融中心型经济体之间在金融体系上有何异同？（3）韩国为何在高速成长阶段出现财阀而在别的地方未见同等程度的现象？（4）1998 年韩国为何爆发金融危机？

简单地说，出口导向发展战略并不对应特定的金融体制。此点与进口替代发展战略恰好相反，后者要求金融体制——不论国有化或民营化程度有多高——皆以政府为主导，接受政府管制，以便将金融资源尽量多地投向政府指定的产业和地区。

① 在墨西哥土地改革标杆地区，20 世纪 30 年代政府组建的一家农村信贷银行派向基层办事处的信贷官员，既无专业知识，又不肯接触农民，成天待在办公室填写各种报表文档（Nicole Mottier，“Inventing figures and imaging shrubs：Bank bureaucrats' lack of field experience in Mexico，1930 – 1940s”，as Chapter Five in in Chia Yin Hsu，Thomas M. Luckett，and Erika Vause，eds. *The Cultural History of Money and Credit*：*A Global Perspective*，Lexington Books，2016，pp. 67 – 80）。

② 《邓小平文选》（第三卷），北京：人民出版社，1993 年，第 375 页。

动态地看，四小龙的金融体制表现出一定的趋同倾向。放松管制、民营化、对外开放和改善监管是四小龙金融体制变化中的共同趋势。从根本上说，这些共性并非由出口导向发展战略直接造成，而是实行这个战略取得经济增长的成就之后，政府才得以调整有关的金融政策。

新加坡在殖民地时期就为跨国银行聚集地，但那时银行全为贸易服务，少有与贸易无关的金融活动。①新加坡发展成为国际金融中心或金融中心型经济体是在独立之后。1960 年代后半期，布雷顿森林体制开始动摇，离岸美元市场首先在欧洲出现，新加坡抓住时机发展“亚洲美元”市场，遂成为世界的“亚洲美元”中心。“亚洲美元”是位于亚洲地区的离岸美元，即流动于各国金融市场之间、同时不受美国政府直接管辖的美元资产。新加坡于 1968 年特批美利坚银行（Bank of America）在当地开设美元账户，为客户提供外汇兑换和金融交易服务。这一事件代表“欧洲美元”降临亚洲，故又谓“亚洲美元”的诞生（欧洲美元也为离岸美元的别名）。②新加坡金融管理局（MAS）于 1971 年成立后，不仅发挥中央银行的作用，而且大力支持“欧洲债券”（离岸债券）市场在本地发展，推动新加坡的国际金融中心地位再上一个台阶。1984 年，新加坡国际金融交易所（SIMEX）成立，吸引国际投资者参与大宗商品和金融标的的衍生品交易，使新加坡成为衍生品交易的重要国际中心。简言之，相比香港，新加坡金融发展大量得益于政府政策的推动。

财阀或韩式财阀（chaebol）与日式财阀（zaibatsu）或财团（keiretsu）不同，更有别于欧美经济中的混合企业集团（conglomerate）。韩式财阀指家族控制的企业集团，由核心企业和或家庭成员直接控股关联企业并掌握企业集团决策权，关联企业虽然分布在不同行业但相互间常有供应链关系。在欧美，无论企业之间的持股关系如何，决策权通常在职业经理人手中。在日本，不管是财阀还是财团，持股或控股关系往往经由银行或专门的金融机构（控股公司）。表面上，金融机构在韩式财阀体系中并不占有突出地位。

从根本上说，韩式财阀体现了快速增长时期韩国经济中政商关系的特点。始自朴正熙时代（1961—1979 年），韩国政府为追求高速经济增长和重化工业发展，刻意扶植迎合其需要的韩国大企业，给予其在外汇（外汇贷款）和其他政策待遇上的优惠。大企业得到政府优惠后，便具备可支配其他企业（尤其中小企业）以及发展自己关联企业的竞争优势。虽然韩国政府禁止企业控股银行，但得到政府扶植的大企业可通过证券市场融资去控股其他企业。

1998 年韩国为何爆发金融危机?

---

① W. G. 赫夫.《新加坡的经济增长：20 世纪的贸易与发展》，牛磊、李洁译，北京：中国经济出版社，2001 年，第 82 页。

② Yossef Cassis, *Capitals of Capital: A History of International Financial Centres*, 1780 – 2005, Cambridge University Press, 2006, p. 276.

至20世纪90年代中期，韩国跻身进工业化国家行列，大宗出口产品已从过去的纺织品和小电器升级到船舶、汽车和高端电子设备等。金融改革在20世纪80年代已有起步，金泳三总统（1993—1997年在位）时期更有推进。但是，为何韩国未能避免1997年夏季东南亚金融危机的冲击而于当年底也爆发金融危机？

五大内部因素导致了1997年韩国金融危机。第一，韩国政府追求高速增长目标，大企业扩张冲动强烈。即便金融危机已经发生，韩国官方仍然强调，“韩国人民不接受低于5%的（GDP）增长速度”。①第二，韩国政府为追求超高经济增长目标，继续干预金融资源分配，不仅导致金融改革无法到位，而且使大企业长期盲目乐观，它们“好像可以不受任何限制地建起世界知名企业”。②第三，误判1994年金融改革成果，忽略金融体系的弱点和风险。韩国国内许多人认为，1994是韩国“实现真正意义上的投资自由化”之年，当年金融交易实名制的实行“使一些政治圈人士误以为韩国已经完成了金融改革，而这也是后来金融危机发生的原因之一”③。第四，政府行动迟缓，错过处置风险的最佳时机。金融危机爆发前半年，韩国政府已被告知银行体系中的坏账问题，但政府却置若罔闻。④第五，外汇储备管理失误。金融危机爆发前一年，韩国拥有超过1 000亿美元的外汇储备。1997年8月，金融危机迹象初显时，韩国政府宣布对200亿美元的韩国外债提供担保，冀图宽慰国际债权人，力劝他们不要撤资。但是，国际货币基金组织后来了解，韩国政府当时根本拿不出200亿美元的外汇资金，⑤因为这些外汇或已经支出，或已被韩国商业银行的海外分行借走。

从某种意义上看，1998年韩国金融危机是“墨菲法则”在金融领域中的一个例证，有缺陷的企业体制和金融体制再加上政府金融管理的失策，在经受不住相对开放的环境中发生意外冲击。

印度尼西亚

战后印度尼西亚（以下简称印尼）的政治经济和金融发展历程可分为三个阶段：一是1949年取得独立至1965年发生军事政变；二是1965年苏哈托将军上台至1998年金融危机爆发；三是1998年金融危机后印尼进入改革和发展的新时期。

独立后的印尼政府全力推行本土化（Pribumi）政策方针，陆续接管荷兰殖民者留下

---

① 保罗·布卢斯坦．《惩戒：金融危机与国际货币基金组织》，蔡丽等译，中信出版社/辽宁教育出版社，2003年，第120页（此言出自韩国时任贸易部长之口，时值他接待国际货币基金组织常务副总裁来访）。

② 保罗·布卢斯坦．《惩戒：金融危机与国际货币基金组织》，蔡丽等译，中信出版社/辽宁教育出版社，2003年，第111页。

③ 郑德龟、金华林．《增长与分配：韩国经济的未来设计》，中国人民大学出版社，2008年，第127－128页。

④ James M. Boughton, *Silent Revolution*: *The International Monetary Fund* 1979－1989, International Monetary Fund, 2001, pp. 541－542.

⑤ Boughton, *Silent Revolution*: *The International Monetary Fund* 1979－1989, p. 543.

的重要企业和金融机构。印尼在1998年金融危机爆发时有六大国有银行，其中五家原为荷兰人创办和经营，包括一家成立于1895年的银行和一家成立于1946年并在当时作为中央银行的机构。[①]印尼政府在1959年公布的八年建设大纲中提出，逐步将外资银行业务转移给国有银行。由此，包括汇丰在内的英资银行主动撤离印尼，而早在20世纪30年代就在印度尼西亚三大城市开设分行的中国银行也于1964年完成撤离。[②]

独立后的印度尼西亚政府于1951年将荷属银行爪哇银行（De Javasche Bank）收归国有，并在此基础上于1953年组建印度尼西亚银行（Bank Indonesia，BI）。印度尼西亚银行（BI）一开始同时从事中央银行和商业银行业务。1950—1965年，印尼经济增长虽然缓慢，但印尼政府怀有雄心勃勃的经济发展目标，财政开支浩大。此时期印尼政府逐渐增加使用通胀融资的手段，由中央银行向其他国有银行提供信贷并为政府提供透支。20世纪60年代中期，印尼银行（BI）给印尼政府提供的信贷占后者总支出的一半。[③]这样的信贷扩张很快带来严重通货膨胀。1965年印尼消费物价指数（CPI）是1964年的6.9倍，[④]相当于连续12个月每月环比上涨17.5%。印尼军事政变发生在1965年10月，此前高通胀已经出现。

苏哈托上台后，推行“新秩序”（New Order），大幅度调整经济政策。印尼政府继续保留和支持重点领域中的国有企业，同时为私人银行和私人企业开绿灯。1968年印尼通过《中央银行法》，将印尼银行（BI）转变为专业化的中央银行，并令其负责银行监管。印尼政府聘用多位毕业于加州大学伯克利分校的印尼人士出任重要经济部门的主管，这批人士被戏称为“伯克利男孩”，类似后来军人统治时期智利的“芝加哥男孩”。

1963年，在印尼信贷总额中，印尼银行（BI）占比为46.4%，其他国有银行占比为48.4%，非国有银行占比为5.2%；截至1995年，国有银行占比降至39.8%，非国有银行占比升至60.2%，印尼银行（BI）自1990年不再在此统计中。[⑤]

20世纪80年代是印尼经济政策再次大调整时期，苏哈托政府进一步放宽对私人部门企业和金融机构的管制，允许私人银行与外资组建合资银行，国有企业可在私人银行开设账户，私人银行和企业可通过证券市场增资扩股，私人银行还可从事外汇业务以及

---

① P. S. Srinivas and Djauhari Sitorus, “State - owned banks in Indonesia”, as Chapter 6 in Gerad Caprio, Jonatharn L. Flechter, Robert E. Litan, and Michael Pomerleano, eds. *The Future of State - owned Financial Institutions*, Brookings Institution Press, 2004, pp. 177 - 178.

② 中国银行行史编委会编.《中国银行行史》(1949 - 1992)，上卷，北京：中国金融出版社，2001年，第342 - 346页。

③ William H. Frederick and Robert L. Worden, ed. *Indonesia: A Country Study*, GPO for the Library of Congress, 1993, Section of Role of Government in the Chapter of The Economy.

④ H. W. Arndt, “Banking in Hyperinflation and Stabilization”, as Chapter 11 in Bruce Glassbuner, ed. The Economy of Indonesia: Selected Readings, Jakarta and Kuala Lumpur: Equinox Publishing, 1971, Table 11.6, p. 373.

⑤ Srinivas and Sitorus, “State - owned banks in Indonesia”, Table 6 - 7, p. 140.

多样化的金融业务（租赁、保理、消费金融和风险投资）。[①]印尼政府调整政策后，印尼经济有了明显起色。1980—1998 年，印尼 GDP 年均增长率高达7%，人均 GDP 从670 美元增至 1300 美元以上。印尼成为“亚洲四小龙”后的“亚洲四小虎”之一。世界银行在 20 世纪 90 年代初发布的专题文集称 20 世纪 80 年代的印尼为世界提供了“一个大幅度放松金融规管而同时国内金融体系得到迅速发展的非常成功的事例”。[②]

此时期印尼金融发展的两大特点是，华裔金融产业集团快速扩张和裙带资本主义在印尼经济金融界蔓延。华人是印尼人口中的少数，但他们从来是当地经济中勤劳上进的创业者。印尼独立后，印尼华裔企业家积极配合政府的工业化政策，大量投资于政府指定的重点发展领域，并利用与政府的合作关系逐渐扩大经营事业。一些华裔企业家具备资金实力后，开办私人银行或收购现有银行，同时在股票市场上市，成为印尼经济中兼有实业和金融的混合企业集团（Conglomerates）。[③]

20 世纪 80 年代后，苏哈托家族以及其他印尼权势人物的关系人士纷纷涉足商贸，并进入金融和房地产领域，他们也是持续十多年的印尼经济和金融增长热潮中的活跃人物。[④] 1998 年印尼爆发金融危机后，国际舆论频繁使用“裙带资本主义”（Crony Capitalism），意指强权政治与开放经济的特殊结合，尤其指在市场化或半市场化的商业和金融活动中大量暗中运用政治权力得到高额回报。如果“裙带资本主义”在金融危机前不那么猖獗，印尼或许不至于遭遇那么严重的金融危机，抑或即便发生金融危机，执政 33 年的苏哈托也不会黯然下台。

印度

目睹东亚多国经济快速增长，印度于20 世纪 90 年代初开始显著调整经济发展政策。此前，印度学者在谈论1948 年独立以来印度经济和金融发展时总是充满自豪，认为后殖民时期的印度取得了了不起的巨大成就。就金融而言，发表于 1992 的一篇综述文章认为，依据戈德史密斯提出的三大金融发展指标——表示金融机构资产与国内生产总值比率的金融率（Finance Ratio）、表示金融资产增加与固定资本形成比率的金融相关率（Financial Interrelation Ratio）、表示金融机构资产与非金融企业资产比率的金融媒介率（Intermediation Ratio）在 1951—1990 年不断升高。第一个指标从 4.9% 升至 43.9%，第

---

① Srinivas and Sitorus, “State - owned banks in Indonesia”, Table 6 - 7, pp. 149 - 150.

② 大卫·C. 科尔、贝蒂·F. 斯莱德“印度尼西亚的金融发展：一个不同的顺序?”载蒂米奇·威塔斯.《金融规管：变化中的游戏规则》，曹国琪译，上海财经大学出版社，2000 年，第 127 页。

③ 日本研究者长期跟踪东亚各国大型企业集团发达历程，并将有关事迹汇编成册（截至 20 世纪 90 年代中期），其中印尼三大华裔企业集团赫然在目（井上隆一郎《亚洲的财阀和企业》，宋金义等译，三联书店，1997 年，第 232 - 270 页）。

④ 苏哈托总统的直系亲属直接参与印尼最大企业集团的经营活动并抢先进入新技术应用领域，井上隆一郎《亚洲的财阀和企业》，第 341 - 351 页。

二个指标从 0.63 升至 2.5，第三个指标从 0.27 升至 0.45。[①]言下之意，印度金融在该时期取得显著发展，成绩斐然。

这篇文章收录于一部关于当时印度经济状况的文集中，主编时任印度储备银行行长（1997—2003 年）。他卸任后出版了一本讲述独立以来印度经济史的著作，开篇写道："在 1991 年以前，印度金融系统发挥的作用极为有限，资源配置由中央政府统一掌控，金融市场的调配作用毫无用武之地。"[②]

上述两种说法看似完全对立，仔细研究后却发现并不矛盾。前一种说法引用的数据不涉及与别国的横向比较，也未与印度某个历史时期（包括殖民地时期以及——从事后的眼光看——印度进入改革后的时期）相比较。另外，从理论上说，任何一个分数值的上升完全可能因为分母增长慢而不是分子增长快所致。更重要的是，如后一种说法指出的，这些数据丝毫未说明印度金融机构是如何取得这些"成绩"的。事实上，"成绩"不是印度金融机构独立和自主作为取得，而是它们在政府的强力支配下取得。简而言之，后一种看法更真实。

印度于 1948 独立元年就宣布了独立自主实现工业化的产业发展方针，1950 年公布了第一个五年计划（1951—1955 年）。此时至 1985 年初步改革，印度在经济上实行了十分接近于中央计划经济体制的模式。但与苏联体制稍有不同的是，印度未追求百分之百的公有制，在农业、普通制造业和服务业存在大量私人和个体企业。但与苏联相同的是，印度在所有重要产业部门都推进国有化和国有企业垄断，所有国有企业和非国有企业都接受政府的指令性计划，价格和利率皆被限定在固定水平，对外贸易长期不受重视。

印度第一个五年计划时期，政府的金融政策重点是组建和扶持国有新金融机构的成长。而在后来年份中，印度政府受迫于经济增长缓慢和财政压力逐渐加大，陆续出台私人金融机构国有化措施。至 70 年代，印度金融业形成了以国有金融机构为主的格局。直到 21 世纪初，印度银行业的国有化程度仍是世界上最高者之一，仅次于中国，高于俄罗斯、印度尼西亚和巴西。[③]

1948 年印度刚独立时即组建了工业金融公司（Industrial Finance Corporation），它接受政府预算资金并通过发行长期债券募集资金，遵循政府旨意将资金投向工业部门。1957—1963 年，工业金融公司向各个行业的企业提供资金合计多达 102 亿卢比，以此换

---

① "Issues in financial sector reform", in Bimal Jalan, ed. The Indian Economy: Problems and Prospects, Penguin Books, Revised ed. 2004, Table 1, p. 159.

② 比马尔·迦兰.《印度经济史：内部专家的洞见》，张翎译，北京：中国科学技术出版社，2021 年，"引言"第 2 页。

③ Urjit R. Patel, "Role of state - owned financial institutions in India: Should the government 'do' or 'lead'?" as Chapter 7 in Caprio, Flechter, Litan, and Pomerleano, eds. *The Future of State - owned Financial Institutions*, Figure 7.1, p. 187.

取私人企业的股份，[①]这个数字接近此时期印度国内生产总值的10%。工业金融公司的做法实质上是一种国有化途径，或者说是印度推动混合所有制的重要方式。后来，印度政府组建了许多类似的发展银行或发展金融机构，包括1964年成立的工业发展银行（IDB）。

印度政府对金融机构的国有化始于1955年印度储备银行收购帝国银行的股份，使后者事实上成为附属于政府系统的商业银行。收购完成后，帝国银行改名为印度国家银行（State Bank of India）。此次交易使印度储备银行与印度银行业的关系多少有些复杂。印度政府于2008年接受了印度储备银行所持印度国家银行的股份，由此厘清了历史上的模糊之处。

继1955年印度国家银行事例，印度政府于次年将人寿保险公司国有化，并于1973年将其他保险公司全部国有化。在此之际，印度政府于1969年将所有大型私人商业银行国有化。依印度官方的说法，此次大规模银行国有化是为了消除私人金融机构的市场垄断并为全社会增加银行服务供给。[②]

印度独立后，政府虽未关闭证券市场，但实际上几乎窒息了股票发行和交易（个别时候除了国有机构股份发行之外）。这或许因为印度政府认为保留证券市场有利于其债务融资。事实上，印度政府常年出现预算赤字，而且它通常不愿在国际金融市场借款，因此在国内证券市场不断发债就显得特别重要。但是，印度政府竭力压低政府债券收益率，个人投资者缺乏参与热情，主要交易者是国内金融机构，包括许多国有和混合所有以及非国有金融机构。国债交易往往采取买卖双方直接洽谈方式，公开市场方式不是典型做法。[③]

以色列

以色列的金融发展独具特色。在以色列于1948年建国之前，金融已有显著发展，那时从世界各地而来的犹太复国主义者陆续开办了数家银行。建国之后，金融发展受到压迫，因为以色列政府偏好财政手段，金融机构和金融市场仅发挥补充性作用。直到20世纪80年代中期，在先后经历了银行股危机和高通胀危机以及实行多项重要改革后，以色列金融发展才步入正轨。

19世纪末，奥斯曼帝国在中东地区的统治日渐式微，不列颠势力乘虚而入。此时，欧洲一些地区出现反犹浪潮，一批犹太知识分子积极寻求对策，“回归故乡”（Zionism）

---

① B. R. Tomlinson, *The Economy of Modern India*, 1860 - 1970, as Vol. III of *The New Cambridge History of India*, Cambridge University Press, 1993, p. 185.

② James A. Hanson, “The Transformation of state - owned banks”, in Caprio, Flechter, Litan, and Pomerleano, eds. The Future of State - owned Financial Institutions, pp. 15 - 16.

③ Ranald Michie, The Global Securities Market: A History, Oxford University Press, 2006, p. 237.

迅速成为众多犹太人的追求目标。当时，犹太人散布在欧洲各地，若举家前往巴勒斯坦人居住区，不仅会有不菲的交通和移民安置费用，在未来还会面临生存问题。犹太复国主义的先驱很快寻求金融解决之道。他们显然联想到历史上热拉亚的圣乔治银行和近代早期西欧的东印度公司一类事例。1899 年，“犹太殖民信托基金”（Jewish Colonial Trust）作为犹太复国组织的金融机构在伦敦注册成立，初始资金 39.5 万英镑。在此之前，出生于维也纳的犹太文学家西奥多·赫茨尔（Theodor Herzl）出版《犹太国》（*Der Judenstaat*）一书，设想组建一家特许公司，筹资 5 000 万英镑或 2 亿美元，以此推进并完成犹太复国事业。①

犹太殖民信托基金的资金规模远未达到赫茨尔的期望，但该基金将金融方案落实于行动。犹太殖民信托基金于 1902 年在雅法开办英巴银行（Anglo – Palestine Bank），资助犹太移民在当地购房创业。随着信托基金和银行的资金实力增强，英巴银行后来在中东多个城市开设分行，向农场业主提供长期贷款并通过自治协会向社员提供信贷。“一战”爆发后，奥斯曼帝国宣布该银行为敌方资产，其经营受到短暂影响，战后它很快恢复，于 1932 年将总部迁往耶路撒冷。1948 年以色列建国时，英巴银行得到发钞权，并于 1950 年更名为以色列国民银行（Bank Leumi le – Israel）。1954 年以色列银行（Bank of Israel）作为中央银行组建后，以色列国民银行转为商业银行。

1948 年以色列建国时，至少已有四大银行运行多年，按时间顺序是，以色列国民银行（1902 年）、工人银行（Bank Hapoalim，1921 年）、米兹腊希银行（Bank Mizrahi – Tefahot，1923 年）和贴现银行（Discount Bank，1935 年）。它们虽然都是商业银行，但业务范围和经营特色各异。例如，工人银行最早由总工会创建，贷款对象多为工会成员；米兹腊希银行原来附属犹太复国主义运动中的米兹腊希分支，贷款对象多为参加米兹腊希分支的犹太移民；贴现银行的经营则在城市，服务对象主要是商贸企业及其有关人士。

在如此众多银行的资助下，来自世界各地的数十万犹太人在 20 世纪前半期陆续在中东地区定居下来，发展出现代农业和工业。1948 年以色列共和国成立时，人口已有70 万。

以色列建国后，与周边各国长期关系紧张，以色列政府在经济上采取了接近于“强政府、弱市场”的做法。政府实行进口替代的工业发展战略，严格管制外贸和外汇，通过高税收集中社会资源并用于经济和军事建设。政府预算和经常账户频现赤字，大量依赖国外援助和捐赠来应对。20 世纪 70 年代中期后，随着与周边国家关系的缓和，以色列开始调整国内经济政策，放松管制渐成主调。

在此时期，以色列大银行加快了扩张步伐，它们在并购其他银行和金融机构的同

① https：//en. wiki. hancel. org/wiki/Der_ Judenstaat.

时，想方设法扩充资本金。前述四大银行当时都在以色列特拉维夫股票交易所上市，它们的增资有赖于股价的良好表现。非常乖戾的是，多家银行管理层为诱使客户购买银行股，竟打包票银行股价会一直上涨，并向他们发贷款去买银行股。以色列银行股价在1980—1982 年的上涨率，扣除物价后每年实际超过 20%。[①]这场“盛宴”当然不可持续。1983 年伊始，银行股价开始下跌。起初，银行高层希望可通过回购股票稳住股价，但随后发现股价跌落一发不可收拾，只好求助政府干预。以色列政府出于保护银行体系和稳定宏观经济的考虑，决定让以色列银行大量买进五家银行股票（包括前面提及的四家），相当于将这些银行暂时国有化（政府后来折价出售了所买进银行股）。政府成立的专门调查委员会后来发布的报告公布了五家银行的诸多问题，多位高管被判入狱。[②]

在银行股价暴跌以及其他内外事件的影响下，以色列政府的财政状况在 1983—1984 年急剧恶化，货币严重贬值，通胀不断爬升，1984 年 CPI 上涨 3.6 倍，爆发了一场高通胀危机，政府在多方压力下出台货币金融财政的全面大改革，包括以新币取代旧币（仍称为谢克尔），放松外汇市场管制，确认中央银行的独立性，通过出售银行股推动银行重组，大幅度减少财政赤字，等等。

改革换来生机。自 1985 年以来，风险投资（VC）在以色列兴起。最初的成功引来众多追随者，以色列成了风险投资家的乐园，不仅有许多国内金融机构资助风险投资基金，许多国际风险投资公司也前往以色列。以色列人均国民收入从 1985 年的 6 500 美元升至 2000 年的 19 140 美元，年均增长 7.5%。21 世纪初，以色列迈入工业化国家之列。

沙特阿拉伯

沙特阿拉伯（以下简称沙特）的现代金融始自 1952 年，当年沙特金融管理局（SAMA）正式成立。在这之前，沙特作为伊斯兰教发源地和朝拜中心，长期以来仅有自发性和小规模的传统金融活动。

数世纪以来，沙特每年吸引来自世界各地的数百万穆斯林香客，各大城市遍地是钱币兑换商和五花八门的汇票中介。他们遵循伊斯兰教规，服从当地的习俗，相互间却无统一的明确规制。外资银行虽已进入沙特红海口岸城市，但主要为当地贸易商人服务，经营规模十分有限。

20 世纪初，沙特事实上已成为奥斯曼帝国境内的独立王国。1928 年，沙特国王颁

---

① https://en.wiki.hancel.org/wiki/1983_Israel_bank_stock_crisis.

② 以色列中央银行研究者数年后进行了深入的回顾研究，以翔实数据证明银行在股价上涨期间为“炒股”客户提供了隐性担保，而且以色列政府后来的救市作为实际损失巨大。Asher A. Blass and Richard S. Grossman, “*A Harmful Guarantee? The* 1983 *Israel Bank Shares Crisis Revisited*”, Research Department, Bank of Israel, Discussion Paper No. 96.03, May 1996; Asher A. Blass and Richard S. Grossman, “*Assessing Damages: The* 1983 *Israeli Bank Shares Crisis*”, Contemporary Economic Policy, 19 (2001): 49 – 58.

令推行币制改革，废除奥斯曼帝国货币单位里亚尔，代之以阿拉伯里亚尔，两者等值，并确定 1 金镑（索维林）等于 10 阿拉伯里亚尔。①此次币制改革不仅彰显了沙特王室的独立地位，而且旨在稳定沙特王室的外汇收入和财政收入。但是，英镑于 1931 年退出金本位制后，沙特货币里亚尔的汇率随之浮动起来。1938 年美国公司发现石油储藏后，沙特王室的财政收入逐渐增多。但是，沙特国内同时流通多种钱币，包括自铸银币里亚尔和金镑等。沙特铸币（银币）的市场价值（汇率）波动巨大，严重影响了王室财政收入的稳定。1951 年，沙特王室邀请美国专家团队设计政府金融机构的构建方案，经过密切磋商和反复调整，最终成果为 1952 年设立沙特金管局（也称货币管理局）。②

依照沙特当时对伊斯兰教规的解读，新建的政府金融机构不支付或收取利息、不接受私人存款、不向政府或私人提供垫款、不介入农工商业、除自用外不买卖房地产、不发行钞票。③为避免社会误解，机构名称不称为“银行”（沙特金管局于 2020 年改名为“沙特中央银行”，同时保留旧称 SAMA，该年沙特主办 20 国首脑会议）。在这些约束下，金管局成立后的早期工作就是稳定沙特通货里亚尔与美元的汇率。美元是沙特石油收入的主币种，金管局的开办资本也是美元外汇（600 万美元）。

从 1952 年至 20 世纪 60 年代初，沙特经济稳步增长，石油收入不断增多，地区和国际影响力逐渐增大。1960 年，沙特联合伊朗、伊拉克、科威特和委内瑞拉组建石油输出国组织（OPEC），该组织的巨大国际影响力在动荡不安的 20 世纪 70 年代登峰造极。在国内，沙特金管局于 1959 年开始发行纸钞，以此取代之前为国际香客特别制作的货币兑换票据（类似于外汇券的流通工具）。从 1955 年起，依据修改后的章程，沙特金管局认购沙特政府债券，成为后者财政赤字的融资者。不过，沙特政府在 1962—1983 年一直有财政盈余，因而还清了债务。④

金管局成立后，沙特政府鼓励组建依照现代经营原则的商业银行。现为沙特资产最大的银行（沙特国民银行）成立于 1953 年，此后陆续有其他银行开业。至 20 世纪 80 年代，沙特有 12 家商业银行，其中 4 家为沙特与外资的合资银行（该时期沙特政府不再允许外资独资银行）。沙特政府的一个独特政策是，1983 年股票交易所成立后，允许银行承销和交易股票。因此，沙特的商业银行可从事极为广泛的金融业务。

20 世纪 50 年后，沙特阿拉伯几次调整了对待私人银行和外资银行的政策。原则上，

---

① 沙特阿拉伯货币管理局.《沙特阿拉伯王国货币发展史》，李世峻译，北京：北京师范大学出版社，2021 年，第 5 页。

② 美方派出的领衔专家是阿瑟·N. 杨格（1890—1984 年），他参加过协助“一战”后德国债务重组的道威斯计划，1929 年至抗战为国民政府提供货币与国际金融事务的政策咨询。他晚年将参与沙特金管局组建的经历著书发表（Arthur N. Young, *Saudi Arabia: The Making of a Financial Giant*, New York University Press, 1983）.

③ Young, *Saudi Arabia: The Making of a Financial Giant*, Appendix Table 1, p. 69.

④ Helen Chapin Metz, ed. *Saudi Arabia: A Country Study*, GPO for the Library of Congress, 1992, Section of Money and Banking.

沙特政府不反对私人银行和外资银行，但在私人银行遭遇危机时很快由政府出资予以接管。1966 年沙特通过“银行控制法”，沙特金管局（SAMA）获得权力负责办银行牌照和批准分行设立。此后，沙特金管局不允许外资银行在沙特境内开设新分行，所有新分行皆由国内银行兴办。20 世纪 70 年代油价暴涨和石油财富大增后，沙特国内出现争论。外资方的意见是，沙特已占有国际货币基金组织执行董事会的常设席位（即“指定董事成员”或“单独选区代表”，参见第七章第三节），但国内银行体系相当落后，需要加大开放力度；国内主流意见却强烈反对政府对外资银行的经营几乎不加限制。[①]沙特金管局随后出台政策，要求所有愿在沙特继续从业的外资银行必须通过认证并在当地重新注册，即将分行转制为子行（当地独立法人），子行的外资股份不得超过 40%（沙特股份必须占有 60% 以上）。在 20 世纪 90 年代后半期，沙特为争取加入世界贸易组织（WTO），关于外资银行的限制政策出现松动，个别外资银行被同意开设分行。截至 2000 年，沙特仍有 10 余家外资银行，其中包括美资城市银行（花旗银行）持股的大型合资银行，其在沙特境内分行数目超过 300 家。[②]

商业银行之外，沙特仍有大量个体或私人商号的钱币兑换商，它们接受金管局的监管，个别规模巨大的经营者被要求转制为银行。

沙特于 1957 年加入国际货币基金组织，当时确立的里亚尔金平价使其与美元汇率为 1 美元兑 3.75 里亚尔。但由于沙特政府开支过大，财政出现大量赤字，外汇入不敷出，里亚尔的市场汇率不断走低，沙特政府随后出台外汇管制措施。里亚尔汇率的稳定和后来的升值归功于沙特石油收入的稳定增长。沙特石油收入 1963 年为 6 亿美元，1974 年增至 226 亿美元。[③]沙特金管局的外汇资产随之也逐年增多，1981 年超过了千亿美元，为当时世界外汇储备最多的国家之一。在布雷顿森林体系动荡时期，沙特货币对美元升值，在 1973 年 2 月美国政府宣布美元战后第二次贬值时，里亚尔恢复了其 1957 年的汇率水平（1 美元兑 3.75 里亚尔）。此后至 1976 年，沙特政府一直试图维持里亚尔的金平价，但此做法为国际货币基金组织于 1976 年通过的《牙买加协议》所禁止。后来一段时期，沙特里亚尔挂钩于特别提款权（SDR），但此时期美元与特别提款权之间的汇率显著波动，此意味着里亚尔与美元的汇率也相应波动。沙特政府认为，此种情形不符合本国经济和金融稳定的需要，遂从 1984 年 8 月起改为里亚尔钉住美元的汇率体制，基本汇率目标即为 1 美元兑 3.75 里亚尔。从此时至 21 世纪，沙特汇率体制未有大的变动。

沙特政府一直有着以金融手段促进经济发展的强烈愿望，早在 1963 年就创建了沙特阿拉伯农业银行，作为沙特的第一个发展银行专门支持农业发展。第二家政策性银行

---

① Adrian E. Tschoegl, “Foreign banks in Saudi Arabia: A brief history”, *Transnational Corporations*, Vol. 11, No. 2, August 2002, pp. 130 – 131.

② Tschoegl, “Foreign banks in Saudi Arabia: A brief history”, Table 2, p. 135.

③ Young, *Saudi Arabia: The Making of a Financial Giant*, Appendix Table 1, p. 125.

（沙特信贷银行）成立于1971年，向中低收入阶层提供免息贷款。1973年，沙特政府运用预算资金创建了公共投资基金，专门资助大型基础设施建设项目。此时正值国际油价暴涨，沙特石油收入连年猛增。沙特政府于1974年拨出巨款，同时设立工业开发基金和地产开发基金，前者面向私营企业，提供免息中长期贷款，每笔贷款数额不超过项目融资总额的一半；后者则面向住宅和商业房产，包括向中低收入购买者提供多至房价70%的免息贷款。①20世纪70年代中期后，沙特政府还设立了其他若干政策性金融机构和投资基金，旨在推动经济结构调整和多样化发展。

南非

在经历了世界经济大萧条和第二次世界大战后，南非储备银行在国内金融和货币政策运行中的地位大大加强。战后时期，它通过多种手段监督商业银行和金融市场，严格要求商业银行控制流动性比例并不得超过限额发放信贷。南非储备银行在1975年以前直接规定政府债券利率，在1980年以前直接规定商业银行的存款利率。

20世纪50年代至70年代，许多新型专业化金融机构涌现并快速发展，包括贴现银行、商人银行和财务公司等，促使商业银行逐渐扩大业务范围，诸如向工商客户提供较长期限的信贷、发展设备租赁和信用卡业务。

20世纪70年代前后，南非金融出现了一种奇特情况，在世界其他国家极为少见，即以住房抵押贷款为主业的按揭社向五大商业银行的市场主导地位发起挑战。这种情况出现的主要原因：一是按揭社在政府住房普及政策的支持下获得强劲增长，经营规模快速扩大；二是按揭社组建了控股公司，它们一方面在南非股票交易所上市，另一方面持股和管辖一些商业银行，拥有强大的筹资能力。受到挑战的商业银行，有的被迫并购重组，更多的则呼吁政府调整政策，给予它们更加公平的市场待遇。南非政府于1991年通过《存款吸收机构法》（Deposit Taking Institutions Act），将商业银行和按揭社视为吸收存款的银行类金融机构，服从统一的资本金充足度要求，遂使"跨界"拼斗略有减少。

"二战"后初期，南非最大的两家银行是巴克莱银行和标准银行，皆为英资机构。巴克莱以不列颠本土银行业为主，南非仅为其国际业务的一部分。与此不同的是，南非标准银行仅在南非（以及周边的南部非洲国家）从事银行经营，在不列颠没有银行业务，仅股东们住在那里。换言之，在不少南非人看来，该银行不过是不列颠股东远程操控并连年坐享丰厚利润。标准银行战后陆续出台多项本土化措施，力图缓和南非社会对它的批评和抵触，包括董事会由伦敦迁至南非、在南非股票交易所上市、降低英资持股

① Metz, ed. *Saudi Arabia: A Country Study*, Section of Money and Banking.

比例、不再自诩为外资银行，等等。①在此期间，标准银行和渣打银行于 1969 年合并为“标准渣打银行”（Standard Chartered Bank），以便有利于在欧洲和北美市场更快扩张。

1962 年联合国大会通过 1761 号决议，谴责南非政府的种族隔离政策并呼吁国际社会对其进行经济制裁。20 世纪 80 年代中期，国际社会掀起新一波反种族隔离的抗议浪潮，英美等国的主流金融机构和投资基金被迫从南非撤资。巴克莱银行于 1986 年出售其南非资产，之后该银行在南非的资产更名为“南非第一国民银行”，仍为南非第一大银行。20 世纪 80 年代后半期，从南非撤出的外国投资以及外逃的资金总数多达数十亿美元。南非货币兰特此时期持续贬值，国内通胀不断升高。1985 年以前，南非人均 GDP 与世界平均水平一致，但自 1985 年起，南非人均 GDP 低于世界平均水平，且差距日益扩大（相对而言）。

南非从 1989 年开始调整政策，陆续废除种族隔离法律。1994 年，南非恢复了在联合国大会的席位。此后，南非各大金融机构开始发展黑人社区的网点门店和相关业务，支持南非政府新社会经济政策。

巴西

“二战”后巴西金融发展的一大事件是 1964 年成立巴西中央银行（Central Bank of Brazil，葡语简称 Bacen），从巴西银行手中接过中央银行职能（包括发钞、代理国库和从事外汇买卖等）。除了那些战后新出现的国家，巴西是世界重要经济体中最晚组建中央银行的国家。在拉丁美洲，除巴西和乌拉圭外，所有国家早已成立中央银行。巴西中央银行看似有些“大器晚成”，其实不然。巴西政府决定于 1964 年组建中央银行，并非主要出于实施货币政策和控制通货膨胀的目的，而是为了得到一个有力抓手（工具），以管控金融业甚至推进金融业国有化。为此，巴西中央银行被赋予的重要权力是掌管金融机构的市场准入和动态监管，管制外汇市场和国内货币市场，为金融机构提供流动性支持。巴西中央银行操作货币政策和实现通胀控制目标位列其次。

因此，中央银行成立后，巴西政府在货币事务上继续“我行我素”，疏于管控。数据显示，巴西中央银行成立前的 1960—1964 年，巴西一般物价指数年均上涨 57%；而巴西中央银行成立后的 1965—1969 年和 1970—1974 年，物价指数年均上涨率分别降至 31% 和 20%。②但是，巴西通胀减速仅维持了 10 年，之后形势逆转。自 1980 年起，巴西 CPI 通胀率升至 100% 以上，并在 1990 年和 1994 年超过 2000%。费尔南多·卡多佐于 1995—2003 年担任巴西总统，他是一位社会经济学家，后来回忆说，1968—1994 年巴西

① 姜建清、樊兵、高文越．《非洲金融明珠——标准银行集团史》，“南非标准银行的设立与上市”（第 113-119 页），“纯粹的南非本地银行”（第 133-140 页）。

② Luis I. Jácome, Central Banking in Latin America: From the Gold Standard to the Golden Years, IMF Working Paper WP/15/60, March 2015, Table 1, p. 29.

物价水平累计上涨 1 825 万倍，而在 1986—1993 的 8 年中巴西更换了 7 种货币（仅在 1993 年的 7 个月中便三易财政部长）。①

巴西经济政策在“二战”期间开始变化，从以前的“出口导向”方针转向进口替代工业化。“二战”结束后，历届巴西政府——不论其政治派别——显然都接受了依附学派的观点，认为经济发展的出路在于拥有能够替代进口物品的国内工业部门。进口替代工业化由此被巴西政府奉为圭臬，直至 20 世纪 80 年代（迄今仍可见其显著影响）。据此，政府集中社会资源，将其投入重要的工业行业。政府进而不仅控制外汇，不让“宝贵的”外汇花费在进口消费品上，而且还控制社会资金，让资金投于指定的建设项目上。简言之，进口替代工业化呼唤政府像中央计划经济体制那样去管理经济和金融，这使巴西银行体系的国有化程度在 20 世纪 80 年代为拉丁美洲之最。

巴西银行在 1906 年已被国有化，但“二战”后的巴西政府认为该机构不能满足新工业化发展战略的需要，应该新建一家大型国有金融机构，这就是成立于 1952 年的巴西开发银行（BNDES）。该银行初始资本来自财政，后续资金来源是长期债券发行。1964 年成立的巴西中央银行的任务之一就是确保巴西开发银行在国内资金市场上持续得到低成本债券融资（当然，超级通胀的爆发有时会破坏这个安排）。巴西开发银行的宗旨是按政府计划为工业和基础设施建设项目提供中长期融资。它成立后，巴西许多州政府纷纷效仿组建本州的开发银行，或多州联合组建跨州开发银行。开发银行是战后巴西金融发展的一大特色。

除巴西中央银行、巴西银行和巴西开发银行这三大国有金融支柱外，巴西政府还控制全国住房协会及其所管辖的住房储贷机构、联邦保险基金（公务员社会保障基金）和邮政储蓄系统等。这些机构吸收的资金大多用于购买政府债券和开发银行债券等。在一定程度上，这些国有或以国有为主的金融机构已经形成可自行循环的资金系统，但前提是国民经济保持增长。简言之，基层储蓄机构吸收居民存款并将大部分资金转移给开发性金融机构，后者向实体企业提供建设资金并以此促进经济增长，只要增长过程持续，居民收入增长后可有源源不断的资金存入基层储蓄机构，由此开始新循环。

巴西经济在 20 世纪 50 年代和 60 年代快速增长，尽管期间已经出现严重的通货膨胀，但是，进口替代工业化发展战略的弊病逐渐显露。首先，由于歧视出口产业，巴西出口增长趋缓。其次，该战略并未真正替代进口和减少进口需求，因为替代一种进口需求（如机械产品）通常会引致另一种进口需求（如机械设备和中间材料）。这样，贸易收支不仅未能保持平衡，而且会持续逆差。最后，巴西通过多种形式引进外资，以外资流入弥补贸易逆差，由此带来外债风险。此外，如前所述，巴西政府对外汇交易严格控制，人为干预汇率，使巴西货币在国内持续性通胀的同时实际升值，由此进一步加重了

① 卡多佐.《巴西崛起：传奇总统卡多佐回忆录》，秦雪征、叶硕译，北京：法律出版社，2012 年，第 137 页。

本币贬值预期和通胀预期。果不其然，货币贬值、高通胀和外债风险在20世纪80年代和90年代轮番冲击巴西经济。

在持续通胀时期，巴西银行体系不仅十分适应，而且可利用高通胀获得收益。在20世纪70年代和80年代，巴西企事业机构和居民的许多支出已经非现金化了，即以支票或其他银行转账方式进行。在通胀率达到两位数后，巴西的银行利用转账时差（钱款入账和付账的间隔）便可获利。成功治理巴西通胀的卡多佐总统指出，巴西的银行在高通胀时期靠玩弄这种“雕虫小技”一年便赚取数十亿美元。①

诸多宏观经济问题的浮现促使巴西政府从20世纪80年代开始调整经济政策。巴西政府总体上并未放弃进口替代工业化发展战略，仅是略变温和。但是，20世纪80年代的政策调整遇到很多问题，通货膨胀甚至加速攀升。1990年后，巴西政府的经济政策始有大的转变，不再强调“计划”和“国有”。此时，巴西不仅加大出售国有企业，而且开始出售国有金融机构。为此目的，巴西政府于1990年组建国民经济发展银行（BNDE），由该机构负责将若干国有银行的股份向社会出售。但是，巴西政府继续持股或控股多家大型金融机构。

阿根廷

阿根廷是19世纪拉丁美洲经济增长的明珠。在始有统计数据的1870年，阿根廷的人均GDP高于西班牙，且在1870—1912年年均增长2.6%。此速度高于当时多数正在工业化的欧洲国家，名列世界前茅。但是，进入20世纪后，尤其在20世纪下半期，阿根廷经济增长趋缓，甚至时有停顿。阿根廷人均GDP在20世纪70年代初被西班牙反超，进入21世纪后，甚至不及西班牙的一半。

1872年前，阿根廷仅有一家官办银行BPBA，系独立后由布宜诺斯艾利斯省府创办，早期主业是发钞，后来开展存贷款业务。1872年，阿根廷中央政府组建公私合资的国民银行（BN），许其在全国各地开设分行，遂引出一些省府银行。不列颠商人于1864年组建伦敦与河床银行（London and River Plate Bank），它仅只承兑与贸易相关的优质票据，存贷款规模虽远不及BPBA，但坚持稳健经营，现金储备/存款比率2倍于阿根廷本土银行。② 19世纪最后几十年，多家私人银行出现在首都地区，它们多由欧洲商人或欧洲裔人士创办。20世纪初，一些私人银行已在布宜诺斯艾利斯交易所上市。

1891年，阿根廷发生货币危机（纸钞兑现危机）和银行危机，政府随后决定采用金本位制，重组国有银行，以新的阿根廷国民银行（BNA）取得旧国民银行（BN），并将

① 卡多佐.《巴西崛起：传奇总统卡多佐回忆录》，第143页。

② Andrés M. Regalsky, “Banking, trade and the rise of capitalism in Argentina, 1850 - 1930”, in Alice Teichova, Ginette Kurgan - van Hentenryk, Dieter Ziegler, eds. *Banking, Trade and Industry: Europe, America and Asia from the Thirteenth to the Twentieth Century*, Cambridge University Press, 1997, p. 365.

所有银行的发钞权移交给钱币兑换署（Caja de Conversion），由该机构负责纸钞与黄金的兑换并保管黄金储备。20 世纪初，阿根廷拥有大量黄金储备，政府债券发行利率属世界最低，国内通货信誉良好，信贷供给充沛，经济欣欣向荣。[①]但是，就在第一次世界大战爆发前两年，银行业危机再次“从天而降”，国民银行（BNA）出手救援数家私人银行。1929 年再次爆发银行业危机，国民银行再度施以援手。但是，此时它已钱库空虚，有心无力。1935 年，阿根廷政府改组了国民银行，另行组建中央银行（BCRA）。

曾有观点认为，阿根廷经济和金融发展自 20 世纪初走下坡路，是因为它在 19 世纪跟随不列颠市场和伦敦金融中心过于紧密。因为“一战”前后，世界经济重心和国际金融中心始向美国和纽约转移，阿根廷未能及时调整，故遭不幸（具体表现包括阿根廷主权债利率升高等）。两位美国研究者否定此种从“对外关系”角度的解读，因为阿根廷后来于 20 世纪 30 年代确立的金融体制（以中央银行全面掌管金融机构和金融市场为特征）主要针对国内金融发展的不足，并非由外部因素决定。[②]

阿根廷政府组建中央银行前，邀请英格兰银行专家前来考察和提出建议。这是 20 世纪 20 年代和 30 年代世界许多国家的流行做法。然而，人们认为，阿根廷中央银行的制度设计并未依从不列颠专家的意见，而主要采用时任阿根廷财政部副部长劳尔·普雷维什（1901—1986 年）的建议。[③]普雷维什后来从事学术研究，提出了依附理论，认为造成包括阿根廷在内的拉丁美洲各国经济发展问题的主因是外部环境的恶化。1950 年，普雷维什出任联合国拉丁美洲经济委员会主任，依附理论随后在国际上广泛传播。

自 1935 年组建中央银行起，尤其自 1945 年庇隆首次担任总统以后，阿根廷进入“金融压抑”时期。这时期私人银行虽然可以继续经营，但政府实行“信贷计划”，所有银行贷款都须服从政府为实施进口替代工业化发展战略所制订的具体规划，而且政府直接规定存贷款利率。庇隆于 1973 年第三次出任阿根廷总统，当年阿根廷中央银行年报称本机构的任务是在政府指导下向私营部门提供信贷，以“增加生产力、保障生活水平和民众幸福感”。[④]阿根廷银行体系的国有化程度在此时期（1973—1975 年，庇隆和庇隆夫人先后执政时期）进一步提高。

从 1976 年开始，阿根廷政府推出若干放松管制的措施，包括取消许多关于利率的限制和信贷分配计划、允许银行发放消费贷款、为银行储户提供担保（相当于存款保险），等等。此时，邻国智利在 1973 年军事政变后已进行经济政策大调整。阿根廷此次金融放

① Leonard Nakamura and Carlos E. J. M. Zarazaga , Banking and Finance in Argentina in the Period 1900 - 1935, Federal Reserve Bank of Dallas, Center for Latin American Economics Working Paper NO. 0501, 2001.

② Nakamura and Zarazaga , Banking and Finance in Argentina in the Period 1900 - 1935.

③ Luis I. Jácome, Central Banking in Latin America: From the Gold Standard to the Golden Years, p. 14.

④ 严·卡里尔·斯沃洛等.《中央银行面临的挑战：拉美透视》，翻译组译，北京：中国金融出版社，2018 年，第 21 页。

松管制还有一个宏观经济背景，即庇隆时期的通胀率已攀升至3位数水平，外债也急剧增多（国际油价暴涨使阿根廷对外收支恶化）。

放松管制后，阿根廷在1976—1979年出现金融繁荣，此时期新增100家私人银行，私人银行的门店增长大大快于国有银行，私人银行在阿根廷存款总额和银行机构资产总额的占比在此时期超过公共银行。[①]但是，好景不长，一场银行危机于1981年降临阿根廷。阿根廷中央银行代表政府履行"存款保险人"的职责，相对忽略了作为"最后贷款人"的作用，此种作为引起许多私人银行担心被政府控制，纷纷宣布停业清算。储户的恐惧由此蔓延，政府的"存款担保"此时形同虚设。人们取出比索存款并竞相兑换美元外汇，美元甚至被用于一些本地交易，银行也开始接受美元存款。这些属于"美元化"的行为在阿根廷经济呈蔓延之势。[②]

1981年，银行危机加重了阿根廷政府的财政负担，而靠一场军事政变上台的阿根廷当权者，为博取民意，贸然于1982年3月发动马岛（福克纳群岛）战争，并随后宣布停止对不列颠债权人还本付息。此事虽被记为阿根廷的一次外债违约，但事实上阿根廷政府为获得国际货币基金组织等国际金融机构的资助，并未停付不列颠债权人。[③]

阿根廷在1982年底得到了国际货币基金组织的救助，但其银行体系、政府财政和宏观经济并未完全稳定下来。1989年，阿根廷再次遭遇金融危机和外债危机。新政府上台后，于1991年开始全面改革，推行"可兑现计划"（Convertibility Plan），让新比索与美元保持1∶1比价，同时，改革中央银行制度，推行银行私有化。

按照新法令，阿根廷中央银行仅可持有外汇资产，不得持有国内资产。这意味着，它不可购买阿根廷政府债券（不借钱给政府），也不得贷款给阿根廷国内银行。过去，阿根廷中央银行遵照政府要求，向银行储户提供存款担保，实际相当于为银行（主要是公共银行）的坏账"兜底"。阿根廷私人银行出于对国有化的恐惧没有接受此安排，但该国许多公共银行对此却十分欢迎。

阿根廷的公共银行（国有银行）有两类：一类是中央政府创办的金融机构，包括阿根廷国民银行、阿根廷工业信贷银行、国家按揭银行和国家邮政储金系统等；另一类是地方政府（省）创办和经营的银行。地方公共银行吸收存款，大量购买本地政府债券，它们随时可请求中央银行贴现其所持有的债券以获得现金。在这样的资金循环中，各方均能获利而甚感惬意，唯一可能发生的问题是经济效益下降（政府投资于低收益的建设项目）以及由于坏账的累计而引起财政收支逆差和币值不稳。

当阿根廷中央银行1991年后停止发挥存款担保人和"最后救助人"的作用时，各

---

① Elisabetta Montanaro, "The Banking and Financial System in Argentina: The History of a Crisis", in E. P. M. Gardener, ed. *The Future of Financial Systems and Services*, Palgrave Macmillan, 1990, p. 78.

② Montanaro, "The Banking and Financial System in Argentina: The History of a Crisis", p. 80.

③ Boughton, *Silent Revolution: The International Monetary Fund 1979 - 1989*, pp. 330 - 336.

地公共银行受到了压力。一些地方政府决定出售银行股权给私人投资者，由此开始了阿根廷的银行私有化进程。截至 1997 年底，27 家省银行的近一半完成了私有化，另有数家省银行也准备开始私有化。[①]

在实行“货币局”（“发钞局”）制度 10 年（1991—2001 年）的大部分时间，阿根廷的宏观经济和金融体系业已稳定，颇受国际赞扬，但是，阿根廷经济中的深层次问题并未解决，尤其是政府财政问题。自 1998 年起，阿根廷经济转向下行，阿根廷政府随即扩大财政支出，大量发行主权债。国际投资者渐渐意识到阿根廷主权债的信用风险，并相应调整投资行为，使阿根廷主权债的收益率转向上升。由于缺少其他财源，阿根廷政府日益依赖借新债还旧债。但当新债的发行利率高于旧债时，阿根廷政府已无力继续玩弄这套把戏，只好宣布中止偿还外债（2001 年底），随后废除了“可兑换计划”（2002 年初）。

自此以后，阿根廷政府与国际货币基金组织多次交涉，陆续得到一些外部资助，暂时和局部缓解了外债危机。阿根廷政府的经济和金融政策随之来了个 180 度的大转弯，在企业和金融领域推行再国有化的措施。2009 年国际金融危机爆发后，外部环境的恶化再次冲击阿根廷金融体系，阿根廷经济此后跌跌撞撞，人均收入水平停止增长。

四、伊斯兰金融的兴起和流行

乍一看，伊斯兰金融与伊斯兰教一样古老，其实不然。当代世界的伊斯兰金融非同中世纪阿拉伯穆斯林社会的金融。严格而论，伊斯兰金融是一个现代概念，成型于 20 世纪 70 年代。在这之前，伊斯兰穆斯林国家存在符合伊斯兰教义的原生性金融活动，而常规金融或“传统金融”已经通行于许多阿拉伯穆斯林国家。在一些阿拉伯穆斯林国家，20 世纪 70 年代兴起的伊斯兰金融是对常规金融体系的再改造。进入 21 世纪后，在伊斯兰金融扩散到非穆斯林国家的同时，伊斯兰金融与常规金融并行于众多阿拉伯穆斯林国家。

20 世纪 70 年代前阿拉伯—伊斯兰国家中的金融

20 世纪 70 年代前，所有阿拉伯国家已形成相对完备的现代金融体系，各国分别有中央银行、商业银行、储蓄机构、贴现和信贷公司、保险公司和信托公司等，有的国家还有证券交易所。这些金融机构，有的原由欧洲经营者创办，有的为本土金融家或本国政府组建，它们皆参照国际通行方式开展业务。这是穆斯林社会目前所说“常规金融”

---

① George R. G. Clarke and Robert Cull, “Bank privatization in Argentina: A model of political constraints and differential outcomes”, *Journal of Development Economics*, Vol. 78, No. 1 (Oct 2005): 133 – 155.

或“传统金融”的基本含义。

兹以埃及、伊拉克和伊朗三国为例。埃及在萨达特总统时期（1970—1981 年）已有中央银行（埃及中央银行）、多家大商业银行、邮政储蓄银行、抵押银行、农业信贷银行、保险公司和社会保险机构等。1951 年，埃及共和国尚未成立时，埃及政府指定埃及国民银行为中央银行。该银行当时还是英资机构（始建于 1898 年），后于 1960 年被国有化。这一年，该银行部分职能被归入新建的埃及中央银行。

从那时至今，除埃及国民银行外，埃及大商业银行还有纳赛尔政府组建的亚历山大里亚银行（Bank of Alexandria，1957 年成立；埃及历史上曾有一家同名银行，由希腊商人创办，仅存于 1857—1877 年）、埃及本土企业家 1920 年创办的信贷银行（Banque Misr），以及埃及与叙利亚富商 1952 年合资创办的开罗银行（Banque du Caire）。1956 年苏伊士运河事件爆发后，埃及与西方国家的关系急转直下。1958 年，埃及与叙利亚合并为“阿拉伯联合共和国”（仅持续至 1961 年），两国的经济政策转向社会主义。1960—1963 年，埃及四大商业银行被国有化，同时并入许多中小银行。但是，所有银行继续按常规方式经营，对存款支付利息，发放贷款则收取利息。在 20 世纪 70 年代和 80 年代，埃及中央银行要求商业银行实行分类固定利率，最高档次的利率为 9%。当时，有些年份的通胀率已超过此水平，而利率仍不调整。因此，有些年埃及（以及叙利亚）实际利率为负。①

伊拉克虽为古代璀璨文明的发祥地，但在漫长的中世纪和近代大部分时间并无任何显著的金融发展。1932 年从不列颠托管中独立后，伊拉克政府陆续组建了几家银行和信贷机构，包括成立于 1936 年的农工银行（该银行后被拆分为农业银行和工业银行）、1941 年成立的美索不达米亚银行（Rafidain Bank）以及 1947 年成立的伊拉克国民银行。截至 1956 年，伊拉克政府还先后组建地产银行、抵押银行和合作银行等。此外，私人银行和外资银行也在伊拉克开办营业。

1956 年，伊拉克将国民银行改组为中央银行，后于 1964 年将所有银行和保险公司国有化。截至 1987 年，伊拉克银行体系由中央银行、美索不达米亚银行、农业银行、工业银行和地产银行组成。虽然伊拉克于 1978 年加入伊斯兰发展银行（参见后述），但似乎从未是该机构的热心参与者（伊拉克在该银行的持股份额仅为 0.27%）。在萨达姆统治时期（1979—2003 年），伊拉克银行机构经历了一些重要变化，但基本构架保持不变。2004 年通过的《伊拉克中央银行法》明确规定，货币政策操作工具包括中央银行对其他金融机构贷款的利率及其调整（条款 16. b），而未提及任何与伊斯兰教有关的概念。

在伊朗，不列颠人于 1889 年创办了波斯帝国银行（Bank – e Šahī），随后沙俄也在

① Victor Lavy, "Egypt and Syria under Socialism: A Forty – year Perpsective", as Chapter 12 in Ramon H. Myers, ed. *The Wealth of Nations in the Twentieth Century: The Policies and Institutional Determinants of Economic Development*, Hoover Institution Press, 1996, p. 268.

伊朗组建银行，以此与不列颠展开竞争（十月革命后该银行于1920年移交给伊朗政府）。1927年，伊朗政府组建伊朗国民银行（Bank Melli Iran），为伊朗首家本土银行。考虑到需要由专业人士来具体经营，伊朗政府聘请德意志人出任该银行总裁。伊朗在20世纪20年代效法土耳其的凯末尔主义，积极引进国外新事物，甚至还聘请美利坚人来管理财政。①

伊朗国民银行长期兼具普通商业银行和伊朗政府银行的功能。1960年，伊朗政府重组国民银行，并另行组建伊朗中央银行（Bank Markazi）。此时伊朗已有诸多商业银行和非银行金融机构。1963—1979年，巴列维国王在伊朗推行“白色革命”，利用石油收入推行世俗化的社会和经济改革，伊朗金融业得到新的发展。截至1977年，伊朗有24家商业银行和12家专业化金融机构。德黑兰股票交易所于1968年成立，上市和交易各种银行股和非金融公司股以及政府债券等。②但是，1979年“伊斯兰革命”爆发，伊朗新政权将国内所有私人银行和保险公司全部国有化。1982年通过的《银行国有化法》不仅规划了金融机构的改组，并且要求所有银行依照伊斯兰教义开展免息业务，这使伊朗成为以全国性法律强行普及伊斯兰金融的首个穆斯林国家。

伊斯兰金融兴起的背景

20世纪70年代至80年代见证了伊斯兰金融的兴起。推动伊斯兰金融成为国际潮流的重要机构有伊斯兰会议组织（2011年改名为伊斯兰合作组织）和海湾合作组织（GCC，成立于1981年）等。

伊斯兰会议组织（OIC）第一次首脑会议于1969年9月在摩洛哥首都拉巴特召开，会议的直接动因是协调穆斯林各国对一个月前耶路撒冷一座古老清真寺被焚烧事件的政策反应。与会各国一致同意使首脑会议（OIC）成为持久协调机制。1973年，伊斯兰会议组织成员国财政部长通过协商决定创立伊斯兰发展银行（IDB或者IsDB），以促进伊斯兰金融发展，协助推进成员国的基础设施建设、减贫脱困、人才培养和国际合作等。伊斯兰发展银行1975年成立时，成员国有22个，1994年增至47个，2008年再增至57个。沙特对伊斯兰发展银行出资最多，截至2022年出资份额高达23.5%，金额为119亿伊斯兰第纳尔（约合160亿美元）。③该银行总部设在沙特的红海口岸城市吉达。

---

① 迈克尔·阿克斯沃西．《伊朗简史：从琐罗亚斯德到今天》，赵象察、胡轶凡译，民主与建设出版社，2020年，第249页。

② Glenn E. Curtis and Eric Hooglund, eds. *Iran: A Country Study*, Washington, D. C.: Library of Congress, 2008, pp. 195–196.

③ 伊斯兰发展银行采用伊斯兰第纳尔（ID）作为记账单位，并将之挂钩于国际货币基金组织的特别提款权，即1ID=1SDR（苏丁·哈伦、万·纳索非泽·万·阿兹米《伊斯兰金融和银行体系：理论、原则和事件》，刚健华译，北京：中国人民大学出版社，2012年，第267页）。此外，阿拉伯货币基金组织采用阿拉伯记账第纳尔（Arab Accounting Dinar，AAD）作为其货币单位，定价为1AAD=3SDR（www.amf.org.ae）。

如果说伊斯兰发展银行类似伊斯兰世界中的世界银行（主要从事官方渠道的长期跨境融资或跨国发展融资业务），那么，随后建立的另一家重要机构则仿佛是阿拉伯世界中的国际货币基金组织，即1976年成立并于次年开始运行的阿拉伯货币基金组织（Arab Monetary Fund）。该机构的宗旨是为成员国提供官方渠道的短期融资以便应对国际收支平衡问题，同时，推动成员国开展国际货币金融合作，扩大伊斯兰金融概念在现代金融业中的应用。伊斯兰发展银行与阿拉伯货币基金组织俨然是阿拉伯—穆斯林地区的“布雷顿森林体系”，或者说是区域性、微缩版的“布雷顿森林体系”（严格意义上的布雷顿森林体系要求成员国货币之间实行固定汇率，而一些阿拉伯—穆斯林国家的货币汇率在20世纪70年代后不时浮动）。

顺便一提的是，在伊斯兰会议组织和伊斯兰发展银行的推动下，1977年成立了伊斯兰银行国际协会（IAIB），该机构明确表示为伊斯兰银行业务在各国的推广提供技术支持。有了这么多不同类型的金融机构的支持和扶持，伊斯兰银行（伊斯兰金融）于20世纪70年代后半期在国际上已形成气候。

三大背景因素支持了伊斯兰金融在20世纪70年代的兴起。第一，以色列与周边阿拉伯国家的矛盾激化，让许多阿拉伯穆斯林国家有了一个共同的对立面，间接提升了伊斯兰古训的现代国际政治意义。如前所述，至20世纪中期，世俗化已成众多阿拉伯—穆斯林国家的主流，仅有沙特等少数国家在个别金融领域坚持伊斯兰古训（“沙里亚法”，Sharia，也称“圣训”），如沙特1952年组建金融管理局时强调其与中央银行的区别。但是，即便是沙特金管局，其后来的作为也日益接近现代中央银行。但1967年和1973年爆发的两场战争（“六月战争/六日战争”和“赎罪日战争/斋月战争”）改变了这个趋势。面对以色列的军事胜利，众多阿拉伯—穆斯林国家“同仇敌忾”，表现出空前的“团结”。正是对团结的需要促使阿拉伯—穆斯林政治家日益重视伊斯兰古训的当代意义。

第二，中东海湾国家一夜“暴富”，多国竞争伊斯兰—穆斯林世界的领导地位。“二战”后至1970年初，欧美工业化国家对中东石油的依赖程度不断升高，而在1973年中东战争期间，阿拉伯国家运用“石油武器”以及随后出现的国际油价暴涨，使沙特等阿拉伯国家获得丰厚收入。它们投入大量财力资助伊斯兰事业在当代世界的新发展。沙特等国大力弘扬伊斯兰古训并推动伊斯兰金融的普及，有利于提高它们在阿拉伯—穆斯林世界的中心地位。事实上，在阿拉伯—穆斯林世界，争夺中心地位的国际竞争从未停息。

第三，伊斯兰原教旨主义的复活。在各个古老宗教体系中，皆有原教旨主义积极分子，他们从未停止追求复古返旧。但是，当代世界仅在一些阿拉伯—穆斯林国家出现伊斯兰原教旨主义的高度活跃。在社会动荡时期，伊斯兰原教旨主义的势力有时得到极度扩张并在一段时期成为当地社会的主导思潮。正因为民间社会存在这样的趋向，20世纪

70 年代以来各地的穆斯林政治家不时顺从原教旨主义者的某些政策呼唤，金融领域推广符合伊斯兰古训精神的经营方法即为表现之一。

纵观历史，当代流行于各国的伊斯兰金融并非简单重复中世纪阿拉伯社会的做法，也非在借贷活动中简单贯彻禁利息的原则。20 世纪 70 年代后的伊斯兰金融具有若干现代特色，包括主要依托全国性商业化的大型金融机构，并非简单地限于银行存款和贷款业务，可以多种方式运用于债券和股票市场，还可扩展至保险信托和金融衍生品等诸多领域（参见后述）。

需要说明的是，以此观点考察伊斯兰金融在当代的发展，不应将其归之于 20 世纪 70 年代前在部分阿拉伯穆斯林国家出现的零星事例。例如马来西亚在 20 世纪 40 年代曾有一家银行存贷业务全无利息，巴基斯坦在 20 世纪 50 年代曾有一家乡村信用社贷款不收息，埃及 20 世纪 60 年代兴起一家连锁的储蓄机构为会员提供多种金融中介服务但不收取利息，等等。①这些事例均属于创办者的自发行为，主事机构皆为非营利性，且很少得到政府的直接支持。后来的情况与此截然不同。

1971 年，埃及萨达特总统批准成立纳赛尔社会银行（Nasser Social Bank），并由政府赞助部分开办费。该银行的经营方式符合免息原则，但无论是埃及政府的批准令还是银行的章程皆未指明将遵守“沙里亚法”。②事实上，自埃及在 1973 年败于阿以战争后，萨达特全面调整其内外政策，提出经济“开放”（Infitah），鼓励私人资本发展。严格地说，纳赛尔社会银行也非伊斯兰金融的标志性事件。总之，在伊斯兰金融发展史上最具标志性的事件是 1975 年伊斯兰发展银行的成立。此后，阿拉伯—穆斯林国家出现诸多名称包含“伊斯兰”的银行。

有印度学者认为，巴基斯坦 1973 年的宪法规定，所有现行法律都应与《古兰经》和“沙里亚法”保持一致，但是，巴基斯坦直到 1977 年从未采取任何政策措施落实禁止利息的教规。③当年巴基斯坦政府组织专门委员会研究如何在全国推广伊斯兰金融，该委员会于 1980 年提出建议，巴基斯坦金融系统应在 3 年时间内完成向伊斯兰金融的全面过渡。④巴基斯坦显然是将伊斯兰古训引入现代金融体系，或者说以伊斯兰教义改造现代金融体系，体现了当代伊斯兰金融的特征。

---

① 姜英梅．《中东金融体系发展研究：国际政治经济学的视角》，北京：中国社会科学出版社，2011 年，第 159－160 页；哈伦、阿兹米．《伊斯兰金融和银行体系》，第 30－31 页。埃及 20 世纪 60 年代的连锁储蓄机构的创始人曾在联邦德国（西德）信用社工作，他的本意是发展埃及本土的信用合作以便与非规范金融相竞争（Marcus Noland and Howard Pack, The Arab Economies in a Changing World, Peterson Institute for International Economies, 2007, p. 114）。

② Ahmad Alharbi, “Development of the Islamic Banking System”, *Journal of Islamic Banking and Finance*, Vol. 3, No. 1 (June 2015), p. 14.

③ 穆罕默德·穆丁因·汗、赛义德．《伊斯兰银行》，银川：宁夏人民出版社，2013 年，第 1 页。

④ 穆罕默德·穆丁因·汗、赛义德．《伊斯兰银行》，第 4 页。

伊斯兰金融的流行

现代伊斯兰金融的特征是，在金融交易的各个方面贯彻伊斯兰古训关于禁用利息和实行收益分享的原则，鼓励发展多种形式的银行和非银行金融业务，提倡开展符合伊斯兰古训精神的国际金融合作。简言之，伊斯兰金融意味着按照伊斯兰教义对国民金融体系进行系统性改造以及推动伊斯兰金融机构参与国际金融竞争。

1975 年以来，伊斯兰金融的发展在三个层面展开。在国家层面，伊斯兰金融从阿拉伯—穆斯林国家扩散到非穆斯林国家的穆斯林社区。在业务层面，伊斯兰金融从银行扩散到非银行金融领域。在机构层面，伊斯兰金融的提供者原为专门的伊斯兰金融机构，后来扩散到非伊斯兰金融机构，即一些常规金融机构也提供伊斯兰金融产品和相关金融服务。

以银行存款产品为例。符合伊斯兰原则的存款通常被分为现金存款、储蓄存款和投资存款。顾名思义，“现金存款”为活期存款或转账存款，即具有支付功能的存款。事实上，很多常规银行对此类存款也不支付利息，因为维护此类存款的支付功能会耗费银行的大量成本。在英式银行体系影响比较突出的穆斯林国家，如马来西亚，现金账户的储户还可从银行得到透支服务。[①]就“储蓄存款”而言，伊斯兰银行取消了常规银行支付利息的做法，而是基于收益分享的原则与储户签订收益分成协议，实际效果类似于“浮动利率”（但利息概念绝不会出现在有关协议中）。就“投资存款”而言，伊斯兰银行与储户签订的协议中不仅会明确收益分成，而且还会加入损失分担的条款，即此类账户的存款本金可能出现变动。总之，三类存款账户可适应不同客户的需要，也表明伊斯兰银行可为公众提供多样化的存款服务。

在证券方面，伊斯兰金融中的流行概念是苏库克（Sukuk，Sakk 为其单数词根），此词原意为“资产证书”。苏库克不支付固息，此为它与常规债券的最大区别。但是，这一点或许仅有技术上的意义，因为苏库克发行者承诺将给予购买者/持有人相应的现金回报，而且回报水平与金融市场行情密切相关。马来西亚和海湾国家 20 世纪 90 年代以来大量发行苏库克债券。进入 21 世纪后，来自更多国家和不同背景的机构成为苏库克债券发行人，它们接受国际评级，所提供的财务报表既符合常规会计准则又不违背伊斯兰原则。

2004 年，德意志联邦共和国萨克森—安哈尔特州通过花旗集团（Citigroup）和科威特金融公司（Kuwait Finance House）在巴林交易所和卢森堡交易所同步发行面额 1 亿欧元的 5 年期苏库克债券，由标普和惠誉公司给予评级，收益率（Profit Rate）为 6 个月欧

① 米歇尔·加斯纳、菲利普·瓦克贝克．《伊斯兰金融：伊斯兰的金融资产与融资》，严霁帆、吴勇立译，北京：民主与建设出版社，2012 年，第 81 页。

元区同业拆借利率（Euribor）加 1 个百分点。[①]此次苏库克债券的发行人之所以如此选择，目的在于吸引中东投资者。同时，人们也可以看出，此次苏库克债券融合了一定的常规债券因素（参照欧元区同业拆借利率以便确定债券投资人的回报水平）。

20 世纪 90 年代以来，海湾国家追求本地金融发展，积极引进外资金融机构，并使本地金融市场成为国内伊斯兰金融机构与高度商业化的跨国金融机构密切互动的平台。[②]巴林、迪拜、卡达尔、科威特等都是海湾地区冉冉上升的金融中心明星，其金融机构和主权财富基金（SWFs）已高度商业化和国际化，经营规模与来自美欧日的跨国金融机构不相上下。

进入 21 世纪后，伊斯兰金融发展中的一个重要趋势是，随着穆斯林人口在欧美多国的快速增加，这些国家也出现了伊斯兰金融服务。三类机构加入了欧美国家中的伊斯兰金融服务供给：一是当地“土生土长的”社区类型的伊斯兰金融机构；二是来自穆斯林国家的大型伊斯兰金融机构在海外设立的分支机构；三是欧美国家大型金融机构在穆斯林社区或穆斯林人口稠密区开设门店并提供伊斯兰金融零售产品（如存款）。因此，伊斯兰金融成为全球普及的现代金融活动。

伊斯兰金融与常规金融之间虽然有显著差别，相互合作却在不断增加。同时，伊斯兰金融与常规金融都面临挑战，有些挑战相同，有些则不完全一样。在一些实践中，禁用利息概念的伊斯兰金融实际上相当于予以伊斯兰金融的供给者（银行和债券发行者等）以较大的灵活性，而这是否意味着契约约束的弱化或道德风险的增加，以及需求者为所得到金融服务付出较高的成本（例如，某些借贷成本的上升几乎接近高利贷的水平）？学术界在 21 世纪初就提出了。[③]

五、本章小结

相比第二章概述的工业化国家和地区 20 世纪的金融发展，本章述及的多个发展中国家和地区的 20 世纪金融发展呈现更大的相互差异和更加丰富的个性。从根本上说，这是因为第三世界各国和地区的历史背景、文化宗教、政治体制和经济发展水平相互差别显著。

20 世纪前半期，很多第三世界独立国家经历了剧烈政治变革，出现政府竭力控制金融机构的局面。此种情况早在 19 世纪便在一些拉丁美洲国家发生了。政府控制金融的

---

① 加斯纳、瓦克贝克．《伊斯兰金融：伊斯兰的金融资产与融资》，第 114 - 115 页。

② 有数据显示，2010 年，外资金融机构在巴林银行业资产总额的占比高达 71%，卡达尔近 37%（高波．《海合会国家金融制度》，北京：中国金融出版社，2017 年，表 2.1，第 26 页）。

③ Munawar Iqbal and David T. Llewellyn, eds. *Islamic Banking and Finance: New Perspectives on Profit - sharing and Risk*, Edward Elgar, 2002.

办法通常有三种：将金融机构国有化、限制建立新的金融机构（尤其是银行），以及证券市场主要用于发行国债。

20 世纪后半期，随着更多的国家走上独立发展道路，第三世界的经济和金融发展更加多样化。除了少数国家和地区明确选择市场经济体制或计划经济体制，多数则在两者之间摇摆。

由于金融发展在许多发展中国家长期受到抑制，这些国家实际上很少发生金融危机。其遭遇的危机往往是外债危机或通货膨胀危机，前者多出现于本国经常账户转为逆差而国际利率恰好走高的时刻，且往往有外资金融机构推波助澜；后者则多发生于国内政治动荡和财政掣肘之时，执政当局为笼络民心捞取选票而推行社会福利计划所致。发生通货膨胀和外债危机时，银行等金融机构甚至可以从中获利。

就整体而言，亚非拉发展中国家在 20 世纪后半期的经济和金融发展差别甚大。“亚洲四小龙”受益于出口导向的发展政策，自 20 世纪 70 年代经济快速增长，其金融体制也发生显著改革和调整。韩国由于政府控制外汇资源和证券市场上市指标，大企业借助特殊的政商关系形成了韩式财阀（财团），成为韩国 1998 年爆发金融危机的重要背景因素。1997 年东南亚金融危机在很大程度上也是由于经济快速增长过程中政商关系扭曲造成的。

自 20 世纪 70 年代，尤其是 80 年代后，许多发展中国家开始对外经济开放，引进外资并允许入外资金融机构，其中有些国家发展成为新兴市场经济体。虽然这些国家的金融体制各有特色，但都渐渐增多了与其他新兴市场经济体以及与发达国家的共性。国内放开金融机构准入限制、金融机构的多样化、证券市场的加快增长成为新兴市场经济体金融发展的普遍趋势。

20 世纪最后 30 年，世界金融引人注目的是伊斯兰金融的出现和它的国际扩散。伊斯兰金融并非中世纪伊斯兰传统金融的简单翻版，而是许多阿拉伯—穆斯林国家依靠伊斯兰宗教传统对金融体系进行系统改造，形成符合伊斯兰教旨的金融框架，统揽银行、证券和保险。伊斯兰金融的出现和国际扩散，得到诸多阿拉伯—穆斯林国家的政策扶持，尤其得益于中东产油国的雄厚资助。油价暴涨、伊斯兰原教旨主义复兴和中东地区层出不穷的国际争端都使伊斯兰金融得到强大的政治支持。

第四章
计划经济中的金融及改革探索

“十月革命”及后来的苏联实践为世界提供了一个新样板，它不仅破除了一个“旧”制度，而且建立了一个“新”制度。在这个新制度中，计划是灵魂，银行和财政等概念则被赋予崭新意义。

一、银行国有化的思想渊源

银行国有化思想起源于何时何地，不是一个容易回答的问题。中外历史上，很早就出现国有经济以及推行国有化的政策主张。古埃及实行过全面的国有经济体制，农业、手工业和对外贸易等皆由官方机构负责组织实施，土地虽由农民耕种，但法老才是土地的最终所有者。罗马帝国在部分经济领域（海洋运输和基础设施运营等）实行国营体制。被汉武帝任命为大司农（相当于财政总管）的桑弘羊（公元前155—前80年）说，“山海之利，广泽之畜，天下之藏也，皆益属少府”（《盐铁论·复古》）。此处“少府”指皇室或朝廷的财政机关。桑弘羊的意思是，如果财富之“源”都归了国家，民间社会便会缩小财富悬殊，也就减少了社会矛盾和冲突（此处姑且不论皇室或朝廷是否等于“国家”）。然而，古代社会的国有经济实践和主张与现代社会的银行国有化并无直接关系，因为那时尚未出现银行。

在欧洲，私人银行出现于中世纪中期，公共银行出现于中世纪晚期。已知最早的公共银行巴塞罗那存款银行成立于1400年。至16世纪和17世纪，公共银行已扩散到欧洲多地。例如，威尼斯里亚尔托广场银行成立于1587年，阿姆斯特丹汇兑银行成立于1609年，汉堡银行成立于1619年。如果说，这些公共银行尚带有“地方”色彩，那么，瑞典王国于1694年成立的瑞典国家银行（Riksbank）则是名副其实的全国性公共银行。中世纪晚期和近代早期的这些事例说明了两个重要情况：第一，当时的地方政府或中央政府在组建公共银行时并不必然出自某个“理论”的指导；第二，它们未将公共银行视为私人银行的对立物或替代物，几乎所有欧洲国家及其地方政府在组建和经营公共银行的同时允许私人银行存在，两者“井水不犯河水”。就此而论，作为一种系统性社会政策的银行国有化思想在欧洲出现的时间不早于17世纪。

经济思想史学家熊彼特认为，欧洲的“半社会主义者”出现于18世纪，正是他们在历史上首次将抨击对象对准了私有制，并对19世纪的经济思想产生了重要影响。[①]“半社会主义者”来源广泛，大多活跃于大革命前夕的法兰西社会，包括著名思想家卢梭（1712—1778年）。他们并不遵循严谨的经济分析，但对社会不平等、不公正现象深恶痛绝，其中有人甚至提出，“财产即盗窃”（也译“所有权即盗窃”）。[②]在他们看来，财产权或私有制是一切社会罪恶的根源。这从一个侧面表明，西欧社会至18世纪已出现显著的收入和财富分配不均问题。

“财产即盗窃”的观点被19世纪法兰西思想家蒲鲁东（1809—1865年）发扬光大。蒲鲁东1840年所著《什么是所有权》，系统论证基于所有权的分配与基于劳动的分配是水火不容的，前者是造成社会收入和财富分配不平等、不公平的根本原因，私有制是应当被废除的社会制度。不过，蒲鲁东并未提出建立普遍公有制的主张，而是提议建立“第三种社会形式”，以“自由”和“平等”等抽象概念去描述他的理想社会制度，而这使他的主张没有任何政策可操作性。[③]《什么是所有权》发表后，虽然影响很大，但也受到批评。一种批评认为，这本谈论经济问题的著作很少进行经济分析。对此，蒲鲁东于1846年发表《贫困的哲学》，详细阐述他对诸多经济问题（概念）的辨析。他在书中特别论及信用问题，指出约翰·罗（1667—1729年）是国有银行学说的鼻祖。[④]蒲鲁东不同意当时流行的一个观点——国家因为拥有征税权就可充当全国的垄断资本家，因为这样做实际上会阻碍经济中的资本形成（投资或积累）。[⑤]据此，蒲鲁东提出的思路是发展互助信用或合作信用。但19世纪后半期的实际情况是，合作信用在德意志发展最快，普及程度远远超过法兰西。

以圣西门和傅立叶为代表的空想社会主义者活跃于19世纪上半期的法兰西思想界，他们不同于蒲鲁东等社会批评家，重点在于构建社会改造的庞大方案，涉及经济、政

① 熊彼特.《经济分析史》第一卷，朱泱、孙鸿敞译，北京：商务印书馆，1996年，第213-216页。

② 熊彼特.《经济分析史》第一卷，朱泱、孙鸿敞译，北京：商务印书馆，1996年，第214页。

③ 蒲鲁东.《什么是所有权》，孙署冰译，北京：商务印书馆，2007年，第291-298页。

④ 蒲鲁东说，“著名的约翰·罗说过，为了给国家工厂和工业国有化做准备，正是国家应该提供信贷，而不是接受信贷”（蒲鲁东.《贫困的哲学》下卷，余叔通、王雪华译，北京：商务印书馆，2018年，第551页）；但是，蒲鲁东认为约翰·罗的观点不合逻辑，因为国家既无财产，又无资本。

⑤ 蒲鲁东.《贫困的哲学》下卷，第555页。

治、宗教和社会关系等诸多领域。傅立叶学派的一位重要代表人物维克多·孔西得朗（1808—1893 年）刻画了他所说的“协作制度”框架，认为在此框架的基层组织中，“个人的财产将得到保留，换成入股证，即以全区的土地、房屋、产品和其他财产做抵押的股票”，该基层组织便是“法郎吉”（La Phalange），即“掌管资本、劳动工具、动产和不动产的大农场主。”[①]“法郎吉”是一个生产单位，又从事对外商品交换，其盈利按股份进行分配，显然是一个“社区全民股份公司”。既然它负责组织生产并从事投资，当然就具有一定的金融功能。或许考虑到该概念的可操作性，孔西得朗未对全国层面的法郎吉给出具体说明。事实上，他依此概念亲自策划和实施了小范围的社会实验，但没有取得成功。

在 19 世纪所有法兰西空想社会主义者中，记者出身的路易·勃朗（1811—1882 年）在国有制和国有银行问题上走得最远。他是一位多产作家，最有名的经济学著作是《劳动组织》，出版于 1839 年。他的基本思想是，资本代表了劳动赖以进行的工具总和，因而为劳动所必需；但是，劳动者并不付费给资本（劳动工具），而是付费给资本家，这就形成了劳动与资本的对立。为了消除这种对立，应当由劳动组织或国家来拥有资本（劳动工具），这样，劳动不必再付费给资本家。他呼吁建立“强有力的政府”，愿意看见“干预工业的政府”，并主张有“借钱给穷人的社会银行家”。[②]此处“社会银行家”应指政府（国家）设立的银行或信贷机构。

马克思曾说，路易·勃朗是法兰西 1848 年二月革命后临时政府中仅有的两位工人阶级代表之一。两位非同寻常的代表“在财政部、商业部和公共工程部旁边，在银行和交易所旁边，修建了一个社会主义的礼拜堂”，并担任了这个礼拜堂的最高祭司，“用自己的额头去撞碎资产阶级社会的柱石”。[③]

综上所述，19 世纪中期前，欧洲出现的银行国有化思想大部分来自法兰西人士（约翰·罗出生于不列颠但在法兰西成名），尽管他们之间的看法不尽相同。除了法兰西人，他国人士也提出过类似思想。知名的不列颠古典政治经济学家大卫·李嘉图提出过银行国有化的建议，但他的思路与法兰西人完全不同。李嘉图的意见仅仅针对英格兰银行，而且完全“就事论事”，认为英格兰银行可被一分为二，一部分继续保留原样从事商业性经营，另一部分则被国有化，专门负责具有公共意义的业务。

李嘉图的论证是，英格兰银行事实上从事两个性质不同的业务：一是作为商业银行向其他机构发放贷款，获取利息收入；二是作为公共机构向社会发行纸钞，并通过此业务获得资金用于认购政府债券，进而获得债息收入。就后者而言，李嘉图认为，政府其

---

① 维克多·孔西得朗．《社会命运》第一卷，李平沤译，北京：商务印书馆，1997 年，第 227 页。

② 路易·勃朗．《劳动组织》，何钦译，北京：商务印书馆，1997 年，第 18 页。

③ 马克思．《1848 年至 1850 年的法兰西阶级斗争》，《马克思恩格斯全集》第七卷，北京：人民出版社，1962 年，第 20 页。

实不必要为自己的债务支付哪怕每年3%的利息，因为，如果政府自己设立一家公共银行并由它发行纸钞，那么，该银行认购政府债券时政府就不必支付债息。①借用现代经济学的术语来说，李嘉图的逻辑是，纸钞发行是可产生铸币税的业务；政府将从事此业务的银行国有化之后，便可独享铸币税，并以铸币税来弥补债务发行的利率成本。

从李嘉图的上述论证中，可以看出他的严谨性，他一方面主张将具备公共职能的银行国有化，另一方面认为不应扩大国有化的范围，即不能将英格兰银行全盘国有化，因为该机构当时另一部分重要业务（信贷和贴现）与公共职能无关。就此而论，李嘉图的银行国有化思想是有限范围内的银行国有化，与其他许多论者不同。

李嘉图的银行国有化思想在19世纪不列颠学术界颇有影响，但政府并未直接采纳他的意见，仅在1844年《银行法》中吸收了他关于英格兰银行应分为发行部和银行部的意见。英格兰银行于1945年“二战”结束时被工党政府国有化，但与李嘉图早年的建议完全无关，而是出于工党自身的哲学以及当时对经济形势的判断。在费边主义者的影响下，工党于1918年将“生产、分配和交换资料的公有（共同所有）”纳入党章第四条款，由此开启将国有化付诸行动的追求。工党在20世纪20年代开始组阁执政，但当时未获得绝对多数的选票，难以推行激进路线。在1945年大选中获得压倒性的胜利后，新工党政府大刀阔斧推行国有化，将英格兰银行以及工业和服务业的许多大公司国有化，在此问题上大大缩小了与许多欧洲大陆国家的差距。1995年，工党删除第四条款中关于“生产、分配和交换资料的公有”的表述，但明确自身为“民主的社会主义政党”。

从经济思想史的角度看，是马克思和恩格斯最早、最系统地论证了国有制和银行国有化问题，提出了超越前人的鲜明政策主张。在这方面，马克思和恩格斯提出几个十分重要且互有联系的观点：（1）反对蒲鲁东等人一般性地否认私有制的观点，认为私有制在历史上具有促进生产力发展的作用；（2）资本主义是私有制发展的一个高级阶段，此时期社会经济开始面临生产力的社会化发展与生产资料的私有化之间的新矛盾；（3）解决资本主义生产方式基本矛盾的根本出路是将生产资料公有化，并由此从根本上解放人类生产力；（4）实现生产资料的普遍公有制（实现共产主义）是人类社会的长远和终极目标，②在此之前，革命和变革应从局部的公有制或国有制开始，银行国有化为此过渡阶段的重要措施之一。

---

① 李嘉图“建立国家银行的计划”，载斯拉法.《李嘉图著作和通信集》第四卷，蔡受百译，北京：商务印书馆，1980年，第256－273页。该文撰写于1823年（李嘉图去世之后），1825年公开发表。“国家银行”原文为National Bank，此也可译为“国民银行”或“全国性银行”等。

② 恩格斯指出，“无产阶级将取得国家政权，并且首先把生产资料变为国家财产。但是，这样一来它就消灭了作为无产阶级的自身，消灭了一切阶级差别和阶级对立，也消灭了作为国家的国家”。（恩格斯《社会主义从空想到科学的发展》，《马克思恩格斯选集》第三卷，第438页）这段话的意思可理解为，“普遍国有化”＝“阶级消灭”＝“国家消亡”＝共产主义终极目标的实现。换言之，它们不是社会主义及其初级阶段的政策目标。

表 4－1　　　《共产主义原理》与《共产党宣言》政策主张对比（部分）

《共产主义原理》		《共产党宣言》	
1	用累进税、高额遗产税、取消旁系亲属继承权、强制公债等来限制私有制	1	剥夺地产，把地租用于国家支出
2	一部分用国营工业竞争的办法，另一部分直接用纸币赎买的办法，逐步剥夺土地私有者、厂主以及铁路和海船所有者的财产	2	征收高额累进税
6	通过拥有国家资本的国家银行，把信贷系统和银钱业集中在国家手里。封闭一切私人银行和钱庄	5	通过拥有国家资本和独享垄断权的国家银行，把信贷集中在国家手里
7	随着国家所拥有的资本和工人数目的增加而增加国营工厂、作坊、铁路、海船的数目，开垦一切荒地，改良已垦地的土质	6	把全部运输业集中在国家手里
12	把全部运输业集中在人民手里	7	增加国营工厂和生产工具，按照总的计划开垦荒地和改良土壤

注：编号为原文顺序。

资料来源：恩格斯．共产主义原理［M］//马克思恩格斯选集（第一卷）．北京：人民出版社，1972：220－221；马克思和恩格斯．共产党宣言［M］//马克思恩格斯选集（第一卷）北京：人民出版社，1972：272－273.

1847—1848 年是马克思和恩格斯思想发展历程的重要关头，他们在此时期与西欧多国的工人运动组织建立关系，并开始为工人运动提供理论支持。在此背景下，恩格斯于 1847 年 10 月以问答形式写作《共产主义原理》，几个月后马克思和恩格斯联合写作《共产党宣言》并于 1848 年 2 月公开发表。两本小册子都提出了革命和变革的政策建议，《共产主义原理》有 12 项，《共产党宣言》有 10 项，都包括银行国有化。表 4－1 对比两书在五大事项上的顺序。

相比《共产主义原理》，《共产党宣言》行文简练明了，将优先事项置于最突出位置。就银行国有化而言，《共产主义原理》放在第 6 位，《共产党宣言》则放在第 5 位，将其重要性提升一格（类似的调整也体现在“运输业国有化”，此或体现他们认为银行和运输业为极重要的政策工具）。

完整准确地理解《共产党宣言》提出的银行国有化主张应注意四个相关情况。第一，马克思和恩格斯明确指出，这属于在“最先进的国家几乎都可以采取”的措施之一，意即并不必然适合于处于不同发展阶段的所有国家。第二，即便在“最先进的国家”，马克思和恩格斯并不主张取得政权的革命者立即实行全盘国有化。国有化应首先在少数领域推行，如土地、银行、运输业和工厂等。第三，银行国有化的直接经济意义是将信贷集中在国家手里，这将为国有经济的后续发展提供强大支撑（此点在《共产党宣言》未展开论述，但在马克思恩格斯后来的多部论著中有所论述）。第四，马克思和恩格斯没有提议取消证券和保险等金融活动，甚至也未提议对银行以外的金融机构实行国有化。

总之，马克思和恩格斯在1847—1848年形成了关于银行国有化的战略性思想，不仅将其列入新政权进行经济体制改造的首要任务，而且认为银行国有化是确保经济体制改造顺利开展的重要工具。这是人类经济和金融思想史上的一个飞跃。

“十月革命”后苏俄政权的银行国有化是对马克思和恩格斯学说的直接运用，尽管马克思和恩格斯早先曾多次预料他们的思想会先应用于西欧“先进”国家。

二、苏联计划经济体制及俄罗斯转轨过程中的金融

“十月革命”胜利后，苏俄新政权立即推行银行国有化，沙皇时代形成的金融体系瞬间瓦解。进入计划经济时期以来，苏联形成以国家银行和专业银行为主体的国有银行体系，金融机构成为计划经济体系中的配角。1991年12月苏联解体前后，俄罗斯联邦推出银行改革措施，但新的银行体制未能支持“休克疗法”改革取得成功。

银行国有化和激进的货币改革

列宁熟读马克思和恩格斯的著作，“一战”爆发后隐居瑞士潜心研读最新经济和金融书籍，深谙银行和金融体系对国民经济的极端重要性。列宁对政权更替必需的经济政策和金融政策有清醒认识。1917年4月，在沙皇下台和俄罗斯出现两个政权并行之际，刚回国的列宁就为布尔什维克起草“无产阶级在我国革命中的任务（无产阶级政党的行动纲领草案）”（史称“四月提纲”），为若干急迫而重大的问题制定政策方针。他特别提出，“把一切银行和资本家辛迪加收归国有或至少由工人代表苏维埃立刻加以监督”。列宁强调，这种措施不等于“实行”社会主义，因为它们已为欧洲的许多交战国（资产阶级国家）所采用，它们只是走向社会主义的步骤。①在“十月革命”的枪声响彻彼得格勒（圣彼得堡）时，列宁奋笔疾书，草拟最新指导纲领（“布尔什维克能保持国家政权吗?”）。他再次强调，“没有大银行，社会主义是不能实现的”。他进一步阐述道，“大银行是我们实现社会主义所必需的‘国家机关’，我们可以把它当作现成的机构从资本主义那里夺取过来，而我们在这方面的任务只是砍掉使这个极好机构产生资本主义畸形发展的东西，使它成为更巨大、更民主、更包罗万象的机构”。列宁高瞻远瞩，准确地说，国有化之后的银行在未来社会主义经济中的地位和作用就是成为“全国性的簿记机关，全国性的产品的生产和分配的计算机关”。②

1917年11月7日（俄历10月25日），赤卫队攻占临时政府的总部，开启了列宁称

① 列宁．“无产阶级在我国革命中的任务”，《列宁选集》第二卷，北京：人民出版社，1972年，第51页。
② 列宁．“布尔什维克能保持国家政权吗?”《列宁选集》第三卷，北京：人民出版社，1972年，第311页。

为“用赤卫队进攻资本”的新时代。[①]当天，他们同时占领俄罗斯国家银行总部，此举被认为是吸取1871年巴黎公社起义的教训，当时公社未接管法兰西银行。[②]接下来的一周，俄罗斯国家银行被改组为苏维埃国家银行。紧接着，苏维埃国家银行向各家私人银行发布通告，要求后者接受监督，允许新政权代表打开银行保险箱进行检查。私人银行对此强烈抵制，社会舆论也公开反对打开银行保险箱。很快，苏维埃政权作出强硬反应。12月27日，工人武装占领了圣彼得堡所有的私人银行（包括合股银行），当晚，苏维埃政府宣布对银行业实行全盘国有化。列宁在当天全俄中央执行委员会关于银行国有化问题的会议上作了长篇发言，并随后签署实行银行国有化的法令。[③]该法令宣布，一切股份企业（合股公司）为国家财产；“国家的一切内债外债一律废除”；保护证券和股票的小持有者（劳动阶级成员）的利益。被国有化的私人银行全部并入“俄罗斯社会主义共和国人民银行”（Norodny Bank），包括沙俄时代的国家银行。

按照苏联官方经济史学者的看法，布尔什维克领导人在十月革命爆发前已经拟定新政权的货币金融政策要点，包括：（1）所有银行合并为一家机构，实行银行国有化并成立中央银行；（2）废除银行从业者保守营业秘密的传统，派遣工人代表进行监督；（3）立即停止发行纸币；（4）停付内外债，但可照顾内债的零星持有人的利益；（5）实行财政民主化；（6）按高额累进原则征收所得税和财产税。[④]

上述6个要点，最激进的莫过于停发纸币即废除货币。文献记载表明，苏维埃政权的领袖的确准备将之付诸行动。在1918年5月召开的国民经济委员会全俄代表大会上，苏维埃财金委员会专员（Commissariat of Finance）发言说：“在社会主义社会，金融是不应当存在的，因此我要为它的存在以及我的出现而道歉。”[⑤]他的意思是，现状（保留货币和继续使用金融概念等）是暂时的，未来一切都会改变（货币和金融概念等将不复存在或发生巨变）。1919年6月，全俄罗斯中央执行委员会命令财金人民委员会“努力建立无货币的解决方案，着眼于全面废除货币”。截至1920年底，财金委员会报告称，一

---

① 联共（布）中央特设委员会编.《联共（布）党史简明教程》，中共中央马恩列斯著作编译局译，北京：人民出版社，1975年，第243－244页。

② George Garvy, “The Origins and Evolution of the Soviet Banking System: An Historical Perspective”, as Chapter 2 in George Garvy, ed. *Money, Financial Flows, and Credit in the Soviet Union*, National Bureau of Economic Research, 1977, p. 23.

③ 列宁“在全俄中央执行委员会会议上关于银行国有化问题的发言（1917年12月14日［27］）”，《列宁选集》第三卷，第382－384页；列宁“关于实行银行国有化及其必要措施的法令草案”，《列宁选集》第三卷，第385－387页。有人认为苏俄的银行国有化未补偿原所有者（Garvy, “The Origins and Evolution of the Soviet Banking System”, p. 24），但列宁1917年5月29日和30日在《真理报》撰文说，若有人在银行存款15卢布，银行国有化之后依然可取出15卢布；但若有人在银行存款1500万卢布，国有化之后他只能得到这1500卢布的“资产证书”，意即不能取出现金（Arthur Z. Arnold, *Banks, Credit, and Money in Soviet Russia*, Columbia University Press, 1937, p. 58）。

④ 苏联科学院经济研究所《苏联社会主义经济史》第一卷，复旦大学经济系和外文系部分教员译，北京：三联书店，1979年，第110－111页。

⑤ Garvy, “The Origins and Evolution of the Soviet Banking System”, p. 26.

切进展良好，人民在期待摆脱货币体系。他们相信“钱会逐渐贬值，以致最终完全消失”①。事实上，在1919—1920年，苏维埃财金委员会一直在努力创造卢布现金的替代物，他们甚至为它取了一个名字（Tred），意即“劳动单位”。②

列宁早先支持废除货币，因为这是马克思主义原理在新社会中的“自然”应用。列宁在1921年11月发表著名文章，题为“论黄金在目前和在社会主义完全胜利后的作用”，提出一个著名论断，即当社会主义于世界范围取得胜利后，社会主义者会在世界几大城市用黄金修建公共厕所。③列宁的意思非常清楚，社会主义的完全胜利意味着黄金不再充当货币，货币本身也不再有必要。这应是彼时布尔什维克领导人的共识。

但是，问题在于，废除货币的做法在实践中是否可行？布尔什维克领导人后来认识到，废除货币的条件尚不成熟。列宁在他1921年11月文章中说，废除货币需要有严格的前提条件，即社会主义在世界范围取得胜利。这意味着，不仅俄罗斯此刻无法单独实现该目标，而且，还得等到欧洲的英法德和北美的美利坚等都发生巨变之后此事才可提上议事日程。

列宁1921年11月的文章代表了重要的政策转变，时间上也与苏俄新政权从“战时共产主义”向“新经济政策”（NEP）的转变吻合。1918—1921年初是“战时共产主义”时期，正当内战爆发，各地交通不畅，供给不足，物资短缺。在“新经济政策”时期（1921年初至1924年），内战基本平息，各地交通恢复，生产和供给渐渐复苏。

苏联官方和后来的许多学术著作都强调了“战时共产主义”与“新经济政策”两个时期在经济政策上的重要差别。就客观而言，这两个时期的经济政策既有连续性，又有显著差别。在连续性上，两个时期都实行银行国有化、铁路国有化和大企业国有化等措施（其中的铁路国有化仅指沙俄时代未被国有化的少数铁路），而且都强化了政府对各类经济活动的干预以及对富人（“剥削者”）财产的剥夺等。在差别上，“新经济政策”放弃了早先的“余粮收购制”④、城市人口基本食品配给制、国家垄断全部商业等措施，对私营小企业和农民的个体商业活动的限制在该时期大为放宽。允许私人商业和小企业存在的政策被认为是“国家资本主义”的表现之一。⑤

对比“战时共产主义”和“新经济政策”两个时期，在货币金融领域的一个重要问

① Arnold, *Banks, Credit, and Money in Soviet Russia*, p. 107.（菲利克斯·马汀.《货币野史》，邓峰译，北京：中信出版社，2015年，第166页。）

② Arnold, *Banks, Credit, and Money in Soviet Russia*, pp. 107 - 110.

③ 列宁. “论黄金在目前和在社会主义完全胜利后的作用”，《列宁选集》第四卷，第578页。

④ “余粮收购制”是当时苏俄措施的汉语译法，该措施的俄语原意是“固定价格摊派”（苏联科学院经济研究所编.《苏联社会主义经济史》第一卷，第506页及该页译者注）；该词的英文译名为prodrazverstka，意为“分配统购”，即持枪赤卫队员进入农户住宅按官价收购粮食（参见伊万·拜伦德.《20世纪欧洲经济史：从自由放任到全球化》，徐昂译，上海：格致出版社，2020年，第140页）。

⑤ 拜伦德.《20世纪欧洲经济史》，第141页。

题是，为何通货膨胀反而在经济形势好转后变得严重起来？如表4－2所示，俄罗斯零售物价指数的上涨率在“战时共产主义”最后一年（1920年）开始缓和，通胀开始减速（Disinflation）。但是，“新经济政策”开始后，通胀却转为加速上涨，零售物价指数在1921年上涨15倍，在1923年上涨252倍，这似乎令人匪夷所思。

表4－2　　“战时共产主义”与“新经济政策”时期的通胀率　　单位:%

“战时共产主义”时期通胀率	1918年	1919年	1920年
	688.5	1 375.6	594.2
“新经济政策”时期通胀率	1921年	1922年	1923年
	1 614.3	7 275.0	25 323.7

资料来源：Don Paarlberg. An Analysis and History of Inflation［M］. Praeger，1993：70，Table 2.9. 原数据为1918年1月至1924年2月各月度俄罗斯零售物价指数（1913年=1）；表4－1各年数即为次年1月相对本年1月的变动率。Paarlberg数据自美国参议院1925年委托专家撰写的《欧洲通货与金融》（*European Currency and Finance*）序列报告之一（Serial 9，Vols. 1 and 2）。

值得一提的是，通胀的发生与黄金储备的多少并无关系。“十月革命”前夕（1917年11月1日），俄罗斯帝国银行拥有价值12.92亿卢布的黄金储备。①按战前卢布与美元的汇率（1卢布约为0.536美元）计算，它们价值6.9亿美元（因卢布战争期间对美元已贬值，实际价值约6亿美元）。此黄金储备后来属新政权所有。1918年3月《布列斯特和约》签订后，滞留在俄罗斯境内的捷克军团在喀山发现沙皇的黄金宝藏，价值5.6亿卢布或3亿美元。他们以此为要挟与苏俄代表谈判，在1921年初交出宝藏后获准从西伯利亚离开。②“布列斯特和约”要求苏俄向德国支付60亿马克赔款（按战前汇率约合14.28亿美元），但苏俄未及支付“一战”便告结束。总之，苏俄新政权拥有大量黄金，此正是后来（1922—1924年）推出与黄金挂钩的新货币“切尔文”的基础条件（参见后文叙述）。

“战时共产主义”时期爆发高通胀的直接原因是，布尔什维克夺取政权后一度面临资金外逃和税源流失的极度困难，不得已而强迫已被接管的俄罗斯国家银行赶印纸钞以维持新政权的财政支出（当时新政权未准备好印制自己的纸钞）。③加之内战频发和各地交通受阻，税基受到严重损害。1921年初，虽然内战形势逐渐缓和，但国内经济却凋零至极，一些产粮区甚至发生饥荒。“新经济政策”的重要目的就是增加财政收入，只有财政赤字大幅减少，控制通胀才有可能。

① Arnold，*Banks*，*Credit*，*and Money in Soviet Russia*，Table 7，p. 37.

② Joan McGuire Mohr，*The Czech and Slovak Legion in Siberia* 1917－1922，Jefferson，North Carolina and London：McFarland & Company，2012，p. 118 and p. 205.

③ 1918年2月，列宁对派往全国各地的布尔什维克干部发表讲话，其中提及，苏维埃目前的收入是80亿卢布，而支出却是280亿卢布（苏联科学院经济研究所编《苏联社会主义经济史》第一卷，第124页）。

通胀在1921年转为上升的直接原因是国内经济在1921年初下滑至“谷底”。有统计数据显示，苏维埃俄罗斯1921年在一些重要工农产品上的产量仅为战前的一小部分，例如，煤占比为21%，全部农产品占比为60%，糖占比为3.8%，发电量占比为25.5%。[①]但是，1921年下半年后，主要工农业产品的生产止跌回升，因此，不能再用产量下降或供给短缺来解释通胀率在随后年份（1922年和1923年）的升高。

有研究者认为，“新经济政策”时期通胀爬升很大程度上由“政策驱动”，这场通胀甚至可称为“有计划的通货膨胀”。[②]凯恩斯说过一句后来广为流传的话，“据说列宁曾说过这样一句话，要毁灭资本主义制度，最有效的办法是破坏它的通货”[③]。列宁是否说过这句话，学者后来有些不同看法。[④]对此话的一个解读是，既然布尔什维克新政权面临“资本主义经济的汪洋大海”（普遍的个体和私营工商业），为何不用这个“最有效的办法”去破坏它？实行“新经济政策”表明，这个“汪洋大海”一时半会摧毁不了。另外，通胀是一把“双刃剑”，用不好会伤及自身。若将通胀视为一种隐性税，那么，要达到极大化效果，通胀水平就不能太高，否则适得其反。因此，将“新经济政策”时期的超级通胀理解为政策意图的结果，肯定有误。在“战时共产主义”后期（1919年及以后），由于配给制度的流行，货币和信贷的作用越来越小，“俄罗斯人民银行”的业务急剧萎缩。该机构1919年由财政部接管，1920年1月甚至宣布撤销。[⑤]

如何理解“新经济政策”时期差别化价格管制的作用？所谓“差别化的价格管制”，指物品的售价视购买者的身份而不同。列宁在1921年11月举例说，同样是卖煤，卖给国家机关按其成本的120%，卖给私人则按其成本的140%。[⑥]当时，苏俄开始出现工业品价格上涨快于农产品，前者与后者的价差随时间不断增大。这就是工农产品价格“剪刀差”的由来。因为当时大部分工业已被国有化，工农产品价格“剪刀差”实际上有利于新政权扩大财源，而不必采取直接加税于农民的措施。但是，此点也不能完全解释1922年和1923年的高通胀，因为“剪刀差”主要说的是价格结构，并不直接涉及价格总水平。

当代研究者认为，通胀形势在1922年和1923年不断恶化的主要原因是“双重货币制度”的引入。苏联于1922年6月推出币制改革，在保留原有的不可兑换的卢布纸币

---

① Paarlberg, *An Analysis and History of Inflation*, Table 2.10, p.75.

② 该作者使用的词语是“planned inflation”，参见Paarlberg, An Analysis and History of Inflation, pp. 68 – 80.

③ 凯恩斯.《劝说集》，蔡受百译，北京：商务印书馆，1962年，第62页。

④ 发表于1977年的一篇文章认为凯恩斯的话属于“误信”或“谣传”［Frank Whitson Fetter，“Lenin, Keynes and Inflation.” Economica 44, 173 (1977): 77 – 80］，但发表于2009年的“考据”文章则认为凯恩斯的言论基于媒体的一手采访报道，具有可信性［Michael V. White, and Kurt Schuler. “Who said ‘Debauch the Currency’: Keynes or Lenin?” *Journal of Economic Perspectives* 23 (Spring 2009): 213 – 222］。

⑤ 苏联科学院经济研究所编.《苏联社会主义经济史》第一卷，第514页。

⑥ 列宁.“论黄金在目前和在社会主义完全胜利后的作用”，《列宁选集》第四卷，第579页。

的同时，苏维埃人民委员会决定授权国家银行发行“切尔文”银行券（Chervonets），即金卢布。[①] 1 切尔文铸币为 8.602 克重的九成纯金，值 10 旧卢布金币，时价为 5.14 美元。切尔文推出后，不可兑换的卢布纸钞立即疯狂贬值（新政权的卢布纸钞发行始于 1919 年）。当时大部分社会成员的收入为卢布纸钞，他们得到卢布纸钞要么立即购物花掉，要么去市场（黑市）换成切尔文以保值。这样，以卢布纸钞标价的物价随之加速上涨。这是二元货币体制带来通胀加速的典型情形。[②] “二元货币体制”也称平行货币体制，指同时流通两种货币形式。

为应对超级通胀，苏俄政府自 1921 年 11 月开始一系列卢布改革（币值调整）。当月宣布新卢布按 1∶10 000 比率取代旧卢布。1922 年 10 月又宣布，1923 年发行的新卢布按 1∶100 比率取代此前的卢布（此相当于按 1∶100 万比率取代 1921 年及以前发行的旧卢布）。[③]但这两次币值调整皆未能阻止通胀。1924 年 3 月，苏联宣布发行新卢布，按 1∶50 000比率取代一年前发行的卢布，所有旧卢布停止发行和流通，新卢布等值于切尔文，并保持与黄金挂钩（至少名义上如此）。这样，货币体制回归“一元体制”（单一货币体制）。1924 年 3 月超级通胀在苏联结束。

值得一提的是，虽然苏联在 1922—1923 年发生了超级通胀，但其程度低于同时期的魏玛德意志共和国。后者的超级通胀出现于 1922 年 8 月至 1923 年 12 月，通胀最高时（1923 年 10 月）批发物价指数当月环比上涨 29 500%（294 倍）；而在苏联通胀最严重时（1924 年 2 月）零售物价月度环比仅上涨 212%（1.12 倍）。[④]魏玛德国与苏联的差别在于，德意志银行体系在高通胀时期继续存在并发挥显著作用（大量银行存款在高通胀时期的增长支持了货币供给总量的相应增长）；而自苏俄实行“战时共产主义”后银行的作用急剧萎缩，后来新组建的苏俄国家银行实际上很少吸收到社会存款，它的货币创造功能十分有限，支持物价上涨的货币总量主要由流通中现金而不是银行存款构成。因此，苏联的通胀水平低于魏玛德国。

关于“战时共产主义”后期“苏俄人民银行”业务的萎缩，还有几点情况。“十月革命”前夕，俄罗斯帝国国家银行预见到未来的动荡，决定给员工提前发放 3 个月薪酬。赤卫队占领银行总部后发现许多关键岗位缺员，甚至连印制卢布纸钞的任务也不能

---

① 事实上，在此之前，即在 1921 年 6 月，已发行过一种名为“苏兹纳克”（Sovznak，字面意思为“苏维埃券”）的财政券或“俄罗斯社会主义共和国结算符号”（面额从 100 到 10 000 不等，参见 A. Г. 胡多卡尔莫夫等.《俄罗斯社会经济发展史》，曹英华、崔铮译，北京：社会科学文献出版社，2021 年，第 242 页）。但此券当时并未挂钩于黄金。

② Peter Bernholz, “Currency substitution during hyperinflation in the Soviet Union, 1922 - 1924.” *Journal of European Economic History* 25, 2 (1996): 297 - 323; Nikolay Nenovsky, “Lenin and the currency competition: Reflections on the NEP experience (1922 - 1924)”, Bulgarian National Bank and ICER Working Paper No. 22/2006.

③ Arnold, *Banks, Credit, and Money in Soviet Russia*, pp. 126 - 127.

④ Steve H. Hanke, and Nicholas Krus. “World Hyperinflations”, as Chapter 30 in Randall E. Parker and Robert Whaples, eds. *Routledge Handbook of Major Events in Economic History*, Routledge (Taylor & Francis Group), 2013, p. 371.

完成。[①]与此同时，圣彼得堡等地的私人银行决定停业，银行业在俄罗斯即刻陷入瘫痪状态。苏俄以经过改组的国家银行（一度称为“人民银行”）发号施令的机关开展对银行业的整顿，力图恢复常规银行业务，包括吸收存款、发放贷款和开展非现金转账与支付，但进展十分缓慢。1922 年 2 月（此时已至“新经济政策”时期），刚完成机构重组的苏维埃国家银行管理委员会主席（亚·里·舍印曼）兴致勃勃地写信给列宁，说该银行现在是“强有力的机构”，此话遭到列宁的强烈批评。列宁回信说：“您说国家银行现在是个‘强有力的机构’（2 月 22 日的信），这真使我发笑。私下告诉您吧：这话幼稚到了极点，是共产党大员幼稚到极点的表现……现在的国家银行 = 官僚主义的转账游戏。”[②]列宁的只言片语道出了真相。直到 1922 年初，苏联开始组建之际，银行体系十分单薄，业务寥寥无几，主要是承接卢布纸钞印制和发行任务，为国有机关和国营企业传送大额支付账单，接受国有单位的存款。苏联新政府于 1922 年开始发行债券，由于当时通胀高升，债券不得不采用实物形式，即以普特计重的粮食（1 普特 = 16.38 千克）。实物债券的发行和管理，属于财政事务，与银行系统不发生任何关系，这也意味着银行体系对当时苏联的财政管理和经济建设的贡献十分有限。1924 年 3 月币制改革完成及超级通胀终结后，货币债券才得以发行。此时，苏联金融体系方进入“成熟化”发展阶段。

自上而下的新金融体系

在 1918—1921 年“战时共产主义”时期，高通胀和其他事件使农民与城镇居民之间的交换从使用货币媒介大量转向以物易物，俄罗斯经济中信贷急剧收缩。如前所述，货币经济在此时期的“自然”退却本来是激进改革者废除货币的绝佳时机，但苏俄领导人认识到这种做法的巨大风险和代价，于 1921 年决定转变政策，保留货币并建设新的信贷体系。在此背景下，组建国家银行（“人民银行”）便提上议事日程。

1921 年通过决议重组国家银行，归属财政部领导。该年，财政部发行财政券（sovznak，苏兹纳克），作为卢布纸钞的一种替代物。由于它的贬值速度与卢布纸钞一样快，决策者需要找出新的应对办法。既然货币概念已被认可，那么通过银行系统发行货币原则上优于通过财政系统发行货币，国家银行的此种作用由此得到确认。此时，国家银行的地方分行网络建设快速推进。1923 年，国家银行更名为“苏联国家银行”（Gosbank）。1925 年起，所有税款都必须汇入国家银行的账户。

苏联国家银行作用的增强，可以从它的存款余额增长快于卢布现钞发行余额这一点看出。1923—1928 年，苏联国家银行存款余额由 1.58 亿卢布增至 13 亿卢布，卢布现金

---

① Garvy, “The Origins and Evolution of the Soviet Banking System: An Historical Perspective”, p. 23.

② 列宁致亚·李·舍印曼.《列宁全集》第二版增订版，第 52 卷，中共中央马恩列斯著作编译局编译，北京：人民出版社，2017 年，第 302－303 页。

发行额由 2.35 亿卢布增至 10.9 亿卢布。[①]也就是说，期初是卢布现金余额大于存款余额，而到期末则是存款余额大于现金余额。这表明，存款对货币供给总量增长的贡献超过现金发行。不过，与以往一样，苏联国家银行的存款主要来自政府和国营经济系统，而来自居民和非国有部门的存款数额很少。统计数据显示，在 1928 年苏联国家银行的存款总额中，个人和私营企业的存款占比不过 1.7%（此数甚至低于 1923 年的 2.8%）。[②]这多少旁证了列宁早先的担心。

至 20 世纪 20 年代中期，苏联基本搭建好“金融体系”，由多个专门银行和保险公司组成，但没有金融市场。该体系的四个要素是，苏联国家银行和各大全国性及地方专业银行，遍布全国的储蓄银行网点及所承担的国债发行，以及全国性保险机构。

苏联在 20 世纪 20 年代确立了以快速实现电气化和建立大工业的经济发展方针。苏联依据马克思关于“积累是扩大再生产的源泉”的观点，高度重视财政在动员和组织社会积累中的作用。既然国民经济的重要部门（工矿、交通运输和对外贸易等）已被国有化，财政的范围得以空前扩大，不再限于普通税收和政府机关的行政开支。依据苏联的正统观点，社会主义经济中的财政包括国营企业的财务收支，尤其是国有企业的利润上缴和投资支出。社会经济关系的这些变化，意味着传统金融的地位和作用需要相应调整。

苏俄领导层于 1921 年初改组国家银行时，本已确立其“中心”和“唯一”的地位。“中心”指它在全国所有银行机构中的领导地位，“唯一”指它独自拥有从事全面银行业务的资格。但是，这样的定位不能适应快速经济建设的需要。在国民经济的一些重要领域，对储蓄和信贷的需求不能通过国家银行得到全部满足。国家银行虽然在全国各大城市和重要城镇已有网点，但网点的普及程度仍欠高。一些重要工业企业向国家银行申请贷款时，往往不能得到及时回应。鉴于此，自 1922 年以来，苏联领导层陆续决定组建专门的或区域性的银行，作为对国家银行的“补充”。

第一家专门银行为 1922 年 2 月成立的“消费者合作银行”（Pokobank），一年后改名为“全俄合作银行”（Vsekobank）。1922 年下半年成立另一家专业银行，即“工业银行”（Prombank），后来改名为“苏联商工银行”。1922 年成立的一家银行使用了来自瑞典的国外资金，但该机构于 1924 年改组为“外贸银行”（Vneshtorgbank）。全俄合股公司（All – Russian Joint – Stock Company）是一家国有工业建设公司，它为实现加快实现电气化的政策目标，提出成立资助地方电力建设的机构，并于 1922 年得到批准，此为“电力银行”（Electrobank）的由来。但该银行于 1928 年与苏联商工银行一起并入“苏联工业和电力长期信贷银行”（简称为“工业银行”）。1923 年，一些地方银行被批准成

① Arnold, *Banks, Credit, and Money in Soviet Russia*, Table 37, p. 246.

② Arnold, *Banks, Credit, and Money in Soviet Russia*, Table 38, p. 252 and p. 253.

立。1924 年，苏联中央农业银行（Tz. S. Kh. Bank）成立，其前身是分布于各地的农业信用社和农业银行。

批准地方和农业等领域中的“专业化”银行，反映了苏联领导层对地区和行业经济差别的认识，顾及了当时苏联尚未实现 100% 国有化的经济现实（1929 年苏联始推集体农庄制度）。但是，就国有经济而言，在第一个五年计划（1928—1932 年）开始前，苏联对银行体系进行了一次大调整，按照区分长短期信贷的原则，将“苏联工业和电力长期信贷银行”定位为长期信贷提供者，其短期信贷业务并入苏联国家银行，后者专门提供短期信贷。这种做法符合马克思《资本论》的思路，尤其符合《资本论》第二卷关于资本流通过程（资本周转）的原理。

1921 年刚开始实行“新经济政策”时，苏俄内部对储蓄银行的必要性产生争议。有观点认为，储蓄是有产者的需要；在社会主义条件下，劳动者的生老病死由国家操办，不再需要个人储蓄，因此不应有储蓄银行。[①]该观点未被苏联领导人采纳。1922 年底，苏联决定组建储蓄银行，在中央层面成立“劳动储蓄银行总局”，计划一年内在全国设立上千家储蓄银行，最早的两家于 1923 年 2 月分别在圣彼得堡（1924 年后更名为列宁格勒）和莫斯科开张。它们一开始推出了吸引储户的诱人计划，存款回报率确定为扣除通货膨胀后 6%。[②]当时，“切尔文”推出不久，苏联正经历严重的通货膨胀，如果没有这么高的实际利率想必难以吸引储户。即便如此，很多潜在储户仍对“十月革命”后存款遭受损失记忆犹新，[③]迟迟不肯存款。1923 年 8 月，69 家储蓄银行门店平均储户不足 500，每户存款约 42 金卢布。储蓄银行随后不断加大宣传推广，坚守承诺给储户高额实际回报，储户逐渐增加了对储蓄银行的认可。1924—1929 年，储蓄银行存款总额从 1 130万卢布增至 5.053 亿卢布，年均增长 214%（当然，此数包含通胀因素）。[④]更重要的相关指标是，至 1929 年 10 月，苏联已有 2 万家储蓄银行门店，储户多达 760 万。

储蓄银行普及后，苏联政府利用该机构发行国债。当然，这是在高通胀结束以及货币债券发行成为可能之后。1928 年储蓄银行面向储户发行 5 卢布和 10 卢布面额的存款证书，6 年后返还面额的 2 倍，[⑤]按照现值法这相当于 12.5% 的复合利率。

在第一个五年计划时期，苏联官方的政策是“应当更广泛地利用公债、储金局（储

---

① Arnold, *Banks, Credit, and Money in Soviet Russia*, p. 324.

② Arnold, *Banks, Credit, and Money in Soviet Russia*, p. 325.

③ 1919 年 4 月法令将沙俄储蓄银行并入人民银行（国家银行），1920 年 1 月法令又将之转移给中央预算和会计署，后者通过其在全俄各地的财公所面向储户提取存款。1920 年 6 月，苏维埃财金专员公告，所有存款需在 6 个月内提取，逾期不再受理。由于通胀，此时 100 卢布的购买力仅相当于战前的一戈比，而至 1920 年 12 月，1 000 卢布的购买力仅相当于战前的 5 戈比（Arnold, *Banks, Credit, and Money in Soviet Russia*, p. 325, footnote 87）。

④ Arnold, *Banks, Credit, and Money in Soviet Russia*, Table 56, p. 328.

⑤ Arnold, *Banks, Credit, and Money in Soviet Russia*, p. 329.

蓄银行系统)、国家保险，以便吸收居民的储蓄加入经济周转"[①]。但是，至第二个五年计划时期（1933—1937 年），官方内部出现不同意见，有的认为公债发行利率偏高，而且居民认购公债的资金来自存款，两者的转换对国家意义不大（储蓄银行的资金用途包括转存国家银行、认购国债和发放小额贷款等）。因此，1936 年对国债（公债）进行了整顿，将利率统一下调至 4%，归还期限延长 20 年，债务余额大为减少。[②]在市场导向的金融体系中，存款与债券作为金融工具有着显著的差别，两者不仅在期限、流动性和交易成本等参数上不同，发行主体（银行、企业和政府等）也可能不同。但在苏联体制中，国有银行与政府在发行主体上已无实质差别。由此，就产生了存款与国债（公债）的成本和效率孰高孰低的问题。对该问题的认识显然不能脱离其背后的制度框架。

20 世纪 20 年代初起，当经济开始复苏时，苏联政府着手建立社会保险机制，包括职工失业保险、疾病保险和退休金制度等。后来，随着国有经济的全面发展，苏联确立了全民保障体系。该体系依附于财政体系，基于"现收现付"原则，即保障体系的收入来自劳动就业者的缴费，但支出不与受益者本人的缴费水平挂钩。在缺少金融市场（不存在股票和债券的自由发行及交易制度）的背景下，社会保险体系通常只能实行现收现付制并依附于财政体系，无法独立运转。

作为配角的金融

苏联官方组织编写并在 20 世纪 50 年代中期出版的《政治经济学教科书》中说："苏联国家银行是世界上最大的银行。"[③]这个说法应指分支机构网点数目和员工人数。的确，苏联国家银行在全国各地遍设分支机构，并从事多样化的银行和转账业务，是那时世界各国金融机构中的庞然大物。当时，苏联银行体系中还有若干全国性的专门银行，包括"长期投资银行""工业银行""农业银行""商业银行""中央公用事业银行""国家储金局"（储蓄银行系统）等。如前所述，这些机构大多成立于 20 世纪 20 年代，但它们时有调整，名称也有变动。在银行业资产负债总额中，苏联国家银行占比一直大于 80%，有时甚至接近 90%。每个加盟共和国都有自己的国家银行，它们同时是苏联国家银行的构成部分。在加盟共和国国家银行之下，各省市设有国家银行分行，分行下辖若干地方支行等。

然而，苏联国家银行以及其他全国性专业银行在国民经济中的作用实际上很有限。按照苏联官方的说法，它们是"国家信用机关"，是社会主义经济中暂时闲置的货币资金的经营者，是社会主义财政体系的一部分，后者包括"国家预算、信用、国营社会保

---

① 苏联科学院经济研究所.《苏联社会主义经济史》第三卷，北京：三联书店，1982 年，第 601 页。

② 苏联科学院经济研究所.《苏联社会主义经济史》第四卷，北京：三联书店，1982 年，第 583 页。

③ 苏联科学院经济研究所.《政治经济学教科书》，中共中央马恩列斯著作编译局译，北京：人民出版社，1955 年，第 576 页。

险、国营财产保险和人身保险、国营企业、集体农庄和工艺合作社的财务”[1]。事实上，苏联的财政体系与市场经济国家中的财政体系有很大不同。一方面，苏联的财政体系包罗万象，涉及“社会总产品（国民收入）的初次分配和再分配”（“初次分配”指生产过程中付给各个生产要素的报酬，“再分配”指各个生产要素已得报酬依据税法而发生的转移），因而极其重要。但是，另一方面，财政资源（包括税收和通过金融工具获得的货币资金）的分配和用途却不能由财政部门自行决定，它们皆由中央计划机关安排。在这样的经济体系中，中央计划机关是社会资源配置和调整的决策者，财政和金融都必须服从。如果说财政是计划的工具和手段，那么，银行和其他金融机构则更是次一级的工具和手段。简言之，仅为配角。

银行体系的配角地位主要体现在：第一，吸收社会经济中的“闲置资金”；第二，依据计划机关的指示，将可动用的资金分别用于长期信贷和短期信贷；第三，为计划机关提供信贷资金和社会资金流动的财务信息，以方便国民经济核算；第四，为全社会提供计价单位和交易媒介（现金发行）；第五，为社会（尤其国营机构）提供转账和非现金支付服务。也就是说，各类银行机构皆不能自行决定信贷资金的用途和数额，也不能依据资金的供求行情和其他相关因素自行调整信贷条件（包括利率和期限等）。总之，虽然它们都叫“银行”，但苏联的银行不是独立的行为者，相互之间不存在竞争，一切事情均“按计划”进行。

这样的银行体制以及经济体制具有一定的优点，尤其在20世纪30年代世界经济和国际金融发生严重紊乱的背景下更是如此。苏联在1928—1937年连续实行两个五年计划，重要工农业产品的产量持续增长，而欧美多国却发生了严重经济衰退和银行倒闭危机。苏联的银行将贷款发放出去，不必担心信贷风险（信用风险），因为即便企业用户（通常是国营企业）发生经营困难，也会由计划机关和财政机关出面协调并解决。即使一些坏债记入银行的资产负债表，其负责人也并不为此担负责任。这套体制，确保银行体系不受坏账问题困扰；而且只要控制住通货膨胀，公众不会担心银行存款的安全性（应对通胀风险主要通过控制预算支出和纸钞发行以及实行物价管制）。简言之，苏联建立起了一个不发生银行危机的银行体系和一个不发生经济危机的经济体系，在20世纪30年代无疑令世界羡慕。

苏联的银行和公债制度为卫国战争胜利作出了贡献。20世纪20年代经济复苏后至1941年之前，苏联在大多数年份都能财政平衡，但1941—1944年的战争带来了巨额财政赤字。[2]除了来自美国租借法案的外援，财政赤字的国内弥补途径主要是储蓄银行的新

---

① 苏联科学院经济研究所《政治经济学教科书》，第566－567页。

② 研究者估计，在1941—1945年，财政赤字约为社会总产品（相当于国民收入）的20%（Mark Harrison, “The Soviet Union: the defeated victor”, in Mark Harrison ed. *The Economics of World War Ⅱ: Six Great Powers in International Comparison*, Cambridge University Press, 1998, p. 74）。

增存款和依托储蓄银行而发行的公债。此时苏联不仅发行常规公债，还发行可让持有人得到高额回报的抽采债券（彩票）。①这意味着，苏联的银行制度为战时债务融资提供了重要支持，其财政管理表现出一定的灵活性。

表 4－3　　　　苏联国家储金局的若干指标

年份	存款额（亿卢布）	存户人数（万人）	存户平均存款（卢布）	网点数（万家）
1940	7. 25	1 734. 6	42	4. 16
1950	18. 53	1 434. 4	129	4. 03
1960	109. 1	5 117. 2	213	6. 65
1970	465. 9	8 012. 1	582	7. 83

资料来源：田中寿雄．《苏联东欧的金融和银行》，高连福译，北京：中国财政经济出版社，1981 年，表 1. 3，第 29 页。

苏联金融体系还有一个突出特点，高度重视吸收民众存款。国家储金局（也称“国家劳动储金局”）是吸收民众存款的主要机构，它在全国各地设有大量网点。如表 4－3 所示，其网点数至 1940 年超过 4 万家，此数虽在此后 10 年或因“二战”爆发未有增长，但在后来的 1950—1970 年大量增加。存户人数增长也有类似趋势，截至 1970 年增至 8000 万人，此或意味着当时每个苏联家庭皆在国家储金局开户存款（1970 年苏联人口为 2. 42 亿）。表 4－3 给出的两个价值指标（“存款额”和“户均存款”）增长幅度极大，但由于涉及价格因素而不易确定其实际增长率。

就客观而言，苏联银行制度（金融体系）的积极作用很大程度上依靠价格管制的支撑。“二战”期间，苏联政府为采购农产品而发行大量卢布现金，农民和城市居民持有的大量卢布现金在战后被认为是对物价稳定的一大挑战（政府当时筹划取消部分商品的购买凭证）。1947 年 12 月苏联政府宣布卢布币值调整，按 1:10 以新换旧。② 1961 年苏联政府再次宣布币值调整，发行新卢布，并按 1:10 更换旧卢布。

苏联官方关于卢布对外汇率的定价及其调整情况值得注意。在 1937—1950 年，苏联官方认为卢布的汇价是“以美元为基础”，③并确认卢布对美元和英镑的汇价分别是 5. 3 卢布和 14. 84 卢布（直接标价法）。在布雷顿森林体系开始运行于欧美多国的背景下，苏联部长会议于 1950 年 2 月发布公告称，卢布对外汇价今后以黄金为基础，其含金量

① 苏联科学院经济研究所．《苏联社会主义经济史》第五卷，北京：三联书店，1984 年，第 650－651 页。

② 此次新旧卢布设定了许多不同兑换率，例如，银行存款至 3 000 卢布按 1:1，3 000－10 000 卢布存款按 3:2，10 000 卢布以上的存款则按 2:1；集体农庄和其他合作组织的银行头寸按 5:4，债券按 3:1 并置换为 1948 年发行的年息 2% 的新债券（“统一债券”），等等（苏联科学院经济研究所．《苏联社会主义经济史》第六卷，盛曾安等译，北京：东方出版社，1986 年，第 203 页；胡多卡尔莫夫等．《俄罗斯社会经济发展史》，第 330 页；田中寿雄．《苏联东欧的金融和银行》，第 41 页）。

③ 苏联于 1935 年 11 月规定卢布与法郎的官价，1 卢布＝3 法郎，此基于卢布的含金量为 0. 17685 克；1936 年 10 月，法郎退出金本位，卢布对法郎升值（1 卢布＝4. 25 法郎）；1937 年 7 月，卢布含金量调整为 0. 16767 克，并改为与美元挂钩（1 美元＝5. 3 卢布），田中寿雄《苏联东欧的金融和银行》，第 8－9 页。

（金平价）为0.222168克；即卢布的汇价“不再以美元为基础”，同时按金平价计算卢布与美元的汇价为1美元兑4卢布（或1英镑兑11卢布20戈比）。①

1美元兑4卢布的汇价实行了7年。1957年4月苏联宣布“二战”后第二次卢布汇率调整，规定1美元兑10卢布，此相当于卢布对美元贬值60%。对苏联居民来说，卢布汇率及其变动没有直接意义。外汇兑换那时受到严格限制，普通百姓接触不了外汇。苏联官方此次调整卢布汇率的用意似是扩大旅游外汇收入。②

1961年苏联宣布进行战后第三次卢布汇率调整，规定卢布的新金含量为0.987412克，即相当于1950年水平的4.444倍。按此时美元的金平价（1盎司金值35美元，或1美元值0.888672克金），此时卢布应等于1.11美元或1美元等于0.9卢布。但是，实际上，苏联仅将卢布汇率调高至1美元兑4.9卢布，仍低于金平价的水平。③截至1976年前后（此时布雷顿森林体系已瓦解，美元的黄金官价不复存在，1盎司黄金的市场价超过100美元），若按金平价，1卢布至少应值1.32美元，但在苏联的黑市上，1美元通常可换2卢布。④简言之，此时期卢布的官方汇价或市场汇价皆未遵守“金平价”。

通常，苏联一直强调坚持平衡财政的原则，这使银行体系的重要性事实上有所下降。勃列日涅夫时期（1968—1982年）出版的官方教科书说：“由于预算没有赤字且不断增长，因而经常性的预算货币资金及领用预算经费的组织的资金都能参与形成国家信贷基金。”⑤此意思为，苏联不需要银行体系为财政平衡作贡献，因为财政本来就是平衡的，倒是平衡的财政可为银行作出持续性的资金贡献。

19世纪美利坚作家马克·吐温的小说《百万英镑》，讲述一位穷人因持有一张巨额支票而受到伦敦上流社会的敞怀欢迎，讽喻金钱在拜金主义社会的魔力。两位苏联作家于1931年创作了一部与此相反的故事（《金牛犊》），讲述携带百万卢布现金的两位苏联人（班德尔和柯雷克），在从西伯利亚赶往莫斯科的旅途上经历各种艰辛和窘迫，他们的钱财无处可花，因为飞机、铁路的工作人员和旅馆饭店的服务员全然不在乎客人有多少钱，只服从官方文件和上级指示。班德尔也是两位作家另一部小说《十二把椅子》的主人公，那部作品也是描述财富概念在苏联社会的变形。“钱不像钱”甚至“钱不是钱”，

---

① 胡多卡尔莫夫等.《俄罗斯社会经济发展史》，第331页。

② 田中寿雄.《苏联东欧的金融和银行》，第42页。

③ 令人费解的是，俄罗斯作者说，卢布当时对美元有贬值，即1美元兑4.9卢布（胡多卡尔莫夫等.《俄罗斯社会经济发展史》，第351页）。

④ 阿兰·G.格鲁奇.《比较经济制度》，徐节文等译，北京：中国社会科学出版社，1985年，第669－670页。

⑤ A.M.鲁缅采夫.《政治经济学（社会主义部分）教科书》下册，北京：人民出版社，1978年，第225页。

是计划经济体制中的典型情形，正好反映了银行在苏联经济中的有限地位和作用。①

俄罗斯银行改革与“休克疗法”

1957年苏联人造卫星发射升空，在航天领域抢先美国一大步。在工业和科技发展上，苏联大有全面赶超美国和西欧发达国家的势头。斯大林曾断言，20世纪30年代的大萧条是“资本主义总危机”。尽管美欧经济20世纪50年代初起已步入复苏和快速增长，但这丝毫未改变国际社会对苏联经济成就和计划经济体制的赞赏和崇拜。20世纪60年代前后独立的许多亚非拉国家，纷纷采用计划经济体制，学习苏联经验，陆续组建国家银行和专门银行。早在1950年前后，苏联雄心勃勃，追求建立和发展“社会主义世界经济体系”，力图以己为核心将社会主义中国和东欧诸国等都纳入该体系。②苏联于1949年组建“经济互助委员会”（Comecon，简称“经互会”），以抗衡美国为战后欧亚经济复苏提出的“马歇尔计划”。苏联还拒绝加入美国主导的布雷顿森林体系（至1991年苏联解体仍未加入），③也不参加关税和贸易总协定（GATT）。“二战”后，苏联与美欧之间形成了军事对峙和经济竞赛的局面。

事后再看，从第一个五年计划开始，苏联经济快速增长的秘诀在于不断的高投入，即通过各种方式集中社会经济资源，带动大规模积累（固定资本投资）。同时，将大量资金投放于国防相关的重工业，相应抑制民用工业的发展。苏联工业发展的畸形结构和效率低下在20世纪50年代开始显现，但是，苏联经济中的结构缺陷和效率不足长期被掩盖，部分原因是20世纪70年代国际油价高涨和国内油气大发现给苏联经济带来意外红利。

1979年入侵阿富汗、1981年后国际油价回落、东欧多国和中国走向改革等事件都给苏联经济带来冲击。苏联经济增长的颓势在20世纪80年代日益凸显。美国经济学家保罗·克鲁格曼认为，对苏联经济体制带来最大冲击的是“亚洲四小龙”的崛起，后者依靠市场而获得的辉煌经济增长“微妙而深刻地瓦解了”（或者说“以间接方式狠狠打

---

① 《金牛犊》的故事被许多讲述苏联经济体制和货币现象的书籍所提及（例如马汀的《货币野史》，第164－166页），其中一种解读是，1992年叶利钦发动的改革体现了“班德尔的报复”，即一方面金钱在当时俄罗斯社会横冲直撞，试图突破一切社会规范和制约，疯狂地腐蚀几乎所有的社会关系，另一方面许多企业和个人努力构建非现金交易机制，力图减少使用不断贬值的货币所带来的不利影响（David Woodruff, *Money Unmade: Barter and the Fate of Russian Capitalism*, Cornell University, 1999, p. 10 and Chapter 3 “Bender's Revenge, 1992－1993”, pp. 79－109）。另有研究者将“用钱买通社会”的做法称为“市场布尔什维克主义”（Peter Reddaway and Dmitri Glinski. *The Tragedy of Russia's Reforms: Market Bolshevism against Democracy*, U. S. Institute of Peace Press, 2001）。

② 苏联科学院经济研究所.《苏联社会主义经济史》第六卷，第九章“世界社会主义体系的形成”，第256－275页。

③ 苏联参加了组建布雷顿森林体系的早期协商，但从未正式加入。不仅如此，在苏联的要求下，曾是国际货币基金组织创始国的波兰和捷克斯洛伐克先后于1950年和1955年退出基金组织，唯一仍留在基金组织的社会主义国家是南斯拉夫（James M. Boughton, *Silent Revolution: The International Monetary Fund 1979－1989*, International Monetary Fund, 2001, pp. 964－965）。

击了”）苏联政权的士气。①

1985 年上台的苏共中央总书记戈尔巴乔夫决定实行改革，包括进行政治和社会结构的全面改革（perestroika）以及放开舆论管制和增加公民监督的公开性改革（glasnost）。在银行领域，改革措施包括重组苏联国家银行（Gosbank），将其商业银行业务拆分给其他银行（经过类似改组的专业化银行），使之专注于中央银行业务（卢布发行、国际储备、利率政策制定和实施等）；改组后的专业银行包括农工银行（Agroprombank）、工业和建设银行（Promstroy - bank）、社会投资银行（Zhilsotsbank）和外贸银行（Vneshtorg-bank）；储金局则被改组为储蓄银行（Sberbank），该机构彼时已有 8 万个分支机构。专业化银行可吸收公众存款，并扩大信贷提供的范围。

这场改革终结了苏联“大一统”的银行体制。改革之后，苏联国家银行不再是一家超大型综合性银行，它开始摆脱政商不分的经营方式。此外，专业银行之间出现一定的竞争，它们都得为扩大自己的存款来源而努力。但是，银行与国有企业的关系没有发生任何重要的变化，改革后的银行需要继续接受计划机关的指示并向国有企业提供符合计划要求的各种期限的信贷，银行不可能独立选择信贷客户并与它们建立伙伴关系，也不能自行调整种类繁多的利率。以发达市场经济体的标准来看，直到 1990 年，苏联的银行服务业一直十分落后，支票、信用卡、流通票据（可贴现票据）等概念完全不存在，更不用说股票和债券等证券工具。苏联经济体系和银行体系中的问题已经积重难返。

戈尔巴乔夫当政的最后几年，财政压力不断增大，苏联政府开始设法借债度日。在国内银行体系能够提供的债务融资支持十分有限的背景下，苏联借债的重点转向了国外。1989 年 10 月柏林墙倒塌后，两德（东德、西德）开启统一进程。此后，近一年，德意志联邦共和国反复敦促苏联同意两德合并以及从原民主德国（东德）撤军，苏联给出的条件是联邦德国（西德）必须提供大笔优惠贷款。②

苏联经济的虚弱、国内矛盾的累积以及国际政治气候的急剧变化，使苏联体系难以为继。在严厉的物价管控之下，苏联（俄罗斯部分）的 CPI 通胀率在 1989 年仅为 2.2%，1990 年也不过为 5.6%。③可是，当波罗的海三国率先宣布独立并解除价格管制

---

① 保罗·克鲁格曼.《萧条经济学的回归》，朱文辉、王玉清译，北京：中国人民大学出版社，1999 年，第 5 -6 页（也可参见该书另一中译本：保罗·克鲁格曼.《萧条经济学的回归和 2008 年经济危机》，刘波译，北京：中信出版社，2009 年，第 3 -4 页）。

② 时任德意志联邦共和国总理办公室外事处负责人后来出版他的日记汇编，记载 1989 年 11 月 9 日（柏林墙倒塌日）至 1990 年 10 月 2 日（两德正式统一的前一天）参与重大活动的见闻（相当于“实录”），其中详细记述霍尔穆特·科尔与戈尔巴乔夫之间的多次谈判协商，提及在临近最终协议达成前（1990 年 9 月 10 日），后者向前者索要超过 150 亿马克（按当时汇率约合 92.6 亿美元）的优惠贷款（霍斯特·特尔切克.《329 天：德国统一的内部视角》，欧阳甦译，北京：社会科学文献出版社，2016 年，第 241 -242 页）。另有统计数据表明，1991 年底苏联外债总额达 760 亿美元（1981 年时仅为 44 亿美元），内债 56 亿美元（胡多卡尔莫夫等.《俄罗斯社会经济发展史》，第 372 和 377 页）。

③ Liping He, *Hyperinflation: A World History*, Routledge, 2018, Table 7.2, p. 202.

后，物价管制体系的崩溃犹如旋风般地将通胀和超级通胀传送至苏联各地（俄罗斯 CPI 通胀率在 1992 年高达 1 353%，名列 15 国前茅）。[①]

通胀爬升给 1991 年新旧交替的政权带来挑战。1991 年 1 月，苏联最后一任财政部长和总理巴甫洛夫（Valentin Pavlov）突然推出卢布改革，要求大面额卢布持有人 3 天之内更换新卢布，而且个人可兑换总额不得超过 1 000 卢布。卢布资金在俄罗斯与其他加盟共和国之间出现大规模“异常”流动。俄罗斯的新当政者面临空前挑战。艰难的选择是，要么返回计划经济体制（继续价格管制并实行生产和物资的计划管理），要么跨入市场经济体制（放开价格管制并由居民和企业自行决定生产与交换），中间道路可能很难。俄罗斯联邦总统叶利钦采用经济顾问叶戈尔·盖达尔（1956—2009 年）意见，决定于 1992 年 1 月 2 日起取消大部分商品的限价，减削财政开支（取消各种税收优惠），提高增值税税率，同时推行国有企业的私有化（第一阶段私有化向每位俄罗斯公民发放价值 1 万卢布的购股权证，该权证也可转让）。这套做法，被广泛认为是俄罗斯的“休克疗法”，即激进路线的改革或“大爆炸”式的改革。此次改革的初衷，一是控制通货膨胀，二是促进经济增长，但全部落空。俄罗斯的 CPI 通胀率迟在 1996 年才由三位数降至两位数，实际 GDP 则迟在 1997 年才止跌回升。

叶利钦—盖达尔“三位一体”的激进改革方案（财政货币政策紧缩、推行私有化和放开价格管制）在理论上似无懈可击。财政货币政策是控制宏观经济名义总量（钱）的阀门，“管住钱袋子的笼头”便不会有通胀之虞；推行私有化相当于放开市场准入，让更多市场行为主体参与社会生产，当然能带来生产总量（市场供给总量）的增长，进而发挥抑制通胀的作用；放开价格允许各种商品和服务的价格自由浮动，让价格发挥信号作用，由此促进价格结构的调整而非价格总水平的上升。这三种说法哪一个有错呢？

从表面上看，三者都对，而在实践中它们在当时的俄罗斯又都不对。出错的不是理论本身，而在理论逻辑之外。关于叶利钦时期 1992 年改革的不成功，俄罗斯国内和国际学术界进行了大量研究，比较一致的看法是：（1）叶利钦与盖达尔将改革目标设置偏高，而现实条件并不支持目标过高的改革措施；（2）为摆脱苏联，叶利钦在 1990—1991 年将大量政治和经济权力下放（下放给俄罗斯联邦的 20 多个“共和国”和州），导致此次改革实际上缺乏俄罗斯联邦中央政府的强有力支持（当时俄罗斯联邦的总统、总理、上下议院等在诸多问题上均有分歧）；（3）俄罗斯联邦与周边新邻国（前苏联加盟共和国）的经济和金融关系出现裂痕，稳定“卢布区”的努力在 1992 年功亏一篑。

例如，改革计划的成功要求紧缩财政，但在当时的体制下，叶利钦为巩固其新领导

---

① 俄罗斯及苏联瓦解前后各加盟共和国 1989—1992 年通胀率和 GDP 增长率数据详见世界银行工作人员报告：Cevdet Denizer, Stabilization, adjustment and growth prospects in transition economies. *World Bank Working Paper* 1855, World Bank, 1997, Table 2. 国际货币基金组织“世界经济展望数据库”发布的俄罗斯联邦 CPI 通货膨胀数据始于 1993 年，该年为 874.6%（时期平均变动）和 839.9%（期末变动），1993—1995 年皆为 3 位数。

地位，无法有效控制财政支出。再如，改革计划的成功要求紧缩的货币政策，但是，尽管俄罗斯国家银行已经按照现代中央银行的原则初步运营，却无法确立独立于行政当局和各大利益集团的政策决策机制，不能有效控制卢布发行总量并运用利率调节工具。

俄罗斯于1990年底通过“俄罗斯联邦中央银行法”和“俄罗斯联邦银行及银行活动法”，两法的基本内容符合市场化改革原则，包括确立对民营银行和外资银行的开放政策。但是，两部法律也有不足之处。首先，如前所述，法律没有确保俄罗斯中央银行在货币政策上的独立地位，也没有建立对中央银行管理层在控制通胀问题上的问责制。其次，商业银行法至少有两个缺陷：一是允许银行从事证券交易，包括持有企业股票；二是对国有商业银行的治理结构并无特别明确的规定。前一条，相当于给予银行在国营企业私有化和企业股票大量发行期间极高的参与自由度；后一条，等于在体制转轨期间（甚至是“权力空当”期间）给予银行管理层（包括总行和分行的负责人）极大的自由经营权。

人们容易同意中央银行立法上的不足与通货膨胀的升高有关的说法，但是，难以判断商业立法和银行立法上的不足与私有化进程的扭曲有何关系。就俄罗斯而言，两者之间的关系现在已浮出水面，私有化进程中的扭曲应归因于前期银行改革的缺陷。1987年改组后的苏联银行中，仅有两家后来继续运行于俄罗斯联邦，即国家储蓄银行（Sberbank）和外贸银行（Vneshotorgbank），其他三大专业银行——工业与建设银行（Promstroibank）、社会投资银行（Zhilsotsbank）和农工银行（Agroprombank）——都因为卷入苏联与俄罗斯联邦之间的法律纠纷而未能幸存（1990年6月至1991年12月是苏联和俄罗斯联邦作为两个政治实体并行的时期）。但是，这三大银行及其分行的经理人员在1990—1991年纷纷参与俄罗斯境内的新私人银行的组建，新组建的私人银行（spetsbanks）数目多达600余家，而且多为前苏联三大专门银行的地区分行“摇身一变”而来。此外，1991—1994年俄罗斯出现另外2000余家新银行，其创始人大多来自国有机构。[①]这些数字看上去像是一场“自由银行业”革命，实则不然。俄罗斯此时冒出的大量银行，无不抱着参与私有化以便大捞一把的念头，在投机风潮中兴风作浪。利用信贷和其他金融工具大肆廉价收购股权证和股权质押标的成了少数运作者获取私有化企业控股权并快速致富的捷径。

高目标的“叶利钦—盖达尔”改革计划在1992年初推出后，三个基本事实是：（1）价格剧烈波动，证券发行和交易极度膨胀；（2）投机牟利得到巨大机会；（3）掌握金钱资源和信息资源多者，则赚大钱。在两阶段私有化过程中（第二阶段私有化始于1994年下半年，方式是现金出售国有企业的股权），众多俄罗斯新银行积极参与。有统

---

① Koen Schoors and Ksenia Yudaeva, “Russian Banking as an Active Volcano”, as Chapter 23 in Michael Alexeev and Shlomo Weber, eds. *The Oxford Handbook of The Russian Economy*, Oxford University Press, 2013, p. 546.

计数据显示，1994 年末俄罗斯超过 10 万家小企业私有化，另有 1.65 万家大企业（员工 1 000 以上企业）私有化，后者仅将 20% 的股权售予购股权证（Vouchers）持有者，其余股权由工厂经理和职工占有。工厂经理一类的人物显然为内幕人，故有人称此时期俄罗斯私有化为“内幕人私有化”（Insider Privatization）。[①] 1995 年后，通胀趋于缓和，大规模私有化已近完成，大批新富在俄罗斯各地现身。俄罗斯人称其为“扒富者”或“暴富者”（Prikhvatizatsiya，此为“私有化”与“抓扒”的复合词）。同时，20 世纪 70 年代苏联持不同意见者创造的一个名词再度流行，权贵（Nomenklatura）。“扒富者”与“权贵”在新俄罗斯实为同一伙人。21 世纪初以来，他们更多被称为“寡头”（Oligarchs）。

《叶利钦—盖达尔改革方案》出台后，俄罗斯实际产出的下降表明，当时大量增长的银行和金融资源没有用于支持实体经济，而是被挪用于各种投机活动。各种投机活动的膨胀显示，政府弱化了对银行和金融的监管，银行和金融机构的治理结构存在严重问题。当投机成为风潮并且成为社会成员获利的重要方式时，价格上涨就不会成为刺激产出增加的信号，它只会刺激投机的进一步升级和价格进一步上涨，通胀自然成了脱缰之马。

事实上，在 1992—1993 年，俄罗斯联邦政府自身也存在治理结构不良而且不稳定的问题，枉论“管住钱袋子的笼头”。技术上，俄罗斯 1992 年 7 月发行新卢布取代苏联卢布（按 1∶1 比率），并在 1998 年 1 月再次发行新卢布取代旧卢布（按 1∶1 000 比率）。1993 年底，俄罗斯联邦议会通过新宪法，赋予总统更多的权力。俄罗斯联邦的中央政府体制此时趋向成熟，控制通胀从而成了政治上既重要又相对容易的任务。

俄罗斯的转轨经历，仿佛是现代版的但变形的《出埃及记》。它走出计划经济体制的盐碱地，跨越鸿沟后却跌入扭曲的市场经济沼泽地。在这里，班德尔和柯雷克的后人成了胜者，诚实的劳动者却沦为输家。俄罗斯的经验表明，银行和金融体制的健全与否，不仅关系到宏观经济的稳定，而且影响着结构调整进程中的社会公平。当然，此经验在其他国家（包括发展中国家和转轨国家）也有体现。

三、东欧社会主义国家的经济体制改革与金融

从 20 世纪 50 年代至 80 年代，苏联西边的中东欧和中南欧地区分布着 8 个社会主义国家。除了南斯拉夫，它们均为经互会和《华沙条约》的成员国，都在 20 世纪 40 年代末或 50 年代初依中央计划体制的原则改造本国经济体系，全面推行国有化。战后初期，正是在这片地区落下了“铁幕”，成了“冷战”期间两大阵营对抗的前沿地带。

---

① Anders Åslund, “Russian's Economic Transformation”, as Chapter 4 in Alexeev and Weber, eds. *The Oxford Handbook of The Russian Economy*, p. 96.

中东欧和中南欧（以及部分巴尔干地区）的许多国家和民族中世纪晚期以来长期遭受外族入侵和统治，民族独立愿望十分强烈。19 世纪后半期以来，它们接触到资本主义生产方式，社会中的市场经济倾向一向十分浓厚。在 20 世纪 40 年代后半期和 50 年代前半期转向计划经济体制的过程中，体制摩擦时有发生。1953 年斯大林去世后，在苏联国内出现“解冻”或“松动”的背景下，中东欧的几个“卫星国”率先发生“求变”或改革运动，1956 年的波兰和匈牙利率先成为代表。在波兰，工人的抗议活动主要是政治性的。在匈牙利，党内的改革派要求实行经济体制改革。匈牙利的改革呼吁包括取消对经济活动的直接行政干预、赋予企业更大的自主经营权、更多使用价格和信贷调节手段、中央计划更多关注长远发展目标等。但在当时的政治条件下，这些要求被认定为“背叛”，无法得以推行。

当代研究者认为，1955 年前后中东欧国家出现“第一波”改革浪潮（以波兰和匈牙利为代表），1965—1968 年出现“第二波”（以捷克斯洛伐克和南斯拉夫为代表），20 世纪 80 年代则为“第三波”（以波兰为代表）。事实上，1955 年前后的波兰、匈牙利和 1968 年的捷克改革都未能顺利推行。成功的改革是 20 世纪 60 年代的南斯拉夫和 80 年代末的波兰。

19 世纪末至 20 世纪初，捷克斯洛伐克是奥匈帝国的工业化明珠，当地教育普及，制造业发达。20 世纪 60 年代初以来，捷克斯洛伐克的经济出现停滞迹象（部分原因是苏联不增加对捷克工业品的订货而捷克自身难以有效拓展国际市场），体制内呼吁改革和政策调整的声音不断增多。1965 年，由捷克经济学家奥塔・锡克（1919—2004 年）主持起草的改革报告得到批准，其基本精神是给企业管理者更多的自主权，让计划更多发挥总量经济指标（“指导性指标”）而不是决定具体生产和分配过程（“指令性指标”）的作用。

事实上，苏联于 1965 年也进行了经济改革。时任总理柯西金采纳了经济学家利别尔曼的建议，强调企业要重视经济核算和利润目标，职工的报酬需要与企业的业绩挂钩，指令性计划的范围需要缩小，等等。这些改革属于局部微调，仅能在有限范围内应对激励和激励兼容问题（解决职工的工作热情与企业生产目标之间可能不协调的问题，或者说解决“怎样生产”的问题），但却无法从根本上解决计划经济体制中“生产什么”和“为谁生产”的问题。在后两个“大是大非”的问题上，苏联一直坚持保守立场，不仅故步自封，而且阻止“卫星国”的改革。1968 年，苏联派兵入侵捷克斯洛伐克，镇压“布拉格之春”，终结了那里的经济改革。但是，苏联并非无所不能。1950 年以来，苏联未能阻止铁托领导下的南斯拉夫走自己的社会主义经济道路，1972 年未能阻止已是经互会成员的罗马尼亚加入国际货币基金组织和世界银行，20 世纪 80 年代末更无力阻拦波兰等国的经济和金融改革。

南斯拉夫独特的社会主义银行体制

位于巴尔干半岛边缘的南斯拉夫和阿尔巴尼亚在“二战”末期得到盟军援助获得独立。南斯拉夫是“大国”，阿尔巴尼亚是“小国”，前者一度试图组建“大巴尔干联盟”，此举若成功必将吞并后者。斯大林不同意南斯拉夫领导人铁托（1892—1980 年）的计划，一方面疏远了南斯拉夫，另一方面则拉拢了阿尔巴尼亚。①南斯拉夫在 1948 年以前积极效仿苏联的计划经济和国有化模式，甚至试图在农村推行苏联的集体农庄制度。但是，由于双方的矛盾（主要是对外政策上的分歧），南斯拉夫告别苏联经济模式，决意探索自己的社会主义经济体制。

南斯拉夫是一个多民族、多宗教的国家，国内几大族群在人口数量和文化影响力等方面势均力敌，较大的塞尔维亚族并无绝对优势（铁托本人出生于克罗地亚）。于是，追求自主发展模式的南斯拉夫领导层决定实行分权制，但不是将权力（权利）分给各个共和国或特别行政区，而是下放至最基层的单位——单个企业和社区。这种方式，一来可避免集权（此有“苏联模式”之嫌），二来可避免族群离心倾向（“民族分裂主义”倾向）。②

1950 年南斯拉夫出台法律，要求国营工厂组建工人管理委员会并由该机构负责国营工厂的经营。铁托身边的理论家纷纷著书立说，将南斯拉夫的社会主义经济体制概括为“工人自治”和“计划与市场相结合的”模式。1960 年后，南斯拉夫的经济体制与苏联以及其他采用中央计划体制的国家的差别日益明显。在 20 世纪 70 年代前半期，以普通工人的生活水平衡量，南斯拉夫在各社会主义国家中名列前茅。

南斯拉夫的“工人自治”，指国营工厂或农业企业皆属于劳动集体或自由生产者的联合会（马克思使用过的词语）。劳动者行使管理权，委员会选举产生经理，劳动报酬的多少必须参考工厂的业绩。国家掌握是否批准成立新企业的权力，同时也制订指导性计划，尤其在重要工业部门。南斯拉夫联邦政府通过财政和金融手段影响投资计划在全国的落实，尤其是投资资金在各个地区（6 个共和国和 2 个特别行政区）之间的分配。金融机构对企业提供贷款，可收取不同利率，并可将资金贷给愿出最高利息的企业。③南斯拉夫的这套经济和金融制度安排，在其他社会主义国家全不见踪影。

1946 年南斯拉夫制定社会主义国家的新宪法，随之将所有民营银行置于新政权管制下，组建南斯拉夫国民银行（国家银行）后将民营银行全部解散。当时南斯拉夫的

---

① 罗伯特·拜德勒克斯、伊恩·杰弗里斯．《东欧史》，韩炯等译，北京：东方出版中心，2013 年，第 795－796 和第 803－804 页。恩维尔·霍查（1908—1985）领导的阿尔巴尼亚是斯大林的追随者，并因此在赫鲁晓夫上台后疏远苏联而亲近中国（但他在 1978 年决定与中国断交，中阿两国后于 1990 年复交）。

② 拜德勒克斯、杰弗里斯．《东欧史》，第 804－805 页。

③ 格鲁奇．《比较经济制度》，第 718 页。

银行体制完全照搬苏联，形成了“大一统”的局面，在1954年以前仅有国民银行一家机构运行。该银行既是政府银行（代理政府税收和财政支出），又是普通商业银行和储蓄银行，从事发放贷款和吸收居民存款的业务。1954年后，南斯拉夫开始尝试建立本国特色的银行机构，于当年组建“地方自治银行”（Communal Banks）。1961年通过的“银行法”确定三级银行体系，即联邦（国家）层面的银行，包括南斯拉夫国民银行和全国性专门银行，共和国（自治州）层面的银行与地方自治体的银行（“地方自治银行”。最后一类银行1954年有57家，1963年增至220家。[①]在全国性专门银行方面，南斯拉夫于1955年成立外贸银行，1956年成立投资银行，1959年成立农业银行。6个共和国分别有自己的银行，它们负责共和国财政资金支出的投资事务。这套银行体系，看似覆盖全面，实则问题良多，包括地方自治银行机构众多、经营方式落后、效率低下等。

中东欧“第二波”改革浪潮中，南斯拉夫决定对经济和金融体制进行大改。1965年通过的“银行与信贷法”要求南斯拉夫国民银行改组为中央银行，仅负责货币政策和代理联邦政府财政管理事务；在机构框架上国民银行实行联邦制，即在联邦（中央）层面设立总部，6个共和国和2个自治州分别设立国民银行，各国民银行皆自设理事会。在实践中，南斯拉夫国民银行很少调整利率，主要利率保持多年不变。例如，贴现利率在1963—1971年一直停留在6%水平（仅在1967年可浮动至7%）。[②]

1965年“银行与信贷法”还要求对现有银行进行改组，依新规则划分为三类银行：从事普通存贷款业务的事业银行（Business Banks，也可称为商务银行），从事长期信贷的投资银行，吸收居民存款（尤其储蓄存款）的储蓄银行。商业银行可开展个人消费信贷和住房贷款，而对企业的贷款皆为短期。投资银行主要从事对企业的设备贷款。储蓄银行也可为个人提供贷款。

新的银行法允许各类银行跨地区设立分行并为不同地区的企业提供银行服务，因而相互竞争；允许银行开展并购重组。很明显，1965年的新银行法旨在摆脱苏联体制中的单一银行模式（Mono - Bank Model），即一个地区仅有一家银行，或一个业务领域仅有一家银行，银行之间没有竞争。[③]简言之，南斯拉夫1965年改革的要旨就是在银行领域引入竞争。1972年南斯拉夫进一步取消了对利率的所有限制，银行获得自定利率的权利。

1965年的这场改革使银行在南斯拉夫经济中的地位和作用大为提升。在南斯拉夫固定资产投资总额中，银行提供资金的占比在1960—1963年仅为3%，1968年升至36%，

---

① 田中寿雄.《苏联东欧的金融和银行》，第225页。

② 田中寿雄.《苏联东欧的金融和银行》，表6-2，第229页。

③ W. Brus, “1966 to 1975: Normalization and Conflict”, as Chapter 26 in M. C. Kaser, ed. *The Economic History of Eastern Europe* 1919 - 1975, Vol. Ⅲ, Clarendon Press, 1986, p. 166.

1972 年进一步升至 42%。与此同时，社会与预算资金的占比由 1960—1963 年的 60% 降至 1968 年的 27% 和 1972 年的 20%。[①]银行资金的占比自 20 世纪 60 年代后半期达到如此高的程度，主要由于该国 1966 年的另一项改革，将原来通过税收集中起来的“公共投资基金”转交给联邦政府控制的 3 家专业投资银行，由它们依据联邦政府的意图安排在各地区和各行业的长期信贷（固定资产投资）。[②]事实上，南斯拉夫 1965 年的改革还涉及税收和财政体制方面，包括进一步强化税收征管。

与其他社会主义国家不同的是，南斯拉夫允许银行进行合并重组。1960 年，南斯拉夫有 560 多家银行分布于全国各地，部分原因是允许各层次的地方政府和劳动联合会参与组建银行。1965 年和 1966 年的银行改革进一步允许企业（尤其是大企业）组建银行。此后，不少大企业都表现出组建银行的积极性，企图控制银行并借此谋取额外利益。南斯拉夫的银行数目至 20 世纪 70 年代初已大大减少，全国不足 100 家。鉴于此，南斯拉夫联邦政府于 1971 年通过新的银行法，加强了对银行信贷业务的限制和对银行所有经营活动的监督，实际上增加了政府（联邦政府和共和国政府）对银行活动的影响。

联邦政府和各级政府对银行能够施加很大影响的重要原因是，许多银行（尤其是拥有一定规模的银行）的资本金大多来自政府的财政投入。银行无法通过发行证券获得资本金，因为南斯拉夫那时没有证券市场，联邦政府自身也很少发债。南斯拉夫于 1976 年放开企业股票交易的限制，并由此出现了股票市场。[③]但是，南斯拉夫的银行显然未将股票市场当作获得资本金的来源。南斯拉夫的银行制度形成了一种奇特的矛盾。一方面，政府倡导银行独立经营，相互竞争；另一方面，因为没有证券市场或未利用证券市场，银行缺少获得资本或后续资本的独立渠道，不得不依赖政府的财政资金来弥补资本金缺口，银行的经营独立性事实上并无保障。

1977 年，南斯拉夫再次进行银行机构调整，将原来的商业银行、投资银行和储蓄银行改为基层组织银行、内部银行和联合银行。基层组织银行即为社区银行，接近于 20 世纪 50 年代就有的“地方自治银行”。内部银行是依附于大企业的银行，联合银行则由有关银行合并而来。这次改革后，联合银行可从事较为广泛的银行业务，综合经营程度升高，同时，基层组织银行和内部银行的经营范围则受到一定限制。

统计显示，1977 年南斯拉夫事业银行资产总额为 3 860 亿第纳尔，[④]当年南斯拉夫社会总产值（NMP）为 3 630 亿第纳尔，两者之比为 106%。此比率在当时社会主义国家中应为较高者。当年南斯拉夫事业银行资产负债表还显示，其对外资产为 74 亿第纳尔，对外负债 183 亿第纳尔，对外净资产为 -104 亿第纳尔。按当时汇率 1 美元 =16 第纳尔，

① Brus, “1966 to 1975: Normalization and Conflict”, p. 166.
② 格鲁奇.《比较经济制度》，第 722 页。
③ 田中寿雄.《苏联东欧的金融和银行》，第 230 页。
④ 田中寿雄.《苏联东欧的金融和银行》，表 6 -4，第 232 页。

此意味着南斯拉夫对外净负债6.5亿美元。换言之，南斯拉夫事业银行经营规模的扩大多少得益于对外借款。

总的来看，南斯拉夫在20世纪60年代形成的银行制度不仅未能有效防止银行活动受政府和政治的严重影响，而且也没有发挥控制通货膨胀的作用。这两点皆与1991年南斯拉夫联盟的瓦解以及同时在该国出现的严重通货膨胀有关。就前一点而言，各级地方政府长期影响银行的经营活动，事实上妨碍了南斯拉夫经济一体化的深入发展，使联盟的经济基础未得到足够的巩固。就后一点而言，1965年改革虽然让南斯拉夫国民银行成为中央银行，但此后其实际作为与真正的中央银行尚有差距。早在1957—1965年，南斯拉夫货币供给总量（现金发行和银行活期存款之和）的增长不仅高于实际总产出，而且超过名义总产出增长（实际总产出增长与物价水平上涨之积），①一些研究者称为“压抑型通货膨胀”（Repressed Inflation）。②而在1965年后，南斯拉夫的通货膨胀日益公开化且不断上升，初期是两位数水平（1965年和1966年以及1971年后），后来则达到三位数水平（1987年后）。在这个过程中，南斯拉夫国民银行显然没有有效发挥其作为中央银行的作用。

波兰：“大爆炸”改革中的银行和金融部门

20世纪50年代以来，要求改革的呼声在波兰从未停息。1980年，东欧国家中第一个独立工会组织“团结工会”在波兰成立，此使波兰的政治局势变得不稳定。这实际上并非政治问题，而是经济问题，因为此时波兰经济由于多种原因出现下滑，工人的利益受到不利影响。在此背景下，“团结工会”迅速获得大量波兰工人的支持。

波兰经济1980年后陷入严重衰退。实际GDP在1980—1982连续3年下降，其中1981年下降10%。波兰经济衰退有三个原因。第一，与其他东欧国家一样，波兰经济长期存在低效率和工人劳动积极性不高的问题，这是激励不足和“如何生产”未解决好的结果。第二，波兰出口乏力，在能源转为净进口国后面临经常账户逆差。波兰于20世纪70年代开始举借外债，在1980年后遇到国际金融市场利率上升，波兰外债负担越来越重，时常被迫借新还旧，外债总额在80年代末超过400亿美元。③第三，通货膨胀公开化和持久化。1981年虽然宣布“团结工会”非法，但政府不得不给工人加薪，而且在通胀爬升后继续加薪（此为“名义工资指数化”）。1985年对外贸易局部放开后，波兰国内开始大量流通美元等外币，美元化开始蔓延，国内通胀渐有加速上扬的势头（此为“工资—物价—汇

---

① He, *Hyperinflation: A World History*, p. 199.

② 依据货币数量论，在一定时期内，若货币流通速度（V）保持不变，则货币（M）变动等于名义产出（PQ）变动［实际产出（Q）变动与物价变动（P）之积］。若货币变动高于名义产出变动且名义产出变动与实际产出变动接近，那么，可推定物价变动小于货币数量论所预期的幅度，即出现了“压抑型通胀”或“隐蔽通胀”，David Lipton and Jeffrey Sachs, “*Creating a Market Economy in Eastern Europe: The Case of Poland*”, *Brookings Papers on Economic Activity* 1990 (I), p. 90.

③ 拜伦德.《20世纪欧洲经济史》，第180页。

率螺旋上涨”[①])。通胀的爬升不仅使政府难以推动投资增长，而且也导致社会资源大量转入投机性活动。

波兰的政权更替十分迅速。1989 年 4 月波兰议会通过决议让“团结工会”合法化，6 月全国大选中“团结工会”的代表获胜，12 月议会通过宪法修正案，更改国名（此为“第三”波兰共和国之始）。1990 年 1 月，政府启动“大爆炸”的“一揽子”综合改革，包括宏观经济政策调整、推行私有化和金融部门改革。

对比 1990 年 1 月波兰的“大爆炸”和 1992 年 1 月俄罗斯的“休克疗法”（“大爆炸”与“休克疗法”的含义完全相同），不难发现若干同异之处。两者相同的是，波兰和俄罗斯在改革前皆已出现通胀爬升，且在改革之初已达超级通胀的地步（波兰 1990 年 1 月 CPI 环比上涨 77.3%，俄罗斯 1992 年 1 月 CPI 环比上涨 245%）。[②]也就是说，高通胀是两国政府在推行改革时面临的共同挑战。而且，两国改革的基本内容如出一辙，即推行宏观稳定计划和结构调整（私有化和价格放开）。

然而，波兰与俄罗斯的改革及稳定计划至少有三大不同之处，它们都有助于波兰改革的成功。第一，波兰改革计划获得的国内政治支持大于俄罗斯。强大的国内政治支持使波兰新政府成功推进了财政收缩计划（取消多种补贴和削减其他支出）。1989 年波兰财政支出的 11% 靠借债（发生显著规模的财政赤字），1990 年就实现财政收支顺差（无财政赤字）。有必要指出，紧缩财政的做法并不符合“团结工会”许多成员的愿望。不仅如此，波兰新政府有意通过一段时间的高通胀降低享受名义高工资工人的实际收入。[③]有研究者认为，在东欧多国，改革通常能得到有力的国内政治支持，显著超过许多拉丁美洲国家；但是，这种政治支持并不必然持久，即改革的时间窗口总是有限的，所以最佳方案应该是“大爆炸”或“休克疗法”。[④]同理，俄罗斯 1992 年改革的不成功与其不能迅速紧缩财政支出有重要关系，而财政能否紧缩以及紧缩多少短期主要取决于改革计划得到的政治支持力度。

第二，波兰起始并未推行目标过高的结构调整和稳定计划。在私有化方面，波兰初期的做法将国营小型商贸企业（包括餐馆旅行社等）出售给私人投资者，大型国有企业则留待经济形势稳定之后分步骤进行。在价格放开方面，波兰与俄罗斯一样在短期间内放开了许多管制措施，但波兰保留了几项价格和收入管制措施，能源（燃料）和交通的

① Lipton and Sachs, “Creating a Market Economy in Eastern Europe: The Case of Poland”, p. 109.

② He, *Hyperinflation: A World History*, Table 7.1 on p. 201, and p. 221.

③ 专注于转轨国家高通胀和稳定计划的几位研究者认为，1989 下半年和 1990 年初，三大因素导致波兰新政府容许通胀不断爬升：（1）给自己腾出时间专门准备“大爆炸”的改革方案（由此相对忽略通胀问题）；（2）让社会成员的实际收入下降以便日后得到更快反弹；（3）消除当时经济中过多的流动性（Grzegorz W. Kolodko, Danuta Gotz - Kozierkiewicz, and Elzbieta Skrzeszewska - Paczek, *Hyperinflation and Stabilization in Postsocialist Economies*, Springer Science + Business Media, 1992, p. 77）。此处第（2）条显然有悖于“团结工会”成员的利益。

④ Lipton and Sachs, “Creating a Market Economy in Eastern Europe: The Case of Poland”, p. 75 and p. 87.

价格不允许浮动、国有单位职工的工资不准“私自”上调（超标准上调将被高额罚款）。后期的做法旨在降低国有部门员工的实际工资以便促使就业市场达到新的供需平衡。同时，政府为失业员工提供收入救济，建立“社会安全网”，防止贫困发生。

第三，波兰在“大爆炸”的同时推行金融改革，而且将早期改革重点放在中央银行制度的建立和健全上，以确保宏观调控的顺利展开。改革前的波兰的银行体系完全参照苏联模式，即一家综合性的国家银行（波兰国民银行）和数家专门银行（包括储蓄银行）。整个银行体系是中央计划的执行机构，它能为公众和企业提供的银行服务简单而落后，完全无法满足向市场经济转轨的需要。鉴于此，1990 年波兰银行改革的重点有两项：一是重组波兰国民银行，使之成为专门的中央银行，其主要职责定位为控制通货膨胀；二是放开银行业，准许私人资本和外资进入。许多国家在转轨时期都进行了这两项改革，但成功的差距极大。波兰的成功在于，波兰国民银行于 1990 年重组后，能够排除干扰恪守职责，按照专业和科学原则治理通货膨胀，重视运用利率工具进行调节，将政策性利率（再贴现率）目标确定在实际正利率区间以确保借贷需求不再膨胀。这个转变看似简单，实则不易。改革前，波兰国民银行从事信贷业务，实行信贷数量控制；改革后，波兰国民银行不再从事企业信贷，仅与金融机构和金融市场基于市场交换原则发生资金往来。如果波兰国民银行不及时熟悉并运用利率工具进行调节，控制通胀或需更长时间。波兰 CPI 通胀率于 1991 年降至两位数，1992 年降至 50% 以下；GDP 则从 1992 年便恢复增长（负增长仅在 1990 年和 1991 年）。反观俄罗斯，CPI 通胀率在 1992—1995 年连续 4 年在 3 位数的高水平，GDP 则在 1992—1996 年连续 5 年下降。

波兰改革与另一个金融相关的亮点是将国营大企业的私有化与证券交易所的规范建设相联系，全然不同于俄罗斯街头免费发放或现金拍卖国营企业股权证书的做法。波兰中小国企的私有化开始于 1990 年，大型国企私有化始自 1991 年下半年。后者的私有化方案是“发券 + 拍卖 + 投资基金”模式，具体来说就是：（1）进入首批私有化名单的国企将其全部股份的 27% 由政府免费授予成年公民，此为“发券”；（2）另外 33% 的股份拍卖出售，此为“拍卖”；（3）其他股份可在新成立的华沙证券交易所上市交易。个人领取的“产权证书/产权券”（Vouchers）可用于换取共同基金（互助型投资基金）的股份，后者的市值则由所持股票的股市价格决定，此为“投资基金”。相比俄罗斯的“发券 + 拍卖”模式，波兰私有化途径多了证券市场这个关键环节，有利于“产权券”和上市公司股票的定价透明度和定价公平。

波兰的私有化并非一帆风顺，没有任何波折。早先的私有化方案在一些重要细节上数次修改，一些大国企的上市进程一再延后，许多中小国企甚至未待私有化便倒闭歇业了。但是，总体而言，波兰的私有化未像俄罗斯那样促成大批暴富者。

继波兰之后，匈牙利和捷克等中东欧国家也实行了接近于“大爆炸”的改革调整，同步推出紧缩性的宏观经济政策和私有化的结构调整政策。与波兰一样，在改革之前和改革初期，捷克和匈牙利都遇到通胀爬升和失业增多，而随后也取得了与波兰相似的成果，通胀得到控制，产出恢复增长。波兰、捷克和匈牙利之所以能取得如此成果，除了宏观经济政策和结构改革政策制定得基本合理，还有赖于有效的开放政策和恰当的金融改革政策。外资及时流入为产出恢复增长作出了突出贡献。在波兰，重要因素还包括积极争取尽快恢复在国际货币基金组织的席位，以此与国际债权人达成债务重组协议，避免了在改革阶段发生外债危机。①此外，波兰在外汇改革上也实施了一套“组合拳”，同时宣布货币兹罗提大幅贬值、全国外汇交易通行单一汇率和开放外汇市场（此与中国1994年的外汇改革很接近）。

四、计划经济时期和改革开放早期阶段的中国金融

1949年10月1日，中华人民共和国成立，随后推行新民主主义和社会主义制度，与苏联建立同盟关系，成为同一阵营中的两支重要力量。在第一个五年计划时期（1953—1957年），中国接受苏联的大规模经济援助并参照苏联经验在中国建立社会主义计划经济体制。1960年后，中苏领导层在诸多问题上发生分歧，中共认为苏共走上了修正主义和社会帝国主义的道路，而中国则继续坚持走“以阶级斗争为纲”的社会主义道路。1978年12月，中共中央召开十一届三中全会，决定停止“以阶级斗争为纲”的方针，将全党的工作重心转移到社会主义现代化建设上。自此，中国进入改革开放新时代。

金融在1949—1990年前后中国（大陆）的变化和发展大致可分为三个时期：一是国民经济恢复调整与“一五”计划时期；二是1958—1978年；三是1979—1990年前后。

新中国成立初期银行体制改造的中苏比较

中苏两国在社会主义计划经济体制和金融体制的初创时期有很多相同和相似的做法，如实行国有化、建立中央计划委员会、组建和扩充国家银行、设立专门银行、取缔证券市场等。然而，由于中苏在历史文化、经济发展水平和经济结构等方面的显著差别，两国的金融（银行体制）自始便有诸多不同，两国对旧金融体系的改造也有差别。

“十月革命”前的沙俄在欧洲各国中经济较落后。按麦迪森提供的数据（以1990年

① 波兰于1986年再次加入国际货币基金组织，并在1990年1月初推出“大爆炸”措施前夕与基金组织进行了密切沟通，后者同意为波兰提供“常备贷款”（Standby Facility），Boughton，*Silent Revolution*：*The International Monetary Fund* 1979－1989，pp.991－992.

美元为参照值），1913 年，沙俄人均 GDP 为 1 488 美元，德国为 3 468 美元，英国为 4 921美元，沙俄不及德国的一半或英国的 1/3。依同样统计标准，1950 年，中国[①]人均 GDP 为 448 美元，仅为美国水平（9 561 美元）的 1/21 或英国水平（6 939 美元）的 1/15。人均产出水平的低下意味着，相对 1918 年的苏俄而言，1950 年的中国有着较大的农业部门、较低的工业化水平和城市化水平以及较高的文盲率等（文盲率是影响正规金融普及程度的一个重要参数）。这些因素使 20 世纪 50 年代的中国就相对水平而言，能够利用金融工具筹集的工业建设资金少于 20 年代的苏联。

20 世纪 50 年代初的中国与 1920 年前后的苏俄还有一个重要不同之处。“十月革命”前布尔什维克是群众性组织和群众运动的领导者，它并没有建立自己的政权体系，货币金融对它来说多少是一个陌生事务（或许仅有列宁和布哈林等为数不多的高层领导人谙熟金融）。而中共在 1949 年以前已组建了自己的政权体系，在货币金融领域已有多年经验，包括铸币、印钞、兴办银行和发行债券等，并因此积累了自己的专业人才。因此，中共在接管金融资产以及随后全面整顿金融业的过程中，很多地方颇显驾轻就熟，能针对不同类别的金融机构、金融资产和从业人员实行有差别的政策方针。在俄罗斯，当阿芙乐尔巡洋舰炮声响起后，所有私人银行均关门歇业，苏俄政权随后将之一律国有化并强行并入一家国家银行。而在 20 世纪 50 年代初的中国，旧体制到新体制的转换有一个“过渡时期”，在此期间政策上有差别地对待不同产权主体。

按照当时的政策，除民国政府的官方金融机构被直接没收外，此前存在的金融机构被划分为三类：官商合办、普通私营和投机性私营。第三类主要是集中在上海和天津等大城市的证券交易商，他们大多被吊销营业许可或因参与投机被判入狱。1950 年，所有原官商合办银行中的“官股”皆由新政权接收，一些“官股”后来还有增加，并由此形成新政府控股原机构的局面。一些私营银行的部分股份被判定为“敌伪财产”而充公，因此转变成拥有“官股”（公股）的合营银行。[②]那些继续保持纯私有股份的银行和钱庄则在经历经营困难后提出“联营”。在上海，按存款额占比衡量，此类私营银行和钱庄在 1949 年 6 月为 64. 4%（此时上海已归中共管辖），1950 年 6 月降至 32. 6%（其他两个 1/3 的占比分别属国家银行和公私合营银行）。[③] 1951 年，多个城市的公私合营银行和私营银行进一步加强“联营”或“联合管理”，将此前按地区设立的联营管理处或联合管理处合并，提高了“联营”或“联合管理”的集中度。1952 年，单纯的私营银行不得继续营业，而所有的公私合营银行都纳入“公私合营银行联合管理处”的管辖范围，

---

① 不含港澳台。

② 1951 年股份清查后，一家重庆私人银行的部分股份即进行此种调整（林幸司．《近代中国民间银行的诞生》，北京：社会科学文献出版社，2019 年，表 8－1，第 257－258 页）。

③ 孙怀仁．《上海社会主义经济建设发展简史（1949—1985 年）》，上海：上海人民出版社，1990 年，第 103 页。

公私合营银行（以及私营银行）原经营者交出了“经营、财务、人事三权”,[①]其信贷业务由此也成为政府安排信贷计划的一部分。1955 年，政府对全国公私合营银行股权（股份）进行了整顿和确认，股本总额定为人民币 5 000 万元，单股 10 元，股酬（“股息”）为年息 5%。[②]这相当于以固息债券买断了私人股份。次年，公私合营银行总管理处与中国人民银行私人业务管理局“合署办公”。

苏俄及苏联国家银行（一度曾称“人民银行”）的前身是沙俄帝国的国家银行，但中华人民共和国的国家银行却与此不同。在中华人民共和国成立之前，中共的华北人民政府于 1948 年 12 月在石家庄宣布成立中国人民银行，以此合并此前在几个互不相连的根据地（解放区）的银行，并开始发行人民币，由此取代各根据地发行的地方币。中国人民银行于是成为中华人民共和国的国家银行，与国民政府的中央银行或其他官办银行没有继承关系。

从民国时期“继承”下来的银行事实上仅中国银行。该银行是 20 世纪 40 年代末所有本土银行中拥有最大海外分支机构网络和最多海外金融资产的金融机构，保留该机构（包括其名称和组织规范）有利于新中国维持和发展与世界的商贸关系。这些海外机构包括当时在香港、新加坡和伦敦等重要城市的分行。后来，在很长一段时期，中国银行一直是新中国的专业外汇银行。而在苏联，因为已将沙俄时期的私人银行全部没收，它的国际金融银行和对外贸易银行全为后来另行组建，与历史的继承关系较为微小。

在中国人民银行和中国银行之外，20 世纪 50 年代组建了另两家全国性银行，即 1954 年 9 月成立的中国人民建设银行和 1955 年 3 月成立的中国农业银行，主办方分别是财政部和中国人民银行，两家机构在申办报告中都提到“参照苏联经验”，即借鉴苏联的专门银行的做法。[③]但是，“苏联经验”在实践中完全适从中国实际，甚至几乎见不到“苏联经验”的影子。以中国农业银行为例，它并非始建于 1955 年，其前身是 1951 年 7 月成立的农业合作银行。该机构成立时，仅在北京设立“总管理处”，基层业务由中国人民银行在全国各地的分支机构办理。[④]农业合作银行成立一年后（1952 年 7 月），按照精简机构的原则被撤销。这样才有了前述 1955 年 3 月组建的中国农业银行。然而，它运行的时间仍不长，两年后于 1957 年 4 月被撤销，其机构和业务并入中国人民银行。这次撤销的理由是中国农村经济的商品化程度不高，农村地区对金融服务的需求不够大。[⑤] 1963 年 10 月，国务院决定恢复中国农业银行，许其在全国各地建立机构网络。但在 1965 年 10 月，中国人民银行向中央报告并建议与中国农业银行合并，理由是两家机

---

① 孙怀仁.《上海社会主义经济建设发展简史（1949—1985 年）》，第 107 页。

② 杨希天等.《中国金融通史》第六卷，北京：中国金融出版社，2002 年，第 84 页。

③ 杨希天等.《中国金融通史》第六卷，第 85 - 87 页。

④ 伍成基.《中国农业银行史》，北京：经济科学出版社，2000 年，第 5 页。

⑤ 杨希天等.《中国金融通史》第六卷，第 86 页。

构的业务有重叠，而精简合并有利于备战。[①]此后，中国农业银行仅保留名称，业务和人事全归中国人民银行。1978 年中共十一届三中全会提升了农村工作的地位，由此，中国农业银行第三次组建并运营至今。

当然，与苏联一样，新中国的银行信贷工作从来也是遵循“政治挂帅”的原则。早在 1949 年 5 月（此时中华人民共和国尚未成立且有严重通胀），中国人民银行发布工商放款利率政策，规定公营工业放款利率为月息 60‰～120‰，私营工业放款则为 75‰～150‰。[②]对公私企业贷款实行不同的利率待遇，体现了扶公抑私的政治倾向。

计划经济时期的“大财政”与“小金融”

从资金循环（经济建设资金资源的形成和配置）的角度看，中国在国民经济调整恢复和第一个五年计划时期确立的经济运行框架包含五个要点：第一，国家通过全面控制国内商业和对外贸易确保所有重要商品的定价（相对价格）都符合国民经济计划的要求，即通过工业品的相对高价和农产品的相对低价，促使社会“剩余产品”（也称社会“纯产品”）向工业集中，即工业成为创造社会增加值的主要经济部门（尽管此时中国仍在相当程度上是一个农业国）；第二，除了城镇部分手工业和农村的小型工业，全部工业实现国有化，而且国有工业通过国家的大规模投入而不断壮大；第三，国有工业企业的利润上缴日益成为财政收入的主要来源（1958 年后国有企业利润上缴的数额几乎年年多于各项税收，此局面持续至 1978 年）；第四，财政（预算）成为全社会固定资产投资的主要资金来源；第五，金融（银行信贷及其他）是财政和社会资金运用的补充，是为计划服务的工具。这五点，体现了计划经济体制的“大财政”（或广义金融）概念，也可认为是国家（中央计划机关）掌握和运用社会经济资源（包括劳动力、物资和资金）推进经济建设（大规模固定资产投资）路线图的关键环节。

在这张“路线图”中，资金运用方式划分为财政预算和常规金融，后者指银行信用和货币发行等。实质是，社会资金的运用以财政方式为主（负责长期投资），信贷方式为辅（负责短期资金）。

图 4－1 显示 1953—1979 年中国新增居民储蓄存款和新增人民币现金发行数额。如前所述，理解此图的关键是将其与同时期的财政收入相比较（尽管依照计划体制的划分，存款资金或信贷资金与财政资金在用途上不可比）。虽然这里出于简化目的未将财政收入纳入图 4－1，但实际情况十分清楚，即相比于同时期的财政收入（各项税收和国营企业利润上缴），每年新增的城乡居民存款和人民币现金发行数额为数甚少（后面图 4－2 比较改革开放时期两者的变动趋势，与计划经济时期反差明显）。前者在 1958—

① 伍成基.《中国农业银行史》，第 101 页。

② 杨希天等.《中国金融通史》第六卷，第 63 页。

1978 年从 300 多亿元增至 1 000 亿元（其间有显著波动，但增长趋势明显），而后者（新增存款和新增现金发行之和）却基本停留在低水平（其间波动严重，而增长趋势不明显）。1958 年，新增储蓄存款和新增现金发行之和为 35 亿元，1978 年为 48 亿元，其中一些年份（1960—1962 年和 1969 年）两者之和为负数。简言之，相比利润上缴和各项税收，每年新增的居民存款和人民币现金发行数额非常少。由此清晰可见“大财政”与“小金融”（“小银行”）的对比。

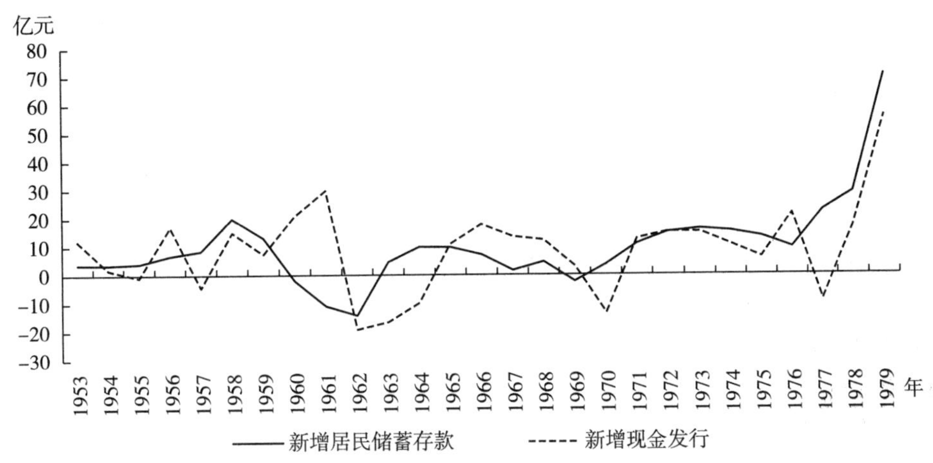

图 4-1　1953—1979 年中国新增居民储蓄存款和新增现金发行

（资料来源：苏宁 . 1949—2005 中国金融统计［M］. 北京：中国金融出版社，2007.）

不可认为居民存款和人民币现金发行代表了计划经济时期中国金融的全部活动。那时的中国金融还包括保险和外汇。中国人民保险公司成立于 1949 年 10 月，初期负责接管和整合当时的私营保险公司。该机构在国民经济恢复调整和“一五”时期开办多样化的财产保险和人身保险业务，并从事对外保险合作。但是，1958 年 10 月全国财贸工作会议决定停办国内保险业务，少数几项保留的险种交由有关行业主管部门负责（如运输险交由运输部门负责），而全面“瘦身”后的中国人民保险公司仅在沿海几个口岸城市设立留守机构办理涉外保险业务。①时至 1979 年，保险在中国不再具有融资功能。

在外汇和国际金融业务方面，中国在 20 世纪 50 年代接受大量苏联援助（以实物和技术援助为主），但在 1960 年后终止。这方面（以及其他诸多方面）的政策变化始于 1958 年，即“大跃进”开始之年，实际也是中国在经济发展上与苏联模式分道扬镳之时。此后一段时间，中国还清苏联债务，且未从其他渠道举借新债。这样，中国政府于

① 杨希天等.《中国金融通史》第六卷，第 200 页。

1975 年宣布中国成为“既无外债，又无内债”的国家。①这意味着，此段时期中国基本上未再利用国内和国际债务融资。从另一个角度看，此也意味着政府扩大开支的需要此时期不得不较多地利用隐性税收手段，包括铸币税。换言之，避免或减少使用公开债务工具或会意味着实际税负的增加，除非政府开支总水平得到有效控制。

就银行而言，除了吸收居民存款，还有企业存款和机关团体存款等，后者显著多于居民存款。“居民存款”与“储蓄存款”在过去实际上无区别，但农村“居民存款”或“储蓄存款”与“农村存款”有区别，后者包括社队企业或乡镇企业存款等。在计划经济时期，绝大多数企业和机关团体是国有单位，它们的存款属于国有系统内的拨款和转款，不反映经济行为者的自主选择（列宁 1922 年批评苏联国家银行行长舍印曼时正是强调此点）。就此而论，计划经济时期所有银行存款中，只有居民存款（或说“城乡居民储蓄存款”）及其变动具有重要意义，可将之视为计划当局从居民部门获得可用金融资源的重要参数，因为存款是贷款的主要资金来源，尽管在计划经济时期贷款主要用于满足国营企业的短期性或周转性的资金需要。

然而，在计划经济时期，居民存款的规模却很小。前面对比了“大财政”与“小金融”，这里再将居民存款与总产出指标做一比较。“社会总产值”是计划经济时期流行的总产出指标，接近国内生产总值（GDP）的概念。居民存款与社会总产值的比率在 1958 年为 2.6%，1970 年为 2.1%，1978 年为 3.1%，皆是小数值，而且变化不大。当然，这与中国城乡居民当时人均收入水平很低有关（1978 年，依麦迪森统计口径，中国人均 GDP 为 978 美元，仅相当于同年美国水平的 1/18.8；若按世界银行的现值美元统计数据，1978 年中国人均 GDP 为 200 美元，仅相当于同年美国水平的 1/53.8）。更重要的是，它从一个侧面表明银行体系在当时的欠发展状况。

现金发行作为一个金融概念主要指其变动而言，因为在物价水平保持不变时，现金发行余额增加可理解为政府作为货币发行主体而获得铸币税（此处仅指名义铸币税，未涉及物价变动因素）。在计划经济时期，人民币现金发行的基本趋势：（1）总量保持增长（此意味着政府总体而言获得了名义铸币税）；（2）新增现金发行数额在年度之间波动显著，如图 4－1 所示，1953—1979 年有 7 个年份新增发行为负数（此意味着在这些年份政府不

① 在 1975 年 1 月召开的第四届全国人民代表大会上，国务院“政府工作报告”说，“同资本主义世界经济动荡、通货膨胀的情况相反，我国财政收支平衡，既无外债，又无内债，物价稳定”。《中国统计年鉴》（1983 年）“国家财政收入（按项目分）”记载，1958 年国家债务收入为 8 亿元，此后至 1965 年每年仅有 0.1 亿元至 0.4 亿元债务收入不等，其中 1962 年数字空白；1966—1971 年每年数字空白；1972 年起每年皆有数字，但数目较小，例如 1972 年为 0.3 亿元（第 446 页）。《中国统计年鉴》（1992 年）记载，债务收入 1958 年为 7.98 亿元，1959—1978 年每年数字空白（第 218 页）。高坚.《中国国债（修订本）》，北京：经济科学出版社，1997 年，第 12 页，“从 1958 到 1981 年（实为 1980 年）的 23 年中，中国政府没有发行国债。1968 年国家偿付了全部内外债本息”。20 世纪 70 年代初，中国从西欧和日本等国引进一批技术设备，部分项目使用了对方提供的出口信贷，但这是伴随货物和技术贸易的信贷支持，不是“纯的”金融业务。

仅未获得名义铸币税，而且还付出一定成本，即铸币税收益净损失）；（3）人民币现金发行余额与社会总产值比率在此时期基本未变，1953 年为 3.17%，1978 年为 3.1%（此意味着政府得到的铸币税很有限）；（4）1953—1978 年虽然没有出现持续性的通货膨胀，但个别年份发生严重通胀（1961 年全国零售物价指数上涨 16.2%），且在 20 世纪 60 年代和 70 年代数次出现连续性的通货紧缩（此意味着物价走势不稳定并构成对政府获取铸币税的重要制约）。总之，在计划经济时期，虽然政府获得了铸币税（包括扣除通货膨胀后的实际铸币税），但所得的数额不仅很有限，而且很不稳定。[①]

1948—1950 年是政权更迭时期，其间发生严重通货膨胀。1955 年 5 月，人民币币值调整，新币 1 元兑旧币 10 000 元。1961 年全国零售物价指数上涨 16.2%，此为通胀问题的再次凸显。从“大跃进”（1958—1960 年）到“文化大革命”（1966—1976 年），中国的经济体制和银行体制是高度的“大一统”，行政权力频繁干预经济活动，工业企业接近百分之百国有化，普通的市场交换和套利交易动辄被扣上“投机倒把”的帽子。所有这些不仅没有带来人民生活水平的提高，而且使当时的社会经济充满矛盾和困难。至 20 世纪 70 年代末，改革开放、释放经济活力势在必行。

改革开放早期阶段中的金融发展

1979 年至 20 世纪 90 年代初是中国改革开放的早期阶段，此时期诸多领域陆续推出的改革措施在很大程度上体现了“摸着石头过河”的指导思想，这意味着改革进程并非出于预先设计的“路线图”。对比前述计划经济体制的“大财政”框架，中国改革开放在此阶段的重要内容包括：（1）在农村引入家庭联产承包制，实行政社分开（由乡政府取代人民公社），农产品价格逐步放开；（2）允许非国有企业进入工业和服务业，多个领域陆续引进港澳台和外商投资企业；（3）市场定价与计划定价同时并存（实行价格双轨制）；（4）实行“利改税”，国企财务与财政“脱钩”；（5）日益增多的社会资金流入正在成长和变化中的金融机构和金融市场，存款资金的增长速度远超财政资金，存款资金的用途日益多样化。

图 4－2 比较 1979—1994 年中国居民存款每年新增额和税收额，此图一定意义上是图 4－1 的延伸。期初（1979 年），新增居民存款额仅为 70.4 亿元，当年税收（企业利润上缴加各项税收）为 1 030.7 亿元，两者悬殊程度恰如前述“大财政”与“小银行”的对比。但是，此后，新增居民存款的增速大大高于税收，两者绝对值的差距随时间不断缩小。1994 年，新增居民存款为 6 315.3 亿元，超过当年税收 5 126.9 亿元。这意味着，此时始现“大银行”或“大金融”概念，而“大财政”概念不复存在。

---

① 此处关于铸币税的讨论未涉及居民存款及其变动。严格地说，在存在银行体系的条件下，铸币税概念应包括现金发行和银行存款（尤其是活期存款）。但是，在中国，城乡居民活期存款从未成为支票账户，它们只是广义货币的一部分，按国际标准不是货币或狭义货币的一部分。因此，严格意义上的铸币税概念在中国的应用可不涉及居民存款。

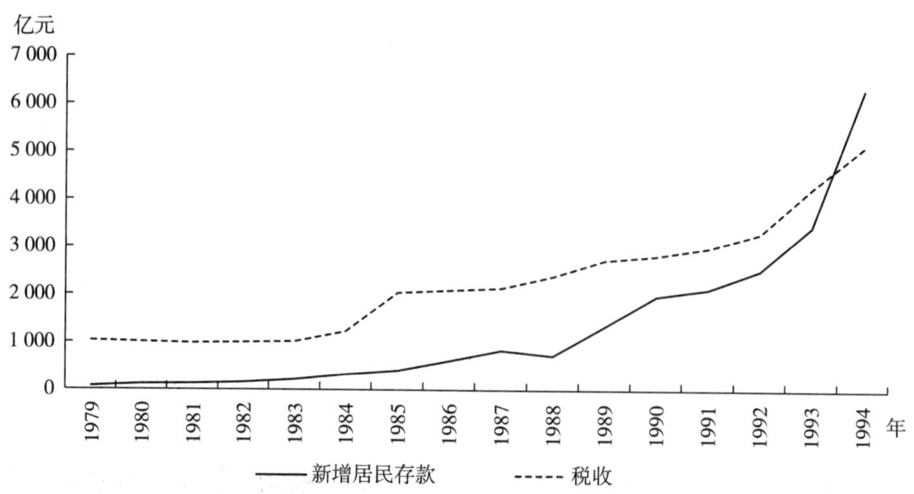

注："税收"在1979—1984年指企业利润上缴与各项税收之和，1985年及以后则仅指各项税收。

图4－2　1979—1994年中国新增居民存款与税收

（资料来源：国家统计局．中国统计年鉴，1995.）

对于计划部门或行政当局而言，"大银行"或"大金融"值得欢迎，因为银行或金融机构都是国有机构，新增银行存款或金融资产依然都在政府有关当局掌控之中，而且随着存款资金或贷款资金用途的多样化，它们不再仅限于企业或国有企业的短期周转，而是可发放长期信贷甚至进行股权投资，计划经济时期的诸多教条和禁区在20世纪80年代陆续被打破。在此背景下，银行资金（存款资金）成为改革开放时期全社会固定资产日益重要的投资资金来源。

改革开放以来，银行资金尤其是居民存款资金的高速增长，得益于多方面的因素，包括打破"铁饭碗"、取消"大锅饭"、放松价格管制、引进民企和外企等所释放出来的经济活力，同时更包括银行和金融领域里的改革。在银行和金融领域，改革开放早期阶段的重要措施和变化至少包括以下五个方面。

第一，陆续创建多家"国字头"的新金融机构，它们之间的竞争局面初步形成。自1979年以来，除了恢复或扩充已有的几家"国字头"金融机构（包括中国银行、中国农业银行、中国人民建设银行和中国人民保险公司等）之外，一些新银行以及一些可从事金融业务的综合性、全国性机构得到中央政府批准成立，它们中有早期专门承接国际贷款和转贷款的中国投资银行（1981年12月成立）、早期主要从事"外引内联"的中国国际信托投资公司（1979年10月成立）和后来进入内地发展的光大集团（1983年5月在香港成立，1990年后积极拓展在内地的多样化业务）等。1983年9月，国务院决定调整中国人民银行的职能，确定其专司中央银行的职责，并将其普通银行业务转移给1984年1月成立的中国工商银行。1986年7月，国务院批准重新组建交通银行，确定其为“以公有制为主的股份制全国性综合银行”。

除中国投资银行、中国国际信托投资公司和光大集团外，上述机构在1979—1985年陆续获准开办居民存款业务，存款市场上的机构竞争由此开始。20世纪80年代，对银行贷款资金用途和期限的政策限制逐渐放宽。中国人民建设银行早前的定位是运用财政资金向国有企业（主要是大中型企业）发放基本建设贷款（长期贷款），后来获准可吸收普通存款，从而成为存款市场上的新竞争者。显然，在开展长期贷款业务方面，其他“国字头”银行受到了中国人民建设银行做法的影响（该行1996年更名为中国建设银行）。

第二，允许组建民间金融机构，基层合作金融组织大量涌现。改革开放前，农村信用合作社仅在部分地区存在，而且时有中断。1978年以后，城乡信用合作社的审批和监管权力大部分下放给地方政府。随着个体工商业和私营企业的兴起，20世纪80年代中期后，信用合作社在城乡大量涌现，其中一些经营规模快速增大，并从事多样化和跨地区金融业务。在一些地区，信用合作社涉足房地产投机，有的甚至卷入“投资基金”的集资风波。政府部门数次出台文件要求进行整顿。总的来看，20世纪80年代大量涌现的基层合作金融组织或非国营金融机构存在许多问题，包括经营方式不规范、金融风险偏高、交易纠纷频发等，但它们仍有着重要的历史意义。首先，它们为个体工商户和私营企业的成长提供早期融资支持；其次，弥补“国字头”大银行在金融服务上的缺位和不足；再次，以间接方式促进“国字头”金融机构向更加商业化和市场化发展；最后，它们是成长中的地方性金融市场的参与者和促进因素。

第三，各地自发出现金融票据交换市场，全国性证券市场初步形成。在改革开放前的计划经济体制中，银行信贷接受指令性计划安排，中国既不存在直接融资市场，也没有商业票据和金融票据交换市场。1985年前后，在前几年试点的基础上，“国字头”银行按照中国人民银行的要求开展商业汇票的贴现业务。与此同时，几家“国字头”银行开始发行金融债券，面息高于普通存款并可转让，受到市场欢迎。一些城市很快出现金融债券交易的二级市场。1984年出台的政策确定“国字头”银行实行“二级银行体制”，即总行和省级分行的独立责任制，这种划分导致很多地方分行产生资金拆借需求，进而促成了它们之间拆借业务的快速增长。

1985年“利改税”后，许多国有企业出现“爆炸性”的融资新需求。过去，它们主要依靠财政（预算）获得固定资产投资资金，部分从银行获得技术改造贷款（“中期贷款”）。“利改税”后，财政（预算）大大减少对企业固定资产投资项目的资金投入，迫使企业寻求新的投资资金来源。在银行信贷之外，企业开始尝试通过多种形式和方法（包括直接融资与间接融资）获取资金，例如发行债券和股票以及短期融资票据等。早期，许多企业并未严格区分债券与股票，而且往往只向本企业职工及其亲属发行，初次发行后的转让和交易也缺少明确的规范。至此，全国许多城市出现多样化的证券交易市场（二级市场）。

第四，恢复国债发行，国债市场初步形成。1979 年农村改革和价格调整后，国内经济形势和财政状况出现一些重要新变化，迫使政府放弃预算平衡的僵硬做法。1981 年国务院决定每年发行一次“国库券”，此后多年直接向国有单位及其职工摊派发行。职工认购的国库券利率通常高于同期居民存款利率，单位认购的国库券利率则为职工认购的一半或 60%。1981—1984 年发行的国库券期限为 10 年，发行后第 6 年起抽签偿还，未被抽签者则等至期终一并还本付息。很明显，这样的发行和后续处理方式不适合国库券持有者的流动性偏好和需求管理，个人之间的国库券交换禁而不绝。鉴于此，1985—1987 年发行的国库券期限缩短为 5 年，1988 年则开始发行 3 年期国库券。可以认为，在 20 世纪 80 年代，正是由于缺乏二级市场而导致新发行的国库券期限越来越短。国库券发行人也日益认识到，摊派发行的实际成本（付给持有人的面息加上组织发行所产生的各种费用）偏高，经济上并不合算。①自 1990 年起，国内银行网络已相当普及，国库券发行方式改为以银行网点的个人认购方式为主，发行利率也开始有所调整。

1985 年个别城市试点金融机构开展国债（国库券）贴现业务。1988 年后若干城市试办国债转让市场，但当年出现严重通货膨胀，转让市场上的国债价格大幅跌落，交易稀少。国债成为交易所的规范交易品种（期货标的），始于 1993 年，当年上海证券交易所（1990 年成立）将此品种推向各交易商。1995 年的投机风波促使监管当局中止该品种的交易。在改革开放的早期阶段，相比其他金融工具，国债市场发展迟缓，而且不够规范，影响了中国金融市场的成长。

第五，中国人民银行成为专门的中央银行。前已提到，国务院于 1983 年发布《关于中国人民银行专门行使中央银行职能的决定》，并决定同时成立中国工商银行，由中国工商银行接手中国人民银行此前的普通银行业务。1986 年，国务院发布《中华人民共和国银行管理暂行条例》，规定“中国人民银行不对企业、个人直接办理存款、贷款业务”，“财政部门不得向中国人民银行透支”，“中国人民银行不得直接购买政府债券”。这些规定旨在确保中国人民银行转变为真正的中央银行。在实践中，从 1994 年开始，停止了财政部向中国人民银行透支；从 1995 年开始，停止了财政部向中国人民银行借款。②但必须承认，1984—1994 年，即在中国人民银行转变为专门的中央银行的进程中，通货膨胀两度爬升到新高度（分别为 1988 年和 1994 年），政府为控制通货膨胀进行了巨大努力并付出了显著代价。

1992 年 10 月，中国共产党召开第十四次全国代表大会，十四大报告提出，“我国经济体制改革的目标是建立社会主义市场经济体制”。1993 年 12 月国务院作出“关于金融

① “1981 年到 1990 年，我国利息以外的（国债）发行费用有不断增加的趋势。”［高坚《中国国债（修订本）》］。

② 中国人民银行.《中国共产党领导下的金融发展简史》，北京：中国金融出版社，2012 年，第 245－246 页。

体制改革的决定”，提出金融体制改革的三大目标：（1）建立在国务院领导下，独立执行货币政策的中央银行宏观调控体系；（2）建立政策性金融与商业性金融分离，以国有商业银行为主体、多种金融机构并存的金融组织体系；（3）建立统一开放、有序竞争、严格管理的金融市场体系。至此，中国政府为现代化金融体系搭建了一个初步的、相对完备的框架。

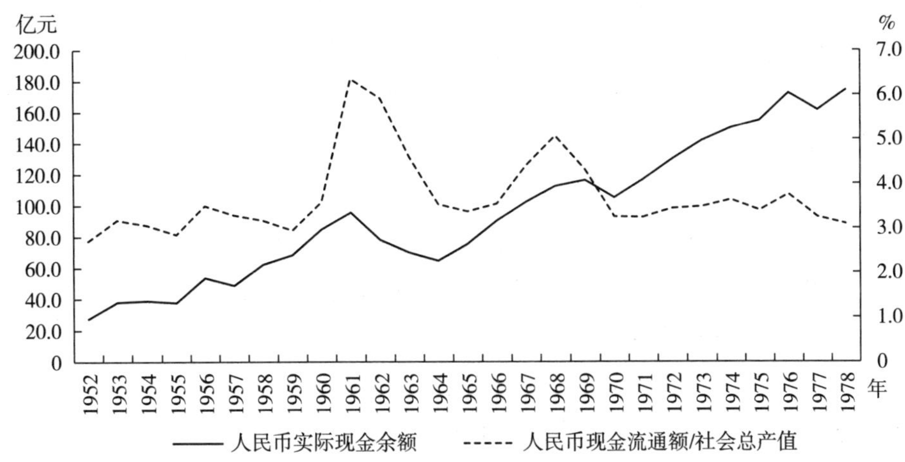

图 4－3a　1952—1978 年人民币实际现金余额和人民币现金流通额

［资料来源：社会总产值和全国零售物价指数来自《中国统计年鉴》1983 年；人民币现金流通额（发行余额）来自苏宁主编的《1949—2005 中国金融统计》，中国金融出版社，2007 年。“人民币实际现金余额”为每年人民币现金流通额（发行余额）除以以 1952 年为基期的全国零售物价指数（1952 年 =1.0）。］

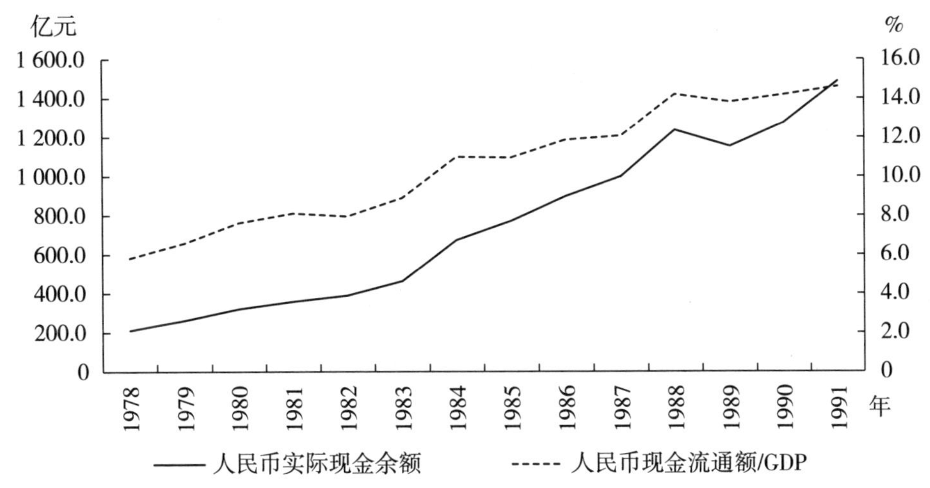

图 4－3b　1978—1991 年人民币实际现金余额和人民币现金流通额

［资料来源：GDP 和全国零售物价指数来自《中国统计年鉴》1992 年；人民币现金流通额（发行余额）来自苏宁主编的《1949—2005 中国金融统计》中国金融出版社，2007。“人民币实际现金余额”为每年人民币现金流通额（发行余额）除以以 1978 年为基期的全国零售物价指数（1978 年 =1.0）。］

值得一提的是，改革开放之前和之后，货币需求发生了重要变化。一般而言，货币需求由既定价格水平下的货币存量来表达，通常由流通中现金和银行支票存款余额构成。在中国，长期以来仅有单位（机构）可拥有支票存款账户，居民（个人）没有支票账户，故居民活期存款不在货币统计中。不过，仅就人民币现金持有而言，我们也可看出它在改革开放前后两个时期的重要变化。“人民币现金持有”是中国公众（居民和企事业单位）货币需求的近似概念，扣除物价变动的影响（见图 4－3a 和图 4－3b 中的“人民币实际现金余额”）则可作为中国公众货币需求近似反映指标。①

图 4－3a 显示，1952—1978 年，人民币实际现金余额由 27.5 亿元增至 174.4 亿元，年增长率为 7.1%；同时，人民币流通额/社会总产值比率由 2.7% 升至 3.1%；两个指标在该时期皆有显著波动。

图 4－3b 显示，1978—1991 年，人民币实际现金余额由 212 亿元增至1 487亿元（此时期的 1978 年数不同于前时期的 1978 年，因所适用的物价指数不同），年增长率为 14.9%，此速度是改革开放前的 2 倍。同时，人民币流通额/GDP 比率由 5.8% 升至 14.6%，也是翻倍提升；两个指标在该时期也有着一定的波动，但波动的程度在改革开放后显著小于之前。尤其值得一提的是，在改革开放的早期阶段，通货膨胀大于计划经济时期，而此情况在理论上本是不利于货币需求增长。简言之，货币需求的快速增长是改革开放后中国经济和货币金融的新趋势，它既是货币金融变化的结果，又是推动货币金融变化的因素。

1991 年初，邓小平视察上海，其间与多位地方负责人谈话，并特别指出，“金融很重要，是现代经济的核心。金融搞好了，一着棋活，全盘皆活”②。这是中国政治领导人对金融在现代经济体系中地位和作用的极高看法，并在后来成为政府层面制定有关金融问题政策时的指导思想。金融在改革开放早期阶段后中国经济中继续快速发展，极大地受益于邓小平 1991 年的谈话。

五、本章小结

计划经济是人类社会在 20 世纪的重大探索和试验，其核心是国民经济全盘国有化和社会经济活动遵循政府指令性计划。计划经济体制重新定义了货币、银行和金融等关键概念。

---

① 更为准确的反映指标是剔除金融机构和非居民的人民币现金持有。

② 邓小平. “视察上海时的讲话”（1991 年 1 月 28 日—2 月 18 日），《邓小平文选》第三卷，北京：人民出版社，1993 年，第 366 页。学术研究者认为，邓小平此次关于金融（其义与“资本”相关）的论述，不仅意在推动上海重新成为国际金融中心，而且旨在促使市场经济在中国再度活跃起来（傅高义.《邓小平时代》，冯克利译，北京：生活·读书·新知三联书店，2013 年，第 618 页）。

1917 年“十月革命”后，苏联建立起世界第一个计划经济体制。沙俄时期的卢布经改造被保留，职能主要为计价单位和消费品的交易媒介。社会储蓄由两种渠道被中央政府动员和集中：一是工农业产品的人为定价和国有企业的利润，即计划和财政渠道；二是遍布全国的国有储蓄网点吸收居民储蓄存款，并在必要时向居民发行生息债券，即储蓄银行和国债渠道。苏联金融体系由国家银行、专业银行和遍布城乡的储蓄系统构成，其中专业银行负责按计划向指定的企业发放贷款，贷款用途、数额、期限和利率均由计划机关和国家银行确定。苏联的金融体系从不发生银行危机或金融危机，计划经济体系也不发生“生产过剩”的经济危机。相比欧美国家 20 世纪 30 年代的大萧条，苏联的计划经济模式一度享有很高的国际声誉。

但是，苏联经济长期存在供给失衡、效率低下、社会储蓄增长乏力等痼疾。“二战”结束后卢布价值数次调整实际上反映了计划当局对所掌握的经济和金融资源感到不满。

20 世纪下半期，中国等许多国家实行计划经济体制，皆有各自特点。南斯拉夫出于对苏联对外政策的不满，在社会主义阵营中最早告别苏联模式，转而实行社会主义自治制度，实际为高度分散的计划经济体制和银行体制。中国在计划经济时期的金融体制也颇具特色，第一，“大财政、小银行”的格局十分明显；第二，因未另设储蓄机构系统，国家银行的“大一统”极为突出；第三，排斥使用显性债务工具，而隐性的铸币税收益缺乏稳定。

各国走上体制改革的历史背景不同，成就也高低互见。俄罗斯在 20 世纪 90 年代初推行的“休克疗法”未取得改革者期待的结果，私有化的果实大部分被投机者攫取。早先金融改革的漏洞使投机者在俄罗斯改革进程中翻云覆雨。

中国在 20 世纪 80 年代和 90 年代前半期的改革属于“摸着石头过河”的探索，其间数次通胀爬升。尽管出现了通胀，国民经济的货币化却不断升高，铸币税收也显著增多，这些都归功于当时金融改革的稳步推进。至 20 世纪 90 年代中期，中国社会主义市场经济的金融框架基本形成。

下篇

专题

［第五章］

银行的变化

20 世纪初，世界主要工业国在各自国内出现了多种类型的银行机构，包括商业银行、储蓄银行和投资银行等。当时，虽然都主要面向个人客户，但商业银行与储蓄银行或住房按揭银行的区别非常明显。与此相对应的投资银行则主要服务于企业客户。投资银行在不同国家有不同称谓，例如在不列颠叫商人银行，在德意志则称为合股大银行或大型全能银行。这些多样化的金融机构服务于各层次的社会成员以及各方面的社会经济，与之形成紧密的互动关系。

在 20 世纪上半期，银行制度最大的变革出现在 20 世纪 30 年代的美国。1933 年“银行法”（《格拉斯—斯蒂格尔法案》）推出四项重大新规定：（1）银行不得承销证券，不得直接持有企业股份；（2）除了银行，任何其他机构不得接受存款，此处“存款”特指客户暂存于银行并可随时提取或转移的资金，非指证券，也非抵押物；（3）银行不得为活期存款支付利息（此条后来演变为美联储的《Q 字条例》）；（4）建立联邦存款保险公司，美联储会员银行必须参加该保险机制。第（1）、第（2）条的实质是要求金融机构在接受存款的商业银行和从事证券承销的投资银行之间进行选择，由此阻断全能银行在美国的发展。这四条措施对其他国家有不同程度的影响。许多工业化国家在 20 世纪中期前后都推出金融分业经营和利率管制的政策，但各国引进存款保险制度的时间互异。

值得说明的是，1933 年“银行法”上述第（1）条关于银行不得直接持有企业股份的规定不涉及银行的信托部。在美国，许多州立银行兼营信托业务，或者银行由信托公司创办。1873 年“国民银行法”禁止具有发钞权的国民银行兼营信托，担心银行向信托客户发钞并使银行与信托的关系变成某种抵押贷款，但 1913 年“联邦储备法”取消了该限制（此时国民银行已无任何发钞权）。①从所有权角度看，银行信托部持有的企业股票属委托人所有，银行信托部仅是托管人。在实践中，银行信托部与所持股票的企业及其承销机构（投资银行和券商等）往往存在利益关联。

整个20世纪，各国银行体系的变化可以说从未停止。事实上，三类银行——商业银行、储蓄银行和住房按揭银行、投资银行——在不到100年时间内都变得“面目全非”了。

一、商业银行的变化

银行在19世纪工业化时期开始普及于欧美，成为各国金融体系中的重要角色。但是，19世纪的人们很少使用“商业银行”这个词汇，其流行主要在20世纪（尤其是20世纪下半期）。美国1933年“银行法”大量提及“银行”“国民银行”“州立银行”或“会员银行”，但未使用“商业银行”或“投资银行”的字眼。“商业银行”作为固定词语流行开来在1933年“银行法”公布之后，因为该法是商业银行与投资银行在美国相分离的里程碑。

美联储1941年发布了一份《银行研究》报告，讲述“商业银行”及其在国民经济中的重要作用：“商业银行是本国经济组织的组成部分。它们是经营实体，通过向公众提供服务而获得生计。它们以贷款和钱财投资的形式协助生产性过程，通过提供支票账户服务推进财务义务的清算。银行服务的种类繁多，其中大都关系于提供贷款、投资和处理存款这类基本银行职能。银行所有的服务和业务都与钱财密不可分，钱财因而也可视为银行生意的库存。”②

美联储此段论述揭示商业银行的几个特点：第一，与其他许多仅向某类社会成员提供服务的银行不同，商业银行面向公众，凡是符合基本信用条件的社会成员皆可成为其客户并得到信用服务。第二，商业银行是营利性的金融机构。第三，支票账户是商业银行为客户提供的最基本服务，凡在商业银行设立支票的客户（企业和个人等）均可享受有关的信用服务（透支和贷款等）。第四，商业银行是钱财（钱物或货币）的经营者。

在美国历史统计中，涉及“银行”的统计类别有“国民银行”“州立商业银行”“全部银行”和“全部商业银行”。按照美联储上述说法的要点（“商业银行面向公众提供支票账户服务”），早期统计中商业银行的数目多于“全部银行”。例如，1896年，美国“全部银行”数目为9 469家，而“全部商业银行”多达11 474家（此数多于国民银

① 马丁·迈耶．《银行家》，杨敬年译，北京：商务印书馆，1982年，第378和第382页。

② Board of Governors of the Federal Reserve System, Banking Studies, 1941, p. 169；转引自United States Bureau of the Census, *The Statistical History of the United States from Colonial Times to the Present* (1970), Basic Books, 1976, p. 1012。

行 3 689 家与州立商业银行 4 792 家之和），后者多于前者 2 005 家，意味着“全部商业银行”当时包括许多私人银行在内（私人银行也向客户提供支票账户服务）。1900 年及以后，“全部商业银行”（12 427）即为国民银行（3 731）与州立商业银行（8 696）之和，其数目少于“全部银行”（13 053）。① 1990 年，全美注册为“银行”的机构有 15 192家，其中注册为“商业银行”的机构为 12 377 家。②这就是说，在 20 世纪的美国，商业银行指那些注册为国民银行或州立商业银行的机构，非此莫属。

美联储 1941 年《银行报告》还预示商业银行在美国经济中地位的提升。后文将要说明，事实的确如此。20 世纪 30 年代后，主要工业化国家的金融业在不同程度上皆经历这些变化：（1）私人银行（传统银行）式微；（2）投资银行转型；（3）储蓄银行和住房按揭银行深耕于各自领域，积蓄力量为“越界”（跨界）竞争做准备；（4）商业银行中集中度上升，全国性大型商业银行成为本行业旗舰。这四点中，（1）和（2）在 20 世纪 30 年代世界经济大萧条和金融监管体制大调整时期已经出现，（3）和（4）则主要出现在“二战”结束后的时期，尤其是 20 世纪 70 年代和 80 年代。1970 年后，布雷顿森林体系走向瓦解，主要工业国放弃固定汇率制并在国内放开利率管制，开始对外开放金融市场并鼓励银行业并购重组。由此，全国性大型商业银行加快增长和壮大。

为更好地理解商业银行在 20 世纪的变化趋势，不妨再定义一下“商业银行”。商业银行是依据专门法律注册成立并面向公众提供多样化银行服务的营利性金融机构。这个定义将商业银行不仅区别于私人银行或传统银行（在通行普通法的英美等国，私人银行或传统银行不必依据专门法律而注册成立），也区别于非营利性的存款吸收机构（如储蓄银行或合作银行）；同时，该定义强调商业银行面向公众提供多样化银行服务，由此突出了其基本特征：（1）面向公众，面向符合信用条件的所有社会成员；（2）同时从事“存贷汇”基本业务；（3）具备一定的经营规模、拥有相应的资本金并接受持续性的银行监管。正是因为商业银行通常是一国金融体系（银行体系）中经营规模较大并具有突出重要性的金融机构，所以在 20 世纪许多国家（尤其是工业化国家），一方面商业银行的增长快于其他金融机构，另一方面它们受到越来越多的监管（政府增加对商业银行的监管并非单纯因为商业银行很重要，而主要是因为商业银行经营风险的增加以及商业银行危机会给国民经济带来巨大冲击）。

20 世纪初，以全国性合股银行为主体的商业银行仅在英国（不列颠联合王国）国内金融体系中占据主导地位。在该国，曾在 18 世纪下半期和 19 世纪上半期的工业革命中发挥重要作用的乡村银行（伦敦以外地区的私人银行）几乎不复存在。但英国商业银

---

① United States Bureau of the Census, *The Statistical History of the United States from Colonial Times to the Present* (1970), Series X 588 – 609, p. 1021; X 580 – 587, pp. 1019 – 1020; X 656 – 677, pp. 1028 – 1030.

② U. S. Census Bureau, *Statistical Abstract of the United States*: 2000 (120th *Edition*), Washington, DC, 2000, Table No. 798, p. 511.

行在20世纪初仍有着明显的局限性：一是很少开展国际金融业务（此为商人银行的传统领域）；二是几乎没有国外分支机构（很长时期此为“殖民地银行”或“帝国银行”的专属业务）。在美国，包括国民银行和州立银行在内的许多商业银行在20世纪初面临四大政策限制：一不能跨州经营；二在许多州甚至不能开设异地分行；三不得开办海外分行；四不允许直接持股或从事高风险投资（包括房地产投资等）。而且，在20世纪初的美国，私人银行广泛存在，尤以华尔街的合伙制投资银行最为活跃。此外，美国各地还有许多信托公司和人寿保险公司，它们与华尔街大投行一起在20世纪初的美国金融界叱咤风云，声势甚至不亚于金融中心纽约城的大商业银行。在德意志帝国，虽然合股全能银行在世纪初已成为本国商业银行的重要角色，但众多私人银行的存在表明商业银行在该国的普及程度远不及大不列颠。1902年的一项估计认为德国有2 564家私人银行，而德意志银行家中央协会认为1913年有1 800家私人银行。①类似情况也存在于“一战”爆发前的法兰西，当时分布于全国各地的私人小银行数目多达3 162家，其中2/3的员工不超过6人。②简言之，除了德意志全国性全能银行，20世纪初英美法等国的多数商业银行经营规模偏小，经济范围有限，经营方式简单，与它们在20世纪后半期（尤其20世纪最后30年）的情况迥然不同。

20世纪是商业银行面貌巨变的时代。以下将工业化国家的商业银行在20世纪的主要变化概括为七个方面。

第一，大型商业银行在全国各地遍设分行，成为名副其实的国民银行或全国性银行。在市场经济国家，商业银行大多经历了从小到大、从一座城市向其他城市扩展的过程，其间一直充满同业竞争。这不同于一些发展中国家和计划经济体制国家，那里有的银行从成立之日便是全国性银行，即国家银行或国有专业银行。

在很多市场经济国家，由于政治体制的缘故，银行市场长期存在地区分割，真正的全国性商业银行在20世纪很晚的时间才出现。在联合王国（英国），19世纪以来国内银行市场分为三大块，英格兰和威尔士、苏格兰和爱尔兰（1921年后为北爱尔兰），所谓“全国性银行”主要指各区域中的大银行（当然，英格兰银行1850年后事实上是联合王国而非仅为英格兰与威尔士地区的中央银行）。区域的限制政策在20世纪后半期有所放宽，英格兰与威尔士的合股大银行可进入其他地区，其他地区的银行也可进入英格兰和威尔士。在各大地区中，大型银行不仅通过在各地遍设分行成为“零售银行”，还成为本国本地区银行间支付结算体系中的主导者，同时担负“清算银行”的作用。

商业银行的地区分割在美国尤为突出。美利坚合众国成立时，宪法未提及银行由何

① Youssef Cassi, “Private banks and private banking”, in Youseef Cassis, Richard S. Grossman, Catherine R. Schenk, eds. *The Oxford Handbook of Banking and Financial History*, Oxford University Press, 2016, p. 100.

② Cassi, “Private banks and private banking”, p. 100.

级别的政府审批，而按照“法无定则权在基层”的解读，银行审批权属各州政府。联邦政府两次经营的全国性银行（第一和第二“合众国银行”）皆在20年营业期限到期后未再获得展期。国会在南北战争期间通过的新法律授予联邦政府审批“国民银行”的权利，但国民银行继续遵循不得跨州经营的模式（“国民银行”名称中“国民”或“全国性”字眼的含义仅指它们由联邦政府批准并持有联邦政府债券作为本银行的优先资产）。国会于1927年通过的一部立法允许银行控股公司（BHCs）可以按一定条件收购和持股外州银行，但实践中这些“一定条件”难得满足，跨州银行经营直到20世纪70年代仍凤毛麟角。1975年，缅因州通过新立法允许外州银行（银行持股公司）在本州进行并购；1982年马萨诸塞州与新英格兰地区其他各州签署一份联合协议，允许本地区的银行开展跨州经营。此后，更多的州陆续效法，允许本州银行在外州从事银行业务，也允许外州银行来本州开展银行业务。20世纪90年代后，银行跨州经营方在美国得以确立。追求跨区域网络扩张和普及成为一些大中型银行的战略目标，它们因此被称为“超级区域银行”（Superregional Banks，此词如同体育界的“超级地区联赛”）。

在美国，超级区域银行一类的机构有时又被称为“主街银行”（Main Street Banks），即它们在许多城镇的主街上设有门店。这如同在英国，清算银行又被称为“高街银行”（High Street Banks）。拥有一条“主街”或“高街”的美英城镇，人口常在千人以上。由此而论，“主街银行”或“高街银行”词语的流行反映了银行的社会普及性。

就营业网点的普及性而言，市场经济国家中的商业银行通常不如储蓄银行，主要因为商业银行的经营成本远高于储蓄银行以及商业银行通常会为客户设置门槛条件。前已提及，商业银行为客户提供的基本服务是活期账户（在美国称为支票账户，在英国称为往来账户），①即那些经过信用审查获准在银行开户的个人或企业即可从银行得到支票簿，持有人可随时对外签付，并由此享受银行提供的非现金支付结算服务和透支服务（信用服务）。②商业银行为维护支票账户的运行需要付出高额成本，因为它们需要与其他同行以及众多商户（支票受付人）建立和发展稳定的合作关系网，以便及时准确处理每张支票的四方清算（两家关联银行与支票的签发方和受付方）。在信用风险得到控制的条件下，支票账户是商业银行利息收入的重要来源。从理论上讲，支票账户客户越多，商业银行的业务量就越大，盈利就越多。

17世纪伦敦的一些私人银行已向客户提供支票账户，但将支票账户作为商业银行的常规经营很可能始于18世纪苏格兰地区的商业银行。19世纪中期，英格兰地区的合股银行（商业银行）兴起后，大力推广往来账户经营方式，使之成为当地商业银行的标准

---

① 不列颠银行业中的“往来账户”（Current Account）与国际收支平衡表中的“经常账户”（Current Account）用词一样，但含义不同。因此，中文习惯将银行业中的Current Account译为“往来账户”

② 凯恩斯认为，透支起源于苏格兰银行业，并在很长时期不为美利坚银行业所重视（《货币论》第一卷，第27页）。

化经营。大不列颠商业银行在为个人客户提供往来账户服务时，对支票持有人既不收取利息或费用，也不支付利息（20世纪后半期才仅对存款余额支付些许利息），这反映了那里的“清算银行”同时是“零售银行”的事实，表明它们已发展出成熟高效的跨银行支付结算体系。但在美国，由于每个地区银行数目众多，银行间支付结算的发达程度低于大不列颠（1913年后美联储开始主导跨州银行结算事务）。因此，多数美国商业银行实行支票账户收费制，要求个人客户保持限额以上的存款余额否则即收费。20世纪20年代，美国许多商业银行积极向潜在个人客户宣传使用支票的好处，鼓励他们申办支票账户。但是，它们很快发现许多个人客户无法满足支票账户最低存款余额的要求。20世纪20年代起，向不能满足支票账户最低存款余额的客户收费便成为美利坚众多商业银行的惯例。当时的收费标准是，部分银行按月度存款余额低于50美元的客户收取50美分，另一部分银行则按低于100美元收取1美元。[①] 商业银行对个人申请支票账户的基本条件包括，固定住址、稳定就业、水电气等公共服务的定期缴费单据和文化程度等。这套机制，从微观上看，出于扩大市场并防范信用风险的目的；而从宏观上看，将商业银行的发展与人口增长、城市化和经济增长（人均收入水平提高）有效连接起来。

第二，随着银行网点的普及，传统活期账户业务趋于“饱和”，商业银行活期存款的重要性降低。19世纪最后几十年中，即世界进入第二次工业革命或第一次经济全球化以来，商业银行在欧美兴起。当时，包括储蓄银行在内的其他存款机构也快速增长，在一定程度上成为商业银行的竞争对手。在吸收公众存款方面，商业银行的竞争优势在于可向开户人提供支票服务（非现金支付服务）。基于此优势，不列颠的伦敦清算银行、法兰西的巴黎大银行（包括里昂信贷在内）和德意志的全国性大银行（全能银行）都在本国各大城市开设分支行，积极招徕城市中产阶级客户，将活期存款当作银行的重要资金来源。

图5－1显示英法德三国在20世纪三个年份商业银行活期存款（往来账户存款/支票账户存款）与国内生产总值的比率（因数据可比性和可得性缘故，此处未列美国数据）。该图有三点重要提示：第一，英国指标在三个年份上皆为三国最高（也很可能是世界最高水平），此表明不列颠商业银行在吸收活期存款领域中的卓越成就和极高效率。第二，分国而言，该指标在20世纪初（1910年）达到最高水平，1990年的水平低于1910年。这很可能意味着，从长远来看，商业银行活期存款的相对重要性呈现下降趋势，该业务（市场）已趋于“饱和”。第三，分时段来看，1960年是该指标在三国的最低点，1990年的水平高于1960年。这意味着，即使存在长期趋势，该指标在一定时期内会发生一定程度的起伏。

---

① Benjamin J. Klebaner, *American Commercial Banking: A History*, Twayne Publishers, 1990, p. 127. 在英格兰和威尔士地区，至20世纪80年代中期，部分商业银行也向不满足往来账户“最低余额”（Minimum Balance）的开户人收取费用，例如，当时的国民西敏寺银行（National Westminster）将月度最低余额定为100英镑（Michael Collis, *Money and Banking in the UK: A History*, Croom Helm, 1988, p. 429）

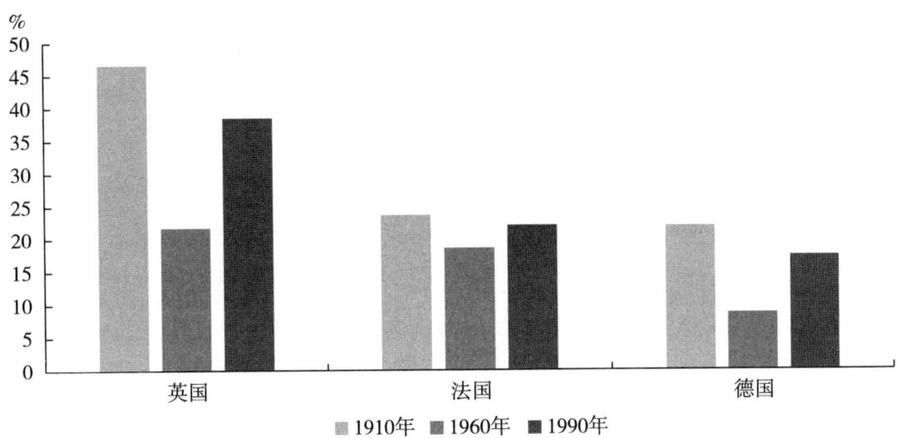

图 5 - 1 1910—1990 年英法德商业银行活期存款与国内生产总值比率

［资料来源：《帕尔格雷夫世界历史统计》欧洲卷；德国数为国内生产净值（NNP，国民收入）。］

图 5 - 1 的重点在于为何商业银行活期存款的相对重要性（与国内生产总值的比率）在 20 世纪会呈现下降趋势。从经济角度看，商业银行活期存款（往来账户/支票账户存款）与现金一样，是货币或狭义货币的构成部分，因为两者都具有支付功能。按照凯恩斯在内的许多经济学家，人们持有活期存款与持有现金的动机完全一样，均为随时随地用于当前或近期支付，而不是用于储蓄（用于未来消费支出）或投资（用于获取未来收益）。①如前所述，英美多国的商业银行通常不给支票账户余额支付利息，有的甚至还向不满足存款余额的存户收取费用。因此，存户将资金存入支票账户，不是为了赚取利息。按照凯恩斯的理解，人们之所以愿意存款于往来账户（支票账户），不外乎出于三个动机：一是交易动机；二是预防动机（谨慎动机）；三是投机动机。②若仔细考察与交易动机相关的情况，不难发现往来账户存款在支付上还具有一些优于现金的特点，如更加方便用于大额和远距离支付、节省现金携带成本、无须担忧丢失与被盗。也就是说，当面临持有现金或活期存款的选择时，人们仅仅出于享受支付便利便会配置相当

① 凯恩斯曾提到，美利坚人将活期存款（Sight Deposits）称为“现金存款”（Cash Deposits）（凯恩斯．《货币论》第一卷，刘志军译，西安：陕西师范大学出版社，2008 年，第 21 页）。

② 凯恩斯在其 1930 年著作《货币论》中作出此种划分（《货币论》第二卷，第 15 章“灵活偏好的动机”，第 116 - 117 页）；在其 1936 年著作《通论》中再次阐述此种划分（《就业、利息和货币通论》重译本，高鸿业译，商务印书馆，第 15 章“流动性偏好的心理动机和业务动机”，第 200 - 204 页）。两书原用的称谓：（1）“收入动机”；（2）“业务动机”；（3）“谨慎动机”；（4）“投机动机”。“收入动机”即是“交易动机”，指人们若以支票这样的非现金形式得到的收入（工薪），他们会将之留置于支票账户（往来账户）以便购物和其他支出，除非数额超过了他们的日常需要，此与“交易动机”的含义一致；“业务动机”仅就企业客户而言，他们的收入（非现金形式的现金流）留置在往来账户（凯恩斯也称“现金账户”），目的是为业务支出。总之，凯恩斯关于往来账户存款动机的划分，与当代经济学教科书的说法基本一致。

部分于活期存款。[①]因此，随着商业银行服务的普及，随着往来账户或支票账户的普及，活期存款具有替代现金的作用。这也意味着，在正常条件下，活期存款的增长与经济增长保持同步。但是，图 5 - 1 似乎并不支持此论，尤其如果仅仅关注 1910—1990 年始末两端。

结合银行存款服务和相关的经济情况，可以认为有三大因素影响活期存款的增长速度，导致活期存款增长速度在 20 世纪工业化国家中慢于经济增长。第一，银行对活期存款不支付利息甚至收取费用，使许多人即便收入增长后也不情愿增加活期存款（出现与凯恩斯所说“收入增长后边际消费倾向下降”相一致的情形，即收入增长后活期存款与收入的边际比率下降）。第二，银行为活期存款客户提供付息存款选项，并为他们在付息存款与活期存款之间的转换提供一定便利，此举客观上有利于消费者增加付息存款而减少活期存款。第三，信用卡等非现金支付工具的普及为消费者提供了不用活期存款（节省活期存款）的便利，因为信用卡提供者（包括商业银行在内）关于使用信用卡免息缓冲期的规定（在消费者刷卡购物日期与信用卡账单结算日期之间存在有固定时差），方便了消费者为自身利益的存款管理（安排和调整不同类型的存款）。

上述三大因素带给商业银行存款构成的影响在 20 世纪十分明显。根据统计数据显示，伦敦清算银行的英镑存款在 1976 年前分为不付息的往来账户和付息的存款账户两种，两者在 1920 年存款总额的占比分别为 63.8% 和 36.2%，在 1966 年分别为 52.8% 和 47.2%，即不付息的往来账户占比下降。1976 年及以后，伦敦清算银行的存款类型有了新划分，分为往来账户、存款账户和“批发存款”，最后一类包括同业存款、商业机构存款、非居民存款、大额存单（CDs）等。三者在存款总额中的占比在 1976 年分别为 31.6%、26.9% 和 41.5%；在 1985 年分别为 23.8%、12.7% 和 63.5%。[②]这些数字反映的基本趋势是，往来账户存款的相对规模在 1920—1985 年持续下降（从 63.8% 降至 23.8%），减少的份额被付息存款以及日益开放的货币市场中的新类别存款挤占。

美国也发生了类似的变化。美国商业银行存款总额中，活期存款（Demand/Sight Deposits，支票存款的别名）占比在 1914 年为 85.2%，定期存款（Time Deposits）占比为 14.8%；两者占比在 1960 年分别为 68% 和 32%。1970 年及以后，美国商业银行存款划分为活期存款、定期存款和大额存单（CDs），其占比在当年分别为 51.2%、43.4% 和 5.4%，在 1985 年的占比分别为 25.2%、56.1% 和 18.7%。[③]简言之，美国商业银行的活期存款占比在 1914—1985 年从 85.2% 降至 25.2%，变化的方向和幅度都接近于伦

① 经济学教科书常会提及现金选择的“鲍莫尔—托宾模型”（也称“货币需求模型”/“现金需求模型”/“平方根公式”等），此模型探讨消费者如何在银行存款的交易成本（步行成本的货币化表示）与证券投资收益（利率）之间进行权衡，实际上并不特别针对现金与支票存款之间的选择。

② M. K. Lewis and K. T. Davis, *Domestic and International Banking*, The MIT Press, 1987, Table 1.1, p. 6.

③ Lewis and Davis, *Domestic and International Banking*, Table 1.2, p. 7.

敦清算银行。

20 世纪初，活期存款来是商业银行的“立身法宝”；到 20 世纪末，商业银行无法指望活期存款继续成为主要资金来源。对商业银行而言，这个变化意味着它们必须不断努力和创新，在继续开展支票存款业务的同时，积极寻求新的存款资金来源。

活期存款相对重要性在 20 世纪的变化也说明，对商业银行而言，活期存款是基础业务，付息存款是派生业务（参见下述）；与活期银行相关的支付服务一直是商业银行经营服务的核心。

第三，商业银行存款资金来源日益多样化。前已指出，20 世纪初，英美商业银行存款总额中，活期存款占比高达 2/3 甚至 4/5，意味着当时商业银行的资金来源主要为短期存款，它决定商业银行当时在资产配置（资金使用）上必须坚持高流动性和优良资产至上的原则。同时，也如前述，这种资金来源格局意味着商业银行在发展前景上存在明显的局限，因为消费者和企业都不情愿将新增资金（新增收入和资产）按不变比率存放于不生息的活期账户中。简言之，如果商业银行固守吸收活期存款，那么，其业务增速势必落后于经济增长。

这个问题在凯恩斯创作其代表作时（20 世纪 30 年代）就已被他意识到。凯恩斯在《货币论》中提到，不列颠商业银行为鼓励人们在活期账户（往来账户）多存款，向定额（限额）以上的存款支付利息，定额（限额）以下的存款则没有利息。[①]这种做法让拥有存款额超过银行定额（限额）的消费者感到宽心，因为他们的存款既有便捷支付的功能，还可获取利息收益。银行很快发现，消费者的存款抉择受利息（利率）的影响很大，因为没有人愿意自己的“闲钱”躺在银行账户里毫息不生。

商业银行向存款支付利息使其立即与储蓄银行等存款机构发生竞争。从历史观点看，正是这种竞争，促进商业银行存款业务的变革和发展。如果没有储蓄银行的存在，商业银行或许永远都不会给存款客户利息。而且，商业银行在考虑向存款客户支付利息时，多少参考了储蓄银行的做法，尤其如“定期存款”类的存款。当然，“通知存款”明显是商业银行特有的做法，该类型存款特别有利于商业银行的流动性管理。总之，可以认为商业银行的付息存款是其活期存款的派生物或衍生品，是商业银行与其他金融机构竞争的产物。

面对活期存款增长乏力，商业银行开辟存款新来源的做法多种多样，其中一些做法实属金融创新。商业银行认识到，存款客户的基本诉求对其是一对矛盾，即流动性与收益的矛盾。一般而言，流动性越高的资产收益越低，现金是所有资产中流动性最高者，但它没有收益（通胀时还会出现实际负收益）。一些高收益的金融资产（股票和债券等）则不具有高流动性。纽约第一国民城市银行（花旗银行）于 1961 年首次推出大额存单

---

① 凯恩斯.《货币论》（第一卷），第 24 页。

（CDs），面额100万美元，在取得纽约联邦储备银行的首肯后面向机构客户发行，并与纽约贴现公司达成协议，后者接受此类存单的贴现。①这样，在纽约很快出现大额存单的二级市场，存单持有人若需要现金可按市价随时卖出存单。②大额存单是解决收益和流动性矛盾的一个办法，很快在美国以外国家也流行开来。但是，大额存单由于面额较高，通常只适合机构客户和高收入个人，对于普通人群还得另辟捷径。

20世纪70年代，美国一些商业银行发明“货币市场共同基金”（Money Market Mutual Funds），基本做法是吸引客户开设特别账户，存入资金由银行委托专业投资机构从事货币市场的组合投资，所获收益扣除费用后归账户持有人，同时，账户持有人可签发支票，数额不超过存入金额（不可透支）。显然，此做法将短期金融市场的投资收益与流动性（签发支票）结合起来，有利于吸引普通消费者（实践中开设货币市场共同基金账户的金额门槛常为1 000美元）。③

另一种存款业务创新是设立“转移账户”（Sweep Account，也称“流动账户”），即商业银行与其存款客户约定，当后者存款账户余额超过一定水平时，商业银行将超过部分资金转入指定投资账户用于购买和持有高收益资产，所得收益扣除费用后归属存款人。这相当于在活期存款与投资账户之间建立起自动连接机制，以特殊方式解决流动性与高收益之间的矛盾。

不用说，除了大额存单、货币市场共同基金和转移账户等，战后以来各国商业银行还作出其他许多努力和创新来开拓存款资金来源。但是，“二战”后以来也是金融市场在各国快速发展时期，无论商业银行多么努力，存款资金的增长仍难避免出现减速趋势。为此，商业银行积极拓展不依赖存款资金的金融业务，扩大经营范围，中间业务遂成为商业银行的新增长领域。

第四，商业银行扩大经营范围，成为金融业务的综合经营者。20世纪初，在英美等国，多数商业银行的基本业务是吸收活期存款和发放短期贷款，同时为活期存款客户提供支票相关的支付结算服务和转账服务。简言之，商业银行的基本业务模式是“存、贷、汇”。在少数金融中心城市（如纽约和伦敦），大型商业银行的业务比其他银行复杂很多，它们还从事诸如同业银行拆借、信用证签发、国际汇票承兑、企业债券承销和外汇交易等。但是，20世纪初的商业银行业务模式可谓十分简单。

造成业务模式简单的主要原因是20世纪初主要工业国已建立起相对齐备的金融体

---

① Harold van B. Cleveland and Thomas F. *Huertas*, *Citibank* 1812 – 1970, Harvard University Press, 1985, p. 255. 纽约第一国民城市银行是1956年国民城市银行与纽约第一国民银行合并后的名称，它于1962年改名为第一国民城市银行，1976年改为城市银行（Citibank）并沿用至今。

② Lewis and Davis, *Domestic and International Banking*, p. 86.

③ 严格地讲，尤其从法律角度看，商业银行向客户推介的“货币市场共同基金”属于经由商业银行中介的投资基金账户，不同于普通的存款账户。因此，在美国，该账户不纳入存款保险范围（弗雷德里克·S. 米什金.《货币金融学》，马君潞等译，北京：机械工业出版社，2011年，第220页）。

系，金融机构之间已形成明确的分工和专业化格局。在英美等国，商人银行和投资银行承担了后来人们常说的“批发银行”的大部分业务，包括跨境融资和支付、各类证券承销、资产管理（财富管理）和贵金属交易等，而种类繁多的储蓄和信托机构则满足了普通居民的储蓄和投资需求。在欧洲大陆国家（以比利时、德意志和奥匈帝国等为典型），全能银行从事多样化的金融业务，兼营商业银行和投资银行，因为这些国家的合股大银行兴起之际（19 世纪 70 年代前后），国内金融体系不够健全，金融机构之间的分工和专业化界限不明确，政府不限制银行机构的证券承销和交易活动。即便如此，在这些欧洲大陆国家，商业银行与储蓄银行之间的分工在 20 世纪初也是相对明确，两者“井水不犯河水”。

商业银行的经营范围在 20 世纪后半期逐渐扩大，至 20 世纪最后 30 年，“存、贷、汇”已远不足以概括商业银行的业务面貌，大型商业银行更是如此，它们纷纷开展综合经营，成为金融业中的新全能角色。

商业银行作为金融业中的新全能角色的特征是其大力开展中间业务或表外业务，将业务拓展至传统资产负债表之外，包括向企业客户提供授信服务，向个人客户提供信用卡和其他非现金支付服务，向同业客户提供证券回购服务，向贸易商提供票据承兑和信用证签发服务，向交易商提供金融衍生品服务，等等。这些业务的共性是，银行不从客户那里吸收存款；客户若向银行提供资金，它们不归入存款，而是列为具有特定用途并被“标号”的资金，因此，它们既不进入银行的资产负债表，也不受监管当局有关存款准备金或存款保险的规定约束。而且，银行从这些业务中获取的收益不是常规意义上的利息收入，而是服务费收入或者价差收入（价差收入在银行从事的外汇交易和金融衍生品交易方面尤为突出）。许多大型银行也向机构和个人客户提供流动性资产或财富管理服务并收取费用。至 20 世纪 90 年代，很多工业化国家的大型商业银行变成了“金融超市”，它们设立在大城市闹市区的门店可向公私客户提供难以计数的多种金融服务或代理服务。

20 世纪末，美国再现金融业混业发展趋势，商业银行与投资银行重新汇流，综合性金融机构成为金融业的主角和主流。1998 年，美国的城市（花旗）银行公司（Citicorp，花旗银行的持股公司）与旅行者集团（Travelers Group，一家综合性保险公司）宣布合并，在 1999 年得到联邦政府批准，成为金融领域新混业趋势的里程碑。[①]另外，20 世纪末出现的金融新混业趋势和新混合金融机构（Financial Conglomerates）全然不同于 19 世

---

① 概述世界范围内商业银行和投资银行的发展历程的两篇文章分别认为 20 世纪 80 年代后出现了“全能银行的复活”（resurgence of universal banks）或“新全能银行”，Geradar Westerhuis，“Commercial Banking”，ass Chapter 6 in Cassis，Grossman，and Schenk，eds. *The Oxford Handbook of Banking and Financial History*，pp. 124 – 128；Caroline Fohlin，“A Brief History of Investment Banking from Medieval Times to the Present”，as Chapter 7 in *The Oxford Handbook of Banking and Financial History*，pp. 156 – 157.

纪末至20世纪初曾在一些国家出现的金融混业趋势或全能银行，重要区别在于，前者的经营活动受到许多金融监管措施的限制，后者的资金使用则享有很大的自主权，而且早先法律很少限制银行的股权投资。

商业银行追求综合经营并选择混业模式的原因是多方面的。首先，如前述提及，商业银行的存款资金在20世纪下半期出现相对萎缩，继续依赖传统经营模式则将前景堪忧。其次，大型商业银行积极寻求综合经营，一方面得益于它们在过去的快速成长，另一方面也因为企业客户金融需求的日益多样化和复杂化。大型商业银行的企业客户多为大企业，后者对银行服务的需求种类显著多于中小企业。再次，20世纪70年代后工业化国家的金融市场陆续对外开放，国际竞争给有关国家的大型金融机构带来新冲击。综合性金融机构或全能银行往往被认为在全球金融市场上更具竞争力。最后，从根本上说，随着经济增长，各国居民和企业对金融服务的需求出现结构性变化和转移，例如，人均财富水平增加后人们倾向于减少对传统银行的需求而增多对投资服务的需求，而且，个人和企业对投资服务和财富管理的需求也日益多样化。在这些背景下，如果商业银行不改变业务模式，固守于传统业务领域，它们势必日益脱节于社会发展潮流。

商业银行综合经营的发展离不开其经营者的个人追求。在同业竞争环境中，很多经营者都追求做大做强，尤其是做大。对于商业银行而言（对其他行业的许多企业而言也是如此），开展综合经营是做大的必要途径。另一条途径是同业兼并，而同业兼并常常也意味着业务范围的扩大。经营范围扩大与经营规模增大往往是同义词，大型商业银行经营者对此是乐此不疲，因为经营规模关系着该机构在本行业的市场份额和地位，也关系着经营者个人的声誉、报酬和影响力。在1891—1908年担任纽约国民城市银行（花旗银行）总裁的詹姆斯·斯蒂尔曼（1850—1918年）曾坦言："我们追求的并不是钱，我们追求的是权力，我们所做的一切都是为了权力，这是一场惊心动魄的游戏。"①斯蒂尔曼总裁任期正是该银行大肆扩张、进入多个业务领域并开始国际化发展之际。

从经济角度看，由于银行服务业中存在规模经济效应和范围经济效应，大型商业银行开展综合经营具有显著优势。规模经济效应指平均经营成本随经济规模扩大而下降，范围经济效应指平均经营成本随经营范围扩大而下降，两者在大型商业银行中皆有突出体现。例如，大型商业银行可向同一大企业客户提供多样化服务，包括工资发放、非现金转账支付、短期信贷、应收款催缴、外汇兑换甚至境外金融服务等，由此使各项业务均从中受益而无须单独支出营销费用。许多中小银行在一定程度上也可享受规模经济效应和范围经济效应，但程度显著低于大型银行。

商业银行综合经营在带来收益的同时也带来利益冲突和经营风险。研究者发现，金

① 菲利普·L. 茨威格.《沃尔特瑞斯顿与花旗银行：美国金融霸权的兴衰》，孙郁根主译，海南出版社，1999年，第33页。

融机构服务客户的范围和提供的产品越广泛，其潜在利益冲突就越多，且越难控制利益冲突以及越难避免关联损失（Franchise Losses）。[①] 20 世纪后半期的国际趋势是，各国政府越来越重视对大型商业银行的监管。

第五，商业银行资产配置出现重要变化，长期资产占比显著升高。前面提及，20 世纪前半期美英两国商业银行的资金来源以活期存款为主。美国商业银行的活期存款在全部存款总额中的占比在 1914 年为 85.2%，伦敦清算银行该指标 1920 年为 63.8%。这两个高数值意味着当时美英两国商业银行的主要资金来源是短期资金，这种资金来源构成（负债构成）决定了其当时必须将大部分资金配置于短期性用途，即短期贷款（也称周转贷款/循环贷款）。控制流动性风险的需要迫使商业银行必须将资金来源构成与资金使用构成在期限上保持基本一致。

20 世纪 50 年代前，知名的国民城市银行（花旗银行）在内的许多美国大商业银行不仅不以贷款为主营业务，整个资产业务都十分简单。当时美国银行界流行“3、6、3”的说法，即银行借入的钱支付 3% 利率，转存联邦储备系统得到 6% 利率，下午 3 点银行主管去打高尔夫球。“二战”结束时，国民城市银行 55.9 亿美元资产总额中，29.3 亿美元为政府债券，仅 12.4 亿美元是贷款。[②]造成此种居民的原因并非银行主管不作为，主要是政府限制太多，银行既不能在吸引存款上进行竞争，又不能不积极买入政府债券。

也如前所述，战后以来，诸多工业化国家的商业银行都面临存款资金增速趋缓而不得不进行“存款革命”，通过创新吸引新存款。至 20 世纪 80 年代，商业银行的存款资金来源日益多样化，活期存款不复为主要资金来源，定期存款和其他非活期存款增长成为商业银行的主要资金来源。在此背景下，商业银行的资产配置在期限结构上出现重要变化，即长期资产的占比上升。

在美国，“长期贷款”（Term Loans）是商业银行“二战”结束后快速增长的业务，时间从一年至十年不等，企业用户来自各行各业，包括重化工业大企业，借款可用于设备投资和其他固定资产投资。1957 年的一项统计显示，当年给予小企业的银行贷款 1/3 为长期贷款。[③]另一项统计数据显示，1972 年大型商业银行提供的工商贷款中，38% 为长期贷款。[④]除了此类长期贷款，房地产贷款（Real Estate Loans）也属长期贷款。美利坚商业银行资产总额中，房地产贷款的占比在 1946 年为 4%，1955 年升至 10%（此为 20 世纪 20 年代曾达到的最高水平），1987 年则达到 19%。[⑤] 1994 年美联储对 340 家商业银

---

① I. Walter, "*Strategies in Financial Services, the Shareholders, and the System: Is Bigger and Broader Better?*", Brookings/Wharton Papers on Financial Services 2003, p. 21.

② 茨威格.《沃尔特瑞斯顿与花旗银行：美国金融霸权的兴衰》，第 50 页。

③ Paul B. *Trescott*, *Financing American Enterprise: The Story of Commercial Banking*, Harper & Row, 1963, p. 225.

④ Klebaner, *American Commercial Banking: A History*, p. 195.

⑤ Klebaner, *American Commercial Banking: A History*, p. 205.

行的问卷调查发现，短期贷款时间长度平均为 57 天，长期贷款平均为 38 个月；短期贷款通常系用固定利率，长期贷款则用浮动利率（基准利率并加适当利差）；较长期限贷款的利率水平高于较短期限的利率。①

在不列颠，20 世纪后半期也出现类似变化。“20 世纪 70 年代中期以来，银行对企业发放长期贷款越来越多，初始期限平均为 7 年。此外，20 世纪 80 年代以来，在取消了对银行贷款的管制后，银行越来越多以私人部门贷款客户为目标，向其发放长期抵押贷款和无担保的长期贷款。”②战后不列颠商业银行的贷款对象较美国复杂，因为工党政府推行国有化政策，产生一批大型国企，一度成为银行贷款的重要吸纳者。但是，当政府解除银行贷款的管制和放弃“指导性计划”，由商业银行自主选择贷款对象时，它们却将大部分贷款发放给私人部门企业，同时也提供大量长期贷款。

商业银行增加长期贷款或长期资产配置，不仅是为了追求较高收益（一般而言，长期资产收益率高于短期资产），更重要的是，由于商业银行的资金来源结构发生了变化，短期存款占比降低了（如前所述）。此外，政府强化对商业银行的监管，陆续推出准备金（储备金）制度、存款保险制度和资本充足度要求等，一方面使商业银行提高了应对流动性风险的能力，另一方面使商业银行增加了承担风险的意愿。

第六，随着经营规模和资本金需要的扩大，商业银行的所有权结构呈现分散和多样化，大型商业银行尤甚。20 世纪初欧美多国的商业银行大多依照合股企业的商法组建，有的已成为公开上市公司。不列颠的合股银行通过在境内各地开设分行和兼并地方私人银行（乡村银行）而成为全国性商业银行，已在伦敦证券交易所挂牌上市。1938 年的统计显示，英格兰地区七大银行拥有股东资本 2.36 亿英镑，其中 7270 万英镑为实缴资本（Paid - up Capital），1.34 亿英镑为保留资本（Reserved Capital），另有 5700 万英镑为各类公积金（Reserve Funds）或“隐藏储备金”（Hidden Reserve）。③

在 20 世纪初的美国，大型商业银行的股份多为富人和信托公司持有，银行股权集中度很高。纽约国民城市银行（花旗银行）的经历很能反映此种情况。詹姆斯·斯蒂尔曼在 1891—1909 年担任该银行总裁，其持股份额在入行之际为 1.1%，次年增至 6.2%，卸任总裁后持股份额接近 20%，时为银行第一大股东。④斯蒂尔曼 1909 年转任董事会主席后，他 22 岁的儿子即为银行副总裁，裙带关系昭然于世。个人大股东对银行的控制使那时的银行在客户选择上具有很大的特定指向，它们常向股东们持股的企业提供贷

---

① Peter Ross, Commercial Bank Management, 3rd Edition, McGraw - Hill，北京：机械工业工业出版社，1998，p. 577.

② 迈克·巴克尔、约翰·汤普森．《英国金融体系》，陈敏强译，北京：中国金融出版社，2005 年，第 54 页；Collis, *Money and Banking in the UK: A History*, p. 443.

③ Collis, *Money and Banking in the UK: A History*, pp. 236 - 237.

④ 哈罗德·克里夫兰、托马斯·候尔塔斯等．《花旗银行 1812 - 1970》，郑先炳译，北京：中国金融出版社，2005 年，第 60、第 132 页（此处还记载，斯蒂尔曼在该银行的前任及其家族成员是第二大股东，其持股数额略少于斯蒂尔曼；杰克·摩根则亦是大股东之一）。

款，甚多关联交易。此也为利益冲突的一个来源，即由于大股东或其代表掌管银行经营权后通过贷款发放关照股东利益，由此或与储户利益形成冲突。

在20世纪前半期，美国法律禁止商业银行开展跨州经营。为规避法律限制，大银行家往往通过持股公司或信托公司跨州持股外州银行，扩大自己的商业银行网络，尤以发迹于加利福尼亚州的美利坚银行（Bank of America）为甚。意大利裔银行家吉安尼尼（1870—1949年，又译詹尼尼）在加利福尼亚州取得成功后寻求向外州扩张，在1928年收购纽约市一家商业银行的过程中创办环美公司（Transamerica Corporation），将之作为银行持股机构，开创了美国的银行持股公司模式。1953年，环美公司持股加利福尼亚州多达550家银行，由此“控制了世界上最大的银行体系”。①环美公司因持股众多本州和外州的银行与非银行机构而与美联储在适用监管规则上发生分歧，双方为此进行了旷日持久的法律诉讼。虽然“美联储没有赢得那场战斗”，但环美公司后来进行改组，不再直接持股美利坚银行（Bank of America）。②这场法律纠纷促成了1956年出台“银行控股公司法”，该法授予美联储审批和监管银行控股公司的权利，同时还作出两条重要规定：一是不允许银行控股公司同时持股银行和非银行机构；二是不允许银行控股公司从事跨州银行并购。前一规定旨在防止商业银行与企业发生股权关联并因此影响银行信贷业务的公允，后一规定旨在保护各地中小银行的股权独立，防止它们被来自外州的大银行吞并。两条规定都有意阻止银行股权集中于个别大股东，客观上促使银行有增资需要时面向公开证券市场，通过发行证券筹集新增资本金。1956年“银行控股公司法”对美国商业银行的股权分布趋势产生了重要影响。

近40年后，美国国会通过新法案（“1994年跨州银行和分行效率法”，简称IBBEA），放松了对跨州银行并购的限制，允许符合条件的跨州银行并购。该法所列举的重要条件包括满足资本金充足度的要求，并购银行通过监管当局对其管理层的资格审查，并购后银行的指标参数不得超过监管当局制定的银行业集中度的上限，银行的贷款资金投向符合“社区再投资法”的要求等。③新立法表明，在监管当局加强监管后，商业银行得到跨州经营的较多自由。

---

① 杰瑞·马克汉姆.《美国金融史》第二卷，高凤娟译，北京：中国金融出版社，2018年，第324页。

② 马克汉姆.《美国金融史》第二卷，第325页。

③ 1977年通过的“社区再投资法”要求银行和储贷协会必须将经营所在地吸收的存款至少部分地用于当地贷款，满足当地社区的信贷需求，防止银行和信贷机构出现“抽水机效应”，即只在社区吸收存款而不在社区发放贷款。

表5-1　1940—2006年美国最大银行在全国银行存款总额的占比　单位：%

年份	最大10家银行	最大25家银行	最大50家银行	最大100家银行
1940	26.9	—	—	59.4
1960	21.2	—	—	49.5
1970	19.9	—	—	49.9
1980	18.8	29.1	37.1	46.4
1990	20.0	34.9	48.9	61.4
2000	36.1	51.4	62.7	71.3
2006	44.5	58.8	67.7	74.2

资料来源：1940—1970年数据来自Arnold A. Heggestad and Willliam G. Shepherd. The "Banking" Industry [M] // Walter Adams, ed. The Structure of American Industry, 7th edition, Micmillan, 1986：305, Table 8；1980年数据来自史蒂夫·J. 匹罗夫．银行业 [M] // 沃尔特·亚当斯，詹姆士·W. 布洛克．美国产业结构（第十版）．封新建等译．北京：中国人民大学出版社，2003：234，表9-4；1990年及以后数据来自史蒂夫·J. 匹罗夫"银行业"，詹姆士·W. 布洛克．美国产业结构（第十二版）[M]．罗宇等译．北京：中国人民大学出版社，2011：339，表10-4.

表5-1以各组最大银行在全国存款总额占比来反映美国商业银行业的集中度。1940—1980年，最大10家银行和最大100家银行的占比呈下降趋势，表明美国商业银行的集中度在这40年中降低。1980年后，4组最大银行的占比皆呈上升趋势，表明集中度转为升高。1980年是美国商业银行集中度趋势的转折点，多少反映了其立法的转变。如果没有立法上的调整，美国商业银行很可能继续呈现分散化趋势，大为落后于世界趋势。①

美国国会在20世纪60年代出于对"谁控制美国的商业银行"及"商业银行如何影响美国经济"的担心，由众议院银行委员会组织大规模调研，自1966年连续发布三份报告（中译本统称为《帕特曼报告》）。赖特·帕特曼（Wright Patman，1893—1976年）是来自得克萨斯州的众议员，时任银行委员会主席。报告的结论基于对商业银行股权分布、商业银行与金融机构人员的交叉任职以及商业银行信托部持股情况的数据收集和分析。关于商业银行的股份分布，报告认为出现了三大趋势：（1）金融机构成为商业银行的最大股东；（2）商业银行自身持股的比重显著上升（对此几乎所有州都出台法律限制自有持股人的投票权）；（3）由于股权高度分散，个人持有的少数股可产生重大影响。②

关于商业银行与其他金融机构的交叉持股和人员兼职，报告得出三大结论：（1）多数商业银行由银行控股公司（BHCs）控股，而后者很大程度上也由前者的信托部持股；（2）商业银行与储蓄银行和保险公司等金融机构存在广泛的持股和人员交叉任职；

---

① 1980年经合组织（OECD）发表的一部国际比较报告提出，美国前五大银行在国内银行资产总额的占比为13%，联合王国前六大银行在英镑存款占比为47%，西德前六大银行在国内商业银行资产总额占比为44%，加拿大前五大银行在国内银行资产总额占比为90%（Lewis and Davis, Domestic and International Banking, Table 1.3, p.11）；这些指标有一定差别，但大体上是可比的，而美国的水平是最低的。

② 《帕特曼报告》（选译），王继祖等译，北京：商务印书馆，1980年，第4-7页。

（3）在相互竞争的商业银行之间存在交叉持股（通过其信托部或银行控股公司）。[①]

关于商业银行及其信托部对美国经济的影响，报告得出结论：（1）截至 1967 年，美国全部机构投资人拥有的资产为 1 万多亿美元，商业银行持有其中的 6 070 亿美元（占比为 60%），其信托部持有 2 500 亿美元；（2）商业银行信托部的集中度高于商业银行。全美 13 000 家银行中仅有 3 100 家设有信托部。[②]银行信托部托管的资产总额中纽约州银行占比最高（34.5%），其次为宾夕法尼亚州（约 10%）；（3）大银行与许多行业的大企业之间存在“异常集中的交错关系”，“银行仅仅依靠它们的信托权力，甚至不考虑其贷款和其他权力以及同企业界的多种关系，就具有控制大部分美国工业活动的力量”。[③]此处第（3）点指美国的商业银行作为一个整体具有影响美国工业活动的实力，非指个别大银行具有如此压倒性的控制力或影响力。如前所述，就国际比较而言，美国商业银行业的集中度较低，少数大商业银行不可能拥有左右美国工业活动的力量。

总体而言，1966—1968 年发布的《帕特曼报告》正确提出了美国商业银行股权的分散化以及股权持有向金融机构（机构投资者）倾斜的趋势。这些趋势在 20 世纪最后 30 年以及 21 世纪得到进一步强化。以资产额和经营规模在全美名列前茅的美利坚银行（Bank of America）为例，该银行 2012 年价值合计 105 亿美元的普通股股票中，61% 由机构持有，39% 为个人持有；前五大机构持股者依次为私募投资基金贝莱德（Black Rock，持股占比为 5.18%）、先锋共同基金（Vanguard，持股占比为 4.87%）、道富银行（State Street，持股占比为 4.3%）、富达投资基金（Fidelity，持股占比为 2.5%）以及普信投资公司（T. Rowe Price，持股占比为 1.4%），5 家机构持股合计 18.25%。前五大个人持股者皆为“内幕人”，即美利坚银行的高官（首席营运官和首席财务官等），其持股占比从 0.016% 至 0.003% 不等。[④]

1955 年，纽约国民城市银行（花旗银行）与纽约第一国民银行合并，成为美国资本和资产规模第一大商业银行。该银行 20 世纪 80 年代前半期在拉丁美洲大肆扩张，而在 80 年代后半期因当地多国的债务违约遭受巨大损失。1991 年银行进行重组，邀请沙特王室成员增资，其此前已在股市购入该银行 4.9% 普通股。美联储得悉花旗银行拟请外资成为大股东后，立即进行问询。后来的安排是沙美银行（一家由王室控股的沙特银行）出资 5.9 亿美元购入花旗银行不超过 14% 的股份，皆为无投票权的优先股。[⑤]花旗银行引入外资的重要原因是它当时与国内几家大型共同基金管理者在经营方针和公司治理

---

① 《帕特曼报告》（选译），第 53－56 页。

② 该数字随时间而变动。1975 年全美约 4 200 家银行设有信托部（迈耶《银行家》，第 383 页）。

③ 《帕特曼报告》（选译），第 134－141 页。

④ John Maxfield, “Who Owns Bank of America”, https://www.fool.com/investing/general/2013/02/16/who-owns-bank-of-america.aspx.

⑤ Richard B. Miller, *Citicorp: The Story of a Bank in Crisis*, McGraw-Hill, 1993, p. 19.

上存在意见分歧，使其难以在国内市场找到愿出“合适”价格的战略投资者。花旗银行1991年的做法成为多家美资大型金融机构遭遇危机后引入境外战略投资者的先例。

第七，大型商业银行不断开拓国外市场，走上国际化发展道路。在20世纪初，英国的合股商业银行（股份制银行）和美国的商业银行（包括国民银行和州立银行）极少在国外开始分行。前者主要出于对国外经营风险的顾虑，后者则受到联邦和州当局的监管限制而不能开展国外业务。如第一章第二节所述，19世纪末至20世纪初是世界金融体系形成时期，全球银行网络已普及。当时，国际银行网络不是由本土银行的海外分行或分支机构所构成，而主要由分布于世界各大口岸城市的外资银行和地方银行相互之间以及与伦敦金融中心的诸多银行之间建立代理关系而组成。那时在海外设立分行或经营处的银行主要为欧洲大陆国家的银行，例如德意志银行。一些英国的商人银行和美国的投资银行当时在海外也设有分号或代理商号，但它们不是普通的商业银行。

有研究者认为，从跨国经营尤其是欧美企业在第三世界跨国经营的角度看，19世纪中期以来可分为四个时期，一是“剥削时代”（Exploitative Era），起讫时间为1850—1914年；二是“让步时代”（Concessional Era），1919—1945年；三是“民族时代”（National Era），1945—1975年；四是“国际化时代”（International Era），1975年以后。[①]“剥削时代”是跨国经营的兴起时期，来自欧美列强的企业此时期利用母国提供的安全保护和自身优势在第三世界展开具有掠夺性的经营；“让步时代”是跨国经营相对停滞的时期，此乃因为“一战”带来了国际关系的紧张和企业国际扩张劲头的暂时弱化；“民族时代”指“二战”后非殖民主义化浪潮的涌起和各国转向国有化的大趋势；“国际化时代”始于布雷顿森林体系瓦解之际以及诸多工业化国家转向对外市场开放之时。商业银行的国际化进程大体上与此相对应，即“剥削时代”为其萌芽时期，“让步时代”和“民族时代”为发展与停顿相间的时期，“国际化时代”则为快速扩张和国际经营方式变革的时期。

20世纪70年代以前，商业银行走出国门多为跟随自己的公司客户，在海外为本国公司客户的境外分支机构提供银行服务，包括跨境支付、贸易信贷、现金管理等。有的商业银行也会选择本国海外侨民的聚集地，前往开设分支机构，从事零售银行业务。这两种情形尤见于美国的银行对外扩张历程。“凡是美国企业在当地经济中处于重要地位的地方，美国的银行都紧紧跟在后面”；“美国的银行设立国外分行的基础，迄今（1970年代中期）仍然是信用证和银行承兑汇票，以及向海外的美国人提供服务”。[②]

国民城市银行（花旗银行）是美国的银行寻求对外扩张和国际化发展的一个典型。1913年通过的“联邦储备法”规定，资本金100万美元以上的国民银行可申请开办国外

① Richard D. Robinson, *International Business Policy*, Praeger, 1982.

② 迈耶.《银行家》，第336-337页。

分行。此时很多美国大企业已在海外有大量投资并从事多种工商经营活动，它们力促商业银行前往国外组建分支机构。当时美国头号大制造业企业美钢公司（US Steel）是纽约第一国民银行的客户，美钢总裁向该银行提议开拓国外业务，遭冷遇后转向国民城市银行（花旗银行），对后者说，如果花旗决定去南美，美钢公司将选花旗为其往来银行（代理行）。①

在国民城市银行（花旗银行）国际化发展的早期阶段，两件事情值得一提。一是该银行特别在“一战”期间的1917年前特别看好俄罗斯的发展前景，二是“二战”爆发前其在中国的分行为总部贡献了巨大利润。

国民城市银行总裁在1916年11月曾说，“今天我感觉到所有的外国中，没有哪个国家能够比俄罗斯为我们提供更好的机会”②。此时第一次世界大战正在欧洲大陆如火如荼地展开，沙俄帝国在东线独自面对德意志帝国和奥匈帝国两大劲敌。1917年1月，国民城市银行在彼得格勒的分行盛大开张，两个月后，俄罗斯的“二月革命”爆发；当年底，“十月革命”爆发，国民城市银行的俄罗斯分行被迫接受国有化，其所持沙俄主权债无法得到偿还。此为该银行在20世纪遭遇诸多国际违约事件的第一桩。

国民城市银行于1918年收购国际银行公司（IBC），后者当时在中国大陆称为“花旗银行”。由于这个缘故，国民城市银行（包括其1976年以来的新名称“城市银行”Citibank）此后在中国也被称为花旗银行。至1930年，花旗银行不断扩大在中国的经营规模，分行数目也持续增多，但1931年后日本入侵中国东北地区阻止了该银行在中国的扩张势头。花旗银行统计数据显示，1934—1939年，其在中国各地分行挣得的利润超过700万美元，占此时期其海外分行利润总额的近40%。③国民城市银行（花旗银行）国际业务的重点地区彼时在欧洲和拉丁美洲，中国并不为位列其中。中国对该银行在此时期的巨大利润贡献凸显当时大萧条对中国经济和金融的负面冲击远小于其他地区。

20世纪70年代是跨国经营“国际化时代”的起始，也是经济全球化时代的萌芽时期。该时期商业银行国际化发展的新特点是，（1）第三世界许多国家的政府及其金融机构成为美欧大型商业银行的重要客户，这些国家包括拉丁美洲和非洲的发展中国家、中东石油输出国和东欧社会主义国家等；（2）20世纪60年代后，欧洲美元（离岸货币）兴起，欧美大型商业银行与此互为推动关系；（3）20世纪70年代后，以花旗银行为代表的高度国际化大银行在国际金融界开始发挥“全球融资中介”的角色，即吸收石油输出国的存款和投资资金，将其通过多种方式转贷给遭受经常账户逆差的 发展中国家（例如拉丁美洲的墨西哥和阿根廷等）；（4）美资商业银行在境外从事多样化金融业务，借

① 克里夫兰德、候尔塔斯.《花旗银行1812—1970》，第116页。
② 克里夫兰德、候尔塔斯.《花旗银行1812—1970》，第145页。
③ 克里夫兰德、候尔塔斯.《花旗银行1812—1970》，第321页。

此避开国内监管关于商业银行和投资银行相互分离的政策限制；（5）在市场环境相对成熟的外国，跨国商业银行面向当地个人客户大量开展零售银行业务，竭力将己塑造为“全球商业银行”形象。

总之，在美英等国，商业银行在20世纪发生诸多重要变化。20世纪之初，商业银行多被富人和资本家控制，主要资金来源是活期存款，存款者多为工商企业和中高收入者。至20世纪末，大型商业银行成长为全国性经营机构，作为民族旗舰金融机构开展多样化的综合金融业务，服务对象包括普通百姓和中小企业。大银行所有者（持股者）的分布日益广泛，各类机构投资者成为最重要的持股者，绝对的控股者不复存在。商业银行作为一个整体在国民经济中发挥着极其重要的作用，但是单个或少数几个大型商业银行对国民经济的控制力却并未必然相应增强。

20世纪商业银行的重要变化不止上述七点。略去细节不论，商业银行在20世纪的重要变化还有大型商业银行与中小银行业务模式差别增大、大量运用计算机和电子信息技术、不断更新风险控制机制等。同行竞争、客户群体变化、技术手段进步和监管改革等都促使商业银行日新月异。

二、住房按揭银行和储蓄银行的迅猛增长与变化

面向普通民众的储蓄银行和住房贷款银行（按揭银行）是工业革命的产物，在19世纪英美两国发展为专业化金融机构。在欧洲大陆的德法和东亚的日本，多种金融机构参与提供住房贷款，面向普通百姓的互助和合作性质的金融机构“二战”结束后快速发展。在许多国家，20世纪70年代开始的金融自由化时期，包括储蓄银行和住房按揭银行在内的存款机构在经营范围和经营方式上发生重大变化，有的则于后来遭遇危机。

储蓄银行和按揭银行在英美的起源和发展

工业革命兴起后，商业银行以崭新的经营方式（吸收活期存款并提供支付服务和发放短期贷款）和庞大的资本实力（公募集资）快速增长，发展势头远超私人银行。但是，商业银行与私人银行一样，在服务对象上也存在明显局限，既不能满足城市工薪阶层的储蓄需要，也不能向他们提供购房的信贷支持。工业化和社会经济的发展呼唤新型金融机构。

在19世纪许多正在工业化的国家，政府很少关注普通民众的住房问题，几乎完全将其留给“市场”。随着工厂制度的普及，城市移民工人及其家庭人口的增长，普通民众和工薪劳动者的住房问题日益成为重要的经济和社会问题。至19世纪中期，日益明显的是，许多欧美国家的市场经济体制都没有准备好如何解决低收入人群及其家庭的住房问题。鉴于此，社会各界纷纷提出改革建议。恩格斯参与了当时的讨论。他于1872年

为一家德文报纸连写三篇长文，全面阐述马克思主义者在住宅问题上的立场和观点，与反对者论战。恩格斯当时长住伦敦，熟悉当地经济情况，了解新事物。恩格斯在其中一篇文章中说："请想象一下，每个工人、小资产者和资产者，都不得不用按年付款的方法先成为自己住宅的局部所有者，然后又成为住宅的全部所有者，这是多么美妙的情景啊！在英格兰工业区，因为那里工业的规模很大，而工人的屋子很小，而且每个有家眷的工人都住着单独的一所小屋子……"①此处，恩格斯说的"按年付款"即指分期付款，"局部所有者"即指购房贷款实为抵押贷款（购房贷款者在还清全部贷款前不是房屋的完全所有人，购房者在此期间与贷款提供方共享房屋所有权）。不过，恩格斯此处未提到究竟是何机构提供住房贷款。

在英格兰，专为普通购房者提供信贷服务的机构是按揭社（Building Societies，也译为"互助按揭社/建房协会"等）。至1860年，仅伦敦地区就有750家按揭社。②在恩格斯的年代，许多按揭社属于"一次性的"安排，即协会在募齐成员后，停止吸纳新成员，并在帮助每位现有成员完成购房后即告终止（按揭社的存款人和贷款人同时就是按揭社的会员）。这显然是一种"封闭式的"财务安排，因此决定了当时的按揭社多为微小金融组织，成员数目为数十人或数百人，通常仅限于某个地方或社区。

随着时间的推移，陆续出现一些不断吸收新成员并持续为会员提供按揭服务的永久性按揭社，其数目在19世纪末和20世纪初大量增加。至"一战"爆发前，英格兰一半的按揭社为永久性（当时按揭社总数超过2 000家）。1953年以后，新成立的按揭社不再有"一次性的"。③

英式按揭社的经营特点是：第一，它们是非营利性的合作（集体）金融组织，享受一定的税收优惠并可长期保持独立经营（不与其他同类或非同类机构合并）。第二，按揭社服务对象是会员，而会员同时是存款客户和贷款客户（他们通常先存款后贷款），也是按揭社的所有者；另外，包括发起人在内的按揭社的经理和其他工作人员是受托者或雇员，不具所有权。第三，按揭社的业务单一，主要是吸收存款（吸引新会员）和向会员发放住房贷款，管理贷款会员的分期付款以及办理与抵押贷款和抵押房屋产权相关的事务。简言之，互助按揭社是一种高度专业化、面向普通工薪阶层、具有浓厚集体合作性质的基层金融组织。20世纪中期前，该类金融组织在英格兰（不列颠）金融体系中占微小地位。

工业革命于19世纪上半期在美利坚兴起后，很快引进英式按揭社，两国文化的共同性支持了此新引进金融机构的快速成长。研究者通过追溯历史材料发现，美国最早的

---

① 恩格斯"论住宅问题"，《马克思恩格斯选集》第二卷，北京：人民出版社，1972年，第482页。
② 贺力平.《世界金融史：从起源到现代体系的形成》，北京：中国金融出版社额，2022年，第267页。
③ 巴克尔、汤普森.《英国金融体系》，第91页。

按揭社由英格兰移民组建，在美国早期按揭社与英格兰一样，多为一次性。[①]两国那时的差别似乎仅在名称上。在19世纪，美利坚人称按揭社为“建房与贷款协会”（Building and Loan Associations），“储贷协会”（Savings and Loan Associations）则是该组织普及后的名称。

19世纪中期，美国加快工业化和城市化，催生出大量住房贷款需求。当时，多种金融机构开展住房贷款业务，包括州立商业银行、人寿保险公司和信托公司等。但是，这些金融机构的贷款条件很高，要求极高的首付（房价的60%），且条件苛刻（如还款期限不超过5年）。它们都是高度商业化的机构，虽不排斥住房贷款业务，但完全无法适应工薪阶层的住房贷款需求。

在英格兰，适应普通民众储蓄需求的金融机构是受托储蓄银行（TSB）和官办的邮政储蓄银行。它们接受小额存款，并将存款资金投资于政府债券，由此储蓄回报率与全国金融市场行情联系紧密。在美利坚，借鉴英格兰经验的储蓄银行主要流行于新英格兰地区。与英格兰的储蓄银行相似的是，新英格兰地区的储蓄银行吸收普通百姓的小额存款。两者不同之处在于，新英格兰地区储蓄银行的经营具有很大灵活性，其吸收的存款除用于购买政府债券外，还可购买企业证券并发放贷款，也可发放住房贷款。但是，新英格兰地区储蓄银行在发放住房贷款时，贷款条件（首付比例和期限长度等）与本地区其他金融机构相似，部分原因是这些储蓄银行需要比较其各种业务的经济效率（包括收益率、流动性和安全性等），而它们从事的业务多样化，包括政府债券、企业证券、普通小额贷款等。这样，尽管储蓄银行与储贷协会均属互助合作性质，但两者在适应普通民众住房贷款需求上的作用却不同。如前所述，这在很大程度上由两者在业务专业化程度上的差别导致。

19世纪末至20世纪前半期，储贷协会在全美普及，而且美利坚人还作出了一些创新。首先是追求建立全国性的储贷协会，内战期间出现的国民银行使一些热心人士努力推动在住房贷款领域推行类似做法。这个努力未获成功，因为它很难得到各州的认可。其次是除了照搬英式按揭社“存款即会员”的做法外，美国的储贷协会还发明了“股份会员制”，即由储贷协会发行固定面额的股份（Share），认购者即成为协会的持股人和会员，有权享受协会的住房贷款服务。总之，美国的储贷协会是“两条腿走路”，既吸收存款又发行股份；同时，在注册制度上与商业银行一样，联邦审批与州审批并行。

战后住房贷款银行的高速增长

第二次世界大战结束后至20世纪70年代，欧美日多国进入经济复苏和快速增长时

---

① David A. Price and John Walter, “Private Efforts for Affordable Mortgage Lending Before Fannie and Freddie”, *Economic Quarterly*, Federal Reserve Bank of Richmond, Vol. 102, No. 4 (2016): 321 - 351.

期。战后重建的巨大需求以及不断出现的技术进步推动了这些国家经济快速增长。与“二战”前及“一战”前的经济增长不同，很多西欧国家在战后经济增长时期都出现劳动力短缺（农村已无多余劳动力可提供），不得不引进国外劳工，这带来了城市住房需求的爆发以及普通工薪阶层对住房贷款的庞大需求。战后以来，很多欧洲国家推行“福利社会”制度，向符合条件的城市低收入家庭提供低价房或公租房，为解决城市住房问题作出显著贡献。总体而言，为普通家庭提供住房贷款的任务“历史性地”落在了专业化住房贷款银行的肩上，即不列颠的按揭社和美利坚的储贷协会一类机构。

表5－2利用戈德史密斯提供的国际可比数据，显示英美德法四国1948年和1963年住房贷款类或储蓄银行类金融机构的资产额、全部金融机构资产总额以及它们在此期间的年均增长率。表5－2的重点是比较所列金融机构与全部金融机构的相对增长速度以及前者的重要地位。

表5－2　　英美德法住房贷款机构和储蓄银行的资产额及增长率

		1948年	1963年	1948—1963年增长率（%）
英国（亿英镑）	互助按揭社	10.4	43.6	9.4
	金融机构资产总额	214.3	487.8	5.3
美国（亿美元）	储贷协会	130	1 076	14.1
	金融机构资产总额	3 807	9 831	6.1
德国（亿马克）	全国性商业银行	179.4	369.3	4.6
	地方储蓄银行	585.7	820.8	2.1
	地方合作银行	166.7	218.0	1.7
	金融机构资产总额	2 600.0	4 664.9	3.7
法国（亿法郎）	私人储蓄银行	206	2 637	17.3
	国民储蓄银行	192	1 668	14.5
	金融机构资产总额	4 424	41 936	15.1

资料来源：雷蒙德·W. 戈德史密斯．金融结构与发展［M］．浦寿海，毛晓威，王巍译．北京：中国社会科学出版社，1993：466－471，504－505，附录Ⅳ。由于数据可得性缘故，此表截止年份为1963年，当年1美元兑各货币汇价如下：0.3571英镑、4马克、4.9371法郎［帕尔格雷夫世界历史统计（欧洲卷）［M］：1010－1011］。

先看英国。互助按揭社（building societies）资产额在1948—1963年年增9.4%，远超同期全部金融机构资产总额的增速（5.3%）；截至1963年，互助按揭社在英国金融机构资产总额的占比为8.9%，其重要性仅次于商业银行（21.1%）和财产保险公司（18.9%）。

再看美国。储贷协会资产额在1948—1963年年增14.1%，2倍于同期全部金融机构资产总额的增速（6.1%）。截至1963年，储贷协会在美国金融机构资产总额的占比为10.9%，重要性仅次于商业银行（31.8%）和人寿保险公司（14.4%）。另一来源的统计数据显示，美国储贷协会资产额在1945年为86亿美元，1975年增至3 384亿美元，其间年均增速高达12.6%，在美国金融机构资产总额中的占比则由2%升至10%。[①]英美两国的事例表明，在“二战”结束后的20多年中，专业化的和互助合作的住房贷款机构快速增长，增速超过其他许多金融机构，其在金融体系中的地位显著上升。

德法两国的基层金融机构与英美大不相同，可比性很低。就储蓄银行而言，德国的储蓄银行（Sparkassen）出现于19世纪中期，由州（省）政府组建，属于非营利性的地方公私合营金融机构。德国储蓄银行吸收普通民众的小额存款，存款资金用于购买本地政府发行的债券和向本地企业发放贷款。进入20世纪后，德国各地的储蓄银行建立了跨区域联合组织，从事像商业银行那样的非现金支付工具和跨行转账业务，要求中央政府同意它们开展企业证券承销和股权投资。由此，德国的储蓄银行变得越发不像普通的储蓄银行，而是更像商业银行。但是，德国的储蓄银行是非营利性的金融机构，不以利润最大化为目标，这使其经营行为非同商业银行。[②] 20世纪前半期德国储蓄银行高速发展。如表5-2所示，德国储蓄银行的资产额在1948年2倍于全国性商业银行，而在1948—1963年它们的增速仅为全国性商业银行的一半。

德国的另一组基层银行机构是合作银行（信用合作银行/信用合作社），很多得到州以下地方政府的扶持。它们采用互助体制（集体所有制），产权属会员，会员可为存款人或股份持有人，若为股份制个人持股数目则不得超过一定上限。20世纪30年代前后，信用合作银行与储蓄银行均得到德国政府的特别同意，扩大经营权利，可在一定范围内从事全能银行业务，包括吸收短期存款、发放中长期贷款、承销某些证券和持股等，只不过实际业务范围少于储蓄银行（因为信用银行的经营规模小于储蓄银行，更不比商业银行）。各州的储蓄银行有自己的“中央储蓄银行”，即各州的州银行（Landesbanken）；同样，各地的合作银行也建立了自己的地区联合会并在全国范围内组成两大跨区域的“中央合作银行”。20世纪上半期，德国形成“三支柱”的银行体系，即商业银行、储蓄银行和合作银行，它们在各自范围内从事全面银行业务，尽管在局部范围内有一定交叉和竞争，业务复杂程度也有所不同。在中小城镇和社区，储蓄银行与合作银行有一定竞争；在大中城市，储蓄银行则与商业银行有一定竞争。如表5-2所示，1948年合作银行资产额（166.7亿马克）很接近全国性大商业银行（179.4亿马克），但在1948—1963年，合作银行和储蓄银行的增速都大大低于全国性商业银行。

德国储蓄银行和合作银行战后增速低于大商业银行的一个重要原因是前两者很少直

① Raymond Goldsmith, *Financial Intermediaries in the American Economy since 1900*, *Princeton University Press*, 1958, cited by George D. Green, “Financial intermediaries”, in Glenn Porter ed. *Encyclopedia of American Economic History: Studies of the Principal Movements and Ideas*, Charles Scribner's Sons, 1980, Vol. II, Table 2, p. 720-721.

② Allan Brunner, Jörg Decressin, Daniel Hardy, and Beata Kudela, Germany's Three-Pillar Banking SystemCross-Country Perspectives in Europe, IMF Occasional Paper 233, 2004, pp. 8-12. 此文认为德国储蓄银行和合作银行以及整个德国银行业的盈利水平在2000年前后低于意大利和西班牙，仅比法国略好一些（当时法国银行业仍有相当程度的国有化）。

接从事住房贷款业务，同时不及后者充分享受战后经济增长带来的多种商业化效益。在德国，专门面向普通民众开展住房贷款业务的金融机构是住宅储蓄银行（Bausparkassen）。依照德国法律，住宅储蓄银行可按私法（普通民法及习惯法）组建，作为股份有限公司；它们也可依照公法（涉及公共机构的专门立法）组建，依附于本地区的储蓄银行或州银行（Landesbanken）。低收入家庭申请住房贷款时通常可得到政府的贴息补贴和其他资助。公私两类住宅储蓄银行的资产额在 1948 年为 6.9 亿马克，1963 年为 161 亿马克[①]，年均增长 21.8%，远超本国其他类别金融机构和外国的同类金融机构。

“二战”结束至 20 世纪 80 年代，法国的金融体制在欧洲独具一格，既不同于传统竞争对手德国或英国，也异于邻近的意大利或西班牙。法国在欧洲最早建立国民储蓄银行体系。在拿破仑战争结束和维也纳会议后的第二年（1816 年），法国政府组建信托局（Caisse des Dépôts. et Consignations），它所吸收的存款资金全部认购国债，用以支持债台高筑的政府财政。[②]同时，法国政府在 19 世纪鼓励私人储蓄银行的发展。直至 20 世纪下半期，法国储蓄银行领域长期并行公私两套系统。如表 5－2 所示，1948—1963 年，私人储蓄银行增速高于国民储蓄银行（国有储蓄银行）。在法国金融体制中，没有专门的住房贷款机构，全国性商业银行和地方银行都可提供住房贷款，它们依据政府的政策为住房贷款客户设立专门的储蓄账户。[③]

日本的储蓄银行和基层金融组织建设参照了欧美经验，明治维新后陆续引进邮政储蓄、储蓄银行（“相互银行”）和信用合作社（“信用金库”）等。在住房金融上，战后成立专门的住宅金融公司，向普通民众提供住房抵押贷款。与法国一样，日本面向个人住房贷款的金融机构不限于住宅金融公司，其他许多金融机构都开展住房贷款业务。1970—1980 年是战后日本经济高速增长的最后 10 年，其间日本的都市银行、地方银行、信托银行、储蓄银行和信用金库等都大量增加个人住房贷款，该类贷款在各类银行贷款总额中的占比快速上升，有的甚至提高 10 个百分点。[④]进入 20 世纪 90 年代后，随着房地产价格和股票价格下跌，包括住宅金融公司在内的许多日本金融机构发生“资产负债表衰退”，即由于资产缩水和坏账凸显而出现资不抵债和资本亏空，进而引起金融机构回收贷款和资产抛售等紧缩性行为，最终导致日本金融和经济严重衰退。为清理负债累累的住宅金融公司，日本政府注入巨资，而最后仅存一家公司。[⑤]

以上关于储蓄银行和住房贷款机构在英美德法日发展经历的简要回顾表明，在兴起

---

① 戈德史密斯.《金融结构与发展》，表 D－9，第 468 页。

② Allain Plessis, “The History of Banks in France”, in Manfred Pohl, ed. *Handbook on the History of European Banks*, Edward Elgar, 1994, p. 180.

③ 让－弗朗索瓦·艾克.《战后法国经济简史》，杨成玉译，北京：中国社会科学出版社，2020 年，第 146 页。

④ 铃木淑夫.《日本的金融制度》，李言赋译，北京：中国金融出版社，1987 年，表 5－1，第 252 页。

⑤ 鹿野嘉昭.《日本的金融制度》，第 327 页。

之初面向与商业银行不一样的客户群体时，它们的所有制结构（产权体制）和业务方式也迥然不同于商业银行及其他金融机构。此外，“二战”结束以来，它们恰逢高速增长的黄金时期，在五国取得远超商业银行及其他金融机构的增长速度。

存款机构的转型与危机

依当代分类，储蓄银行和住房按揭银行都属于存款机构，它们与商业银行一样，吸收公众存款，是银行体系的组成部分。在20世纪后半期，存款保险制度普及，这些不同类型的银行都被纳入其中。但是，如前所述，存款机构与商业银行又有显著区别，两者的客户群体、所有制结构和业务方式皆不同。存款机构的转型恰好出现在客户群体、所有制结构和业务方式等方面。转型的结果是，存款机构变得日益接近商业银行。

在德国，储蓄银行与合作银行的“转型”至20世纪30年代已基本完成，但彼时的“转型”主要指它们在业务方式上变得接近于商业银行，而在所有制结构和服务对象上，两者与德国大商业银行仍存在显著差别。

在英国，存款机构转型之前已出现一些重要变化。始自20世纪初，按揭社相互合并，组成规模更大、地域覆盖范围更广的组织（但不改变按揭社的所有制结构）。按揭社在1900年有2 286家（历史最高水平），1940年减至952家，1980年再减至273家，2000年仅剩67家。[①]按揭社合并后，原有的地方性小规模按揭社成为新按揭社的地方分会，它们仍属会员所有（所有制的性质没有发生变化）。然而，会员对合并后机构的管理人员的约束力实际上弱化了，因为管理人员在更远的地点工作，会员及时掌握的信息更加有限。简言之，管理层在规模变大的按揭社中实际上掌握了更大的决策权，也更加倾向于追求自己的抱负。这是经营规模扩大后，管理层与会员之间的信息不对称问题日渐突出。

促使英国许多按揭社和美国许多储贷协会的管理层追求新发展的因素是多方面的。首先，包括德国在内的其他国家已作出转变，变革已有前车之鉴。其次，随着人口增长趋缓和“婴儿潮”回落，存款机构面临市场饱和与市场转向的问题。收入水平提高后，更多的社会成员成为商业银行的客户，加上商业银行不断改进服务（包括改进住房贷款服务），对客户的吸引力增强。商业银行给按揭社和储贷协会带来新的竞争压力。再次，20世纪70年代以来利率浮动和货币市场快速增长，为按揭社或储贷协会等金融机构带来低成本融资的新机会，它们日益变得像商业银行那样需要掌握管理流动性风险和利率风险的技能。最后，技术进步使存款机构进入非现金支付体系的成本降低，它们向客户提供支票服务不如以往面临阻止性的高额成本。

在互助按揭社行业协会的推动下，联合王国议会从20世纪80年代开始出台或修订

---

① 巴克尔、汤普森.《英国金融体系》，表5.1，第92页。

法律，允许按揭社开展多样化的银行服务（主要是提供支票服务）并进行上市重组。当然，政府表示，希望按揭社尽可能保持其互助地位，不改变合作或集体所有性质。

在美国，联邦议会于1980年和1982年分别通过立法，放宽了对存款机构的业务范围限制，不仅允许其在本州各地设立分支机构，还允许跨州兼并境遇困难的同行（与此同时，法律保留对商业银行设立分支机构和跨州经营的限制）。另外，联邦政府早在1932年（胡佛总统任期内）就建立“联邦住宅贷款银行体系”（FHLBS），所有储贷协会皆为该体系成员，并因此可从该体系获得低于市场利率的长期贷款（相当于给予储贷协会发放补贴）。这意味着，美国政府在20世纪80年代初放松对储贷协会限制的同时继续予以它们政策性支持。

美国的许多储贷协会在20世纪80年代纷纷开始“转型”，大力拓展新业务，将大量资金直接放贷给房地产开发商（过去它们仅向个人发放购房抵押贷款），并开展商业贷款、租赁、消费贷款、高息债券买卖等新业务。一些储贷协会也拓宽资金来源，面向市场发行较高利率的大额存单。1985年前后是储贷协会高速发展时期。但是，至20世纪80年代末，随着房地产价格下降，许多储贷协会的贷款变为坏账，储户纷纷提取存款，整个储贷行业遭遇危机。储贷协会有自己的存款保险机制，但储贷协会坏账的规模大大超出存款保险机制的能力，迫使联邦政府不得不动用财政资金并寻求特别对策解决储贷协会的危机。

在英国，许多按揭社于20世纪80年代转型后，没有出现美国那样的全行业危机，但其中一些佼佼者后来却遭到重大挫折。阿比国民按揭社（Abbey National）起源于19世纪中期，20世纪初扩张到伦敦以外地区，1989年在众多会员的反对浪潮中成功上市，随后发展成为综合性金融集团，通过频繁并购拥有大量金融机构（包括其他转型后的按揭社以及非金融机构），并开展多样化金融业务（包括证券交易和保险代理等）。2008年国际金融危机期间，阿比国民金融集团受到严重冲击，在2012年被一家西班牙银行集团收购。

北岩按揭社（Northern Rock，也称北石）与阿比国民一样有着悠久的历史，1998年改制成为公众持股公司。1998年6月至2007年6月，北岩银行资产额从174亿英镑增至1 135亿英镑[①]，年均增长20.6%。该机构的业务转型更加非同寻常，危机爆发前（2007年6月）其全部负债（资金来源）中，仅有23%来自零售存款，其余来自货币市场借款（同业拆借）和证券化的票据发行。[②] 2007年下半年，随着伦敦货币市场利率升高，北岩银行无法继续其“借短补长”的经营模式。银行存户闻讯后，连夜排起长队取款，在英

---

① Hyun Song Shin, “Reflections on Northern Rock: The Bank Run that Heralded the Global Financial Crisis”, *Journal of Economic Perspectives*, Vol 23, No 1 (Winter 2009), p. 103.

② Hyun Song Shin, “Reflections on Northern Rock: The Bank Run that Heralded the Global Financial Crisis”, *Journal of Economic Perspectives*, Vol 23, No 1 (Winter 2009), Figure 1, p. 105.

格兰地区自 1866 年以来前所未见。①北岩银行被迫请求政府救助。

美国的储贷协会危机和英国的按揭银行危机表明，在市场环境发生重要变化时，金融机构寻求转型合理而必要；但是，另外，转型充满风险，管理层在外部监管弱化和内部约束不到位时容易追求过度扩张和过多承担风险承担，进而损害机构所有者和公众利益。

在法国和日本，包括基层金融机构在内的银行体系经历了另类形式的转型。法国 1984 年的银行立法将不同类型的存款机构均置于相同的监管规则之下，不再按照期限长短和行业种类等旧标准来划分银行机构并使其适用不同规则，这使各类银行机构在资金来源和资金运用上产生明显的竞争。1987 年希拉克担任总理时，几大全国性银行开始私有化，此后其他大型金融机构也被私有化（但法国政府继续持有一定股份）。法国政府推进大型金融机构的私有化和银行业改革，动机是促使法国金融体系在制度安排和结构上接近欧洲普遍趋势，缩小法国与其他欧洲国家的差别。20 世纪 80 年代后，欧洲经济一体化进程加快，目标是开放金融市场和建设共同资本市场，法国显然不能孤立地固守传统。

在日本，资产价格在 1995 年转入下降后，银行体系暴露诸多问题。经过几年踌躇，日本政府于 1996 年决定实行“大爆炸”式的金融改革，旨在 21 世纪初完成内容极其广泛的改革计划。日本的“大爆炸”金融改革以自由化和开放为方针，取消对传统金融机构在类别和业务范围上的限制，允许它们从事多样化的金融服务，缩小相互在经营方式上的差别。同时，日本借鉴国际经验，提高日本银行（中央银行）的政策决策独立性，强化金融机构和证券 市场参与者的信息披露要求，设立专门机构处置不良金融资产。“大爆炸”之后，日本金融体系和结构虽仍具特色，但与国际基本趋势的差别显著缩小。

三、存款保险制度与银行监管的发展

政府可通过多种途径影响金融业。第一，政府组建中央银行。至 20 世纪初，英美德法日等皆已建立中央银行，尽管在中央银行的组织形式和运作方式上各有不同。美德日的中央银行是混合所有制，英法则是完全的私人股份制。各国中央银行开展票据贴现的具体方式也不尽相同，它们对金融机构流动性支持的程度也有高低之差。此外，各国中央银行当时并未明确声明会充当银行的“最后贷款人”。所有这些，都是影响各国金融体制的重要因素。

第二，政府是否以及如何控股和经营金融机构，是另一个影响各国金融体制的重要因素。在德国，州及以下政府直接参与储蓄银行的组建，基层政府则扶持合作银行的发展。在法国，中央政府和地方政府在各自范围支持和扶持储蓄机构和投资银行机构。在英国，政府给予非营利性金融机构税收优惠，协助建立邮政储蓄系统。在美国，为应对

① Hyun Song Shin, “Reflections on Northern Rock: The Bank Run that Heralded the Global Financial Crisis”, *Journal of Economic Perspectives*, Vol 23, No 1 (Winter 2009), Figure 1, p. 101.

金融危机，联邦政府于 20 世纪 30 年代先后组建复兴金融公司和住房信贷支持机构。在日本，明治维新后中央和地方政府积极组建政策性金融机构，尤其着力于储蓄机构、农业信贷和长期信贷等领域。

第三，政府如何监管金融机构和金融市场——包括金融机构何可为、何不可为、如何开展经营等——也是影响各国金融体制的重要因素。德意志帝国及后来历届德国政府允许银行成为证券交易商并大量持股，是全能银行在德国成长壮大起来的制度基础。1933 年美国通过《格拉斯—斯蒂格尔法案》，要求商业银行与投资银行分离，商业银行不能直接持股，这使 20 世纪美国的金融体制长期迥然不同于其他许多工业化国家。

上述第三点中，一个新事物是首先出现于美国的存款保险制度，它是 1930—1933 年美国银行危机的产物。存款保险制度出现初期增大了美国金融体制（银行体制）与其他国家的差别；然而几十年之后，当该制度扩散到世界各国，却又成为缩小各国金融体制（银行体制）差别的一个因素。

存款保险制度在美国的确立

进入 21 世纪后，存款保险制度为世界多国采用。2008 年国际金融危机后，更多的国家建立了存款保险制度。各国的存款保险做法有不少细节差别，但基本特征相同，即政府组建专业机构承担存款保险业务，要求符合条件的银行或存款机构（会员单位）依照一定标准（通常是存款总额的百分比）定期缴费（保费），当某会员单位发生存户支付困难时，存款保险机制首先按照事先公布的数额标准（账户保险金额）代向存户无条件垫付现金，然后依照规则和程序处置会员单位的资产负债并作出重组安排。存款保险的基本目的是保护普通存户的利益，即那些存款数额在“账户保险金额”以下的存户，使其遇到银行支付困难时不至于恐慌，不必急于提取存款。这样，存款保险就达到其初衷，即防止全国银行体系因众多存户的恐慌心理而发生动摇与危机。20 世纪和 21 世纪的国际经验表明，存款保险是各国金融安全网的有机组成部分，是维护银行和金融体系平稳运行的必要条件之一。

美国在世界上首先建立存款保险制度。1933 年通过的《格拉斯—斯蒂格尔法案》出台若干金融改革措施，其中一条就是建立联邦存款保险公司（FDIC），指定该机构负责存款保险业务，所有国民银行必须加入联邦存款保险公司（成为其会员单位），州立银行则自愿决定是否加入。一旦会员单位发生支付困难时，联邦存款保险公司即按约定代向存户垫付现金。1933 年的“账户保险金额”为 2500 美元，此后多次提高。①

---

① 该数额于 1934 年 6 月提高至 5 000 美元，1950 年提高至 10 000 美元，1966 年提高至 15 000 美元，1969 年提高至 20 000 美元，1974 年提高至 40 000 美元，1980 年提高至 10 万美元，2008 年 10 月提高至 25 万美元（葛富锐.《现代银行业的中国基石：广州十三行担保制度与银行存款保险的起源》，何平等译，北京：中国金融出版社，2020 年，第 266 页）。

美国为何是世界首个建立存款保险制度的国家？有三个相关因素。第一，美国历史上有过类似存款保险的多次经验。马萨诸塞州波士顿地区于 1818 年创建“萨福克银行”机制，纽约州于 1829 年设立发钞银行“安全基金”，纽约市于 1853 年建立银行清算所，[①]都是银行间合作以及“雪中送炭”援助机制的先例。

第二，美国在 1930—1933 年遭遇特别严重的银行危机，存户挤兑是银行危机扩散的重要因素。1930—1933 年，美国多个地区数次发生银行危机。此时期银行危机非指某个地区的某次危机，这是 1930—1933 年银行危机不同于以往历次危机（1873 年、1887 年、1893 年和 1907 年）的重要之处。更重要的是，1930—1933 年，银行危机规模之大骇人听闻。在近 4 年中，全美超过 9 000 家银行倒闭，即国民银行和州立银行总数的 1/3 未能幸免。[②]倒闭的银行多为小银行，但有些银行自身经营状况并未差到必须破产倒闭的程度。

第三，已有的政府金融机构，包括作为中央银行的美联储和作为应急救助机构的复兴金融公司，被证明不足以在危机中拯救银行体系。作为中央银行，美联储必须时刻关注自身资产质量，不可能给问题银行无条件发放贷款同时却得不到可靠资产的抵押或担保。换言之，美联储不可能在不等质（质量）的资产负债之间进行转换操作，这使美联储充其量可去救助“好”银行，但不能去拯救“坏”银行，因此，美联储无法在银行危机来临之际发挥决定性的扭转作用。米尔顿·弗里德曼和安娜·施瓦兹在 1969 年出版的《美国货币史》中提出，大萧条的主要原因是美联储在危机期间实行了紧缩性的货币政策。此看法代表货币主义者的见解，但被认为忽略了银行体系存在的特殊问题。[③]该观点并未被当时以及后来的多届美国政府所采纳。如果仅靠美联储调整货币政策即可避免银行危机，那又何必建立存款保险制度。

复兴金融公司（RFC）是共和党总统胡佛卸任前力推组建的特殊金融机构，也为政策性金融机构，其先例是“一战”期间的战时金融公司。创立复兴金融公司表明共和党人未受自由主义教条的束缚，危机时期不惧被扣上“强力干预经济”的帽子。复兴金融公司初始资本金为 5 亿美元，另外可借资金至少 15 亿美元（1932 年美国国民生产总值不足 600 亿美元），可谓实力非凡。按照政策，复兴金融公司的贷款救助对象是有困难

---

① 贺力平.《世界金融史：从起源到现代体系的形成》，北京：中国金融出版社，2022 年，第 292 - 293、第 297 页。联邦存款保险公司（FDIC）于 1983 年和 1998 年发布两部报告，详述美国历史上的存款保险先例（FDIC, *Federal Deposit Insurance Corporation: The First Fifty Years*, 1983, Chapter 2; FDIC, *A Brief History of Deposit Insurance in the United States*, 1998, Chapter 2）。

② Elmus Wicker, *The Banking Panics of the Great Depression*, Cambridge University Press, 1990, p. xv and p. 155.

③ Wicker 在其著作（*The Banking Panics of the Great Depression*, p. 159）中指出，弗里德曼和施瓦兹过于强调 1930 年美联储未救助合众银行（Bank of United States, BUS）一事，认为此事导致美国众多的银行存户信心受损。合众银行创立于 1913 年，是纽约市的私人股份银行，与历史上的合众国银行（Bank of the United States）没有任何关系。它经数次兼并扩张后在 1929 年拥有 57 家分行和 2 500 万美元资本金。当时，纽约州银行事务部负责人认为，合众银行在 1930 年 12 月（危机发生时）资产情况正常（solvent），错在纽约联邦银行未出手相救。但是，后来发现的档案材料表明，该银行当时已资不抵债（insolvent），虽然亏空问题不算严重，但已不宜留在美联储救助名单上（Wicker, *The Banking Panics of the Great Depression*, p. 56）。

但有发展前景的美利坚银行和企业。但这个十分宽泛的政策使该机构在实践中的贷款作为具有很大任意性。复兴金融公司在 1931 年贷款 9 000 万美元给芝加哥一家大银行（下属多个银行），但在 1933 年却拒绝救助底特律地区的类似银行，该地区很快发生银行倒闭风潮。后来的研究者无法判断两次事件中复兴金融公司依据的决策原则。①

1933 年建立的存款保险制度的一大特点是，任何会员单位出现支付问题，联邦存款保险公司不论缘由一律照单垫付限额内的所有取款，事后再清查银行账目并进行资产整顿或重组。简言之，联邦存款保险公司基于简单的和高度一致的政策规则行事，遇到问题既不会像美联储那样首鼠两端，也不会像复兴金融公司那样缺乏明确规则。存款保险制度旨在保护普通存户的利益，而非保护银行本身，这是该制度与美联储或复兴金融公司的重大区别。

存款保险制度的国际普及

当代规范的存款保险制度最早出现在 1934 年的美国，后来逐渐普及至世界其他国家。存款保险制度的国际普及长期十分缓慢，原因是那时各国银行体制的显著差别和金融的国际化程度低下。1980 年后，随着一些国家放松金融管制，对外开放银行和金融市场，银行体系的安全问题开始凸显，于是更多国家开始采用存款保险制度。1990 年至 21 世纪初，世界范围内几次爆发严重的国际金融危机，使很多国家认识到，对外金融开放意味着银行体系的安全至关重要，而采用存款保险制度有利于维护银行体系安全。此时期存款保险制度在国际上快速普及。

表 5－3　　若干国家（地区）建立存款保险制度的时间　　年份

主要工业化国家		新兴市场经济体	
美国	1934/1991	印度	1961
英国	1982/1995	印度尼西亚	1998
德国	1966/1969/1998	韩国	1996
法国	1980/1995	中国香港	1995/2004
日本	1971	中国台湾	1985
意大利	1987/1996	新加坡	2006
加拿大	1967	土耳其	1983
澳大利亚	1945/2008	巴西	1995

资料来源：Asli Demirgüç－Kunt，Tolga Sobaci. Deposit Insurance around the World［J］. The World Bank Economic Review，Vol. 15，No. 3（2001），pp. 484－489；Asli Demirgüç－Kunt，Edward Kane，and Luc Laeven. Deposit Insurance Database［N］. IMF Working Paper WP/14/118，2014. 澳大利亚 1945 年“银行法”要求联邦银行（当时的国家银行）须承担存款保护的职责，但并未明确存款保险的细则。中国香港银行业在 1991 年受到国际商业信贷银行（BCCI）关闭风波的严重影响，故在后来（1995 年）推出存款保险制度。新兴市场经济体中，南非未正式实行存款保险制度。在中国，国务院颁布的“存款保险条例”于 2015 年 5 月生效，覆盖范围包括境内所有存款机构。

① Wicker，*The Banking Panics of the Great Depression*，p. 114.

表 5－3 显示世界若干国家（地区）建立存款保险制度的时间（年份），部分国家（地区）有两个或三个年份。以美国为例，1934 年存款保险制度生效，即联邦存款保险公司当年开业，1991 年将储贷协会纳入联邦存款保险机制（此前储贷协会的存款保险由另一机构承担）。再以德国为例，1966 年私人银行首次设立"共同基金"，此为初期的存款保险，覆盖范围十分有限；1969 年和 1998 年则扩大和全面普及了存款保险制度。

除美国外，挪威和印度最早实行存款保险制度，皆始于 1961 年。挪威该年颁布的"银行法"要求所有银行向新设立的"安全基金"缴费，其数额为存款总额的 2%。[①]印度银行业在 1961 年遭遇危机，为此印度政府推出存款保险制度，并在当年将该国最大的商业银行国有化。

在不少国家，银行危机推动建立存款保险制度。在英国，银行监管领域久已形成强调银行家（银行经营者）自律和自担责任的传统。的确，20 世纪 30 年代至 70 年代初，联合王国的商业银行、私人银行、按揭社、信托储蓄银行等很少发生严重问题。20 世纪 70 年代前半期，由于房地产价格波动，英国一些地方性中小银行机构出现存款挤兑或存款流失，当地称为"边缘银行危机"（Secondary/Fringe Banking Crisis）。1982 年推出的存款保险制度是英国政府应对此次银行危机的措施。但是，英国当局继续强调银行和存户的自律和自主选择，所建立的存款保险仅为有限保护（赔付限于存款金额的 75%，单笔赔付总额不超过 1 万英镑）。[②] 2007 年北岩银行遭遇大规模挤兑时，英国的存款保险制度暴露了其不充分的弊病。[③]

1990 年后，许多中东欧国家（包括苏联和南联盟的前成员国）走上转轨道路，实行市场经济体制。十多个中东欧国家在 20 世纪 90 年代中后期推出存款保险制度，成为该时期存款保险制度国际普及浪潮的重要推动者。在国际金融组织的帮助下，这些国家的政府预见到，实行私有化并对外金融开放后，本国银行体系可能出现不稳定，采用存款保险制度未必能够阻止发生银行危机，但肯定有助于防止银行危机的蔓延。

至 21 世纪初，尚未实行存款保险制度的主要是仍以国有银行为主的国家，或者如南非那样大银行占据主导地位的国家。国有银行体制已经隐含存款保险（银行发生支付困难时政府必会出手相救，存户的基本利益自然受到保护），因此国有银行不愿政府转向显性的存款保险，增加其保费缴纳及经营成本。在大银行占主导地位的银行体系中，"大而不倒"使大银行通常反对建立存款保险制度，认为该制度仅让中小银行受益。所谓"大而不倒"，主要指银行只要规模足够大，不管它是不是国有，一旦破产都会给本国经济造成严重不良影响。因此，政府对陷于困境的大银行定会施以援手，防其倒闭。

---

① Steffen E. Anderson, *The Evolution of Nordic Finance*, *Palgrave Macmillan*, 2011, Schedule 9.1, p. 229.

② Lewis and Davis, *Domestic and International Banking*, p. 147.

③ 当时的存款保险限于每位存户 2 000 英镑以及 90% 的存款账户不超过 35 000 英镑。北岩银行危机后，英国政府决定提高存款保险上限至 85 000 英镑。

“大而不倒”背后是道德风险，是金融市场和金融机构中信息不对称的后果之一，在市场经济或计划经济中都可能出现。总之，在国有银行或大银行占主导地位的国家，实行存款保险制度意味着银行体制的重要改革。

截至21世纪初，仅有极少数以穆斯林人口为主的国家建立了存款保险制度，例如印度尼西亚和马来西亚。两国皆在发生金融危机的1998年推出存款保险计划。中东地区仅有巴林王国（1993年）和阿曼苏丹国（1995年）建有存款保险制度。阿拉伯联合酋长国、埃及、巴基斯坦、卡塔尔、科威特和沙特阿拉伯等国皆未建立存款保险制度。当代规范的存款保险制度与伊斯兰古训存在一些不兼容或者需要协调之处。此外，非洲有30余个国家、南太平洋和加勒比海有20余个岛国尚未建立存款保险制度。①

建立存款保险制度有助于各国银行体制趋同，欧盟委员会关于建立“欧洲存款保险机制”（EDIS）的提议特别说明了此点。欧盟委员会2015年提出此动议的一大背景是，为应对国际金融危机后欧元区部分成员国的主权债务危机，欧盟和欧元区组建了专门的救援基金，在建立财政联盟方面迈出了重要步伐。但在银行和金融监管领域，成员国的统一行动却远远不够；为提升成员国银行体制的稳健性并使之达到共同的高标准，欧盟委员会建议组建欧盟范围内跨国存款保险机制。虽然该提议尚未付诸实践，但它已明显成为推动欧盟成员国银行体制更加趋同的一个因素。

存款保险制度与银行危机

存款保险制度的建立极大改变了政府监管与银行的关系。在引入该制度之前，监管机关在审批新银行时往往耗费时间和精力却不得要领（事前监管费力不讨好），而在银行发生严重问题后却疲于应付（事后监管疲于奔命）。存款保险制度建立后，政府通常会设立专门机构负责存款保险资金的收缴、存放和运用，并由该机构日常监管对参保银行，包括基于财务报表和信息汇报的非现场检查和前往营业场所的现场检查，动态掌握参保银行的经营动向和风险情况，一旦银行发生支付困难，存款保险机构便会立即启用有关程序，一方面安抚存户并按保险条款给予垫支，另一方面组织对问题银行的审查，依据政策规则进行后续处置。在这样的应对框架中，银行存户较少出现恐慌，银行危机也不会蔓延。简言之，通过存款保险制度以及已有的中央银行和银行审批机关，政府建立起一套常规化和程序化的银行监管体系，由此一方面可放宽银行准入，另一方面能防范银行危机及其蔓延。因此，存款保险制度有时被认为（被部分人误认为）是银行监管的“法宝”，是应对银行业系统性风险和危机的“万灵药”。

① Asli Demirgüç－Kunt, Edward Kane, and Luc Laeven Deposit Insurance Around the world: A Comprehensive Analysis and Database, *Journal of Financial Stability*, Volume 20 (October 2015), Table 1. Explicit Deposit Insurance Schemes Around the World, end－2013.

然而，此看法显然不正确。存款保险制度并不能阻止发生银行危机，有时甚至成为促成银行危机（存款机构危机）的一个因素。存款保险制度的最大作用在于，当公众确信能得到该制度的充分保护时，银行危机即便发生也不至蔓延。就此而论，存款保险制度的意义上在于，能为政府当局在银行发生危机时赢得时间，在宝贵的时间窗口中采取正确有力的措施去处置问题银行，并尽可能为“好”银行加上额外的“保护层”。

1989 年，美国许多储贷协会暴露出坏账问题时，它们都是存款保险机制的参与者。依照 1933 年通过的法律，银行参加联邦存款保险公司，储贷协会则参加联邦储贷保险基金（Federal Savings and Loan Insurance Fund）。联邦存款保险公司与储贷保险基金的区别在于，前者是一家大型机构，与美联储保持密切联系和合作，而后者是一家小型机构，接受联邦住宅贷款银行管理署（Federal Home Loan Bank Board，FHLBB）。与联邦储贷保险基金一样，联邦住宅贷款银行管理署自身也是一家小机构，缺少人员和经费去监管储贷保险基金以及数以千计的储贷协会。当储贷协会问题大面积暴露后，联邦储贷保险基金立即行动，按照协议履行自己的垫支职责，但很快发现一些储贷协会资金亏空之巨远超想象，它所掌管的保险基金可谓杯水车薪。危急的形势迫使美国联邦政府于当年通过新立法，决定用财政资金成立资产重组信托公司（Resolution Trust Corporation，RTC），由该机构负责对所有问题储贷协会进行清算和重组，并在 1991 年将所有继续营业的储贷协会的存款保险业务转交联邦存款保险公司。资产重组信托公司（RTC）花费 6 年时间完成对储贷协会的清理整顿，由此也成为其他国家为处置银行坏账而组建资产管理公司（AMCs）的先例。

存款保险制度不能阻止银行危机的根本原因在于道德风险。首先，参加存款保险制度后，一些银行经营者追求和承担风险的意愿增加而非减少，因为他们认为风险增加带来的回报增加超过可能的损失。金融市场上风险程度与预期回报总呈正相关，而损失则由概率决定。当损失可以某种形式转移给存款保险制度时，银行经营者冒险行为的增加就变成合理的举动。其次，建立存款保险制度后，存户不再挑选银行，“坏”银行由此得到与“好”银行同样多的机会去扩大存款资金的来源。换言之，存款保险制度客观上鼓励“坏”银行较快增长。总之，无论是银行经营者还是存户，实行存款保险制度后两者的行为都是合理的，但都有问题。

1989 年，美国储贷协会危机以及后来世界上多次发生的银行危机给人们的最大启示是，即使建立了存款保险制度，银行体系的安全问题仍未从根本上得到解决；银行风险的外部监管和内部控制必须不断加强和改善，监管松弛和内控失效最终会引来大问题。

四、投资银行的演变

以当代定义，投资银行泛指所有不吸收公众存款并因此不受任何存款保险制度约束的金融机构。显然，这个说法过于宽泛，包括许多不从事证券承销的金融机构。就狭义而言，投资银行特指那些主要从事长期融资的金融机构，其资金来源不是公众存款或活期存款，而是债券发行、委托存款、委托投资或政府拨款等，其资金主要用于长期贷款和证券投资。在市场经济体制中，投资银行以证券承销为主业；在计划经济体制或半市场经济体制中，投资银行以发放长期信贷为主业。由于投资银行是企业部门固定资产投资的重要资金提供者，各国政府在20世纪高度重视投资银行的发展。作为20世纪上半期世界金融发展的“例外”，美国政府出台多项措施限制投资银行的全能发展趋势，力图矫正其不当经营行为。总的来说，由于经济体制和金融体制的差异，各国投资银行在20世纪最后几十年以前千差万别。

20世纪初，世界范围内有代表性的投资银行分别是不列颠的商人银行、美利坚的投资银行和德意志的全能银行。这些金融机构的共性是，都从事证券承销、跨境融资（贸易信贷）和企业长期融资（证券投资和长期贷款）。当然，德意志全能银行那时已积极从事普通商业银行业务，经营范围远远超过不列颠的商人银行或美利坚的投资银行。而在英美，无论是商人银行还是投资银行，与私人银行很难区分，两者事实上都兼营私人银行业务（财富管理和委托投资等）。总之，英美德三国的广义投资银行是当时世界金融舞台上的主角。

不列颠商人银行是伦敦金融城老谋深算的操盘手，而伦敦是全球金融中心和世界金融体系的中枢。在大西洋彼岸，投资银行是华尔街的“领头羊”，而华尔街则是美利坚资本主义经济的核心。在欧洲大陆，以德意志银行为代表的全能银行在国内和国际市场上全方位扩张，向英美法的金融领先地位发起挑战。20世纪初，商人银行、投资银行和全能银行在各自国家金融体系中的显赫地位和重要作用，令人惊叹“金融寡头时代”的到来。希法亭提出“金融资本”新概念，实际上是为其所说“帝国主义时代”提供经济和金融的注解。

出乎意料的是，这些金融巨头身上的光环未能持久。“一战”爆发至20世纪30年代大萧条，多国金融业经历危机与重组，数次“大洗牌”。一些超级角色黯然下台，另一些则不得不与新秀分享江湖，还有的受到新规则的约束不再能“长袖善舞”。至20世纪最后几十年，各类投资银行叱咤风云已成过往，今非昔比。

不列颠商人银行的陨落

不列颠商人银行兴起于18世纪末。19世纪初，拿破仑战争和维也纳会议之后，围绕法兰西战争赔款的融资热潮促使巴林和罗斯柴尔德登上国际金融舞台。从法兰克福移居英格兰，打造出不列颠首屈一指商人银行的内森·梅耶·罗斯柴尔德（1777—1836年）于1831年在下议院专门委员会作证时说：“本国已是整个世界的银行家，我的意思是，所有发生在印度、中国、德意志、俄罗斯以及世界其余地方的（国际）交易都接受这里的指导并在本国完成清算。"[①]有人估计，"一战"爆发前，全球贸易额的一半依赖不列颠提供的贸易信贷，其中伦敦的商人银行（通过其参与的票据承兑所）和外资银行提供3亿~3.5亿英镑，合股银行（全国性商业银行）提供7 000万英镑。[②]伦敦商人银行是当时国际贸易信贷最重要的提供者，它们同时大量从事跨境证券承销，为外国政府代理发行和交易主权债。在鼎盛时期（20世纪初），面积不过1平方英里的伦敦金融城分布着近百家大大小小的商人银行。

但是，大战的爆发和1931年英镑危机重创多家伦敦商人银行。有的失去国外客户，有的因缺少流动性而困难重重，还有的因投机失败而亏空倒闭。"二战"结束后，在一些老字号消失的同时又有新来者入场，伦敦的商人银行业随着国际贸易的恢复和国内证券市场的正常而转为增长，但是，昔日风光不再。此时，大英帝国及其殖民体系已不复存在，国际主权债务发行多已移往大西洋彼岸。1980年后，当国际主权债务市场又重新活跃时，交易重心已由纽约占据。伦敦商人银行的重要新机遇是1960年后渐渐成长的欧洲美元市场。20世纪90年代中期的统计显示，除去零售银行（全国性商业银行，也即合股银行），不列颠商人银行在资产、英镑存款和外汇存款等指标上落后于本土的其他银行以及在英的美资银行、日资银行和作为整体的海外银行。[③]伦敦在20世纪下半期仍为重要的国际金融中心，但主角已非传统类型的商人银行。

1990年以来，不列颠商人银行业中的诸多知名商号因各种缘故被外资收购，有的甚至被安排退市。以下是7家最负盛名的不列颠商人银行的陨落。（1）1995年，百年老店巴林银行（Barings）因职员违规投机期货失败巨亏，由荷兰国际集团收购。（2）北欧背景的汉布罗斯银行（Hambros Bank）也为百年老店，但在1998年出售给法国通用银行，重组后成为其私人银行部门。（3）伦敦华宝银行（S. G. Warburg & Co.）原由两位逃离纳粹德国的犹太人于1946年创建，1960年后参与创立欧洲美元市场，1995年由瑞士银行公司收购。此后，华宝作为一家商人银行或投资银行的名称几经更改。2003年，新的所有者瑞银集团决定停用华宝名称，原业务部门改称瑞银集团投资银行（UBS Investment Bank）。（4）克莱沃特—本森（Kleinwort Benson）是两家老字号商人银行在1961年合并的产物，2016年被法国通用银行收购（该银行曾收购汉布罗斯银行）。（5）施罗德（Schroders）原是规模很大的综合性商人银行，2000年将其投资银行部门售与花旗集团（Citigroup），独立出来的财富管理公司（资产管理公司）继续称为施罗德名称，并保持独立地位。（6）摩根建富（Morgan, Grenfell & Co.）原为老摩根（约翰·皮尔庞特）与资深不列颠合伙人格林费尔1910年在伦敦建立的商人银行。1933年美国通过《格拉

① Brian O' Sullivan, *From Crisis to Crisis: The Transformation of Merchant Banking*, 1914 – 1939, Palgrave Macmillan, 2018, p. 64. 原文引自联合王国下议院文件汇编，括号中文字为引者加。

② Brian O' Sullivan, *From Crisis to Crisis: The Transformation of Merchant Banking*, 1914 – 1939, p. 67.

③ 巴克尔、汤普森.《英国金融体系》，表4.1和表4.2，第70 – 71页。

斯—斯蒂格尔法案》后，小摩根（杰克·摩根）选择商业银行，为此只得减持他在摩根建富的股份。1990 年，德意志银行收购摩根建富 4.9% 的股份（此时它已是一家上市公司）而成为控股方。1999 年摩根建富下属财富管理部门因行为不端被监管当局处以高额罚款，德意志银行决定将其名称改为“德意志摩根建富”。后经重组，摩根建富的名字消失。(7) 在所有知名的不列颠商人银行中，罗斯柴尔德不仅声誉卓著，且保持独立地位的时间最长。但是，在伦敦的罗斯柴尔德商号（NM Rothschild & Sons）因无家族继承人于 2003 年与巴黎的罗斯柴尔德商号（Rothschild & Cie Banque）建立联合管理机制，后者实际拥有对伦敦分号的管理权。

以上情况表明，1990 年以来，不列颠商人银行的基本业务（证券承销、贸易信贷和贵金属交易等）虽然仍在伦敦金融城，但皆易其主。不列颠传统的商人银行在开放的环境中不能继续保持机构独立性的原因诸多，包括资金实力弱和经营规模偏小、业绩和经营状况不够稳定、品牌价值不足。更深层的原因是，不列颠商人银行长期以来形成的传统是其在本国经济和金融体系中位置高高在上，偏重国际业务，疏远本土企业。有不列颠学者认为，此种传统形成于 19 世纪，那时商人银行就不热衷本土企业创建与兼并重组事务，极不同于摩根那样的华尔街大投行。①

华尔街投资银行的变化

从 20 世纪初至 80 年代，华尔街投资银行发生诸多重要变化。如果将 J. P. 摩根公司创始人约翰·皮尔庞特（1837—1913 年）和库恩·洛布“一战”前后的掌门人雅各布·希夫（1847—1920 年），视为华尔街投行家的第一代，那么，他们隐退后的家族继承人或接班的合伙人，则为华尔街投行家的第二代。第二代华尔街投行家活跃于 20 世纪 20 年代至 40 年代，但该时期的后半段因大萧条和“二战”实为“沉寂年代”。20 世纪 50 年代后，出现第三代华尔街投行家，他们大多毕业于名校，其中不少人与第一代或第二代并无亲属关系。华尔街投资银行的自身组织经营体制与外部环境都发生了深刻而广泛的变化。

第一个大变化是从合伙制转变为公开上市公司。合伙制是华尔街投行自 19 世纪以来普遍采用的组织形式。相比于个人独资企业（家族企业），合伙制组织形式的优点明显。(1) 合伙各方在资金、客户网络和专业知识等方面可取长补短，形成团体经营优势；(2) 合伙人在企业经营管理重大事项上共同决策，避免家族企业中常见的个人独断专行；(3) 有利于赢得客户信任，容易满足客户对企业资金能力、声望、服务专业性和

---

① William P. Kennedy, Industrial Structure, Capital Markets and the Origins of British Economic Decline, Cambridge University Press, 1987. 此书的基本观点是，19 世纪不列颠资本市场存在缺陷，即不能向国内工业（尤其是新兴大工业）提供充分的长期融资支持，包括股权融资和长期债券；部分原因或许在于在不列颠资本市场占据主导地位的商人银行外向程度偏高。

商业保密等需求；（4）灵活的合伙组织形式为中高层员工提供职业发展激励，培育员工（尤其是中高层员工）对企业的忠诚。合伙人可分为高级合伙人和初级合伙人，或者分为有限合伙人（LP）、普通合伙人（GP）与有限责任合伙人（LLP）等，它们均为职业发展的阶梯，对中高层员工颇具吸引力。

关于第（4）点，高盛公司（古德曼·萨克斯）第三代掌门人的经历值得一提。西德尼·温伯格（1891—1969 年）1930 年起担任高盛总裁直至去世。他出生于纽约市布鲁克林犹太人社区，中学未毕业即参加工作，偶然机会进入高盛公司做勤杂工，凭借机敏灵活和吃苦耐劳赢得公司家族高管的欣赏和提拔。“二战”结束后，他认识到人才决定投行胜负，确定了公司从名校招聘毕业生的政策。1956 年，约翰·怀特赫德（1922—2015 年）从哈佛大学商学院 MBA 毕业后在高盛工作 9 年，得到另一家投资公司邀请担任合伙人，遂向温伯格请辞。后者随即致电那家投资公司请求取消聘任，同时很快提拔怀特赫德成为合伙人。[①]怀特赫德后于 1976—1981 年担任高盛公司联席总裁，之后任职联邦政府，曾任纽约联邦储备银行行长。

但是，合伙制也有缺点与不足，此并不意味着其只适宜中小企业。在许多国家，19 世纪以来会计师事务所和律师事务所长期以来多采用合伙制，有的事务所员工人数多达数万甚至超过 10 万，且分布在世界几十个不同国家。合伙制是人才密集型（知识密集型）行业的常见企业组织形式。在合伙制企业中，合伙人享有诸多特权，常使普通员工感到不适。高盛公司 1976 年迎来新总裁，其上任后的第一件改革举措就是取消合伙人的专车待遇。合伙制的重要缺点是，资本增长主要依靠内部积累（实行利润不分红），在出现资本金巨额需求时难以获得外部的充足支持。实行公司制，尤其成为公开上市公司，企业可有多种途径扩充资本金，包括增发股票、发行长期债券以及引进条件合适的外部战略投资者。

为吸引和留住人才，20 世纪 50 年代高盛公司扩大了合伙人数。同时，为了增加可用资本金，公司决定实行合伙人薪酬留存制，即员工升为合伙人后，其薪酬一部分被划入公司设立的股份金账户（个人记名账户，因其不可转让或不具交易性也称虚拟账户），此款项参照公司业绩随时间增长。实行此制度后，一些升为合伙人的员工顿感当前收入减少，只是未来可期丰厚分红。[②]即便合伙人部分薪酬转股份与高额分红相加，该制度对公司资本金积累的贡献并不特别显著。

三个因素提高投资银行对资本金的需要。第一，证券承销业务因上市公司融资规模越来越大需要不断增加资本金，因为资本金是获得证券承销资格的起码条件。第二，证

① 查尔斯·埃利斯．《高盛帝国》，卢青等译，北京：中信出版集团，2015 年，第 75 页。

② 查尔斯·埃利斯．《高盛帝国》，第 76 页。1992 年，两位公司高管从其 2.25% 股份中分别得到 2 500 万美元红利回报；该年公司有 150 位合伙人，是 1973 年的 2 倍（查尔斯·R. 盖斯特．《华尔街投资银行史：华尔街金融王朝的秘密》，向桢译，北京：中国财政经济出版社，2005 年，第 358 页）。

券承销业务有风险，如无充足的资本金，承销项目发生意外可导致公司顷刻瓦解。第三，证券承销监管改革提升了对资本金的要求。

1987 年，高盛担任主承销商，参与不列颠石油公司（BP）上市。此前，不列颠石油公司股份已在伦敦交易所挂牌，但该公司大量股份由政府持有，撒切尔政府为推行私有化决定将国有股售予公众。出于对国内股市容量的顾忌，联合王国财政部决定同时进行国际发售，选择高盛担任主承销商（此前已邀请摩根士丹利担任其他项目的主承销商）。高盛与另 3 家华尔街投行承诺认购 4.8 亿股，每股定价 3.5 英镑（当时市价在 3.45 英镑以上）。但是，1987 年 10 月 16 日（周五），英格兰遭百年未遇的风暴袭击，纽约股市随后暴跌。10 月 19 日（周一）伦敦股市开盘后狂跌，不列颠石油公司股价最低时跌至不足 1 英镑。如按原承销协议，高盛与另 3 家华尔街投行将亏损数亿美元。它们显然无法承受如此巨大的损失，希望诉诸不可抗力条款撤销承销合同。但此请求未得到不列颠联席承销商的认可而难以落实。当决定权转至联合王国财政部时，高盛等华尔街投行动用政治资源，通过美国官方施压，最后得到局部妥协。高盛此次亏损多达7 000万美元，仅因其他市场的额外收益得到弥补。[①] 1987 年不列颠石油公司股票发行充分说明证券承销业务的巨大风险以及投资银行拥有充足资本金的重要性。

按照美国证券交易委员（SEC）订立的规则，新证券上市前三周发行者和承销商提供必需材料登记注册，三周“冷静期”后方可上市。这三周时间相当于给承销商足够时间寻求购买者。换言之，承销商事实上不用垫付自己的资金即可从证券承销中赚取佣金（中介费）。1982 年，证券交易委员出台“415 号规则”（Rule 415），允许发行者事先提交上市相关材料，进行“上架注册”（也称“暂搁注册”），随后择机挂牌上市。这样，不再有“冷静期”，主承销商往往需要在承销银团（辛迪加）组建之前就向发行者垫付数额巨大的承购款项。显然，“415 号规则”提升了投行的资本金要求。

当然，也可以认为，老摩根（第一代 J. P. 摩根公司）之所以无须拥有数额巨大的资本金，是由于当年缺少金融监管，他可动用关联的商业银行资金，股价波动的风险在 20 世纪初也低于 20 世纪后半期（撇开战争因素不论）。

高盛在华尔街大投行中最晚公开上市。1982 年“415 号规则”颁布后，高盛开始考虑上市，但一些意外事件耽误了上市进程，包括公司高管发生交易作弊丑闻等。1986 年高盛引进日本住友银行股权投资，因美国政府提出多项限制性意见，此项引资计划后来变成了住友成为可从高盛得到高额回报的优先股投资人（对经营管理事务无投票权）。1999 年高盛在纽交所公开上市，从此华尔街大投行再无合伙制。

20 世纪华尔街投行业的第二个大变化是证券业成为监管重地，从机构和从业人员到交易和产品等都被纳入金融监管范围。在 1933 年罗斯福“新政”以前，在美国的投资

① 查尔斯·埃利斯.《高盛帝国》，372 – 375 页。

银行和证券交易活动主要遵从普通法，即习惯法或判例法，实践中存在许多法律空白之处。1929 年纽约股市暴跌及随后的银行业危机和经济大萧条促使立法者痛定思痛，决心进行大改革。在投资银行和证券交易相关领域，1933 年“银行法”（《格拉斯—斯蒂格尔法案》）要求投资银行与商业银行分离，接受公众存款者不得从事证券业务，从事证券交易者不得接受公众存款，由此将“存款”与“证券”做了严格划分，将“银行”区别于“非银行金融机构”。

1933 年“证券法”首次对证券发行的信息披露提出明确要求，证券发行者皆须向政府机关登记注册，否则即为非法发行。该法禁止付费推销证券，不得滥用新闻媒体兜售证券。被该法视为例外并因此豁免监管的是联邦、州和市政债券、短期商业票据和其他特殊证券。此项规定使美国后来的金融发展中不时发生有关“票据”与“证券”区别的争论，即如何看待此法的适用范围。依该法定义，证券是期限接近一年及一年以上由非政府机构发行的债务或权益凭证，包括股票、债券和可转换证券。

1933 年“证券法”确定由联邦贸易委员会充当证券管理机构，但立法者很快发现此项机构安排不适应监管的需求。1934 年通过的《证券交易法》确定联邦政府组建证券交易委员会（SEC），由该机构接手以前联邦贸易委员会的证券监管事务。不仅如此，“证券交易法”扩大了监管机关的权力，授权证券交易委员会订立涉及证券和证券交易的监管规则细则，建立会计准则，监管证券交易所，并可起诉和处罚违规金融机构和从业人员。“证券交易法”提高了对上市公司信息披露的要求，它们必须持续提交和发布财务信息公报。证券市场中的一些行为被认定为违法，包括操纵价格和传播虚假信息等。

摩根家族第二代掌门人杰克于 20 世纪 20 年代在电力和燃气等领域中发起数次企业并购重组，一定程度上再现其父在铁路和钢铁行业中的整合作用。在所有这些并购重组中，核心企业大多通过关联企业的交叉持股完成对目标企业的控股，进而实现重组目的。杰克·摩根盯上公用事业，看中该行业企业普遍具有稳定的现金流并多少有着自然垄断性。1935 年通过的《公用事业控股公司法》显然针对此种通过多样化持股来控制公用事业企业的行为。该法要求，所有直接或间接持股于任何一个公用事业公司 10% 股权的公司，必须向证券交易委员报告并接受质询。最为重要的是，该法要求电力和燃气等公用事业公司的控股公司只能控股一家地方企业，否则证券交易委员会有权令其肢解。此外，该法要求公用事业公司选择金融机构时必须实行招标制，必须避免内幕交易（Insider Trading）。①

1929 年股灾后，股市长期低迷。需要外部融资的许多美国企业转而求助发行债券，

① Vincent P. Caross, *Investment Banking in America: A History*, Harvard University Press, 1970, p. 383. 证券交易委员会 1938 年要求公用事业公司与金融机构进行协商时“保持距离”（arms - length bargaining），1941 年则将此规定改变为前者需要金融服务时必须通过竞争性招标方式（footnote 3 on p. 383）。

债券市场随之出现诸多问题，且多未被1934年“证券交易法”清晰界定的问题。在此背景下，1939年出台《信托契约法》（Trust Indenture Act），规定凡发行面额1000万美元以上债券，发行人与认购人必须签署书面契约（Indenture），详尽说明债券发行所有细节，包括债券托管机构及其义务，以便债权人（认购人）一旦发现发行人违约可迅速采取法律行动寻求自身权益的保护和补偿。此法通过前，常见的情况是，债券出现违约后，单个债权人没有资格发起诉讼，而多个债权人之间缺少联络，无法沟通。作为债券受托人的证券公司（包括一些华尔街投行）对此常常置之不理，致使债权人利益受损。《信托契约法》授权证券交易委员会负责此领域的监管。

上述四部法律确立了美国证券行业的监管框架，其中新近成立的联邦机构证券交易委员会获得巨大授权负责所有涉及证券的金融监管。在新的法制和监管环境中，华尔街投资银行不得不改弦更张，增加信息披露，减少对包括公用事业在内的实业公司的控制，更多兼顾投资人（证券购买人和持有人）的利益，更平衡和公允地服务债务人（证券发行人）与债权人（证券投资人）。

1940年，国会还通过《投资公司法》和《投资顾问法》并在同一天交由罗斯福总统签署生效。前一部法律针对当时丑闻缠身的共同基金（组合投资基金）行业，以专门法确立信托为共同基金产业的根本法（参见第六章第五节）。后一部法律与投资银行关系更加密切，它要求所有为客户提供投资咨询的人员通过资格考试并登记注册，他们必须坚守诚信原则（Fiduciary Duty）并将客户利益置于优先位置，在向客户提供咨询时必须充分披露信息。依据该法，因未得到充分信息披露和风险提示而遭受重大损失的客户可提起诉讼，或由地方检察官发起针对投资顾问（往往是投资银行、证券公司和投资基金的雇员）的指控。1970年一家大型铁路公司破产，该公司此前委托高盛发售千万美元的商业票据随后违约，众多投资者及其律师援引《投资顾问法》指控高盛未提供充分信息披露并误导投资者。面对多起诉讼，高盛与原告或达成庭外和解，或得到法院的折中判决，或被判罚。[①]在此场法律纠纷中，有利于高盛的是，法官依据1933年《证券法》的定义没有采纳“票据”等于“证券”的观点。如前所述，依《1933年银行法》，票据指期限一年内的债务或权益凭证，非同于期限一年以上的债务或权益凭证。

罗斯福时期通过的多部立法给金融业的演变带来深远影响，尤其促进私人部门借贷行为规范的改变。1938年《钱德勒法》（Chandler Act）修改了破产法规则，公司作为债务人此后可获得与个人一样的破产保护，向法院递交破产申请后可继续经营，延期偿还债务本息。此规定等于取消了担保债券持有人相对于无担保债券持有人的优先权。担保债券（Secured Bond）指发行人承诺发生违约时债券持有人可优先索取其资产的债券，19世纪末以前各国发行的债券（包括企业债券和主权债券）多为担保债券。未担保债

① 查尔斯·埃利斯.《高盛帝国》，第7章“收拾宾州中铁破产残局”，第107－127页。

券（Unsecured Bond）指债券发行时债券发行人未注明以何种特定资产用作担保，但发行合同（契约）规定，若发行人违约，债券持有人享有对清偿资产的索取权。未担保债券也称信用债券（Debenture），19 世纪末和 20 世纪初始见于债券市场。

美国 1939 年《信托契约法》将担保债券与信用债券置于同等法律地位，视两者为同类债务凭证，服从相同的“信托契约”规范并遵从同样的监管要求。一般而言，发行担保债券有利于降低发债的利率成本，而发行无担保的信用债券则可能面临较高利率。1688 年“光荣革命”后的英格兰皇室向特许合股公司——英格兰银行、东印度公司和南海公司——发行的长期债均以税收为担保（向英格兰银行的借债以“啤酒吨位税”为担保）。1750 年英国政府进行财政改革，推出“统一公债”，发债担保品改为“减债基金”，虽有进步，但仍属担保债券。当欧洲列强全球扩张的 19 世纪，担保债券的做法还流行于国际借贷，许多欧洲债权人都要求外国主权债务人以关税或烟草税为抵押或担保。美国自独立战争时期，政府便发行无担保债券。联邦政府在 1812—1814 年第二次独立战争、1861—1865 年南北战争以及 1917—1918 年“一战”期间所发行债券均属信用债券。19 世纪 30 年代和 40 年代美国多个州政府向欧洲投资者（尤其是英国投资者）发行债券也属信用债券。当部分州政府违约后，国际债权人只能通过美国国内法院提起诉讼，得到判决后方可行使债权人的财产索取权。① 19 世纪末至 20 世纪初，信用债发行流行于英国私人部门，英国法律学者认为此由合股公司的普及而引致，因为多数合股公司在 19 世纪后半期已变为有限责任公司。更重要的是，那时英国法院判决实践表明，信用债券持有人遇到发行人违约时行使财产追索权的请求都能得到法院的支持，从而使之事实上无异于担保债券持有人。②

在美国，至 20 世纪 50 年代，信用债券已为许多发债企业使用。不仅如此，企业次级信用债券（Subortinated Debenture）也应运而生。若发行人违约，次级信用债券持有人对清偿资产的索取权位于优先级信用债券（Senior Debenture 也称优先债券或高级债券）持有人之后，意即承担较大风险。美国债券市场上发行次级优先债券的早期事例为一家财务公司于 1936 年发行 75 万美元的次级优先债，利率为 5%，期限为 10 年。1952 年和 1953 年，两家工业大公司各自发行 1 亿美元 30 年期限的可转换（指债券转换为股票）次级信用债券，利率分别为 3% 和 3.25%，显著低于同期其他工业企业发行的同类债券。③美国企业发行信用债券并利用可转换条款，显然得到节省利率成本的好处。

20 世纪 30 年代后，美国法律对信用债券持有人（债权人）和公司发行人（债务

---

① 杰瑞·马克汉姆.《美国金融史》第一卷，黄佳译，北京：中国金融出版社，2017 年，第 200 页。

② Edward Manson, “Growth of the Debenture”, *Law Quarterly Review* 13, no. 4 (1897): 418 – 425; Geo. A. MacDonald, “Evolution of the Debenture”, *Law Quarterly Review* 23, no. 2 (1907): 195 – 198.

③ Robert W. Johnson, “Subordinated Debentures: Debt That Serves as Equity”, *The Journal of Finance*, Vol. 10, No. 1 (March 1955), Table 4, p. 7.

人）的合理权利都提供保护，而金融监管开始重视证券信息披露，两者都支持了信用债券以及其他类型证券的发展。可转换次级信用债券是早期的金融衍生品，20 世纪 80 年后成为最流行的证券发行方式，其后续发展包括 90 年代后兴起的资产抵押证券（ABS）和 21 世纪初广泛应有的担保抵押契约（CMO）。这些发展体现了在法律和金融监管下，证券发行者（企业）和包括投资银行在内的金融中介机构不断扩大对信用的利用。当然，各种信用工具的扩张同时伴随信息不对称和利益冲突带来的金融风险。

美国投资银行业在 20 世纪经历的第三个大变化是，在行业新来者的推动下，从服务少数人转变为服务多数人。第一代华尔街投行家大多出身于商业领域，在商界成功后转入私人银行业，专做高端金融生意。他们高坐曼哈顿下城的琼楼玉宇，入口处仅有一小块不引人注目的铭牌，等客上门，极少外出招徕生意。这并非意味着低调从事，主要是他们仅服务于社会少数，服务于批发商人、大型企业、政府部门和富裕人士。虽然对美国经济增长作出了重要贡献，但交易大多是少数人密谋于办公室、小型会议间甚至私人书房便得以完成。华尔街大投行在 20 世纪初的经营风格从一个侧面反映了当时社会财富的集中，大型金融机构仅与同样掌握巨大财富的少数个人达成协议，便可促成社会资金的大规模流动和配置调整。这种财富分布格局和经营方式显然不可持续。

查尔斯·梅里尔（1885—1956 年）青年时就展现出不拘一格的创新追求，并有着强烈的创业抱负。他于“一战”前来到华尔街，进入一家从事小企业融资的小金融公司工作，负责债券销售，多数债券评级不高。为扩大销路，他挖来销售专家林奇，运用直销方式向个人客户推荐债券。这种方式当时流行于方兴未艾的零售业。梅里尔十分看好新型零售业，在一场客户企业股票初次公开发行的业务中，自己出资认购相当多股份。不久，他跳槽到另一家规模较大的华尔街证券公司，仍以证券零售业务为主。不到一年，梅里尔决定自立门户，于 1914 年创建公司，名为美林，即梅里尔与林奇的合伙商号。美林公司的重要业务是推销新近上市的公司证券。

“一战”前，老牌华尔街大投行形成传统，仅帮助与自己有关联的大企业证券上市，很少关注不熟悉的新企业。换言之，老牌华尔街大投行与其协助上市的大企业皆是利益关联方，因此，这些投行不必是投资人的朋友，并非真正意义上的金融中介。鉴于此，美林公司自始就表明其证券承销的立场，“（新）证券仅仅是待销售的项目，它们不代表本企业与发行企业之间的长期关联……”。[①]简言之，美林向投资者反复声明自己是证券交易的中介，会不偏不倚对待发行人和投资人。

“一战”后期，美林公司两位合伙人弃商从军，战争结束后重操旧业。也如战前，美林公司的主业仍是证券经纪和承销。除了经营哲学有别于老牌华尔街大投行，另两个因素也促使美林公司 1920 年后的快速扩张。一个因素是，美林公司积极从事新兴企业的

① 盖斯特.《华尔街投资银行史》，第 247 - 248 页。

证券承销，借此分享了新兴产业高速成长的红利。美林公司20世纪20年代证券承销客户中，很多是电影公司和连锁百货食品公司等当时的新潮企业。另一个重要因素是它将新兴零售业的连锁经营方式运用到证券经纪行业，在全美多个地区开设经营网点，利用众多网点优势扩大证券承销业务。美林公司为人熟悉的事迹是，它成长为一家全国性证券经纪公司受益于其早年控股的食品连锁店西夫韦（Safeway），并在1930年并购一家已在多地设有分支网点的证券公司，此后低成本进一步推进网点建设。[①]“二战”后，美林公司明确定位为美利坚中产阶级提供投资服务的金融公司，打出“人民资本主义”的旗号（参见第六章第五节）。此时它已跃入全美证券承销机构业绩排名前五，成了名副其实的大投行，而且拥有全国性经营网点。美国的投资银行业由此大为改观。

“二战”结束至1970年，美国经济快速增长，证券业和投资银行业得以复苏并有新发展。虽然美林公司一类的新投行为普通投资者和新兴企业提供了证券发行和投资服务，但证券市场在美国远非完美。投资银行业依然是“绅士行业”，只接待衣冠楚楚的贵客。循规蹈矩并讲究仪容的华尔街投资银行业与一个不断创新且不守陈规的动态经济存在明显距离。

“二战”结束至1970年，许多新企业在美国几大证券交易所之外发行和交易证券，它们活跃于场外证券市场。场外市场（OTC）早就存在，也被称为“路边市场”，既充满活力，又遍布风险。为促使市场规范并为后续发展提供更大空间，全国证券交易商协会（NASD）借助刚刚成熟的计算机通信技术于1971年创立纳斯达克交易市场（NASDAQ）。当时，纽交所等仍实行场地交易，由交易商代表场外经纪人在场内以叫价方式进行询价报价和应答，每次成交信息由交易所隔日发布。纳斯达克完全采用信息交换平台的做法，所有证券价格和交易信息都显示在同一屏幕上，交易员在专用电脑终端上操作进行交易。1982年纳斯达克升级信息交换系统后，每次交易的信息仅需90秒就发布给参与者。[②]此举使纳斯达克超过世界所有其他交易所在信息传递上的优势，使它吸引越来越多的投资者参与交易。在20世纪80年代和90年代成长起来的知名新企业如微软、苹果和英特尔等皆在纳斯达克首次公开发行股票，它们的市值后来超过许多在纽交所挂牌的传统大公司。

纳斯达克的兴起给美国的证券业和投资银行业带来巨大冲击。首先，交易平台电子化促使交易所行业开始并购重组，传统小型交易所的生存空间日益缩小。其次，交易所开始跨境扩张，同业国际联合日益增多（此也得益于许多超大型跨国公司同时在多国证券交易所挂牌上市）。与此同时，投资银行也大力拓展国际业务以适应投资者队伍和发

① 约翰·S. 戈登.《伟大的博弈：华尔街金融帝国的崛起1653—2004》，祁斌译，北京：中信出版社，2005年，第309页；Edwin J. Perkins, *Wall Street to Main Street: Charles Merrill and Middle - Class Investors*, Cambridge University Press, 1999, p. 141.

② Mark Ingebretsen, *Nasdaq: A History of the Market that Changed the World*, Prima Publishing, 2002, pp. 89 - 90.

行者队伍的变化。最后，交易平台的电子化极大地方便了投资者，包括机构投资者和个人投资者参与证券交易，证券交易平台本身也呈现多样化发展趋势。一些评论者甚至提出“直接资本主义”（Direct Capitalism）概念，[①]不仅意指直接融资发展得到新机遇，而且证券市场上的传统中介——证券公司、投资银行和组合投资基金等——都面临新挑战。

华尔街投资银行在20世纪的第四个大变化是其在企业并购重组中的角色由“战略统帅”变为“白马骑士”。19世纪90年代至20世纪20年代，摩根第一代和第二代多次在企业并购重组中扮演主角，发起和主导敌意收购和公司改组，成为当时产业结构调整名副其实的“战略统帅”。华尔街大投行在美国经济中的地位和作用那时登峰造极。但是，1930年以后，华尔街大投行在企业并购和重组中的地位和作用发生显著变化，从主角转为配角，从“战略统帅”变为“白马骑士”。[②]

华尔街投行在20世纪不再充当企业并购重组“战略统帅”的主要原因是：（1）罗斯福“新政”以来的立法明确限制金融机构控股实体企业。前面提到的1935年《公用事业控股公司法》虽然仅针对公用事业，该而它体现的政策意图却是不欢迎金融机构控股企业并由此助长垄断（“托拉斯”倾向），尤其在一些重要领域反对跨州联营或垄断。(2）1933年“银行法”（《格拉斯—斯蒂格尔法案》）要求商业银行与投资银行分离，明确禁止商业银行持股实体企业，阻断了资产规模大的金融机构（商业银行）直接介入企业并购重组。该法通过后，包括J. P. 摩根公司在内的华尔街大投行不再是掌管金融资源最多的金融机构。(3）随着企业的成长以及并购重组资金来源多样化，决定企业并购重组成败的关键因素不再是资金规模，而是企业组织的效率和有关的法律条件等非金融因素。

“二战”结束以来，美国经济出现多次企业并购浪潮。日益清楚的是，企业并购的主角不再是华尔街投行，它们已退至幕后。美国企业并购的主角：一是传统大企业；二是新兴企业；三是混合企业集团（Conglomerates，也译“混合企业财团”或“多元控股公司”）；四是专门从事企业并购重组的投资基金或投资公司。

传统大企业并购的著名事例有1985年通用汽车公司收购休斯飞机公司和1997年波音公司收购麦道公司等。新兴企业并购的著名事例包括2012年谷歌收购摩托罗拉以及脸书收购照片墙（Instagram)。混合企业集团在美国兴起于20世纪60年代，后来有所退潮，但一些知名大公司至今仍被认为是混合企业集团（多元控股公司)，包括沃伦·巴菲特1956年后主导的伯克希尔·哈撒韦公司（Berkshire Hathaway）和久为美国电气机械行业旗舰的通用电气公司（GE)。伯克希尔·哈撒韦公司原为纺织企业，巴菲特组成

① Ingebretsen, *Nasdaq: A History of the Market that Changed the World*, p. 255.

② “白马骑士”的含义相当于“绿林好汉”，意即投行在企业发起的并购争夺战中“见义勇为”，为其中一方提供帮助。另有作者使用“伴郎”一词来形容投行在企业并购中的新作用，参见查尔斯·盖斯特《百年并购：20世纪的美国并购和产业发展》，黄一义等译，北京：人民邮电出版社，2006年，第104页。

的投资团队控股后将之改组为专业化投资公司。此后，伯克希尔·哈撒韦公司长期和大量持股其他公司，但具体做法很不同于普通的组合投资基金（参见第六章第六节）。与此不同的是，通用电气公司本为产业领先者，却时常深度介入企业并购重组过程并在其中发挥主导性作用。通用电气公司与伯克希尔·哈撒韦公司分别代表两种不同类型的多元控股公司。

兴起于20世纪后半期的私募股权基金在一定程度上取代了华尔街大投行，成为美国企业并购重组的一个新主角。在企业并购重组上，私募股权基金在20世纪后半期发挥的作用很像J. P. 摩根公司在20世纪初的作为，即熊彼特所说的“创造性破坏”。不过，两者存在重要差异。第一，私募股权基金是相对专业化的金融机构，而J. P. 摩根公司及其他类似的投资银行多为综合性的金融机构，此差别使前者的关联交易行为大大少于后者。第二，私募股权基金对目标企业的持股常有一定期限，而早期的J. P. 摩根公司及其他华尔街大投行作为“战略性投资者”常常长期持股关联企业（尤其是关联金融机构）。第三，私募股权基金的并购资金常来自债券市场，它们的作为可视为在债券市场与股权市场之间建立起联动关系。当然，20世纪初J. P. 摩根公司投入企业并购重组的资金实际上不少是债务资金（如来自关联的商业银行），但当时它们大多是隐性的，透明度低，外界无从知晓。而20世纪后半期的私募股权投资基金的借债，大多通过债券市场，透明度较高。

概括而言，华尔街大投行在美国企业并购重组过程中不再是“战略统帅”的根本原因：一是受到法律束缚；二是金融发展为企业和私募股权投资基金提供了多样化的资金来源。事实上，华尔街大投行仍然介入企业并购，向并购重组的企业提供资金支持。在20世纪后半期，所有华尔街大投行都设立从事并购重组的业务部门，长期以来是投行利润的重要来源。当然，投行介入并购重组多是应有关企业的邀约，作为并购企业的“白马骑士”现身于并购重组舞台。

1974年，大型跨国企业——加拿大的国际镍公司——拟出资收购美国的电子蓄电池公司（ESB），前者在策划阶段邀请摩根士丹利充当并购的金融合作方。摩根士丹利研究分析后向国际镍公司建议，以每股28美元价格进行目标企业股票收购。电子储电池公司是高盛公司一位高管此前在其他金融机构工作时的客户，借此关系，高盛提出为该公司提供反并购（并购防御）的金融服务。经过数月较量，一场敌意并购变成了友好协商的合并，目标公司股票的收购价涨至41美元。①此后，在许多企业并购中都可见到不同投行分别担任收购方和目标方的金融伙伴，从中赚取顾问费和融资佣金。

① 盖斯特．《华尔街投资银行史》，第236页；埃利斯．《高盛帝国》，第284页（该书第16章“收购防御：一条魔毯”讲述高盛公司20世纪70年代后致力于充当反收购“白马骑士”的事迹）；彻诺《摩根财团》，第632－637页。

华尔街投行的第五个大变化是不断创新和调整，退出一些旧业务，开拓新业务。19世纪末至20世纪初，跨境支付和贸易信贷是许多美国投资银行（以及英国商人银行）的重要业务。此后，随着商业银行的成长以及它们之间开展国际合作，跨境支付和贸易信贷渐成商业银行的主业，而投资银行（商人银行）在此领域不再拥有竞争优势。证券承销和企业并购融资曾是投资银行的主业和最重要的利润来源，但在这两大领域，老牌投资银行不断遇到挑战，不仅新来者分抢市场，更有市场本身的分化和流失（如证券直销模式的增长导致投行证券承销业务减少）。如果固守传统业务模式，投行在金融业中或早已变成“恐龙化石”。

“二战”结束至20世纪90年代初，美国许多投资银行在国际业务、金融衍生品和资产证券化得到快速发展。这些业务全是适应市场需要和时代召唤的产物。

投资银行的国际业务并非简单指它们在国内证券市场上承接外国发行者的国际证券发行（包括主权债发行）。20世纪70年代后，投资银行的国际业务主要指它们在国外的分支机构与当地从事多样化的证券融资业务，例如前述高盛和摩根士丹利在伦敦承销不列颠石油公司国有股的公开出售。

很多投资银行积极参与证券交易，争当二级市场的做市商。1970年以后，布雷顿森林体系分崩离析，多国货币转向浮动汇率。通货膨胀爬升后，各国利率上下起伏。随着各级政府和企业大量发债，债券（固定收益工具）成为金融市场上的新热点。债券交易由此成为许多投行的重要业务。但债券交易需要大量专业知识，尤其当债券交易越来越多地涉及远期、期货或期权交易。包括组合基金在内的机构投资者，对投资债券的需求往往与它们的风险规避和风险对冲操作相关联。如果金融机构能提供此种操作服务，则能扩大客户群，拓展市场。

罗伯特·鲁宾20世纪70年代是高盛公司在芝加哥期权交易所的交易员（交易商），80年代升为合伙人后负责公司的固定收益部。他通过麻省理工学院的罗伯特·默顿教授认识费舍尔·布莱克（1938—1995年），邀请后者加盟高盛开发金融衍生品业务。布莱克与迈伦·斯科尔斯在1973年联名发表的论文中论证了期权定价公式，为期权产品上市和交易清除了最大的知识障碍。鲁宾聘请布莱克以及其他多位前沿金融学者前来高盛帮助开发债券衍生品，很快在此领域赶超早于高盛进入此领域的其他投行。[①]鲁宾后来成为高盛董事会的联席主席并在克林顿总统第二任期担任财政部部长。

宽泛而言，资产证券化是金融衍生品的一种，但在实践中前者特指与房地产抵押贷款相关的证券化产品。在美国，基于房地产抵押贷款而开发的抵押担保债券（CMO）最早于1983年由房地美公司（Freddie Mac）发行，产品设计者是所罗门兄弟公司的固定收益研发团队。所罗门是当时华尔街名列前茅的投行，它为增强其债券业务的竞争优

① 查尔斯·埃利斯.《高盛帝国》，第414－415页。

势，在新产品开发上投入大量资源，并与包括城市银行（花旗银行）在内的商业银行开展房地产抵押贷款证券化合作。房地美公司全称联邦住宅贷款抵押公司，既有政府或政策性背景（因此可享受税收优惠），又开展跨州经营，特别适合担任抵押担保债券的发行人。美国房地产市场20世纪90年代以后的持续扩张，与投行的作为密不可分。各大投行后来都积极参与开发证券化产品，大力推动国内外投资者在美国投资抵押担保债券。

华尔街大投行在20世纪所发生的巨大变化，包括角色转换，可由摩根公司的演变来具体说明。

摩根公司的演变

“一战”爆发前，约翰·皮尔庞特·摩根已建成一个庞大的“金融帝国”，金字塔帝国的顶端是J. P. 摩根公司，一家合伙企业。通过该企业，摩根本人及其合伙人大量持股多家金融机构，包括商业银行、信托公司、人寿保险公司，再通过它们摩根及其公司广泛持股和控股众多产业企业，包括铁路公司、钢铁公司、电报电话公司和电气公司等。1907年，纽约金融市场发生动荡，老摩根和洛克菲勒等业界巨贾配合政府，国内外多渠道大量融资，救助濒临倒闭的金融机构，挽救美利坚金融业于危难之中。老摩根一度被赞誉为“救星”，摩根金融集团的影响力在美国登峰造极。

约翰·皮尔庞特于1913年去世，其经营事业由杰克·摩根（1867—1943年）全盘继承。“一战”爆发后的1915年，交战国英法委托J. P. 摩根公司在美发行5亿美元债券，摩根由此成了美利坚债权人的国际代言人，美利坚合众国也由债务国变为债权国。1920年，最高法院以4:3裁决合众国钢铁公司案（US Steel），认定该公司未触犯反垄断法，无须解散。[①]判决之后，杰克·摩根步其父后尘，发起和主导几桩产业并购重组，继续充当美利坚产业结构调整的“教父”和“操盘手”。在欧洲，杰克·摩根与其合伙人多次参与有关德国战争赔款和英法债务重组的国际谈判，为20世纪20年代欧洲重建和经济复苏出谋划策。摩根由此在国际金融界尽人皆知。

但是，杰克·摩根及其公司并未将无限荣光的故事演绎下去。1929年纽约股市暴跌和1930—1933年美国银行业危机后，三件事情彻底改变了J. P. 摩根公司与“摩根金融集团”。事实上，“摩根财团”概念在“二战”结束前后已经面目全非。

第一件，拆分。1933年通过的《格拉斯—斯蒂格尔法案》要求所有金融机构不得同时开展商业银行（吸收存款和提供支票转账服务）和投资银行（证券承销）业务，现有金融机构必须在一年内作出选择并重新登记注册。杰克·摩根在该法通过前即表示强烈

① 该判决之所以能够通过，重要原因是两位反对“摩根金融帝国”的大法官（其中一位是进步主义者布兰代斯）由于利益冲突缘故不得不回避此案（盖斯特《华尔街投资银行史》，第217页）。

反对，通过后曾一度幻想罗斯福总统会同意作出修改，一年后认识到必须服从新法否则会失去所有生意。大多数华尔街知名投行都选择剥离商业银行业务而继续留在投行领域，但杰克·摩根决定J. P. 摩根公司保留商业银行牌照，将投行业务转给1935年正式开业的摩根士丹利公司（也译摩根斯坦利；士丹利为一位资深合伙人的姓氏），杰克·摩根本人仅持有该公司的优先股。①与此同时，J. P. 摩根公司减持其在伦敦的合资企业摩根建富的股份，该企业当即由合伙制转为有限责任公司。②对于该商人银行来说，摩根变成了大洋彼岸的财务投资人。

拆分之后，原有意义上的“摩根金融帝国”不复存在。当然，此事并不仅仅发生在摩根公司。美国所有的大型商业银行按要求必须剥离投资银行业务，华尔街其他投行也剥离商业银行业务。

第二件，上市。1935年后，J. P. 摩根公司注册为商业银行，而所有制仍为合伙企业。至1940年，杰克·摩根与另两位资深合伙人皆年过70岁，已至古稀之年。J. P. 摩根公司的资产额在1929年为1.2亿美元，但由于股票价格下跌在1940年不到4 000万美元。③若任何一位资深合伙人过世，其资产份额就会被家人取走，公司将面临资本不足的问题。此外，合伙制在当时凸显一个局限性，即按照监管要求合伙企业不能从事信托业务，而该业务正是杰克·摩根希望大力开拓的领域（按监管要求股份制银行可设立信托部）。经过再三权衡，J. P. 摩根公司决定公开上市，并委托另一家华尔街投行担任股票首发（IPO）的主承销商。初次发行的规模很小，仅出售了J. P. 摩根公司（银行）全部股份的8%，因为其初衷并非为募集资金，而是防止资本流失。首发之后，资深合伙人若去世，其股份可转让他人而不至于从公司抽走。

初次发行后，杰克·摩根继续持有摩根银行的控制股，管理权并未旁落。但是，这次公募发行仍具有革命性意义。首先，它是该机构史上首次开启了后续发行进程。随着后续发行的不断进行（增资扩股），摩根银行的股权结构与其他上市公司一样渐生变化。一些重要的原持股人尽管在日益分散的股权结构中仍保持大股东的地位，但却不得不与更多的新股东及董事会成员分享公司治理。其次，更重要的是，公开上市意味着必须遵循交易所规则对外披露信息。自1941年起，摩根银行定期发布年报，披露所有权状况、经营业绩及利润分配等重要信息。

相比J. P. 摩根公司，摩根士丹利作为一家投行经历了漫长岁月才走向上市。它

---

① 摩根士丹利成立时为非公开上市的股份有限公司，摩根及其家人持有该公司700万美元优先股（无投票权的股票）中的50%，公司的普通股则有高级职员持有（罗恩·彻诺.《摩根财团：美国一代银行王朝和现代金融业的崛起》，金立群校译，北京：中国财政经济出版社，1996年，第414页）。

② 20世纪50年代J. P. 摩根公司持有伦敦摩根建富公司1/3的股份，但不参与管理事务（彻诺《摩根财团》，第550页）。

③ 彻诺.《摩根财团》，第495页。

1935年成立时采用股份公司，但很快转为合伙制（资深合伙人持有公司股份）。资本金从成立到1950年一直为300万美元，其中200万美元为摩根家族成员持有。在20世纪50年代，摩根士丹利多次作为唯一主承销商负责数亿美元的证券首次发行（该纪录仅有一次被打破，即高盛于1956年承销福特汽车公司7亿美元股票首发），一笔新发行的数额往往是自有资本的数十倍。凡有大规模发行业务，摩根士丹利的常规做法是召集300家普通承销商和800位证券经纪人组成超级大银团（辛迪加），自己则扮演证券发行批发商的角色，既有能力给证券定价，又无须为证券发行垫付资金。在20世纪50年代的大多数时候，摩根士丹利成为执华尔街投资银行业牛耳者。

20世纪60年代，欧洲市场出现证券承销新商机，摩根士丹利与1959年成立的摩根担保信托公司（J. P. 摩根公司为合并发起人）等美资金融机构开始国际扩张。20世纪70年代，在美国金融市场出现若干重要变化的背景下，摩根士丹利与华尔街其他大投行开始大力开展证券交易业务（尤其是债券交易）。国际业务和交易业务的发展都提出了新的资本金要求。1970—1980年，摩根士丹利的资本金从750万美元增至1.18亿美元，体制由合伙制变为股份有限公司。[①]此时期它主要进行内源资本积累，即资本金来源主要是合伙人入股及未分配利润。自然，合伙人的不断增多不仅是公司业务发展的标志，也成了资本金增长的根本支撑。

1982年证券交易委员出台“415号规则”后，摩根士丹利与华尔街其他投行倍感增加资本金的压力。经过几年的彷徨和内部协商，合伙人同意于1986年公开上市，同时面向国内和国外（加拿大）投资者发售公司总股本的20%。[②]

第三件，接受政府的金融监管。1933年以前，J. P. 摩根公司一直为私人银行，既不用注册，也不接受外部监管。1932年众议院银行委员会举行皮科拉调查听证会，指责J. P. 摩根公司大量从事证券承销和交易活动，却长期逃避州和联邦政府的监管。[③]国会任命的调查专员费迪南·皮科拉（1882—1971年）再次上演20年前普乔委员会针对华尔街大佬的公开审查，前一次是老摩根坐在证人席上，这一次则是小摩根。

前已述及，在1933年“新政”及此后数年，美国国会通过多部证券和投资法律，不仅给投资银行的交易行为全面立规，还建立了“警察制度”——执掌监管大权的证券交易委员会。

1938年，曾于1930—1935年任纽交所主席的理查德·惠特尼（1888—1974）因非法侵占巨额财产被判入狱。调查发现他与J. P. 摩根公司的两位高管过往甚密（其中一位为其兄）。尽管后两位经审查被解除起诉，华尔街的声誉却由此受损。联邦政府司法

① 彻诺.《摩根财团》，第619和第659页。

② 彻诺.《摩根财团》，第735页。

③ 乔尔·塞利格曼.《华尔街变迁史：证券交易委员会及现代公司融资制度的演化进程》，田风辉译，北京：经济科学出版社，2004年，第32-33页。

部主管借此推动进一步的金融改革，将纽交所“从一个私人俱乐部变为听命于证券交易委员会（SEC）的机构”。[①]由此，纽交所的上市公司和相关的证券交易商等事实上都纳入联邦政府的证券监管系统。

不仅如此，J. P. 摩根公司作为一家商业银行还必须加入联邦储备系统和联邦存款保险公司，成为两家机构的会员单位并接受其监管。就摩根士丹利而言，它于1941年占据J. P. 摩根公司在纽交所的席位，自然也接受证券交易委员会的监督。

1933年以前，证券投资业在美国是一个“逍遥的”行业。进步主义运动兴起后，随着舆论对华尔街的批评不断增多，许多州陆续出台针对证券交易的法律，它们被称为《蓝天法》（*Blue Sky Laws*），要求证券交易商和相关当事人披露交易信息。但是，这些立法在实践中大多未能遵守。美利坚投资银行家协会（IBA）1915年向会员通报说，只要通过信函在各州之间推销证券，便可不理睬任何州的《蓝天法》。1933年国会听证会的一份证词说，宾夕法尼亚州证券销售总额的90%由信函方式进行。[②]在那个年代，投资银行等金融机构大量从事不公开的关联交易甚至内幕交易，利用信息优势获取超额收益，不时损害部分客户（企业和投资者个人）的正当利益。因此，证券业成为罗斯福总统“新政”中金融改革的重点领域。在通过多部新法后，尤其将内幕交易定为非法后，摩根士丹利等投资银行20世纪40年代后陆续在内部建立信息“隔离墙”制度，即采取措施阻止代客理财的资产管理（财富管理）部门与承销企业证券及资助企业并购重组的公司融资部门之间进行信息交流。防止内幕交易和利益冲突成为投资银行内部管理的重要任务。[③]

1947年杜鲁门政府的司法部指控以摩根士丹利为首的17家投行违背反托拉斯法和证券交易法，在证券承销业务中排斥竞争，这是杜鲁门冀图重演20世纪初西奥多·罗斯福对“金钱托拉斯”的打击。由此引起的诉讼持续了6年时间，联邦法院主审法官于1954年初发布了212页长的判决书，否认所谓“银行家操纵”的指控。联邦司法部的官员也认为此案应早在1932年皮科拉听证会时就提出，但却晚了15年。[④]尽管如此，这场官司对摩根士丹利等各大投行震动巨大，使它们认识到服从监管的必要。

---

① 彻诺.《摩根财团》，第456页。

② 塞利格曼.《华尔街变迁史》，第45页。

③ 长久以来，美英投资银行（商人银行）习惯称自己的部门信息阻隔措施为“中国墙”（Chinese wall），具体做法包括两个部门设立在不同楼层、不安排跨部门聚集活动、跨部门人员接触后须报告，等等。信息隔离墙制度同样适用于商业银行，摩根银行（摩根担保信托公司）的一位高管曾说，该银行拒绝对一大公司的贷款后，其信托部仍在买进此公司股票，“我们可能是愚蠢的，但我们是诚实的”（迈耶《银行家》，第379页）。

④ 彻诺.《摩根财团》，第535－536页；盖斯特.《华尔街投资银行史》，第231页。

在世界各地，尤其在东亚地区，“摩根财团”曾是一个广为流行的名词。①“二战”结束后，该概念涉及三个问题：（1）摩根家族是否持续控制（控股）摩根公司？（2）以“摩根”为名的三大金融机构是否形成了战略性垄断联盟？（3）J. P. 摩根公司或“摩根财团”是否操控美国金融市场？

关于问题（1），摩根家族控股 J. P. 摩根公司至 1959 年，控股摩根士丹利至 1970 年。如前所述，J. P. 摩根公司 1934 年转型为商业银行，但此后长期仅为一家中等规模的商业银行，1959 年前在纽约商业银行排名不到前 10。②作为商业银行的 J. P. 摩根公司于 1959 年与担保信托公司合并，后者资产额当时是前者的 4 倍，且作为商业银行已近百年。两家机构合并为“摩根担保信托公司”，摩根家族继续持股该机构，但不再绝对控股。再如前所述，20 世纪 70 年代摩根士丹利通过合伙人认股而大量增资，摩根家族的股权因此大为稀释。

杰克·摩根有两个儿子，1934 年公司分家时，长子去 J. P. 摩根公司（商业银行），次子哈里去摩根士丹利（投资银行），分别任高级职务或为合伙人，但两位被认为是“不那么情愿的银行家”，因为两家机构的实际控制权皆在他人手中。1956 年，哈里希望其子查理（查尔斯）加入摩根士丹利并成为合伙人，与其他合伙人经过争执后虽如愿以偿，但查理实际上仅从事行政管理，全然未涉足投行的核心业务。后来，哈里又希望其另一子约翰加入公司，被其他合伙人拒绝后，他去了别家投行。为此，摩根士丹利制定“反裙带规定”，明确给高级合伙人亲属的入行和晋升设置门槛。③从摩根家族第四代起，家族成员不再是冠以摩根名称的金融机构的掌门人或实际控制人。

摩根担保信托银行或摩根士丹利先后成为上市公司（公众公司），历届核心管理者均为职业经理人，他们从公司基层职员干起，凭借努力，晋升为合伙人和董事经理，进入公司核心领导层。在 20 世纪的美国，家族成员历代掌控某个大公司或大金融机构并非完全不存在，但早已不具有普遍性。

关于问题（2），如前所述，摩根家族成员很长时间期持有 J. P. 摩根公司（以及 1959 年后的摩根担保信托公司和 1969 年恢复成立的 J. P. 摩根公司）、摩根士丹利公司以及在英国的摩根建富公司的股份。三家机构名称皆有“摩根”字眼，但它后来仅表示其相似的起源。1973 年，三家机构代表在百慕大召开秘密会议，商讨组建“摩根国际公司”。但是，由于该计划涉及复杂的法律和金融监管问题，并难以就股权分配和各自地

---

① 《摩根传记》的作者认为，“摩根财团”的概念在日本最为流行，因为当地曾有过财团（彻诺．《摩根财团》，第 583 页）。需要说明的是，（1）日本在“二战”前有过家族控制的“财团”，即“财阀”；“二战”后继续存在金融机构（银行）与关联企业长期保持紧密关系的“财团”，此时期家族色彩已消退。（2）摩根传记的英文名为 House of Morgan，“财团”是中译本所加；House 本意为行（屋），例如用于“圣乔治行（House of St. George）”或“纸牌屋（House of Cards）”等词组中。

② 彻诺．《摩根财团》，第 520 页。

③ 彻诺．《摩根财团》，第 546 页。

位达成协议，最终未果。据摩根传记的作者，此次百慕大会议实际上宣告了“摩根财团”的终结，当然，“报刊上未登讣告，它是悄然无声地去世”①。

1981 年，J. P. 摩根公司减持摩根建富股份接近于零，后者当年在纽约设立子公司，独立开展经营，与 J. P. 摩根公司或摩根士丹利再无经营上的瓜葛。②事实上，早在 1976 年，J. P. 摩根公司与摩根士丹利即结束了两机构此前在欧洲业务上的合作关系，从此分道扬镳。简言之，三家“摩根”金融机构未能形成战略联盟，更非垄断联盟。

伦敦的摩根建富 1990 年被德意志银行收购，1999 年后甚至连名称也被取消。美国国会于 1999 年通过《金融服务现代化法》，废除了 1933 年《格拉斯—斯蒂格尔法案》，商行和投行的合并不再受限。当年，紧接城市银行公司（花旗银行持股者）与旅行者集团（一家综合保险公司）合并，J. P. 摩根公司与切斯银行（大通银行）也宣布联姻，两家组成“J. P. 摩根大通集团”，旗下的 J. P. 摩根公司成为名副其实的投资银行，回归其 70 年前的本色，并成为摩根士丹利的竞争者。

关于问题（3），显然，无论是 20 世纪 50 年代的 J. P. 摩根公司、摩根士丹利还是 60 年代后的摩根担保信托公司以及 1999 年成立的摩根大通集团，各金融机构都是响亮的名字或规模特别巨大，但均不具有操纵整体金融市场的能力，再无可能发挥老摩根在 1907 年金融危机中的“救星”作用。1999 年新组建的摩根大通集团资产额为 7153 亿美元，占当年全美银行业资产总额的 11.9%，远高于切斯银行在 1914 年的 0.5%。③但是，考虑到摩根大通集团已为综合性金融机构，远非单纯的商业银行，更合适的比较指标应是其资产额在美国银行与非银行金融机构资产总额中的占比。此指标 1999 年为 2.3%，仅比前述切斯银行在 1914 年数高出 1 个百分点。尤其值得指出的是，1999 年像摩根大通那样的美国大型金融机构拥有大量海外资产，而在 20 世纪初此种情形尚未出现。因此，常规的资产额占比指标不必然准确反映大型金融机构地位和作用的变化。

摩根大通集团资产规模巨大，但后来却无力救助曾经的“兄弟”摩根士丹利，后者在 2008 年国际金融危机中出现严重的资本金短缺，依靠联邦政府的协助，紧急争取到日本金融机构三菱日联金融集团（MUFG）90 亿美元的注资（优先股），遂使摩根士丹利与该日本机构结成“战略性联盟”。

概括地说，在 20 世纪后半期，J. P. 摩根公司和摩根士丹利所经历的重要变化不仅表现在所有制、股权构成、公司治理结构以及法律和监管环境等方面，还有人事政策、企业文化、客户对象等无形的却同样重要的方面。20 世纪初，它们的中高层职员皆为白人男性，客户皆为大企业和富裕人士，公司内部充满等级和神秘感。20 世纪中期后，随

① 彻诺.《摩根财团》，第 628 页。

② 彻诺.《摩根财团》，第 691 - 692 页。

③ 贺力平.《世界金融史：从起源到现代体系的形成》，第 422 页。

着业务的多样化和国际化，平民色彩不断增多，女性、少数裔和普通出生的员工越来越多。相比 20 世纪初的 J. P. 摩根公司，100 年后的摩根大通集团不仅已是公开上市公司，也是很大程度上所有权与管理权相分离的企业，而且作为跨国金融机构必须时刻接受诸多主权国家的金融监管。或许，人们对称为摩根的金融机构究竟何时脱离了摩根家族的控制看法不同，①然而，毋庸置疑，截至 20 世纪末，“摩根”和“大通”（切斯）的称谓已变成了品牌名称。

五、德法日银行体制在 20 世纪后半期的演变

“二战”结束初期，美英法作为战胜国占领德意志第三帝国的西部，苏联占领其东部，两地后来为西德（德意志联邦共和国）和东德（德意志民主共和国），走上了不同的政治经济发展道路。在西德，美国占领军认为纳粹政权有其经济基础，第三帝国的经济和金融体制必须被改造。在日本，美国占领军持完全相同的观点，认为财阀是军国主义日本的经济基础，必须解散，不得复活。然而，出乎意料的是，对西德和日本的军事占领结束和本土主权恢复后，旧的银行体制却在一定程度上复活，尽管两国政治体制已完全改变。法国也令人诧异。战后戴高乐的法国政府继承了“二战”时期维希当局制定的《银行法》，其银行和金融体制直到 1980 年却基本保持在“二战”期间和战后初期的面貌。

我们可将德法日三国银行和金融体制在 20 世纪后半期发展变化的特点概括如下：（1）三国的体制与美英有诸多重要差异；（2）三国的体制相互之间既有共性，也有重要不同；（3）法日两国 1980 年后推出重要改革措施；（4）德法日银行和金融体制在 20 世纪最后 20 年与美英再次出现趋同。

从德意志银行的变化看联邦德国银行体制的演变

盟军 1945 年占领西德后，将德意志银行以及其他几家大银行肢解为 10 个地区分部，分别位于美英法占领区，各分部可保留德意志银行的称谓，但独立经营，互不相属。②很

---

① 1931 年 9 月 J. P. 摩根公司高级合伙人托马斯·拉蒙特（1870 – 1948）拉着另一位合伙人写信给杰克·摩根，以强硬口气表达对公司管理事务的不同看法，自那时起，杰克作为“不主事的老板热衷于打高尔夫球和驾驶帆船”。按照摩根家族传记作者的看法，“这封信标志着摩根行（屋）内部的一次宫廷革命，摩根家族的统治地位一去不复返。从那时起，摩根家族在摩根行（屋）内的影响力如同江河日下，最终彻底消亡”（彻诺.《摩根财团》，第 360 页）。另一位研究者认为，“二战”后，摩根家族变成了洛克菲勒家族的“小伙伴”（junior partner），Murry N. Rothbard, *A History of Money and Banking in the United States*: *The Coloial Era to World War* Ⅱ, Ludwig von Mises Institute, 2002, p. 347.

② Deutsche Bank, *Deutsche Bank* 1870 – 2020, The year of 1949. 此书为德意志银行纪念其成立 150 周年而出版的大事记汇编。

快，这些地区分部的负责人不断呼吁占领军当局同意建立全国联合组织，实行统一经营。经过多次申请和商讨，西德联邦政府与盟军银行委员会于1951年同意德意志银行的10个地区分部组成三大区域银行，即总部在汉堡的北德意志银行、总部在杜塞尔多夫的莱茵—西德意志银行和总部在慕尼黑的南德意志银行。尽管如此，三大区域银行的负责人仍继续追求实现全国统一。3家银行于1955年订立协议，将其盈亏报表合并，实现经济利益的联合。1956年，它们以“德意志银行集团”名义联合发布年报，其中莱茵—西德意志银行还将名称改为德意志银行西部行（Deutsche Bank AG West）。该年底，在德意志银行界发出强烈呼吁后，联邦政府取消《（限制）大银行法》（Big Bank Act），①为德意志银行（以及德累斯顿银行和商业银行）于1957年恢复全国统一扫清法律障碍。可见，德意志银行在战后的再生主要是一个“自下而上”的过程。

1945—1958年，德意志银行的业务主要是向企业客户提供银行服务，此时并未开展零售业务，那时在西德境内的零售银行业务主要由储蓄银行和合作银行提供。正因为德意志银行各地区分部的企业客户很多是全国性的大企业（如西门子），所以它们要求恢复全国统一组织以更好地服务这些大企业客户。这与它在1870年成立后的一段经历相似，当时它也将自己定位于企业金融（公司金融）的从业者和提供者，零售银行是后来（19世纪80年代以后）开拓的新业务。

迟至1959年，德意志银行刚开展战后的零售银行业务，当年向个人提供小额贷款（一次贷款金额不超过2 000马克，分期偿还期限不超过2年）。其零售业务发展迅猛，截至1966年，个人储蓄存款占德意志银行存款总额的1/3。在20世纪60年代和70年代，德意志银行大力推行非现金支付工具，于1968年首次在联邦德国境内推行支票卡，并于次年推出欧洲支票系统（德意志银行联合18个欧洲国家的银行组建该系统，旨在便利本国发行支票的跨国使用和结算）。1968年德意志银行在国内分行（支行）数目首次突破1 000家，几年后为企业客户基本实现工薪发放非现金化（改用支票或银行转账）。依这些成就，德意志银行成为本国乃至欧洲大陆首屈一指的零售银行。加上其一直以主业而为之的企业银行和综合金融服务（证券承销和保险代理等），德意志银行再次成为规模巨大的全能银行。

但是，“二战”结束后“浴火重生”的德意志银行与其之前的全能银行经历有三点重要不同。第一，法律规定不同。战后德意志联邦共和国的法律虽未禁止“信贷转资本”，但作出限制性规定。按照德意志联邦共和国1961年通过的“信用业法”（也称“银行法”）第12条，银行的股权投资需在一定范围内，即银行对各种不动产、设备、其他信用机构股份以及其他企业股份的投资，“汇总起来的账面价值不得超过责任自有

① 此法实际为“信用机构地方范围规制法”（Law Regulating the Regional Scope of Credit Institutions），于1959年12月废除（Manfred Pohl, ed. *Handbook on the History of European Banks*, p. 385）。

资本”（这里“责任自有资本”（Liable Capital）相当于所有者权益，即认购资本和未分配利润等）。[①]此规定的意思是，包括全能银行在内的所有信用机构在德境内均不能以自有资本以外的资金（如存款资金或其他借贷资金）从事不动产或股权投资。换言之，法律虽未禁止银行从事股权投资，但不允许银行以借贷资金从事股权投资，而战前的法律规定对此不明确。[②]

第二，经济制度环境不同。盟军占领西德后，“去卡特尔化”（去垄断化）成为战后德意志的国家重建四大任务之一（另三大任务是“去纳粹化”“去军事化”“去集权化”）。经过多年反复讨论和协商而形成的“反对限制竞争法”（也称“卡特尔法”）于1958年生效。该法是德意志联邦共和国的“经济宪法”，为其社会市场经济奠定了法律基础。这是一部折中主义的法律，原则上禁止卡特尔（企业之间协议价格、瓜分销售市场、联合采购等），推翻1897年德意志帝国法院使卡特尔合法化的规定，[③]同时却制定许多例外条款，允许企业实际采用近似卡特尔的一些做法。此法颁布后，虽然联邦政府设立卡特尔局，专门负责反垄断事务，但该机构在成立后的十多年中基本无所事事，直至欧洲共同体（欧盟委员会前身）明确反垄断后，方“挺直了腰板、增强了话语权”，着力打击某些行业的卡特尔行为。[④]在这样的经济制度环境中，德意志银行等大型全能银行不再是垄断企业的金融伙伴（“金融帮凶”），因为战后的法律体系从根本上削弱了企业的垄断性。在金融领域，储蓄银行和信用合作继续是德意志银行体系的重要支柱，证券市场上的独立投资基金也在战后时期逐渐成长。总之，德意志银行等大型全能银行在战后德国经济和金融体系中不再拥有“一战”爆发前的强势地位。

第三，政商关系变化。“一战”爆发前，德意志银行在巴尔干和中东地区大肆扩张，不仅从事全能银行业务，甚至还涉足采矿和铁路建设等实业领域，充当了德意志帝国政府的对外政策工具。纳粹统治期间，德意志银行与另两大银行一起在纳粹占领区执行德国政府的指令，为纳粹占领军提供金融服务。这些情况是导致盟军占领德国后对大金融机构和大企业进行去纳粹化改造的重要原因。“二战”结束后，德意志银行也将国际业务视为战略性发展方向，积极承接国外证券发行和开设海外分行，但大大淡化了政治色彩。德意志银行的股票自1974年起在巴黎交易所上市，自1978年起在阿姆斯特丹和布

① 宫著铭、刘小林．《联邦德国金融管理体制与法规》，北京：中国金融出版社，1989年，第163页。该“信用业法”于1962年生效后，多次修订，但基本原则一直沿用至今。

② 联邦德意志共和国1961年“银行法”还有一些重要规定，包括任一机构或个人对信用机构（银行）的持股权不得超过25%，银行参股任一企业的数额不得超过该企业股份资本的10%或可交易股份的5%，银行代他人所持股票期限不超过2年等。关于银行信贷，该法规定，对任一借款人的贷款不得超过自有资本的15%，一次数额超过百万马克的贷款必须向监管当局报告，等等。

③ 贺力平．《世界金融史：从起源到现代体系的形成》，第388页。

④ 维尔纳·阿贝尔斯豪塞．《德国战后经济史》，史世伟译，北京：中国社会科学出版社，2018年，第131页。

鲁塞尔交易所上市，自1989年起在东京上市，自2001年起在纽约上市。德意志银行与其他大企业和金融机构一样，加入持股者国际化以及与国际资本市场紧密互动的世界潮流。

进入20世纪70年代，德意志银行与持股对象企业的关系一度成为公众关注的焦点。1974年赫斯塔特银行（Herstatt Bank）倒闭后，西德公众呼吁加强银行监管，尤其限制大银行权力。赫斯塔特银行是科隆的一家中等规模私人银行，1974年资产额为20亿马克，在联邦德国银行排名第35位。它大量从事外汇交易，在被关闭之时未及时支付应付外汇而引起整个国际金融市场的大动荡。此引起公众对银行业的关注。

德意志银行以往很少公开谈论银行持股，从不披露任何超出法律要求程度的信息。银行管理层认为，银行持股企业至少有三大“战略性”益处：一是控制企业的经营风险，减少银行的信用风险；二是借此获得行业知识和信息，帮助银行对相关企业的信贷决策；三是企业股份带来高回报。1957—1969年，德意志银行持有的德国工业企业股份合计4.04亿马克，从中得到的红利占德意志银行此时期净利润的25%。①但是，民众认为德意志银行规模巨大，权力过大，政府应采取行动限制其权力。联邦德国政府建议银行减少对企业的持股比例，从彼时法律规定的25%降至15%或更低。② 1973年，德国政府取消银行持股工业企业的红利税收优惠（但并未完全取消企业间相互持股的红利税收优惠），此举意味着德国政府当时在银行持股企业一事上的政策作为实际上避重就轻。

后来，德国政府未再推动银行持股企业上的法律调整。1974年，弗里克集团创始人（弗里德里希·弗里克，1883—1974年）去世，其巨额遗产继承人请求托管银行德累斯顿银行将所持戴姆勒—奔驰公司一大笔股票售予科威特投资人，且正考虑将更多的戴姆勒—奔驰公司股票出售给伊朗人。③德意志银行高层获悉后，立即拜访联邦总理，决定出资买入戴姆勒—奔驰公司股票，花费合计20亿马克。德意志银行高管表示，“德意志经济的旗舰（戴姆勒—奔驰公司）任何情况下都不应任其控股权落入‘狂妄的波斯人’之手”。④

1985年联邦德国修订“银行法”，但在银行持股上未有大调整。此法规定，只要银行未全资控股某企业，对该企业的持股就不必单独报告。此外，银行对企业的贷款可多

---

① Werner Plumpe, Alexander Nützenadel, and Catherine Schenk, *Deutsche Bank: The Global Hausbank*, 1870 - 2020, Bloomsbury Publishing, 2020, p. 415.

② 1974年联邦政府反垄断局建议降至5%，经济部建议降至10%～15%，但政府委任的11人审议委员会（含5位银行界代表及2位学者）于1979年提交的报告却赞成维持25%，仅认为银行不应控股企业（Plumpe, Nützenadel, and Schenk, *Deutsche Bank: The Global Hausbank*, 1870 - 2020, pp. 416 - 417）。

③ 托马斯·拉姆什.《弗利克家族》，王俊、许冰莎译，贵阳：贵州出版集团，2018年，第182－197页。此处记载，弗里克（弗利克）集团彼时遭遇财务困难，急需现金流，难以在德国境内找到合适购买人，故寻觅境外投资者。从另外一个角度看，这反映当时德国证券投资市场不够发展和机构投资者力量不够强大。

④ Plumpe, Nützenadel, and Schenk, *Deutsche Bank: The Global Hausbank*, 1870 - 2020, p. 417.

至股权的18倍。[1]这些规定体现了银行（尤其大银行）股权投资的利益诉求。

德意志银行1977年设立股权投资部，后于1986年将之提升为“集团战略部”，直属银行董事会。此时，弗里克丑闻暴露，公众舆论再次转向，大银行的持股情况面临社会质疑。弗里德里希·卡尔·弗里克（Friedrich Karl Flick）是家族遗产继承人，持有种类众多且数量巨大的国内外公司股票，贿赂多位德国政治家以便得到股票转让和交易的优惠。该家族企业于1985—1986年转制为公开上市公司，德意志银行为其主发起人和承销商。其间，德意志银行接受反垄断局的建议，非必要不行使所持股票的投票权，并在未来择机减持股票。[2]弗里克事件后，德意志银行对持股作出部分调整，较多部分的持股被归入“财务投资”。[3]

战后德国银行对工业企业的持股与日本的银行有些不同。首先，德国银行的持股比例高于日本。其次，作为银行持股对象的德国企业相互间未形成如日本的持股关系。最后，德国经济界没有日本那样的综合商社。因此，由相互持股而形成的“财团”现象在战后联邦德国或不如在日本突出，尽管企业集团现象在德国相当普遍。

“二战”结束至20世纪末，德国大银行长期推行全能银行经营模式，显然受益于几大因素：一是它们未因持股对象企业股票价格跌落而遭受资本损失；二是它们未因持股而遭遇流动性危机；三是它们未因持股而在信贷和资产管理等业务中出现严重利益冲突问题或因该问题而受社会问责。如前所述，民族情绪因素实际上也发挥了一定作用。

德意志联邦共和国20世纪50年代以来长期实行“社会市场经济”的经济方针，顾名思义强调它“社会”与“市场”相结合。“社会”指联邦、州和地方各层政府及公共机构，“市场”指私人部门企业和居民。在财政金融上，“社会市场经济”方针有两大特色。首先，延续19世纪末的传统，积极推行现收现付制的社会福利体系（参见第六章第三节）；其次，各级政府大力扶植综合性金融机构并使之避免直接竞争。此外，“二战”以后，联邦德国（包括前西德和1990年统一后的德国）非常重视协调劳资关系，其因劳动纠纷造成的工时损失远小于英法等国。德意志民族的劳动素质和科研能力始终名列国际前茅，有力地支持了德意志制造业强大的国际竞争力。由此，包括德意志银行的各类德国金融机构都得以快速增长。

1970年后，西德开始调整经济金融政策，市场化倾向日益明显。在社会民主党人施密特总理任期（1974—1982年），政府认为社会福利开支使政府财政压力过大，启动微调措施控制社会福利开支增加。[4]虽然此项政策未被基督教民主联盟的科尔总理（任期1982—2001年）继承（重要原因是1990年两德统一，参见第六章第三节），但他继续推

---

① Plumpe, Nützenadel, and Schenk, *Deutsche Bank: The Global Hausbank*, 1870 – 2020, p. 418.

② Plumpe, Nützenadel, and Schenk, *Deutsche Bank: The Global Hausbank*, 1870 – 2020, p. 419.

③ Plumpe, Nützenadel, and Schenk, *Deutsche Bank: The Global Hausbank*, 1870 – 2020, p. 420.

④ 阿贝尔斯豪塞.《德国战后经济史》，第392页。

进金融领域的自由化。20世纪90年代中期，两德统一数年后，科尔政府推行“私有化、去管制化和去国家化”，证券交易所开始对外开放，下调证券交易税费。针对大银行与大企业之间错综复杂的交叉持股的改革也在世纪之交列入政策议程。在德国学者看来，这些改革意味着拆除“德意志合股公司”。[①]当然，德国未像英国或日本实行“大爆炸”金融改革。

法兰西银行体系中的国有化兴衰

法兰西于20世纪初已形成多层次银行体系，它由四类机构组成：（1）以吸收活期存款和发放短期贷款为主的全国性商业银行（或称为“存款银行”），包括知名的里昂信贷和兴业银行。（2）以吸收长期和大额存款并发放长期信贷为主的投资银行，包括成立于1872年的巴黎巴银行（Banque de Paris et des Pays－bas，简称Paribas）和成立于1875年的东方汇理银行（Banque de l’Indochine，也称“印度支那银行”）等，它们仅在巴黎开展业务，不在地方设立分支机构，其业务还包括证券发行和股权投资，客户多为大企业，因此它们被称作“高级银行”或“主屋银行”（Haute Banque）。（3）种类庞杂和数目繁多的地方中小银行和信用机构，其经营方式千差万别。（4）作为中央银行的法兰西银行，与同时期的德意志帝国银行一样偏爱支持中小金融机构，这是法兰西中小银行得以持续发展的重要因素。

1930年经济大萧条中，法兰西银行业受到严重影响，两年间银行数目减少1/4。1936年，法兰西七大银行资产合计仅相当于不列颠的一家银行米德兰银行（Midland Bank），时为英格兰地区最大银行。[②]“一战”爆发后，法国政府扶植信托局等国有金融机构。“一战”结束后不久（1920年），法国政府组建农业信贷管理局（后更名为农业信贷银行），并以多种政策手段重建地方经济重建和发展公共事业。“二战”期间，维希政府于1941年通过“银行法”，借此宣告了“自由主义体制（在法国）的终结”。[③]该“银行法”规定，政府组建专门的银行监管机关，所有银行接受政府严格监管；银行的存贷业务分为短期和长期，银行机构参照业务类型进行划分，即吸收存款的银行仅从事短期贷款，不得发放长期贷款，而不接受存款的投资银行则从事长期贷款和证券投资。1941年“银行法”关于银行监管和类型划分的做法在“二战”后被完全继承。

不仅如此，“二战”一结束，新成立的法国政府立即推行大规模国有化，在金融领域中将4家全国性商业银行和11家保险公司一举纳入国有体系。4家商业银行是兴业银行、里昂信贷、巴黎国民贴现（CNEP）和国民工商银行（BNCI）。早已隶属政府系统

① 阿贝尔斯豪塞.《德国战后经济史》，第398页。
② Plessis, “The History of Banks in France”, p. 191.
③ Plessis, “The History of Banks in France”, p. 192.

但长期保留股份制的法兰西银行此时也被国有化，200 位私人大股东全被买断。除金融部门，法国政府在基础设施领域也进行全盘国有化，在工业领域进行“选择性的”或“惩罚性的”国有化。[①]

“二战”后法国政府在经济上采取一个其他西欧国家皆不实行的做法，从 1947 年起持续推出“五年计划”。每个“五年计划”均提出政府设想的经济发展总体目标，并将其量化与分解，由此形成国民经济各大部门和行业的发展任务。法国政府认为该国的“五年计划”属于“指导性计划”，并非强制性的“指令性计划”。但是，为了推行法兰西式“指导性计划”，法国政府不仅组建了从中央到地方的庞大计划政策协调机制，还通过它所掌控的国有金融机构和基础设施企业来配置信贷资源、电力、燃气和自来水供应等，调节私人部门的经济活动。“二战”后，法国政府选择国有化和计划化的经济发展政策，主要出于当时其所感到的巨大压力，它那时认为法国经济严重落后于别国，法国必须在政府强力干预下快速实现经济现代化。

“二战”结束至 1970 年，法兰西经济成功地“从闭关自守、卡特尔控制和缓慢爬行的经济转变为非常开放、有国际竞争力和高速增长的经济”[②]。1970 年前后，法国人均国民生产总值超过英国，改变了两国自大航海时代以来该指标的对比关系。[③]但是，法国经济增长成功赶超不列颠并不充分说明其经济和银行体制优于后者。首先，“二战”结束后，法国在欧洲大陆与周边的德意比荷卢积极推行关税同盟和共同市场，显著受益于外部市场扩大的好处，而英国迟在 1973 年才加入西欧经济共同体（EEC），落后于法国。其次，战后至 1970 年，法国宏观经济比其他西欧国家表现出较多的不稳定性，通货膨胀率和政府债务率都高于他国。最后，1960 年后，法国社会和政界关于经济政策的争论开始增多，社会对国有化、计划化和银行分工安排的政治支持摇摆和弱化。

1967 年法国政府推出局部范围的银行改革。一是允许存款银行（商业银行）接受期限 2 年以上的长期存款，同时放松对投资银行吸收存款的期限限制，遂使两类银行出现竞争。二是放开存款银行开设分支网点的限制，鼓励其在吸收存款和发放贷款上展开竞争，不再由政府指定企业和机构与银行建立往来关系。三是促成巴黎国民贴现（CNEP）与国民工商银行（BNCI）合并，组建巴黎国民银行（BNP）。经过改革，法国许多银行对个人和企业客户都扩大了服务范围，大量增设营业网点，开办新业务。同时，大银行之间发生股权争夺战。1968 年始，巴黎巴银行与苏伊士集团都希望争得兴业银行

---

① 艾克.《战后法国经济简史》，第 15 页。

② 阿兰·G. 格鲁奇.《比较经济制度》，徐节文等译，北京：中国社会科学出版社，1985 年，第 226 页。

③ 依麦迪森提供的数据，按 1990 年固定值美元计算，1500 年法兰西人均 GDP 为 727 美元，联合王国（英格兰）为 714 美元，前者高于后者；1600 年法兰西为 841 美元，英格兰为 914 美元，后者超过前者；此对比关系一直持续到 20 世纪 60 年代末；1969 年，法兰西为 10 886 美元，联合王国为 10 552 美元，前者高于后者；但进入 21 世纪后，联合王国人均 GDP 超过了法兰西。

（CIC）和巴黎国民银行（BNP）的控股权。两家机构于1971年达成妥协，苏伊士集团控股兴业银行（CIC），巴黎巴银行控股巴黎国民银行（BNP），前者还于1972年吞并东方汇理银行，后者则将巴黎国民银行（BNP）与另一大信贷机构合并。[①]这些变动后，几家法国大型商业银行已近似综合性金融机构。

1981年，法国社会党政府在左翼势力支持下上台，于次年推行大规模的再国有化措施，在银行领域将巴黎巴与苏伊士两大金融集团以及另外36家存款额超过10亿法郎的银行全部国有化，包括仅为投资银行的机构。此次大规模银行国有化之后，法国再无具有一定规模的私人银行，它们如未被国有化则公开上市。但是，社会党政府的国有化措施后来表明是不稳定的政策。1986年，社会党在大选中未得全胜，右翼人士雅克·希拉克（1932—2019年）担任当时颇具实权的总理，于次年推出大规模私有化举措，史称战后法国的“第一次私有化浪潮”（1986—1988年）。在金融领域，法国政府安排前述两大金融集团和另外6家银行（包括农业信贷银行）的股份出售给公众。1993年，法国政坛再次出现左翼总统和右翼总理同台，后者受英国撒切尔夫人和美国里根总统自由化政策影响，不顾总统反对而推出新的私有化举措，史称法国的“第二次私有化浪潮”（1993—2000年）。此次私有化将5家银行（包括里昂信贷和巴黎国民银行在内）和4家保险公司股份售予公众。[②]

概括而言，“二战”结束至20世纪80年代中期，法国银行体制迥然异于其他西欧国家，法国政府选择了独特的金融发展道路，通过国有化、经济计划和银行分类制度等政策工具，政府长期主导银行信贷资金在各产业部门甚至企业的配置，使法国的企业经营高度依赖政府的财政资金供给和信贷资金分配，减少了对证券金融市场的利用。战后法国经济增长得益于西欧共同市场的发展、法国政府强有力的财政刺激政策和信贷调节政策，但法国宏观经济明显表现出比其他工业化国家更多的不稳定以及国内经济政策的不连续。20世纪80年代后，法国政府数次调整经济政策和金融政策，一方面增加了银行机构之间的竞争，另一方面也促成了超大型综合金融集团的形成。法国国内证券市场在两轮私有化浪潮的推动下出现“跳跃式”增长。战后法国的经验表明，政府的经济政策和金融政策是影响银行体制极为重要的因素，而西欧共同市场这样的事件直到20世纪90年代之前并未显著直接影响法国政府的金融政策。

战后日本主银行制度的兴衰

1989年11月柏林墙倒塌后，许多计划经济国家陆续走上经济体制转轨道路，迫切需要了解和掌握建立新金融体制的知识与方法。学术界很快认识到，这些知识与方法不

① Plessis, “The History of Banks in France”, p. 193.

② 艾克.《战后法国经济简史》，第65－67页。

应直接或主要来自成熟的市场经济国家，因为它们的经验对经济发展程度较低和经济体制差别显著的国家缺乏明显的相关性和吸引力。鉴于此，世界银行学院发起一项大型研究工作，邀请来自多个国家的数十位专家学者，剖析战后日本银行体制的发展经验及其对发展中国家和转轨经济体的借鉴意义。该项目研究成果结集出版之时，日本的主银行制度已成为国际流行概念。①

围绕日本主银行制度的讨论集中在这四个问题上：（1）日本主银行制度的含义为何？（2）日本的主银行制度是如何形成的？（3）日本的主银行制度对战后日本经济有何促进作用？（4）日本的主银行制度有无局限性？或者说，日本的主银行制度对发展中和转轨经济体究竟有多大借鉴意义？

关于问题（1），学者普遍认为，日本的主银行不仅指某家银行是某一企业或某一组企业的主要贷款者，②而是指它与一组企业形成长期稳定的伙伴关系；银行与这些企业之间保持广泛的信息交流和经营决策协商，范围远超围绕一笔信贷决策之需要。简言之，日本的主银行是一套关于公司融资和治理的制度，涉及诸多非正式惯例、机构安排以及企业、金融机构和监管当局的行为规范。③

1961 年，摩根担保信托银行成为索尼公司在美国发行证券的银行代理，需要安排一家日本银行作为索尼公司证券的托管者（此为美国证券监管机关关于证券托存的要求）。摩根担保信托银行托存业务负责人访问日本时，试图由其熟悉的东京银行承担此业务，岂料三井银行代表登门严厉抗议这一“严重违反常规的举动”。④摩根银行代表方才得知，三井银行是索尼公司的主银行，后者与银行相关的业务均由三井银行操办。此为日本主银行制度的具体表现。

在美国，人们常将某一银行与某家企业保持长久的资金往来关系称为“关系银行”（Relationship Banking）。《摩根传记》的作者说，1870 年老摩根持股感兴趣的铁路公司，由此促使摩根公司与铁路公司结成了长久合作的关系，这是关系银行在美国兴起的标志性事件。但在所谓的“赌场时代”（1948—1989 年），由于竞标制度的普及和多种证券工具的流行，大企业与银行的关系不再是“一经形成便保持长久不变”，“关系银行业”

① Masahiko Aoki（青木昌彦）and Hugh Patrick, eds. *The Japanese Main Bank System: Its Relevance for Developing and Transforming Economies*, Oxford University Press, 1994.

② 典型情形是，一家主银行向企业提供后者全部借款的 15% ~25%（其余借款来自企业从包括长期信贷银行和保险公司在内的其他金融机构借款以及债券发行），并持有关联企业股份的近 10%（当时法律允许的最大持股比例）；此外，主银行向关联企业提供支付结算、资产托管、外汇收款和财务顾问等服务。在企业遇到财务困难时，主银行会在救助和重组过程中发挥主导作用，协调其他信贷机构的有关安排。Hugh Patrick, “The Relevance of Japanese finance and its main bank system”, in Aoki and Patrick, eds. *The Japanese Main Bank System*, p. 359.

③ Masahiko Aoki, Hugh Patrick, and Paul Sheard, “The Japanese Main Bank System: An Introductory Overview”, in Aoki and Patrick, eds. *The Japanese Main Bank System*, p. 3.

④ 彻诺.《摩根财团》，第 585 页。

此时在美国寿终正寝。[①]

在德意志，自19世纪，银行与企业便有十分稳定的关系。以德意志银行与西门子公司为例，在1870年创立之际，两者就成为亲密伙伴，相互持股，互派董事。但凡条件允许，德意志银行会为西门子公司在境内和境外提供所有的融资服务和支付结算服务，后者也不会将其金融需要委托给其他金融机构，除非德意志银行爱莫能助。同时，德意志银行通常会避免向西门子公司的竞争对手提供金融服务。由于这种关系，德意志银行被称为是许多德国大企业的“主办银行”（Hausbank，也可称“主屋银行”），[②]其含义十分接近日本的“主银行”（Main Bank）。

日本的主银行与德意志的主办银行以及美国的关系银行均有一些共性，例如形成长期伙伴关系以及银行向企业提供综合金融服务。然而，日本的主银行与美德有重要不同，前者不仅与某个伙伴企业进行频繁和内容更广泛的信息交流，而且常与一组特定的企业进行这种交流。换言之，在日本，许多企业相互结成稳定的群体关系，银行不仅在其中，而且在群体中往往扮演家长角色。除日本外，尤其在欧美国家，此非普遍情形。

1971年，日本的第一银行和劝业银行合并，组成第一劝银集团，跃入日本前五大银行行列。合并前，第一银行和劝业银行分别有各自密切往来的企业和企业群体；合并后，第一劝银集团面临如何应对和调整企业群体相互关系的问题。对该机构长期跟踪的日本记者注意到，第一劝银集团为促进所有往来企业的相互交流并向它们提供未来转型发展的支持，特别成立“生活情报中心”并按行业举行成员企业月例会，主题围绕日本经济当时出现的新消费潮流及其意义。[③]

关于问题（2），很多研究者都认为战后日本的主银行制度与战前的财阀制度有一定渊源，尤其反映了“一战”期间日本经济体系中资金供给短缺和企业经营风险徒增的情况及其对银行—企业关系的影响（当时，银行作为资金供给者的地位得到增强，但在风险增大的背景下又亟须加强对企业的控制）。[④]但是，在“二战”结束后，占领军推出三大举措，旨在改造日本金融体系并消除战前金融体制的影响。第一大举措是解散财阀，将认定为财阀的家族股份及其控股公司的股份全部清零。第二大举措是废止日本政府的战时借款，数额截至1946年3月为8.35亿日元，其中84%由五大银行持有。[⑤]第三大举措是敦促日本政府订立新金融法律，借鉴美国《格拉斯—斯蒂格尔法案》的经验。从

---

① 彻诺.《摩根财团》，第34、第524、第663页。

② 在德意志，“主办银行”不限于德意志银行；事实上，有学者认为德国存在“主办银行系统”（hausbank system），参见富兰克林·艾伦与道格拉斯·盖尔.《比较金融系统》，王晋斌等译，北京：中国人民大学出版社，2002年，第5页（该书将hausbank system译为“开户银行系统”）。

③ 铃田敦之.《第一劝银财团概貌》，盛继勋、由其民译，上海译文出版社，第124－133页。

④ Juro Teranishi, “Loan syndication in war－time Japan and the origins of the main bank system”, in Aoki and Patrick, eds. *The Japanese Main Bank System*, pp. 51－88.

⑤ Norio Tamaki, *Japanese Banking: A History*, 1859－1959, Cambridge University Press, 1995, p. 188.

1947 年至 1952 年，日本先后通过《临时利率规制法》《存款保险纲要法》《信托法》《互助银行法》和《长期信用银行法》等。[①]依据这些法律，战后日本确立了分工型的银行体制，即银行与信托分离、银行与证券分离、长期信贷与短期信贷分离。[②]而且，所有利率都受政府管制。但是，截至 1981 年前，日本并未修订“银行法”，一直沿用 1927 年“银行法”。

日本在 1927 年爆发严重金融危机，一些大企业集团和银行出现资不抵债，摇摇欲坠。为整顿银行业，日本政府制定“银行法”，并在法案起草和协商过程中有意“借鉴不列颠经验”。[③] 1927 年新“银行法”作出多项新规定，要点如下：第一，要求所有称为“银行”的存款机构必须注册为合股公司，实行有限责任制。第二，银行的最低资本金为 100 万日元，东京和大阪的都市银行则为 200 万日元；银行每年需将利润的 10% 留存为准备金。第三，除了东京和大阪，一县只能有一家银行，且该银行仅可在本县营业。第四，银行不得从事除信托和保管之外的非银行业务（开展信托业务的权利战后初期被取消）。第五，银行主管不得兼职于其他经营机构。第六，银行定期向大藏省（财务省）提交财务和经营报告，接受监管。

新“银行法”看似很有利于提高银行的风险应对能力并加强政府对银行的监管。但是，就日本当时的经济环境而言，该“银行法”存在重要问题。第一，它没有禁止或限制银行持股于企业，这为银行对有关企业施展额外影响提供了可能（包括在“二战”结束后时期）。第二，它十分有利于都市银行提升其在日本经济中的地位和作用，而在两次世界大战期间客观上极有利于财阀势力的扩张。第三，它将银行置于中央政府机关（大藏省以及后来的日本银行）的直接监管下，一方面使银行在诸多事务上不得不听命于政府，另一方面让政府对银行（尤其是都市银行/大银行）常有特殊关照，时刻防止它们倒闭而引发企业危机。

新“银行法”于 1928 年初实施后，都市银行（大银行）在日本经济和金融体系中的地位明显上升。1928 年 1 月，1283 家银行中的 617 家银行被认定不合格，需在一年内自行停业或并入合格银行。[④]截至 1936 年，日本的私人商业银行数目减少至 418 家，而

---

① Tamaki, *Japanese Banking: A History*, pp. 202 – 204. 日本“存款保险纲要法”于 1949 年 10 月通过后即被悬置，后于 1971 年才开始实施。日本当局当时并不清楚存款保险为何物并有何意义（p. 202）。

② 日本一位学者认为，此种银行分工体系为“日本独具的特色，在主要发达国家中实属罕见”（鹿野嘉昭．《日本的金融制度》，余熳宁译，北京：中国金融出版社，2003 年，第 28 页）。这与实际情况不完全符合。如前所说，战后法国实行存款银行与投资银行分离，相当于短期银行业务与长期银行业务分离；在美国，银行与信托的分流和混合趋势同时存在，20 世纪初以后银行通过设立信托部兼营信托业务。此外，1933 年“银行法”确立银行业务与证券业务的分离。不过，战后日本法律没有禁止银行持有企业股份，这是日本银行业不同于美国和法国的重要之处。此外，日本许多都市银行事实上向企业提供长期信贷，并参加企业债券发行和认购业务。

③ Tamaki, *Japanese Banking: A History*, pp. 155 – 156.

④ Tamaki, *Japanese Banking: A History*, p. 158.

五大银行在存款总额的占比由 24% 升至 30%，在证券交易总额的占比由 26% 升至 41%。[①]

“二战”结束后，如前所述，尽管占领军当局直接干预日本的金融机构并在立法上发挥了显著影响力，但日本继承了战前制定的、有缺陷的“银行法”。这是战后日本主银行制度形成的一个重要背景因素。

战后日本推行的经济发展政策以制成品出口为导向，由通商产业省负责制订和落实产业发展规划，大藏省负责提供和安排财政资金支持，大藏省与日本银行（中央银行）共同协调金融机构围绕政府的经济发展规划开展金融业务。在这种经济政策环境中，都市银行（大银行）的地位得到新的提升，部分原因是它们常常在经济和资金规划的早期阶段就参与通产省和大藏省等中央政府机关举行的各种商讨会议，而通产省和大藏省也认为它们是成功实现经济规划目标的重要工具和渠道，事实上成为日本政府推进产业政策的抓手。

第一劝银集团的事例显示，在 20 世纪 70 年代，（a）第一劝银集团同时持股数家金融机构（保险公司和证券公司）和数十家非金融企业；（b）上述被持股者（保险公司和非金融企业）同时持股第一劝银集团；（c）上述非金融企业相互持股；（d）第一劝银集团和上述保险公司同时向上述非金融企业提供贷款。[②]在相互持股的企业财团（也可称为“关系矩阵”或者“利益星座”[③]）中，金融机构有银行、保险公司和证券公司；非金融企业有工业企业和服务业企业；服务业企业中通常有一家综合商社（第一劝银集团的企业集群为伊藤忠商社）。在该企业集群中，第一劝银集团是核心，因为，第一，它直接持股诸多企业；第二，它间接持股其他企业；第三，最重要的是，它决定贷款发放并负责企业的外汇交换。战后至 20 世纪 90 年代，日本的大银行持有企业股份不超过该企业股份总额的 5%，大银行投向企业股份的资金仅占自有资本的一小部分。但是，银行与企业的相互持股以及企业之间的相互持股仍具有重要意义，因为此种持股使有关各方结成长期紧密合作的关系，甚至可成为财团形成的标志。

换句话说，战后日本金融机构与非金融企业之间形成了资金往来的网络，资金在网络成员之间双向流动，如银行向企业发放贷款并从企业吸收存款。在资金网络中，企业的大部分资金需求可得到满足，它们对外部来源资金的需求往往也会通过主银行或得到主银行的帮助，例如取得其他银行和金融机构的贷款或发行证券。显然，围绕主银行，日本企业群体形成了一个微型的无形金融市场，或者说“无形资本市场”。简言之，主银行所主导的企业群体关系网是一个无形资本市场。

由此我们可回到前述问题（3）。可以认为，主银行制度对战后日本经济增长的重要作

---

① Karl Erich Born, *International Banking in the* 19th *and* 20th *Centuries*, Berg Publishers, 1977, pp. 253 – 254.

② 铃田敦之.《第一劝银财团概貌》，表 –6，第 40 – 43 页。

③ 奥村宏.《法人资本主义》，李建国等译，北京：生活·读书·新知三联书店，1990 年，第 48 页。

用是促进企业部门的资本形成。1950—1970 年，日本经济高速增长，此时期日本企业对资本的需求不断扩大，而主银行制度中的相互持股关系便发挥出“资本创造”的作用。在前述相互持股以及连带信贷的关系网中，机构 A 以一笔现金购买机构 B 的股份，机构 B 收到现金后即可转身购买机构 A 和/或机构 C 的股份，即同一笔现金可被再次用来购买股份。不难想象，此过程实际可在关系网中各成员机构之间反复发生，如同银行体系中一笔存款引致贷款以及同一笔贷款转入存款后引致存款增加（教科书中的“货币创造”）。

不仅股份买卖可发挥“资本创造”的作用，信贷同样如此。在日本主银行制度中，银行给予企业的信贷并非都遵照 1927 年“银行法”和战后初期相关立法所规定的短期贷款。银行给予企业的贷款形式上主要为短期贷款，但许多短期贷款可被不断展期，实际上等同长期贷款。有统计显示，在战后日本企业的厂房和设备投资资金来源中，都市银行占比在 1956 年为 16.8%，1966 年为 15.2%，1974 年为 30.2%，1988 年为 32.9%。[①]都市银行是主银行制度中的主体金融机构，它们给企业厂房和设备投资提供的资金大多是银行贷款，性质上即属长期贷款。

大量持股企业并向企业发放长期贷款且在 1970 年后还大量持有企业债券，日本的都市银行难道不会遭遇流动性危机？其应对方法主要有三个：一是将长期资产的比例控制在一定程度，确保资产负债表的期限构成不致出现大问题（防止出现短期负债显著多于短期资产的情况）；二是积极吸收公众存款和关联企业存款，尤其大企业存款，为此都市银行之间明显有着激烈竞争；三是得到日本银行（中央银行）的流动性支持，这显示日本的大银行与政府的关系具有其他许多国家没有或程度上不同的特点。

当然，主银行制度对日本经济的积极作用不限于“资本创造”，还有诸如加快信息传递、高效率为企业提供支付服务、增强企业投资和经营活动信心等。截至 20 世纪 80 年代，日本在所有工业化国家中经济增长最快，其主银行制度肯定发挥了重要作用。学术界和国际社会理当重视对日本主银行制度的研究。

但在前述问题（4）上，学术界尚无一致看法。日本的主银行存在几个突出的局限性。首先，它存在于日本独特的制度环境中，不适用于法律规则相异的国家。例如，关于银行是否可持股于企业，不同国家法律规定各不相同，此事日本与德意志联邦共和国一致，但与美英法等国则不同。其次，日本的主银行制度有其文化背景因素，即很多企业高管乐意放弃部分经营自主权以获得主银行的更多支持，后者显然给他们带来了“团体感”和“归属感”。无疑，经营自主权（市场选择权）与“团体感”或“归属感”之间的交换是一种隐性的“交易”，不可能完全以直接经济利益计较，文化因素在此一定

---

① Frank Packer, “The Role of long - term credit banks within the main bank system”, in Aoki and Patrick, eds. *The Japanese Main Bank System*, Table 5 - 7, p. 162. 提供同样长期投资资金的其他机构是长期信贷银行（信托银行）和日本兴业银行。

发挥了重要作用。最后，即便不去追究主银行制度是否存在或在多大程度上存在道德风险和利益冲突，作为该制度特征之一的银行—企业稳定伙伴关系在经济下行时期至少表现出一个严重不足，即银行业和企业两个部门的结构性调整进程相当缓慢。1990 年后，日本政府采取多项举措推动日本经济和金融体制改革，但企业部门和金融部门结构调整进展不快，此与根深蒂固的主银行制度不无关系。

日本于 1981 年修订“银行法”，新增要点如下：第一，银行可从事企业证券交易；第二，对任一客户贷款不得超过银行自有资本的 20%；第三，银行定期向公众披露经营和财务报告；第四，银行获得准许后可开展海外业务。①第一点有利于主银行制度，因为银行对企业发行证券有了新的话语权。第二点出于风险控制的要求，对改变主银行制度下的银企关系作用不大。简言之，1981 年“银行法”通过后，日本的主银行制度继续运行。

事实上，20 世纪 70 年代后，日本主银行制度的宏观经济环境发生若干重要变化。战后日本实行出口导向发展战略以及抑制外资流入政策的一大成效此时逐渐明朗，即日本贸易收支和国际收支长期保持顺差，国际油价暴涨竟也未能改变此趋势。随后，日元在整个 2 世纪 70 年代和 80 年代处于升值走势，而 1985 年前后的日美欧国际货币协商进一步推动日元的强势升值。1 美元在 1971 年兑 360 日元，1979 年仅兑 180 日元，不到 10 年日元对美元升值 1 倍。此后日元继续升值，1988 年 1 美元兑 120 ~ 130 日元。日本政府于 1979 年解除了长期实行的外汇管制，日本企业随之大量在海外市场发行债券。在日元不断升值的条件下，日本企业海外债券的偿还成本不断下降。1977—1988 年，日本企业在国内市场债券发行总额从 1. 78 万亿日元增至 14. 97 万亿日元（增多 7. 4 倍），在国外市场债券发行总额从 0. 38 万亿日元增至 7. 23 万亿日元（增多 18. 2 倍）。②日本企业此时期大量增多国内债券发行是由于国内债券发行利率低于国内银行贷款利率。但是，如前所述，从利用银行贷款转向较多发行债券并不意味着日本企业对主银行的依赖降低，因为后者此时期增大参与债券市场并因此提高了其在此领域对关联企业的影响力（此为 1981 年“银行法”的后果之一）。

在国内外多种因素的作用下，日本宏观经济形势在 20 世纪 80 年代出现若干重大变动。首先，除个别年份外，日本 GDP 增长率减速至 5% 以下，日本经济事实上已告别“高速增长时代”。其次，日本国内资产（房地产和证券）价格持续上涨，尤其在 80 年代后半期涨势凶猛，其直接带动因素包括日元升值、海外证券发行增长和外资流入等。再次，日本企业负债快速膨胀，银行对企业借贷需求慷慨应允，企业部门资产负债比率（负债与资产之比）大幅升高。最后，日元持续升值。1 美元在 1985 年兑 238 日元，在

① 铃木淑夫.《日本的金融制度》，李言赋等译，北京：中国金融出版社，1987 年，254 - 257 页。

② 堀内义“金融自由化：日本的案例”，载蒂米奇·威塔斯.《金融规管：变化中的游戏规则》，曹国琪译，上海：上海财经大学出版社，2000 年，表 4 - 2，第 120 页（此表显示三类债券：可转换债券、固息债券和担保债券）。

1988 年则兑 128 日元，三年中日元对美元升值 85%（日元对美元升值的走势后来持续至 1995，最高时 1 美元仅兑 90 日元左右，此后日元转为贬值）。

1986—1990 年后来被人们称为日本“泡沫经济”时期，其典型特征是经济增长趋缓的同时众多人士仍对日本经济前景和资产价格抱有显著的乐观预期。长期在日本银行（央行）工作并在 2008—2013 年担任行长的百川方明后来回顾说，导致此种“极端的乐观预期”因素包括日本 20 世纪 80 年代 GDP 平均增长率（3.8%）虽为战后日本的低点，但横向比较却为同时期发达国家中的高水平；日本 CPI 通胀率长期处于低位，不像同时期美欧多国那样饱受通胀之扰；日本制造业继续在国际上享有强大竞争力之誉，极少有人怀疑日本经济的活力。[①]社会上蔓延的“极端的乐观预期”客观上成为导致日本宏观经济政策调整迟缓的一个重要因素。

但是，当日本国内的资产价格走势于 20 世纪 90 年代初出现逆转后，日本企业的资产负债表开始转向恶化，即负债总额保持不变甚至继续增长的同时资产价值却大幅度缩减。资产负债表问题亦为企业净资产急剧缩减（“缩水”）。

白川方明认为，在 20 世纪 80 年代后半期，日本的“主银行监督机制失效”,[②]即未能及时发挥风险评判、风险预估以及风险警示的作用。在主银行制度框架中，一方面存在包括银行在内的交叉持股的股东倾向于充当“沉默的”旁观者角色，另一方面由于战后日本从未出现过金融机构破产的事件（20 世纪 90 年代后半期才有该类案例），日本金融界并不重视风险防范（此或可称为“风险麻痹症”）。据此可认为，日本的主银行制度在高速增长时期发挥了积极的重要作用，但在“泡沫经济”时期以及后来的经济结构调整时期却未能发挥值得称道的作用。

在“泡沫经济”时期，日本的银行对企业的债权大多以房地产和有价证券为抵押，当其价格转为下降和企业出现债务违约时，银行的资产负债表自然受到不利影响。此时，在主银行制度框架中的银行陷入特殊的困境。一方面，它们要竭尽所能去帮助企业，包括遇到财务困难的企业；另一方面，银行自身的资产负债表问题却迫使其采取紧缩性的措施，出现“惜贷”倾向（不情愿增加对企业的贷款）。这样的矛盾和困境使得后高速增长时期日本经济结构调整特别缓慢。

日本政府于 1996 年表示，日本将借鉴英国撒切尔政府 1986 年“金融大爆炸”经验，在 2000 年前完成对日本金融体系的改革。此次日本金融改革的重点在证券市场，银行方面的改革主要是放宽银行准入和经营范围的限制，调整银行控股公司持股于企业的比例，银行与其附属机构进行并表报告。在这些改革后，银行与企业关系的密切程度有所降低。至少，“主银行”不再是一个风光亮丽的流行词语。

---

① 白川方明.《动荡时代》，裴桂芬、尹凤宝译，北京：中信出版集团，2021 年，第 41－42 页。

② 白川方明.《动荡时代》，第 45 页。

[第六章]

证券市场的发展与机构投资者的兴起

英美德日等主要工业国的金融体系形成于19世纪末和20世纪初，各具鲜明特点。同时，至“一战”爆发前，各国金融体系也出现若干趋同动向。例如，不列颠的全国性商业银行开始涉足国际金融业务，美利坚的商业银行和投资银行显现出发展混业经营甚至全能银行的强烈愿望，法兰西的全国性银行主动放弃全能银行模式而转向不列颠商业银行的经营方式，证券市场在所有工业化国家蓬勃发展。倘若世界和平持续，第一次经济全球化不被中止，各国金融体系势必更加趋同。

然而“一战”爆发终结了经济和金融全球化。大战期间，各国实行资本管制，官方借贷之外的私人资本跨境流动近乎完全中断；各国银行虽然多数时候继续营业，但交战国的证券市场（交易所）大多关门停业，仅有个别国家勉强维持少量证券交易。“一战”结束后，欧洲多国出现高通胀和货币贬值，历经数年才恢复经济稳定，但不久后又陷入新的国际经济风波。20世纪30年代初，各国的金本位制摇摇欲坠，刚刚复苏的国际贸易金融体系再次分崩离析。“二战”爆发使多国转为内向并强调政府管制的经济和金融政策，各国金融体制的离散愈加突出。总体而言，20世纪前半期是各国金融体制的离散化时期。

相对银行体制，各国证券市场的差别更大，两次世界大战以及两战期间的大萧条使原有差异更加突出。在美国，1929年纽约股市崩盘和1930—1933年银行危机爆发后，罗斯福政府推行金融业全面改革，在银行和证券两个领域同时出台诸多改革措施，两者后来得到相对平衡的发展。在英国，银行和证券市场在20世纪上半期增长步伐放慢，金融体制基本维持原样。但在法德日等国，当金融体系遭受冲击时，政府的基本反应是保护银行体系的运行而限制证券市场的发展。由此，这些国家走上“银行主导”的金融发展道路。

"二战"结束后，各国经济陆续复苏和快速增长。在资本主义国家中，联邦德国（西德）和日本经济增长尤为迅速。各国证券市场也逐渐恢复成长，在 20 世纪 70 年代后趋于活跃。在 20 世纪最后 20 年中，多国证券市场强劲上扬，各国证券市场和金融体制再次显现趋同。

证券市场融资服务的对象在 19 世纪主要是政府和铁路企业，而在 20 世纪则是各类企业，尤其是各行各业的大企业和新兴企业。证券市场是大企业和金融机构长期融资的主要来源，也是许多企业的股权借以创立和调整的重要途径。因此，证券市场成为资本市场的同义语，关系一国资本形成的快与慢、资本结构的变化以及企业产权关系的调整。尤为重要的是，证券市场具有给企业资本定价的功能，由此推动企业资本和产权的转让和流动性，促进企业产权重组和经济结构调整，使生产性资源合理配置。随着证券市场的活跃，基于企业资本和产权的各种证券产品在 20 世纪后半期大量涌现，它们不仅成为重要投资标的，而且越益成为投资者和金融机构风险管理及流动性管理的工具。总之，截至 20 世纪末，证券市场成为各国现代金融体系不可或缺的重要部分。

证券市场在 20 世纪的发展不同以往的一个重要之处是，机构投资者成为证券市场的主体。作为机构投资者的银行和保险公司在 19 世纪已经存在，而养老基金、组合投资基金、私募股权基金、对冲基金和主权财富基金等皆是 20 世纪的新生物，仅有个别投资基金的前身在 19 世纪甚至更早已显端倪。各类新型投资基金的兴盛，不仅展现了各国证券市场的活跃和繁荣，更体现了金融与实体经济互动关系日见深入和广泛，也体现了国际金融关系的新趋势。

一、证券市场在 20 世纪的曲折历程

19 世纪是现代证券市场的初创时期，20 世纪是各国证券市场曲折成长时期，不仅证券价格（尤其股票价格）剧烈波动，证券市场在不同时期对各国经济有着迥然不同的作用。在部分国家部分时期，证券市场作用巨大，既是大企业固定资产投资重要的资金来源，又是企业部门结构调整催化剂的生成之地。而在其他国家其他时期，证券市场或不存在，或受到严格管制，根本无从发挥资源配置的调节作用。

20 世纪证券市场发展的基本趋势

19 世纪末至 20 世纪初，证券交易所在世界各地快速普及。据统计，截至 1914 年，世界各地至少设有 106 个重要证券交易所，其中欧洲有 55 个，北美洲有 16 个，亚洲有

14 个，拉丁美洲有 10 个，非洲有 11 个，大洋洲有 15 个。① 绝大多数证券交易所同时交易债券和股票。

表 6-1　　1900—1999 年欧美各国企业股票首次公开发行数

时间	美国	英国	德国	欧洲其他国家
1900s	—	486	223	528
1910s	—	445	95	453
1920s	297	662	241	682
1930s	105	397	1	131
1940s	141	269	3	105
1950s	447	348	38	178
1960s	2661	548	26	122
1970s	1640	267	34	78
1980s	4866	762	141	225
1990s	5202	641	352	241

注：1900s 指 1900—1909 年，1990s 指 1990—1999 年，以此类推；所有数字不包括股票增发（Seasoned Equity Offering，SEO）。

资料来源：Carsten Burhop，David Chambers. Initial Public Offerings：A Historical Overview［M］//David Chambers and Elroy Dimson，eds. Financial Market History：Reflections on the Past for Investors Today，CFA Institute Research Foundation and University of Cambridge Press，2016：135，Table 8. 1.

表 6-1 显示美英德和欧洲其他国家 1900—1999 年中每 10 年企业股票首次公开发行（IPO）数，它们无一例外呈现出上下起伏的变动趋势。美国的低潮时期是 20 世纪 20 年代和 30 年代，尤其是 1929 年纽约股市崩盘后的 10 年为谷底。从 20 世纪 40 年代开始，首次股票发行数目在美国转为回升，持续至 20 世纪末（20 世纪 70 年代相比前后 10 年有所回落），而且大大超过英德与欧洲其他国家的总和。20 世纪后半期，美国的该指标位居世界之首。

英德和欧洲其他国家的股票首次公开发行数据始于 20 世纪初，并在此后近百年中呈现“两头高、中间低”。德国尤为突出。在 20 世纪的前 30 年，德国企业股票首次公开发行数虽然少于英国，但显著多于其后 50 年。20 世纪 10 年代少于前后两个时期，明显受到“一战”的影响。德国该指标的转折出现在 20 世纪 30 年代，30 年代几乎没有新企业股票在德国股市公开上市。其在 40 年代的异常表现明显有“二战”的影响，而在 30 年代的异常只能归结于 1931 年金融危机的爆发以及纳粹上台后德国经济和金融体制的变化。这意味着德国的证券市场在 20 世纪出现断裂，因此给 20 世纪后半期德国的金

① Ranald C. Michie, *The Global Securities Market: A History*, Oxford University Press, 2006, Table 5. 2, p. 136.

融体制带来重要影响。“二战”结束后，德国企业股票首次公开发行数目恢复增长，但极其缓慢。德国与表6－1其他国家的差距直到20世纪80年代方才缩小。

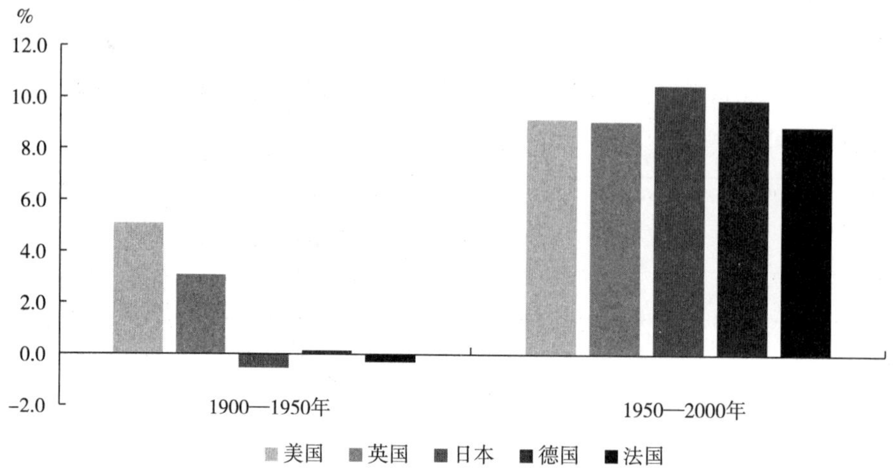

注：50年收益率为期间内5个10年收益率的简单算术平均；股票实际收益率为名义收益率扣除物价上涨率。

图6－1　美英日德法20世纪股票实际收益率

（资料来源：E. 迪姆森，P. 马什，M. 斯汤腾. 投资收益百年史［M］. 戴任翔，叶康涛译. 北京：中国财政经济出版社，2005，表13－2、表14－2、表16－2、表20－2和表21－2）

图6－1显示美英日德法五国股票实际收益率在20世纪前后50年的表现。在前一个50年，美英两国的股票实际收益率较高，美国尤为显著（年均水平达5.1%）；日德法三国的股票实际收益率此时期甚低，日法两国甚至为负数，德国仅年均0.1%。股票市场发挥对企业融资和促进投资增长的作用，首先要求股票投资者获得投资收益。倘若股票投资者不能获得投资收益，则无人参与股票投资，企业便无法从股市融资，以股票融资促进投资增长即为空谈。20世纪后半期，五国股票实际收益率相较前50年大为提高，尤以日德两国为最。此时期各国股票实际收益率并驾齐驱。

综合表6－1和图6－1，可得出三个结论：（1）20世纪初，股票市场在主要工业国得到很大发展。（2）20世纪30年代至50年代，股票市场的发展在日德法与美英之间出现分化。（3）20世纪后半期，尤其是最后20年，股票市场在所有主要工业化国家出现同步增长，各国在该领域再次出现趋同。导致20世纪各国在证券市场发展上“分分合合”的主要原因是各国的经济和金融政策。

英国证券市场

“一战”爆发后，英国政府对证券市场持保护的态度。伦敦证券交易所在1914年8

月暂停营业，5 个月后恢复交易，此时引入的交易限制措施兼顾市场和政府双方的愿望。[①]“一战”前，作为信贷担保品的各种债券和股票广泛用于不列颠经济和金融体系，如果其交易完全停止，市场将再无价格讯息更新，包括银行在内的各类机构和个人都会受到不利影响。证券市场的停运有可能将违约风险传递或转嫁给信用体系，最终危害经济的正常运行。英国政府根据伦敦金融城顾问的建议，支持证券交易所复工。25 年后，此情形再现。1939 年 9 月（“二战”在欧洲爆发之际），伦敦证券交易所仅停业一周便复工。

保持证券市场的平稳运行有利于维持伦敦的国际金融中心地位，维护英镑的国际货币地位和大英帝国的殖民体系。“一战”前，不列颠是世界的债权国。战争爆发后，英国贷款给法国，两国同时向美国大量借款，它们之间的债务债权关系变得复杂。总体来看，伦敦仍是许多国家的黄金储备存放地，伦敦的商人银行继续为许多国外机构提供资产保管和跨境投资的服务。

统计表明，1914 年“一战”爆发时，不列颠个人投资者仅有 100 万，1918 年大战结束时增至 1 300 万。[②]当然，后一个数字包括大战期间认购政府为战争融资而发行债券的许多个人，其不一定是股票投资者。由于债券和股票都由同一个交易所交易和结算，政府保护债券市场即保护股票市场。大战之后，不列颠股票市场对个人投资者更具吸引力，许多中小投资者将以前存放在储蓄银行账户或商业银行活期账户上的资金投入股市。[③]

“二战”期间，伦敦证券市场出现了若干重要的结构性变化。首先，本国政府债券在各类证券名义价值总额中的占比大大升高，由 1920 年的 34.6% 升至 1939 年的 43.7%。其次，同期内外国政府主权债和内外铁路债券的占比显著下降，前者由 18.6% 降至 17.9%，后者由 31% 降至 17.2%。另外，本土公用事业（基础设施产业）和普通工商企业的占比上升，前者由 2.8% 升至 5%，后者由 7.6% 升至 10.4%。[④]最后这一点，是世纪性趋势的起点，体现了不列颠证券市场与本土工业关系的增强。20 世纪初以前，伦敦证券市场所接纳的筹资者（证券发行者）主要是英国政府、外国政府和英美印铁路公司等，很少有英国本土的工商企业。伦敦证券市场 20 世纪初以后接纳越来越多的本

---

① 当时引入的新限制措施有，不进行远期交易，只接受现金交易，实行最低价格制，外国人不得参与交易，不交易境外证券（拉纳德·米奇，“20 世纪的伦敦证券交易所与英国政府”，载斯特凡诺·巴蒂洛西、杰米·瑞斯《欧美金融体系发展与政府监管：19—20 世纪的历史》，“成方三十二译丛”翻译组译，北京：中国金融出版社，2021 年，第 72 页）。

② B. Mark Smith, *A History of the Global Stock Market: From Ancient Rome to Silicon Valley*, University of Chicago Press, 2003, p. 110.

③ Smith, *A History of the Global Stock Market*, p. 110.

④ Ranald C. Michie, *The London Stock Exchange: A History*, Oxford University Press, 1999, Table 5.3, p. 184. “名义价值”不等于“市场价值”，前者指发行面额。英国政府债券在伦敦证券交易所各类证券名义价值总额中的占比在 1853 年为 70%，1990 年降至 34%（米奇，“20 世纪的伦敦证券交易所与英国政府”，载巴蒂洛西、瑞斯：《欧美金融体系发展与政府监管：19—20 世纪的历史》，表 4.1，第 70－71 页）。同书表 4.2（第 80 页）显示 1939—1990 年英政府债券在伦敦证券交易所各类证券市值总额中的占比（最高时为 1955 年的 55%，最低时为 1990 年的 6%）。

土工商企业前往发行证券，既体现了英国经济的结构变化（现代工商企业地位的上升和大型企业的增多），也表示英国金融中介机构（商人银行和证券交易所）在服务对象上的转向。但是，相比其他国家，1939 年本土工商企业占比（10.4%）或者本土工商企业加公用企业占比（15.4% =5% +10.4%）皆属低水平，表明当时伦敦证券交易所和商人银行与本土企业的关系并未达到紧密程度，后者仅是前者业务总量的一小部分。

这种相对“稀疏的”关系使伦敦证券市场和商人银行在 20 世纪初未如华尔街金融机构出现那么严重的不良问题。20 世纪 20 年代末和 30 年代初伦敦证券交易所卷入涉及新股发行的丑闻，社会舆论呼吁政府加强证券市场监管。伦敦证券交易所主动出台若干自律性监管措施，提高证券发行审核标准，由此“逃脱了完全关闭、政府直接控制或接受立法机构密切监督的命运”①。提高新股发行审核标准后，一些新股发行转移至地方交易所。在 20 世纪 30 年代政府推行英镑区计划及“二战”爆发后，伦敦证券交易所尽力配合政府有关跨境资金流动的政策，限制不合政府意图的资金流出。英国议会于 1939 年审议并在 1944 年通过证券投资领域中的《防欺诈（投资）法》［*Prevention of Fraud* (*Investments*) *Act*］，要求证券交易商实行注册制，证券从业者不得在证券发行和交易过程中提供虚假信息。该法事实上认同伦敦证券交易所的会员制度，支持了该交易所排挤非会员的做法。《防欺诈（投资）法》于 1958 年修订充实。

“二战”结束后，伦敦证券市场出现显著的“内向化”倾向，主要表现是本土工商企业在伦敦证券交易所各类证券价值总额中的占比不断升高。如表 6-2 所示，按发行额计算的占比由 1945 年的 10% 升至 1970 年的 27.2%，按市值计算的占比由 1945 年的 19.3% 升至 1970 年的 55%（后一个指标高于前者是由于这些企业的股票发行后股价上涨，且涨幅超过其他类别证券）。1980 年数额低于 1970 年的缘故是当年国债发行数额有较大增加。总体来看，1945 年后，伦敦证券交易所上市的工商企业股票的价格在各类证券中增长最快。

表 6-2　工商企业在伦敦证券交易所各类证券价值总额中的占比　单位：%

年份	发行面额	市值
1945	10.0	19.3
1950	11.8	21.1
1960	19.2	39.9
1970	27.2	55.0
1980	20.6	47.2

注：1945—1970 年“工商企业”包括酿酒、煤铁矿及炼钢和航运；1980 年“工商企业”包括公用事业，但不包括采矿。

资料来源：Michie. The London Stock Exchange: A History [M]. Table 8.3 (p. 361), Table 10.2 (p. 473), and Table 11.2 (p. 522).

① 米奇，“20 世纪的伦敦证券交易所与英国政府”，第 74 页。

尽管如此，“二战”后英国政府对待证券市场的政策态度并非一贯友善。1945 年至 20 世纪 70 年代末，工党三次当选执政（1945—1951 年、1964—1970 年和 1974—1979 年），每一次都采取一些激进措施，包括产业国有化、再国有化、加税、股息（分红）限制等。这些措施虽然并非直接针对证券市场或证券投资，但都给证券市场（尤其股票市场）带来巨大震动。在 1970—1979 年，英国私人非金融公司资金来源中，债券和股票两项合计仅为 5%，“内部资金”来源高达 65%，各种借款为 23%。[①]这些数字表明，20 世纪 70 年代的英国金融体系事实上近乎“银行主导型”，起码不是“证券市场主导型”。

撒切尔夫人领导的保守党政府于 1986 年 10 月推出“大爆炸”金融改革，要求伦敦证券交易所立即实行下列措施：（1）取消场内交易商（Stockjobbers，也称做市商）与场外经纪人（Stockbrokers）之间的固定分工制度，允许两者的业务交叉重叠，相互竞争；（2）取消交易商和经纪人对客户的最低（固定）佣金制度，实行议价收费制度；（3）放宽对非会员机构和个人持股会员公司的限制，扩大交易所的会员参与范围。此外，伦敦证券交易所长久以来实行的“公开叫价”（Open - cry）做法改为电子显示屏。这些新措施立即激发公众的股票投资热情并导致股价暴涨，因此媒体将改革称为“大爆炸”（Big Bang）。当年，英国议会通过“金融服务法”，确立了英式金融监管框架，即实行政府指导性监管与行业自律监管相结合的模式。依据 1986 年“金融服务法”，政府组建证券与投资管理署（Securities and Investments Board，SIB），负责与期货、证券、投资咨询等多个行业协会（自律性机构）在监管中协调，但它不拥有美国证券交易委员会（SEC）那样的监管权和执法权。

就英国金融体系而言，伦敦证券市场的“大爆炸”的确带来重要影响。1990—2001 年，英国私人非金融企业的资金来源中，债券占比升至 8%，股票占比升至 24%，而借款占比则降至 15%（已低于股票占比）。这些数字表明，至此英国金融体系接近于“证券市场主导型”而不再是“银行主导型”。

但是，有研究者认为，伦敦证券交易所在“大爆炸”之前通行的证券经营模式（交易商与经纪人之间的固定分工）有利于防止利益冲突，较为符合普通投资者的利益。[②]这种分工模式被打破后，信息在交易商与经纪人之间几乎无阻碍流动，对信息的不当利用或有可能增加，利益冲突也会出现，因此理论上需要设立信息隔离墙和加强内外监管。保守党政府之所以在 1986 年积极推进证券市场改革，一个重要背景是，英国于 1979 年取消外汇管制后，证券市场面临日益增大的国际竞争压力，股票相关的投资资金出现从伦敦流向纽约的动向。“大爆炸”次年，1987 年 10 月，纽约和伦敦及全球各大股市股价

① 迈克·巴克尔、约翰·汤普森.《英国金融体系》，陈敏强译，北京：中国金融出版社，2005 年，图 8 - 1，第 146 页。

② 迈克·巴克尔、约翰·汤普森.《英国金融体系》，第 151 页。

暴跌。这场暴跌，由偶然因素触发，是对前期股价过快上涨的纠正，同时清楚地反映出各国股市的联动关系的增强。

德国证券市场

“一战”爆发前，德意志帝国多个大城市已有证券交易所，证券发行和交易都十分活跃。德意志证券交易制度已形成自己的特色：（1）银行是交易所会员；（2）政府对交易所安排证券上市具有重要影响；（3）政府对证券交易课以重税；（4）立法限制投机。

1896 年德意志帝国议会通过的《证券市场法》（*Bourse Law*）参照 1893 年及以后法兰西的立法实践，重点是禁止和限制证券市场投机。德法两国的立法者当时或用心良苦，为照顾农民意愿，减少农产品价格波动及其对农业生产的不利影响，通过法律限制使用借贷资金购买农产品和工矿企业股票。19 世纪最后 20—30 年是第一次全球化大发展时期，农产品及其他初级产品大量进入国际市场，但在国际市场上价格剧烈波动。德法两国的立法者竭力阻止国际市场波动传递到本国市场，也希望本国证券价格一直保持稳定。依照 1896 年《证券市场法》，德国证券市场中所有“投机者”都必须在交易所注册登记，“亮明”身份。[①]出乎立法者意料的是，当其限制“投机”交易时，实际上也限制套利交易，而套利交易受到限制，金融市场（证券市场）即难以活跃。

“一战”爆发后，柏林及其他交易所很快停业。与英国情况不同，已是交易所会员的德国各大银行很快绕过交易所建立起银行间证券交易和结算系统，其客户可继续进行证券交易并通过此银行间系统进行结算。这样，证券交易所在整个战争期间始终关闭，股票交易至 1917 年 10 月恢复，债券交易至 1919 年 9 月恢复。战争及其直接后果给德意志证券市场和金融体系带来重要影响。首先，战争造成国内证券市场与国际市场完全“脱钩”，此“脱钩”一定程度上延续至战后时期。其次，1919 年后德国出现严重通胀，并在 1922 年陷入超级通胀旋涡。超级通胀如同龙卷风横扫所有固息债券，使之变得一文不值。股票（相当于浮息证券）在超级通胀时期比债券略好一些，但其重要性也大为下降。此外，许多银行资本金亏空。很多银行的资本由各种证券组成，而超级通胀造成这些证券实际价值大幅缩水。在此时期，德国银行体系发生显著分化，只有从事支付服务并以此吸收存款的银行才具有竞争优势，传统单纯从事存贷业务的银行则难以生存。几大全国性全能银行依赖在支付业务上已建立的竞争优势，在银行业的地位明显增强（其客户主要是大企业）。另外，储蓄银行和信用合作银行在地方政府的支持下积极建立和发展自己的支付服务功能，以避免覆灭的命运。由此，地方政府更多介入银行和金融事务，使德国经济和金融出现“碎片化”趋势。

经过多边协商，魏玛德意志共和国于 1923 年底与主要债权国达成债务重组协议

---

① Smith, *A History of the Global Stock Market*, p. 93.

（“道威斯计划”），由此经济开始复苏。因为背负战争赔款，德国经济复苏有赖于外资持续流入，如此方可维持国际收支平衡并保持金本位。1929 年纽约股市暴跌后，德国的跨境资金流动面临新挑战，大量美资流回美国。布吕宁（Heinrich Brüning，1885—1970 年）于 1930 年 3 月担任首相，很快采取紧缩性宏观经济政策，包括削减财政开支和要求实行降薪。然而，他在对外关系上发表强硬言论引起外资担忧，随后有更多外资流出，而作为中央银行的帝国银行顿感黄金储备的短缺。1931 年 7 月，布吕宁宣布中止金本位，实行资本管制，暂停国内所有证券交易所的营业。德国由此成为“一战”结束后欧洲第一个脱离金本位的国家。布吕宁此项政策是对国内银行危机作出的反应，当时多家大中型银行（包括达姆斯达特国民银行和德累斯顿银行）发生储户挤兑。

关闭证券交易所持续至 1932 年 4 月。其间，原来的银行间证券交易和结算系统再次启用。1933 年，纳粹上台后，地方交易所陆续合并并纳入中央政府管辖（以前由属地地方政府管辖），除柏林交易所外的许多证券交易和结算继续通过银行间系统进行。纳粹政府限制股票发行和交易旨在为政府发行债券腾出空间。

表 6 - 3　　德国各类证券与国民资产比率　　单位：%

年份	政府债券	公司债券	公司股票	国内证券合计
1912—1914	4.2	0.6	3.2	8.0
1927—1930	2.4	0.5	3.0	5.9
1937—1940	4.1	0.4	2.5	7.0

资料来源：Michie. *The Global Securities Market：A History*. Table 5.1（p.126），Table 6.2（p.174）and Table 6.3（p.200）.

如表 6 - 3 所示，从“一战”前的 1912—1914 年至“二战”前的 1937—1940 年，德国公司债券和股票与国民资产比率呈下降趋势，其中股票比率的下降幅度较大。相比其他工业化国家，德国在“一战”前的水平本来就低，经过两战期间 20 余年的时间，该水平进一步下降。这意味着，德国金融体系向“银行主导型”的变化主要发生在两战期间。

“二战”爆发后的 1942 年 5 月，纳粹政府下令证券价格冻结，并在 1943 年 9 月宣布所有证券交易必须应用被冻结的价格。[①]这相当于只认可证券市场价格发现的历史性功能和资产转让的注册（簿记）功能，而证券市场对企业来说的其他功能——融资功能、资金配置功能、证券价格调整和风险管理功能等——均被悬置起来。纳粹政府此是为其统制经济的目的服务，即最大限度地将经济资源用于战争。

“二战”结束，德意志经济遭受重创，民众收入和生活水平倒退何止 20 年。德意志经济的复苏得到马歇尔计划的外援资金之助，而国内储蓄在战后初期非常有限。银行是

① Michie, *The Global Securities Market：A History*, p.207.

最早“复工”的金融机构，战争结束即因陋就简接待顾客，尽管当时能办理的业务有限。各地交易所则在数年后才恢复营业。在美英法占领区即后来的德意志联邦共和国（西德），证券交易所恢复了“一战”前由地方政府管辖的管理体制。这种局面更使全国性的商业银行（全能银行）得以凸显其优势，因为其可继续运行银行间证券交易和结算系统，并与各地证券交易所建立往来关系。在联邦德国，一个全国性的、集中化的，且可从事证券承销和证券交易的银行体系与地方性的、分散化的证券市场体系并行，前者当然占有多种优势。特别值得一提的是，全国性全能银行同时服务存贷款客户、证券发行客户和证券交易客户，按照常理极易发生利益冲突和道德风险问题，但德意志各大银行长期避免了此类问题，这应归功于它们良好的内部信息隔离制度。简言之，德国在战后走向“银行主导型”金融体制，既与“一战”前的历史传统、两战期间的变化以及战后初期西德经济复苏的特殊性有关，又与大银行在德意志经济和金融体系中的竞争优势和内部风险控制有关。此外，“二战”后至1970年，联邦德国政府禁止股票的远期和期货交易（只准现货交易），保守的政策立场十分明显。1970年后，德国政府以渐进方式解禁股票远期交易。

表6-4　　1950—1999年德美证券市场发展指标比较

年份	股票市值/GDP		固定资本形成中股票融资占比		每百万人口上市公司数	
	德	美	德	美	德	美
1950	0.15	0.33	0.00	0.04	13.22	8.94
1960	0.35	0.61	0.04	0.02	11.33	9.33
1970	0.16	0.66	0.02	0.07	9.07	11.48
1980	0.09	0.46	0.01	0.04	7.46	23.11
1990	0.20	0.54	0.04	0.04	6.53	26.41
1999	0.67	1.52	0.06	0.12	12.74	28.88

资料来源：Raghuram G. Rajan，Luigi Zingales. The Great Reversals：The Politics of Financial Development in the 20th Century［N］. NBER Working Paper 8178，2001，Table 3，4，and 5.

表6-4比较德美1950—1999年在证券市场发展的三个指标，两者差异清晰可见。在解读这些数字时，应注意不同指标的含义及历史背景。就变化趋势而言，在1950—1999年，美国在三个指标上都呈上升趋势，而德国则无此表现；德国在三个指标上的同步增长仅限于1990—1999年。可见，始于1990年的后“冷战”时期德国在三个指标上才出现与美国接近的变化趋势。

就“股票市值/GDP比率”而言，该指标因使用个别年份数而明显受到股价波动的影响，尤其就德国而言，例如1980年数远不及1960年数（美国1980年数也大大低于1960年或1970年）。就“固定资本形成中股票融资占比”而言，该指标在20世纪后半期的德美两国皆低（仅1999年美国除外）。这意味着，整体而言，股票融资不是一国固定资产形成（固定资产投资）的重要资金来源，即便在证券市场十分发达的国家也如此。这主要是因为股票融资通常具有一定的规模门槛，即企业的经营规模以及一次性融资金额需要达到一定的数量方在经济上可行；在所有国家，大量中小企业的存在决定了这些企业的固定资产投资不可能通过正规的证券市场。此外，也可以认为，在“固定资本形成中股票融资占比”指标上，一个百分点的变动就具有重要意义。德国的该指标在1980—1999年由1%升至6%以及美国在1990—1999年由4%升至12%，皆为巨大提升。

最后，在“每百万人口上市公司数”指标上，德国1999年数低于1950年，而且事实上也低于其1913年的19.73（此未反映在表6-4中）。这些情况表明，推动20世纪德意志经济发展的重要力量是那些不上市的中小企业。那些上市的大企业在20世纪初虽然已在德意志国民经济中占有重要地位，但大企业的发展较少体现于数目（尤其是上市公司数目）的快速增长。为何不上市的中小企业在20世纪德意志经济中能得到比上市大企业的较快增长？对此很难断论这是因为证券市场在德意志不够发展。相反，学术界广泛接受的看法是，在20世纪德意志形成的“三支柱银行体系”中的两大支柱（储蓄银行和信用银行）有效支持了德意志中小企业的经营活动（参见第五章第二节），极大地缓解了这类企业所面临的融资制约，客观上形成了有别于正规证券市场的中小企业资金市场。

20世纪80年代后，尤其自90年代以来，德国政府鼓励证券市场发展，德国证券市场出现积极变化。1994年德国政府通过《小企业法》，鼓励中小企业利用证券市场融资。以德意志银行为首的德国大银行1990年以后数次并购外国投资机构，尤其是英国老牌商人银行（德意志银行1990年控股摩根建富），旨在发展国内和国际金融市场的证券投资及相关金融业务。自法兰克福起立志追赶伦敦成为新的国际金融中心，敦促联邦政府在证券交易、期货期权和投资基金等领域出台更加开放的新法规。[①] 20世纪90年代后，德国证券市场与英美的差距明显缩小。

法国和日本的证券市场

“一战”前后，法国的国际金融地位陡然改变，由战前的债权国变为战后的债务国。沙俄和奥斯曼帝国对法国债务违约至少150亿法郎，战争期间法国向英美借款50亿法郎。法国政府债券余额1913年为330亿法郎，1921年增至2970亿法郎，其与的GDP比率由83.8%增至208.6%。法国政府债务猛增反映了战争给法国经济带来的严重创伤，又为战后法国经济复苏蒙上阴影。“一战”结束后，法郎危机持续，战前1美元兑5法郎，战后1美元兑11法郎。1926年以前法国政坛左右摇摆，漂浮不定，法郎汇率随之

---

① 罗纳德·多尔.《股票资本主义：福利资本主义》，李岩、李晓桦译，北京：社会科学文献出版社，2002年，第182-187页。

升降不已（最低时1美元兑29法郎）。自1926年7月起，法郎汇率转为稳定，汇价为1美元兑25.5法郎。随后法国政府于1928年6月正式宣布重返金本位，而法郎的国际价值仅为其战前的1/5。①

两次世界大战期间法国证券市场像法郎汇率一样剧烈起伏。1929年法国固定资本形成中股票融资占比较1913年高许多，但在1939年却降至微不足道，该年股票市值指标也仅为1913年的1/4（见表6－5）。法国在欧美各国中最后退出金本位（1936年10月），部分由于法兰西银行较为雄厚的黄金储备和法国政府限制跨境资本流动的政策。法国政府债券发行是20世纪30年代相对稳定宏观经济环境的最大受益者。

表6－5　　1913—1990年法日证券市场发展指标比较

年份	股票市值/GDP		固定资本形成中股票融资占比		每百万人口上市公司数	
	法	日	法	日	法	日
1913	0.78	0.49	0.14	0.08	13.29	7.53
1929	—	1.20	0.26	0.13	—	16.65
1938	0.19	1.81	0.03	0.75	24.44	19.48
1950	0.08	0.05	0.02	—	13.22	9.15
1970	0.16	0.23	0.04	0.03	9.07	15.19
1990	0.24	1.64	0.02	0.02	6.53	16.76

资料来源：Rajan，Zingales. The Great Reversals［M］. Table 3，4，and 5.

“二战”一结束，法国政府将四大存款银行、法兰西银行和34家保险公司国有化，同时还将许多产业部门的大企业国有化。这场大规模国有化意味着有关上市公司的大部分股票从股票市场退市。巴黎交易所固化了其旧体制，现有注册经纪人提高了市场垄断地位，同时却缺少交易商。②“二战”结束至1990年，法国见证其股票市值/GDP比率指标大涨，但另两个指标（固定资产投资的股票融资比率和上市公司数目）却止步不前。

日本早在德川幕府时期就有稻米交易所，明治维新后先后组建大阪和东京证券交易所。1893年日本颁布《证券交易法》（*Exchange Law of* 1893），并在之前派遣官员遍访欧美进行专题调研。但是，该法极不完善，对证券交易中常见的幕后交易、虚假买卖和价格操纵等不良行为只字未提，毫不重视保护个人投资者。③日本至1943年一直遵循该法。其间，“一战”后快速兴起的各路财阀利用证券市场大肆扩充资本并打造企业集团。

19世纪末至20世纪初为日本证券市场的初兴时期，那时股票价格的频繁波动为投

① Cassis, *Capitals of Capital: A History of International Financial Centres*, 1780－2005, Cambridge University Press, 2006, p. 168.

② Cassis, *Capitals of Capital: A History of International Financial Centres*, 1780－2005, Cambridge University Press, 2006, p. 214.

③ Smith, *A History of the Global Stock Market*, p. 96.

机者提供了快速盈利的机会。在日本以及世界证券市场上知名的野村证券的创始人即在20世纪初日本股市上赚取他的“第一桶金”，先在1906年借钱买进股票，后在1907年又融资卖空股票。①

“二战”结束后不久，日本金融制度进行大调整，财阀被解散，银行与信托分家，野村等四大证券公司在全国建立分支网点。野村证券于1953年发起“百万日元储箱”运动，动员百姓积存零钱，箱满后交由野村投资于股市。但是，战后很长一段时间，日本股市在固定资产投资中的实际作用十分有限，新增上市公司的数目（每百万人口的上市公司数）战后少于战前（见表6－5）。战后至20世纪80年代，日本流行“主银行制”，大型商业银行（都市银行/主银行）是企业资金的主要供给者，尽管名义上商业银行仅向关联企业提供短期信贷和少量资本（银行持股于企业）。于是，战后日本长期在股市之外还存在一个以银行为中心的资本市场。日本上市公司的业绩随经济高速增长一直表现良好，这是表6－5显示日本股票市值/GDP比率此时期持续高升的根本原因。

20世纪之前，世界各国证券市场活跃着发行人、交易所、承销商、经纪人和富裕的个人投资者。自20世纪以来，尤其20世纪中期后，各国证券市场涌现诸多新角色，机构投资者特别引人注目，他们成为20世纪后期各国证券市场角色。

二、保险公司在20世纪的发展

保险公司很可能是“最古老的”机构投资者或资产管理公司。保险公司非同银行，接受客户保费后，无须返还客户资金，除非客户发生了符合保单规定的赔付条件。保险公司的债务期限大大长于银行，因而资金使用上具有极大的自由。一般而言，人寿保险公司在债务期限和流动性需求上的可预见性高于财产保险公司，后者较多受难以预测的自然因素（包括自然灾害）的影响。因此，人寿保险公司可将更多资金配置于期限长、流动性低但收益率高的资产，如公司债券和股票以及不动产和直接投资等。由此，经营良好的人寿保险公司可将较高的投资回报返还给投保人，为其提供远高于普通商业银行和储蓄银行的收益率。保险公司，尤其是人寿保险公司，遂成为市场经济体系中十分重要的储蓄转化投资、负债转化资本的金融中介机构。在20世纪中期以前，与保险公司类似的金融机构主要是信托公司。此后，人寿保险公司还面临来自公共部门和私人部门养老金或退休基金的竞争。20世纪中期以前，许多保险公司同时兼营信托业务；而后，许多人寿保险公司提供私人部门养老金服务。

---

① Smith, *A History of the Global Stock Market*, p. 97. 此处有关野村的材料来自 Albert J. Alletzhauser, *The House of Nomura*, Bloomsbury Publishing Limited, 1990. 野村德七二世（Tokushichi Nomura II，1878—1945年）于1925年成立野村证券公司。

由于财产保险和人寿保险的保险公司历来将大量资产配置于证券市场，因此，从19世纪至20世纪，它们始终是证券市场上最重要的机构投资者，也是证券市场不断成长的积极推动力量。成立于1797年伦敦城的鹈鹕人寿保险公司（Pelican Life）被认为是"史上首家按资产管理公司构架组建的机构"，该公司自始便将投资而不是人寿保险当作盈利来源。[①]但1825年英国废除"泡沫法"以前，伦敦证券市场主要交易国债和特许合股公司股票，可供机构投资者的选择并不多，故鹈鹕人寿保险公司那时大量从事抵押贷款等非证券投资业务。19世纪中期前后，人寿保险公司和证券市场在英国皆有很大发展，英国精算师协会专家于1862年为人寿保险公司投资业务提出五大原则：一是维护本金安全；二是在本金安全前提下寻求最高回报；三是保留少部分现金应对流动性需求；四是部分资金可投入低流动性资产；五是所有资金配置均以支持人寿保险业务为目标。此五大原则后来长期遵循英国人寿保险公司投资活动的指导方针，直到20世纪普通股投资兴起之后。[②]

在20世纪初的美国社会，大型保险公司一度是进步主义者抨击金融寡头的首要对象。进步主义律师路易·布兰代斯宣称保险公司是"今天最大的经济威胁"，[③]指责它们不仅规模巨大，而且从事许多不公正的、有损社会利益的交易。单就资产额而言，1912年美国的人寿保险公司、互助保险公司和财产保险公司合计不过56亿美元，远少于商业银行的218亿美元。但是，保险公司大量持股各类金融机构和非金融企业，包括持股商业银行，而商业银行很少持股其他机构，这使两类机构在当时美国经济中的地位和作用有所不同。此外，20世纪初美国商业银行众多，除纽约等少数大城市，商业银行业的市场集中度较低。而保险业（尤其是人寿保险业）市场集中度却较高，单个机构经营规模巨大。[④]20世纪初以后，美国的保险公司资产规模继续快于国民经济的增长，但它们在金融体系中不再拥有20世纪初的显赫地位。

房屋火灾保险以及海事保险（船舶保险）诞生于工业革命之前，其他财险品种大多出现于工业革命之后。19世纪财产保险大发展，尤其在19世纪最后几十年至20世纪初，即第二次工业革命或第一次全球化时期，财险在欧美工业化国家快速普及。有学者统计，1720年以来欧美六国新运营的26个财产保险产品，14个始于1861—1900年，[⑤]包

---

① 奈杰儿·爱德华·莫克罗夫特.《资产管理的起源（1700—1960年）：投资者的崛起》，李中立译，北京：中国金融出版社，2021年，第29页。

② 莫克罗夫特.《资产管理的起源（1700—1960年）：投资者的崛起》，第27-28页。

③ 杰瑞·马克汉姆.《美国金融史》第二卷，高风娟译，北京：中国金融出版社，2018年，第19页。

④ 在1930年美国的养老金领域，大都会人寿保险公司（MetLife）占1/3市场份额，随后3家人寿保险公司——保诚（Prudential）、公平人寿（Equitable）和安泰人寿（Aetna）——合计占一半（诺顿·雷默、杰西·唐宁.《投资：一部历史》，张田、舒林译，北京：中信出版集团，2016年，第116页）。

⑤ Robin Pearson，"Towards an Historical Model of Services Innovation：The Case of the Insurance Industry，1700-1914"，*The Economic History Review*. 50，2（May 1997），Table 2，p. 239. 欧美六国是联合王国、德意志、奥地利、法兰西、比利时、美利坚合众国和瑞士。

括发动机保险、汽车保险和电力设备保险等。这些新的保险物正是工业技术进步和发明创造的成果。

20 世纪新技术革命不断推进，各种发明创造层出不穷，被纳入财产保险范围的新物品不胜枚举。小至自行车和电动车，大至飞机和火箭都被保险囊括。不仅如此，很多国家在很多领域推行强制保险政策，尤其在食物安全、住房安全和出行安全等方面。除了银行存款保险等极少数特殊业务，普通财产的强制保险政策并不意味着政府组建国营保险公司。强制保险政策的基本要求是，保险公司在指定险种上向公众提供低成本保单，而公众必须持有保单方可享受服务或从事有关活动（例如购买交强险后方可驾驶汽车或购买航空险后才能乘坐飞机）。

自古海事保险就是涉外保险或跨境保险业务，但 20 世纪才是跨境保险业务和国际分保事业大发展的时代。自 19 世纪最后 20 年以来，欧洲大陆国家的财险公司陆续进入美国房屋保险市场，其中一些保单被分保给在伦敦劳合社（劳埃德）市场中的再保险人或保险辛迪加（联合承保人）。伦敦劳合社在国际保险市场上的声誉不断升高，只要投保人支付收费（保费），该地承保人愿意承接任何保单。伦敦劳合社流行的完全市场化的营销和定价方式，使其吸引来自世界各地的客户，其投保或分保业务大量来自英国境外。财险成为真正意义上的跨国业务。

1906 年美国旧金山市（圣弗兰西斯科）发生大地震，当地 4/5 的房屋遭到毁坏，许多承保人（保险公司）因未进行分保而无力支付赔款并破产。伦敦劳合社的一家保险商电报通知其旧金山的保险代理，答应向所有遭灾的投保人全额支付财产损失价款，不必斤斤计较保险合同条款。[①]此事使该承保商成长为英国乃至世界财险业的领军者，而且第一次让世界感受到分保事业（再保险）和进行跨国分散风险的重要性。[②]它也促使美国保险市场继续对外开放，而美国是 20 世纪初世界财险市场上增长最快的国家。跨国保险和国际分保的发展也推动了保险公司进行跨国资产配置。

购买保险体现了人们对风险的厌恶以及规避风险的愿望。随着经济的增长，保险业必然会较快增长，因为在收入水平提高后人们愿意将花费更多资金购买保险，增加确定性和安全感。数据表明，在 20 世纪最后 20 年的美国，财产保险和人寿保险公司资产额的增长速度高于 GDP（见表 6－7）。

保险业中的人寿保险与财产保险有重要差异。人们参与人寿保险多为储蓄，尤其以

① 当时（以及现在很多情况下）房屋保险合同条款排除了地震等自然灾害，但对地震引起的火灾是否属于理赔范围界定不清，故在 1906 年大地震之后旧金山出现许多涉及房屋保险合同的法律纠纷。伦敦的卡斯伯特·希思（1859—1939 年）大地震前承保了旧金山 1/5 的房屋，他答应全额支付所有损失的“壮举”而使之在美国乃至世界保险市场上获得巨大声誉，“二战”爆发前他是伦敦劳合社最知名的保险人和保险辛迪加领行者，有人甚至称为“现代保险之父”和“劳合社的缔造者”等（The entry of Cuthbert Eden Heath in the Wikipedia）。

② Swiss Re, *A History of UK Insurance*, Zurich, 2013/2017, p. 24.

备晚年生活的需要。人寿保险公司提供两种基本产品，即终身寿险和年金。前者是投保人去世时由指定受益人获取的补偿金，可理解为出于赠予动机的储蓄；后者是投保人为自己或指定受益人设定的未来预期现金流收益。两者的性质均为储蓄，且是长期储蓄。

由此而论，影响人们参与人寿保险的主要因素是边际储蓄倾向，即收入增长后人们愿意将多大比例的新增收入用于储蓄（如购买人寿保单）。一般而言，人们的边际储蓄倾向随经济增长而上升；反之则相反。此趋势决定了人寿保险会比国民经济较快增长。

但是，社会经济和金融体系中有两大因素影响人寿保险的增长。一是人寿保险面临其他储蓄机构和储蓄工具的竞争。在多样化和竞争性的金融体系中，人寿保险公司无法独享社会成员的新增储蓄。20 世纪各国金融发展表明，新型金融机构和金融工具（其中许多与储蓄有关）不断涌现，以各种方式与人寿保险公司竞争，从而影响人寿保险公司整体的增长速度。二是通货膨胀。通货膨胀不仅侵蚀当下货币的价值（购买力），而且也损害未来货币（预期现金流）的价值（购买力）。因此，通货膨胀会降低人们的储蓄偏好（边际储蓄倾向），促使人们寻求人寿保单或银行存款以外的储蓄方式。

表 6－6　美英德法日人寿保险公司在金融机构资产总额中占比　单位：%

年份	美国	英国	德国	法国	日本
1913	12.9	—	6.2	9.2	2.5
1929	13.1	5.3	2.9	2.1	—
1937	17.5	4.4	6.6	3.8	6.4
1948	14.7	1.9	—	2.3	1.2
1963	14.4	6.6	4.8	2.8	3.1

注：美国 1913 年实际为 1912 年份数；英国、德国和日本各缺一个年份数；德国 1929 年和 1937 年为人寿保险公司与私人养老基金合计数。

资料来源：雷蒙德·W. 戈德史密斯．金融结构与发展［M］．浦寿海，毛晓威，王巍译．北京：中国社会科学出版社，1993 年．附录Ⅳ各国表格。

表 6－6 显示 1913—1963 年美英德法日五国人寿保险公司在金融机构资产总额中占比，从中可观察到三个突出情况：（1）美国比率一直高于其他各国，这很可能是因为其收入水平较高以及其经济受两次世界大战的不利影响较小。（2）英德法日比率在两次世界大战之间或“二战”结束初期低于早前水平，表明战争及其后续情况（例如，德国在 20 世纪 20 年代初的超级通胀）给人寿保险带来了显著不利影响。（3）法国 1963 年在金融机构资产总额占比为 2.8%，不仅为当年五国中最低，而且低于本国“一战”或“二战”爆发前的水平。考虑到 1963 年法国相对于英德日等国的人均收入水平，法国人寿保险公司的资产规模显然小得异常，[①]一个重要原因是该国通胀率自“二战”结束至 20 世纪 60 年代一直较高，显著高于表 6－6 中的其他国家。法国经济学家认为通胀是当时

① 按照麦迪森提供的固定值美元数，1963 年法国人均 GDP 为 8 363 美元，德国 8 386 美元，英国 9 149 美元，日本 5 129 美元。

法国经济的“痼疾”，妨碍了法国人民储蓄的增长。[①]另一个重要原因是战后法国社会保障体系发展较快。“二战”结束时，法国的社会保障体系显著落后于其他欧洲国家，此后奋起直追，直至 20 世纪 60 年代法国对社保体系的财政投入超过德国和英国。[②]社保体系中的许多项目与人寿保险或财险并无关系，但其中的养老金计划（退休金计划）却与人寿保险产生一定的竞争（具体程度取决于社保体系中养老金计划的制度设计）。还有，法国政府“二战”结束后立即将保险公司国有化，此举也对人寿保险业务的增长带来影响。

表 6－7　　美国保险公司和公私养老金资产额与 GDP 比率　　单位：%

年份	其他保险	人寿保险	私人养老金	州及地方公共部门退休金	国内生产总值，当前价格，亿美元
1965	5. 5	1. 3	2. 6	1. 2	7 107
1970	7. 2	1. 8	3. 9	2. 2	10 491
1980	6. 5	16. 6	18. 4	7. 0	27 956
1990	9. 2	23. 3	27. 7	15. 2	58 032
1999	9. 6	33. 5	54. 0	32. 9	92 561

注：“其他保险”主要是财产保险。

资料来源：U. S. Census Bureau. Statistical Abstract of the United States [M]. Flow of Funds Accounts – Financial Assets by Holder Sector, Various Annual Issues.

表 6－7 显示 1965—1999 年美国财产保险、人寿保险和公私部门养老金资产额与国内生产总值（GDP）的比率。注意此处是“资产额”而非“缴费额”数据，前者容易受资产价格（如股票价格）变动的影响，不能断言资产额的增加等于人们购买了更多的保险或养老金计划。但是，资产额的变化确实是人们需求的反映，因此可以认为表 6－6 数据体现了考察期内美国人民对四类金融中介的需求增长。

概括而论，1965—1999 年，（1）四个指标皆持续升高；（2）四个类别中，“其他保险”（财险）比率上升最慢，但增长速度依然高于 GDP；（3）公共部门退休金比率提升幅度最大，这说明一方面公布部门就业人数增长很快（就业者人数直接关系缴费和投资总水平），另一方面政府在公共部门大力推广退休金计划；（4）相比人寿保险，私人养老金后来居上，于 1980 年超过人寿保险，后来摘得美国所有金融机构（金融中介）中资产规模之冠（参见第四节）。

就美国而言，私人养老金与人寿保险之间并非全面竞争关系。许多人寿保险公司为企业提供养老金服务或者代管企业的养老金计划。当然，企业也可选择非人寿公司管理

---

① 让－弗朗索瓦·艾克.《战后法国经济简史》，杨成玉译，北京：中国社会科学出版社，2020 年，表 7－1（第 158 页）以及第 168 和第 173 页。

② 艾克.《战后法国经济简史》，表 7－2，第 170－171 页。

养老金，如商业银行和信托公司等。在私人养老金领域，人寿保险公司面临其他金融机构的竞争，这降低了其增速并使之低于私人养老金。

1950—1990 年，美国各类保险公司数目从 650 家增至 2200 家,①平均一年新增近 40 家。这显然反映出美国保险业 20 世纪中期后的快速增长。1997 年，不包括保险代理人和经纪人的美国保险从业人员 156.1 万人，超过商业银行（151.3 万人）和房地产（141.8 万人）。保险代理人和经纪人还另有 71.9 万人。②如前所述，保险公司的负债多为长期性的，不像银行容易发生流动性风险，故较少遭遇行业危机（旧金山大地震及其影响属罕见情况）。故此，保险监管在美国一直由州政府负责。1992 年发生多家保险公司倒闭，联邦政府试图实行全国性保险监管机制，但因各州强烈反对而作罢。③州政府通常会定期审查保险公司的新产品、市场销售和资产配置情况，提出相应的政策措施。

由于行业内部和来自跨行业的竞争，美国许多保险公司自 1980 年以来积极开拓新业务，开发新险种。信用保险（承包人向贷款人承诺借款人违约时由其垫付本息）本是保险公司的传统业务，但当它们试图将信用保险扩展到债券保险领域时，监管当局要求信用保险与其他保险业务分离。为此，若干保险公司创办单线保险公司（Monoline Insurance Companies，也可译为“单一品种保险公司”），据此向证券发行人（通常是市政债发行人和抵押贷款证券化机构）提供信用保险，收取保费，在出现证券违约时代位赔付。许多单线保险公司由久负盛名的大保险公司创办，在市场上享有很高的信誉评级，因此，经单线保险公司承保的证券产品也会获得较高的信誉评级，进而扩大销路。2008 年次贷危机发生前，许多次级贷款证券化产品就是由此得以大量销售，这是美国次贷市场泡沫形成过程中的一个重要因素。

在欧美诸国，包括财险和寿险在内的商业保险 19 世纪以来快速增长，为公众提供长期储蓄和规避现金持有风险的便利，既支持经济增长，又保障民生。但是，面对普通公众，商业保险有若干不足。首先，商业保险公司往往以中高收入群体为目标客户设计保险产品，非为满足中低收入群体的需求，例如忽视失业保险和工伤事故保险等。其次，商业保险公司即使推出有社会保障意义的保险产品，例如医疗健康保险，但常因收费过高（保费标准偏高）和对投保人提出苛刻体检要求而无法惠及大众。最后，在竞争性市场中，没有商业保险公司能做到永久经营，时有倒闭破产退出市场的事件发生，而这必使保险客户利益不能得到及时全面的保障。但是，商业保险的不足并非意味着它必然被社会保险或国营保险取而代之。事实上，正如下一部分所述，商业保险与社会保险长期并行。德英美等国的社会保险制度诞生于不同时期，历史背景也不完全相同。“二

---

① 马克汉姆.《美国金融史》第二卷，第 241 页。

② U. S. Census Bureau, *Statistical Abstract of the United States*: 2000 (120th *Edition*), Washington, DC, 2000, Table No. 788, p. 507.

③ 马克汉姆.《美国金融史》第二卷，第 242 页。

战”后，社会保障制度通行于所有市场经济国家，它深刻影响和改变了各国的金融体系，促成了包括养老金在内的新型金融中介发展壮大，金融市场的面貌由此焕然一新。

三、社会保障制度的诞生和发展

20 世纪中期以前，社会保障主要是一个财政问题。20 世纪中期后，社会保障渐成财政与金融问题。随着各国证券市场 20 世纪最后几十年的快速成长以及社会保障制度的改革，社会保障基金成为各国金融市场中日渐重要的机构投资者，金融与社会保障的关系进而密切起来。

“社会保障”（Social Security）与“社会保险”（Social Insurance）是现代社会的常用词，多可互换而用。一般而言，社会保障是政府（特别是中央政府）组建、面向全体就业者、为符合条件的社会成员提供基本生活保障的专门保险机制，不同于历史上早已有之的公共财政或社会救济。公共财政的主要资金来源是税收，社会保障的主要资金来源是参与者缴费。社会保障的参与者缴费形式上与税相似，如强制收缴和费率固定等，但在用途和支取方式等方面大不一样。财政资金通常仅用于弥补社会保障有时出现的资金缺口。社会救济的对象通常是遭遇困厄的社会成员，而社会保障的对象则限于其符合条件的参与者。公共财政和社会救济自古就有，而社会保障则是现代产物。社会保障作为一种制度首现于 19 世纪后半期和 20 世纪前半期的工业化国家，在 20 世纪后半期扩散至全球。

相对而言，社会保险是完全货币化的保险机制，充分体现互助精神和大数法则，但非同于商业性（营利性）保险机制。各国通常对社会保险采取集中管理模式，这使社会保险基金进入金融市场自始为具有显著地位的机构投资者。各国社会保障政策及其调整对该机构投资者的投资行为具有直接影响。

社会保障制度的起源

远古时期的社会已有救济行为，而且古代国家的财政体系已包含社会储蓄，如古代国家运用财政资源建立粮食储备以应对粮食歉收。在古代中国，每遇旱涝虫灾，朝廷必举赈灾。古代社会中的宗教组织也发挥储蓄保管和社会救济的作用，为有难者提供救助。但是，不管来自官府还是民间，古代的社会救济多属针对特定事件的具体安排，缺少制度化和程序化的组织安排，且以实物救济为主。现代社会保障制度以专门立法为法律基础，由中央政府设立专门机构管理，资金来源及使用都依照预先确定的方式和程序筹集支取，并完全货币化，面向所有符合条件的社会成员。

现代社会保障制度有三个重要先例，即 19 世纪 80 年代的德意志帝国、20 世纪 30 年代的美国、40 年代的英国。三个先例出于迥然不同的历史背景，但都反映了工业化经济结构中的深层矛盾和问题。

德意志是追赶英法的工业革命后进国，但其工人运动却在19世纪欧洲最为活跃。1863年，全德工人联合会成立，此时德意志帝国尚未诞生。全德工人联合会不仅是工会组织，而且是德意志社会中一支新兴的独立政治力量。在它与其他派别的社会主义运动发展的基础上，德意志社会主义工人党于1875年成立（后于1890年改称社会民主党并沿用至今），并于1880年参加德意志帝国全国性政治选举，是19世纪后半期欧洲国家政治转型的重要事件。①德意志帝国首相俾斯麦深感工人运动带来的巨大政治压力，试图通过多种手段化解压力。他在1879年帝国议会讲演中提出建立社会保险计划的设想，认为它体现了“立法范围内的实际的基督主义”。②后来的评论者认为，俾斯麦推行社会保险的做法体现了其“国家社会主义”（Staatssozialismus）思想。③

正是受“国家社会主义”思想的影响，德意志帝国在19世纪80年代通过多部社会保险（社会保障）法，包括1883年通过的《疾病保险法》（又译《健康保险法》），1884年通过的《工伤事故保险法》和1889年通过的《老年与残疾保险法》。这些法律通过前，帝国议会中各党派议员激烈争论，原方案一些条款作出重大改动。例如，俾斯麦原设想保险基金由帝国银行管理，但修改后的《疾病保险法》却将基金管理职能授予地方政府，并在各地设立监督机构，监督委员会包括社会民主党代表。④从金融角度来看，此安排有利于地方政府利用各自的储蓄银行系统。依《疾病保险法》，保险基金由雇主和雇员缴费，财政不予补贴，因此它处于传统财政体系之外，并不涉及社会转移支付。

1884年《工伤事故保险法》规定雇主出资，基金由行业协会管理，行业协会在德意志德国联邦层面和部分地区建立协调机构并组织实施。这套安排再次有悖于俾斯麦的集中管理和使用财政资金的构想。数年后的《老年与残疾保险法》才采纳俾斯麦的建议，除雇主和雇员缴费还接受财政补助，使该基金成为财政与缴费的混合类型。

三大因素促使德意志帝国成为世界首个全面建立社会保障体系的国家。一是其工人运动的发展及工人政党地位的提升；二是德意志社会各界比英美等国更加接受“国家主导”的观念；三是俾斯麦作为政治家运用招安抚驭的谋略。此三个因素在同时期其他国家的缺位致使它们迟至20世纪才有类似的重大社会政策调整。

倘若俾斯麦在1890年后继续担任首相，德意志很可能成为世界上首个实行失业保险

① 艾瑞克·霍布斯鲍姆.《帝国的年代（1987—1914）》，贾世美译，北京：中信出版社，2014年，第131页。

② 艾伦·帕麦尔.《俾斯麦传》，北京：商务印书馆，高年生、张连根译，第239-240页。

③ 艾密尔·鲁特维克.《俾斯麦》，郭洁等译，北京：国际文化出版公司，1999年，第483页。具有讽刺意义的是，俾斯麦对“社会主义”一词本身持反对态度。在他的主导下，德意志帝国议会在1878—1881年多次通过“反社会主义法”。

④ Hajo Holborn, *A History of Modern Germany*: 1840-1945, Princeton University Press, 1969, pp. 291-293.

的国家。[①] 1888 年威廉二世登基，俾斯麦告别政坛，这样，他在德意志的未竟事业由不列颠政治家在联合王国承衍推行。

1880 年俾斯麦推进社会保障立法时，不列颠人也提出激进的改革设想。一个构想是，劳动者在早年（17～21 岁）向国民保险计划缴费 10 英镑，年满 70 岁后从该计划每周领取 4 先令（相当于一年领取 10.4 英镑），患病时每周领取 8 先令。[②]该构想运用了资产的时间价值方法并参考人口的预期寿命和疾病概率等因素，颇具科学性。但是，这是基于参与者缴费的机制，具有强制储蓄和集体储蓄的特点，自始遭到劳工代表的强烈反对，因此而悬置。

进入 20 世纪后，英国政治格局发生重大变化，不仅工党作为独立政治力量登上政治舞台，而且立场接近工党的自由党获得大选胜利，于 1905 年执政。此后，迎合劳工诉求的各种立法不断推出，其中包括 1908 年通过的《老龄养老金法》（*Old Age Pensions Act*）和 1911 年《国民保险法》（*National Insurance Act*）。《老龄养老金法》不同于德意志帝国方案，采用非缴费制，付费完全取决于受益人的经济状况（means tested，意即经审查而确定付费）。具体地说，凡年满 70 岁且经济条件符合规定标准的所有长期居民皆可领取，且权益不可被剥夺（例如，个人破产时仍可享受社保权益），资金来源则是英国政府特别开征的印花税。

《国民保险法》参照了德意志的做法，[③]向受益人收费的同时要求雇主按一定比例缴费，税收予以一定比例的资助。该法的保障分为医疗和失业两类，其中失业津贴仅在规定的期限内（如失业后的 15 周之内）发放，且由职业介绍所负责给付（此做法后来也被美国采纳）。

"二战"期间，英国政府认识到健全社会保障体系是增强国民凝聚力的重要因素，特委托专家研究改进。研究成果以《贝弗里奇报告》之名发表，建议政府以崭新的态度看待社会保障，视之为社会进步所必不可缺，并在不损害民间社会的自主、机会和责任心的前提下充分发挥政府的作用，为社会成员建立最广泛的基本保障。联合王国政府随后改组社会保障管理机构，按照新通过的法律重组社会保障（社会保险）体系。1948 年投入运行的"国民健康体系"（NHS）最能体现"二战"结束后英式福利国家的特色，全民覆盖，不问身份与贫富。2012 年伦敦夏季奥运会开幕式将 NHS 作为紧随工业革命的第二个主题展现，足见不列颠人以此引以为傲。

---

① 克拉潘.《现代英国经济史》下卷，姚曾廙译，北京：商务印书馆，1986 年，第 515 页。

② 克拉潘.《现代英国经济史》中卷，姚曾廙译，北京：商务印书馆，1975 年，第 555－551 页；丁建定.《西方国家社会保障制度史》，北京：高等教育出版社，2010 年，第 153 页。

③ 时任财政大臣劳合·乔治（Lloyd George）于 1908 年走访德意志，1909 年在其年度预算报告致辞中说，不列颠应当"致力于在此（社保）领域与德意志一争高低，而不仅仅与其追逐军备"（The entry of *National Insurance Act* 1911 in the Wikipedia）。

“国民健康体系”的特点是所有居民免费享受大范围的医疗服务，包括就诊、药品和住院等，仅有部分药品和服务（如拔牙和配眼镜等）不在覆盖范围。另外，“国民健康体系”由一般税（不指定用途的普通税）和国民保险税（特别税）负担。从财政金融角度来看，此为现收现付制（Pay As You Go），相当于“实报实销”，个人受益多少与其贡献水平（缴费）无关。这样，“国民健康体系”的年度总支出仅与服务提供总量挂钩。此种机制中，如果出现患者等候医院安排治疗，等候期间没有医疗服务，“国民健康体系”的支出则不会增加。换言之，“国民健康体系”的支出总量与居民的实际医疗需求可能脱节。此外，如前所述，现收现付制的财务安排与金融市场的关系并不紧密。

20 世纪前半期另一代表性社保事例是美国 1935 年通过的《社会保障法》。有研究者认为，21 世纪初美利坚人在各类社会保障项目上的支出超过其他任何类别（包括军费），而在 20 世纪初这种情况不存在，百年之间天壤之别。[①] 1935 年以前，仅有少数州建立失业保险和伤残保险。1933 年，由于金融危机和经济衰退，全美失业率升至 25%，1/4 的美利坚家庭收入锐减。危急局面迫使联邦政府采取应对措施。

1935 年国会通过《社会保障法》，在全国范围施行失业津贴、工伤补助和退休金制度，仅有少数已有该制度的州未参加此联邦机制。从财政金融角度来看，美国社保制度的主要特点是：（1）资金主要来自专门税，即社保税，包括自我就业在内的所有就业者按统一税率缴纳，纳税人（缴费者）因此获得资格在未来享受社保福利；（2）社保税归集于专门的信托基金，不与其他税种混合，具体分为联邦老年和丧偶保险信托基金（OASDI）与联邦残疾保险信托基金（DI）；（3）社保信托基金以现收现付方式按有关法律和程序管理社保资金的收支，资金余额投资于联邦政府证券（此规定促使社保基金成为联邦政府债务融资的重要资金来源）；（4）社保资金的主要用途是发放失业津贴和退休金，失业津贴发放期为半年，退休金领取年龄为 65 岁（但仅限于满足工作年限和缴费年限要求的退休者）；（5）20 世纪 30 年代至 90 年代，社保基金收入总体多于支出，加上投资收益（联邦证券的利息收益）的累积，社保基金的余额规模不断扩大（但自 21 世纪初以来由于人口结构变化等因素，社保基金收支格局逐渐发生不利变化）；（6）社保基金对受益者的人均支付水平相对低，为中低收入者的基本保障，不能满足高于基本保障以上的需求。

1935 年《社保法》是经济大萧条的产物，它依照“最低（财务）标准”为美利坚社会搭起一张“安全网”。此事表明，一方面立法者在处理危急性社会问题时不再受传统自由主义哲学的羁绊；另一方面他们也不希望社会保障从此成为政府预算的重负。然而，社会保障后来的发展和演变在许多方面超出当初立法者的预料。

“二战”一结束，美国政府便将社会保障相关政策施至数百万退伍军人。1964 年民

---

① 戴维·莫斯.《别无他法：作为终极风险管理者的政府》，何平译，北京：人民出版社，2014 年，第 184 页。

主党人林登·约翰逊当选，提出“伟大的社会”构想，“向贫穷宣战”，大幅度调整社保政策，为老年人和残疾人专门设立医保计划（Medicare），并将低收入者纳入医保补助计划。1965 年，社保已成为联邦政府预算第一大开支，占比为 25%。该指标此后逐年上升，至 1980 年高达 48%。[①]美国此时期大量增加社会保障支出，表面上看是因约翰逊总统开启的经济政策和社保政策调整，背后的深层原因却是美苏之间激烈的全面竞争，美国政府力图向国际社会展现其特色优势。

美国联邦政府主导的社保基金制度包含一定的转移支付成分，即高收入者补贴低收入者，但与欧洲多国相比，实为小巫见大巫。美国社保体系采用现收现付方式，使它与金融市场的联系相对稀疏，且按规定社保信托基金只能投资于联邦政府证券。但是，“二战”结束后美国政府在社保（尤其是养老金）相关领域的立法极大地影响了证券市场和机构投资者的发展（详见第五节）。

社会保障制度的普及

德意志帝国于 19 世纪 80 年代初行的社会保障给北欧国家带来巨大影响，但对法兰西和日本等国长期未见显著的影响。至“二战”结束，法兰西和日本在社会保障制度的探索上独具特色，但多少也走了一些弯路。

在法兰西，19 世纪 80 年代部分行业出现由行业协会或雇主主导的养老基金，它们具有“自发性”或“自下而上”的色彩。后来发生几起企业破产和托管银行倒闭引起养老金亏空，政府遂出台法规要求此后凡遇此事，员工养老金必须受优先保护。1898 年颁布的《工伤保险法》规定雇主承担工伤赔偿，许多雇主于是从保险公司为员工购买工伤保险，但这种做法并未普及。事实上，至“一战”爆发前，法兰西没有全国统一的社会保障制度，反映了该国在社会问题和社会政策上难以形成主流意见。两次世界大战期间，法兰西国民议会于 1930 年通过《社会保险法》，在全国范围初步建立由参与者缴费和财政经费资助结合的混合型社保体制。

明治维新后的日本实行过多种社会救济措施，对象多为老弱病残群体。日本具有现代意义的社会保障法是 1922 年通过的《健康保险法》（1927 年实施），保险费由雇员和雇主共同缴纳，国库承担部分费用。该法仅适用于工业企业。适用于非工业企业和其他机构的法律是 1938 年通过的《国民健康保险法》，同样采用参与者缴费与政府补贴结合的方式（以前者为主）。日本的社保制度建设呈明显的“自上而下”色彩。

北欧国家的社保制度建设具有强烈的学习倾向。在德意志帝国通过第一部社保法案后，瑞典国王于 1884 年任命一个专门委员会研究德意志经验，丹麦也紧随其后。丹麦于

① 赫伯特·斯坦.《美国总统经济史：从罗斯福到克林顿》，金清、郝黎莉译，长春：吉林人民出版社，1997 年，第 89 页。

1891 年推出非缴费型的养老金制度，即劳动者无须为养老金缴费，养老金支出由中央政府和地方政府分摊（失业保险也如此）。按照法律规定，工伤保险由雇主负担，健康保险由雇主与政府分担。后来，瑞典和挪威等国效仿了丹麦做法。有研究者认为："斯堪的纳维亚的福利是群众力量的共同结果……它体现了整个地方社区的团结，不分阶级地涵盖了所有公民……"[①]北欧国家建立社会保障制度具有"自下而上"和非冲突性的特点，使之成为世界少见、较早即悄然无声建成"福利国家"的事例。

"福利国家"（Welfare State）一词由英格兰教会一位主教首创，借以表达经济体制的区别，包括战时经济体制、集权经济体制和分权经济体制等。[②]"二战"结束后，福利国家概念首先扩散到所有工业化国家，包括加拿大、意大利、西班牙和澳大利亚等。战前不同程度已建立社会保障制度的国家德日法等，在战后初期对制度进行重要调整，形成了新的管理体制。德意志联邦共和国的社保体制带有显著的联邦制特点，即中央政府和地方政府在出资和管理上分别发挥重要作用，并且继续实行受益者缴费制。1958 年后的法兰西第五共和国通过新法律加快组建全面社保体系，形成一个参与者缴费与财政资助以及集中管理与分散管理相结合的混合体制。日本也在 20 世纪 50 年代后半期建成完备的社保体系，此后则不断提高各个保障项目的支付水平。

20 世纪 70 年代初，比利时著名的马克思主义经济学者曼德尔认为，19 世纪是"自由资本主义"时代，19 世纪末至 20 世纪中期是帝国主义掌控资本主义的时代，而"二战"结束后则进入了"社会资本主义"时代。[③]最后一个说法即指"福利国家"的时代（当然，"社会资本主义"还包含大企业国有化和经济规划等成分）。至 20 世纪 70 年代，社保体系各项支出与 GDP 比率在欧洲多国达到 20% ~30%，社保体系的转移支付份额日益升高（意味着带给财政体系越来越大的负担）。而且，欧洲多个国家在保持经济增长的同时，收入分布呈显著的均等化。

20 世纪 50 年代以来，许多拉丁美洲国家和新独立的亚非国家陆续建立社会保障制度。不少国家当时经济发展水平低下，财政资源薄弱，因而多采取强制储蓄。20 世纪 80 年代后，许多发展中国家效法欧美，一方面不断扩大社会保障覆盖面，另一方面加大对社会保障体系的财政支持。

在计划经济国家，苏联 1922 年刚成立时就开始建设独特的社会保障体制，将住房也纳入保障范围。"二战"后，更多国家实行计划经济体制，形成了计划经济特色的社保体制，其基本特点是，不要求参与者缴费，社保支出属于"大财政"或"隐性财政"；以实物保障为主，货币发放仅为辅助手段；不设专门的失业保险，因为几乎不存在失

---

① 伊万·拜伦德.《20 世纪欧洲经济史：从自由放任到全球化》，徐昂译，上海：格致出版社，2020 年，第 201 页。

② 伊万·拜伦德.《20 世纪欧洲经济史》，第 200 页。

③ 伊万·拜伦德.《20 世纪欧洲经济史》，第 200 页。该比利时学者是恩斯特·曼德尔（1923—1995 年），他在 1972 年的著作《晚期资本主义》(*Der Spätkapitalismus*) 中提出此论。

业；国有部门的保障标准显著高于非国有部门。20 世纪 90 年代以来，许多转轨国家借鉴欧美经验，建立货币化、基于缴费和财政补贴、城乡有别的显性社会保障体制，覆盖面逐渐扩至全体社会成员。

社会保障制度转型及其货币金融意义

“二战”以来通行于世界的社会保障体系通常由工伤保险、医疗保险、失业保险和基本养老金构成，然则各国财务安排却互不相同，有的近乎全额财政资助，有的完全个人缴费（个人账户积累），更多是以不同比例将财政资助与个人缴费相结合。一般而言，主要依赖个人缴费的社保制度需要建立相应的委托投资账户，将积累资金在到期使用之前投资于证券资产以获得收益。一些国家规定累积资金只能投资中央政府债券，另有些国家规定累积资金只能作为存款存放于指定银行。这些规定以不同形式在方式和程度上都影响社保制度与金融体系的互动。

“二战”结束至 20 世纪 70 年代，许多工业化国家经历人口、总产出和财政收入的快速增长，其间它们不断增加对社保体系的财政支持而未遭遇突出的财政困难。但 1980 年后，不少国家人口出生率快速下降，人口增长趋缓，老龄化加速。一些国家的适龄劳动人口占总人口的比例首先出现下降，随后甚至出现适龄劳动人口绝对数量的减少。在这些国家，随着经济增长减速和人口老龄化，在既定的制度安排下，社保体系需要日益增多的财政资助，其运行给财政预算带来越来越大的压力。于是，社保体系的改革提上议事日程。发达国家中的社保改革代表为瑞典，发展中国家为智利。

叙述瑞典和智利之前，有必要提及德意志联邦共和国在 20 世纪 90 年代的“非改革”事例。“二战”结束后，西德与东德长期进行经济增长竞赛。截至 1989 年，依官方汇率换算的数据是，1 600 万人口的东德人均 GDP 为 1 万美元（为苏联东欧阵营中最高）；6 200 万人口的西德人均 GDP 为 1.5 万美元（西德实际高于东德 3 ~4 倍）。1990 年末，两德统一之际，随即开始统一货币和经济。东德的职工曾享有多种实物保障，且在前苏东阵营中属于较高水平。统一后，东德地区的经济因缺乏竞争力陷入严重衰退，大量职工失业。联邦德国政府决定将西德社保体制全盘移植东德，随后多年每年向该地区净转移支付相当于西德国内生产总值 4% 的资金，一年约 1 000 亿马克，其中一半用于各种社会保障（其余用于基础设施建设投资）。[①]这场社保体系的大移植，极大地缓和了统一进程中的社会矛盾和摩擦，但也延迟了德意志联邦共和国社保制度的改革。

瑞典是欧洲较早建立“从摇篮到坟墓”全面社保体系的国家，其社保体系主要依靠财政支持。从 1980 年开始，瑞典政府决定从提高个人缴费标准和降低福利支出水平两方面着手，努力减少社保体系带给财政的压力。经过多年努力，财政压力有所缓解。20 世

① 迪特尔·格鲁瑟尔.《德国统一史》第二卷，邓文子译，北京：社会科学文献出版社，2016 年，第 396 页。

纪90年代中期后，瑞典政府将社保体系改革重点放在将个人账户引入养老金制度。改革前，瑞典的养老金实行现收现付制，个人缴费进入共同账户，且不与个人收益挂钩（相当于吃“大锅饭”）。改革后，个人缴费仍进入共同账户，但同时进行单独核算，并结合共同账户的投资收益率计算个人账户的回报率，作为核定养老金支付水平的参考。瑞典的此做法相当于实行“名义个人账户”。①

智利在发展中国家中较早开始社保制度改革。1973年政变上台的皮诺切特采纳新自由主义者的经济政策建议，在诸多领域推行私有化和开放政策，其中包括社会保障制度。1980年以前，智利政府面临治理通货膨胀和稳定宏观经济的艰巨任务，在通胀缓和后着手社会保障制度改革，其中养老金制度成为改革重点。智利推出的新做法是为所有在职员工的养老金缴费建立个人账户，通过招标将个人养老金账户的投资委托给私人基金公司，后者负责养老金在金融市场上的长期投资，所获收益扣除费用后成为缴费者未来可得的养老金给付。这种做法大大减少了财政和雇主对养老金的投入，将个人缴费与未来收益挂钩，并将养老金账户的维护与金融市场紧密联系起来。截至1999年，智利将新养老金体制运用于几乎全部就业者，仅有4%在公共部门的职工未被纳入。②智利的养老金制度改革产生了广泛的国际影响，一些发达国家陆续借鉴智利模式建立养老金个人账户制。

世界银行在总结多国经验的基础上，于1994年提出“三支柱”养老金体系概念，认为一国的养老金体系可由：（1）强制性的、公共管理的和未得到充分垫资的支柱；（2）强制性的、私人管理的和得到充分垫资的支柱；以及（3）补充性的、自愿的和私人垫资的支柱组成。第一支柱属于传统社会保障体系，第二支柱则介于社会保障体系与个人保障机制之间。世界银行的基本看法是，一国不应仅采用现收现付制的养老金制度，至少应考虑实行某种形式的混合体制。此观点在国际社会引发争议。③

从各国历史来看，社会保障制度的建立和发展具有重要的货币金融意义。首先，无论采用现收现付制还是积累制，社会保障制度都会涉及资金的调集与给付，这两者之间必有时差，而时差的存在使任何一种社保体系都易受通货膨胀的不利影响。社保体系关乎公众的切身利益，当感受到通胀对社保体系的运行以及实际生活水平的不利影响时，公众会强烈反对通胀，因而通胀问题在现代社会就具有突出的政治意义，不再为一单纯经济问题。因此，社保制度的普及促使各国政府更加重视控制和防范通胀。其次，采纳信托基金做法的社保制度会派生新的机构投资者，尽管其在资金配置上受到严格的政策

① 丁建定，《西方国家社会保障制度史》，第335页。

② Anqun Hu and Patrick Manning, “The global social insurance movement since the 1880s”, *Journal of Global History* 5 (2010), p. 145.

③ Monika Queisser, “Pension Reform and International Organizations: From Conflict to Convergence”, *International Social Security Review*, vol. 53, No. 2 (April 2000), p. 35.

限制，其在金融市场上的作用无法与其他类型的机构投资者相比。总体而言，各国社保体系掌握着数额巨大和期限繁多的资金，且随着人口变化和经济增长而不断增加。当然，社保资金在使用上具有“刚性”特征，通常会受经济周期因素的极大影响。最后，社保体系的发展和改革催生了诸多养老金计划涌现，养老金日益成为各国金融市场中最重要的机构投资者，在各国金融市场发展中发挥越来越大的作用。

四、“养老金革命”及其金融意义

“养老金革命”指“二战”结束至20世纪70年代（在某些国家至80年代）首先出现于工业化国家的一个重要变化，即各种养老金（养老基金）大量涌现并快速增长，成为证券市场上最重要的机构投资者，并使企业产权关系发生前所未有的变化。得益于人口增长、技术进步以及金融市场的有力支持，“养老金革命”在“二战”后的美国颇具特色，推动其金融体系发生深刻变化。

养老金革命的含义

美国联邦政府1935年通过的《社会保障法》重点是建立全国性的失业保险和联邦公务员系统的基本养老金，并对联邦和各州的工伤和医疗保险计划提出指导性原则，并不涉及私人部门（企业部门）的养老金。事实上，美国企业为员工设立养老金的做法已知始自南北战争时期，当时人寿保险公司方才兴起，养老金与人寿保险公司的长寿分红投资计划恰有重叠之处。据统计，由美国企业运作的养老基金至1950年多达2 000个，包括贝尔电话公司这样的大企业，其养老基金的规模超过了许多同类政府基金。[①]当时，美国国内税务署规定，建立员工养老基金的企业可享受税收优惠。养老基金在美国的发展历程，突出体现了其联邦制的多样化特点，联邦、州、市县以及行业和企业皆有各自的养老金计划，运作方式和资金来源五花八门。

在美国，至20世纪初，养老金为人寿保险公司的业务之一。养老金从中分离并成为一个独立的金融中介类别，始自1922年。当年，美国私人部门的养老金资产总额为1亿美元，联邦政府系统的养老金与其他社保基金资产合计也为1亿美元（州及地方政府系统的同一数额也为1亿美元）。1922—1945年，联邦政府系统的养老金（含其他社保基金）增长速度显著高于私人部门养老金，前者年均增长26.6%，期末资产总额增至226亿美元（州及地方系统年均增长4.9%，期末资产总额为3亿美元）；后者年均增长15.8%，期末资产总额为29亿美元。联邦政府系统的快速增长很大程度上归功于1935年通过的《社会保障法》。1945—1975年，私人部门养老金增速反超政府系统，前者年

① 彼得·F. 德鲁克.《养老金革命》，刘伟译，东方出版社，2009年，第6页。

均增长 14%，期末资产总额为 1 489 亿美元；后者（联邦政府加地方政府系统）年均增长 12.6%，期末资产总额为 1 060 亿美元。①

养老金在金融机构资产总额中的占比更能反映它在战后美国的高速增长。在 1945 年和 1952 年，私人部门养老金的占比分别为 0.7% 和 1.6%，联邦政府系统的占比分别为 5.6% 和 7.4%，州及地方政府系统的占比分别为 0.7% 和 1.3%。②当时资产额最多的金融机构是商业银行、互助储蓄银行、储贷协会和人寿保险公司。1960 年后，私人部门养老金成为资产额最多的金融机构，并在 1990—2002 年先后超过人寿保险公司、储贷协会与互助储蓄银行合计以及商业银行。

按照战后新划分的统计类别，美国金融机构资产总额中私人部门养老金占比在 1960 年为 6.4%，资产额排名次于商业银行、人寿保险公司及储贷协会和互助储蓄银行；1980 年为 12.5%，排名超过人寿保险公司；1990 年为 14.9%，排名超过储贷协会与互助储蓄银行合计；2002 年为 17.8%，此时排名超过商业银行并成为美国资产额最多的金融机构。③

公私部门的养老金通常采用委托投资（信托投资）方式经营，即养老金机构（企业或某一政府系统）与信托投资机构（财富管理公司）签订长期委托协议（“外包协议”），资金既不属于这些财富管理公司，也不属于企业或政府系统，而是属于养老金的缴费者和受益者，即参与养老金计划的就业者。养老金计划与人寿保险公司接近，其负债（资金给付义务）多为远期并且有较高的可预见性，因此可将大部分资金投入长期资产，尤其预期收益率较高的企业股票。这样，许多私人部门养老金计划大量投资于企业股票，成为股票市场上的重要投资者和长期持股者。随之，美国的上市公司作为一个整体，其所有制结构渐渐发生变化，养老金缴费者（就业者/劳动者）成为它们新的重要所有者（股东/持股人）。换言之，至少从 20 世纪 70 年代开始，不能再简单认为美国的上市公司多为“资本家拥有/所有”的企业。“资本家拥有/所有”的企业主要指非上市企业，尤其是中小企业。

在企业养老金制度兴起的早期，即 20 世纪 50 年代及之前，许多企业发起成立的养老金计划大都投资于本企业的股票，从金融角度看，这相当于“将所有鸡蛋放进一个篮子”；从法律角度看，意味着企业变相对员工负债。20 世纪 50 年代后，随着企业养老金规模不断扩大以及“外包”委托投资方式的流行，企业部门养老金的投资对象不断扩

---

① Raymond Goldsmith, *Financial Intermediaries in the American Economy since* 1900, Princeton University Press, 1958, cited by George D. Green, “Financial intermediaries”, in Glenn Porter ed. *Encyclopedia of American Economic History*: *Studies of the Principal Movements and Ideas*, Charles Scribner's Sons, 1980, Vol. Ⅱ, Table 2, p. 721.

② George D. Green, “Financial intermediaries”, Table 3, p. 722.

③ Frederic S. Mishkin, *The Economics of Money*, *Banking*, *and Financial Markets*, *Addison Wesley*, 6th edition update, 2003, Chapter 12, Table 1, p. 315. 需要说明的是，2002 年对美国商业银行来说有些异常，该年之后它们的资产额多于私人部门养老金。

大，作为一个整体其资产配置日渐多样化。

美国学者彼得·德鲁克（1909—2005 年）长期研究企业管理，在相关领域发表大量论著。他在 1976 年出版的《看不见的革命：养老金社会主义如何来到美利坚》一书[①]，将美国企业部门养老金制度与苏联和南斯拉夫的公有制对比，不无调侃地说，由于养老金的快速成长以及它们参与上市公司利润分红，美国的劳动者已经得到“生产过程的全部成果”，美利坚已成为“分权模式的市场社会主义”国家。[②]他还说，这场深刻变化不是谁有意设计出来，而是自发、零星、静悄悄、慢慢发生。该“革命”进程中的里程碑是 1950 年通用汽车公司（GM）创建职工养老金计划。

1950 年以前，员工数万的通用汽车公司未有员工养老金计划。当时许多工会组织［包括全美汽车工人联盟（UAWU）在内］呼吁政府扩充官办养老金计划并让工人参与，不赞成企业发起的员工养老金项目。[③]时任通用汽车公司总裁、工程师出身的查尔斯·厄温·威尔逊（1890—1961 年，后任国防部部长）推动创建企业养老金计划，并提出四点原则：（1）将养老金作为“投资基金”委托商业化的专业公司管理；（2）养老金不投资于本企业股票或仅有极少量投资（后来法律规定此种投资不得多于养老金的 10%）；（3）对任一公司的持股不得超过该公司股份资本的 5%；（4）对任一公司的投资不得超过养老金资产总额的 10%。[④]这些原则，既确定养老金发起人不干预养老金管理公司的投资决策，使工会领袖免生疑惧，同时确定养老金管理公司是单纯的财务投资人，不得利用管理的资金从事与单纯财务投资人身份不符的投资活动。威尔逊倡导的这些原则，后来被联邦政府于 1974 年《雇员退休收入保障法》（ERISA）采纳。该法并不要求所有企业建立员工养老金计划，但要求所有建立员工养老金计划的企业必须遵从法规，否则面临诉讼并受罚。

在通用汽车公司创建员工养老金计划后的一年，多达 8 000 家美国企业效仿，相当于过去 100 年设立养老金企业的 4 倍。[⑤]美国私人部门养老金由此腾飞，进入长达数十年的黄金增长期。

推动养老金革命的主要因素

战后，多重因素推动养老金在工业化国家持续快速增长。综合地看，这些因素可分为宏观层面和微观层面因素，前者主要指社会经济为养老金增长提供支持，后者则关乎

① 此书中译本名为《养老金革命》，即前引东方出版社，2008 年。

② 德鲁克.《养老金革命》，第 4 页。

③ 有研究者认为，劳工组织（工会）积极主张将养老金纳入集体工资谈判是推动企业部门养老金发展的重要因素之一（马克汉姆.《美国金融史》第二卷，第 334 页），但在通用汽车公司案中，德鲁克认为是公司管理层发挥主导作用，他们不顾工会的反对而建立员工养老金计划，旨在分化工会的势力（德鲁克.《养老金革命》，第 5 页）。

④ 德鲁克.《养老金革命》，第 10 页。

⑤ 德鲁克.《养老金革命》，第 6 页。

企业及其员工积极组建或参与养老金计划的动机。

宏观层面因素主要有人口增长、人口结构变化、经济增长、技术进步和生产率上升。战后至20世纪60年代，许多工业化国家都出现人口加快增长，人口出生率猛增带来“婴儿潮”。20世纪70年代和80年代是“婴儿潮”出生者参加就业的高峰期，也是他们加入各种养老金计划的开始。同时，死亡率下降和预期寿命延长不仅使劳动年龄人口在一段时期持续增加，而且让劳动者（尤其是中年劳动者）对维持退休后生活水平抱有更大期待。经济增长意味着更多的就业岗位，技术进步和生产率使劳动者收入水平升高，其参与养老金计划的经济能力随之增强。总之，人口变化和经济条件的不断改善是企业部门养老金规模持续扩大的基础。

但是，“可能”非同“现实”，也并非“必然性”。在有利的宏观经济条件与企业部门养老金规模扩大之间存在若干联结机制，其积极作用才使企业部门养老金增长由可能变为现实。这些联结机制（微观因素）包括养老金计划的可靠性、大公司人才竞争战略和税收激励政策。

企业养老金计划与政府系统养老金制度不同，前者通常以自愿为原则，而后者是强制性储蓄安排。对于企业员工而言，对公司提供的养老金计划，他们通常有参加与否的选择权。多数员工之所以参加，除了可享受税收优惠待遇，最重要是相信公司提供的养老金计划符合诚实经营原则并能提供预期回报。如果员工对养老金计划缺乏信任，则不会参加。

1950年后美国企业养老金数目出现“跳跃式”增长时，尚未有涉及企业养老金的联邦法律。1950—1974年，数以万计的企业养老金大多运行良好，为退休员工提供预期回报。但是，也有一些企业的养老金项目发生严重问题，包括企业倒闭时惊现养老金已被挪用。这类问题频现促使联邦政府于1974年通过《雇员退休收入保障法》（ERISA），为企业运行养老金项目订立基本规则，包括定期披露信息、与委托投资基金签订资产配置协议、确定遭遇风险时启用备案等。这些法律条款的根本目的在于为企业养老金参与者提供保障，减少他们的疑惧。

无论是全社会还是一个企业，养老金资产的规模，取决于参保（缴费）人数与人均参保（缴费）水平。当员工人数或劳动人口总数增长减速甚至停止增长时，养老金总额的增加只能来自人均缴费的增长。从理论上看，人均缴费额的多少与缴费比率（缴费与工薪的比例）高低有关。在实践中，缴费比率约定俗成，通常在5%～15%。雇员或雇主一般不可将缴费比率定于超过15%（税法通常也不允许）。“二战”结束至20世纪80年代，员工参与人数的增加是美国企业养老金快速增长的重要原因；20世纪90年代后，参与者缴费增加日显重要性。

1978年以前，美国许多企业的养老金计划多由企业单方面缴费或企业缴费为主。1978年税法改革后，将税收优惠推广至员工工薪，员工可在全额现金发放并立即缴税与非全额现金发放并相应扣减纳税义务之间进行选择。后一做法的要点是：(1) 员工同意企业将工薪扣款直接转入员工所选择的养老金投资账户中；(2) 工薪扣款的数额上限由国内税务署决定并随时间调整（以此反映工薪水平的增长和通货膨胀的影响）；(3) 投资账户由企业指定，但必须至少有几个选项供员工选择；(4) 员工在退休后从投资账户领取回报时再依当时税率纳税（后来的法律调整再给予此项收益一定税收优惠，此使养老金投资计划参与者的受益不限于延迟纳税）。1978 年关于养老金投资账户的税法调整称为“401 (k)”，于 1980 年生效，实施细则自 1981 年 11 月开始。新规定赋予员工投资账户的选择权，还有延迟纳税的好处，极大地激发了众多普通员工参与企业养老金计划的积极性。这是 1980 年后养老金资产总额在美国继续快速增长的重要原因。

战后，包括美国在内的工业化国家经历持续多年的经济增长，诸多新技术进步带来生产率的极大提升。更重要的是，随着科技驱动的经济增长，人才重要性日益突出，公司广泛采取延揽人才的竞争政策，高薪聘请优秀人才，并在企业内部实行效率工资制度。所谓“效率工资”（Efficiency Wages），指企业按照劳动效率（业绩）确定工资报酬，而不非依劳动供求关系（“市场出清水平”）。许多实证研究表明，资本密集型企业倾向于实行效率工资，将员工的工薪定在高于市场出清水平之上。[①]此处“市场出清水平”指劳动者在任何两家企业得到无差别的报酬，对于该劳动者而言，无所谓究竟在哪家企业工作。显然，“市场出清水平”意味着企业所使用的员工无须特别付出，也不必然愿在一家企业长久工作。企业支付“高于市场出清水平”的报酬，等同给予员工额外激励，将员工业绩与报酬挂钩，促使企业更有效地利用技术进步和创新改革带来的效益，员工工资水平与企业效益同步增长，两者共同成为养老金持续增长的经济基础。

效率工资虽然是一个有利于养老金持续增长的微观机制，但它本身并不能使养老金爆发式增长，因为企业界采用效率工资是一个渐进过程。税收优惠和限薪政策才是“触发”养老金在短时间内快速增长的主要因素。

在伍德罗·威尔逊总统任期内，1913 年通过《美利坚合众国宪法》第 16 条修正案，确认“国会有权对任何来源的收入规定和征收所得税，不必在各州按比例分配，也无须考虑任何人口普查或人口统计”。当年，联邦国内税务署修订税则，推出关于联邦所得税豁免待遇的 501 (c) 条款，其中规定雇员缴费设立的养老信托不计入应纳税所得额 [“养老信托”（Pension Trust）为当时流行说法]。在 20 世纪前半期，社会工薪水平普遍低下，向养老信托缴费并在退休后领取养老金的做法尚不多见。20 世纪中期后，普通员工工薪显著升高，通过养老金缴费减少当期纳税义务始有重要意义。

1954 年国会修订的税则进一步确认养老金的税收优惠政策，公司对员工养老金计划

---

① 安德鲁·韦斯“效率工资”，史蒂文·N. 杜尔劳夫、劳伦斯·E. 布卢姆.《新帕尔格雷夫经济学大辞典》(第二版)，第二卷，北京：经济科学出版社，2016 年，第 676－677 页。

的资助（雇主缴费）也豁免所得税。此项政策出台后，在公司盈利与养老金资助之间事实上形成联结机制，盈利多的企业为避免多交所得税而自愿增加对员工养老金的缴费。历届民主党政府上台后都乐于提高公司和个人所得税率，每当此时，许多公司为规避新增的公司所得税，而增加对员工养老金的缴费。

“二战”期间，为防止通货膨胀，美国政府推出针对私人部门的物价和收入控制政策，要求企业冻结产品价格和员工工资。1950 年朝鲜战争爆发后，美国政府再次推出限薪政策，而此时美国经济正处于战后复苏和增长进程中，许多大企业已经推行效率工资制度和人才竞争政策。一些大公司将本企业的养老金计划及未来丰厚的回报当作吸引人才的诱饵。在此背景下，美国政府的限薪政策此时的实际作用主要是刺激一些公司增加对员工养老金账户的雇主缴费。概言之，工资增长、税收优惠和限薪政策共同促成企业养老金自 1950 年起在美国高速增长。

养老金革命的金融意义

如前所述，至 20 世纪末和 21 世纪初，按资产额计算养老金已成为美国金融体系中最大的金融中介。这种地位必然伴随养老金在金融体系中发挥越来越重要的作用。结合美国的经验，可将养老金的金融作用概括为以下三点：

第一，养老金的成长促进金融机构竞相改善投资服务。20 世纪中期以前，私人部门的养老金计划多由发起企业自行管理，仅有部分养老金计划由专门成立机构管理和经营。如前提及，前一种做法不受员工欢迎，因为养老金大部分用于购买本公司的证券，未来回报十分不确定。1950 年后，在通用汽车公司养老金项目范例的带动下，许多企业养老金计划转向委托投资方式，“外包”给专业投资管理机构。

谁是这些专业投资管理机构？很多金融机构都可以充当养老金的投资管理者，它们在接受委托后，依法律规定按照约定负责养老金的投资事务。美国历史上，最早提供养老金投资管理的机构是人寿保险公司和信托公司，后有商业银行、投资银行和独立的投资基金等。这些金融机构都有资格得到养老金计划发起人（企业和机构）的委托，后者会挑选符合需要并声誉卓著的投资管理者。随着养老金资金额的增大，投资管理者之间的竞争日趋激烈。从长远观点来看，这种竞争有利于促进投资管理者不断改善投资服务。

除上述专业化金融机构外，养老金管理行业中还有一些独立的专业投资管理机构，美国“大学教师退休基金会”（TIAA，该词直译是“教师保险与年金协会”）即为此类机构中的一个典型，该机构成立于 1918 年，由安德鲁·卡耐基与卡耐基教学促进基金会创办，创始管理人是职业教育家，曾任麻省理工学院校长。“教师退休基金会”自始即定位于面向所有自愿参加的大专院校及其教职人员提供退休金管理和投资服务，不限于特定地区或特定高等教育机构。从一定意义上看，该机构的创立是 1913 年新税法的结果，因为它注册为非营利性单位，所有参与人的缴费都享受免税待遇，而且它在初创时得到的卡耐基其他机构的资助也享受新税法的免税待遇。“教师退休基金会”坚持贯彻无资金缺口的管理原则，即当前资金余额完全满足当前退休金给付需求。1921 年后，该基金会理事会增加参保人代表，在治理结构改革上迈出一大步。1952 年，该基金会创办“退休股票投资基金”（Retirement Equities Fund，CREF），专门从事股票投资，并向参保人（缴费者）提供可变收益年金回报（Variable Annuity）。

第二，养老金管理者成为新型金融中介，特别活跃于股票市场，成为推动股票市场持续增长的重要力量。如前提及，20 世纪中期以前，企业养老金要么大量购买本公司股票，要么购买政府债券为主。20 世纪中期后，企业养老金转向股票市场投资为主，同时投资普通股和优先股。此种转变受到 1950 年通用汽车公司以及 1974 年“雇员退休收入保障法”（ERISA）的极大影响。

养老金项目的运作关系到企业员工（参保人员）的切身利益，是他们退休后维持生活水平的货币保障，原则上应该只能投资于安全资产，例如政府债券和评级优良的企业债券，而投资普通股可被认为是冒险举动。三件事促使人们转变对养老金投资普通股的看法，也使政府不再禁止养老金的股票投资。

（1）1950 年通用汽车公司为养老金计划确立的“财务投资人”原则。依据该原则，养老金不得投资于本公司股票，也不得进行以影响目标企业经营行为目的的股票投资。此原则可视为养老金投资决策的消极原则或保守原则，其结果是养老金大量投资于蓝筹股，即知名大公司的股票。相对于其他股票，蓝筹股有较高且较稳定的收益。

（2）理论研究新成果及其影响。哈里·马科维茨（Harry Max Markowitz，1927—2023）25 岁时（1952 年）发表论文证明，即使投资普通股这样的风险资产，只要坚持分散化投资的原则，将资金配置于收益相关性不高的多只股票，就很可能取得既有收益又降低风险的成果。他的论证是，两只收益率方差相近的股票放进同一个投资组合（篮子）中，后者的收益率方差会低于前者。[①]此处，方差指一个变量的随机数值与其平均值（预期值）的偏离程度，例如，一只股票在一定时期内各个交易时刻的价格与其该时期平均价格的偏离程度。若两只股票的偏离程度（方差）不相关，同时持有两只股票的投资者则极少可能发生投资亏损，即投资本金亏损的概率因组合股票投资而大为降低。不用说，在长期投资中股票收益率超过债券等其他类别。

---

① 哈里·马科维茨当时未使用“协方差”概念，但实际上已达到此概念的认识水平。另外值得一提的是，马科维茨于 1954 年提交博士论文（其 1952 年已刊文章为其中内容之一），答辩委员会里的米尔顿·弗里德曼教授认为此文谈论对象不属于经济学问题，但马科维茨未因此而被拒授经济学博士学位。38 年后的 1990 年，马科维茨获得诺贝尔经济学奖，他在获奖致辞中说，他早年关于投资者组合投资决策的研究相当于微观经济学中的厂商或消费者的最优选择，未能涉及均衡决定问题（后来由他人发明的资产定价模型相当于此研究），故弗里德曼 1954 年的批评意见是有道理的［Harry M. Markowitz, “Foundations of Portfolio Theory”, *The Journal of Finance*, Vol. 46, No. 2 (Jun., 1991): 469 - 477］。

马科维茨的研究成果很快在美国投资界引起巨大反响，获得很多金融机构的认同。一些州政府首先允许本州范围的私人部门养老金和公共部门养老金投资于企业股票，后来联邦政府通过的立法也不禁止企业养老金投资于股票。根据统计显示，1955 年美国股票市场上普通股和优先股的 1/4 被养老金购买，当然，它们主要购买的是“蓝筹股”。①

马科维茨的成果发表后，另一位经济学家詹姆斯·托宾（1918—2002 年）提出“资本配置线”概念，指投资者组合资产的收益率和风险程度的连接线（相当于消费者最优决策中的预算约束线），该直线与风险资产的收益和风险的转换曲线（相当于消费者最优决策中的无差异效用曲线）的相切点即为投资者最优资产组合配置。资产组合包含安全资产和风险资产，安全资产指违约风险接近于零、收益确定但偏低的中央政府债券；风险资产则指企业发行证券（股票和债券），其存在违约风险、收益不确定但长期预期收益率较高。托宾论证安全资产和风险资产投资组合的抉择原理，对养老金组合投资基金具有更大的指导意义。马科维茨论证了“不应把所有鸡蛋装进一个篮子”，托宾说明任一投资篮子（组合资产）必应装进一定数量的“不会破的鸡蛋”，即配置一定数额的安全资产。马科维茨和托宾的研究成果为投资基金的风险管理提供理论依据，成为理论支持实践的著名事例。当然，他们关于通过分散投资化解风险的思路不适用于应对金融市场系统风险。

（3）联邦立法为私人部门养老金计划附加“保险条款”。前面提及的 1974 年《雇员退休收入保障法》规定，实行年金制或提供固定收益的私人部门养老金必须从新组建的“养老金福利担保公司”（Pension Benefit Guaranty Corporation，PBGC）购买保险，其收取保费和承担给付责任等事项上的做法，与联邦存款保险公司（FDIC）如出一辙。该公司（PBGC）对参加保险的养老金项目投资行为进行持续性监督，确保后者的资产配置种类和比例皆符合法律要求。有评论者认为，联邦政府的此种做法，将美国的公共风险管理推进到第三阶段，即从为企业及企业家提供保障的第一阶段（1789—1900 年）和为员工提供保障的第二阶段（1900—1960 年）变成为所有人提供保障。②事实上，养老金福利担保公司发生过重大危机，1985 年因一家大型钢铁公司养老金项目的投资失利亏损 5 亿美元，1990 年财务报表中的风险敞口金额高达 90 亿美元。③后来，养老金福利担保公司加强对私人部门养老金项目的监管，促使一些养老金项目由给付确定型变为缴费确定型（参见后文）。

企业部门养老金项目发生危机不唯独只发生在美国，在其他国家也有。罗伯特·马克斯韦尔（1923—1991 年）在“二战”后移民英国，靠个人奋斗成为媒体大王和国会议员，意外死亡后被发现挪用旗下公司的养老金多达 4.4 亿英镑，且无法追回，影响波

① 马克汉姆.《美国金融史》第二卷，第 335 页。

② 莫斯.《别无他法：作为终极风险管理者的政府》，第 251 页。

③ 杰瑞·马克汉姆.《美国金融史》第三卷，李涛、王湑凯译，北京：中国金融出版社，2018 年，第 107 页。

及数千名退休员工。在退休员工和社会舆论持续强烈呼吁声中，英国政府于1995年通过《养老金法》，成立养老金监管署，由此开始对私人部门养老金管理的密切监督。[①]但是，对比美式保险制度，英式养老金监管显得十分温和，当地媒体对此从未停止过公开批评。[②]

第三，养老金管理者和受托人成为金融市场上最大的机构投资者，投资范围广泛，投资方式灵活多样。过去，美国和许多工业化国家的政府都曾在立法上限制养老金管理机构的投资范围。但是，随着养老金规模的扩大和它对收益率要求的提高，很多国家逐渐减少对养老金投资范围的限制，允许养老金投资于包括股票和不动产在内的风险资产，而且不再设定比例上限。[③]实践中，养老金的投资范围非常广泛，包括现金与存款、国债与地方政府债、公司债、贷款、股票、不动产、投资基金和其他。[④]

"养老金对收益率要求的提高"指许多养老金项目采用部分积累制（Underfunded），并且面临显著的长寿风险（Longevity Risk）。部分积累制意味着某个养老金计划（项目）的现有资产（当前资产）不足以承担其给付义务（当前负债），两者之间存在缺口，要么要求参保者增加新缴费要么要求企业（养老金计划发起人）追加雇主缴费来弥补。导致资金缺口的原因很多，其中之一是长寿风险，即养老金受益人的实际寿命长于预期寿命，他们从养老金领取的数额多于发起人当初的预计。

20世纪后半期，许多美利坚企业采用给付确定的养老金计划（Defined Benefit）。[⑤]"给付确定"指参与者在缴费期间已知退休后的给付水平，且通常是较大数额的给付。大中型企业惯常采用此种养老金计划，因为一方面有利于吸引和留住人才（通常只有那些工龄符合年限要求的员工可享受此类养老金），另一方面使企业作为养老金计划发起人可对其投资运作拥有较大的话语权。就缴费确定的养老金（Defined Contribution）计划而言，员工在此类项目中有较大发言权。很多企业相信，企业的寿命长于员工，因此有能力进行长期投资，因而可以获得高于个人投资者的收益率。一般而言，投资收益率与投资期限有关，投资于期限较长的证券通常能得到高于期限较短证券的收益率。所以，曾有很多企业认为不必过多忧虑给付确定型养老金计划的财务风险。

然而，20世纪后半期是技术进步加快的时期，许多企业的生命周期因此缩短，维持

---

① 巴克尔、汤普森.《英国金融体系》，第122页。

② Patrick Collinson. "The Maxwell legacy: Little change to pension fiasco". *The Guardian*, 7 June 2003.

③ 经济合作与发展组织（OECD）21世纪初对成员国养老金投资立法的概览显示，美国和荷兰两国完全无限制，比利时、英国和西班牙接近于完全无限制（穆怀中.《社会保障国际保障》，北京：中国劳动社会保障出版社，2014年第三版，表13－7，第370页）。

④ 经济合作与发展组织（OECD）成员国养老金投资组合在2010年的实际构成参见穆怀中主编《社会保障国际保障》，表4－2，第98页。

⑤ 给付确定的养老金计划在美国起源于18世纪独立战争时期，当时新政府答应为退伍军人提供给付确定的养老金（Troy Adkins, "The Rise, Fall, and Complexities of the Defined－Benefit Plan", https://www.investopedia.com/articles/retirement/10/demise－defined－benefit－plan.asp，该文提供历史档案材料线索）。

给付确定型养老金计划日益成为沉重负担。巨型企业如包括通用汽车公司（GM）和通用电气公司（GE）在内的超级大型企业自20世纪末以来都感受到维持养老金计划的压力。面对给付确定养老金计划日益增大的财务压力，似唯有指望提高投资的收益率，而这促使养老金更多投资于多样化的风险资产。

前面提到的“大学教师退休基金会”（TIAA - CREF）曾以保守的投资行为著称，虽然早就涉足股市，却成功躲过1929年和1987年股市崩盘的灾难。进入20世纪90年代，尤其是21世纪后，该基金会的投资范围不断扩大，不仅继续投资股票和公司债券，还大量从事直接投资，收购企业和银行。该基金会的部分经营活动已类似多元控股公司的作为。总体而言，直接投资收益率高于一般的股票组合投资收益率，后者又高于各类证券的组合投资以及安全资产投资的收益率。有了较高的风险承受能力，就可追逐较高的收益。

养老金管理者从事多样化的金融市场组合投资对金融市场具有重要影响。在养老金兴起以前，仅有人寿保险公司等少数金融机构从事多样化组合投资，即同时从事债券投资和股票投资，或者说是安全资产投资和风险资产投资。在20世纪80年后的美国，养老金资产规模超过人寿保险公司，这使多样化组合投资在美国金融市场上成为主导力量。这意味着，凡遇特殊事件，例如金融市场系统性风险升高或联邦基金利率（基准利率）显著变动，这些规模巨大的多样化组合投资者可在短时间内跨市场调配资金，从股市到债市来回往返，进而引起资产价格的剧烈波动。简言之，多样化组合投资的资产配置调整，既可为市场波动的结果，也可为市场波动的起因。在私人部门养老金崛起之前，唯有前者，而无后者。

五、组合投资基金的迅猛增长

20世纪各国金融发展的一大趋势是组合投资基金的迅猛增长，它们在20世纪后半期成为金融市场上举足轻重的机构投资者，其重要性在一些国家甚至超过传统的机构投资者如人寿保险公司。组合投资基金的出现原来是金融资产所有权与管理权分离的产物，而其活跃于证券市场又进一步推动上市公司的两权分离。

组合投资基金的组织形式和特点

组合投资基金是证券市场上的金融中介，可分为封闭式投资基金和开放式投资基金。在英国（联合王国），封闭式投资基金一般称为投资信托，在交易所（证券市场）公开发行股份（IPO），与普通上市公司完全相同。在美国，封闭式投资基金以前也称作投资信托，与英国一样，1980年后则多称作封闭式共同基金。普通上市公司将IPO募集资金用于实物投资（购买设备或新建工厂等），而投资信托则将IPO资金用于购买证券

(其他公司的股票和债券)。投资者买入投资信托股份后，若需变现，只能将股份在二级市场上出售。

开放式投资基金在美国称为开放式共同基金（Mutual Funds，此词也译为“互助基金”)，在英国称为“单位信托”或“份额信托”(Unit Trusts)，在加拿大称为“收入信托”(Income Trusts)。封闭式投资基金出现于18世纪70年代的荷兰，时间上远远早于开放式投资基金。

开放式投资基金（共同基金）最早出现于20世纪20年代的美国，与投资信托一样，共同基金也采取公开出售股份的方式（IPO）来募集资金，并将募集的资金用于购买其他上市公司的股票。与投资信托不同之处是，共同基金不在交易所发行，而是通过自己的证券经纪网络出售给个人投资者。而且，共同基金股份出售后，投资者若需变现，随时可向共同基金发起人（基金管理人）申请兑现（赎回)，无须转让给第三方。这是共同基金与投资信托的重要区别之一。

开放式共同基金与投资信托还有两个重要不同之处。一是共同基金并非必为公司化组织，即共同基金发起人可在公司与自然人之间选择，而投资信托则必须为公司化组织。这种差别在有的国家十分重要，因为即为公司化组织则必须接受公司法的约束。但是，在英美等国，非公司化的企业在很多方面事实上也受基本法律规则（普通法）的约束，基金发起人有时担负无限责任，所以，是否注册为公司，对共同基金来说并非利害攸关。

共同基金与投资信托的另一个重要区别是，前者通常不涉负债经营（杠杆经营)，而后者则常常进行债务融资。共同基金的基本筹资方式是发行股份，并在存续期间很少借债（发行债券或银行借贷)。而许多投资信托却同时发行股份和债券并在两者之间不断调整。投资信托发行债券获得资金购买股票，理论上股票价格上涨使其资产规模扩大并可增加债券发行，再用债券资金购买股票。这样，经过投资信托中介，事实上形成了借贷资金与股份资金的转换。如果借贷资金进入股市成为推动股价上涨，那么，投资信托就发挥着“自循环”的作用，而这种作用从长远观点看不可持续。历史经验已说明此问题。

在实践中，各国政府在不同时期可能会对共同基金和投资信托实行不相同的税收待遇政策，而这会影响两者的增长前景。

尽管共同基金与投资信托（封闭式与开放式投资基金）有许多差别，但在英美等国，它们都适用与信托（Trust/Fiduciary）相关的法律原则，这是两者的最大共性。在英格兰，信托相关的法律原则起源于中世纪。在中世纪中期十字军东征期间，英格兰农民将自己的土地委托邻居看管，数年后他们返乡，有的因委托土地及其出产物的产权归属与受托人发生分歧。为应对这类民事诉讼，英格兰成立衡平法院，它们对此类案件的判决结果是，土地及其出产物归委托人所有，受托人仅可因看管而向前者收取费用。这些判决构成了判例法，也为普通法吸收，它们是英美法律实践中有关托管财产（资产）及其派生收益（利息/孳息）产权归属依据的起源。但在欧洲大陆，许多国家自中世纪便遵从罗马法传统，没有衡平法院，也没有类似判例。而依据罗马法传统，关于财产及其派生收益的权利划分应由当事人之间的契约（合同）界定。简言之，交易者在委托/信托领域不存在英美法律上的天经地义。①

组合投资基金在20世纪欧洲大陆国家也呈快速增长之势，但增长势头明显弱于英美。鉴于此，不少学者认为，英美的普通法传统与欧洲大陆国家的罗马法传统在信托相关事务上存在显著差别，前者意味着此领域的法律确定性高、法律摩擦少以及交易成本低，而后者则意味着信托当事人之间法律确定性低、法律摩擦多以及交易成本高。既然组合投资基金的经营活动服从于信托相关的法律，它们在英美（盎格鲁—撒克逊）市场框架中与在欧洲大陆国家市场框架中的发展情形便有显著差别。

在世界范围内，各种组合投资基金常被称为“证券投资基金”或简称为“投资基金”甚至简称“基金”。

一般而言，组合投资基金只能依附证券市场而存在，无规范的证券市场则无组合投资基金。组合投资基金的出现，吸引了更多的个人投资者参与证券投资和证券交易，从而成为推动证券市场发展的重要力量。从另一角度来看，组合投资基金是证券市场中两权（所有权与经营权）分离的典型，基金发起人及管理者在缺少所有者监督和外部监管的条件下不时出现违背投资人利益的经营行为，成为影响金融稳定的新因素。此为信息不对称在组合投资基金领域中的表现。

组合投资基金的起源

世界公认最早的组合投资基金出现在18世纪的荷兰。几乎一个世纪之后，伦敦金融家创建了当地的第一只投资信托。20世纪初，大西洋彼岸诞生首只共同基金。三国先后创建组合投资基金的时空顺序，恰好从一个侧面显示现代金融市场在世界范围从“萌芽”成长为“参天大树”的过程。组合投资基金是证券市场走向成熟的产物，它通过不断吸引新投资者而支持证券市场继续发展和保持繁荣。在一些长期对证券市场实行限制性政策的国家，例如德意志，虽然证券市场早在19世纪就为工业资本提供融资服务，但组合投资基金却迟于20世纪中期才露端倪。

荷兰人在1774—1776年创建世界首只组合投资基金，其中细节（包括发行公告和

① Müller，“Why were there no investment trusts in Germany?” p. 145. 法学者指出，“衡平法是信托法之母，信托法是衡平法运用最成功的一个领域”（汪其昌．“衡平法译丛总序”“衡平法译丛”各本，北京：法律出版社，第7页）。

交易凭证等）至21世纪初才被研究者公之于众。[①]荷兰人的首创经验有六个要点：（1）该投资基金名为“团结就是力量”（也是荷兰共和国的座右铭），发行地在阿姆斯特丹，投资标的皆为阿姆斯特丹交易所挂牌证券，发起人亚伯拉罕·范·凯特维奇是阿姆斯特丹商人兼经纪人。（2）阿姆斯特丹交易所当时已有超过100种证券上市，包括荷兰中央政府和地方政府债券、多个外国政府发行的主权债、荷英两国特许公司股票以及荷兰殖民地商人发行的“种植园贷款”基金。正是这些种类相异且数目繁多的上市证券为组合投资提供了选择和组合的可能。（3）围绕阿姆斯特丹交易所，当地已有定期出版的证券报刊，其中刊载有关证券的价格、交易、分红和出售等信息。简言之，证券市场的信息透明度已达很高水平。（4）在阿姆斯特丹交易所周围，证券交换和买卖早已司空见惯，一些包含投资信托成分的新型证券产品——联合养老基金（Tontines）和“种植园贷款”基金等——已为当地投资人所熟悉。（5）“团结就是力量”发行招股书详细说明该投资基金的管理队伍的人员构成、收费标准、资金配置、投资收益率及其调整机制等，几乎完全符合“可测量、可报告、可核实”原则。（6）该投资基金显然为中小投资者提供了投资便利。投资基金的发行面额为500荷兰盾，而它投资的“种植园贷款”基金的最小面额为1 000荷兰盾。[②]无论是过去还是现在，普通个人投资者显然无力从事多样化的证券投资以分散风险，而多样化投资正是所有组合投资的主要优势。此外，“团结就是力量”共发行2 000份，出售后挂牌于交易所，购买人不可赎回，只可公开转让，这表明它是封闭式投资基金。

“团结就是力量”在阿姆斯特丹发行后，荷兰另一城市乌得勒支的银行家辛迪加于1776年发行名为“有利且谨慎”的投资基金，投资标的主要是“种植园基金”，发行面额和发行方式与“团结就是力量”大致相同。有趣的是，“有利且谨慎”将“团结就是力量”纳入投资范围，由此成了“基金的基金”（FOF，也称母基金）。1779年，范·凯特维奇发行第二只投资基金，取名于第一只基金的拉丁语意，中文可为“力量来自团结”。[③]上述几只投资基金均未采取当代流行的分红做法，而是实行固息报酬，并时有降低利息率。约在100年后，它们从交易所退市。

---

① K. Geert Rouwenhorst.“共同基金的起源”，作为第15章载威廉·戈兹曼、哥特·罗文霍斯特.《价值起源》（修订版），王宇、王文玉译，沈阳：万卷出版公司，2010年，第263－284页；K. Geert Rouwenhorst，“Structured finance and the Origins of mutual funds in 18th－century Netherlands”，as Chapter 12 in David Chambers and Elroy Dimson，eds. *Financial Market History*：*Reflections on the Past for Investors Today*，CFA Institute Research Foundation and University of Cambridge Press，2016，pp. 207－226. 加尔布雷思1954年发表的《1929年大崩盘》提到，20世纪20年代股市暴涨时期，美利坚诸多报刊连篇累牍发表文章，讲述19世纪80年代英格兰人和苏格兰人踊跃创办投资信托的故事，丝毫未提及18世纪荷兰人的事迹（约翰·肯尼斯·加尔布雷思.《1929年大崩盘》，沈国华译，上海：上海财经大学出版社，2006年，第34页；John Kenneth Galbraith，*The Great Crash* 1929，Avon Books，50th Anniversary edition，1979，p. 42）。

② Rouwenhorst“共同基金的起源”，第275页。

③ 该拉丁语原由罗马史学家Sallust所创，英译文为“In harmony small things grow，dissention dissolves the greatest”（Rouwenhorst“共同基金的起源”，脚注第12，第384页）。此话直译可为“合则小而长大，分则巨物碎裂”。

伦敦股票交易所的首只投资信托于1868年上市，名为“外国和殖民地政府信托”（Foreign & Colonial Government Trust，简称“外殖信托”）。此基金延续至今，现名“外国与殖民地投资信托”，意即主要投资标的是外国证券，但不再限于外国主权债。该基金刚上市时，首选外国主权债为奥斯曼帝国和埃及政府所发行债券，两国当时已负债累累，为借新债不得不支付高额利息。很明显，“外国与殖民地投资信托”的发起人旨在利用国际金融市场新的投资机会，从事国内外金融市场之间的套利活动。

“外国和殖民地政府信托”发行面额为85英镑，共出售11 765份，集资100万英镑（时值500万美元）。其招股书宣称将资金配置于不同的证券因而给“资财不丰的投资者以无异于大资本家那样的极小化投资风险的优势”。①发行人许诺向投资者回报7%的年收益率，大大超过当时伦敦市场上国债收益率（3%）。如此高的收益率，加上发起人的声誉，使基金的销售一帆风顺。

伦敦的首只组合投资基金与阿姆斯特丹的首创有许多相似，例如发行面向中小投资者、分散化配置资产以及实行“买进+持有”模式等，但它并非对后者的模仿。“外国与殖民地投资信托”的发起人菲利普·罗斯（1816—1883年），以律师为业，中年后成为保守党的法律事务代理。他在律所工作时，目睹一位职员患上肺结核而被医院拒诊（当时普遍如此），愤而发起一场社会筹资，四处游说各界人士捐款筹建专治肺病的医院。他的“众筹”很快取得成功，新建的专科医院至今仍在运行。②罗斯在19世纪60年代多次参与国际借贷的法律案件，涉及法兰西、比利时、奥地利和俄罗斯等，1866年曾远赴君士坦丁堡参加奥斯曼帝国债务重组谈判。③罗斯后来是保守党领袖本杰明·迪斯雷利的密友和顾问，后者在大英帝国鼎盛时期两度担任首相，第一次在1868年，即“外国与殖民地投资信托”创立之年。联合王国首只组合投资基金的诞生，或有一定政治背景，但政治因素在此事例中充其量仅发挥催化剂的作用。该基金已运行超150年，显然不可能只依靠政治关系。更重要的是，在它之后很快有其他类似投资基金问世。1873年，“第一苏格兰”（First Scottish）投资信托创立，投资标的是纽约上市的铁路抵押贷款，计价货币是美元而非英镑，投资策略不再是“买进+持有”而是既买进也卖出。④这个事例更加清楚地说明英美金融市场之间的信息沟通彼时已达很高地步。

---

① *The Economist*, Special Report: Asset Management, November 14th, 2020, p. 3.

② The entry of Royal Brompton Hospital on the Wikipedia.

③ 莫克罗夫特.《资产管理的起源（1700－1960年）：投资者的崛起》，第38页。

④ *The Economist*, Special Report: Asset Management, November 14th, 2020, p. 3. 另有文献提到，“苏格兰—美利坚投资公司”（Scottish－American Investment Company）创立于1860年，并挂牌于伦敦交易所。此外，1864年见证了一家专门投资于矿业公司股票的投资公司成立（Martin Müller, “Why were there no investment trusts in Germany? An analysis of an anomaly in the German financial industry from 1870 to 1957”. As Chapter 7 in Carmen Hofmann and Martin L. Müller, eds. *History of Financial Institutions: Essays on the history of European finance*, 1800－1950, Routledge, 2017, pp. 145－146）。

在大西洋彼岸，首只组合投资基金出现于美利坚人称为“镀金时代”或“咆哮时代”的20世纪20年代，时值股票市场走向活跃和繁荣。[①]与荷兰或不列颠不同，美利坚的首只组合投资基金不是诞生于本国最大的金融中心（纽约），而是在一个区域性的金融中心城市（波士顿）。1924年3月，证券销售商爱德华·莱弗勒（Edward G. Leffler）创设“马萨诸塞投资者信托”（Massachusetts Investors Trust）。与以前所有投资基金不同，该基金自始便不固定发行数量，投资者任何时候都可前来购买新股（份额），即实行开放式销售。此为开放式基金的起源。当年9月，有投资者将所购份额退还发行者，赎回现金，这也成为开放式基金的标准做法。与其他投资基金相同的是，“马萨诸塞投资者信托”将出售份额获得的资金购买股票，因此投资基金份额的价格（投资者购买或赎回的单价）便主要由股票价格决定。份额价格称为“单位净资产价值/资产净值”（NAV），其公式为（投资基金资产总额－投资基金负债总额）/投资基金份额数目。一般而言，开放式投资基金不进行负债经营（杠杆经营），其资产完全由股票构成，因此，开放式投资基金的价格通常等于其标的资产股票的市值，这也是前者的清算价值。就封闭式投资资金而言，其股价与其标的资产股票的市值或有显著差别（溢价或折价皆可能出现）。此为共同基金与投资信托的又一区别。

此外，与投资信托不同，“马萨诸塞投资者信托”不在交易所发行股份，而是自行发行股份。1927年，该基金与一家证券公司签署协议，后者负责向公众推销基金股份。当时的定价为一股50美元，新投资者一次至少须购买5股（250美元），且另付证券公司12.50美元交易手续费。有评论者认为，262.50美元相当于当时一辆福特T型轿车的售价，只有上中产阶级才付得起。[②]共同基金面向普通个人投资者并以他们为主要客户，是“二战”结束后，尤其是20世纪80年代后在美国的新发展。

共同基金需要一家托管银行来管理资产和现金流，由此与波士顿的道富银行（State Street Bank，此处State Street意为“州街”）建立起合作关系。该银行的一位高管很快创立另一家开放式投资基金，而且注册为一家公司（名为“州街投资公司”），地点也在波士顿。不到一年，波士顿出现两家开放式投资基金，且都持续经营而未被1929年股市崩盘击垮，这表明，当地已形成有利于开放式投资基金的条件，投资基金发起人、管理者和投资者个人原则上相互认同和信任。事实上，在20世纪后半期乃至21世纪，开放式投资基金（共同基金/互助基金）仅活跃于美英等少数国家和地区。

在欧洲大陆，继荷兰之后，19世纪中期前，组合投资基金先后出现在比利时、法兰西和瑞士，流行做法是大银行（全能银行或大商行）设立专门从事证券投资业务的投资

① 有文献提到，美利坚的第一只组合投资基金是1907年出现在费拉德尔菲亚（费城）的亚历山大基金（Alexander Fund），Edwin J. Perkins, *Wall Street to Main Street: Charles Merrill and Middle－Class Investors*, Cambridge University Press, 1999, p. 227.

② Perkins, *Wall Street to Main Street*, p. 227.

公司。而在德意志，最早一批投资基金迟至20世纪50年代才组建。在德意志帝国时期，1896年通过的《证券账户法》（*Securities Account Act*）要求银行为客户开设特别证券账户并遵守有关规则，这样，德意志全能银行（以及私人银行）与比利时、法兰西和瑞士的全能银行不同，后者通常另建投资机构接受证券投资委托。在魏玛共和国时期，一些金融机构和投资界人士积极推动英美型投资基金产业在德意志的发展，但由于1929年纽约股市崩盘而不了了之。直到1957年德意志联邦共和国通过《基金管理公司法》，投资基金才在该国落地。[①]

组合投资基金在20世纪后半期的迅猛增长

组合投资基金依附于证券市场。在证券市场繁荣时，组合投资基金吸引到大量新投资者；当证券市场爆发危机，组合投资基金通常不能幸免。在20世纪20年代美国证券市场，除前述两家以及其他十多家开放式共同基金外，投资信托（封闭式投资基金）是当时最为活跃的机构投资者，掌管多达70亿美元的证券资产，持有675家上市公司股票。[②] 1929年纽约股市崩盘后，许多投资信托以自有资金购买本基金或伙伴基金的股份，力图维持股价，但终究未能如愿，大多数不得不清算退市。相比之下，开放式共同基金远胜一筹。

“马萨诸塞投资者信托”1929年有5 000名投资者，持有100余家上市公司的1 400万美元普通股。1929—1932年，该基金的市值由于股价暴跌而损失80%。在此期间，基金管理者坚持给投资者定期分红，虽然多次分红因缺少现金而采用记账方式。截至1934年底，“马萨诸塞投资者信托”的投资者增至2万人，股票资产多至3 000万美元。[③] 1929年股灾后的许多年份中，美利坚投资者对开放式共同基金的接受程度大于投资信托，后者用了数十年才恢复元气。

表6－8显示了1940—1999年共同基金在美国的增长情况，从中可见共同基金在美国的快速增长出现在“二战”结束后，尤其在1950—1970年以及1980—1999年的两个20年。在此两个20年中，共同基金数目先后从98只增至356只（2.6倍，年均6.6%）以及从548只增至7 791只（13.2倍，年均14.2%），净资产额在前一时期由25亿美元增至476亿美元（18倍，年均15.9%），在后一时期由580亿美元增至68 460亿美元（117倍，年均26.9%）。共同基金在战后美国的快速增长得益于许多因素，这里略述其中之五，分别是有利的宏观经济环境、由罗斯福新政开启的行业整顿和强化监管、税收优惠政策、与养老金制度相关的改革措施和基金行业自身持续不断的创新。

① Müller, “Why were there no investment trusts in Germany?” p. 155.

② Janette Rutterford and Leslie Hannah, “The Rise of institutional investors”, as Chapter 14 in Chambers and Dimson, eds. Financial Market History, pp. 247－248.

③ Perkins, *Wall Street to Main Street*, p. 227.

表 6－8　　1940—1999 年美国共同基金数目与净资产额

年份	共同基金数目（只）	共同基金净资产额（亿美元）
1940	68	4
1950	98	25
1960	161	170
1970	356	476
1980	548	580
1990	3 081	10 650
1 999	7 791	68 460

注：包括开放式和封闭式共同基金，也包括货币市场共同基金。

资料来源：U. S. Census Bureau. Statistical Abstract of the United States［M］. Mutual Funds-Summary, Various Annual Issues.

第一，有利的宏观经济环境。如表 6－8 所示，1970—1980 年是共同基金增长缓慢的 10 年，此时期美国通货膨胀日益严重。在通胀爬升时，普通储蓄（银行存款和证券投资）的未来实际价值骤减，人们的储蓄意愿受到不利影响。1979 年后，美联储在新任主席保罗·沃尔克的领导下，货币政策转向“鹰派”立场，加强控制货币供给总量并提高利率。新货币政策明显改善了美国证券市场发展的宏观经济环境。在通胀减速和下降后，美联储的政策性利率（联邦基金利率）转为下调并长久停留在低水平上。这种宏观经济环境十分有利于提升人们参与证券投资的热情，尽管总体而言人们的储蓄意愿不一定得到增强。

第二，自 1933 年罗斯福新政以来，美国政府不断出台与投资基金相关的新立法，全面加强金融监管，推动投资基金全行业经营行为的转变。1933 年《证券法》确立共同基金的注册制，共同基金发起人须向联邦政府指定机构即证券交易委员会（SEC）登记并提供所有规定文件，包括招股书和投资计划等，开始经营后若有变动必须及时报告。1934 年《证券交易法》要求共同基金的经纪人（销售代理人）也实行注册制，接受监管。当然，这些措施不限于共同基金，实际上适用于所有组合投资基金，包括封闭式的投资信托。事实上，1929 年股市崩盘前，投资信托发展迅猛，势头远远盖过共同基金。投资信托在 1927 年美国市场上发行 4 亿美元证券，1929 年发行 30 亿美元，后者相当于当年新上市股票的 1/3。①而且，一些投资信托同时发行债券、优先股和普通股，相当于使用杠杆推动投资信托股价上涨。②前面提到的共同基金“州街投资公司”创始人在 1929 年发文谴责组合投资基金产业当时存在的“欺诈、疏忽、无能和贪婪”。③这些情况

① 加尔布雷思．《1929 年大崩盘》，第 35 页。
② 加尔布雷思．《1929 年大崩盘》，第 39－41 页。
③ 加尔布雷思．《1929 年大崩盘》，第 39 页。

表明，组合投资产业的一些经营者当时没有遵守规范，专门立法的缺位不利于有效执法。当然，仅靠少数有识之士的警告远远不够，是1929年股灾和随后的经济大萧条推动了立法者的改革行动。

上述两部法律通过后，包括共同基金在内的所有组合投资基金及其交易在美国不再是不受立法管制的“场外交易”，基金发起人和管理者（基金经理）都得接受资格审查。但是，证券交易委员会（SEC）很快发现，上述法律并不足以限制基金管理人的不当经营行为，例如违背投资人的意愿或在其不知情时配置或调整投资人的资产。为此，国会于1940年通过《投资顾问法》和《投资公司法》两部新法，全面更新了对组合投资基金和投资银行等所有投资机构的监管要求。《投资顾问法》要求所有向投资者提供证券投资和买卖建议的基金经理须向联邦或州政府注册，基金经理必须将客户利益置于首位，不可违规建立“老鼠仓”。《投资公司法》的重点是强化信息披露要求，对投资基金的会计方法和记账制度作了详细规定，要求投资基金详细披露投资政策及其调整，重申投资公司和投资基金管理者坚持普通法传统中的信托/受托职责（Fiduciary Duty）。此外，《投资公司法》要求共同基金的董事构成必须包含与本基金无关的成员，而且保持一定比例（此比例后来进一步提高）。[①]这是独立董事制度在美国的立法起源。

第三，调整税法，减少和避免对共同基金及其投资人的多重征税。所有的股票投资基金理论上涉及“三重征税”问题，即股票发行公司缴纳所得税后支付红利；股票投资基金或投资公司收到红利后将之作为本机构的所得并因此缴纳所得税；基金的税后所得作为红利分配给投资者，后者为此缴纳个人所得税。罗斯福当政前，美国联邦税收对任一公司持其他公司股票的红利收益100%免税（此可认为公司交叉持股完全免税）。罗斯福上台后呼吁改革，国会通过《1936年税法》（*Revenue Act of* 1936）对公司持股的红利收益引入豁免上限，不再100%免税，同时针对共同基金确立“通道税收待遇”原则，凡共同基金将红利所得的至少90%分配给股东（投资人），则所得红利全部免税，投资人收到红利后由其缴纳联邦个人所得税。[②]此法使共同基金税收待遇区别于封闭式投资基金（投资信托公司），开始积极争取相同待遇。美国投资公司和共同基金行业反复国会和联邦政府就税收待遇和监管要求进行沟通，后来达成的妥协成果是1940年《投资公司法》的出台。该法将投资公司纳入证券交易委员会监管，同时运行可享受与共同基金一样的避免重复征税的待遇。事实上，《1936年税法》后共同基金即接受联邦政府监管。1940年《投资公司法》为共同基金和投资公司在美国的发展确立了法制框架。

第四，自20世纪70年代以来美国联邦政府通过企业养老金新立法，提高了企业员工参与股票市场投资的积极性，客观上扩大了共同基金的客户来源。联邦政府于1974年

① 雷默、唐宁.《投资：一部历史》，第156页。

② Matthew P. Fink, *The Rise of Mutual Funds: An Insider's View*, Oxford University Press, 2009, pp. 26 – 29.

通过的《雇员退休收入保障法》鼓励企业增加对雇员养老金的支持，许多企业此后选择共同基金或投资公司作为其养老金计划的管理人。1978 年税法改革［1980 年开始生效的“401（k）计划”］鼓励企业员工开设和选择养老金证券投资账户，很多员工选择共同基金作为个人退休账户（IRAs）的管理者，后者因此获得了新的投资客户。个人退休账户制度由 1974 年《雇员退休收入保障法》引入，该制度对共同基金和股票市场的助推作用在 20 世纪 80 年代逐渐显露，因为此时不少企业的员工养老金计划由以前的给付确定型转变为缴费确定型，而员工为了个人退休账户得到更多的投资收益，纷纷选择股票投资账户并委托共同基金管理。自 20 世纪 80 年代，养老金立法改革对共同基金和股票市场积极效应充分彰显。后来的统计数据显示，共同基金来自养老金的资金流入比其他来源的资金流入更加稳定。1997—2006 年，流入共同基金的养老金资金年度数据在 710 亿美元与 1 580 亿美元之间，而其他来源的资金流入则在负的 520 亿美元与正的 3 590亿美元之间。①

第五，共同基金大力进行金融创新，不断谋求扩大市场份额。从 20 世纪 70 年代至 90 年代，共同基金管理者先后推出三大标志性的创新产品，即指数基金、货币市场共同基金和交易所交易基金。指数基金（Index Fund，也称“指数型基金”）最早出现于 1971 年，创立者的初衷是吸引长期投资者，将资金按照股市指数的构成参数（品种、数目和比例）进行配置以期取得与大盘走势一致或相近的结果。在 20 世纪 80 年代前后，美国股市大盘指数的表现超过许多共同基金，使不少投资者选择投资指数基金。

货币市场共同基金也始自 20 世纪 70 年代，但在 80 年代才快速成长并被纳入常规金融统计。1933 年“银行法”《格拉斯—斯蒂格尔法案》规定，商业银行不得对活期存款支付利息，即存款利率的“Q 字条例”。立法者的用意是防止银行进行利率（价格）竞争，避免落入投机者高息争贷的风险陷阱（投机者总是愿出高价争取银行信贷）。货币市场共同基金的发起人通常是商业银行或其金融伙伴，它们将吸收的资金投资于货币市场资产，例如短期国债和商业票据，这些资产的特点是既有收益又有较高流动性。在商业银行开设货币市场共同基金账户的客户一方面得到收益（法律意义上的非利息收益），同时又可签发支票，相当于“一举两得”，何乐而不为。这是一项成功规避监管限制条款又吸引客户的金融创新。②

共同基金的第三种重要创新是 20 世纪 90 年代开发出交易所交易基金（Exchange Traded Fund，ETF）。这是一种介于开放式和封闭式共同基金之间的组合投资基金，允许投资者选择不同的交易方式。一方面，基金股份像所有其他封闭式基金一样在交易所上

① Fink, *The Rise of Mutual Funds: An Insider's View*, p. 132.

② 2010 年美国国会通过的“多德—弗兰克法”（“华尔街改革和消费者保护法”）废止“Q 字条例”，同时对商业银行提出新的监管措施。

市，投资者通过交易所（以及证券经纪人）买卖该基金股份，股价随行就市；另一方面，像所有其他开放式基金一样，该基金允许投资者直接购买或赎回基金股份，价格由基金的单位资产净值（清算价值）决定。显然，同一基金的交易所价格与单位资产净值之间常有差别，此差别给敏锐的投资者提供了套利机会。此也是该类基金吸引不少投资者参与的重要因素。

以上五个因素，第一个和第二个为大多数市场经济国家共有，程度或有差别。但第三个（税收待遇）和第四个（企业养老金制度）颇具美利坚特色。据此，“二战”结束以来，共同基金在美国金融市场上迅猛增长不足为奇。第五个因素表明，在竞争激烈的金融市场上，金融机构追求创新的动力不断增强。需要说明的是，在美国金融市场上，共同基金的发起人多种多样，除了商业银行或其他存款机构，所有金融机构，包括保险公司、信托公司、投资银行、证券公司等，皆能独立或联合发起成立共同基金。众多共同基金中，多数投资股票，有的则投资债券或票据；有的仅投资某一特定领域，有的则广泛投资不同领域。总之，投资风格和投资策略五花八门。

证券公司的作用尤值一提。如前所述，开放式共同基金的股份不在交易所上市，它们自行销售或与证券公司合作销售。无论何种方式，开放式基金股份的销售费用显著高于封闭式基金，此为其不利之处。而且，在 20 世纪 70 年代以前，开放式基金在美国多与中小证券公司合作，未得到像美林（Merrill Lynch）这样大型证券公司的眷顾。美林证券在 20 世纪 70 年代初为全国性证券公司，在全美各地拥有数百家营业网点，雇用大批投资顾问，为个人投资者提供证券和投资方式咨询。美林证券 1954 年推出“月度投资计划”，向个人兜售股票投资方案，投资起点低至 40 美元/月，工薪家庭力所能及。1956 年美林证券在纽约曼哈顿中央火车站大厅竖起“人民资本主义”（People’s Capitalism）巨幅广告牌，[①]时值美苏意识形态竞争日趋激烈的大背景下，特别吸引眼球。其实，它是美林公司和其他多家美利坚金融机构的共同计划，通过一场全国性大型宣称运动推动普通民众（“中产阶级”）参与证券投资（尤其股票投资），促使证券投资从华尔街扩散至全美各地城镇的主街。简言之，进行一场崭新的、平民化的金融革命。

但是，美林证券公司创始人一直反对与共同基金合作，尤其不赞成与开放式基金合作，担心流失个人投资客户。这项不合作的政策确立于 20 世纪 50 年代初，当时共同基金进入战后复苏阶段，一直延续至 1971 年公司全面更换高层领导。此后 20 多年，美林证券利用庞大的全国证券经纪网络给予共同基金极大支持。截至 1996 年底，美林证券为 200 多家共同基金提供销售服务，其市值高达 2 300 亿美元。[②]共同基金与美林证券这样的全国性经纪网络的合作，是前者 1980 年以来加快增长的一个重要因素。

① Perkins, *Wall Street to Main Street*, p. 234.

② Perkins, *Wall Street to Main Street*, p. 259.

“二战”结束后共同基金在美英等国快速增长，而在日本等国则增长缓慢。根据统计数据显示，日本证券交易所上市的全部股票中，1949—1982 年，个人持股占比由 69. 1% 降至 28%，不含信托的金融机构占比由 9. 9% 增至 37. 7%，事业法人占比由 5. 6% 增至 26%，接近于共同基金的投资信托由 0 增至 1. 2%（最高水平为 1963 年的 9. 5%）。[①]此处“事业法人”主要指企业，它们是 1982 年之前日本第三大持股者，这不仅体现了日本企业大量持有本企业和其他企业的股份（交叉持股），而且是日本企业员工退休金由本企业管理的结果。[②]上述数字还表明，在日本，1982 年以前，个人投资者除直接持有股票外，主要通过金融机构（银行和保险公司）间接持有股票，显然不同于美英股票投资大量经由共同基金的情形。

组合投资基金的历史作用

以养老金和组合投资基金为主体的机构投资者快速增长是金融发展中的崭新事物，在战后美英两国尤其突出。当机构投资者成为证券市场（特别是股票市场）的投资主体后，有关国家的金融结构和金融市场运行相继发生重要变化。以下概述包括养老金和共同基金等机构投资者兴起的历史作用。

第一，养老金和共同基金的兴起促使更多的个人参与股票市场投资，从而改变了上市公司所有权在社会成员中的分布。20 世纪初，在多数工业化国家中，个人是股票市场的主要投资者，但彼时的个人投资者仅限于富裕人士。20 世纪中期后，随着养老金和组合投资基金的普及，普通工薪劳动者越来越多地参与股市投资。以前制约工薪阶层参与股市投资的两大因素——入市财务门槛（购买股票的初始资金要求）和股价短期波动风险——在很大程度上通过组合投资的形式而降低。当然，劳动者工薪水平的升高是他们拥有参与股市投资的最重要基础。

根据统计数据表明，在美国，1980 年及以后，直接持股人数占人口总数的 20%。1990 年，5 000 万美国人（户）平均直接持股 1. 4 万美元，[③]合计 7 000 亿美元，为当年美国股票市值总额的 20% 或 GDP 的 12. 5%。1990 年，美国私人部门养老金资产额为 16 080亿美元（相当于股市市值的 46%），共同基金为 6 080 亿美元（相当于股市市值的 17%），两种基金的实际所有人皆为个人且大部分资金配置于股市。将三个股市市值百分数相加（20% +46% +17% =83%），可以认为，美国全部上市公司股份的 4/5 直接或间接由国内个人投资者持有，仅有 1/5 的股份由那些与个人持股无直接关系的金融

① 奥村宏.《法人资本主义》，李建国等译，北京：生活·读书·新知三联书店，1990 年，图1，第 39 页及表 2，第 42 –43 页；其他单列的持股机构还有“政府·地方公共团体”“证券公司”和“外国人”，它们在 1982 年的持股比例依次为 0. 2%、1. 8% 和 5. 1%。

② 日本企业有权动用员工退休金从事投资（多尔《股票资本主义：福利资本主义》，第 30 页）。

③ 马克汉姆.《美国金融史》第三卷，第 196 页。

机构或投资基金持有（例如保险公司和政府退休基金等以及外国机构投资人等）。相比于20世纪初美国上市公司股份主要由富人和J. P. 摩根那样的投资银行持有，可以说，近一个世纪以来，养老金和共同基金的兴起极大地改变了美国上市公司的所有者构成，在某种意义上甚至可以说促成了大型上市公司的“全民所有”。

第二，养老金和共同基金通过吸引个人参与股票投资，推动股票市场“扩容”，为更多企业利用股票市场进行融资提供资金支持。如果没有私人部门养老金和组合投资基金，个人储蓄资金要么主要流入商业银行、储蓄银行、保险公司和信托公司等金融机构，要么大量进入政府设立的社会保障基金和养老金账户，两者都意味着进入股票（股权）市场的社会资金减少而进入银行体系的社会资金增多。换言之，如果私人部门养老金和组合投资基金未得到足够快的发展，资本市场的增长便会受到不利影响。

绝大多数私人部门养老金和组合投资基金都属于相对单纯的“财务投资人”，其投资行为显著异于投资银行、私募股权投资基金和风险投资基金等金融中介。20世纪最后几十年以来，在许多市场经济国家，在多层次资本市场上，私募股权投资基金和风险投资基金成为向新兴企业、创新型企业以及从事并购重组的企业提供融资的主角，代替早期投资银行、全能银行和私人银行的部分功能，从金融层面支持企业部门的结构调整。很明显，私募股权投资基金和风险投资基金也是依托股票市场而存在的金融中介，其成功离不开投资对象企业在股票市场上的后续作为，包括在一级市场上的初次公开发行和增发以及在二级市场上的股票换手。而在一级和二级股票市场上，养老金和组合投资基金的作为至关重要，关乎私募股权投资基金和风险投资基金许多投资计划的成败。正是由于养老金和组合投资基金活跃于一级和二级市场，它们就以间接方式支持了私募股权投资基金和风险投资基金的运作，进而促进社会经济结构调整和产业发展。

第三，养老金和共同基金的兴起推动金融业市场结构发生变化，增强了金融业的竞争性。就美国的私人部门养老金和共同基金产业而言，其中一些资金规模巨大，所管理的单只基金资产超过千亿美元，但是，私人部门养老金和共同基金数目众多，呈高度分散化。如表6-8所示，共同基金的数目在1990年为3081只，至1999年多达7 791只，超过纽交所挂牌的上市公司（常在2 000~2 400家）。就私人部门养老金而言，按照美国法律，持有个人退休账户（IRA）的企业员工可在四种投资方式之间自行选择：银行和储蓄机构的委托存款，人寿保险公司，共同基金，证券经纪人。①这种制度安排一方面反映了金融机构和市场的多样化，另一方面又促进和维持这种多样化局面。截至1992年，有多达8 000家证券经纪商在美从业，②是金融机构高度分散化的写照。

---

① 在1990—1999年，银行存款方式占比由42%降至10%，人寿保险公司方式占比由8%升至9%，共同基金方式占比由22%升至49%，证券经纪人占比由26%升至32%［U. S. Census Bureau, *Statistical Abstract of the United States*: 2000 (120th Edition), Table No. 845, p. 529］。

② 马克汉姆.《美国金融史》第三卷，第224页。

有许多共同基金原由投资银行、商业银行和保险公司发起成立，后来成长为资产规模巨大的投资基金。若依 20 世纪初的观点，这些共同基金皆可成为“金融寡头”或“财团”的工具，支持金融势力控制产业经济。三大因素阻止了此种局面在 20 世纪后半期的出现。首先，如前所述，尽管存在一些资金规模巨大的共同基金，该产业的市场结构是高度分散的。其次，1950 年通用汽车公司倡导的“财务投资人”理念后来成为养老金投资界的基本投资原则，很大程度也为许多共同基金接受。“财务投资人”理念的基本特征是“用脚投票”，与“用手投票”的积极干预行为形成鲜明对比（详见下述）。最后，共同基金和私人部门养老金都已被纳入金融监管，都必须遵循行业准则和投资规范，基金经理的同业串谋或与其他金融机构的串谋行为都属于金融监管的打击对象。

第四，养老金和共同基金等机构投资者的兴起进一步推动上市公司的两权分离，促使大企业的公司治理结构复杂化。如前所述，英美普通法关于信托的定义早已包含两权分离的因素，而随着越来越多的企业公开发行股份，上市公司的所有权与管理权分离日益明显。20 世纪中期后，大企业的两权分离进一步增强，原因多种多样。(1) 上市公司融资规模越来越大，股权分散在所难免。(2) 随着养老金和共同基金的兴起，机构投资者日益成为上市公司的控股者。(3) 在机构投资者中间，资金规模较大者往往是养老金和共同基金，而两者皆不是上市公司股份（股权）的最终所有者。上市公司最终所有者是持股于养老金或共同基金的个人投资者，不论养老金或共同基金在法律上仅是个人投资者的受托人。简言之，作为个人投资者的代理，共同基金的经营行为不可能再像 20 世纪初 J. P. 摩根公司那样。如前所述，很多共同基金也如养老金仅为“财务投资人”，并不介入持股对象公司的管理事务。

各种机构投资者成为上市公司的重要持股人后，拉长了“委托—代理”的链条，使两者的关系变得复杂，上市公司的治理结构也随之出现变化。在 20 世纪初，上市公司董事会成员大多来自大量持股的金融机构和关联企业，这类董事会成员多会积极参与企业重大决策，就表决事项举手投票。在 20 世纪后半期，机构投资者代表是上市公司董事会的新成员，其关注重点是公司的财务业绩而非技术和经营管理问题。董事会中的机构投资者代表虽然也会就表决事项举手投票，但他们更擅长“用脚投票”，即根据自己的财务需要调整对有关公司的持股数额，尤其对公司的财务业绩不满而减持该公司股票。在机构投资者成为股票市场（资本市场）的重要角色之前，普通个人投资者也“用脚投票”，但对上市公司经营行为的影响微乎其微。机构投资者兴起后，“用脚投票”的影响力明显上升，甚至成为上市公司优胜劣汰的新方式，展现投资者与投资对象关系的变化，前者与后者形成新的激励和制衡关系。

第五，机构投资者的兴起给股市波动带来新影响。许多共同基金管理者（基金经理）的投资行为高度“同质”，对某些意外事件的反应完全相同，在相同的时间一起买涨或卖跌，导致股价涨跌幅度加大。1987 年 10 月纽约股市发生两次暴跌，道琼斯股价指数下跌超过1929年10月。此次股灾发生前，没有任何宏观经济指标出现异常，国内外金融市场也未见任何不祥之兆，唯一让投资者感到担忧的是股价之前持续走高。股灾之后，美国国会、行政当局以及证券交易委员会等机构数次组织大规模调查研究，都将股灾原因归结于股市的“微观结构”因素，例如机构投资者普遍采用“程序交易机制”（Program Trading）。1985年后，机构投资者占据股票交易的主导地位（1987年个人投资者仅占美国股市交易量的10%①），他们使用电脑程序进行交易决策。前述“指数基金”的流行促使许多基金经理高度关注股市与期货市场的联动关系并从中套利。此种做法称为“指数套利”，是催生“程序交易机制”的重要因素之一。“程序交易机制”还涉及对股价波动的自动交易反应以及对持仓情况（头寸/流动性）的自动门槛设置等。当时，各交易所皆未实行股价波动熔断机制，即在股价波动超过一定幅度后自动关闭交易系统。以上情况表明，机构投资者兴起后，证券市场中的投资行为出现新的同质化倾向，一定条件下此中同质化倾向加大而不是缩小股价波动。当然，股票市场后来出台若干改革来专门针对这类问题以阻止股价的过度波动。

六、新型股权投资基金的兴起

股权（股份）与产权是密切相关的两个概念，其共性是所有权，所有权是人们对特定事物的资产处置权和收益享有权。如果说股权是可分的产权，产权则是作为整体的股权。近代以来在相对发达和结构相对完善的经济体中，股权和产权的转让及其规则由法律决定；近代以前在许多国家中则由习俗和政府法令决定。股权和产权的数量划分（可分割性）、可转让性与明晰的交易规则是所有证券交易和证券市场的制度基础，因为证券本质上是股权和产权及其收益权的标准化证书。所有投资基金，不论其资金来源、投资对象和投资目的，皆围绕股权或产权展开，包括但不限于购买、持有、出售或转让和对其衍生权益的上述操作。

20世纪后半期各种商业化投资基金大量涌现并快速发展。在商业化投资基金兴起之前，非商业性的投资基金，例如捐赠基金（慈善基金）早已出现。已知最早的并延续至今的捐赠基金为英格兰国王亨利八世（1509—1547年在位）及其亲属为资助牛津大学和剑桥大学的指定教职岗位而设立，②距今已运行约500年。瑞典发明家兼实业家诺贝尔（1833—1896年）去世时将大部分遗产捐赠给基金会，嘱其用于奖励杰出科学家，此为当代世界典型的捐赠基金。在美国，至20世纪70年代各种捐赠基金的规模已大到引起

① 马克汉姆.《美国金融史》第三卷，第166页。

② Tim Smith，“Understanding Endowments：Types and Policies That Govern Them”，online at https：//www. investopedia. com/terms/e/endowment. asp.

社会问题研究学者的关注，并宣称它们是“民间权势集团”。[①]多数基金会由企业和企业家创办，大多资助大学教育、科学研究及智库论坛等。1986—2008 年，美国各大学基金会资产规模从 310 亿美元增至 3 700 亿美元，[②]年均增长 11.9%，不仅超过同期大学支出的增速，而且远高于国内生产总值名义值的增速（5.4%）。大学捐赠基金以及其他捐赠基金在此期间的高速增长，主要得益于金融市场，尤其是证券市场的繁荣。各大学捐赠基金通常将资产配置在股权投资基金、对冲基金、股票、房地产和债券，前两者收益率最高且占比最大。[③]在美欧多国，通行多年的政策是捐赠人将资金或资产捐赠给慈善基金时享受免税，而慈善基金的投资收益也享受免税。[④]捐赠基金（慈善基金）的资金来源和资金使用是非商业性的，但其投资行为却是高度商业性的，其资产增值和投资收益与证券市场的行情和走势息息相关。在美国，许多捐赠基金与 20 世纪后半期兴起的新型投资基金，尤其对冲基金和私募股权基金结成伙伴关系。可以说，20 世纪后半期投资基金的多样化发展伴随它们相互间的紧密合作，证券市场更加凸显其在现代金融体系中的枢纽地位。

以下重点考察四大新型投资基金的发展历程。它们是私募股权投资基金、多元控股公司、对冲基金和主权财富基金。

私募股权投资基金

私募股权投资基金（Private Equity，PE），以下简称“私募股权基金”，自 20 世纪 80 年代流行于国际金融界，21 世纪后风行于许多发达经济体和新兴市场经济体。该词泛指其投资对象为未上市公司股份及其衍生权益（非标准化证券），或者不以所持股票的红利为目标的专业化投资机构（以公司制、有限合伙制的企业结构居多）。显著不同于组合投资基金（或称“证券投资基金），后者的投资对象皆为证券市场已上市流通的公司标准化证券，并以资本利得和红利为投资目标。与私募股权基金接近的是私募基金（Private Fund），它泛指未公开上市的投资基金，即有限责任的合伙企业，其股份转让在场外进行。与私募基金相对立的是公募基金或公开上市基金（Public Fund），所有的共同基金和在证券交易所挂牌上市的投资基金皆属此类。实践中，有的私募股权基金是上市公司，其股份在交易所流通；有的私募股权基金未上市，其股份由合伙人持有并可通

① 托马斯·戴伊.《谁掌管美国：卡特年代》，梅士、王殿宸译，北京：世界知识出版社，1980 年。该书（第 147 页）云，1975 年，2533 家基金会管理资产 315 亿美元（当年美国 GDP 约为 1.6 万亿美元）。

② Jeffrey R. Brown, Stephen G. Dimmock, Jun-Koo Kang and Scott J. Weisbenner. “How University Endowments Respond to Financial Market Shocks: Evidence and Implications.” *NBER Working Paper Series* (2010), p. 8.

③ Smith, “Understanding Endowments: Types and Policies That Govern Them”. 此文引述哈佛大学基金会 2020 年信息披露，五项资产占比依次为：34%、33%、14%、5%和 4%。

④ 但“2017 年减税和就业法”（Tax Cuts and Jobs Act of 2017）要求规模以上大学基金会按其投资净收益的 1.4%纳税。

过合伙协议约定的内容私下协商进行转让。

在美国，私募股权基金分为风险投资基金（Venture Capital）和企业并购基金（Buy-out Fund）。前者专门从事新兴企业和中小企业股权投资，后者则专门从事企业股权转换和重组。风险投资基金常在企业早期发展阶段给予资金支持，期待企业进入成熟发展阶段通过将持有股份转让后获利退出或通过企业公开上市获得股权价值的翻倍增长效应（“滚雪球”效应）。风险投资不一定需要大规模资金投入，但企业并购往往需要巨大的资金投入。因此，风险投资的门槛显著小于并购类型的私募股权投资。

并购型私募股权基金获得某企业的控股权后，往往会将该企业股票退市，暂时地私有化（此处“私有化”指股票由企业大股东回购并从交易所摘牌，非同于国有企业将股份通过交易所售予公众），花费一段时间对该企业进行产权和管理重组。[①]此后，并购企业被拆分，部分业务单位或出售给其他投资者，主体部分或再上市，上市股价显著高于购入时水平。并购型私募股权基金既可以在交易差价中获利又可以从超额收益中提取额外的业绩报酬。

有研究者认为，风险投资最早可溯源至“一战”后期美国政府设立的战事金融公司（WFC）。[②]该机构组建于 1918 年 4 月，虽然仅运行 6 个月，但却开创了一个重要先例。战事金融公司通过银行向铁路运输和农产品经营者提供贷款，政府资金首次直接与私人企业产生关系。1932 年严重经济衰退之际，胡佛总统设立复兴金融公司（RFC），令其向所有遭受大萧条冲击的大小企业提供救助贷款。此后，罗斯福总统在推行“新政”期间设立了更多的政府金融机构（政策性金融机构）。复兴金融公司既是一家纾困融资机构，发挥着接近于中央银行的作用；又是一家资产管理公司，在企业部门发挥产权并购和重组的作用。1989—1995 年美国政府为处置储贷协会危机而运行的资产重组信托公司（RTC）即以复兴金融公司为先例。这些事例显示 20 世纪美国政府确有应形势之需而在金融上积极作为的传统。

1941 年太平洋战争爆发后，很多大企业得到巨额订货，生意兴旺，但中小企业却境况不佳。为支持中小企业，美国政府于 1942 年成立战时中小工厂公司（SWPC），为中小企业提供贷款。截至 1953 年，复兴金融公司下属专门机构支持中小企业，但其前途未卜（该机构后于 1957 年解散），艾森豪威尔总统决定组建小企业管理署（Small Business Administration），不受复兴金融公司管辖。该机构接受联邦预算资助，独立于其他联邦机构，在各地设立分支机构，为中小企业提供政策和咨询服务。1958 年国会通过《小企业法》和《小企业投资法》，进一步加强政府对中小企业的多种服务，其中规定凡是为中

---

① Stefano Caselli, Giulia Negri. *Private Equity and Venture Capital in Europe: Markets*, Techniques, and Deals, Academic Press, 2018, 3rd edition, p. 3.

② Harry Cendrowski, Louis W. Petro, James P. Martin, and Adam A. Wadecki, *Private Equity: History, Governance, and Operations*, John Wiley & Sons, 2012, 2nd edition, p. 29.

小企业提供资本支持的投资公司都可申请政府贷款，意味着风险投资基金可以政府资金而从事杠杆经营。

作为一种专业化投资机构，风险投资基金“二战”结束后在美国出现，于 1980 年和 20 世纪 90 年代达到高潮。21 世纪初，随着互联网泡沫破灭，风险投资在美国遭受挫折，此时它已扩散到世界各地。

三位创始人于 1946 年成立“美利坚研究开发公司”（ARDC），将投资对象定为新建的研究开发型企业，投资方式是购买目标企业的股份以支持其成长并期其资本增值。三位创始人是麻省理工学院前校长，波士顿联邦储备银行前行长和哈佛大学商学院教授乔治·多里特（George Doriot，1899—1987 年），“二战”期间曾任美国陆军规划部主任和军需部长。多里特为公司的主要经营者，不仅推动公司上市融资，而且亲手挑选多家投资对象企业。研发公司 1957 年对数字设备公司投资 7 万美元，14 年后价值增至 3.55 亿美元。[①]在他 1972 年退休时，研发公司并入多元控股公司德士隆（Textron），此时它已投资 150 多家企业。多里特被誉为“风险资本主义之父”，1957 年还曾参与创办欧洲工商管理学院。

1946 年成立的另一家风险投资机构是惠特尼公司（J. H. Whitney & Co.），创始人约翰·惠特尼（1904—1982 年）出身于富商世家，早年曾任职华尔家知名投行李·希金森（Lee，Higginson & Co.）。20 世纪 30 年代继承家族财产后，他开始独立投资有发展前景的公司。1946 年与合伙人创立的风险投资公司不过是继续他业已开始的事业，只是更加专业化。“风险资本”（Venture Capital）一词据说由其合伙人最早使用。不过，惠特尼公司与美利坚研发公司不同，前者除了投资新兴企业，还投资大中型企业并参与企业并购案件，这使它接近于私募股权公司。

20 世纪 60 年代美国股市活跃，刺激更多风险投资公司的涌现。但随后的股价暴跌重创此类公司。1978 年税法改革将资本利得税从 49.5% 降至 29%，以及 1979 年通过《职工退休收入保障法》（ERISA，该法放宽了委托投资的控制标准，允许养老金资金投入风险级别较高的投资基金），极大地推动了风险投资公司的创业热潮。[②]

20 世纪 90 年代美国“新经济”兴盛。在“知识经济”的催动下，众多风险投资公司将大量资金投入创新企业，也称科技企业，主要分布在信息通信、生物制药、软件开发、新能源和新材料等行业。这些企业在产品成熟后，通常在纳斯达克系统挂牌上市（IPOs），股票被称为“科技股”，在 20 世纪 90 年代尤受投资者追捧。1995—2000 年，纳斯达克股指从 1 000 点升至 5 000 点，年均上涨 38%。但好景不长，2001 年纳斯达克股指暴跌，此后出现长时间“熊市”。20 世纪 90 年代后半期的科技股牛市后来被称为

---

① 杰瑞·马克汉姆.《美国金融史》第五卷，王胜邦、叶婷译，中国金融出版社，2018 年，第 300 页。

② 马克汉姆.《美国金融史》第五卷，第 301 页。

“互联网泡沫”（Dotcom Bubble）。

专业化风险投资基金以及后面述及的对冲基金最早仅出现在美国，但私募股权基金（投资公司）却几乎同时诞生于美国和英国。查尔斯·克罗尔（Charles Clore，1904—1979 年）“二战”结束后在英国从事企业并购和股权投资，20 世纪 50 年代在伦敦金融城发起数次敌意收购，可谓私募股权投资的先驱者。他的投资策略是收购低市盈率（P/E 比率）的上市公司，再通过改组管理层、剥离不良资产、调整业务结构等一系列整合手段以达到提升股价的目的。在克罗尔的一个成功案例中，他选中一家市盈率（股价与收益的倍数）仅为 3 倍的大型制鞋兼零售公司，向媒体公布收购意图，后以 2 倍于市价的出价完成对该公司控股权的收购。[①]克罗尔后在多个领域进行敌意并购，成为许多不列颠上市公司的眼中钉，但其晚年洗手不干。20 世纪 70 年代后，英国企业并购中的活跃角色为汉森公司和金融家兼企业家詹姆斯·戈德史密斯（1933—1997 年），后者 60 年代在食品行业进行敌意并购和企业重组，并在撒切尔时期（1979—1990 年）将并购重组扩展到多个领域。他拆分企业，将经过瘦身和已经退市的企业再次送进交易所进行股票公开首发。他被称为“绿邮袭击者”（Greenmail Corporate Raider）和“资产剥离者”（Asset Stripper），“绿邮”含勒索之意，指收购者对目标企业股东的出价低于收购后该企业股票的再上市价，“资产剥离”指企业拆分。

在美国，20 世纪 70 年代诞生的 KKR 公司是私募股权的知名先驱。KKR 是三位创始人的姓氏缩写，他们曾在同一家华尔街投行（贝尔斯登）工作，皆有参与企业并购融资的经验。1976 年，他们发现收购中等规模的家族企业并在未来使之上市，扣除融资成本，可赚取高额回报。于是他们很快离开所工作的投行，创立 KKR 公司，专职从事此种投资业务，并称为“解鞋带”（Bootstrap）的投资方式（“解鞋带”与“资产剥离”近义）。创业初年，他们借入资金达百亿美元，完成 28 笔交易，平均回报率 33%。[②]而 KKR 创业本金仅为 12 万美元。[③] KKR 事例显示美国的私募股权投资自始便为高杠杆生意，其经营者利用在并购项目操作和金融市场融资上的专长多渠道募集资金，颇具匠心化解高杠杆风险。美国 KKR 和几起英国事例都表明，并购型私募股权投资是企业并购业务分流出来的新趋势，由此企业并购市场出现新型的、带有更多金融属性的专业并购机构。

美国企业界在 20 世纪 80 年代出现并购浪潮，横向和纵向并购以及混合并购风起云涌。大多数并购由企业发起，部分并购由私募股权投资公司发起。此轮并购浪潮催生一

---

① B. Mark Smith, *A History of the Global Stock Market: From Ancient Rome to Silicon Valley*, University of Chicago Press, 2003, p. 160.

② 盖斯特.《百年并购》，第 144 页。

③ 乔治·安德斯.《门口的野蛮人：KKR 与资本暴利的崛起》，胡震晨译，北京：机械工业出版社，2021 年，第 4 页。

批私募股权新公司，创始人多曾在投资银行相关部门担任高管。黑石集团（Blackstone Group）1985 年由两位创始人成立，两人都曾在雷曼兄弟公司工作，一位曾担任过该公司全球并购部主任。黑石集团创始资本为 40 万美元，用于敌意并购的资金来自借款。凯雷集团（Carlyle Group）由五位创始人于 1987 年组建，他们分别是大公司财务主管、副总裁、律师、金融从业者，其 500 万美元初始资金来自一家知名资产管理公司。律师创业者担任主角，他此前的工作大量涉及杠杆并购并从中大量受益。[①]阿波罗全球管理公司（原名阿波罗顾问公司）于 1990 年成立，三位创始人来自同一投资银行（德崇，Drexel Burnham Lambert），其中一位曾担任该投行并购部主管。KKR 集团、黑石集团和阿波罗全球管理公司创立时期的共同点是创始人皆为投资银行并购部从业者，他们代表了私募股权与投资银行的分离。

为何发生这种分离？对私募股权公司创始人而言，脱离投资银行明显带来一个劣势，即可用于并购项目的资金不足，然而却得到一个大好处，由此摆脱参与并购融资受到的规章羁绊（如前所述，出于合规和防止利益冲突的目的，投资银行必为并购部门设立各种规章）。在金融市场不够发达时，私募股权投资者若脱离投资银行则难解决资金融通问题，资金约束即为限制并购型私募股权从投资银行分离的重要因素。正是金融市场的发达和繁荣促使私募股权公司的资金约束得以宽解。事实上，私募股权公司往往会在同一个并购项目中使用多种融资工具，从多个来源筹集杠杆资金。

美国私募股权在 20 世纪 80 年代的兴盛，研究者认为与“垃圾债券”（Junk Bonds）的发明及成为并购融资工具有密切关系。垃圾债券又称“高收益债券”（High - yield Bonds），常为高负债公司或首次发债公司发行。一些债券发行者不能得到债券评级机构的较高评级，发行利率不得不定得高于投资级别债券的水平。有时，发行者打折出售债券，债券购买人（投资者）因此得到的债券收益率高于面息率。迈克尔 · 米尔肯 1969 年加入华尔街投资银行德克利塞尔公司（Drexel），就职于债券部。1976 年该公司合并重组后，他成为大投行德崇公司（Drexel Burnham Lambert）债券部主管。米尔肯向各金融机构和卷入并购的企业积极推销垃圾债，为垃圾债发行和交易搭建容量巨大且高效便捷的运行平台。垃圾债市场规模 1970 年为 60 亿美元（此年米尔肯开始此项业务），1989 年米尔肯离职时增至 2 100 亿美元。[②]米尔肯之所以能大量推销垃圾债，根本原因是他依据历史数据证明垃圾债的平均收益率显著高于经违约风险调整的“正常”收益率，即垃圾债投资人可得到额外回报。垃圾债等新型融资工具的问世，极大地帮助了私募股权公司解决资金不足的问题。德崇债券部的一位高级经理认为该投行与 KKR 是相互支

---

① 贾森 · 凯利.《私募帝国：全球 PE 巨头统治世界的真相》，唐京燕译，北京：机械工业出版社，2022 年，第 29 和第 31 页。

② 马克汉姆.《美国金融史》第三卷，第 121 页。

持的关系。①

私募股权从投资银行分离，前提条件不仅是企业并购市场足够大，企业对并购融资需求巨大，更重要的是私募股权公司掌握通过并购重组提升企业价值的能力，并借此能力主动发起企业并购，“为自己创造需求”。有研究者认为，私募股权公司具备这种能力，从根本上说是因为企业产权市场（股权市场）的不完善，天然存在一定的结构性缺陷。不完善的企业产权市场存在四个效应：（1）“证书效应”，即公司股票是“柠檬市场”，作为外行的普通投资者无从知晓哪家公司的股票是优质股票，而私募股权公司犹如经营二手车的车行，是能识别公司价值（股票）的内行，它们买入和持有某家公司的股票犹如向其发放“价值证书”。（2）“网络效益”，私募股权公司或许不认识某家企业，但它们懂“行业”，了解多个行业的上下游关联行业以及金融市场融资行道的捷径，这使它们在从事企业并购及并购融资时具有信息优势。（3）“知识效应”，私募股权公司聘用行业专家，在专业事务上掌握充分的知识。（4）“金融效应”，私募股权介入企业并购后，重组后的企业可提升信用评价并改善融资条件。②

私募股权投资从传统投资银行分流，看似是市场细分和深入发展的结果，与政府金融监管并无关系，其实不然。的确，在20世纪80年代，美国政府未有任何类似1933年《格拉斯—斯蒂格尔法案》的举动，强行要求金融机构进行拆分。但是，20世纪70年代以来金融监管立法和司法的总体趋势是不断加强对利益冲突、信息披露和公平交易的关注，而在新监管环境中大型投资银行也如前述不得不相应增加内部监管和控制。简言之，私募股权与投资银行分离，双方皆宜。

更宽广的观察，私募股权公司在企业并购重组中大显身手至少要有三个条件：第一，股票市场对所有企业保持开放；第二，股票市场和股权交易制度允许敌意收购；第三，如前所述，私募股权公司具备并购重组的专业能力和在金融市场上的融资能力。20世纪末以前，世界各国仅有美英少数国家满足这些条件，故而两国成了私募股权投资的发源地和繁荣之国。在欧洲大陆国家，对企业合并改组发挥重要影响的机构众多，包括行业组织、往来银行（主办银行）和地方政府等，股东仅为其中之一。在日本，“二战”后形成的看法是，“兼并公司与劫持飞机一样是有罪的”③。在企业并购面临重重困难的这些国家，私募股权公司的发展空间无疑极为有限。

私募股权投资基金（公司）的兴起，激发另一类企业并购的涌现，即管理收购（MBO，也称管理层收购）。在管理收购中，企业管理层作为一方面出价收购企业的控股权，或者说将原来的大股东买断出局。一般而言，企业管理层相对于原大股东是缺乏资

---

① 安德斯.《门口的野蛮人：KKR与资本暴利的崛起》，第111页。

② Stefano Caselli, Giulia Negri. *Private Equity and Venture Capital in Europe*: *Markets*, Techniques, and Deals, Academic Press, 2018, 3rd edition, pp. 6 – 7.

③ 奥村宏.《法人资本主义》，第82页。

金的一方，因此，管理收购通常就是杠杆收购，即管理层通过外部合作机构大量融资用于并购。私募股权和管理收购的流行都意味着杠杆并购的普及，从而也使企业并购的总量变动与金融市场的利率变化发生关系。利率走低等于杠杆并购的融资成本降低，若无其他因素的影响，杠杆并购的发生频率因此升高。

私募股权投资基金在美国的流行还得益于其他投资基金的支持，即私募股权基金的资金来源不再限于富裕的个人。除前面提到的大学基金会外，还有保险公司和共同基金对私募股权基金的投资。加州公务员退休基金（CalPERS）始建于1931年，20世纪90年代后半期成为全美资产规模最大的公务员养老基金。2010年前后，其总资产2 400亿美元的10%投资于多家私募股权基金。[①] 21世纪以来，若干大型私募股权投资基金（公司）陆续公开上市。黑石集团于2007年在纽约股票交易所上市，KKR于2009年也在纽交所上市，凯雷集团于2012年在纳斯达克上市。美国私募股权投资行业随之分化为"多元化投资策略的上市私募股权基金与专注的精品型私有股权基金"[②]，犹如20世纪初美国投资银行业的情形。大型私募股权基金管理着数百亿美元甚至上千亿美元资产，21世纪初以来（个别自20世纪90年代以来）仅以部分资金从事其传统业务并购型私募股权投资，大量资金则投向商业地产、不同行业的旗舰公司以及对冲基金等。它们的持股行为十分多样化，包括战略性持股、财务性持股、临时持股和直接投资等，同时还涉足信贷和保险等领域，综合经营倾向日渐突出。当然，私募股权基金的综合经营与商业银行或投资银行仍有显著区别，前者已长期性金融业务为主，极少从事面向大众的普通零售金融业务。

私募股权基金公开上市后，须接受更多的外部监管。2008年金融危机后，美国政府调整金融监管立法时，关注到私募股权基金。2010年《多德—弗兰克法案》要求资产超过一定规模的私募股权投资基金和对冲基金向证券交易委员登记备案，限制自营交易规模，充实自有资本，遵从监管当局的指示增加信息披露。欧盟委员会也在同时出台类似法规。

多元控股公司

多元控股公司是独具特色的投资机构，既不像普通组合投资基金（共同基金）那样将资金高度分散投资于众多上市公司，也不像私募股权投资基金那样，控股后积极介入目标企业的经营管理，通过重组、分拆和再上市实现投资价值最大化。多元控股公司的典型是沃伦·巴菲特领导的伯克希尔·哈撒韦公司。

---

① Cendrowski, Petro, Martin, and Wadecki, *Private Equity: History, Governance, and Operations*, p. 8.

② 贾森·凯利.《私募帝国：全球PE巨头统治世界的真相》，唐京燕译，北京：机械工业出版社，2018年，第191页。

沃伦·巴菲特1930年出生于内布拉斯加的奥马哈市，大学毕业后前往纽约的哥伦比亚大学攻读研究生，师从投资界名闻遐迩的本杰明·格雷汉姆（Benjamin Graham，1894—1976年）。格雷汉姆既是投资理论专家，又是投资实践家，他的投资理念后来被称为"价值投资"，基本含义是，所有上市公司都有自身的价值，其决定因素隐藏在公司的财务报表中；股票市场往往不能识别公司价值，股价与公司价值之间因而常有差别，理性的投资者应当选择那些价值被市场低估的股票。巴菲特曾在格雷汉姆创办的证券公司实习并很快表现出分析天赋，毕业后不久就与合伙人开始践行"价值投资"哲学。他们选中的一家目标公司是位于马萨诸塞州的伯克希尔·哈撒韦公司（两位合资人的姓），当时该公司从事纺织业，业绩不够稳定，并且刚刚合并重组。

巴菲特于1955年投身股票投资职业后，很快确立了自身的经营特点。第一，他将总部（合伙人的办公室）设在奥马哈，远离纽约这样的金融中心城市，这既体现了当时交通通信的发达和便利，更表明巴菲特以及后来的伯克希尔·哈撒韦公司的投资哲学非同于传统华尔街金融机构。第二，巴菲特和伯克希尔·哈撒韦公司重视长期投资，在掌握相关信息并进行系统分析后，一旦投资目标公司，通常会长期持有它们的股票，十年甚至数十年。第三，巴菲特和伯克希尔·哈撒韦公司秉持"精选多元化"原则，投资篮子里的股票可多达几十种，但也很少像其他组合投资基金那样达到数百种的程度。"精选多元化"的原则还意味着巴菲特和伯克希尔·哈撒韦公司对目标公司的持股数量经常规模很大，达到或近于控股程度。

巴菲特投资行为的特点以及在目标企业治理上的作为，生动展现在1991年所罗门兄弟公司重组的事例中。所罗门兄弟公司在20世纪70年代和80年代取得快速增长，至90年代初已为华尔街名列前茅的大型投资银行，且在债券交易和股票承销领域中与摩根士丹利和高盛并驾齐驱。1980年所罗门兄弟公司与另一家公司合并并成为上市公司，巴菲特大约从此时开始投资该公司，并数次增加投资。因为持股数额的增多，巴菲特成了所罗门兄弟公司的外部董事并任职于该公司的管理委员会和薪酬委员会。任职期间，巴菲特很少对公司的经营管理发表意见，唯一的例外是1990年他建议控制公司高管的薪酬水平，并对奖金计划投了反对票。这是当时唯一的反对票，因此公司仍然决定大幅度增加奖金发放。①

投标承销联邦政府中期债券是所罗门当时的重点业务之一。公司债券部的一位主管为了多得中期国债的配售份额，捏造客户名单做虚假申报。1991年6月东窗事发，财政部、美联储和证券交易委员会分别开始调查并准备对所罗门公司采取惩处措施。如果所罗门的国债承销和债券交易资格被撤销或受严重限制，其在华尔街的地位岌岌可危。

---

① 罗杰·洛文斯坦.《沃伦·巴菲特传：一个美国资本家的成长》（修订版），顾宇杰等译，海口：海南出版社，2007年，第339页。

深陷丑闻的所罗门总裁在走投无路之际，于1991年8月15日致电远在内布拉斯加的巴菲特，希望他出面拯救公司。巴菲特知道，所罗门公司当时的资产近1 500亿美元，股票市值40亿美元，他个人持有7亿美元的优先股（持有者原则上没有投票权）。①经过权衡，巴菲特前往纽约主持所罗门的危机管理工作。

巴菲特在纽约处理所罗门公司的危机，用了半年时间，截至1991年初基本结束。巴菲特的主要工作是，在抵达纽约的3天内，从高层管理人员中遴选出新的首席执政官（CEO）；与联邦机构负责人进行沟通，承诺进行调整并纠正错误，争取“从轻处罚”；在众议院听证会上为所罗门的错误道歉；②敦促公司改变薪酬奖金政策，宁可失去一些人才也不发放过高的酬金。事情基本平息后，巴菲特返回奥马哈，将所罗门公司管理大权拱手让出。

就巴菲特和伯克希尔·哈撒韦公司股东而言，他们拥有充足资金控制许多他们投资的目标公司，此处“控制”的含义是介入目标公司的经营管理，或者至少是像老摩根那样决定控股企业的战略定位和发展方针。但是，除非是遇到1991年所罗门公司的危机，巴菲特和伯克希尔·哈撒韦公司从未主动选择干预主义的投资政策，而是长期恪守“价值投资”理念。他坚持使用伯克希尔·哈撒韦公司名称以及公司股价连年上涨而从不拆分股票，可见巴菲特是一位传统色彩浓厚的投资家，卓然不同于投资界其他许多投资人或投资机构。

20世纪后半期的美国以及其他国家，巴菲特和伯克希尔·哈撒韦公司并非多元控股公司的孤例，许多风格不一的多元控股公司活跃在金融市场，它们是新型金融机构，推动了投资市场的分化以及投资资金的分流。与共同基金、私募股权基金和对冲基金等资产管理机构一样，多元控股公司是现代公司治理结构的参与者并为公司治理结构的多样化作出显著贡献。它们有效阻止大企业被少数金融势力控制，是金融市场与企业股权关系链条上的重要一环。

尤其值得一提的是，巴菲特和伯克希尔·哈撒韦公司代表了保守的股票投资行为，与私募股权基金代表的激进投资行为形成鲜明对比，但两者都是推动现代证券市场平衡发展的重要力量。也正是因为有这两种角色的参与，美国证券市场自20世纪最后几十年以来展现出波澜壮阔的发展。

对冲基金

1964年《财富》杂志刊登文章介绍对冲基金（Hedge Funds），称阿尔弗雷德·琼斯

---

① 洛文斯坦.《沃伦·巴菲特传：一个美国资本家的成长》（修订版），第345页。

② 《巴菲特传记》的作者认为，此次道歉是1912年老摩根被国会（普乔委员会）传唤以来华尔街投行代表的第一次，而且“或许以后再也不会有比这更坦率的道歉了”（洛文斯坦《沃伦·巴菲特传：一个美国资本家的成长》（修订版），第356页）。

创立了首只对冲基金。[①]琼斯（A. W. Jones，1900—1989 年）出生于澳大利亚，幼年随父母移居美国，哈佛大学毕业后曾在美驻德使馆工作，1941 年获哥伦比亚大学社会学博士学位，之后加入《财富》杂志，负责投资题材的报道和评论。1949 年离开报社创办投资公司（合伙企业），初始资金 10 万美元（他本人出资 4 万美元，6 万美元来自另 4 位律师）。该投资公司当时只做股票交易，同时运用做多和做空策略，并融资持仓（杠杆投资）。开业首年即获 17.3% 的投资回报。按照约定，琼斯作为基金经理的报酬为盈利的 20%（此标准后来流行于对冲基金行业，据称琼斯借鉴了古代腓尼基人关于船运利润的分成比例[②]）。对基金经理报酬的此种安排（无盈利即无报酬以及基金经理也为投资人）有利于使基金经理与其他投资人的激励一致，防止出现两者激励不兼容问题。

琼斯的投资安排是一种集体投资基金，即非个人投资基金，但显然不是普通的共同基金（Mutual Fund）。对冲基金是一种私募投资组合，其基本特征已体现在琼斯的投资安排中，包括：（1）投资人数少于 100；（2）投资人皆有资金并具有投资经验（年收入 20 万美元以上或除住房外净资产在 100 万美元以上）；（3）投资者承诺长期投资，若需要撤资至少须提前 3 个月通知；（4）投资策略灵活，不囿于常规的价值分析方法；（5）投资目标是追求高回报；（6）偏好风险，杠杆持仓。这六个特征的前两个使此类投资基金豁免于"1940 年投资公司法"规定的注册和信息披露要求，符合"富人（富裕投资者）自担风险"的市场伦理。第（3）点有利于对冲基金降低流动性风险，可将较多资金配置于长期资产并因此获得较高收益。第（6）点与第（2）点相关，若对冲基金投资失败，投资者有能力承担损失，对冲基金不算违约，也不需要监管机关介入。

《财富》杂志 1964 年文章使"对冲基金"一词广为人知，并称此词由琼斯创造，表达同时做多与做空以使风险相互抵消之意。就此而言，对冲基金并非由琼斯发明，因为早在 20 世纪 20 年代美国投资家本杰明·格雷汉姆等投资家即已据此操作，那时他也组建有限合伙人投资公司（Limited Partnership，LP），投资者人数未达必须注册和公开发行股份的要求（当时法律也无此类规定）。20 世纪 20 年代美国股市上出现许多投资基金使用杠杆并追求极高回报，但这些行为被后来的立法定为违规，因为这些投资基金的参与者超过 100 人，而且基金经理的投资行为极不透明。相比以往，1964 年《财富》杂志文章宣传的对冲基金是合法的投资机构，或者说仅由"合格的投资人"组成，不同于当时占主导地位的共同基金及其他投资组合。

20 世纪 60 年代和 70 年代是对冲基金在美国市场上的早期成长时期。1968 年美国证券交易委员会（SEC）调查 215 家投资合伙人企业，其中 140 家属于对冲基金，而且均

① Carol Loomis, "The Jones Nobody Keeps Up With", Fortune, April 1966.

② 雷默、唐宁.《投资：一部历史》，第 292 页。

于当年成立。[①]然而，活跃于1970年前后的许多对冲基金并不成功，大型对冲基金几年后即清算和解散。美国市场上对冲基金掌管的资产总额在1970年估计为3亿美元。[②] 20世纪80年代迎来对冲基金的兴盛。根据统计显示（依另外的统计口径），1980年美国仅有1家对冲基金，1990年增至95家（若包括母基金或基金之基金则为127家），1997年再增至853家（包括母基金则为1 115家）。其所掌管的资金总额1980年为1.93亿美元，1990年增至107.8亿美元（若包括母基金则为191.2亿美元），1997年再增至898.6亿美元（包括母基金则为1 095.8亿美元）。[③]尤为引人注目的是，此时期对冲基金行业由两位全球对冲基金和宏观对冲基金两者占主导地位。前者将资产大量配置于新兴市场经济体，后者则采取紧盯国际宏观经济趋势的投资策略，两者皆为高度国际化的投资基金。

三大因素推动了对冲基金自20世纪60年代末，尤其是80年代后的快速增长。第一，布雷顿森林体系的动摇和瓦解带来宏观经济和金融市场走势的不确定性，客观上为不惧风险并能作出正确预期的投资策略提供更多的盈利机会，这无异于鼓励追求高回报投资基金的成长。第二，各国经济和金融开放为投资基金的跨国经营创造了可能和便利，而相比其他类型的投资基金，对冲基金在开展跨国经营上更加自由。第三，“冷战”结束带来的国际和平尤使全球对冲基金快速成长并在新兴市场经济体大量投资，它们在新兴市场经济体不仅进行常规的组合投资（通过证券市场购买股票和债券），还从事直接投资（购买未上市企业股份）和房地产投资等。

另外，美国经济自20世纪80年代后半期快速增长，以及里根总统任期（1981—1988年）内大力推行放松管制的金融政策，也是促成对冲基金快速增长的有利因素。与战后最初20年的经济增长不同的是，20世纪80年代后美国经济增长伴随收入差距显著扩大，即在中低收入人口大量增加的同时少数人群的收入水平快速升高。正是这部分人群成为对冲基金的主要投资者。除了个人客户外，20世纪90年代后对冲基金还有许多机构客户，包括养老基金、人寿保险公司、捐赠基金、母基金和共同基金等，它们成为对冲基金客户的原因在于：一是对冲基金可提供较高回报；二是它们的资产规模已足够大，有能力将部分资产配置于风险资产或专门投资风险的对冲基金；三是如前所述许多养老金管理者面临提高收益率的压力而将部分资金委托给业绩卓著的对冲基金。由此而论，美国经济的增长、结构变化和金融市场的发展促成了对冲基金20世纪80年代后快速增长。

---

① Barry Eichengreen and Donald Mathieson, *Hedge Funds and Financial Market Dynamics*, International Monetary Fund, Occasional Paper 166, May 1998, p. 5.

② Alan Rappeport, “A Short History of Hedge Funds”, 2007, https://www.cfo.com/banking - capital - markets/2007/03/a - short - history - of - hedge - funds/.

③ Eichengreen and Donald Mathieson, *Hedge Funds and Financial Market Dynamics*, Tables 2.1 and 2.2, p. 7 and p. 8.

20 世纪 90 年代后许多对冲基金都将注册地设在离岸中心，既可以避税，又可以避开监管。在成为富人投资的热门选择后，对冲基金经理的报酬方式也发生变化。基金经理继续像琼斯基金那样收取投资收益的 20% 作为报酬，另还按管理资产总额的 1% ~2% 收费（年费）。21 世纪初，美国有 6 000 ~7 000 只对冲基金，管理约 6 000 亿 ~6 500 亿美元资产。[①]这意味着对冲基金经理们的年费收入在 60 亿 ~130 亿美元，无论业绩高低对冲基金经理平均可得不少于 100 万美元的年费收入，显然不同于琼斯基金早年的报酬安排。报酬方式的变化既反映了对冲基金的普及，也反映了对冲基金经理作为的规范程度较往昔大为增多。

对冲基金吸收投资者的一个做法是利用新闻报刊渲染其超凡业绩以及“传奇”经营者的操作神话。朱利安·罗伯逊（1932—2022 年）于 1980 年创建老虎基金（Tiger Management），初始资金 800 万美元。1986 年《机构投资者》刊文称该基金成立以来资产市值保持两位数增长，一时为金融市场侧目。《商业周刊》1996 年 4 月的封面文章以《巫师的坠落》（*Fall of the Wizard*）为题质疑老虎基金的业绩和经营行为，罗伯逊对此发起诉讼（但后来撤诉）。1998 年，媒体广泛报道老虎基金掌管资产总额多达 220 亿美元，2 倍于一年前，且为世界资产规模最大的对冲基金。事实上，老虎基金大量持股于一家垂死企业合众国航空公司（U. S. Airways），该公司股价大幅滑落致使老虎基金价值重挫，被迫于 2001 年折价清算（合众国航空公司于 2002 年也宣布破产）。

与老虎基金齐名的是乔治·索罗斯的量子基金（Quantum Fund）。该基金成立于 1970 年，成名于 1992 年。当年 9 月 15 日，与德国马克挂钩的英镑在外汇市场遭受攻击，大量资金押注英镑难以维持与马克的目标汇率（1 英镑 =1.95 马克）。为维持英镑汇率，英国政府一天内数次提高利率，一度将基准利率提升至 15% 。考虑到如此高的利率势必造成英国经济严重衰退，英国政府很快改变主意，决定放弃汇率目标，任英镑浮动，取消当天的利率提升（史称英镑的“黑色星期三”）。1 个月后，新闻报道披露索罗斯的量子基金是押注英镑贬值的幕后操盘手，由此名声大噪。1997 年夏秋，东南亚多国爆发金融危机，导火索是泰国和马来西亚等国的外汇市场动荡。索罗斯等国际投资者承认参与了对东南亚诸多货币的投机性攻击，理由是这些经济体的固定汇率体制存在缺陷。时任马来西亚总理马哈蒂尔谴责索罗斯为“全球经济的拦路抢劫犯”。[②]索罗斯及其量子基金随之家喻户晓。

震动国际金融界的另一重大事件是大型对冲基金长期资本管理公司（LTCM）于 1998 年 9 月濒临破产。该公司成立于 1993 年，多位金融学术权威为合伙人，投资起点

---

① Securities and Exchange Commission, *Implications of the Growth of Hedge Funds*, Staff Report, Washington, D. C., September 2003, p. vii.

② Mohamad Mahathir Mohamad, “Highwaymen of Global Economy”, *Wall Street Journal*, September 23, 1997.

1 000万美元。它的经营特点是运用复杂数学模型计算各类债务工具的收益率曲线，将之作为未来“确定趋势”的判断依据，据此大量使用杠杆最大限度地“以小博大”而获暴利。在杠杆运用上，长期资本管理公司利用自身声誉和投资头寸重复借贷，从而成为极高负债（高杠杆）的固定收益类对冲基金。自成立至1998年夏季，该公司的投资策略一直有着良好记录。但在1998年8月，俄罗斯宣布外债重组（外债违约），长期资本管理公司基于历史数据推演的收益曲线预测满盘皆错。此时，公司不仅无力偿还大量短期借债，而且还会因自身资本短缺使华尔街众多债权人“血本无归”。为避免引发金融风暴，美联储（纽约联邦储备银行）紧急召集多家大金融机构联手救助。2000年，当债市平静时，长期资本管理公司清算退市。如前所述，当年老虎基金也自行歇业。

1997年东南亚金融危机以及1998年长期资本管理公司的风波，使国际社会高度关注对冲基金在国际金融市场上的作用，尤其担心其操纵金融市场和破坏新兴市场经济体宏观经济稳定。由于各国金融市场的交易数据十分分散而且不易获得机构参与者的数据，研究者难以基于数据及其分析确切解答有关问题。三位美国研究者使用马来西亚外汇交易数据，发现1997年前四年马来西亚货币林吉特交易中的多空头寸波动剧烈，但林吉特的汇率却未受影响；1997年林吉特汇率危机期间，对冲基金的净头寸和盈利皆未发生显著变化。他们据此认为，索罗斯和其他对冲基金管理者并不是导致危机的因素。[①]

国际货币基金组织组织的研究表明，1997年7月末泰国中央银行资产负债表账上有已售出远期外汇280亿美元，它是其早先为稳定泰铢而采取的干预行动。其中70亿美元被对冲基金购买，后者很可能随即在泰铢的离岸市场以及在岸市场上转手卖出。[②]调查发现，在7月初泰铢危机前，对冲基金已于1997年5月卖出泰铢头寸，而6月抛售泰铢的大多是泰国国内公司和银行以及国外商业银行和投资银行，而非对冲基金。简言之，“如果说‘羊群行为’导致了泰铢危机，对冲基金位于羊群的尾部而不是首部”。[③]此判断异于舆论中的常见看法，也表示国际社会在此问题上不易达成共识。

金融稳定论坛（FSF）成立于1999年，于国际金融危机爆发后的2009年更名为金融稳定委员会（FSB），并成为二十国集团（G20）首脑会议机制的关联机构。针对对冲基金在东南亚金融危机中的作为和长期资本管理公司风波，该组织于2000年发布《关于高杠杆机构工作组研究报告》，将对冲基金列入高杠杆机构，并提出应警惕对冲基金的债务风险，不可忽视采用激进策略的大型对冲基金可能对中小新兴市场经济体带来的不利影响，所有对冲基金都应提高信息透明度，金融监管当局应特别关注交易对手风险（赫斯塔特风险）。[④]

---

① Stephen J. Brown, William N. Goetzmann and James Park, Hedge Funds and the Asian Currency Crisis, *NBER Working Paper* 6427, Cambridge, Massachusetts, February 1998.

② Eichengreen and Donald Mathieson, *Hedge Funds and Financial Market Dynamics*, p. 17.

③ Eichengreen and Donald Mathieson, *Hedge Funds and Financial Market Dynamics*, p. 18.

④ Financial Stability Forum, Report of the Working Group on Highly Leveraged Institutions, April 2000.

美国证券交易委员会（SEC）2002 年的研究报告认为，对冲基金给金融市场和投资带来多种好处，增加了市场流动性并提升了市场效率，还为投资者提供了风险管理工具，因为对冲基金的收益与特定股市债市显著不相关。①报告总的看法是，除非有立法上的重大调整，否则难以对对冲基金有效监管；监管机构目前所为是敦促其增加信息披露并避免卷入违法的交易（包括不得利用新信息技术从事广告宣传）。②

进入 21 世纪，作为在投资策略上高度灵活和经营上高度自由的组合投资机构，对冲基金继续快速增长，美国以外许多国家也出现大量本土对冲基金。2007 年，两家美国对冲基金得到监管机关批准在交易所挂牌上市，突破了此行业几十年的私募传统。③同时，该行业丑闻频发，基金管理人违规从事交易或在灰色地带行走，并与一些金融机构合谋牟取不当利益，引发舆论更多关注。当然，违规经营在投资行业相当普遍，对冲基金与共同基金，私募基金与公募基金，其实难分伯仲。

主权财富基金

中国于 2001 年 11 月加入世界贸易组织后，为迎接对外金融市场开放而加快了金融改革。出于国有金融机构股份制改革的需要，国务院于 2003 年 12 月批准成立中央汇金公司，由该机构承担对国有商业银行的注资（资本金补充）。汇金公司资本金来自中国人民银行的外汇储备，用途是购买几大国有商业银行的股权。在得到汇金公司的注资后，几大国有商业银行陆续在境内外证券交易所挂牌上市，由此获得大量新增股份资本。2007 年 6 月，十届全国人大常委会第 28 次会议批准财政部发行 15 500 亿元特别国债，并按当时汇率向中国人民银行购买约 2 000 亿美元外汇，用作新组建的中国投资公司（CIC）资本金。不久后，汇金公司并入中国投资公司。与汇金公司主要投资国内金融机构不同，中国投资公司成立之初即明确以国际市场多样化投资为主，包括股权投资和组合投资。中国投资公司成立之初拥有的巨额资本使之当即跻身世界前十大主权财富基金。

“主权财富基金”（SWF）是一位金融从业者在 2005 年发表的文章中首次使用。④国际社会随之出现热议，国际货币基金组织等许多国际金融机构陆续发表研究报告，它们对主权财富基金高度关注并多少担忧的原因有三：（1）巨大规模的主权财富基金势必成为影响国际金融市场运行的重要力量；（2）主权财富基金的所有者是各国政府，极有可能受政治决策的直接支配，“金融政治化”（“金融民族主义”）倾向因此在所难免；

---

① Securities and Exchange Commission, *Implications of the Growth of Hedge Funds*, p. viii.

② 但是，美国 2012 年通过的《就业法》包含一条款，放宽对对冲基金广告宣传的限制（雷默、唐宁《投资：一部历史》，第 288 页）。

③ 马克汉姆.《美国金融史》第五卷，第 291 – 292 页。

④ Andrew Rozanov. “Who holds the wealth of nations?” . *Central Banking Journal*. 15 (4) . May 2005.

（3）主权财富基金缺乏透明度，国际社会尚未对其投资行为制定规范。

国际货币基金组织2008年2月发布的报告汇集多家机构的估算，认为各国主权财富基金的资金规模当时在2.09万亿美元和2.97万亿美元之间。其中，阿拉伯联合酋长国（以下简称阿联酋）主权财富基金（Abu Dhabi Investment Authority）资产高达8 500亿美元（该机构成立于1976年），挪威政府养老全球基金（GPF – G）资产额为3 800亿美元（成立于1990年），新加坡政府投资公司（GIC）为3 300亿美元（成立于1981年），沙特阿拉伯（具体机构名称不详）为2 890亿美元。①资产规模千亿美元的还有中国、俄罗斯和科威特。另有估计认为，2007年全球私募股权基金规模为7 000亿美元，主权财富基金资金为2.9亿美元，对冲基金为6万亿美元，共同基金为19.3万亿美元，养老基金为21.6万亿美元。②主权财富基金与其他类型投资基金的最大区别在于它由政府控制。

国际货币基金组织研究部时任负责人称："我们对这些重要经济体的国有角色知之甚少。"③他引用的数据表明，主权财富基金的规模1990年约为5 000亿美元，2007年已接近3万亿美元，17年间年均增长11.8%，显然在各类投资基金中增长最快。相比对冲基金和一些私募股权基金信息不透明和高杠杆等问题，主权债务基金的主要问题是，既信息不透明，又可影响政府对待跨境资金流动的政策并受制于政府的对外政策。

国际流行看法是，主权财富基金系政府所有的投资基金，出于多种宏观经济政策目的而组建，其资金（资本）常通过外汇资产转移而得并用于海外长期投资。④以此而论，不是所有的国有投资机构都是主权财富基金，因为它们大多仅投资国内市场，不涉及海外市场。此外，各国货币当局（中央银行和或财政部）持有的外汇储备通常并不归入主权财富基金，因为外汇储备主要由短期性的、高流动性的债券资产构成，不涉及股权资产。

有研究者认为，主权财富基金起源于19世纪，法兰西政府在拿破仑战争结束后的1816年组建"存款委托行"（CDC）可算一家主权财富基金，它作为全国各地储蓄银行和邮政储蓄所的上层机关，负责公共投资（如资助公共图书馆和高等院校）并将部分资金用于海外投资，享受免税。⑤多数研究者认为，当代典型的主权财富基金始于1953年，这一年，科威特政府设立投资署（Kuwait Investment Authority），利用政府掌握的石油外

---

① International Monetary Fund. *Sovereign Wealth Funds—A Work Agenda*, Washington, D. C, February 2008, Table 1, p. 7.

② 这些数字来自美国研究者的估计，转引自 Xu Yi – chong and Gawdat Bahgat, eds. *The Political Economy of Sovereign Wealth Funds*, Palgrave Macmillan, 2010, p. 11. 此处关于对冲基金资产规模的数字应包括美国和非美国所有对冲基金。仅就美国而言，对冲基金管理的资产2006年为1.2万亿美元，2008年为2.65万亿美元（马克汉姆．《美国金融史》第五卷，第271页）。

③ Simon Johnson. "The Rise of Sovereign Wealth Funds", *Finance and Development*, 44 (3), September 2007.

④ International Monetary Fund. *Sovereign Wealth Funds—A Work Agenda*, p. 4.

⑤ Xu Yi – chong and Gawdat Bahgat, eds. *The Political Economy of Sovereign Wealth Funds*, Palgrave Macmillan, 2010, p. 1.

汇收入从事对外金融投资。此时科威特尚未独立（科威特1960年从保护国英国接过司法和货币管理权并作为创始国参加石油输出国组织，于1961年独立，1963年加入联合国），但已展现出金融远见和组织能力。太平洋的吉尔伯特群岛（现为基里巴斯共和国之一部分）大量出口磷酸盐，1956年设立“岁入平准基金”（Revenue Equalization Fund），以此将出口收入转做多样化投资，指望该基金在本地自然资源枯竭后成为收入来源。[①] 1990年以前，世界共有数十个国家的政府，包括数个发达国家的地方政府，组建主权财富基金，除新加坡外，它们大多是自然资源丰富和人口稀少的小型开放经济体，面临的共同问题是自然资源枯竭后本地经济何去何从。

阿拉伯联合酋长国1971年脱离其保护国地位并宣布独立，此前其阿布扎比酋长国已设立本国发展基金，将部分石油收入划入该基金并由其从事多样化投资。当时，油价处于低位，阿布扎比的财政支出和预算平衡经常大幅波动，故设立发展基金的初衷是平顺财政管理以减少波动。20世纪70年代油价高涨后，阿拉伯联合酋长国明白石油终会枯竭，应该未雨绸缪，遂于1976年重组发展基金并成立投资署（ADIA）。该机构下设六个部门，即对外股权部、国内股权部、固定收益部、另类投资部、房地产部、私募基金部。设立固收部表明该机构的运作未受伊斯兰金融的正统思想束缚。阿拉伯联合酋长国投资署从政府接受大量新增石油收入，决意成为全球金融市场上“值得信赖的和负责任的投资者”。[②]

新加坡在东亚地区最早组建主权财富基金，1974年成立淡马锡（Tamasek），1981年成立政府投资公司（GIC）。两家公司均由新加坡政府全额出资，但按“私人有限责任公司”注册，因此长期无须对外披露信息。政府投资公司的资金主要来自新加坡政府的外汇储备，它成立后继续获得政府增资，资金规模远超淡马锡（2007年政府投资公司资产为3 300亿美元，淡马锡为1 080亿美元）。淡马锡成立时的宗旨是支持本地企业的创业和增长，实际上是配合新加坡政府的产业发展规划，向有关企业提供资本金支持，也就是运用公共资金发挥私募股权基金和风险投资基金的作用。获得淡马锡投资的许多企业后来都成功上市，而它也因此得到“滚雪球”的收益。新加坡于1965年独立后，航运业、炼油、石油化工、电子设备等产业快速发展，它们都曾得到淡马锡投资。淡马锡早期投资均在新加坡境内，后来也在周边邻国投资，20世纪90年代后投资范围扩至亚太地区。进入21世纪后，美国与中国成为淡马锡最大的投资对象国。新加坡政府投资公司的投资范围与淡马锡相似。长期担任政府投资公司主席的李光耀资政曾说，政府投

① The Economist, “The world's most expensive club”, 24 May 2007.

② Joseph A. Kéchichian, “Sovereign Wealth Funds in the United Arab Emirates”, in Xu and Bahgat, eds. *The Political Economy of Sovereign Wealth Funds*, p. 91.

资公司像养老基金，不会为更高的收益而放弃风险控制；淡马锡则可承担较高的风险。①

20 世纪 70 年代以前，地处欧洲边缘的挪威经济落后，以渔业和林业为主，现代制造业几乎为零，人均收入水平低下。与许多欧洲国家一样，挪威自 20 世纪初开始建设本国社会保险制度，主要采用依附财政体系的德意志模式。1967 年，挪威借鉴国际经验建立政府养老基金（GPF），作为全国社会保障计划的一大支柱。当时，挪威尚未发现油气储藏，该基金规模微小。1983 年后，随着油气开采及其国际价格的上涨，挪威的油气收入大增，国内开始讨论如何使用油气收入。由于政治因素的影响，数年中挪威政府实际上未进行任何改革，只是断断续续地且以不同方式将新增财政收入注入政府养老基金，而该基金在经费开支和管理经营上存在诸多问题，因此招致社会各界强烈批评。经过反复磋商，挪威政府终于在 1990 年出台改革方案，将原有政府养老基金一分为二，即同时运行两大新基金，挪威基金和全球基金。挪威基金在全国社保基金开立账户，全球基金在挪威中央银行开立账户。所有新增石油收入按比例投入全球基金（GPF－G），该基金在全球从事多样化投资。全球基金原名挪威石油基金，2006 年更为现名。1990 年改革方案的最大特色是全球基金脱离政府养老金系统，经营目标确定为挪威人民未来的生活水平提供支持。简言之，全球基金的基本目标是资产增值。挪威学者认为，这套改革方案的通过实属不易，既是反复试错的结果，又带有偶然性。②进入 21 世纪后，在国际油价持续高涨的推动下，挪威全球基金的资金规模不断扩大，跃升为世界名列前茅的主权财富基金。

上述阿拉伯联合酋长国、新加坡和挪威的经历表明，各国主权财富基金的形成和发展各异，各国关于主权财富基金政治决策的动机不同。其共同背景是，出口快速增长，需要为自然资源枯竭后的未来及早谋划。在新加坡，主权财富基金凸显其支持本国产业发展的导向。从更广泛的国际和长远的历史视角来看，资源富裕国家和新兴市场国家的主权财富基金兴起代表了世界经济和国际金融地理格局的重要变化，后进国家在经济发展基础上以新方式进入国际金融市场，成为世界金融舞台上的新星。

为协调各国主权财富基金的政策方针，尤其针对主权财富基金投资受到多方面政治和对外政策影响，国际货币基金组织与经济合作组织于 2008 年 5 月推动成立主权财富基金国际工作组（IWG－SWF），参加者包括所有重要主权财富基金的国家（发起国和东道国），诸如中国、阿拉伯联合酋长国、新加坡、挪威和美国，沙特阿拉伯和世界银行

---

① Yvonne C. L. Lee, "Between Principles and Politics: The Pragmatic Practice of Singapore's Sovereign Wealth Funds", in Xu and Bahgat, eds. *The Political Economy of Sovereign Wealth Funds*, p. 52. 该文提及淡马锡 2009 年否认自己为主权财富基金。

② Bent Sofus Trany, "Norway: The accidental role model", in Xu and Bahgat, eds. The Political Economy of Sovereign Wealth Funds, pp. 177－201; Einar Lie, "Learning by failing: The origins of the Norwegian oil fund", Scandinavian Journal of History, 2018, 43 (2): 284－299.

等则为永久观察员。经过成员国的磋商，该工作组于 2008 年 10 月达成关于主权财富基金“普遍接受原则和实践”（GAPP）的共识，称为“圣地亚哥原则”，要点：（1）帮助维护稳定的全球金融体系以及资本和投资的自由流动；（2）遵守投资对象国家所有相关的监管与信息披露要求；（3）出于收益目的并考虑经济和金融风险进行投资；（4）采用透明和健全的治理结构，确立有效的运营控制、风险管理和问责制。四项要点可理解为：（1）主权财富基金应是现行国际金融体系的参与者和维护者；（2）主权财富基金只从事符合投资对象国（东道国）监管和信息披露要求的投资活动；（3）主权财富基金的投资决策不受非经济因素左右；（4）主权财富基金应是一个负责任的并有风险控制能力的经营机构，接受发起国和公众的监督。从根本上说，对主权财富基金提出如此要求，是因为其掌管的资金规模极为庞大，而且主要从事跨境投资。

［第七章］

国际金融关系的演变

相比于19世纪，20世纪金融发展在广度和深度上都取得了巨大成就，在国际金融领域尤为突出。如第一章所述，19世纪国际金融关系的发展主要表现为各国货币制度逐渐转向金本位制、跨国银行网络普及、全球资本市场（以伦敦和巴黎为中心的国际证券市场）初现、部分工业化国家中央银行之间时断时续的双边合作。如果说以上述发展为特征的世界金融体系已形成于20世纪初，第一次世界大战的爆发则将该体系打碎。大战结束时，国际社会强烈感受到对全球公共物品的需要，尤其对维护国际和平和安全、促进经济重建和稳定化、恢复国际交通运输以及防治传染病的需要甚为迫切。在此背景下，国际社会首次组建全球性政府间合作组织国际联盟及其附属机构，并在政治、经济、交通运输和公共卫生等领域开展跨国合作。

持续性和制度性的政府间国际金融合作关系由此出现在20世纪上半期的国际联盟框架内。这个框架虽是重要的历史进步，但却有许多缺陷和不足。它不是国际社会有意识的追求，很大程度上是应急对策的产物。它也不是当代意义上的全球性机构，因为当时的欧洲列强统治着世界的大部分地区。它掌管的经济和金融资源十分有限，仅在局部范围内发挥作用。尤其重要的是，它未能集合当时主要大国的集体意志，未在20世纪30年代携手阻止经济民族主义的兴起及其对恢复中的世界经济和金融体系的威胁。

第一次世界大战爆发后，人类社会提升了对国际公共物品的认识，主要国家更加重视国际货币金融合作的世界和平意义。布雷顿森林体系创立于此历史新背景下。它集合了大国意志，力图实现全球代表性，并通过具有显著效力的多边国际条约和国际组织推动国际货币金融领域中的国际合作。

“一战”爆发前，国际金融领域中的主角是各国私人部门金融机构，它们的活动在不同程度上受到欧美列强的种种干预，有的国家甚至将私人部门金融机构当作对外政策工具。20 世纪后半期，国际金融继续受到有关国家政府的强烈影响，但多边金融组织的出现和发展促使政府与私人部门金融机构的关系在国际层面出现改变，多边金融机构更多地体现各国政策的影响和相互作用。

世界各国及各国不同地区的发展差距在 20 世纪，尤其是在 20 世纪后半期具有了新的历史意义。国际社会认识到，发展不平衡是对国际秩序的重大威胁，国际经济合作是缩小发展差距的必要途径，而国际金融合作则是国际经济合作的有力工具。同时，随着各国经济增长和对外经济开放，跨境资金流动日益活跃，金融风险的跨境传播也随之更广更快，对国际金融合作提出新要求和新挑战。20 世纪后半期的国际金融关系出现前所未见的变化。

一、国际联盟及其经济金融组织的运行

国际联盟（以下简称国联）是人类历史上第一个旨在维护和平并具有广泛代表性的国际政治组织。美国提议建立国联，但却因国内政治缘故而未参加。国联虽为政治机构，但很快发现亟须加强经济和金融领域的国际合作，于是设立了经济金融处。在国联的推动下，许多国家于 1920 年后组建中央银行，金本位制在"一战"结束后再度流行世界。但是，世界经济和国际金融中的深层次矛盾依然如故，国联及其经济金融处无力应对挑战。国联的教训促使"二战"结束后联合国及布雷顿森林体系的诞生。

国联经济金融组织（EFO）的由来

在"一战"即将结束的 1918 年初，美国总统威尔逊提出"十四点计划"，其中第 14 点为"成立国际联盟以维持世界和平"。[①] 1920 年初，《凡尔赛条约》及《国际联盟盟约》由 42 国签署（不包括美国），国际联盟正式成立，总部设于瑞士日内瓦。国联的宗旨是维护和平和各国正常外交关系，反对使用武力，敦促各国裁军。《国际联盟盟约》第 23 条要求各成员国公平对待商业事务，但并未提出如何实施该原则。[②]英美两国想当然地认为，和平一旦来临，战前的国际贸易秩序便可自动恢复，无须采取任何特别政策措施或设立专门机构。事实上，尽管已停战一年多，欧洲的经济却极度糟糕，贸易迟迟

① 该要点原文为"为了大小国家都能相互保证政治独立和领土完整，必须成立一个具有特定盟约的普遍性的国际联盟"（齐世荣主编.《世界通史资料选辑》（现代部分第一分册），北京：商务印书馆，1983 年，第 11 页）。

② 《国际联盟盟约》第 23 条（甲）约定："勉力设法为男女及儿童在其本国及其工商关系所及之各国，确保公平、人道之劳动条件，并为此项目的设立与维持必要之国际机构。"此条款明显主要为成立国际劳工组织（ILO）所定，经济商业事务仅有旁及（华尔脱斯.《国际联盟史》上卷，汉敖、宁京译，北京：商务印书馆，1964 年，第 68 - 69 页）。

不能复苏。德国失去殖民地，奥匈帝国被肢解，俄罗斯退出国际体系，这些都给国际贸易带来重创。向缺粮国运送粮食及其跨境支付，遏制中东欧国家急剧恶化的通胀，处置战后各国之间的债务以及德国赔款，都是新的金融课题。

大战结束不久，美英法意四国于 1919 年 2 月成立协约国“最高经济理事会”（SEC），负责协调英法意三国偿还美债。战争期间，美国向三国出口大量小麦并形成美国对三国的债权，记为三国对美国银行机构的欠账。此局面的出现，意味着英国不再是“世界的银行家”，而美国才是世界的新债权人。“最高经济理事会”是一个部长级联络机构，但在美国国会否决加入国联后，美国政府只得退出此机构。[①]

凯恩斯、庇古和卡塞尔等 150 位经济学家与来自欧美多国的银行家和社会贤达于 1919 年联名向各国政府首脑呼吁加强国际金融合作，他们的联名信刊登于多国主流报刊。这场声势浩大的舆论运动促使国际联盟秘书处决定召开大型国际会议讨论国际金融合作，即 1920 年 9 月下旬至 10 月初的布鲁塞尔会议。此次会议是史上首次国际金融会议。为准备会议，国际联盟秘书处设立“经济金融处”（EFS），聘请专家常住日内瓦就重大议题开展研讨。[②] 39 国派出 86 位专家代表参加布鲁塞尔会议，他们多为财政部官员和银行界人士。未与会的重要国家有苏维埃俄罗斯、土耳其、墨西哥和智利。[③]会议目的是各国交换信息，探讨如何应对战争带来的经济创伤，为各国政府提供经济和金融政策建议。为此，秘书处要求与会国提供货币、公共财政、国际贸易、零售物价和煤炭生产的情报。瑞典知名经济学家古斯塔夫·卡塞尔（1866—1945 年）在其提交关于世界货币问题的备忘录中首次阐述了购买力平价的原理，并据此明确反对各国依据战前水平恢复汇率（因为各国物价水平自大战以来已发生不同程度的变动）。

1920 年布鲁塞尔会议由国联秘书处主办，为“非官方”的磋商活动（因此邀请到美国代表参加会议），因而未形成对各国有约束力的具体成果。但是，会议仍有三大意义：第一，扩大了卡塞尔等学者研究成果的国际影响，为各国恢复金本位制提供了有价值的参考意见，使国际社会开始接受跨国界的“专家主导”政策形成方式，而非传统的“大国主导”或“政治主导”。第二，在英国政治家的倡议下，布鲁塞尔会议超越政治隔阂，邀请德国代表和苏俄代表参加会议（前者战后第一次参加国际会议，后者未到会），不仅使此次会议具有全球普遍性，而且一定程度上促成了协约国与德国的政治和解。第三，受到会议良好氛围和各国代表共识的鼓励，国联决定成立“经济金融联合临时委员

① Patricia Clavin, *Securing the World Economy*: *The Reinvention of the League of Nations*, 1920 – 1946, Oxford University Press, 2013, pp. 13 – 14.

② “经济金融室”也译“经济财政组”，为国联秘书处下设三室（组）之一（另两个是交通运输和卫生保健），篠原初枝.《国际联盟的世界和平之梦与挫折》，牟伦海译，北京：社会科学文献出版社，2020 年，附录“国际联盟组织机构图”，第 229 页。

③ Clavin, *Securing the World Economy*, p. 19.

会”，它虽为论坛性的机构，但带有超国家属性，许多成员非由主权政府委派而由国联秘书处遴选。①此为国际金融领域中多边国际组织发展的先例。

布鲁塞尔会议号召各国尽快组建中央银行，各国政府确保中央银行在确立或恢复金本位制以及汇率调整中发挥重要作用。② 此号召对中央银行制度 20 世纪 20 年代在世界上普及起了重要作用。

1922 年 4—5 月，英法提议在热那亚召开国际经济与金融会议，绕过国联而邀请美国参加。英国有意利用此次会议将德国赔款与战争债务偿还挂钩，同时促成协约国与德国和苏俄的政治和解（苏联此时刚成立）。德苏两国代表到达热那亚后，很快签署了《拉帕洛条约》，废除两国 1918 年 3 月签订的《布列斯特—立陶夫斯克条约》，恢复关系正常化。两国此举意在突破协约国的外交包围圈，但此插曲未妨碍热那亚会议在国际经济政策协调上取得四大成果。第一，明确各国近期政策目标是确立或恢复金本位制。第二，号召各国中央银行加强合作，尤其实行金本位制国家的央行相互密切合作。第三，金本位制国家在黄金储备不足时可以外汇储备来补充，而外汇必须是牢固确立金本位制国家的货币（当时仅为美元）。此条款意味着国际范围首次形成外汇储备制度的统一意见，也是对金汇兑制度的国际确认。第四，协约国与德苏两国关系恢复正常，美国信贷资金、直接投资、技术和商品陆续进入两国。

但是，热那亚会议的成果也有明显不足。在会议期间，英格兰银行行长强调，“中央银行合作”指中央银行需要合作时进行基于市场原则和私下沟通的合作，不需要通过事先公开的和政府间协议的方式。③这意味着中央银行合作与 19 世纪相同，不仅缺少统一规则，而且极易受到各国对外政策的影响。此外，关于各国如何建立或恢复金本位制，如何在国际收支尚处逆差而获得足够的黄金储备和外汇储备，热那亚会议并未给予明确回答。不用说，关于德国赔款支付与欧洲国家对美国债务偿还的“挂钩”问题，热那亚会议未形成任何具体意见。

热那亚会议后不久，奥地利出现严重货币贬值和通胀。1922 年 7 月，奥地利克朗对美元贬值超过 130%，8 月零售物价指数环比涨幅高达 130%。④奥地利迫切需要外部救援。一番彷徨后，国联“经济金融联合临时委员会”决定介入，积极协调多国与奥地利达成合作协议。为推动国际协议的落实，国联“经济金融联合临时委员会”于 1922 年 10 月更名为“经济金融组织”（EFO），由此成为一个专门的国际机构。

---

① Clavin, *Securing the World Economy*, p. 22.

② 约翰·辛格顿.《20 世纪的中央银行》，张慧莲等译，北京：中国金融出版社，2015 年，第 56 页。

③ Clavin, *Securing the World Economy*, p. 25.

④ Thomas J. Sargent, “The Ends of Four Big Inflations”, *in his Rational Expectations and Inflation*, 3rd edition, Princeton University Press, 2013, Table 3. 10, p. 80.

国联及其经济金融组织参与中东欧国家的经济稳定计划

国联与奥地利政府达成的经济稳定计划要点是，英国、法国、比利时、意大利和西班牙政府担保奥地利政府发行债券，发行金额合计为 2 000 万英镑；债券由奥地利几家银行在伦敦和纽约出售；奥地利政府以烟草专卖税和关税作为抵押。后来，J. P. 摩根公司也加入该救助计划，作为债券投资人为计划提供资金。此外，该计划要求奥地利组建不受政府控制的中央银行，重返金本位制，削减财政开支（大幅裁员和取消补贴）；同时，国联派代表常驻维也纳，监督奥地利政府的财政金融和经济政策。国联主导下的这些协议条款在奥地利国内引起民怨，尤其反对委任驻地监督代表。

路德维希·冯·米塞斯（1881—1973 年）为奥地利著名经济学家，20 世纪 20 年代初任奥地利商务部长。他后来回忆说："其实奥地利此时不需要外国贷款；它需要的是一个外国财政专员，以便在必要的时候，政府可以把否决增加经费支出的责任和黑锅推到他的头上。"①然而，国联派驻奥地利的财政专员是一位"不学无术、呆头呆脑而又傲慢自大的荷兰人"②，在任职期间对当地官员指手画脚，遇事每每越俎代庖，言行举止俨然一位殖民地总督，严重侵犯了奥地利的主权。国联的职责是维护成员国的主权和民族尊严，但其代表在维也纳的所作所为却背道而驰，"在民族主义者眼中，奥地利的民主因为将财政主权让渡给一家国际机构而永久性地受到玷污"。③

奥地利的货币汇率和通胀于 1922 年 9 月和 10 月渐于稳定。受财政紧缩计划的影响，国内生产总值在 1923 年出现下降，但随后转向增长。1922—1926 年，奥地利国内生产总值实际年均增长 4.6%，为欧洲的上佳水平。1926 年，国联从奥地利撤出监督官员，奥地利完成经济稳定计划，并结束与国联的经济和金融合作。

1922 年夏秋，匈牙利紧随奥地利发生严重通胀和货币贬值，不过很快被控制。1923 年上半年，匈牙利再次爆发通胀和货币贬值，严重程度空前。此时匈牙利不得不接受国联及其经济金融组织提出的救助方案，照搬"奥地利模式"：国联安排发行 1 000 万英镑的国际债券，担保品为匈牙利关税和烟盐糖专卖税，国联派驻布达佩斯的财政专员直接监控这些税款入账。此位官员原为美利坚律师，在波士顿从事税务工作。匈牙利贯彻经济稳定计划与奥地利不同，它所需外部资金仅为后者的一半，其政府财政收入大大用作担保的税款，因此政府在执行经济稳定计划期间有显著的财政自主性，与国联官员未发生频繁摩擦。此外，匈牙利经济落后于奥地利，农业部门占比较大，其受高通胀的危害显著小于奥地利。但是，匈牙利的国内政治和国际关系之复杂远甚奥地利。1920—1923

① 米塞斯.《米塞斯回忆录》，黄华侨译，上海：上海社会科学院出版社，2015 年，第 101 页。

② 米塞斯.《米塞斯回忆录》，黄华侨译，上海：上海社会科学院出版社，2015 年，第 101 页。

③ Clavin, *Securing the World Economy*, p. 29.

年，匈牙利经历多次“红色恐怖”或“白色恐怖”，还与多个邻国存在领土、人口国籍划定和资产所有权归属的争端。鉴于此，国联及其经济金融组织与匈牙利政府签署的金融协议，都需要经过罗马尼亚、捷克斯洛伐克和南斯拉夫的附署。[①]总体而言，国联及其经济金融组织与匈牙利政府相处融洽，前者积极劝说协约国负责战争赔款的委员会于1924年将匈牙利作为“一战”战败国的赔款数额定为未来20年每年平均支付1 000万金克朗（金克朗为战前奥匈帝国货币单位，战前汇率约2克朗=1美元）。若以每年人均赔款负担比较，匈牙利为德国的1/41。[②]

匈牙利恢复经济稳定并转向增长耗时短于奥地利，政府财政也很快转为平衡。20世纪20年代匈牙利经济发展中的主要问题是农村贫困继续显著存在，而城市经济和工业部门保持了相对繁荣。国联及其经济金融组织官员认为匈牙利经济稳定计划取得成功。

在匈牙利经济和货币形势趋于平静不久，波兰于1923年10月和11月跌入通胀旋涡，批发物价月度环比上涨曾达280%，超过奥地利或匈牙利。但在应对波兰通胀时，国联及其经济金融组织仅为配角，因为复杂外交因素作梗。国联及其经济金融组织在奥地利和匈牙利成功推行经济稳定计划，在法国人眼中是不列颠人的影响力在中东欧地区扩大，因为经济金融组织负责人来自英国。为此，法国政府坚持波兰在治理通胀时由其本国政府主导；而且，英法两国外交官的暗中较量使波兰政府在推行经济稳定计划时未接受来自此两国的资金。

除了上述三个中东欧国家，国联及其经济金融组织还向希腊提供重要支持。希腊在1922年与土耳其的领土争夺战中失利，短时间内流入从小亚细亚半岛撤离的数十万希腊裔难民，财政崩溃，通胀高企，向国联提出紧急救助请求。国联自身并无资金，所能做的是安排希腊政府前往伦敦等地发债，这是经济金融组织负责人的特长。不过，由于希腊政府1893年曾经债务违约，后续事务由债权人指定1898年成立的“国际金融委员会”负责。因此，希腊政府1923年主权债发行由该委员会操办，而发债融资的使用则由希腊政府与国联的难民安置委员会决定。国联经济金融组织此后的工作主要是指导希腊银行（中央银行）的运行，为希腊1928年重返金本位制提供政策建议。[③]

上述事例表明，国联经济金融组织事实上是一个危机应对机构，主要工作是为遭受货币危机的成员国提供政策咨询并安排债务资金发行和使用计划。但是，国联经济金融组织虽为“消防员”，却不是“有火必救”。当波兰1923年发生货币危机和魏玛德国1922—1923年超级通胀危机时，国联均未直接介入。就德国而言，或是因为它尚未成为国联成员（此事发生在1926年），但实质原因是，解决德国通胀危机难以指望欧洲人起

① Clavin, *Securing the World Economy*, p. 31.

② Clavin, *Securing the World Economy*, p. 31.

③ Clavin, *Securing the World Economy*, p. 32.

主导作用，德意志人与不列颠人或法兰西人之间已因《凡尔赛和约》及战争赔款问题互不信任，任何可被德意志人接受的外部救援计划只能由美利坚人主导。后来的事实的确如此。总之，国联及其经济金融组织的作用受到国际关系和外交因素的诸多影响。

作为崭新的多边机构，国联及其经济金融组织在许多国家重返金本位制的过程中发挥了积极作用，这是19世纪的国际社会未曾有过的（即使当时的拉丁货币联盟也未曾有过真正的多边常设机构）。但是，英法两国重返金本位制却与国联无关，这显示了国际机构对大国约束力的微弱。英国于1925年恢复金本位制，而且基本参照战前汇率确定英镑的金平价，人为抬高了英镑汇率（第一次世界大战以来英国通胀高于美国），反映了当时英国部分政治家的意愿（尤其是时任财政大臣丘吉尔的主张）。法国于1926年确定法郎的金平价，1928年正式重返金本位制。在英国于1931年退出金本位制后，法国与另五个欧洲国家组成“金集团”，坚持金本位制至1936年。这些情况表明，国联及其经济金融组织对大国的影响力甚小，英法美等国各行其是，重大宏观经济决策既不与国联沟通，也不与别国磋商。

经济金融组织的运行

经济金融组织下设四个处。秘书处（办公室）主要负责内外联络和会议相关的行政事务，经济处负责宏观经济事务的研究和协调事务，金融处负责财政货币政策咨询以及跨境资金流动（包括主权债发行）事务，经济情报社定期汇集各国统计数据并作初步分析。经济金融组织理事长为不列颠人，由国联理事会任命；各处室负责人由理事长聘请，分别来自英法意三国。各处室工作人员不都由国联成员国政府推荐，许多由经济金融组织招聘。他们大多为经济学者和统计学者，日常工作除了分析各国的统计数据和撰写专题报告，还有广泛的同行交流，针对重大理论和政策问题各抒己见。不少工作人员离职后著书立说，回忆其在国联经济金融组织的工作经历。经济金融组织为国联编辑《统计年鉴》《统计月报》《货币、银行与国际贸易统计》等大型出版物，此事业后为联合国及布雷顿森林机构（国际货币基金组织和世界银行）继承。

国联秘书处和经济金融组织时受外部赞助，包括来自洛克菲勒的资助，以聘请外部专家从事研究。短期访问学者包括瑞典的贝蒂·俄林和冈纳·缪尔达尔，奥地利的戈特弗里德·哈珀勒等。他们在日内瓦的中心研究课题是商业循环（经济周期），而这也是他们返回各自国家后继续研究的对象。后来在经济周期研究中独树一帜并享有巨大国际声誉的“瑞典学派”和“奥地利学派”都有国联的背景。①

总体而言，国联经济金融组织是一个坚持“专家至上”或“精英主导”的跨国机构，负责人和工作人员有一定的超国家意识。但是，“超国家意识”并不均匀地体现在

---

① Clavin, *Securing the World Economy*, p. 37.

所有工作人员中，国别意识或国别利益关联显然对该机构的工作时有影响。一位来自意大利的资深工作人员因与意大利官方意见不同而辞去在国联的职务，表明他不充当意大利政府在国联的代言人。[①]而在主权债发行的安排上，经济金融组织优先考虑伦敦而非巴黎，这使法兰西人认为该机构偏袒了不列颠（在 1923 年波兰货币危机时，由于法国的反对国联未直接介入）。

事实表明，国联经济金融组织自始就鲜明奉行自由放任的市场经济原则，可称为“19 世纪古典主义经济学说”。他们开给各国政府的政策药方包含如下要点：第一，各国应当实行贸易开放，反对保护贸易和限制贸易的各种做法；第二，在国内，各国政府应当尽量减少对经济活动的直接干预；第三，各国应该尽快恢复金本位制，以保持物价和汇率稳定；第四，各国应尽快组建中央银行，政府应允其独立行使维护金本位制的职责，不加干涉；第五，政府坚持财政平衡原则，减少和取消补贴，避免公务员冗员庞大。这些要点，大多被几十年后的《华盛顿共识》吸收（仅有金本位制在《华盛顿共识》中由浮动汇率制取代）。

在此种思想氛围下，国联于 1927 年 5 月在日内瓦举办世界经济会议，共有各国代表 194 位，另有 226 位各领域专家参加研讨。持续 3 周的会议虽然未就国际贸易或国际金融达成新的国际条约或盟约，但极大地推广了自由贸易原则，首次将“最惠国待遇”条款推荐给各国作为制定贸易政策的参考。[②] 1927 年各国经济景气，很少有人预料两年后世界经济和国际金融会陷入空前规模的风暴。

国联经济金融组织促成“货币医师”（Money Doctors）流行于 20 世纪 20 年代。“货币医师”多为英美等国货币金融领域的权威学者，或是在中央银行和大金融机构担任要职的资深人物，他们应政府之约前往当地调查研究，向当地政府提出货币银行体制改革的“一揽子”政策建议。此种做法最早发生在国联主导奥地利和匈牙利货币危机应对之时。1920 年布鲁塞尔会议后，一些尚未建立中央银行的国家向国联请求政策咨询；而在 20 世纪 20 年代中期后，几乎所有遭遇货币金融危机的中小国家都向国联提出救援请求。但是，正如前述波兰事例，并非所有的请求都能得到国联的响应。在波兰，前往进行危机诊断的“货币医师”是美国政府派出，为普林斯顿大学教授和美国经济学会主席甘末尔（Edwin Walter Kemmerer，1875—1945 年），该学者 20 世纪 20 年代末和 30 年代初曾前往中国以及多个南美国家就中央银行和货币体制改革提出政策建议。1926 年，罗马尼亚遭遇货币危机，它向国联及英法两国请求救援。法国政府认为，此是扩大法兰西在东欧影响力的重要机遇，派出由法兰西银行副总裁率领的“货币医师”大型代表团前往罗马尼亚，并承诺资金支持（邀请罗马尼亚来巴黎发行主权债）。但是，此次绕过国联的

---

① Clavin, *Securing the World Economy*, p. 58, footnote 37.

② Clavin, *Securing the World Economy*, p. 43.

救助和改革计划未获成功，1929 年罗马尼亚再次陷入货币危机。[①]

国际联盟（及其经济金融组织）存在两个先天不足：首先，它自始并非真正全球性机构，虽然德意志和苏俄后来加入，但两国和其他许多国家实际参与程度不高；其次，它不具有协商德国战争赔款问题的资格，该资格由《凡尔赛和约》明确赋予协约国“最高经济委员会”而非国联。此种先天不足导致 1931 年德国遭遇金融危机而无力执行杨格计划时，国联虽然意识到全球经济稳定受到威胁并提议尽快召开第二次世界经济会议，但美英法三国各存私心，对国联的呼吁置之不理。英法两国希望美国能豁免它们的债务，然后酌情削减德国的战争赔款；美国则坚持债务与战争赔款绝不挂钩。当英法两国就德国赔款举行多边协商，即 1932 年 6 月召开洛桑会议，美国胡佛总统未派官方代表出席，并在会议期间宣布债务延期。在此次会议上，国联事实上仅为观察员，没有发挥实质作用。洛桑会议的成果是局部调整德国的战争赔款支付安排，确认杨格计划并支持组建国际清算银行，以及召开世界经济会议（正式名称为“国际货币与经济问题会议”）。

1933 年 6 月在伦敦召开的国际货币与经济问题会议实际为第二次世界经济会议（第一次为 1926 年日内瓦会议），并按美国要求不在会议名称上使用“金融”一词，因为使用该词意味着债务问题被列入议程。[②]此次会议看似响应了国联在 1931 年的倡议，实际上却意味着在世界经济和国际金融重大问题协商中国联地位的下降。会议日程由几个大国的代表决定；会议期间，罗斯福总统宣称美国不打算与各大国就固定汇率达成协议；很快，与会各国分裂成以英国为首的英联邦“英镑区”，以法国为首的“金集团”，以及群龙无首的中小国家，它们中许多任其货币汇率浮动并贬值。促成“二战”期间美英商讨组建战后布雷顿森林体系的主要动因就是此时期出现的各国货币动荡，尤其各国竞相货币贬值（“竞争性贬值”）。也正是在此时期（尤其是 1933—1936 年），在国际金融市场动荡不安的同时，各国转向贸易保护主义，“以邻为壑”的经济政策大行其道。

图 7 - 1 以年度汇率数据计，显示四大货币在 1931—1936 年先后贬值。1931 年 6 月，德意志帝国马克脱离金本位制并大幅贬值，1 英镑兑马克由 1930 年的 20 马克升至 1931 年的 25 马克；1931 年 9 月英镑脱离金本位制，英镑对三大货币均贬值，兑美元数由 1931 年的 4.8 美元减至 1932 年的 3.5 美元；1933 年 4 月美元脱离金本位制，1 英镑兑美元在 1934 年升至 5 美元；1936 年 10 月法郎退出金本位制，1 英镑兑法郎由 1936 年的 82 法郎升至 1937 年的 124 法郎。这些货币的先后贬值看似有关各国针对他国的早先贬值而为，即带有“政策反击”的意味。此期间世界贸易总量的确出现下降。于是很多人认为，脱离金本位制和竞争性货币贬值是“以邻为壑”贸易保护政策的体现，后果却

---

① Dominique Torre and Elise Tosi. “Charles Rist and the French missions in Romania 1929 - 1933. Why the ‘Money Doctors’ failed?” Post - Print halshs - 00723887, HAL (French online research open archive), 2009.

② 查尔斯・P. 金德尔伯格.《1929—1939 年世界经济萧条》，宋承宪、洪文达译，上海：上海译文出版社，1986 年，第 237 页。

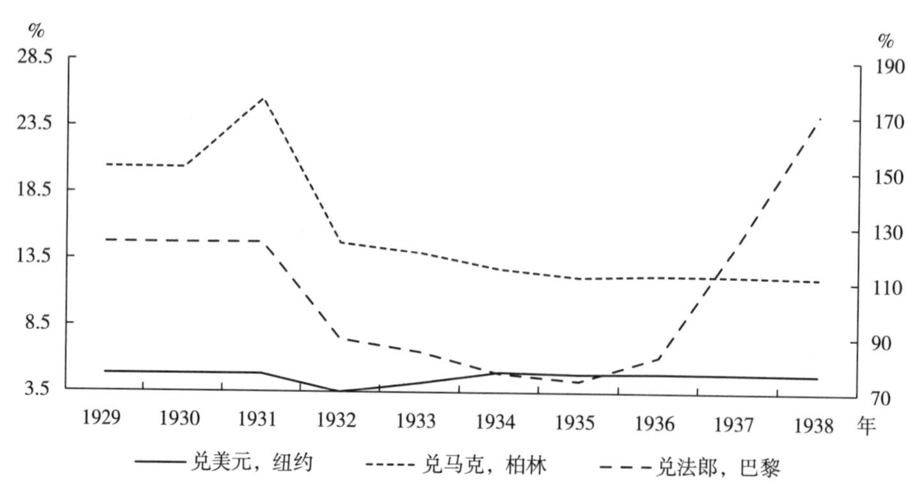

图 7－1　20 世纪 30 年代英镑兑其他货币汇率

（资料来源：B. R. Mitchell. British Historical Statistics［J］. Cambridge University Press，1988：702－703.）

是世界贸易萎缩和普遍经济衰退。①

当然，最终导致国联及其经济金融组织彻底瘫痪的主因是国际政治关系发生变化。1933 年 3 月，日本因侵略中国受国联谴责而宣布退出；1934 年 10 月德国退出国联；1937 年 12 月意大利入侵埃塞俄比亚后退出国联；1939 年 9 月国联预见苏联将进攻芬兰而开除苏联，此为国联最后一次大会决议。“二战”期间，国联经济金融组织迁往普林斯顿（另一个国联机构国际劳动组织迁往蒙特利尔）。战后初期，国联“寿终正寝”，经济金融组织被布雷顿森林体系取代。国联及其经济金融组织为后人提供了正反两方面的经验教训。

二、杨格计划与国际清算银行的诞生

1922 年成立的国联经济金融组织是货币金融领域的跨国政策协调机制，1930 年成立的国际清算银行则是一个跨国经营机构，也是前所未有的新型国际金融组织。它既是政府间合作机构，又是独立经营的商业法人。国际清算银行的诞生是 20 世纪上半期的一大创新，但其实际作用却因国际关系风云变幻大打折扣。

杨格计划的出笼

创建国际清算银行的动议来自重新安排德国赔款的国际协商。至 1928 年末，国际社

① 近来有研究者对 20 世纪 30 年代竞争性贬值提出新看法，认为当时主要国家的贬值政策并不针对贸易伙伴，而是出于制造国内通胀摆脱通缩局面的意图，Jonas Ljungberg，“Competitive devaluations in the 1930s：myth or reality?”，*Cliometric*，December 2022。

会认识到，德国赔款必须重新安排，因为它已成为20世纪20年代妨碍欧洲经济复苏的症结。截至1929年，国际社会认识到，除非对德国赔款进行调整，否则德国经济不会顺利复苏，欧洲经济也不能稳定增长。

1919年巴黎和会（《凡尔赛和约》）要求德国承担战争赔款，1921年5月协约国设于伦敦的“赔款委员会”宣布德国赔款数额为1 320亿金马克（315亿美元），第一阶段支付500亿金马克，其中德国每年支付30亿金马克（包含分期付款产生的利息），此后开始第二阶段支付820亿金马克的赔款，累计42年。伦敦委员会确定的德国赔款数额为史上最高水平，英法等国希望不仅借此削弱德国的经济和再次发动战争的能力，还可缓解自身所欠的对美巨额债务。对于德国而言，1 320亿金马克无疑是巨额负担，但在分期付款的安排下并非绝对超出其支付能力。“一战”前，德意志帝国一年出口收入超过80亿金马克，国内生产总值超过500亿金马克；50亿年度支付额相当于其出口收入的62.5%或国内生产总值的10%（当然，战后德意志与战前德意志不完全相等，后者被剥夺了海外殖民地并损失大批商船）。

凯恩斯作为英国政府代表团成员参加巴黎和会，因反对英法两国政府立场辞官回国，他后来发表的《和平的经济后果》专门探究德国的赔款能力，认为德国所能承担的赔款额至多不超过1亿英镑（约合22.7亿金马克）。[①]凯恩斯的著作发表于1919年底，1920年为国际畅销书。当伦敦“赔款委员会”1921年宣布德国在第一阶段每年须支付30亿金马克（约合1.32亿英镑）时，国际舆论反应强烈，认为数额过高。德国政府拖延签字，劝说英法调低赔款额；虽然德国政府万般无奈下签字画押，却始终愤愤不平，且不打算认真执行赔款协议。1921年5月，伦敦宣布赔款公告后，德国通胀爬升，马克贬值。1922年6月，德国希望通过对外借款以缓解赔款支付困难的提议遭到拒绝后，马克再次大幅贬值。1922年最后几个月德国一直与法国就赔款支付争吵不休，双方甚至在实际支付额上发生严重分歧。1923年1月，法国与比利时军队越过边界，占领鲁尔工业区，导致法德关系极度紧张，在德国引发新一轮通胀，批发物价月度环比在1923年10月高达29500%（294倍），创造了人类超级通胀的历史纪录。此时德国经济面临崩溃，倘若德国经济崩溃了，英法收到德国赔款则化为泡影。为此，英法同意寻求解决办法，并任命一位美国银行家查尔斯·C. 道威斯（1865—1951年）担任赔款问题委员会主席。该委员会于1924年4月公布的报告（政策建议）被称为“道威斯计划”。

道威斯计划的要点包括：（1）重新规划德国赔款支付安排，第一年支付10亿金马克，至第五年增至25亿金马克，即德国减少最初几年的支付数额，但赔款总额保持不

① 约翰·梅纳德·凯恩斯.《“凡尔赛和约”的经济后果》，李井奎译，北京：中国人民大学出版社，2017年，第133页。

变；（2）在柏林设立赔款事务局，[①]负责监督德国政府财政，接受赔款支付和进行赔款资金的外汇转换；（3）改组德意志帝国银行（中央银行），德国实行币制改革；（4）组织德国政府债券的国际发行，英法美银行都须参加承销，以此形成德国赔款资金的回流。

1924—1928 年，德国经济持续增长，GDP 和出口额连年增多。不过，1928 年下半年德国经济出现减速，德国政府感到美国投资人对德国债券的兴趣减弱，因此希望国际债权人重新考虑德国赔款问题以及相关诉求。在此背景下，英法美同意成立新的国际专家委员会，由美国实业家欧文·D. 杨格（1874—1962 年）担任主席，此君曾在道威斯委员会工作。杨格委员会于 1929 年 2 月开始协商，6 月提出正式报告，1930 年 1 月国际会议通过其政策建议要点并付诸实施。

杨格计划的要点包括：（1）将德国赔款名义总额减至 1 210 亿金马克，贴现值降至 370 亿金马克，后者比 1921 年大为减少；（2）延长偿还期，1930 年后分 59 年还清（截至 1988 年）；（3）初始年份赔款支付额为 16.5 亿金马克，逐年增至第五年的 25 亿金马克（虽然稍多于道威斯计划，但其中部分可调整，参见下一要点）；（4）年度支付额一分为二，一是无条件支付额，二是可协商额，该部分必要时可展期两年；（5）发行 3 亿美元（约合 12.6 亿金马克）国际债券，款项的 2/3 付给各债权国，1/3 付给德国；（6）成立一家由各国认股的国际金融机构，监督和管理与德国债务资金相关的跨境流动；（7）组建国际清算银行；（8）建议撤销设在柏林的赔款局，将其并入国际金融机构，德国政府恢复财政主权。

杨格委员会工作时，20 多位国际专家分为三个专题小组，讨论转移支付保障、实物交割和德国债务的商业化。成立一家国际金融机构负责德国债务偿还资金的转移和回流的设想来自第三个小组，该小组包括 J. P. 摩根公司的合伙人。[②]杨格委员会虽然聚焦德国赔款，实际是探讨在维护金本位制前提下确保德国通过贸易和金融获得足够的赔款资金以及在支付赔款后实现资金回流。国际清算银行是此种探讨的一个成果。

虽然德国政府同意杨格计划，但时任德意志帝国银行总裁亚尔马·沙赫特（1877—1970 年）却强烈反对，也不赞成成立国际清算银行。沙赫特认为，杨格计划并未大幅减少德国赔款额，而这才是德国所需。为此，沙赫特辞去帝国银行总裁职务，后来出任纳粹政权经济高官。

国际清算银行的组织框架和运行机制

国际清算银行的筹办国（按其英文字母顺序为比利时、法兰西、德意志、意大利、

---

① 该机构简称为赔款局（Reparations Agency），全称为赔款支付总局（Agent General for Reparation Payments）。

② Gianni Toniolo, *Central Bank Cooperation at the Bank for International Settlements*, 1930 - 1973, Cambridge University Press, 2005, p. 35.

日本和联合王国）与瑞士政府于1930年1月在海牙签署公约（Convention），确认了国际清算银行的宗旨并界定了其国际法地位。银行宗旨是："促进中央银行的合作；增进国际金融运行便利；依据与相关方的协议充当国际金融清算的受托人或代理。"[①]尽管创立该机构的初衷是处理与德国赔款相关的事务，但其宗旨的表述极为宽泛，为其日后的成长和广泛作为"预留"了足够空间。

1930年2月，参与筹备的各中央银行官员在罗马举行会议，正式同意成立国际清算银行（BIS）。国际清算银行设于瑞士的巴塞尔，该市有当时瑞士铁路网最大枢纽站，客运班车通往欧洲多国。国际清算银行大楼坐落在巴塞尔火车站附近。

瑞士为永久中立国，其议会通过法律确认国际清算银行为享受国际组织特权的机构，所有收益和收入免税，高级国际职员享受外交官待遇，同时承认该机构为有限责任公司。此双重身份体现了国际清算银行的独特性，为国际社会前所未有。[②]"国际清算银行宪章"宣称，"本行所有财产、资产、存款及所接受的任何其他基金无论平时或战时均不受剥夺、征用、强占、没收，其黄金和外汇进出口不受禁止或限制或任何类似措施的影响"。[③]此原则为"二战"后所有多边国际金融组织（包括世界银行和区域多边开发银行）继承，旨在确保其产权在投资对象国（运行国）获得足够保障。

按照国际协议，创始国央行行长为国际清算银行董事会当然成员，他们每位还可提名一位本国人士赴巴塞尔兼职；直到20世纪90年代前，荷兰、瑞典和瑞士一直代表非创始参股国担任董事。银行许多 高级职位由英法两国央行派任，在杨格计划存续期间也有德国人担任高级职务。对于德国的参与，国际清算银行显然比国联及其经济金融组织大有进步。1930—1933年，美国人担任国际清算银行董事会主席（此前任职于纽约联储银行），法国人担任行长（此前为法兰西银行研究部主任），德国人担任助理行长，英国人担任行政主管，瑞典人、比利时人和意大利人分别担任研究部、银行部和秘书处主任。[④]

国际清算银行的资本金定为1亿美元，约合5亿瑞士金法郎（金瑞郎）；股本总数为20万股，每股2 500金法郎；其中25%为实缴资本，由各创始国中央银行认购，仅美国和日本的中央银行通过代理人认购。日本银行的法律不允许其持有外国机构的股份，故通过日本兴业银行率14家日本的银行联合持股国际清算银行配置给日本的股份。在美国，因为与战争赔款及欧洲债务相关的话题在20世纪20年代和30年代初政治上高度敏感，美联储故未参与认股，而由J. P. 摩根公司、纽约第一国民银行和芝加哥第一国民

① Toniolo, *Central Bank Cooperation at the Bank for International Settlements*, 1930 – 1973, p. 48.

② 国际清算银行的"双重法律地位"在实践中产生了若干复杂性，后于2001年回购私人股份予以解决（谢世清《解读国际清算银行》，北京：中国金融出版社，2011年，第63 – 67页）。

③ Toniolo, *Central Bank Cooperation at the Bank for International Settlements*, 1930 – 1973, p. 50.

④ Toniolo, *Central Bank Cooperation at the Bank for International Settlements*, 1930 – 1973, pp. 63 – 64.

银行认购合计 1. 6 万股。1931 年 3 月末，21 个欧洲国家的中央银行以及美日的金融机构合计认购 16. 51 万股，欧洲国家包括德国、瑞士、瑞典和荷兰。阿尔巴尼亚、挪威和南斯拉夫于 1931 年底加入。①

国际清算银行在巴塞尔的营业所于 1930 月 5 月接受赔款局掌握的全部资金，包括德国政府的赔款和道威斯贷款的余款。6 月，德国政府按照杨格计划的安排向清算银行交付首次月度赔款（月供，也称为“年金”）以及偿还道威斯贷款和杨格贷款的款项。赔款局从柏林撤出，大部分工作人员转为清算银行的雇员。德国政府获得充分的财政自主权。当月，协约国从莱茵河右岸地区撤军，德国获得《凡尔赛和约》划定领土内的完全行政权。

按照设计，国际清算银行有三大职责：一是负责接受德国政府定期支付的赔款（包括本金和利息，因采取等额交付方式，故称债务年金或定额月供）；二是负责将赔款资金分发至各债权国在国际清算银行开设的账户，资金并不离开国际清算银行并可返回德国；三是作为托管人负责杨格贷款（以及道威斯贷款的尾款）的资金归集和发放，资金首先归集于各债权国中央银行，后者转付给国际清算银行，随后再用于垫付德国的赔款年金和转移至指定的德国机构用于经济建设。

上述关于职责和资本金来源的规定，表明国际清算银行既是一个执行德国战争赔款资金赔付安排的专门机构（因此也被称为“赔款银行”），②又是一个由有关国家出资并共同所有的多边国际组织。更准确地说，国际清算银行是有关国家中央银行相互间的支付和清算机构，是“中央银行的银行”。当然，按照初始方案，国际清算银行所负责的支付和清算主要围绕德国战争赔款的偿付和融资，不涉及各国中央银行其他的业务活动。后来，国际清算银行的业务范围随着需要而扩大。

按照杨格计划，德国的债务年金由无条件和有条件两部分构成，而且与杨格贷款（国际债券发行）关联，即德国支付赔款的资金不都是来自本国的财政岁入或经常账户顺差。为此，国际清算银行开业后的首要工作就是协助发行杨格债券。此债券的正式名称是“德意志政府 1930 年 5. 5% 国际债券”，同时以 9 种货币发行，债券面额为 3. 52 亿美元，实收 3. 02 亿美元（折扣率为 14. 2%）。③如此高的折扣率，表明当时国际金融市场已受到 1929 年纽约股市暴跌的负面冲击，各国投资者不再积极认购此种较高收益的主权债券。尽管如此，实收的杨格债券资金，2 亿美元用作德国债务年金，通过国际清算银行划拨至各国政府在该银行的账户，1 亿美元转给德国政府投资德意志铁路公司和德意志邮政电报局，这种用途体现了赔款的资金回流。

---

① Toniolo, *Central Bank Cooperation at the Bank for International Settlements*, 1930 – 1973, pp. 68 – 69.

② Toniolo, *Central Bank Cooperation at the Bank for International Settlements*, 1930 – 1973, p. 70.

③ Toniolo, *Central Bank Cooperation at the Bank for International Settlements*, 1930 – 1973, p. 71.

国际清算银行的总资产在1930年5月末为3.03亿瑞郎（5 900万美元），1931年3月末增至19.01亿瑞郎（3.7亿美元），增多5倍不止。国际清算银行此期间资产（负债）的快速增长归功于各国中央银行主动增加在该银行的存款。按照国际协议，德国中央银行和债权国中央银行须在国际清算银行存入一定金额且不得利息，此类存款资金可来自德国赔款的分配额。国际清算银行开张后，许多中央银行认识到，该银行实际可为它们提供结算服务，即两个中央银行之间的资金划拨可通过其在国际清算银行存款账户的相应增减来完成，并且可通过国际清算银行进行黄金交易，因此主动增加在国际清算银行的存款，后者为此类存款支付利息，如同一国之内中央银行为商业银行的超额准备金支付利息。国际清算银行也积极努力增强和改善对央行存款的服务，希望借此摆脱“赔款银行”的名声。[①]在国际清算银行成立前，各国中央银行之间的结算往往通过在伦敦的分行进行，而当国际清算银行的结算服务发展后，此类业务许多由伦敦转移至巴塞尔，后者也成为一个国际金融中心（各国中央银行的结算中心）。

国际清算银行第一年的投资高度保守，将大部分资金配置于中短期低风险资产，44%为期限不超过3个月的定期存单，32%为商业票据和国库券，10%为见票即付的票据，10%为期间介于6个月和12个月的金融工具，仅2%为期限超过一年的证券。[②]同时，国际清算银行还投资各个创始国和存款来源国的金融市场，避免将资金集中配置于美国和德国金融市场。

1931年初，国际清算银行理事会有成员建议拓展银行业务，考虑下设一家公司专门从事长期贷款，此提议类似“二战”后布雷顿森林体系世界银行集团下有国际金融公司专事股权投资和长期信贷。不过，当时的提议仅将贷款对象设定为各国政府、市政当局、基础设施和公用设施经营机构，可见那时的经营环境和政策制定者的眼光与“二战”结束后有别。促使国际清算银行考虑扩大业务范围和长期贷款的原因有三点。一是银行的资金来源充足；二是现有短期投资收益偏低；三是国际社会对国际清算银行有新需求。

欧洲各国中央银行中，西班牙银行首先向国际清算银行提出贷款资助。西班牙虽然未卷入“一战”，但其货币比塞塔长期不稳定。国际清算银行成立之初，西班牙银行就提出政策咨询，后来提出借贷请求。1931年4月，国际清算银行向西班牙银行贷款300万英镑（约合1 440万美元或7 400万瑞郎），帮助西班牙维护比塞塔的目标汇率。同时，法兰西银行也向西班牙提供相同用途贷款。自此，欧洲国家必要时不必再找自身并无财政资源的国联及其经济金融组织，而可前往拥有大量存款资金的国际清算银行。但是，国际清算银行给西班牙银行的贷款不同于一个月后它的危机救助贷款。

---

① Toniolo, *Central Bank Cooperation at the Bank for International Settlements*, 1930 - 1973, p. 73.

② Toniolo, *Central Bank Cooperation at the Bank for International Settlements*, 1930 - 1973, p. 73.

国际清算银行充当国际“最后贷款人”的角色

组建国际清算银行的杨格计划于1929年底至1930年初在媒体披露后，各国舆论高度关注。英国一位学者在其1930年出版《中央银行理论与法则》一书附录中给予专门评论，认为该国际银行未来最多仅可从事与德国战争赔款支付相关的业务，不可能成为“欧洲中央银行”（Central Bank of Europe），因为欧洲根本不需要高强度的国际合作；各国现有的中央银行和汇兑银行已足矣，任何冀图通过该国际银行取代伦敦国际金融中心地位的想法都是徒劳的，缺少了来自英格兰银行的支持它就一定不会成功。①以下将说明，国际清算银行成立后很快就开始参与国际救助事务，在一定程度上发挥了国际“最后贷款人”的角色，其作用远不限于仅为德国战争赔款相关的转移支付服务。那位英国学者的意见事实上反映了英国主流社会当时满足于现状并且不愿为推进国际金融合作上发挥主导作用的心态。

奥地利最大银行，始建于1855年的工商信贷银行（Creditanstalt），于1931年5月宣告资不抵债并请求政府救助，此消息犹如2008年9月雷曼兄弟公司宣布破产而引发全球市场动荡。奥地利国民银行（中央银行）和奥地利政府出手相助，但它们很快发现工商信贷银行资产缺口之大，远超其救助能力，于是紧急请求国际联盟和英格兰银行。两家机构将奥地利的诉求转至国际清算银行，由此使它登上欧洲乃至世界金融的舞台中央，成为国际“最后贷款人”的崭新角色。

尽管国际清算银行并未成功充当奥地利工商信贷银行的国际最后贷款人，它的经验教训却使后人深刻认识到，一个运行稳定并有能力战胜危机的国际金融体系离不开国际最后贷款人。在19世纪后半期至“一战”爆发，国际社会未有此种角色，个别机构如英格兰银行和法兰西银行在此领域仅偶有作为。20世纪前半期，国联经济金融组织有所作为，国际清算银行随后登台。20世纪下半期，布雷顿森林体系多少填补真空，国际社会开始推动国际最后贷款人的制度建设。

有学者在20世纪80年代为最后贷款人作出说明，“‘最后贷款人’是一个像海神普罗蒂斯那样的多面神，可以是一国的中央银行，或者像财政部那样的政府机构，有时为一个银团（辛迪加），但由某个国际机构或几个国际机构充当最后贷款人的情形也不少见”。②最后一句即指1931年5—6月国际清算银行涉足奥地利工商信贷银行。

奥地利工商信贷银行于1931年5月上旬发布公告说，该银行1930年资产负债表损失1.4亿先令（约合1 960万美元），占其资本的85%。1930年奥地利国民生产总值为

---

① Wm. A. Shaw, *The Theory and Principles of Central Banking*, Sir Isaac Pitman & Sons, 1930, p. 249（承蒙同事杨澄宇教授惠赠此书）。

② 转引自奥雷尔·舒伯特.《1931年奥地利工商信贷银行危机》，沈国华译，上海：上海财经大学出版社，2018年，第172页。

116 亿先令，财政收入 11 亿先令，可见工商信贷银行亏损之大。最初几天，奥地利国民银行和财政部试图自行应对危机，但很快发现财力不足，它们向工商银行提供的可兑现金融票据导致央行的黄金储备快速减少，于是转而请求国际联盟和英格兰银行。国联曾在 1922 年帮助过奥地利，此时当然是第一求助对象。但是，国联能做的仅是安排发行国际债（主权债），“远水难救近火”。英格兰银行虽愿意帮助，但也面临困难（英国于当年 9 月脱离金本位）。两者都建议奥地利求助国际清算银行，后者很快同意提供贷款（国际清算银行碰巧 5 月中旬召开董事会）。

救助进程中的一个重要“插曲”是，奥地利国民银行在向国际清算银行提出请求的同时还向摩根和拉札德等私人金融机构提出类似请求。奥地利国民银行的计划是，通过国际清算银行由各国央行向私人银行道义劝说不从奥地利撤资，加速国际清算银行和国外私人金融机构的资金救助，奥地利一定能够阻止危机蔓延。但是，奥地利国民银行未曾预料到，多个国家的中央银行要求奥地利官方给予中央银行救助资金以优先保障，此使后者感到为难。国际清算银行建议奥地利政府对所有银行存款给予担保并仅接受官方贷款。1 周后，国际清算银行于 5 月末向奥地利国民银行贷款 3 个月期限的 1 亿先令并派驻一位“外国技术官员”，但不同意出面组织对工商信贷银行的重组。稍后，奥地利工商信贷银行的国际债权人于伦敦召开会议，同意成立一个专门委员会并委托国际清算银行代行其责。①

面对大量存款挤兑，1 亿先令的救助资金很快告罄，奥地利国民银行的黄金库存再次告急。显然，奥地利还需国际救助。可是，第二次救助的国际协商却遇到新难题，法国政府要求奥地利停止与德国的关税同盟谈判，否则不同意第二次国际救助所需要的发行奥地利主权债。进入 6 月，德国也出现金融危机，它亟须打开外部市场，与奥地利的关税同盟谈判被认为是寻求发展的重要契机。法国政府在此问题上的强硬态度不仅拖延国际清算银行对奥地利第二次贷款，也使奥地利政府于 6 月中旬下台。由于奥地利政府无法继续推进发行国际债的工作，国际清算银行原计划给予奥地利的第二次贷款因此被搁置。

在关税同盟事件后，国际清算银行和英格兰银行在奥地利贷款展期上开展合作，避免快速从奥地利抽回贷款。新上台的奥地利政府再次向国联请求救助，但后者表示无能为力。1931 年 10 月，奥地利宣布脱离金本位制，转向资本管制。两年后，奥地利政府决定将工商信贷银行与另一家银行合并。很明显，国际清算银行作为国际最后贷款人对奥地利的救助是不成功的，而且这场救助本来并未完成。

此次充满曲折的救援经历至少带来四点启示。（1）1922 年国联主导的奥地利货币稳定计划与 1931 年国际清算银行主导的救助奥地利工商信贷银行计划具有不同性质，前者

① Toniolo, *Central Bank Cooperation at the Bank for International Settlements*, 1930 – 1973, p. 93.

不涉及金融机构风险处置，后者则面临如何应对金融机构违约风险（资不抵债）。（2）国联及其经济金融组织的救助资金来自国际债券发行，此种做法不适用于应对银行危机，因为应对银行危机要求快速的资金调拨，具有资金急迫性。[①]（3）在开展国际救援时，外国公共机构可能与外国私人机构发生利益冲突。在奥地利事例中，国际清算银行由英法等国央行持股，代表外国公共利益，而英法等国私人金融机构作为奥地利工商信贷银行的国际债权人，代表外国私人利益，两者利益并非完全一致，因此存在利益和规则协调问题。（4）在国际组织治理结构本身存在问题时，国际救援往往受复杂国际政治因素的影响和干扰，救援会因此停顿或终止。

1931 年是欧洲金融危机之年。除奥地利外，匈牙利和南斯拉夫等国都发生程度不同的银行挤兑。国际清算银行于 6 月初向匈牙利国民银行（中央银行）提供 500 万美元贷款，2 周后与法德等国金融机构组成银团再向匈牙利央行提供 1 000 万美元贷款，8 月初第三次以银团贷款形式向匈牙利提供 1 100 万美元。匈牙利于 1923 年在国联帮助下实行经济稳定计划后，对外高度开放，大量外资流入，经济一度十分繁荣。匈牙利当时的主要问题是由于奥地利工商信贷银行危机，国际投资者对匈牙利经济前景不再看好，陆续撤资，而国内也有大银行资产质量欠佳，银行储户信心受挫。国际清算银行主导的三次贷款并未完全奏效，匈牙利政府于 8 月起限制纸钞兑现，意在防止黄金外流。

1931 年 7 月末，国际清算银行与法兰西银行联合向南斯拉夫国民银行（中央银行）提供 300 万美元贷款，用于稳定该国的银行体系和货币市场。南斯拉夫经济的外向程度低于匈牙利，银行体系也无显著问题。不巧的是，南斯拉夫刚于 5 月宣布实行金本位制，其黄金储备来自德国支付的赔款，而 6 月美国总统胡佛宣布债务延期，赔款支付随之中止，本已微薄的黄金储备即刻捉襟见肘。同时，国内政治因素不允许央行提高贴现率，由此使它被迫寻求外部救援资金。1934 年 4 月南斯拉夫还清国际清算银行的贷款。

国际清算银行与英格兰银行 1931 年 7 月对自治城市但泽（现名格但斯克，属波兰）提供 15 万美元短期贷款，支持当地的纸钞兑现体制（该地 1922—1923 年发生超级通胀并得到国联发起的救助），此贷款满足了当地的流动性需要，几天之后便得到归还。[②]但泽当时是德波之间的自由贸易港，经济基础良好。

以上事例表明，国际清算银行在 1931 年充当国际最后贷款人并非出自预先设定的政策立场，它也无确定的行事规则和程序承担这个角色。不过，由于救助对象多为中小经济体，国际清算银行具备应对能力，而真正的挑战来自德国。

① 1932 年 7 月，在国联主导下，奥地利政府发行一笔得到国际担保的主权债，数额 3 亿先令（约合 4 050 万美元），历时一年方完成筹资。此笔资金主要用于偿还 1931 年从国际清算银行及英格兰银行的借款（Toniolo, *Central Bank Cooperation at the Bank for International Settlements*, 1930 - 1973, p. 97）。

② Toniolo, *Central Bank Cooperation at the Bank for International Settlements*, 1930 - 1973, p. 100.

1930 年的德国是欧洲最大经济体①，也是外资流入最多的欧洲国家。该年德国外债总额 250 亿帝国马克（约合 60 亿美元），相当于德国 GDP 的 35% ~40%，而且其中 100 亿马克为短期外债。②这些数字意味着德国经济和金融体系对跨境资金流动高度依赖，也对国内外重大政治经济事件极为敏感。1929 年纽约股市暴跌后，德国金融市场出现不安情绪；1930 年，资金出现外流。1931 年 5 月奥地利工商信贷银行危机爆发，德国金融形势风声鹤唳。6 月，德国大型全能银行达姆施塔特国民银行［简称丹纳特（Danat）］发生挤兑，当月存款流失 41%。存款挤兑随后扩散到其他银行，德累斯顿银行存款流失 11%，德意志银行流失 8%。对此，德国政府及中央银行一方面在国内采取多种措施（包括削减财政开支和提高贴现率等），另一方面寻求国际支持（包括呼吁减免赔款和提供贷款）。但此时德国政府及中央银行未对问题银行机构采取果断处置。

6 月 20 日，正值美国总统胡佛宣布债务展期，德意志帝国银行（中央银行）请求英格兰银行提供紧急贷款，后者表示难以单独行动并劝德向美联储求救。美联储告诉德方应同时取得法兰西银行的支持。③英美法三国中央银行与国际清算银行最终同意提供 1 亿美元贷款（各家出资 2 500 万美元），为期 3 周。然而，此笔贷款不仅数额不足，而且期限过短。7 月初，当帝国银行提出新的借贷请求时，法国政府表态，除非德国停止建造战列舰、不再与奥地利谈判关税同盟并放弃对但泽的主权声索，否则不予同意。关于救援德国，英法美三国中央银行以及国际清算银行当时仅达成一项共识，成立一个专门委员会调查分析德国经济和金融问题。实际上，至 7 月中旬，银行危机在德国已呈蔓延之势，资本外流日甚一日。由于得不到国际救援资金，德国总理布吕宁采取极度紧缩政策，关闭丹纳特银行，将两家全能银行［德累斯顿银行和商业银行（Commerzbank）］国有化，暂停股市营业，而帝国银行则将贴现率提高至 15%，德国脱离金本位制。德国经济瞬间陷入深度衰退，年底时失业率飙升至 14.9%。

1931 年 8 月，继胡佛总统债务缓期公告后，德国提出暂停赔款支付，各债权国同意缓期 6 个月（从 9 月起算）。1932 年 3 月，暂停支付方案展期一年。1932 年 5 月，总理布吕宁因其紧缩政策（加税和减支措施）受到强烈反对而辞职，德国政局前景不明。6 月洛桑国际会议决定免除德国未付的战争赔款，德国只需再交付 30 亿金马克便彻底了结，但应继续对道威斯和杨格借款还本付息。④ 1933 年 1 月希特勒上台，3 月亚马尔·沙赫特重任帝国银行总裁，10 月德国退出国联。1934 年 7 月，德国停止道威斯和杨格债券的还本付息，正式债务违约。

---

① 麦迪森提供的 1990 年固定美元数据显示，1930 年德国 GDP 为 2 586 亿美元，英国为 2 496 亿美元，法国为 1 886亿美元；德国 GDP 为奥地利的 11 倍。

② Toniolo, *Central Bank Cooperation at the Bank for International Settlements*, 1930 – 1973, p. 101.

③ Toniolo, *Central Bank Cooperation at the Bank for International Settlements*, 1930 – 1973, p. 101.

④ Toniolo, *Central Bank Cooperation at the Bank for International Settlements*, 1930 – 1973, p. 130.

阿诺德·汤因比称1931年为“恐怖之年”（Annus Terribilis），[①]敏锐认识到金融危机开始冲击《凡尔赛和约》所缔造的国际体系，世界历史大动荡在所难免。关于德国于1931年深陷经济危机且未得到国际援助，经济史和金融史研究者提出多种不同解释，其中三种观点很有代表性。一是各国中央银行合作不足；二是像国际清算银行那样的多边金融机构不够健全，其作为国际“最后贷款人”的资金规模和决策权皆不够充分；三是金本位制本身有重大缺陷。三点其实互有关系。知名学者巴里·艾森格林认为，“在缺少国际合作时，金本位制是寻求单边稳定计划不可逾越的障碍”。[②]在他看来，只要缺乏国际合作，金本位制就是“金镣铐”，遭遇银行危机的国家无法自救。

那么，为什么1931年乃至20世纪30年代国际合作不足呢？金德尔伯格认为，根本原因是英国缺少能力而美国又缺乏意志（领导力）。[③]此与上引说法一样，颇有道理，而失于片面。1931年的故事并非仅以英美两国为主角，法国也为重要角色。有学者指出，不获得英法两国的同意，美国绝不会单独向德提供援助，政治上和经济上均如此。[④]如前所述，倘若法国不提出先决条件（皆为政治条件），1931年7月便会达成对德国第二笔大贷款协议。同样，倘若布吕宁的德国政府不提出取消赔款的诉求，不重启军备竞赛，不追求与奥地利的紧密关系，法国就不会提出那么多先决条件。20世纪后半期的历史证明，国际合作以有关国家的政治意愿为前提；离开各国的政治意愿，资金规模远超国际清算银行的国际货币基金组织也难有所作为。

国际清算银行的休眠与新生

从1930年5月至1931年7月，国际清算银行忙碌了一年多。对德贷款被搁置后，国际清算银行作为国际最后贷款人的角色基本结束。其为各成员国央行提供的结算服务先于1931年8月因德国暂停赔款支付而减少，后于1934年8月因德国正式违约进一步减少。显然，国际清算银行有些生不逢时。

1938年秋苏台德危机发生后，许多欧洲国家中央银行通过国际清算银行将黄金储备运往美国以备不时之需，1938—1940年合计有140吨黄金运至纽约。[⑤] 1939年国际清算银行不再召开董事会，由此“休眠”。

---

① 此言也可译为“多灾之年”，首见于汤因比1932年主编的《1931年国际事务概览》绪论，Toniolo，*Central Bank Cooperation at the Bank for International Settlements*，1930 – 1973，p. 106；托比亚斯·斯特劳曼．《1931：债务、危机与希特勒的崛起》，刘天宇译，济南：山东人民出版社，2021年，第228页。

② Barry Eichengreen，*Golden Fetters：The Gold Standard and the Great Depression*，1919 – 1939，Oxford University Press，1992，p. 286.

③ 查尔斯·P. 金德尔伯格．《1929—1939年世界经济萧条》，宋承先、洪文达译，上海：上海译文出版社，1986年，第12 – 13页。

④ 巴里·艾森格林《镜厅》，何帆等译，北京：中信出版集团，2016年，第118页。

⑤ Bank for International Settlements，About Us – History – Timeline.

但在“二战”期间，国际清算银行却继续与德意志帝国银行以及纳粹德国占领区的中央银行发生往来。此时期，美利坚人担任其总裁，其在战前已被选任。1940 年 6 月，苏联占领波罗的海三国（爱沙尼亚、拉脱维亚和立陶宛），指示三国中央银行行长通知国际清算银行将其黄金储备划转给苏联国家银行，国际清算银行予以拒绝。由此形成的纷争后于1996 年结束，当年作为苏联继承者的俄罗斯联邦中央银行表示认可国际清算银行的决定。①

“二战”结束时，美英当局怀疑国际清算银行未能严格遵守中立立场，因此冻结其在美资产。1944 年 7 月布雷顿森林体系会议决定建立战后国际货币金融新秩序，并“尽早”解散国际清算银行。不过，许多欧洲国家希望保留该机构，并期待它在促进泛欧金融合作，尤其恢复货币可兑换和支持跨境支付方面发挥积极作用。1946 年 12 月国际清算银行召开战后首次董事会，确认支持欧洲金融合作的新宗旨。

1948 年 5 月，国际清算银行向美英法占领当局交出德意志帝国银行存放的 3. 7 吨黄金，后经证实为纳粹德国在占领区的掠夺之物。美国同意不执行布雷顿森林会议关于解散该机构的决议。1950 年 9 月，为促进欧洲经济复苏并协助推进“马歇尔计划”，18 个欧洲国家组建欧洲支付联盟（EPU），指定国际清算银行为该联盟成员国央行的代理行，负责每月报告各国的双边贸易收支并以差额方式安排各中央银行之间的资金划拨，此结算方式比总额方式大为节省资金。欧洲支付联盟和国际清算银行的支付服务有力地支持了各成员国的贸易自由化和货币可兑换程度的提高。

1953 年“关于德国债务的伦敦协定”要求战后德国继续履行道威斯和杨格借款（债券）的偿还义务，实施时间为两德统一之后。由此，国际清算银行恢复作为两大借款托管人的资格，并在 2010 年德意志联邦共和国支付最后一笔款项后结束此职责。至此，《凡尔赛和约》及其后续国际协定施加于德意志民族之上的全部债务终于了结。

欧洲支付联盟完成历史使命后于 1958 年解散，国际清算银行的相关业务也随之结束。但是，国际清算银行继续从事央行间的结算业务，同时更多发挥作为各国中央银行政策交流平台的作用。美联储官员 1960 年后定期参加在巴塞尔举办的国际清算银行会议。1964 年后，巴塞尔还成为欧洲经济共同体中央银行行长定期会晤地点。加拿大银行和日本银行于 1964 年加入国际清算银行，巴塞尔成为“十国集团”中央银行行长聚会之地。

20 世纪 70 年代布雷顿森林体系动摇和瓦解期间，国际清算银行成为市场经济国家央行开展政策交流和磋商的平台，它也大大加强对外汇市场和支付体系风险的探讨和政策评估。1986 年国际清算银行成为欧洲货币单位（ECU）成员国私人金融机构跨境结算

① 亚当·拉伯.《巴塞尔之塔：揭秘国际清算银行主导的世界》，綦相、刘丽娜译，北京：机械工业出版社，2014 年，第 71 和第 182 页。

体系的代理行，一直持续至 1999 年欧元正式推出之时。

在 20 世纪 70 年代，国际清算银行与多个中东欧社会主义国家的中央银行建立起定期往来关系，双方从交流中获取各自感兴趣的信息。匈牙利于 1982 年 5 月加入国际货币基金组织，12 月得到基金组织同意给予贷款 5.2 亿美元。[①]事实上，该笔贷款被用于偿还匈牙利此前向国际清算银行的三次借款，后者因此被称为“过桥贷款”（金额合计 5.1 亿美元）。[②]国际清算银行和国际货币基金组织都给予中东欧国家那时的改革进程以大力支持。

1996 年，国际清算银行的成员首次扩大至新兴市场经济体中央银行，包括中国人民银行在内的 9 个中央银行当年加入该机构。后来，国际清算银行在中国香港设立首个亚太代表处。自 2003 年起，国际清算银行将其计价单位由 1930 年金法郎变更为国际货币基金组织的特别提款权（SDR）。[③]截至 2020 年，国际清算银行有 63 个央行成员，所属国家占全球 GDP 的 95%。

“二战”结束以来，国际清算银行的作用主要体现在：一是为成员国中央银行提供政策交流平台；二是为有关中央银行提供一定范围内的支付结算和外汇交易服务；三是向国际社会提供国际金融前沿研究报告和政策建议。但是，国际清算银行不再是国际最后贷款人，该角色在 20 世纪后半期主要由布雷顿森林机构充任。

三、创建布雷顿森林体系

布雷顿森林体系（体制）指 1944 年 7 月在美国布雷顿森林召开的国际会议所确立的战后国际货币体系（体制）。会议结束后，建立了两大新型国际金融组织（布雷顿森林机构），国际货币基金组织负责维持国际货币秩序并为各国克服国际收支短期波动提供支持，国际复兴开发银行（后来的世界银行集团）负责发展融资并为各国经济结构性调整提供支持。它们是世界经济和国际金融的崭新事物，体现了国际金融关系的重大变革和突破。

创建布雷顿森林体系的历史背景

国际货币基金组织和国际复兴开发银行与联合国几乎同时诞生，它们是战后国际政

① James M. Boughton, *Silent Revolution: The International Monetary Fund* 1979 – 1989, International Monetary Fund, Washington, D. C., 2001, p. 984.

② 拉伯.《巴塞尔之塔：揭秘国际清算银行主导的世界》，第 181 页。

③ “金法郎”原为拉丁货币联盟 1878 年转向金本位制时所创建的货币单位，1920 年后一直是国联预算（以及 1930 年后一直是国际清算银行）的计价单位或记账符号（未有铸币或纸钞）。国联官员记载，该计价单位 1935 年以前等值于瑞士法郎，瑞郎当年退出金本位制后两者比价有所浮动，但大体上保持一致。在 1930 年以后，1 美元约合 5 金法郎，1 英镑约合 20 金法郎（华尔脱斯.《国际联盟史》上卷，第 149 页脚注①）。

治经济秩序的重要部分。可以认为，“二战”后的联合国体系不过是“一战”后《凡尔赛和约》建立的国际联盟体系的翻版，而布雷顿森林机构则与1930年成立的国际清算银行有一定相似性。但是，国际联盟作为国际政治组织未能阻止第二次世界大战的爆发，而国际清算银行作为当时的国际“最后贷款人”无力挽救20世纪30年代经济大萧条。就本质而言，联合国体系和布雷顿森林体系是世界在“二战”后痛定思痛的创造，是总结历史教训对国际体系进行改造的成果。

从经济和金融角度看，“二战”后的国际体系与“一战”后的“凡尔赛体系”有多个重要区别。第一，反法西斯同盟的领导人高度重视经济和金融问题，认识到世界经济和国际金融事关世界和平与安全，具有重大政治意义。反思20世纪30年代，世界公认“希特勒是经济大萧条带给德意志民族极端恶果的一种极端反应”；[①]另外，包括罗斯福总统都坚信“个人的经济安全是政治稳定的关键基石”[②]。因此，在设计战后国际体系时，其中不仅包含经济、贸易和国际金融，而且将它们置于重要地位。第二，视开放的多边贸易体系为世界经济稳定健康发展之基石，各国对外经济政策的基本方针应为实行互惠的自由贸易。罗斯福总统在1945年3月提请国会延期《互惠贸易协定法》，表示“除非建立起一个经济健康的世界，否则我们就不可能建立一个和平的世界”，“贸易对各国至关重要”，我们“工作的目标是消除经济战，让切实可行的国际合作在尽可能多的方面行之有效，从而为我们所有人都渴望的安全和平的世界奠定经济基础”。[③] 20世纪30年代世界经济大萧条期间，贸易保护主义的兴起先于国联体系的瓦解，意味着“一战”后的国际体系崩溃始于贸易和经济领域。第三，在相互依赖的国际经济环境中，货币贬值是贸易保护政策的重要手段，各国货币竞相贬值（竞争性贬值）最终会导致多边贸易体系瓦解和世界经济崩溃，因此，防止竞争性贬值是战后国际货币体系的首要和基本任务。第四，应将战后国际货币体系建立在国际法（国际条约）基础上，确保专业化国际组织有效发挥作用。第五，美国应彻底摆脱孤立主义，以世界第一大经济体和反法西斯同盟国为核心力量的资格在包括布雷顿森林体系的战后国际体系建设和运行中发挥主导作用。第六，战后国际体系应具有广泛代表性，所有获得独立的民族国家都应加入联合国和布雷顿森林体系。

上述六点表明战后国际货币体系（布雷顿森林体系）与战后国际政治体系的关系，国际货币金融与国际贸易的关系，世界经济与世界和平的关系。这是人类历史上首次如此看待世界范围内经济与政治、贸易与和平、货币与安全之间的关系。但是，关于战后国际政治体系以及国际货币金融体系的基本构想并非一蹴而就，而是经历了从轮廓构想

① 罗伯特·斯基德尔斯基.《凯恩斯传》，相蓝欣、储英译，北京：三联书店，2006年，第725页。

② 埃里克·赫莱纳.《布雷顿森林被遗忘的基石：国际发展与战后秩序的构建》，张士伟译，北京：人民出版社，2019年，第12页。

③ 道格拉斯·欧文.《贸易的冲突：美国贸易政策200年》，余江等译，北京：中信出版社集团，2019年，第464页。

到蓝图描绘的复杂过程。

美英在太平洋战争爆发前已开始初步讨论战后国际货币体系的构想。《美英互助协议》是美国《租借法》的早前版本，在该协议的准备过程中可见端倪。1940 年 12 月，罗斯福收到丘吉尔信函，请求美国放宽英国从美国采购物资的货币支付条件，当时英国政府所有的国际流动性不足 20 亿美元，而它购买战争物资已欠美国 50 亿美元的贷款。罗斯福收到信函的两天内即表示同意并指示从此美国对英国战争物资的出口“避免使用直接贷款”或“避免使用美元记账”。[①]这是非同“一战”的做法。如果美国保持“一战”的做法（每一笔出口都要求买方以硬通货或黄金支付或者对方发行经认可的债务凭证），物资进口国（后来它们皆为反法西斯同盟国）或者无力支付，或者债台高筑而对美国满腹怨恨。从经济角度看，1941 年 3 月美国国会通过的《租借法》不仅是一种延期支付安排，而且是使用非货币性支付方法（货币仅作为记账单位），实为国际贸易融资的特别创新。当然，这仅适于战时，而非适于和平时期各国贸易往来。

1941 年 8 月，罗斯福与丘吉尔签署《大西洋宪章》，阐述建立战后世界秩序的基本原则，其意义远超丘吉尔当初的诉求（丘吉尔原本仅希望罗斯福不提货币付款的要求）。[②]《大西洋宪章》言简意赅，仅有 8 条主张，其中第四条和第五条皆与战后国际经济秩序有关。第四条提出，“所有国家，不论大国、小国、战胜国、战败国”，都有机会在同等条件下，为实现经济繁荣，参加世界贸易和获得世界原料。第五条宣称，通过国际经济合作，保证“提供劳工标准，促进经济进步，改善社会治安”。这两条陈述抽象简略，却已与《凡尔赛和约》决然不同，为未来国际经济和货币体系的设计定下基调。

反观法西斯阵营，亚马尔·沙赫特 1933 年出任德意志帝国银行总裁并于次年兼任纳粹政权的经济部长。他推行限制汇兑和进口许可证制度，与东南欧和拉美国家签署双边协议，在双边贸易中将进口额控制在出口额相等的水平，避免双边贸易差额（由此各方都不用支付外汇）。[③]而且，在固定马克的官方汇率后，德国在与部分国家的贸易中刻意采用低于官方水平的实际结算汇率，让马克事实上贬值（隐蔽贬值）。在美英眼中，这是从多边主义的倒退，是赤裸裸的“以邻为壑”政策，战后国际经济和货币体系必须杜绝。[④]

继沙赫特任纳粹经济部长的沃尔特·冯克更为甚之，于 1940 年 7 月代表希特勒宣布“欧洲新经济秩序”，将沙赫特早前的做法提升为“欧洲清算同盟”。具体方式是，贸易

---

① 罗伯特·达莱克.《罗斯福与美国对外政策》上册，伊伟等译，北京：商务印书馆，1984 年，第 368 页。

② 达莱克.《罗斯福与美国对外政策》上册，第 412－413 页。

③ 有文献称为“票据交换银行”（夏尔·贝特兰.《纳粹德国经济史》，刘法智、杨燕怡译，北京：商务印书馆，1990 年，第 171 页脚注①）。

④ J. Keith Horsefield, *The International Monetary Fund* 1945 – 1965, Volume I: Chronicle, International Monetary Fund, Washington, D. C., 1969, p. 5.

伙伴国的央行在对方央行开设特别账户，以本国货币支付从对方进口的商品，即出口商收到本国货币，两国的央行仅需确保本国出口额等于本国进口额。由此，德国与贸易伙伴国之间无须为贸易差额支付外汇或黄金（因为不存在贸易差额）。截至1938年底，德国与27个国家签署此种贸易协定。这套做法被称为“冯克计划”。[①]

1936年9月，美英法三国签署“三方货币协议”（Tripartite Monetary Agreement），同意就外汇兑换（外汇与外汇之间以及外汇与黄金之间的官方买卖）进行通报和协商，各方出售对方货币时至少提前24小时告知。它的直接背景是美英两国担心以法国为首的黄金集团瓦解后，法郎大幅贬值给初现稳定的国际货币市场带来巨大冲击（1931年英镑退出金本位制和1933年美元退出金本位制时皆造成严重冲击）。换言之，此协议相当于美英取得法国的谅解，后者将采取措施限制法郎的贬值程度。金德尔伯格认为，三方货币协议是国际货币合作的“一个转折点”，是“一个里程碑”，[②]三国由此不仅展示了开展货币合作的诚意（协议得到恪守），而且疏远了德国。

各国方案的比较和取舍

据国际货币基金组织的“自述”，布雷顿森林体系的创建有五大步骤：一是1942年6月以前凯恩斯和怀特分别形成的初步方案；二是1943年9月以前凯恩斯与怀特交换方案，对各自方案修改调整；三是1944年6月以前美国与英国形成共同方案并准备提交各国讨论；四是美国于1944年6月邀请44国代表参加大西洋城会议，初步讨论美英草案，汇总梳理各国意见；五是1个月后，美国邀请44国代表正式参加布雷顿森林会议，敲定战后国际货币体系的创建方案，签署国际协议。五个步骤中的关键是初始阶段和最后阶段。

凯恩斯是独立学者，既重视理论研究，又密切关注现实，早年即参与政府经济政策探讨和咨询，“一战”结束后曾出任英国政府巴黎和谈的财金顾问。1941年6月，凯恩斯随英国政府代表团访问华盛顿，参与讨论美英“互助法案”。7月，美国国务院交与凯恩斯一份文件，内容为美英“互助法案”涉及货币金融的安排要点。[③]8月，英国财政部草拟内部报告“战后货币、财政和贸易政策”，凯恩斯受邀参与讨论。很快，凯恩斯成为国际经济政策和组建战后国际货币体系的英国官方发言人。凯恩斯方案于此种背景下出台。

亨利·怀特（1892—1948年）长期就职于美国财政部，主管国际经济事务。1933年拉美国家提议成立泛美银行，1939在巴拿马召开的泛美国家外长会议决定推进该提

---

① 斯基德尔斯基.《凯恩斯传》，第728页。

② 金德尔伯格.《西欧金融史》，第421页；《1929—1939年世界经济萧条》，第307页。

③ Horsefield, *The International Monetary Fund* 1945 – 1965, Volume I: Chronicle, p. 14.

议，美国政府遂派怀特等高级官员主持方案设计。但是，怀特等提出的泛美银行方案（“国际公共发展信贷机构”）遭到华尔街金融机构的反对，未能进入参议院表决程序，而拉美国家对该方案也并不始终支持。[①] 1941 年后，怀特的重点工作是代表美国政府规划战后国际货币金融体系。

凯恩斯仅用1 个月的时间形成自己的初步方案，于1941 年9 月上旬完成了他的“备忘录”。参考凯恩斯 1920 年后发表的论著，则不会对他的观点感到意外。凯恩斯有两个基本看法：第一，世界不能复返金本位制，金本位制是现代世界经济增长和国际经济政策的桎梏，必须摆脱；第二，国际货币关系的实质是债务国与债权国关系，是国际收支逆差国与顺差国的关系，20 世纪 20 年代和 30 年代的最大教训使此种关系的调整极其困难。关于第二点，凯恩斯认为，国际收支不平衡和外债的调整“对债务国来说是强迫的，而对债权国则是自愿的”，其意是逆差国不得不采取紧缩性经济政策，而顺差国却可继续“囤积”盈余，使逆差国雪上加霜。[②]凯恩斯明显是站在大英帝国的立场上表示其国际经济和金融地位的变化（由昔日国际债权国变为国际债务国），希望美国（以及一定程度上的法国）作为国际债权国在国际经济关系调整中发挥积极作用，主动减轻债务国调整的负担。

以此思想为指导，凯恩斯关于“国际货币联盟”［也称“国际清算联盟”（International Currency/Clearing Union）］包含的意见有以下要点：（1）成立一家超国家银行，各国央行都在该开机构开设账户，并通过该机构进行清算；（2）国际清算联盟的货币单位是班柯（banco），此单位可为一组国别货币的组合价值，与黄金的比价可变；（3）国际清算联盟依债务总额等于债权总额的原则管理各国的收支往来，各国依据自身经济需要从联盟借款（当发生收支逆差时），借款（欠款）数额上限和时间长度由清算联盟依据其掌握的总资源决定，不得发生无限借款或无限期借款；（4）世界各国都应参加国际清算联盟，但英美两国掌握最大投票权，理事会（Governing Board）轮流在伦敦和华盛顿举行。[③]凯恩斯这套设想力图使英国在未来国际货币体系中与美国平起平坐，同时还可最大限度地利用国际资源弥补自身国际收支逆差。

美国财政部部长小亨利·摩根索于1941 年底安排怀特起草一份计划书，为战后国际货币体系勾画轮廓。怀特于 1942 年 4 月提交“关于成立联合国稳定基金和各国复兴开发银行的初步建议”，内容丰富，出发点全然异于凯恩斯方案。怀特计划指出，未来国际货币体系的基本目的有 11 个，依次是稳定各国汇率、促进生产性资本跨境流动、释放冻结账户（Blocked Balances，指一些国家存放于欧洲国家的外汇存款被扣押）、改善

① 赫莱纳.《布雷顿森林被遗忘的基石：国际发展与战后秩序的构建》，第 71 - 72 页。

② 斯基德尔斯基.《凯恩斯传》，第 732 页。

③ Horsefield, *The International Monetary Fund* 1945 - 1965, Volume I: Chronicle, p. 20.

黄金的国际配置、改进各国公私债务的清算和债务服务（还本付息）、缩短成员国国际账户失衡调整的时间并帮助稳定价格水平、减少外汇管制、消除多重汇率和双边结算安排、提倡健全的通货发行和信贷政策、降低贸易壁垒、提高国际汇兑交易的清算效率并降低成本。按其提议，各国须向新机构缴费，缴费水平依据一个复杂公式计算，参数包括各国人口、国民收入、对外贸易、国际投资、对外债务和黄金持有量等；各国从基金组织获取贷款的数额与其缴费水平挂钩，而其汇率则由基金组织确定。怀特方案的最大特点是，未来国际货币基金组织掌握各国确定货币汇率的审批权（各国汇率不得随意自行调整），但各国从国际货币基金组织得到的贷款是有限的（国际货币基金组织不能成为各国的“现金提款机”）。此外，各国在新的国际机构中的份额和投票权由经济参数决定，而美国作为当时世界第一大经济体、最大债权国以及最大黄金持有国自然拥有最大份额和最多投票权。

概括而言，凯恩斯方案与怀特方案的根本差别在于，两者对各国国际收支调整的责任界定和新国际机构治理结构的设想不同。在美国的国际经济地位大大超过英国的情况下，凯恩斯方案自然不被接受。①

英美分别有了初步方案后，在各自的政策圈子中展开讨论，双方也有多次交流，并分别做了若干修改。凯恩斯方案的初稿于 1942 年 2 月提交，修改稿于 1943 年 4 月提交。怀特方案初稿形成于 1942 年 4 月，修订版于 1943 年 7 月提交。②美英双方在此期间分别征求多个国家的意见，来自法国和加拿大的反馈颇受重视。

法国方面的反馈意见由两位经济学家署名，其受法国财政部的委托，并允其文稿发表在《纽约时报》（1943 年 5 月 9 日）。他们提出 7 点意见，前 4 点基本重复 1936 年美英法“三方货币协议”的立场，即应高度重视汇率稳定，将各国货币的汇率波动限制在一定幅度。新的 3 点意见是：各国应向新机构缴存一定数额的担保资金，作为获得借入他国货币的资格；发生通胀时各国应进行对冲操作（货币当局增加外汇储备以防止外汇流入而助推国内通胀）；应成立专门机构开展政策沟通，或可取名为“货币稳定署”或“国际清算办公室”。③

加拿大政府于 1943 年 7 月完成一份包含 13 个要点的意见稿和“关于成立国际汇兑联盟（International Exchange Union）的初步建议”。其“意见稿”第 4 点为，“建立一个国际货币组织无法替代战争结束后所必需的国际救助和康复措施；加拿大专家认为，任何新建的货币组织都不应为此类活动提供资金。如欲建立和维持均衡，有关国际长期投

① 一位当代英国学者认为，凯恩斯计划出于“债务人的角度，而怀特的计划则是债权人的计划……不列颠人的计划出于银行业的传统，而美利坚人要的是法律条文清楚的东西”（斯基德尔斯基.《凯恩斯传》，第 727 页）。

② 凯恩斯方案和怀特方案的两个版本皆收录于 Horsefield, ed. The International Monetary Fund 1945 – 1965, Volume III: Documents, pp. 3 – 96.

③ Horsefield, *The International Monetary Fund* 1945 – 1965, Volume I: Chronicle, p. 37.

资的持续和稳定安排极其必要”。[①]加拿大的意见为组建国际复兴开发银行（IBRD，世界银行）提供了有力支持。虽然怀特草案和部分国家对此也表达过类似想法，但均不如加拿大意见那么透彻清晰。这是加拿大对创建布雷顿森林体系的一个重要贡献。

怀特方案初版后 3 个月（1942 年 7 月），美国通报关系密切的盟国包括中国。[②]尽管当时中国处于抗日战争的艰苦阶段，国民政府仍十分重视创建战后国际货币体系的国际讨论，于 1943 年委托阿瑟·N. 杨格（1890—1984 年）研究凯恩斯计划和怀特计划。杨格在 20 世纪 20 年代参与国联经济金融组织及其奥地利和匈牙利稳定计划，1929 年后长期担任国民政府财政顾问。他站在中国政府立场上，认为战后国际货币体系的设计方案“从一开始就确定固定汇率完全错误，这还不如在外界援助下通过内部施政改善国内形势”。[③]在份额、缴费和投票权议题上，中国提出份额计算应考虑战争损失。与此接近的意见还有巴西提出投票权分配应考虑人口和贸易规模，澳大利亚、比利时和挪威反对美国拥有否决权，荷兰认为部分议题要求 80% 投票权才可通过的规定会造成“过度的僵硬”（Undue Rigidity）。[④]

中国政府代表团参加 1944 年 6 月大西洋城会议和 7 月布雷顿森林会议，代表团人数（包括顾问）超过英国和苏联，仅次于东道国美国。[⑤]

创建布雷顿森林体系进程中最令人意外的莫过于苏联在最后时刻的退出。在怀特方案第一版中，苏联占有很大权重，设想的投票权仅次于美国和英国（多于中国）。[⑥]怀特亲苏倾向明显，与苏联人频繁接触，后来因此受到美国官方调查。[⑦]在探寻创建战后国际货币体系的过程中，美国政府自 1943 年起多次邀请苏联参加。1944 年美苏专门举行双边会晤，商讨稳定基金和联合声明。苏联的观点是，基金组织成员国的黄金上缴不应超过其黄金储备的 15%，领土被敌国占领的国家（包括苏联在内）该指标应更低至 7.5%；新开采的黄金不应计入黄金储备；成员国有权罔顾基金组织对其货币和经济政

---

① Horsefield, ed. *The International Monetary Fund* 1945 - 1965, Volume III: Documents, p. 104.

② 赫莱纳.《布雷顿森林被遗忘的基石：国际发展与战后秩序的构建》，第 175 页。

③ 赫莱纳.《布雷顿森林被遗忘的基石：国际发展与战后秩序的构建》，第 181 页。杨格反对将汇率稳定作为战后国际货币体制基本目标的看法很有前瞻性，不过此观点在当时绝对属极少数派。米尔顿·弗里德曼 1950 年撰写“支持浮动汇率”（The Case for Flexible Exchange Rates）当时也未产生实质性影响（该文收入弗里德曼.《实证经济学文集》以及美国经济学会编.《国际经济学读物》，1968 年）。

④ Horsefield, *The International Monetary Fund* 1945 - 1965, Volume I: Chronicle, p. 34.

⑤ 金中夏.“翻阅尘封的档案：纪念出席布雷顿森林会议的中国代表团”，《中国金融》2014 年第 18 期，第 87 - 89 页；Kurt Schuler and Mark Bernkopf, “Who Was at Bretton Woods?” Paper in Financial History, Center for Financial Stability, New York, July 2014.

⑥ Horsefield, ed. *The International Monetary Fund* 1945 - 1965, Volume Ⅲ: Documents, p. 74.

⑦ 怀特被怀疑充当苏联间谍一事在他去世后几十年中一直未得到“平反”，James M. Boughton, “The Case against Henry Dexter White: Still Not Proven”, IMF Working Paper WP/00/149, Washington, D. C., August 2000；研究者在 21 世纪发现怀特未发表的手稿，里面赞美苏联经济模式，认为他有着“双重人生”，本·斯泰尔.《布雷顿森林货币战：美元如何统治世界》，符荆捷、陈盈译，北京：机械工业出版社，2014 年，第 7 页。

策的意见；成员国不提供其不愿提供的信息；基金组织不能决定卢布的汇率；其他国家通过基金组织提取卢布只得用于购买苏联物品。美国表示可增加苏联的份额和投票权，并对苏联的意见做认真考虑。①在 1944 年 7 月布雷顿森林会议召开时，苏联派出 20 多人的代表团参加会议，但对外汇市场建设等“技术性问题”毫无兴趣，凡遇到他们认为重要的事宜必先与国内沟通方才表态。苏联表示将加入布雷顿森林体系，并愿在会议决议（Final Act）上签字，但最终未果，原因始终不得而知。②受邀参加布雷顿森林会议的 45 个国家，仅苏联一国未加入。

布雷顿森林体系投入运行

1944 年 7 月布雷顿森林会议通过了《联合声明》和《国际货币基金组织协定条款》（Articles of Agreement），它们共同构成了布雷顿森林体系的国际法基础。国际货币基金组织的六大宗旨：（1）设置一常设机构，便于国际货币问题的商讨与协调，促进国际货币合作；（2）为国际贸易的扩大与平衡发展提供便利，以促进并维持高水平的就业和实际收入，以及所有成员国生产资源的开放，此为经济政策的首要目标；（3）促进汇率的稳定，维持成员国之间的正常汇兑关系，避免竞争性外汇贬值；（4）协助成立成员国间经常性交易的多边支付制度，消除阻碍贸易发展的外汇管制；（5）在获得充分保障下用基金的资金供给成员国，使之有信心以此纠正国际收支失衡，而不至于采取有损于本国或国际繁荣的措施；（6）根据以上目标，缩短成员国国际收支失衡的时间，并减轻失衡的程度。③这些表述说明，布雷顿森林体系将汇率稳定视为战后国际经济正常秩序的基本条件，其基本方针即为通过建立具有权威性的常设机构管理各国汇率，以防发生竞争性贬值，并力所能及为各国实现和维持国际收支平衡提供帮助。

布雷顿森林会议决议通过后，很多人认为新的国际机构是“折中的”，是凯恩斯方案与怀特方案及各国意见的综合。罗斯福总统于 1945 年 2 月向美国国会提交的说明称，布雷顿森林文件避免了“建立一个超级政府”，国际货币基金组织不追求“为这个世界创造一种单一货币”，它只是为各国管理汇率和货币事务提供了一个“原则一致的准则”。④言外之意是，美国支持创造一个管理全球货币事务并致力于稳定汇率的国际机构，但它并不构成对美国经济政策的制约。

在布雷顿森林会议召开前，凯恩斯于 1945 年 5 月向联合王国上议院发表演说（此

---

① Horsefield, *The International Monetary Fund* 1945 – 1965, Volume I: Chronicle, pp. 77 – 78；斯泰尔.《布雷顿森林货币战：美元如何统治世界》，第 228 – 249 页。

② Raymond F. Micksell, "The Bretton Woods Debates: A Memoir", *Essays in International Finance* No. 192, March 1994, International Finance Section, Princeton University, pp. 41 – 42.

③ 中译文参见杰拉尔德·M. 迈耶.《世界货币秩序问题》，王槐安等译，北京：中国金融出版社，1989 年，第 53 – 54 页。

④ 迈耶.《世界货币秩序问题》，第 70 页。

时他已封勋爵），讲解未来国际货币基金组织的五大好处。第一，英镑区得以保留；第二，英镑可有缓冲时间恢复可兑换；第三，联合王国得到的份额足够大（他援引数据是，基金组织总份额为25亿英镑，英国占3.25亿英镑，但后来的实际情况与此有异）；第四，美国作为债权国承担了较大的责任，它愿为新机构贡献最多的国际储备；第五，国际政策协商有了一个新机制。此外，凯恩斯表示，在新机制中，英镑的定价基于内部价值与外部价值的一致，英国保留利率政策（货币政策）的独立性，再也无须因外部因素而在国内采取通货紧缩政策。①凯恩斯认为，新机制不是金本位制，但也非黄金的非货币化。关于后一点，凯恩斯专门撰文澄清他反对黄金非货币化的立场。他给《经济学家》杂志的信件说："在此意义上，我从来没有认为黄金是'野蛮的痕迹'。"②依照凯恩斯的解读，布雷顿森林体系堪称金汇兑体制。与罗斯福总统对美国公众的解读相似，凯恩斯对英国公众说，英国从新国际货币体系中得到许多好处，同时却不用承担不必要的义务。

截至1945年12月27日，第29国签署《协议条款》（基金组织"章程"），条约得以生效，国际货币基金组织正式成立。国际复兴开发银行于1946年6月开始营业，基金组织至迟在1947年3月办理第一笔业务。成立初期，两个机构的业务不多。1948—1958年，美国对外援助多由"马歇尔计划"执行，国际货币基金组织和国际复兴开发银行因此受到影响。

美国对两大机构的影响力由成文和不成文两方面体现。以成文论，美国对两家机构的缴费最多，投票权最大。随着时间的演进，尤其随着新成员国的不断加入，美国在国际基金组织的份额和投票权逐渐下降。1950—2010年，美国在国际货币基金组织的投票权从超过30%下降至16%，③基本上每5年基金组织份额调整时美国的投票权就相应下降一定程度。当然，美国一直是基金组织拥有份额和投票权最多的国家，同时，包括英国在内的众多欧洲国家合计，份额和投票权后来赶超美国。在决策程序上，国际货币基金组织要求部分重大事项的投票超过85%，而国际复兴开发银行则只要求简单多数。两家机构在日常事务的决定依据管理层和执行董事会的共识，并非都需要投票。以不成文而论，两家机构成立以来，美国人担任国际复兴开发银行（世界银行）总裁，欧洲人担任基金组织总裁（其第一副总裁则由美国人担任），形成惯例。此外，两家机构皆设于华盛顿哥伦比亚特区，而非伦敦，表明英国在战后全球影响力的下降。其总部未设在纽约表明美国政府希望它们不过多受私人金融机构的影响。④当然，在国际法上两机构都是

---

① 迈耶.《世界货币秩序问题》，第57-67页。

② 迈耶.《世界货币秩序问题》，第68-69页。

③ 约瑟福·P. 乔伊斯.《IMF与全球金融危机》，崔梦婷等译，北京：中国金融出版社，2015年，图A.1，第223页。

④ 在美英双方早期协商中，美国政府一开始即表明新机构必须设在美国境内，但未确定是选纽约还是华盛顿。在1946年3月萨凡纳理事会上，凯恩斯继续坚持其选纽约的立场，但多数国家同意美方意见选华盛顿（Horsefield, *The International Monetary Fund* 1945-1965, Volume I: Chronicle, p. 129）。

国际公共机构，是战后国际组织体系的一部分；尽管布雷顿森林机构在法律上享有独立于联合国的地位，国际公法的变动与调整仍会影响并制约它们的运作。

在布雷顿森林机构的制度安排中，各国的份额甚为重要，事关各国的资金缴纳、投票权和自动借款额度。份额计算公式复杂，包括人口、经济规模、贸易规模等。创始国的份额早期协商已确定，后加入者需与两机构协商并得到理事会同意。成立时规定，各成员国须以黄金向基金组织缴纳其份额的25%（此规定于1978年取消），当时美国份额最大，故其缴纳的黄金最多。各国投票权为一复数规则，即每个成员国自动得到各国皆相同的投票数，此外加上按其份额计算的投票数。这样，份额最多的国家自然占有最大的投票权。[①]各国自动借款（Drawings）额度为份额的125%（其中按比例划分为不同档次）；20世纪70年代以前适用的另一条规定是，各国黄金借款可为份额的25%（借出本国交存的黄金）。很明显，份额事关各国利益，各国都希望自己的份额尽可能地大。但在布雷顿森林体系初创时期，许多国家缺少黄金外汇储备，无法满足较大份额所要求的缴纳水平。布雷顿森林体系的规则是，份额每五年调整一次。此后每遇份额调整时，各国都群起力争。

基金组织和国际复兴开发银行皆设理事会，由成员国组成，每年举行一次年会，决定包括吸收新成员国和份额调整等重大事项（1970年以前还包括各国货币的金平价）。理事会闭会期间，执行董事会为日常决策机关，成员包括份额最多的前五大国指定理事和各大地区轮流选派理事代表，1970年后还有单独选区代表。执行董事不兼任理事，常驻华盛顿总部。执行董事会之下为管理层。

印度是布雷顿森林机构29个创始成员国之一，尽管当时它尚未独立。在1946年理事会上，印度提出应由它占据苏联未参加而留下的前五大份额国的空缺（其他四大国当时为美英中法），成为执行董事会的指定董事（Appointed Director）。印度此后长期享有此地位，但在1960年后由德国（西德）和日本取代，此两国于1952年8月加入布雷顿森林机构（当时尚未加入联合国）。1979年后，沙特阿拉伯成为基金组织执董会美英法德日后第六个指定董事（但后来改为与中华人民共和国相同的单独选区代表）。[②]

确定各国货币的金平价（Gold Par Value）是成员国与国际货币基金组织共同的工作。布雷顿森林体系下的金平价与战前不同，后者由各国当局自行决定，并只需在本国履行纸钞与黄金的可兑换。在布雷顿森林体系中，各国不再在国内承诺纸钞的黄金可兑换，只需关心本币与外币的兑换比价（汇率）。美国坚持1盎司纯金兑35美元的官方比价，并同意以此为基价与基金组织成员国货币当局开展货币兑换，其他国家的金平价便

---

① 依照换算公式，每个成员国的份额与其投票权相近但不相等，葛华勇．《国际金融组织治理现状与改革》，北京：中国金融出版社，2013年，公式（5-1），第58页。

② 沙特阿拉伯后为“单国选区”，中国也属“单国选区”（葛华勇．《国际金融组织治理现状与改革》，第61页）。

成为进行货币兑换的另一个条件；而且，其他国家确定金平价时需与基金组织协商并得到同意。基金组织在此问题上的基本立场是，各国确定金平价时应充分考虑其贸易伙伴国的国内物价水平，以及实现并维持本国国际收支平衡的需要。各国货币确立金平价等于确立其与美元的兑换比率。简言之，布雷顿森林体系中的金平价是虚拟的金平价。

一些国家为确立金平价而长久拼搏，意大利就属此类。意大利1947年加入国际货币基金组织，迟至1960年才与基金组织达成里拉金平价的协议，有此时里拉已经数次对美元大幅度贬值。日元和联邦德国马克的金平价在两国加入布雷顿森林体系的次年（1953年）得以确立，自此时起日本实行1美元兑360日元的汇率（直至1971年12月日元升值）。

按照协议，各国日常外汇交易适用汇率应在金平价（基准汇率）1%上下进行；凡超过此幅度的汇率调整（金平价改变）须报告基金组织，若调整幅度在初始基准汇率正负10%之内，基金组织不得表示异议；倘若超过10%，基金组织可以同意也可以拒绝。这项规定旨在防止成员国自行调整幅度过大引发贸易伙伴国的跟随（“竞争性贬值”）。事实上，超过10%幅度的汇率调整在20世纪50年代和60年代数次出现，那时英镑（1950年和1968年）和法郎（1950年和1958年）等贬值，而西德马克（1953年和1961年）和荷兰盾（1961年）等则升值。

布雷顿森林体系创立后，各成员国的国际储备（或者说“国际流动性”）由黄金、外汇和基金组织份额共同构成，其中外汇主要指美元储备。基金组织为各成员国提供的贷款理论上多于各成员份额缴费，意味着基金组织具有创造国际储备（流动性）的功能（当然，这仅为有限程度上的国际流动性创造）。基金组织为世界增加了国际流动性，促进了国际贸易的增长（各国贸易的增长离不开官方机构持有国际流动性的相应增加）。

基金组织在1960年之前的贷款主要面向欧洲国家，包括当时正在复苏的英国。基金组织的贷款多为一年以内的短期贷款，用途主要是应对贸易收支逆差和偿还短期外债。贷款资金的来源是各国的份额缴费（20世纪90年代后基金组织向成员国“定向”发行长期债券）。基金组织1960年后推出不同形式和目的的贷款，但所有贷款都收取利息，利息是基金组织预算的最重要收入来源。

国际复兴开发银行1947年首批贷款提供给4个欧洲国家（丹麦、法兰西、卢森堡和比利时），次年开始向发展中国家的项目贷款（智利为首个）。对发展中国家的长期优惠贷款逐渐成为该机构的主要业务，“优惠”主要指贷款利率略低于市场水平。按照布雷顿森林体系设计者的构想，国际复兴开发银行的信贷针对成员国的结构性（长期性）失衡，借以弥补基金组织短期贷款的不足。为鼓励成员国私人部门的成长，1956年成立国际金融公司（IFC），专门从事股权投资和长期项目融资，不直接与政府部门发生往来。1960年成立的国际开发协会（IDA）专为低收入发展中国家提供优惠长期贷款，偿还期可长达40年。上述3家机构合称为世界银行集团（其还包括1988年成立的多边担保机构）。

与基金组织不同，世界银行为增加自身的可贷资金，成立以来积极利用国际资本市场资源，通过发行低利率的长期债券而获得新增资金。因资本来源为各国政府，尤其主要工业化国家为其资本金的重要贡献国，世界银行在国际资本市场上一直享有盛誉，能以显著低于私人金融机构的利率发行长期债券。罕见例外的是 1959 年德意志银行联合其他西德金融机构承销世界银行 2 亿马克债券，发行之后在二级市场表现不佳（价格跌破面额），德意志银行被迫大量回购债券。[①]此为一个小插曲，世界银行后来继续在西德发债，而且仍由德意志银行担任主承销商。

国际货币基金组织的“协议条款/章程”共计 20 条，其中第四条款和第八条款是关于各国货币在经常账户下的可兑换和金融账户下的可兑换。1976 年《牙买加协议》（基金组织修改其“协议条款/章程”）以前，第四条款的基本内容是关于金平价的确立和调整原则，实质上是各国政府应允许并维持稳定的单一汇率，不对经常账户交易（货物贸易、服务贸易、跨境工薪利润汇兑及无偿捐赠）施加额外限制。此为“经常账户可兑换”的由来。1958 年 12 月，14 个欧洲国家宣布实现经常账户可兑换，意味着它们满足国际货币基金组织关于汇率体制的基本要求，有资格与基金组织进行常规业务往来，并使各自的货币平价在相对开放的条件下发挥作用。欧美人士认为，以维护固定汇率为特征的“布雷顿森林时代”始于 1958 年，而非基金组织成立之时，主要依据就是 1958 年起西欧和北美多国才符合第四条款要求。

基金组织“协议条款/章程”第八条款规定成员国的一般义务，要旨是敦促成员国减少和取消外汇交易限制性措施。成员国可依据本国经济稳定的需要保留或实施外汇交易限制（汇兑限制）措施，但应取得基金组织的同意。此外，成员国应定期向基金组织提供有关经济信息。该条款后经多次修订，并在 1980 年以来被普遍认为是基金组织提倡“金融账户/资本项目/资本账户下货币可兑换”的具体表现。

四、布雷顿森林体系的动摇和瓦解

1958—1970 年是布雷顿森林体系的“黄金时期”，其间基金组织各成员国确立并维持货币平价；全球国际贸易连年增长，大宗商品价格稳定，各国经济长期景气。与往昔形成鲜明对比的是，战败国德意志联邦共和国和日本的经济复苏和增长尤为快速，以往困扰世界的债务国与债权国的紧张关系似乎销声匿迹。世界许多国家在 20 世纪 50 年代出现“美元荒”（Dollar Shortage），面临缺少国际储备（国际流动性）的问题。进入 20 世纪 60 年代后，随着出口增长以及转为贸易顺差，不少国家又遭遇“美元过多”（Dollar Overhang）。70 年代后，美元的金平价是否可持续受到美国和国际社会高度关注。

---

① Werner Plumpe, Alexander Nützenadel, and Catherine Schenk, *Deutsche Bank: The Global Hausbank*, 1870 – 2020, Bloomsbury Publishing, 2020, p. 422.

经过剧烈的动荡，以固定汇率为特征的布雷顿森林体系最终瓦解，世界进入浮动汇率时代。在“后布雷顿森林时代”，国际货币基金组织和世界银行继续运行，但新的挑战层出不穷。

布雷顿森林体系的缺陷和修补

以各成员国实行固定汇率为特征的布雷顿森林体系自始就有先天不足，并且随时间日益突出。布雷顿森林体系的三大缺陷：一是将各国普遍实行固定汇率制这个“不可能之事”作为首要的和基本的政策目标；二是未能清楚界定国际最后贷款人的职能；三是基金组织资金规模偏小，干预能力不足。

20 世纪初，许多国家选择实行金本位制并因此在世界范围内体现了普遍的固定汇率。就此而言，布雷顿森林体系与20 世纪初的金本位制并无区别。20 世纪 30 年代的国际经验表明，金本位制是“金镣铐”，各国出于自身经济需要必须具备对内和对外灵活调节汇率和物价水平的能力（调节国内物价水平的能力就是调节货币政策的能力），但这种调节却与布雷顿森林体系存在原则冲突。按照国际货币基金组织“协议条款/章程”第四条款和第八条款的要求，各国在实行固定汇率的同时保持对外金融开放，即允许资金跨境流动。由此带来一个矛盾，当外国利率升高时，若国内利率保持不变，则资金会外流，给本币带来贬值压力；本国货币当局如欲消除贬值压力，最好提高本国利率，即跟随外国调节利率；这虽然有利于维护汇率稳定，但却牺牲了本国利率政策（货币政策）的独立性，有悖于本国经济政策的自主性。当然，如果本国不愿调节利率，理论上可有另两种做法，动用本国外汇储备，或向基金组织借款。但这两种做法效果未必如愿，因为本国外汇储备和基金组织可借资金均有限，若将本国外汇储备和基金组织借款多用于应对跨境资金流动，该国很可能因此削弱其应对正常贸易波动的能力。

20 世纪 80 年代后，学者将固定汇率、利率政策自主性和跨境资金流动性之间的矛盾称为“不可能三角”或“三元悖论”，并认为古典金本位制和黄金时期的布雷顿森林体系都存在此“三难”局面。布雷顿森林体系的设计者未给予跨境资金流动足够重视，他们低估了跨境资金流动的规模和易变性以及对固定汇率体制的严重挑战。历史表明，尽管布雷顿森林体系在黄金时期已面临此问题，但那时跨境资金流动规模还不够大，多种微调措施尚可发挥作用，该体系得以继续运行。

前面提及，阿瑟·杨格和米尔顿·弗里德曼等不赞成固定汇率制。杨格认为发展中国家不可取该体系，弗里德曼认为它对工业化国家也不宜。但他们均未涉及该体系的可持续性问题。

何种机构充当国际最后贷款人以及国际社会是否需要此角色的问题在 20 世纪 30 年代初即已提出。国际清算银行于1930 年成立后在一定程度上发挥了此种作用。但是，在探讨建立战后国际货币秩序时这个问题却被忽略。布雷顿森林体系的设计者聚焦于汇率和国际收支平衡，并未关注奥地利工商信贷银行或德意志丹纳特倒闭事件及其国际金融影响。凯恩斯方案和怀特方案都是高度“宏观的”，绝少讨论“微观”问题，他们仿佛认为在布雷顿森林体系中不会再发生奥地利工商信贷银行或丹纳特银行倒闭，抑或即便发生各国当局完全有能力在一国范围内予以应对。20 世纪 80 年代后发生的诸多事件表明，布雷顿森林体系设计者的这两个假定皆不正确。

无论是维护固定汇率还是充当“国际最后贷款人”，国际货币基金基金组织都力不可及，因为它资金有限。凯恩斯建议基金组织资金规模（份额合计）不低于 120 亿美元，而美国的意见却是 78 亿美元（均按 1945 年价格）。美国之所以不愿基金组织资金规模做大，一是不愿缴纳更多的黄金；二是不愿基金组织实力太强；三是相信各国市场经济体制可发挥良好作用。国际货币基金组织的历史统计显示，基金组织份额合计 1950 年为 17 亿美元，1960 年为 36 亿美元，1970 年为 77 亿美元；3 个年份的世界贸易总额依次为 1 170 亿美元、2 360亿美元和 5 790 亿美元；两数之比恒为 1.5%。如此比例以及份额水平，或许可以应对各国贸易收支波动，但显然不足以应对跨境资金流动或重大金融风险。

除了上述 3 个局限，布雷顿森林体系还面临另一个难题，即“特里芬两难”。罗伯特·特里芬（1911—1993 年）长期任教于耶鲁大学并从事国际金融研究，1959 年后多次就国际货币体系的稳定以及美元的国际地位在美国国会听证会上发言。他的著名观点是，布雷顿森林体系是金汇兑体制，其良好运行有赖关键货币国家对外输出流动性，即关键货币国家对外短期债务的增长必须超过其外汇储备的增长（对外净输出本国货币）。但是，倘若关键货币国家无限对外输出本币（流动性/短期债务），其他国家对关键货币的信心必逐渐减弱，直至金汇兑本位制崩溃。①这里，“关键货币”指美元（“二战”以前还包括英镑），“关键货币国家”指美国；“流动性”“短期债务”与“外汇储备”是关联概念。例如，美国以赊购方式从外国进口一批货物，则外国相应得到一笔美元资产并可将其作为外汇储备（出口商和银行按要求将美元外汇出售给中央银行），美国相应增加对外短期债务。同时，外国官方持有的美元资产可转让给第三国以清偿债务或与美国官方交换黄金。特里芬认为，在这些交换中，外国接受美元是因为相信美元与黄金保持稳定比价（1 盎司黄金兑 35 美元）；但随着外国累积的美元资产（索取权）增加以及从美国交换的黄金增多，美国政府持有的黄金储备会日益减少。假设布雷顿森林体系持续运转下去，美国的黄金储备终会枯竭。而在此之前，美元与黄金的固定比价必会被打破，国际社会普遍的固定汇率体制则将崩溃。

“特里芬难题”有 3 个关键假设条件，美国拥有的黄金储备不是无限多（此条符合现实）；美国政府不实行限制跨境资金流动的政策（若实行则违背其创立布雷顿森林体

---

① 罗伯特·特里芬.《黄金与美元危机：自由兑换的未来》，陈尚霖、雷达译，北京：商务印书馆，1997 年，第 69 页（英文原著出版于 1961 年）。

系的初衷）；美国不能随意改变黄金与美元的比价（“随意改变”意味着转向浮动汇率制）。然而，1971 年后的实际情况是，美国中止了与外国的官方黄金交易，美元与黄金的比价转向浮动，以普遍固定汇率为特征的布雷顿森林体系开始瓦解。

令人感到讽刺的是，布雷顿森林体系 1960 年后如日中天，而恰自此时起国际社会认清了该体系的不足之处。因此，20 世纪 60 年代既是布雷顿森林体系发挥积极作用的黄金时期，也是美欧加强磋商，在基金组织框架内外推进国际货币合作，力图修补布雷顿森林体系的护理时期。从 1961 年至 1969 年，它们先后推出“黄金总库”（黄金池）、“借款总安排”和“特别提款权”（SDR）等新措施。

20 世纪 30 年代各国停止金本位制以后，国际黄金市场便处于受抑制状态。在英国，1939 年黄金市场被关闭，而面向非居民（境外机构和个人）的黄金市场于 1954 年 4 月恢复，此后黄金价格每日刊载于伦敦《金融时报》和纽约《华尔街日报》。英国恢复黄金市场的运行具有两大意义，它是战后英国走向对外全面金融开放并实现英镑充分可兑换的重要步骤（此为基金组织第四条和第八条所要求），并为各国货币当局买卖黄金提供一大场所（20 世纪初伦敦作为全球金融中心曾如此作为）。此前，仅能以所持美元向美国政府购买黄金的国家，在伦敦黄金市场开放后有了新的选择，而且交易过程更加便捷。但是，恢复黄金市场也带来新的挑战，即市场价格与官方价格可能不同；当价差超过布雷顿森林体系所允许的程度，不仅必然诱发大量套利行为，而且定会冲击布雷顿森林体系本身。

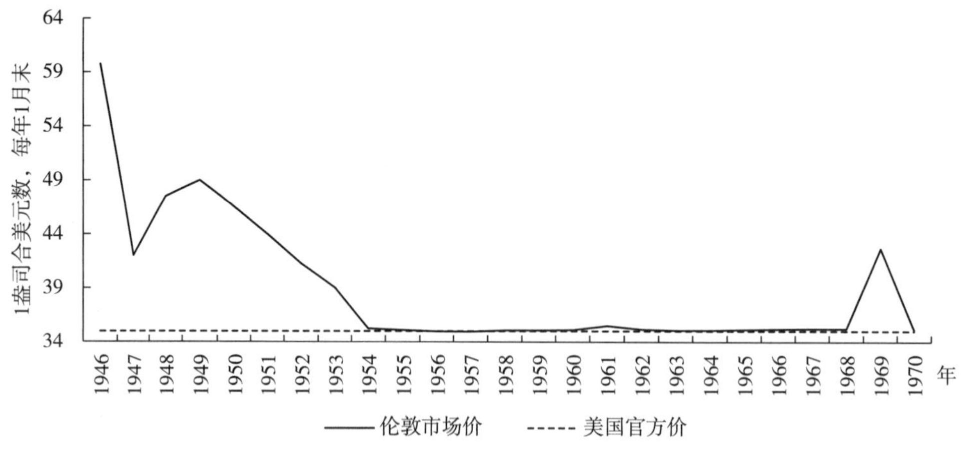

图 7-2　1946—1970 年伦敦市场黄金价格

［资料来源：数据原始出处为《皮克通货年鉴》（*Pick's Currency Yearbook*）1955—1967 年及 1970 年，转引自林直道．战后国际通货危机与世界经济危机［M］．朱绍文译，上海：商务印书馆，1976：77-78．1954 年 3 月前为黑市价格，以后为英镑区适用于非居民的公认国际市场价格；1968 年 3 月起出现适用于居民的黑市交易价格（此图未显示）；原始数据提供者将英镑数按历史汇率转换为美元数。］

从图7－2可知，1946—1970年伦敦市场以美元计的黄金价格，从中可见1954—1968年市场价与官方价十分接近。仔细观察还可发现：（1）1958年后市场价从未低于官方价；（2）市场价存在波动，时高时低；（3）市场价波动幅度在1961年为1.4%（市场价与官方价之差除以官方价），此后至1967年均低于0.7%，但在1969年跃升至21.9%。波动情况的背后是“黄金总库”的运行和瓦解。

“黄金总库”由美国、联邦德国（西德）、英国、法国、意大利、比利时、荷兰、瑞士组成，各国中央银行出资形成黄金买卖银团（辛迪加）。美国占比为50%，德国占比为11%，英国、法国、意大利各占9%，比利时、荷兰、瑞士各占4%，总额2.7亿美元。[①]依据协议，各国中央银行在黄金市场价高于官方价时不买进黄金，而在市场价低于官价时买进；各国中央银行按比例向黄金总库缴纳黄金或资金，总库所赚黄金或资金则按比例分给各中央银行；英格兰银行负责买卖操作。从理论上认为，黄金总库的经营策略保证只赚不赔，而实际情况却甚为复杂。1965年后黄金市场价总是高于官方价，“黄金总库”卖出后却难以买进，黄金库存逐渐减少（当然其外汇收入相应增多）。1967年6月，法国宣布退出黄金总库，其持股由美国接手。当年11月，英镑发生危机，在基金组织同意下，英镑兑美元由2.80降至2.40（贬值14.2%），黄金市场价大幅蹿升。尽管“黄金总库”各成员国誓言保持既定方针，维持黄金官价不变，此时美元已出现贬值压力。1968年3月，“黄金总库”宣布解散，但美国表示继续按1盎司35美元向各国货币当局供应黄金，并将采取措施改善其国际收支状况。如图7－2所示，黄金市场价在1969年1月已达42.65美元（其实它在1968年4月已超过40美元）。有学者认为，“黄金总库”是“历史上最为雄心勃勃的央行合作事例”，[②]但其解散可为布雷顿森林体系瓦解的先兆。

创办“黄金总库”及设立下述借款总安排都体现了美国为首的工业化国家在维持和修补布雷顿森林体系上采取“俱乐部方式”的做法，即试图通过少数国家之间的紧密合作来解决整个体系（体制）的资源不足或合作不足的问题。俱乐部方式的优点在于相对容易达成共识并提高合作程度，可通过“内部协商”寻求妥协，避免矛盾公开化甚至激化至失控地步。俱乐部方式也有缺点，尤其当整个体系的资源日益流出俱乐部，非俱乐部成员掌握越来越多资源并且不愿与俱乐部互商协调时，俱乐部势难维持其地位和作用。参见后述，在布雷顿森林体系中，十国集团早先为世界黄金储备的“大户”，掌握了全球黄金储备的大部分。20世纪60年代后半期后，十国集团在全球黄金储备中的份

---

① Michael Bordo, Eric Monnet, and Alain Naef. “The Gold Pool (1961－1968) and the Fall of the Bretton Woods System: Lessons for Central Bank Cooperation.” The Journal of Economic History, Vol. 79, No. 4 (December 2019), Table 1, p. 1035.

② Bordo, Monnet, and Naef. “The Gold Pool (1961－1968) and the Fall of the Bretton Woods System: Lessons for Central Bank Cooperation”, p. 1035.

额明显趋于下降，其对维护布雷顿森林体系而言越发有心无力。

针对基金组织资金规模（份额合计）不足，美英两国提议工业化国家带头借款给基金组织。10 个国家于 1961 年 11 月在巴黎达成协议，共同筹集总额 60 亿美元的“备用信贷”，存放于基金组织之外，由十国集团共同管理，该机制名为“十国集团”或“巴黎俱乐部”，成员为比利时、加拿大、法兰西、意大利、日本、荷兰、英国和美国，以及西德和瑞典的中央银行。瑞士后以“联系会员国”身份参加，尽管当时它并未加入国际货币基金组织（瑞士于 1992 年加入）。该机制于 1962 年启动，改称“借款总安排”（GBA），并由基金组织负责操作。1964 年和 1968 年英镑汇率动荡时，该机制向联合王国贷款，后者将之用于干预外汇市场。“借款总安排”自创立后成为国际货币基金组织通过“定向借款”扩大可用资金规模的重要方式，沙特阿拉伯等国 20 世纪 80 年代通过该途径向基金组织提供大量借贷资金。

基金组织份额不足和可用资金规模偏小带来的一个后果是国际流动性不足和各国国际储备不足，此问题在 20 世纪 60 年代中期日渐明显。国际货币基金组织理事会于 1967 年通过决议创立一个新型储备工具（信贷工具），两年后该决议正式生效，此为“特别提款权”的由来。“提款权”指基金组织原来就有的份额机制，该机制中各成员国可依其份额“提款”。“特别提款权”指“新增”的提款权，即基金组织在各国缴费之外设立的借贷工具或储备资产。基金组织修改后的“协议条款/章程”确认，依据各成员国的份额分配特别提款权，每年各国特别提款权总额由理事会决定，基金组织不得自行超额发行。实际情况是，在特别提款权投入运行的 1970 年各成员国在基金组织份额共计 77 亿美元，特别提款权合计 31 亿美元。至 1982 年，前者为 277 亿美元，后者为 233 亿美元，特别提款权增长快于份额增长，表明此期间国际货币基金组织为各成员国提供了额外的国际流动性，为它们应对外汇市场动荡起到帮助。

20 世纪 70 年代至 80 年代布雷顿森林体系分崩离析，而特别提款权创立和使用被人们寄予厚望。知名国际经济学家认为，“特别提款权实质上是永久性的国际法定货币”，是解决全球储备不足的“一种真正的国际性解决办法”的希望。[①]但是，称其为“国际法定货币”有过誉之嫌，因为特别提款权仅限于各国货币当局在国际货币基金组织框架内使用，自创立以来几乎未用于私人部门跨境交易。简言之，它仅在部分政府间交易中充当交易媒介、价值储藏和计价单位，是职能尚不够充分的“国际法定货币”。

1969 年特别提款权启用时，其价值定为标准含金量 0.888671 克（虚拟），此为 1944 年 7 月 1 日美利坚合众国关于美元法定成色的规定，由此特别提款权与美元等值。[②]

---

① 彼得·林德特、查尔斯·金德尔伯格．《国际经济学》，谢树森、沈锦昶译，上海：上海译文出版社，1985 年，第 442 – 443 页。

② Margaret Garritsen de Vries, *The International Monetary Fund* 1966 – 1971: *The System under Stress*, Volume I: Narrative, International Monetary Fund, Washington, D. C., 1976, p. 186.

所有成员国借入和偿还特别提款权，都按此价值单位计算（包括利息收支）。1971 年 8 月美国中止官方黄金交易并在金价上涨后，特别提款权与美元不再等价。为特别提款权建立新的定价方法势在必行，否则它将如同黄金一样随行就市，特别提款权的各国使用者将因其价格波动而面临显著的汇率风险。1974 年 7 月，经过反复磋商后，尤其经当时二十国委员会（C－20）提议，基金组织实行特别提款权新定价方法，规定它为 16 种货币组成的货币篮子，按各币种权重计算出特别提款权的组合价值，自此特别提款权与黄金“脱钩”。16 种货币的选择标准是此前 5 年该货币国在世界出口总额中占比超过 1%。因为当时多数计划经济国家未加入基金组织，故 16 个货币国中有中小经济体，例如丹麦和奥地利。[①] 1978 年 7 月调整后，沙特阿拉伯和伊朗进入特别提款权货币篮子。1979 年 12 月，特别提款权货币篮子再次调整，构成减至 5 种，即美元、马克、法郎、日元和英镑。[②] 1999 年欧元问世，特别提款权中的马克和法郎被欧元取代。2016 年 10 月人民币成为特别提款权五大组合货币之一，与美元、欧元、日元和英镑并列。组合货币定价的绝妙之处是，特别提款权与任一组合货币的汇率波动小于其中两种货币之间的汇率波动。

然而，黄金总库、借款总安排和特别提款权虽然都发挥了重要作用，但是皆未能挽救布雷顿森林体系。

跨境资本流动与固定汇率体系的瓦解

当地时间 1971 年 8 月 15 日傍晚，美国总统尼克松发表电视讲话，宣布美国政府立即采取多种经济政策以应对严峻挑战。这些政策包括冻结全国工资和物价 90 天、减少对外援助 10%、征收 10% 进口附加税、加快实施“1971 年工资岗位发展法”的税收减免条款以及暂停按 1 盎司黄金 35 美元向外国货币当局出售黄金。前几条措施针对通胀爬升、失业增加和国际收支逆差，最后一条则针对美元在外汇市场上遭受的贬值压力。如前所述，在布雷顿森林体系中，美国政府有义务维持 1 盎司黄金兑 35 美元的比价以及各国官方机构之间的可兑换。这是布雷顿森林体系的基石，以各国货币金平价为前提。美国政府的宣告无疑是对布雷顿森林体系釜底抽薪，经过艰难探索建立的战后国际货币体系即将顷刻瓦解。

尼克松宣称，“国际货币投机者”（International Money Speculators）造成美元的不稳定，这些人力图从美元动荡中获利，而所有“工人、投资者和财富实际生产者们”的利益却受损。尼克松称，美利坚欢迎竞争，不怕竞争，但某些外国竞争得到了不公平的优

---

① de Vries, *The International Monetary Fund* 1966－1971: *The System under Stress*, Volume I: Narrative, Table 2, p. 293.

② de Vries, *The International Monetary Fund* 1972－1978: *Cooperation on Trial*, Volume Ⅱ: Narrative and Analysis, International Monetary Fund, Washington, D. C., 1985, Table 36, p. 893; Boughton, *Silent Revolution*: *The International Monetary Fund* 1979－1989, Table 18.4, p. 951.

势。虽然他称美国不会退回到保护主义，但却暗示美国将准备改变国际经济合作策略，不愿但不惧与盟友翻脸。尼克松的讲话在国际金融市场上掀起巨浪，此后 1 周，欧洲和美洲外汇市场和黄金市场暂停开市，仅纽约和东京维持营业。

尼克松“8·15”讲话被称为“尼克松冲击”，宣布的措施称为“新经济政策”。为何美国总统此刻推出如此激烈的举措，尤其是单方面暂停布雷顿森林体系的运行？

针对美国政府的决定和布雷顿森林体系的瓦解，各种评论喧嚣尘上。“谁是罪魁祸首”？是国际游资，是“特里芬难题”，是美国对外政策，是美国国内货币政策，还是国际合作的失败？各种说法皆有一定道理，但必综合而察。

“国际游资”即尼克松指责的“国际货币投机者”，有时又称为“热钱”（Hot Money），但它是个模糊概念，既可指国际市场上的投机者，也可指国内市场上的投机者，甚至还可包括一般的套期保值者（等于普通的投资者）。如果说存在一群投机者，他们显然只能从某种资产的低买高卖中获利，但他们何处找到高价收购者（“接盘者”）呢？他们自身肯定不是“接盘者”，因为这违背了牟利的初衷。作为一个群体，投机者不能通过相互交易获利，这与逻辑相悖。在 1971 年夏天涉及美元和黄金的国际交易中，动辄数亿美元的买卖多为金融机构所为，它们显然不同于一般甘冒风险的投机者。简言之，1971 年夏天，国际金融市场出现了普遍的美元贬值和黄金看涨的预期，正是此种预期导致了对黄金的市场需求短期内急剧增加。此时，美国政府纵有更多的黄金储备也不足以应对。那么，尼克松冲击的症结在于金价上涨和美元贬值的市场预期在 1971 年 8 月以前是如何形成的？

“特里芬难题”指美国国际收支逆差与美元汇率稳定存在矛盾。根据统计数据表明，在 1946—1970 年，美国对外贸易和经常账户每年均为顺差，其中 1970 年对外贸易顺差为 21.1 亿美元，经常账户顺差为 35.9 亿美元。因此，1971 年以前，美国没有出现常规意义上的国际收支逆差。当时报刊上大量谈论的美国“对外收支逆差”或“国际收支逆差”主要指美国每年大量对外援助（包括军事援助和经济援助）、大量贷款和大量直接投资，即通过单边转移和对外输出资金而导致外国对美债权的较快增长。也就是说，在综合经常账户和金融账户（同时也是私人部门和官方部门）的国际收支平衡表上，美国出现了“逆差”。按美国学者的说法，1950—1971 年，美国此种国际收支一直为“逆差”，仅 1957 年为顺差。[①]与此同时，美国官方黄金储备从 1957 年的 230 亿美元减少至 1968 年 3 月的 110 亿美元。按每年减少黄金储备 10 亿～20 亿美元，1968 年起算美国至多还有 5～10 年即将目睹其黄金储备流失殆尽。

美国政府在 20 世纪 50 年代和 60 年代大量对外援助和贷款（尤其在 60 年代后半期大量支出与越南战争相关的款项），主要出于对外政策目的，而非出于特里芬所说的

① 迈耶.《世界货币秩序问题》，第 103 页。

“向国际社会提供流动性”，尽管前者客观上具有后者的效果。换言之，1971 年前美国国际收支“逆差”不是由特里芬所说的经济因素引致，而是由美国政府对外政策所致。这个说法引出另一个问题，美国作为战后西方世界的“领袖”，布雷顿森林体系即主要运行于此“西方世界”大框架中，为何未能发挥领导作用与盟国通过加强合作避免美国黄金储备减少或者让黄金储备增加的盟国相应增加承担国际责任呢?

有一种“法兰西阴谋论”或“戴高乐阴谋论”的解释，认为当时法国政府有意不与美国合作，大量买进黄金，不仅使美国官方黄金储备减少，而且破坏了欧美维护布雷顿森林体系的合作氛围。的确，戴高乐的法国政府不仅常在货币事务上与美国及其他欧洲国家大唱反调，而且在国际关系领域时有逆反之举（20 世纪 60 年代退出北约和两次拒绝英国加入欧洲经济共同体）。数位研究者收集大量资料，分析 1965—1969 年法国政府关于国际货币体系改革和美元—黄金可兑换问题上的言行，认为法国政府主张返回金本位制的实质是迫使美国承担更多的国际责任，减缓国内货币扩张。换言之，戴高乐的法国政府并非有意瓦解布雷顿森林体系。[①]事实上，法国政府自 1967 年 10 月停止从美国购买黄金，法国官方黄金储备在 1969—1971 年未有增加。[②]而且，在 1969—1971 年，其他西欧国家和日本央行持有的黄金储备都无明显增加。也就是说，在尼克松冲击发生前两年内，尽管黄金总库已解散，主要工业化国家货币当局在黄金交易上尚且“温和”，未撕毁成文的协议或君子协定，但却意味着美国遵守布雷顿森林体系规则并继续维持黄金官价和供给黄金的道义压力已经日益增大。

表 7－1　　1966—1971 年主要发达国家从国际货币基金组织的自动借款　单位：亿美元

国家	1966 年	1967 年	1968 年	1969 年	1970 年	1971 年	合计
加拿大	—	—	3. 91	—	—	—	3. 91
法国	—	—	7. 45	5. 01	4. 85	—	17. 31
西德	—	—	—	5. 40	—	—	5. 40
意大利	—	—	—	—	1. 33	—	1. 33
英国	1. 23	—	14. 00	8. 50	1. 50	—	25. 23
美国	6. 80	—	2. 00	—	1. 50	13. 62	23. 92
上述六国合计	8. 03	—	27. 36	18. 91	9. 18	13. 62	77. 09
基金组织全部成员合计	14. 48	8. 35	35. 17	24. 61	15. 09	19. 00	116. 71

注：日本在 1966—1971 年未向国际货币基金组织自动借款。

资料来源：de Vries. The International Monetary Fund 1966 － 1971：The System under Stress ［M］. Volume I：Narrative，Table 6：330 －332.

① Michael D. Bordo，Dominique Simard，Eugene N. White. “An Overplayed Hand：France and the Bretton Woods International Monetary System”，*NBER Working Paper* 4642，February，1994.

② Peter M. Garber. “The Collapse of the Bretton Woods Fixed Exchange Rate System”，in Michael D. Bordo and Barry Eichengreen，eds. *A Retrospective on the Bretton Woods System：Lessons for International Monetary Reform.* University of Chicago Press，1991，Table 9. 1，p. 465；Fig 9. 4，p. 470.

的确，美国在1971年倍感黄金储备流失的压力。当年5月，法国、比利时和荷兰向美国提出兑换黄金，其中法国购买价值2.82亿美元的黄金以清偿其向国际货币基金组织的部分借款。[①]在美国看来，十国集团的成员（法国为前成员）像是站在“门口的狼”，随时准备从美国叼走黄金。[②]如表7－1所示，发达国家在1966—1971年从该机构提款（Drawings，等于“自动借款”）最多，为此时期各国提款总额的2/3（77.1亿美元对比116.7亿美元）。其中，法国借款额仅次于英国和美国（1968年英镑危机时英国借款多达14亿美元，创历史纪录）。法国以偿还借款为由向美国要求以官价购买黄金，推动黄金储备从美国流出，利用布雷顿森林体系的既定规则将难题抛给美国政府。

此时期各国对美国扩张性宏观经济政策怨声载道。1970年美国货币供给（M1）比前年增加5.5%，1971年7月更升至8.1%；同期，美国CPI上涨为5.9%和4.4%，皆高于其他主要工业国。[③]尼克松1971年初发布《国情咨文》，信誓旦旦宣称要控制通货膨胀，争取实现“无通胀的经济增长”。然而，至夏季通胀却仍在爬升。[④]美国联邦政府预算1958年后连年赤字，1968年高达251亿美元（与国民生产总值比率为2.9%），创战后新纪录。美国宏观经济指标的走势与其他主要工业化国家存在显著差别，这是它们之间纷争加剧的重要原因。

美国财政部掌管的黄金储备1969年末时为103.67亿美元，1970年末增至107.32亿美元，看似形势好转。但在1971年5月再次转为减少至103.32亿美元，而到8月又减少2亿美元。[⑤]对美国官方黄金储备的需求来自十国集团内部和外部。即使十国集团继续合作，美国官方黄金储备仍会不断外流，布雷顿森林体系的基石仍将难以支撑。从更宽的角度看，黄金储备日益流出十国集团反映了战后世界经济格局渐渐发生的深刻变化，即发展中国家经济的兴起。事实上，正是由于石油输出国在1973年后的世界经济和国际金融中开始发挥前所未有的巨大作用，1971年发生动摇的布雷顿森林体系再也无法得到修复或加固。

此外，如果美国继续实行美元黄金可兑换并保持官价不变，不难预料，1973年中东

---

① 中国银行国际金融研究所和中国人民大学财政系编.《国际金融大事记（1944—1980）》，北京：中国财政经济出版社，1981年，第35页；另有文献说法国1971年上半年从美国财政部购买4.75亿美元黄金［Brendan Brown, The Flight of International Capital: A Contemproary History, Routledge, 2018（1987）, pp. 302－303］。“4.75亿美元”接近表7－1所列法国1971年从国际货币基金组织提款的“4.85亿美元”。

② 杰弗里·E. 加藤.《戴维营三天》，潘雨晨等译，北京：中译出版社，2023年，第11章“门口的狼”，第99－118页。该章讲述1971年5月至8月初美国与盟友之间的意见分歧和紧张谈判。美方当时反复强调的是，造成近年来美元大量外流的主因是美国军费开支过多增多；倘若盟友增加军费并为美国分担“安全责任”，美国则可减少军费开支并承担国际货币义务。因此，国际货币体系的症结在于盟友不够合作。

③ *Economic Report of the President* 1972, Appendix B Statistical Tables.

④ 赫伯特·斯坦.《美国总统经济史：从罗斯福到克林顿》，金清、郝黎莉译，长春：吉林人民出版社，1997年，第134页。

⑤ *Economic Report of the President* 1972, Table B－92, p. 302.

危机爆发和国际油价暴涨后，中东国家赚得大量美元外汇，它们势必趁势将美元换取黄金，很快掏空美国官方的黄金储备。此事之所以没有发生，即因1971年8月美国政府宣布“暂停”美元兑黄金并未再恢复。外国货币当局之后若需以美元兑换黄金，只能从市场购买，黄金兑美元价格继续上涨对美国官方黄金储备的实物量不再有任何影响。

从根本上说，导致以美元—黄金固定比价及可兑换为基石的布雷顿森林体系的瓦解是传统国际货币合作的失效和私人部门跨境资金流动的迅猛增长。“传统国际货币合作”指布雷顿森林体系框架内美国与主要工业化国家（包括英法和战后后起的德日）在维持美元—黄金可兑换的小范围合作，即遵循“俱乐部方式”。这种合作方式当它们执世界经济和国际金融牛耳之时有效，只要它们之间达成协议，其余不足为虑，而且在实践中遇有障碍也可通过订立新协议化解。但是，当世界经济和国际金融出现新的重要角色，其分量越来越重时，“俱乐部方式”或“小范围合作”便不再有效。如前所述，十国集团成员国央行1968年同意不再向美国购买黄金，但美国官方的黄金储备却继续减少，因为十国集团以外的国家依据布雷顿森林体系的规定继续购买黄金。

更重要的是，经历战后20多年的经济增长，至20世纪60年代末和70年代初，私人部门财富和收入增长、金融机构面向各类投资者的资产管理的发展以及跨境资金流动性提升，都促使各国私人部门黄金需求持续增长。私人部门对黄金的需求主要因为黄金可保值增值，尤其当黄金储备大国美国开始出现显著通货膨胀。当黄金市场价因私人部门需求增长而升高并与官方价格差距加大后，布雷顿森林体系的美元—黄金固定价格可兑换基石便承受越来越大的压力。很明显，即使十国集团和国际货币基金组织多数成员国愿为维持美元—黄金官价而合作，也难以阻止黄金市场价格的升高。因此，布雷顿森林体系的美元—黄金固定价格和可兑换不可持续，该体系的瓦解在所难免。

后布雷顿森林时代的到来及其特征

1971年8月至1976年1月，布雷顿森林体系危如累卵，以尼克松冲击而起，以体制转换而告终。其间，美国与其他国家频繁会晤，不停地举行双边和不同层次的多边磋商，欧洲多国也忙于商讨并出台联合应对政策，国际货币基金组织框架内则成立了新机制推动各国就国际货币制度改革达成新协议。

美国要求欧洲国家和日本货币升值和同意美元贬值。1971年12月，在华盛顿史密森学会召开的十国集团财长和央行行长会议达成协议，美元—黄金官价升至38美元（美元贬值7.89%），西德马克和日元升值，英镑和法郎保持不变，美国取消10%进口附加税。这是各方妥协的一个中间结果。1972年3月至4月，欧洲经济共同体（EEC）六国部长会议决定实施“经济与货币联盟第一阶段”政策，相互间货币汇率实行“蛇形浮动”，即将汇率波动幅度控制在2.25%上下。后来，其他欧洲国家也加入该“有管理的浮动”汇率机制，这是1979年创建欧洲联系汇率机制（ERM）的先声。

1973 年 2 月 12 日，美国单方面宣布美元贬值，1 盎司金价升至 42.22 美元（美元贬值 10%）。此前，美国分别与英法德意财长和十国集团其他成员国举行货币政策磋商，均未取得成果。此次美元贬值震动国际金融市场，西欧国家外汇市场关闭一天，次日开放后诸多货币的汇率起伏振荡。很多亚非拉国家也紧随调整本国货币的金平价，贬值和保持与美元汇率不变互现。1973 年 10 月，第四次中东战争（“斋月战争”或“赎罪日战争”）爆发，阿拉伯石油输出国宣布石油涨价，原油价在一年之内由每桶 3 美元涨至 11.6 美元。北美、西欧和东亚许多石油进口国出现贸易逆差和通胀爬升，国际金融市场更加动荡不安。

1972 年 3 月国际货币基金组织理事会决定成立“二十国委员会”（C－20），负责提出布雷顿森林体系改革建议。该机构正式名称是“理事会关于国际货币体系改革及其相关问题的特别委员会”，参与国包括基金组织份额前五大国家、15 个大区选举出来的执行董事国，其中发达国家代表 11 位，发展中国家 9 位。委员会频繁举行各种会议，包括代表会、副代表会和技术团队工作商讨，为谋求共识而不采用投票方式。[①]该委员会于 1974 年 6 月提交最后一份报告，表示无法就改革国际货币体系提出方案，仅能就当前紧急事件（如油价上涨）提出具体措施建议。显然，“二十国委员会”（C－20）未完成使命。国际货币基金组织认为，该委员会未能就改革方案达成共识的重要原因有四点。一是“战后世界经济秩序已完结”；二是“布雷顿森林体系的场景已改变”；三是“缺乏政治意志”；四是“政府权威的弱化”。[②]当月，基金组织决定成立“临时委员会”（Interim Committee）继续“二十国委员会”未竟的制订改革方案的工作。

1976 年 1 月，临时委员会在牙买加召开会议，就国际货币基金组织协议条款（章程）修改达成协议，此“国际货币基金组织协议条款第二修正案”后于 1978 年 4 月正式生效。该修正案主要改变了第四条款内容，取消了原条款关于金平价的所有表述。新表述的基本精神是各国可自行选择汇率体制，基金组织将加强对各国汇率政策和宏观经济政策的监督。关于如何称呼 1976 年或 1978 年以后的国际货币体系，有称为“浮动汇率时代”，也有称为“牙买加时代”，或“布雷顿森林体系Ⅱ”，较常见的称谓是“后布雷顿森林时代”。从国际货币体系的角度看，该时期有以下几个新特征。

第一，废除黄金的货币作用。国际货币基金组织的新规定不允许各成员国将货币与黄金挂钩，也不承认黄金是国际清偿工具。1978 年以后，虽然黄金仍是各国国际储备的构成项目（另两个构成项目是外汇和基金组织份额，包括特别提款权），但已不再是各国官方之间的支付工具。如果说黄金的货币地位在金汇兑体制的布雷顿森林体系中已受

---

① John V. Surr, “The Committee of Twenty: The Origins, evolution, and procedure of the Committee on monetary reform”, June 1974, online at https://www.elibrary.imf.org/view/journals/022/0011/002/article－A007－en.xml.

② de Vries, *The International Monetary Fund* 1972－1978: *Cooperation on Trial*, Volume I: Narrative and Analysis, pp. 263－270.

到削弱，那么在后布雷顿森林体系中它进一步失去了货币用途，仅作为一种高价值资产出现在各国货币当局的资产负债表中。国际货币基金组织在 1976 年开始出售其黄金储备，并将部分黄金退还原缴纳国。

第二，各国可自行选择汇率体制，既可钉住某一外国货币或一组外国货币也可自由浮动（但如前所述不得钉住黄金），表明国际货币基金组织承认浮动汇率体制的合法性，汇率体制的选择权完全归还给各国。后来的实际情况是，大多数工业化国家选择浮动汇率制，发展中国家中有的选择固定汇率制（钉住汇率制或汇率目标制），有的选择浮动汇率制或有管理的浮动汇率制。

第三，国际货币基金组织加强对各国汇率政策和宏观经济运行情况的监督，维护“汇率体系的稳定”。1976 年以前，基金组织的宗旨为“维护稳定汇率”，意指各成员国货币的金平价保持稳定。1976 年之后，“汇率体系的稳定”指全球外汇市场和国际金融体系的稳定，非指个别货币的汇率稳定。另外，修订后的第四条款明确要求各成员国在调整汇率政策时向基金组织提供相关信息；同时，基金组织定期与会员国就汇率政策和宏观经济情况进行磋商（此称为“第四条款磋商”）。此外，基金组织给出各国汇率政策调整的三条指导原则：（1）成员国不得通过操作汇率或国际货币体系以妨碍国际收支的有效调整，或以此取得相对于其他成员国的不公平竞争优势。（2）成员国应在必要时干预外汇市场以稳定可能出现的失序局面，短期内出现的破坏性汇率动荡即为失序局面的表现之一。（3）成员国实施干预政策时应顾及其他成员国的利益，包括干预货币所属国的利益（这里“干预货币”实际常指美元或德国马克或后来的欧元等）。从根本上说，这些指导原则与防止发生竞争性贬值是一致的。1982 年和 1987 年，国际货币基金组织针对瑞典和韩国的大幅度贬值措施先后发起特别磋商，所依据的原则就是上述规定。

第四，国际货币基金组织大量增加对发展中国家的信贷支持并扮演“金融危机救助者”和“国际协调人”的角色。1973 年 10 月油价上涨后，二十国委员会建议基金组织设立两年期的“石油贷款”（Oil Facility），帮助石油进口国（主要是进口石油的发展中国家）应对新出现的贸易收支逆差。1974 年设立的“中期贷款机制”（Extended Fund Facility）和 1976 年设立的“信托基金贷款”（Trust Fund）更是单独面向发展中国家。虽然这些贷款项目的资金使用限于一段时期，但基金组织后来陆续推出多个类似的新项目并继续大规模开展对发展中国家的信贷支持。1982 年墨西哥政府宣布外债违约，基金组织随后介入该国的债务重组。在此次事例中，国际货币基金组织扮演三大新角色：一是“认可签章”，即只有基金组织认可墨西哥债务重组方案后，境外私人部门债权人才会同意参与；二是中间协调人，即在多个债权人（外国政府和外国私人部门）与债务人（墨西哥政府以及墨西哥金融机构）之间谋求妥协方案；三是融资条件设置者，即国际货币基金组织在发挥其贷款人作用时向借款国提出经济政策调整的要求。[①] 1982 年后，拉美地区若干国家发生债务危机，国际货币基金组织继续充当国际协调人和贷款人。1994 年墨西哥爆发更大规模的金融危机，国际货币基金组织与美国政府一起充当了“国际最后贷款人”。在 1997—1998 年亚洲金融危机中，国际货币基金组织的救助作用更加突出。在这前后，国际社会提出了国际货币基金组织如何适应变化的国际政治经济环境并进行治理结构改革。

第五，国际货币基金组织及世界银行的成员国不断增多，尤其是 20 世纪 90 年代吸收了原为计划经济体制的许多国家，布雷顿森林体系具备了空前的全球代表性。而且，由于大量新成员是发展中国家，新兴市场经济体成了布雷顿森林机构中数目最多和最活跃的成员。20 世纪 60 年代基金组织成员国数目增长最快，10 年期间新增 50 余个成员国，其中多数是亚洲和非洲新近独立的国家。1980 年，中华人民共和国成为国际货币基金组织和世界银行会员国，此使两家机构的世界人口代表性大为增加。此后，转轨经济体成为布雷顿森林机构中的重要成员。此前仅有南斯拉夫、波兰、罗马尼亚和越南等计划经济国家为成员。[②] 20 世纪 90 年代初，随着苏联和南斯拉夫解体以及东欧国家改革，更多的转轨经济国家成为基金组织和世界银行的成员。20 世纪 90 年代，基金组织成员总数超过 180，其中 140 ~ 150 个成员为发展中国家或新兴市场经济体。

20 世纪 80 年代至 90 年代，布雷顿森林机构事实上发生了一场“静悄悄的革命”，实质是布雷顿森林机构的构成主体发生了重要变化，其身处的世界经济和国际环境也发生了深刻变化；布雷顿森林机构不再是“精英俱乐部”，也不再仅聚焦于国际收支调整，而是顺应时代之变日益卷入拯救国际金融危机的多边救助行动，作为全球性政府间金融组织与经济和金融全球化进程密切互动。

布雷顿森林机构的历史作用还表现在为处置主权债务危机确立新规范。19 世纪，拉丁美洲、亚洲和非洲诸多国家主权债务违约，一些欧洲列强借机派兵干涉，强行要求债务国接受有损本国财政主权的新协议，包括将债务国税收项目置于主权债担保品的地位。主权债务重组协议包含对债务国财政进行监控的做法在 20 世纪 20 年代仍见于国际联盟对奥地利和匈牙利等国提供的货币稳定计划以及针对德国赔款支付的道威斯计划。“二战”结束后，世界再未出现因主权债违约而债权国出兵债务国或者主权债重组协议包含对债务国财政实行监控的做法。这似乎意味着战后国际社会对主权债不再是“硬约束”，而是变成了“软约束”。然而，令人诧异的是，战后各国主权债违约的发生频率极

---

① 马克·威廉姆斯.《国际经济组织与第三世界》，张汉林等译，北京：经济科学出版社，2001 年，第 62 – 63 页。

② 1980 年以前加入国际货币基金组织的社会主义国家仅有南斯拉夫、波兰、罗马尼亚和越南（越南社会主义共和国），后者于 1976 年接替越南共和国在基金组织的席位，该国于 1956 年 9 月（1954 年 7 月“日内瓦协议”签署后近 2 年）加入国际货币基金组织（Boughton, *Silent Revolution: The International Monetary Fund* 1979 – 1989, pp. 766 – 767）。

低，而且进入21世纪以来即使众多国家债台高筑，主权债违约涉及金额仅占全球公共债务总额的0.2%。此现象被称为“主权债务（违约）之谜”，意即许多国家面对沉重外债负担本可发生违约却主动选择不违约。①

有学者认为，战后世界出现三大新事物，它们共同促成形成主权债履约的执行机制。一是国际金融市场上债权人卡特尔化，即发达国家众多国际化的金融机构（商业银行、投资银行和各种投资基金等）在主权债领域结成“精英联盟”（精英俱乐部），针对违约债权国形成一致对策。二是以布雷顿森林机构（尤其是国际货币基金组织）为代表的国际官方债权人针对主权债违约国或高负债国实行有条件贷款政策，旨在促使债务国调整政策提高偿债能力。三是债务国国内具有支持不违约的民意基础。②三种执行机制中，“国际金融市场上债权人卡特尔化”的具体事例是“伦敦俱乐部”，此由多家私人部门金融机构1976年因扎伊尔（刚果民主共和国）主权债违约在伦敦聚会商讨对策而形成。伦敦俱乐部参与者多为广泛从事国际借贷的欧美大金融机构（以大型商业银行为主），其特点是不单独对违约国家提供信贷并通常仅在国际货币基金组织与违约国家达成债务重组计划之后才行动。与“伦敦俱乐部”对应的是“巴黎俱乐部”，后者为多国政府关于主权债事务的协商机制，首次聚会于1956年就阿根廷外债而举行。两个俱乐部后来主要发挥政策交流的作用，并都承认国际货币基金组织在处置主权债违约和重组事务中的核心作用。③

以历史眼光来看，以国际货币基金组织为代表的国际公共机构是新式的主权债约束机制，它不同于19世纪干涉主义，也不等于放任自流。新的主权债约束机制更多地体现协商和共识原则，代表了历史进步，尽管远非完善。

五、欧洲美元、石油美元与离岸金融市场的成长

在19世纪末至20世纪初的古典金本位制时期，英镑发挥国际货币的作用，国际贸易通行“英镑汇票”或“伦敦汇票”。但是即便那时，英镑也非世界货币，跨境流通的世界货币仍非黄金莫属。各国如需借款，可前往伦敦、巴黎和纽约等金融中心发行以当地货币计价的债券，发行完成后将筹集的资金换成黄金条块运往国外。这意味着，借英镑，去伦敦；借法郎，去巴黎；借美元，则去纽约。“二战”后国际金融的一个重要变化是，美元国际化迈上新台阶，其境外流通范围空前扩大，黄金则日益丧失世界货币的地位。国际借贷不再局限于传统的双边模式，即资金借入国前往资金贷出国发行主权债

---

① 杰罗姆·鲁斯．《主权债务简史》，黄名剑、张文婷译，北京：中信出版集团，2020年，第1页。

② 鲁斯．《主权债务简史》，第四章“三种执行机制”，第64-82页。

③ Richard P. C. Brown and Timothy J. Bulman, “The Clubs: Their Roles in the Management of International Debt”, *International Journal of Social Economics*, 33, 1 (January 2006): 11-32.

券。战后国际借贷除了可通过布雷顿森林机构等多边渠道，还可在新兴的“第三方”市场进行。例如，在欧洲借入美元。兴起于20世纪60年代的“欧洲美元”开启了离岸金融市场的新时代。

“欧洲美元”的起源

欧洲美元（Eurodollar）最早仅指流通于欧洲的美元资产，后来则泛指位于美国境外的所有美元资产。[①]一方面，境外流通的美元在用途上与美国境内的美元完全一样，既可购物消费，也可投资或借贷。与美国境内流通的美元不同的是，美国境外流通的美元交易通常不受美国政府的金融监管，美国政府对境外流通的美元资产“鞭长莫及”。另一方面，境外流通的美元资产又不同于境外当地的本币资产。例如，存放于联合王国金融机构的美元资产不同于存放于这些金融机构的英镑资产，后者是联合王国的本币资产，受到联合王国政府的金融监管，适用联合王国通行的存款准备金和存款保险等规制要求，而在联合王国境内的美元资金则不必然受到这些约束（当然，该国政府对当地所有金融机构的外汇资产及其交易都有监管）。一定意义上，美国境外流通的美元成了国际金融领域中的“两不管”货币，发行国美国管不着它，所在国政府由于多种缘故也不去管它。这样，“欧洲美元”便成了游离于各国政府之外的货币资产（离岸金融资产），围绕它的国际借贷活动也就成了享受高度自由的国际金融市场（离岸金融市场）。

欧洲国家的银行于1955年推出美元存款账户，为欧洲美元诞生的标志性事件。由于布雷顿森林体系确立了美元—黄金挂钩制度，美元成为最重要的国际流动性（储备资产），欧洲多国在战后初期面临美元外汇的短缺。此时欧洲各国政府鼓励企业对美出口，赚取的美元由各国中央银行收购。为促进对外贸易，一些欧洲国家率先于20世纪50年代中期开始实行经常账户下的货币可兑换，为全面实现货币可兑换做准备。英国于1955年3月宣布实行经常账户下的英镑可兑换，允许企业出于贸易目的按官方汇率自由买卖外汇。此前，英国政府放开了银行从事远期外汇买卖的限制，银行可运用自有资金（英镑和外汇）从事远期交易。

米德兰银行（Midland Bank）是当时英国五大清算银行（零售银行/高街银行）之一，于1955年5月推出美元存款账户，3个月后所吸收的美元存款超过7 000万美元。米德兰银行为美元存款（30天通知存款）支付利息1.875%，收到存款后立即在现汇市场上卖出美元，买入30天美元期货（为此支付2.125%的费用），两笔费用合计为4%。在30天内，米德兰银行将所得英镑资金在同业市场放贷获4.5%利息收入，由此赚取利

---

① 很多书籍认为“欧洲美元”（Eurodollar）中的“欧洲”词缀（Euro）源自1957年苏联在伦敦注册的莫斯科人民银行与在巴黎注册的北欧商业银行在转账一笔美元资金时使用了该词缀作为代码，此后该词流行起来（辛乔利.《现代金融创新史：从大萧条到美丽新世界》，北京：社会科学文献出版社，2019年，第190－191页）。

差0.5个百分点。①米德兰银行成功操作美元存款的关键条件，首先，它所开出的存款利率相比美国国内存款具有吸引力；其次，英国当时同业利率水平已升至高位，足以使米德兰银行以高成本获得的英镑资金盈利。

美国国会1933年通过的“银行法”《格拉斯—斯蒂格尔法案》禁止向支票账户支付利息，后来出台的规则（“Q字条例”）限制向支票存款支付利息。在实行“Q字条例”的时期，美国境内银行存款的利率最高仅为1%（前述米德兰银行30天美元存款的利率高出此水平0.875个百分点）。美国立法者的意图是限制银行间利率竞争（价格竞争），防止恶性竞争。但在战后随着国外利率升高，“Q字条例”成为促使美国资金外流的重要因素。20世纪50年代后，许多美国大商业银行前往欧洲国家开设分行。它们受到国际利差的诱惑，乐意协助客户将美元资金转往利率水平较高的欧洲国家。米德兰银行美元存款账户的客户主要是“非居民”，多是来自境外并拥有大量美元资金的机构和个人。

有研究者认为，银行接受外汇存款的做法“二战”前已出现，例如20世纪20年代柏林和维也纳的银行接受美元和英镑存款。②但是，彼时外汇存款的规模无法与战后相比，不具有显著经济意义。外汇存款于20世纪50年代后被称为“欧洲美元”，乃是因为欧洲的银行最早接受这些美元存款，“欧洲”（Euro）意指“境外”。20世纪50年代是“冷战”兴起的年代，苏联等社会主义国家通过出口赚取美元，这些美元资金若存放在美国境内的银行将面临政治风险，因此选择存放于美国以外且不是美国的金融机构。不过，在20世纪50年代和60年代，苏联阵营社会主义国家对外贸易并不发达，它们积存的美元外汇规模远不及后来的石油输出国，后者为规避政治风险将大量美元资金存放于美国境外，支持欧洲美元的增长。

在20世纪50年代中期，米德兰银行开办美元存款业务以此扩大同业往来业务赚取利润，主要由于国际贸易带来的美元需求，即贸易企业需要美元，它们是英国外汇市场上美元的购买方。米德兰银行能快速将美元卖出，是因为此种需求十分强劲。然而，贸易需求毕竟是有限的。后来的情况表明，推动欧洲美元快速增长的重要因素是国际借贷需求，即国际借款人通过发行国际债券或银团贷款等形式在美国境外筹措美元标价的国际资金。境外美元资金的借贷需求刺激更多美元资金流往美国境外。

1963年5月，比利时政府委托伦敦商人银行（Samuel Montagu）发行2 000万美元

① Catherine R. Schenk, “The Origins of the Eurodollar Market in London: 1955 – 1963”, *Explorations in Economic History*, Vol. 35, No. 2 (1958), p. 226.

② Stefano Battilossi, “The Eurodollar Revolution in Financial Technology. Deregulation, Innovation and Structural Change in Western Banking in the 1960s – 70s”, Working Papers in Economic History, University Carlos Ⅲ Madrid, November 2009, p. 5.

债券，期限 3 年，票息 5%，这是“二战”后伦敦发行的第一笔非英镑债券。[①]但这笔债券实际以私募方式筹措，未在交易所上市，因而不具典型意义。比利时政府选择伦敦而不是纽约发行债券，显然有特殊原因。“二战”结束至 1963 年，欧洲和亚太地区多国政府和公共机构在美国市场发行国际债券，筹资多达 140 亿美元。[②]对此类“扬基债券”（在美国市场发行，以美元定价而且发行人为国外机构的债券）而言，美国证券市场具有多种优势，包括发行成本（利率）低，发行效率高（华尔街大投行能通过公募和私募渠道快速销售债券）。但是，截至 1963 年，美国政府开始担心资金外流，尤其害怕大量美元外流后迂回造成美国官方黄金储备流失，酝酿出台“利息平衡税”（IET），即对美国公民购买外国证券的收益征税，迫使外国证券对美国投资人的税后收益率与美国国内证券的收益率保持一致，以此消除外国证券对美国投资者的特殊吸引力。虽然该税法在约翰逊总统任期（1963 年 11 月至 1969 年 1 月）才正式实行，但许多美国投资人担心购买的长期国际债（扬基债）会受不利影响，因而在该法通过前已大为减少投资扬基债。1963 年上半年美国投资者购买的国外债 3.26 亿美元，下半年降为 1.1 亿美元，1964 年则不足 4 000 万美元。[③]由此看来，欧洲美元债券市场的兴起与美国政府不鼓励外国机构来美国发行国际债券有密切关系。

第一只标准化的欧洲美元债券于 1963 年 7 月发行，发行方为意大利工业复兴协会（IRI），资金的使用者为意大利高速公路建设公司，债息支付现金来自该公司的用户收费。债券融资为 1 500 万美元，期限为 15 年，年息率为 5.5%；筹资用于从美国进口设备。债券的主承销商为“二战”后伦敦成立的商人银行华宝（S. G. Warburg），联合承销商包括布鲁塞尔银行、德意志银行和鹿特丹银行等，[④]后者皆为欧洲大陆国家金融机构。此笔债券发行前，英国现行规则中许多条款不利于投资者购买此种债券，例如债券必须记名（此条规定不利于债券转让以及二级市场的发展）、债息收入的 42.5% 将被税以及征收 4% 的印花税等。华宝征得英国政府同意，将债券发行地定在荷兰阿姆斯特丹史基浦机场（英国境外），并将债券转让的登记地安排在布鲁塞尔和卢森堡（同样在英国境外）。这样，所有英国规则均不适用于该债券及其交易，尽管债券投资者多来自伦敦（许多投资人是国际机构，身份为英国的“非居民”）。

欧洲美元债券的首个事例表明，该市场在英国的出现离不开英国政府的默许和政策支持。在首只欧洲美元债券成功发行之前的 1962 年，英格兰银行行长在伦敦金融城的讲演中说：“伦敦金融城又将向国际资本市场展示它的实力，将国际借款人和投资人的长期负债和投资需求完美地结合。这种资金的转口业务，将不仅对这个国家有利，还将有

① 克里斯·奥马利.《债市无疆：离岸债券市场走过 50 年》，万泰雷等译，北京：中国金融出版社，2016 年，第 29 页。
② 克里斯·奥马利.《债市无疆：离岸债券市场走过 50 年》，万泰雷等译，北京：中国金融出版社，2016 年，第 19 页。
③ 克里斯·奥马利.《债市无疆：离岸债券市场走过 50 年》，万泰雷等译，北京：中国金融出版社，2016 年，第 34 页。
④ 克里斯·奥马利.《债市无疆：离岸债券市场走过 50 年》，万泰雷等译，北京：中国金融出版社，2016 年，第 32 页。

效地调动外国资金，为发展全球经济发挥作用。”① “二战”结束至 20 世纪 70 年代，英国政府一方面希望伦敦继续发挥国际金融中心的作用，另一方面迫于外汇短缺不得不实行外汇管制，1979 年才取消外汇管制实现英镑的充分可兑换。在此背景下，英国政府一直推行“英镑软着陆”的金融政策，即促使英联邦成员国（包括殖民地）逐渐减少所持有的英镑资产，同时，限制英镑的国际使用（包括不允许与英国无关的第三方在贸易结算中使用英镑）。这样，在战后国际金融市场中，美元不再面临竞争对手，仿佛“独步天下”。当各国需要借入国际资金时，唯一的市场化筹资对象便是美元资金。这也是欧洲美元市场兴起的一个重要背景。

欧洲美元市场的快速发展

国际清算银行自 20 世纪 60 年代起关注欧洲美元市场的动向，开始发布统计数据。这些数据多来自金融机构报告，并不完全使用相同的统计口径，各种报告的统计数据存在重复计算和显著误差。图 7－3 使用国际清算银行后来连续发布的统计数据，可靠性优于早期数据，尽管其起始年份晚至 1977 年。按照此图的统计口径，欧洲通货（Eurocurrencies）有两个指标：一是欧洲美元；二是非美元的欧洲通货，包括“欧洲英镑”“欧洲法郎”“欧洲马克”“欧洲日元”等，即在这些国家境外流通的各国货币。如图 7－3所示，1977 年欧洲美元余额为 2 643 亿美元，非美元欧洲通货余额为 2 312 亿美元，两者合计 4 955. 6 亿美元。而在刚有统计数据的 1963 年，欧洲通货余额仅为 124 亿美元。换言之，1963—1977 年，欧洲通货余额年均增长 30%，显著高于同期其他同类或近似指标。当然，欧洲通货的统计包含重复交易和重复计算，例如同一笔欧洲美元存款在不同金融机构“旅行”，即以同业存款或转存款的方式多次换手，每次换手都被统计。

“欧洲美元”“欧洲通货”“离岸债券市场”“离岸货币市场”或“离岸金融市场”（以下简称“离岸市场”）等词语含义高度接近。在离岸市场上，与债券并列的金融工具主要票据和存款。当说“离岸货币市场”时，主要指该市场中的短期融资。1970 年以后，离岸金融扩散到欧洲以外许多地区，“欧洲美元”“欧洲通货”与“离岸金融市场”等词的通用性（互换性）更增加了。1971 年 4 月，美国政府加入欧洲美元发行者行列，面向美国诸家银行海外分行发行 15 亿美离岸债券。②

离岸金融市场快速增长是由于该市场高度开放，符合条件的各类筹资者都可涉足；该市场充满竞争，政策限制少；证券发行费率相对低廉，发行效率高市场运行成本低于国内金融市场；虽然缺乏政府监管，但市场参与者重视风险控制，严格遵守有关法律规

---

① 克里斯·奥马利.《债市无疆：离岸债券市场走过 50 年》，万泰雷等译，北京：中国金融出版社，2016 年，第25－26 页。

② 中国银行国际金融研究所和中国人民大学财政系编《国际金融大事记（1944—1980）》，第 34 页。

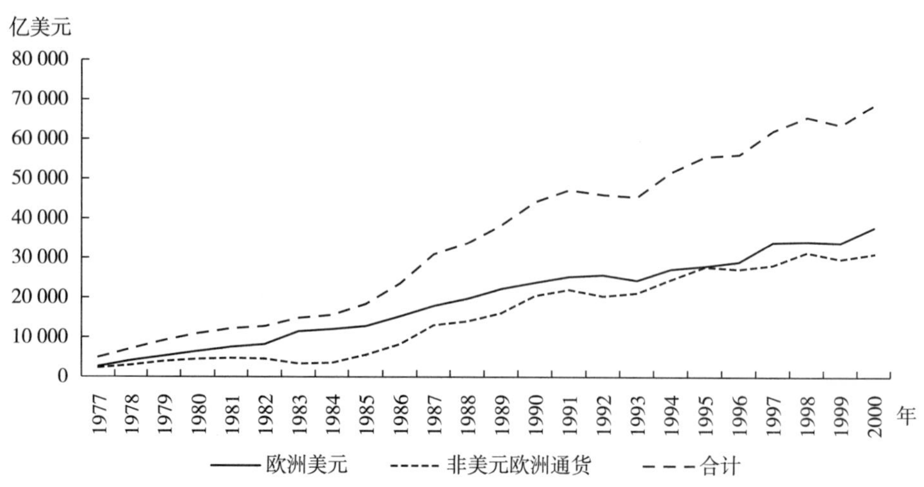

图 7－3　1977—2000 年欧洲美元与非美元欧洲通货余额

［资料来源：国际清算银行（BIS）网站，Locational Banking Statistics 各期；数字皆为年末数。］

章，因此该市场多年顺利运行，未遇重大金融风险。①有关金融机构也积极进行金融基础设施建设（支付结算安排和信息传送规范等），为欧洲通货市场提供良好的基础设施服务。

欧洲通货市场的开放性在欧洲债券诞生初年就得以充分体现。1963—1964 年，来此市场发行债券的主体不仅有多个欧洲国家的中央政府、地方政府、公共机构和企业，还有日本、加拿大和澳大利亚等国的企业。债券承销商不仅有伦敦的知名商人银行和华尔街大投行，许多欧洲大陆国家的综合性银行（全能银行）也跻身承销商行列。

美元虽是离岸债券市场流行的币种，但并非唯一币种。1958 年联邦德国（西德）实现经常账户下的货币可兑换，其国内债券市场开始对外开放，外国发行人可前往西德发行马克计价的国际债券。西德债券市场的活跃受到国际投资人的青睐，他们参与西德债券市场投资成为跨境资金流入的重要因素。当时西德已有大量经常账户顺差，为阻止跨境资金流入，西德于 1964 年推出预提税政策，支付给西德债券非居民投资者的利息须上缴 25% 利息税，但此项规定不适用于国外发行人的马克债券。该新规定使西德国内发行人的马克债券对国际投资者不再具有吸引力，而国际投资者若投资于非西德发行人的马克债券则可继续享受税收优惠。这条税收待遇差别于是成了推动离岸马克债券诞生的重要原因。第一笔离岸马克债券即为德意志银行为阿根廷发行人承销的 1 亿马克债券，期限 5 年。活跃于伦敦国际债发行市场的券商华宝（S. G. Warburg）对马克债券长期由德意志金融机构担任主承销商颇感不满，向英格兰银行申请为意大利都灵市承销一笔由英

① 1968—1969 年合计 1.65 亿美元的离岸国际债券发生违约，约占同类债务余额的 2%（奥马利.《债市无疆：离岸债券市场走过 50 年》，第 58 页）。

镑和马克双重标价的双币债。当时英镑与马克的汇率是固定的，不存在汇率风险，英德两国的利率水平基本一致，也不存在套利风险。[①]借助此次发行，非西德金融机构首次成为马克债券的主承销商。

此后，随着布雷顿森林体系的瓦解，欧洲经济共同体开始寻求地区范围内的汇率稳定机制，于 1975 年确立欧洲记账单位（EUA）为成员国干预外汇市场的参照指标。在此时期，比利时和卢森堡等欧洲小国的金融机构积极推动以欧洲记账单位计价的国际债券发行。小国金融机构之所以热衷于推动发行组合货币单位计价的国际债券，乃是因为此种债券的发行无须经过有关币种国家的中央银行的同意，而以单一币种计价的国际债券发行则往往要求事先得到有关央行的认可。欧洲记账单位是一种虚拟价值，如同国际货币组织所创立的特别提款权。1979 年，欧洲记账单位被欧洲货币单位（ECU）取代。1982 年以前，以欧洲记账单位或以欧洲货币单位计价的债券共发行 96 笔，合计相当于 20 亿美元。[②]

离岸债券市场的快速发展离不开金融基础设施的支持。如同国内债券一样，很多离岸债券的面额很低，甚至低至 1 000 美元，意味着债券投资人和持有人非常分散，而二级市场的发展则要求债券发行和转让的登记必须及时准确以确保后续的债息支付和面额偿还有序展开。在相关的金融基础设施服务体系尚不完备的 20 世纪 60 年代前半期，国际债券发行和后续服务常有脱节，差错频发，债券投资者蒙受损失。1965 年，苏黎世的一家券商请求布鲁塞尔的摩根担保银行担任国际债券的保管和清算机构，后者于 1968 年联合 50 家银行和券商组建欧洲清算所（Euroclear），专门为国际债券的发行和转让提供登记、托管和清算服务。这是基于市场原则的跨境金融合作，超越各国政府监管，为离岸债券投资（发行、持有和转让）提供十分重要的后勤支持。为促进该行业的国际交流和合作，于 1969 年在苏黎世成立了国际债券交易商协会（AIBD），后来成为行业自律组织，为离岸国际债券的发行和交易提供指导性规范文件，并向会员提供交易价格等信息服务。该协会的一位发起人宣称，欧洲离岸债券市场“生动地证明了国际私人部门有能力在一个复杂的跨国合作基础上为公共和私人部门筹集大量资金……在一个经济依存度不断升高、实时通信工具更加便捷的时代，西方世界的未来取决于对国际融资的接纳程度以及欧洲和大西洋金融圈的发展”。[③]这番讲话突出欧美金融机构在该领域的领先地位和作用并对未来表示乐观，但却忽略了世界经济和国际金融的重心已悄然东移，东京、中国香港和新加坡为代表的亚太金融中心正在兴起。

国际债券交易商协会有其成功之处，不仅在成立伊始就拥有来自 14 个国家 165 家机

① 克里斯·奥马利.《债市无疆：离岸债券市场走过50年》，万泰雷等译，北京：中国金融出版社，2016 年，第38 页。

② 克里斯·奥马利.《债市无疆：离岸债券市场走过50年》，万泰雷等译，北京：中国金融出版社，2016 年，第 38 页。

③ 克里斯·奥马利.《债市无疆：离岸债券市场走过50年》，万泰雷等译，北京：中国金融出版社，2016 年，第53 页。

构成员，而且积极组建新型的独立于摩根担保银行的债券清算机制。摩根担保银行主导的国际债券清算机制商业化倾向突出，收费标准偏高，参与者有限，多为美英金融机构。国际债券交易商协会则力图建立具有较大普及性的国际债券清算机制。1970 年，国际债券交易商协会下设的清算委员会与卢森堡金融机构合作，组建票据交换中心，初始成员来自 11 个国家的 71 家银行。[①]很明显，此清算中心主要依托欧洲大陆国家的银行，更多体现欧洲大陆的特色。

1971 年 8 月“尼克松冲击”发生后，国际货币市场动荡不安，国际债券的汇率风险显著上升。离岸国际债券市场诞生于布雷顿森林体系的“黄金时期”，该时期的一个基本特征是，对发行人和投资人来说汇率风险几乎不存在。如果国际债券的发行人和投资者缺少应对汇率风险的能力，浮动汇率时代的到来则意味着离岸债券市场的终结。事实上，20 世纪 70 年代是离岸债券以及离岸货币市场高速增长的 10 年。此时期离岸金融市场的重大创新包括发行债券和发放贷款实行浮动利率、确立国际基准利率、组建跨国银团贷款等。1970 年之前，所有长期债券和长期国际贷款都采用固定利率，是布雷顿森林体系时期的标准做法。1971 年后，越来越多的长期国际信用工具（包括国际债券和跨国贷款）转为浮动利率，每隔半年调整一次利率；调整依据是伦敦隔夜拆借利率（Libor），债权人以此作为国际基准利率，确定各具体项目的利率水平。为应对汇率波动带来的偿债风险和收益风险，债券发行人和机构投资者积极利用国际金融市场兴起的各种掉期工具，即在外汇即期市场和远期市场进行反向操作，抵消（“对冲”）汇率波动的不利效应，相当于为避免汇率风险支付“保险费”。国际金融市场提供的这类避险工具为国际债券市场在后布雷顿森林时代的发展提供了有力支持。

1981 年前，美国许多银行为开展国际借贷业务并规避国内监管，在加勒比海的巴哈马和开曼群岛设立离岸分支机构办理国际业务（存贷汇等）。为缩小这些离岸金融中心对美国银行业的吸引力，减少资金外流，美联储于 1981 年出台“国际银行便利”（IBF），允许美国的银行设立单独的台账面向非居民开展国际银行业务，该台账的存款免交存款准备金，也不参加存款保险，存贷款利率完全浮动。此项规定将面向本国居民的国内银行业务（在岸业务）与面向非居民的国际金融业务（离岸业务）区分开来，同时确立了后者自由经营、自担风险的原则。在此制度框架下，离岸业务的经营成本（包括应对监管的费用）低于在岸业务，经营效率却高于在岸业务（离岸业务的国际竞争激烈），存贷利差因此不同于在岸业务。一般而言，离岸存款利率略高于在岸存款利率，而离岸贷款利率略低于在岸贷款利率。这种差别使离岸金融市场得以长久维持相对于在岸金融市场的竞争优势，既不缺少存款资金来源，也不缺少贷款客户。调节资金在两个市场跨境流动的主要因素是市场风险和各国政府的监管政策动向。此外，“石油美元”

---

① 克里斯·奥马利.《债市无疆：离岸债券市场走过50年》，万泰雷等译，北京：中国金融出版社，2016年，第57页。

这类新事物也对离岸金融市场的发展带来重要影响。

“石油美元”循环

“石油美元”（Petrodollar）指石油输出国组织（OPEC）成员国自1973年中东战争爆发后，因油价大幅上涨而获得的收入或金融资产。石油输出国组织成立于1960年，总部设在维也纳。作为一家国际石油卡特尔，长期试图联合世界主要产油国和出口国，与石油经销商（欧美石油公司）进行集体谈判，增强在石油定价上的话语权。1968年沙特阿拉伯联合科威特和利比亚成立“阿拉伯石油输出国组织”（OAPEC），冀图成为石油输出国组织的核心决策机构。直到1970年，石油输出国组织事实上未能取得石油定价权，油价长期在1桶1.80美元低水平上。1973年“斋月战争”爆发后，石油输出国组织宣布涨价，阿拉伯石油输出国组织则宣布对支持以色列的国家实行石油禁运。此时油价超过1桶5美元，在1974年还升至1桶10美元以上。石油输出国的出口收入在1973—1974年翻番增长，沙特阿拉伯从90亿美元增至356亿美元，阿拉伯国家作为整体从283亿美元增至841亿美元（见图7-4）。

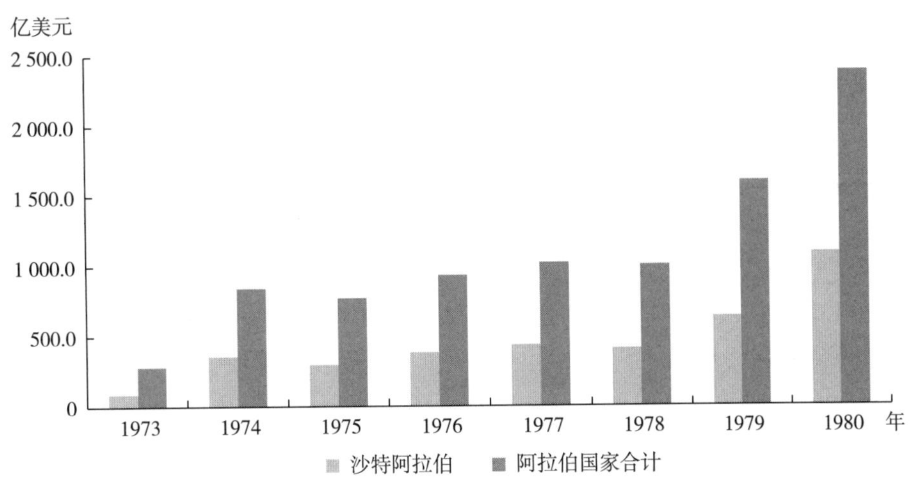

图7-4　1973—1980年沙特阿拉伯和阿拉伯国家出口额

［资料来源：世界银行“世界发展指标数据库”（World Development Indicator Database）。］

油价暴涨很快带来三个效应。首先，世界范围出现通货膨胀，发达国家与发展中国家，石油进口国与输出国，所有国家无一幸免（计划经济体除外）。其次，工业化国家普遍出现贸易逆差或经常账户逆差，仅有德意志联邦共和国等少数国家勉强维持经常账户顺差。最后，许多进口石油的发展中国家大量举借外债弥补贸易逆差或经常账户逆差，外债危机由此埋下伏笔。

对石油输出国来说，尤其对于阿拉伯石油输出国而言，油价暴涨和石油出口收入猛增意味着获得数额巨大的意外财富。战后形成的石油贸易格局是，石油产品皆以美元定价，石油贸易以美元结算。这样，油价上涨后石油出口国大量新增收入立刻表现为其在欧美银行的美元存款暴增。沙特阿拉伯金融管理局（SAMA）在油价暴涨后成立“三贤人”顾问委员会，成员为美国、英国和瑞士大金融机构的负责人，为沙特阿拉伯政府提供理财建议。[①]如此一来，产油国以美元计的石油收入以及石油输出国的美元存款被称为“石油美元”。

阿拉伯石油输出国获得大量石油美元后，投资多个领域，极大影响国际金融关系调整和变化。增持外汇资产，充实包括黄金在内的国际储备，提高本币的金平价和汇率。在1973—1977年，沙特阿拉伯的国际储备由41亿美元增至304亿美元，年均增长65%；伊朗由15亿美元增至127亿美元，年均增长71%；伊拉克从18.4亿美元增至75亿美元，增长3倍；科威特从7亿美元增至33亿美元，增长3.7倍（见图7－5）。

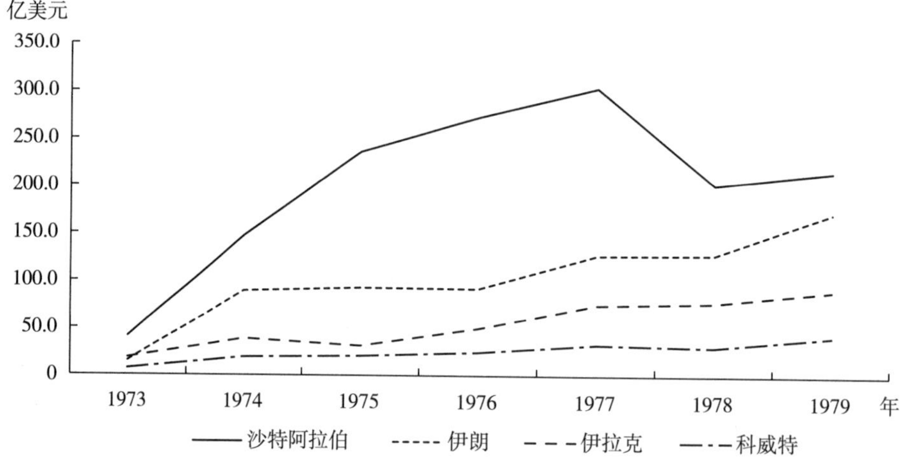

图7－5　1973—1979年沙特阿拉伯等4个中东国家的国际储备

［资料来源：世界银行“世界发展指标数据库”（World Development Indicator Database）。］

在国际储备大增的条件下，沙特阿拉伯于1973年8月宣布将里亚尔金平价由以前的0.197482克纯金调整为0.207510克纯金，相当于对美元升值5%。[②]1974年国际货币基金组织讨论改革国际货币制度，取消金平价的呼声已出现，沙特阿拉伯转而将里亚尔挂钩于特别提款权，同时再次对美元升值。以沙特阿拉伯为代表的中东石油输出国随时准备以外汇换取黄金，是布雷顿森林体系中推动黄金分布国际格局大变动的重要因素。如果维持布雷顿森林体系的传统做法，保持黄金与美元的固定比价，美国向外国政府敞开供应黄金，那么，世界的黄金储备势必将被石油输出国收入囊中，它们将成为世界黄金储备新的掌管者，而所有工业化国家几乎都会输掉追逐黄金储备的竞赛。显然，工业化

① 克里斯·奥马利.《债市无疆：离岸债券市场走过50年》，万泰雷等译，北京：中国金融出版社，2016年，第75页。

② 沙特阿拉伯货币管理局.《沙特阿拉伯王国货币发展史》，李世峻译，北京：北京师范大学出版社，2021年，第14页。

国家不会继续支持黄金的货币职能，废弃布雷顿森林体系的固有做法势在必行。

1973 年中东战争爆发后，国际市场上出现油价与金价“比翼双飞”的联动趋势。1974 年初至 1979 年底，油价从 1 桶 7 美元涨至 38 美元，金价从 1 盎司 100 美元涨至 600 美元，两者上涨幅度接近。[①]油价与金价的联动背后始现石油输出国货币当局和个人投资者的身影。如前所述，金价的高涨使基于黄金固定价格的布雷顿森林体系难以为继。1976 年《牙买加协议》签署后，世界黄金交易完全市场化，黄金的货币功能所剩无几。

以沙特阿拉伯为代表的石油输出国货币当局掌握了大量国际储备后，应邀大幅度增加对布雷顿森林机构（国际货币基金组织和世界银行）的长期贷款和股份认缴，它们在国际金融组织中的地位显著提升。1979 年沙特阿拉伯成为国际货币基金组织执行董事会的指定董事（非轮选董事），位于英美德法日之后，反映了它的地位变化。

成立阿拉伯开发银行（1975 年）和阿拉伯货币基金组织（1976 年），以此积极推动世界范围内的伊斯兰金融发展（参见第三章第四节）。两个机构拥有上百亿美元巨资，是阿拉伯—穆斯林地区最大规模的跨国金融组织。自 20 世纪 80 年代和 90 年代以来，伊斯兰金融在世界上快速发展，两大机构功不可没。

成立多种投资机构，在世界各地大肆开展股权投资，收购知名企业，在欧美掀起投资热潮。成立于 1971 年的阿联酋阿布扎比投资署（ADIA）是海湾地区最具代表性的主权财富基金，代表政府对多家大型国有投资公司行使管理权，类似情况常见于中东国家。1975 年在巴林组建的海湾国际银行（Gulf International Bank）和 1980 年在巴林组建的另一家跨国银行阿拉伯银行公司（Arab Banking Corporation）为该领域中的翘楚。前者下设海湾国际银行沙特公司和英国公司，分别在各自地区广泛从事银行、证券和直接投资，既独立吸收存款和发放贷款，又与区内外阿拉伯和非阿拉伯伙伴合作开展证券承销和股权收购等业务。阿拉伯银行公司由科威特财政部、利比亚财政部（后改为中央银行）与阿布扎比投资署（ADIA）共同出资 10 亿美元组建，初衷即为在本地区内外大量拓展国际银行网络并从事多样化国际投资。

统计数据显示，截至 1976 年，科威特主权投资基金（科威特投资署）已持有大批英国公司 5% ~10% 的股份。这种持股比例表明科威特投资者谨慎避免控股当地公司，不成为新闻热点。科威特投资者主动联系皇家事务所（Crown Agents），请求由其代理科威特投资资金。皇家事务所由英国政府创立于 19 世纪，当时主要职责是代理大英帝国遍布全球的殖民当局和自治政府在英本土的财政金融事务，包括资产托管、投资和债务管理等，后来则演变为一家资产管理公司。该机构拒绝了科威特投资者的代理投资请

① Boughton, Silent Revolution: The International Monetary Fund 1979 - 1989, Figure 1.1, p. 14.

求，被伦敦金融界讽为“相当于一家唱片公司拒绝了甲壳虫乐队”。[①]

石油美元带给国际金融市场的最大影响莫过于其给离岸市场大规模增加流动性，使世界范围内的国际借贷空前活跃，尤其使一些发展中国家的外债快速增加。石油输出国出口石油的每笔收入，最先表现为它们在欧美银行账户上的存款增加。由于许多石油输出国出于政治风险的考虑不将存款账户设在美国境内的银行，美国多家大银行的海外分行以及欧洲的大银行就成了石油输出国的首选。这样，石油输出国的石油美元收入便与离岸银行体系中的存款资金增加相挂钩。而对这些欧美银行来说，存款资金的快速增长支持它们以同样快的速度放贷。1977 年，以城市银行（花旗银行）领衔的多国银行团表示，它们是“石油美元继续回流的唯一可行的机制”。[②]事实上，“石油美元回流”（Petrodollar Recycling）并非仅指油价暴涨后欧美消费者为高价石油所支付的资金以银行存款、长期贷款或股权投资等形式回流欧美，而且指经过欧美私人部门银行和金融机构之手大量国际资金流向第三世界国家，尤其是那些刚刚对外资开放的发展中国家。据国际货币基金组织统计，从 1972 年至 1977 年底，第三世界国家所欠的外债由 910 亿美元增至 2 440 亿美元，年均增长 21. 8%，它们欠美国商业银行的外债多达 500 亿美元。[③] 1976 年，非洲的扎伊尔（后来的刚果民主共和国）外债违约；1977 年，土耳其外债违约；至 1982—1983 年，拉丁美洲最大的三个经济体墨西哥、阿根廷和巴西先后外债违约。发展中国家在后布雷顿森林体系时期发生第一波外债违约浪潮。

1973 年中东危机后的油价暴涨被称为“第一次石油危机”（油价从不足 1 桶 3 美元上涨至 12 美元以上），1979 年两伊战争后的油价暴涨为“第二次石油危机”（油价从 1 桶15 美元涨至近 40 美元）。第一次石油危机是石油输出国组织成员国政治决策（涨价和禁运）的结果，是石油成为国际政治工具和武器的表现，是战后国际政治经济秩序的重大变化。有研究者认为，与其说石油在 1973 年“被武器化了”，不如说沙特阿拉伯借此实现对石油资源的支配权，真实意图是追求经济政策目标。[④]第二次石油危机是由于海湾石油供给线路突然中断，而非人为操纵价格。经济解释似乎较为符合实际情况，尤其联系到 21 世纪最初 10 年再次出现油价高升的情况。从 2002 年至 2008 年国际金融危机爆发前夕，油价从 1 桶 25 美元涨至 97 美元，“石油美元”及其回流在此时再现。很明显，这次推动油价上涨的主要因素是中国等新兴经济体的快速经济增长及其对进口石油的巨大需求。

---

① 克里斯·奥马利.《债市无疆：离岸债券市场走过50年》，万泰雷等译，北京：中国金融出版社，2016 年，第 77 页。

② 菲利普·L. 茨威格.《沃尔特瑞斯顿与花旗银行：美国金融霸权的兴衰》，孙郁根主译，海口：海南出版社，1999 年，第 664 页。

③ 茨威格.《沃尔特瑞斯顿与花旗银行：美国金融霸权的兴衰》，孙郁根主译，海口：海南出版社，1999 年，第 663 页。

④ 埃伦·R. 沃尔德.《沙特公司：沙特阿拉伯的崛起与沙特阿美石油的上市之路》，尚晓蕾译，北京：中信出版集团，2019 年，第 196 页。

几次油价高涨给国际经济关系带来的直接影响是相似的，即一些国家出现持续性、大规模的经常账户逆差，而另一些国家则出现持续性、大规模的经常账户顺差。在布雷顿森林体系时期，这种情况呼唤官方调整经济政策以及通过国际货币基金组织协助调整。而在后布雷顿森林体系时期，大部分调整则是通过私人部门和国际金融市场进行，即“石油美元”在国际金融市场（包括离岸市场）的回流以及顺差国增加对逆差国的金融投资。世界似乎找到了调整国际收支不平衡的新途径，但基于市场的调整包含诸多风险，包括逆差国过度负债和一些金融机构忽略控制金融风险等。

“欧洲美元”和“石油美元”等新事物的出现，体现了国际金融市场的多样化发展，在传统的由各国边界包围的金融市场之外出现了超越国界的“公共”金融市场。它是新型的混合金融市场，既有大量私人部门金融机构（商业银行和证券投资机构等）参与，又有许多官方金融机构（各国货币当局和主权财富基金等）在其中，构成了各国官方和全球私人部门金融机构博弈和相互作用的新平台。同时，在新的国际金融市场框架中，机遇与风险共存，市场运行既有突出的积极作用，但局限性和消极作用也十分明显。

六、多边开发银行的运行和作用

多边开发银行（Multilateral Development Banks）是“二战”后国际金融领域的新事物，首要代表是作为布雷顿森林机构的世界银行（国际复兴开发银行）。如前述提及，“二战”前，拉丁美洲国家提出成立泛美开发银行的方案并一度得到美国的积极响应。但是该计划最终被束之高阁。“二战”后成立的美洲开发银行与战前方案并无直接关系。

世界银行成立时，围绕它应以重建还是发展为主存在争论。达成的妥协意见是，世界银行仅能向国际货币基金组织成员国提供贷款，不与非成员国发生关系；贷款只能发放给主权政府，不直接贷给非政府机构或企业；贷款通常仅能用于生产性目的；借款者首先应当通过市场途径寻求资金来源，不能按合理条件经市场途径获得资金时方可向世界银行申请贷款。在成立初期，世界银行未将直接贷款当作重要业务，其资本金仅有1 000万美元，反映美国政府当初不希望它作为一个超国家组织具有过多的贷款能力。如同国际货币基金组织一样，美国拥有世界银行资本金的最大份额，对该机构有很大影响力。

作为一家各国政府共同出资组建的国际金融组织，世界银行在国际金融市场上享有最高级别的信誉，因而可按最低市场利率发行长期债券，并向需要借款的国家提供优惠利率的贷款。这是一种信用转换的国际机制，条件之一是对借款国经济条件的严格审查并与借款国签订偿还协议。但是，至20世纪60年代末，世界银行并未大规模开展面向发展中国家的信贷业务，它在前20多年时间秉持“保守的”发展援助政策。

罗伯特·麦克纳马拉（1906—2009年）担任过福特汽车公司总裁（1960—1961年）

和美国国防部长（1961—1968 年），于 1968—1981 年任世界银行行长，此时恰逢布雷顿森林体系动摇和瓦解。他在任世界银行行长期间积极倡导政策调整，促使该机构将工作重点转向发展中国家的减贫、农业发展和基础设施建设。在此期间，世界银行的资本金得到扩大，国际债券发行和对发展中国家的贷款规模都大为增多，世界银行成为国际资金通过多边官方渠道流入发展中国家的重要机制。麦克纳马拉离任时，一些发展中国家（尤其拉丁美洲国家）爆发外债危机，其后继者调整了政策，委任安妮·克鲁格担任世界银行首席经济学家（1982—1986 年），她严厉批评第三世界一些国家的政府在经济和金融领域中的“寻租”行为。

20 世纪 90 年代初苏联解体前后，以东亚“四小龙”（“四小虎”）为代表的新兴市场经济体（当时称为“新兴工业化经济体”）成为国际瞩目的高速增长典型。世界银行时任首席经济学家劳伦斯·萨默斯（1991—1993 年）提议对此进行研究，成果后以《东亚奇迹》发表，对“东亚经济模式”给予积极评价。①中国在 20 世纪 90 年代成为世界银行贷款的最大接受国，得益于世界银行高度重视东亚经济的发展并希望中国成为发展中国家的新榜样。

1995 年，出生于澳大利亚的投资银行家詹姆斯·沃尔芬森（1933—2020 年）由美国总统提名担任世界银行行长，此时该机构资产规模 2 750 亿美元，比布雷顿森林时期大为增多，但相比美欧日私人部门大型金融机构却相形见绌（十多家金融机构在 20 世纪 90 年代中期资产规模超过 3 000 亿美元）。世界银行向发展中国家一年提供 200 亿美元各类贷款，而每年流入发展中国家的净私人资本（直接投资、证券投资和银行贷款以及各种贸易融资等）近 2 500 亿美元。②沃尔芬森沿袭了麦克纳马拉大力资助减贫和满足最不发达国家人民基本生活需要的方针，同时适应时代进步强调各项贷款计划的生态友好、社区友善和杜绝腐败的原则，并将教育培训、健康卫生、两性平等和公私部门合作等新要素注入世界银行发展规划。沃尔芬森不仅试图缓和美国财政部对世界银行的“支配力”，还有意与长期主导布雷顿森林机构的自由主义意识形态拉开距离。③世界银行聘请具有反主流倾向的约瑟夫·斯蒂格利茨担任首席经济学家（1997—1999 年），在制订和实施发展援助计划时不认同“华盛顿共识”的指导意义。④但是，与国际货币基金组织一样，世界银行也受到国际社会诟病，很多人认为该机构受美国政府影响过大，摆脱不了自由主义意识，官僚主义和形式主义严重，对发展中国家的实际需要考虑不周等。

---

① 世界银行.《东亚奇迹：经济增长与公共政策》，财政部世界银行业务司译，北京：中国财政经济出版社，1995 年。

② 詹姆斯·沃尔芬森.《我的世行之路》，司徒爱勤译，北京：中信出版社，2011 年，第 194 – 195 页。

③ 詹姆斯·沃尔芬森.《我的世行之路》，司徒爱勤译，北京：中信出版社，2011 年，第 238 页。

④ 詹姆斯·沃尔芬森.《我的世行之路》，司徒爱勤译，北京：中信出版社，2011 年，第 249 页。“华盛顿共识”是学者对布雷顿森林机构在美国政府影响下长期向发展中国家（尤其是拉丁美洲国家）建议的一整套政策方针的总称，要点包括紧缩财政、效率优先、利率市场化、开放贸易、允许外资进入、私有化、放松管制和保护产权等。

世界银行给全球经济发展带来的重要影响之一是，它为区域性多边开发银行创造了范例，引起各地区效仿。截至 20 世纪末，世界多个地区已有数十家区域性多边开发银行或国际合作金融机构，致力于地区的发展援助。欧洲投资银行、亚洲开发银行、美洲开发银行和非洲开发银行是最有代表性的区域多边开发银行。

欧洲投资银行

1957 年西欧六国签订《罗马条约》（《建立欧洲经济共同体条约》），同时决定成立欧洲投资银行（EIB），以此推动成员国和第三国的经济建设，促进资本形成（投资创业）。欧洲投资银行总部设在卢森堡，初始资本金为 10 亿欧洲记账单位（EUA，当时价值等于 1 美元），由各成员国政府认购。1973 年欧共体扩员（英国、爱尔兰和丹麦加入）时，资本金增至 20 亿欧洲记账单位。后来，其资本金于 1981 年增至 140 亿欧洲货币单位（ECU，后来等值于 1 欧元），2004 年再增至 1 650 亿欧元。2008 年国际金融危机爆发，欧盟成员国决定将欧洲投资银行资本金进一步增至 2 320 亿欧元，应对经济下滑。欧洲投资银行的实际经营规模不限于其资本金，它定期在成员国发行债券，以自有资本和发债资金从事贷款和股权投资。依其章程规定，欧洲投资银行贷款和担保总额最多为实缴资本的 250%，这使它成为高杠杆经营的金融机构。就资产规模而言，1992 年起欧洲投资银行超过世界银行。①

按照《罗马条约》，欧洲投资银行与欧盟委员会（European Commission）并无隶属关系，而是直接从属于成员国政府。它是非营利性金融机构，但能常年保持略有盈余。该机构不与私人部门金融机构竞争，投资原则是项目融资不得超过该项目所需资金的一半且须得到足额担保。所有资助项目事先都须得到东道国政府批准，但资助的资金用途不必仅限于该东道国（资金的具体使用依项目需要而定，必要条件下可用于项目东道国之外的他国）。

欧洲投资银行主要资助基础设施建设，尤其公路、铁路和城市轨道等交通运输项目。21 世纪初，欧洲投资银行给予西班牙高速铁路建设网长达 15 年的贷款，总额 250 亿欧元；给伦敦伊丽莎白轨道连接线（Crossrail）贷款 11 亿欧元。这些是欧洲投资银行的标志性投资项目。对于非成员国，欧洲投资银行投资了土耳其伊斯坦布尔的欧亚海底隧道和印度坎普尔市地铁项目。欧洲投资银行发放给非欧盟成员国的贷款是其全部贷款的 10% ~15%，至 21 世纪初涉及 120 个国家，意在扩大欧盟的国际影响。

欧盟成员国的财政部长组成欧洲投资银行理事会（Board of Governors），该理事会任命董事会成员，后者由成员国代表以及欧盟委员会代表组成，任期 5 年。董事会任命欧

---

① Anthony Teasdale and Timothy Bainbridge, *The Penguin Companion to European Union*, Penguin Books, 4th edition, 2012, p. 369.

洲投资银行行长和8位副行长，他们组成该机构的管理委员会，任期6年。这样的治理结构安排，一方面确保各成员国政府对欧洲投资银行的最终控制，另一方面使它独立于欧盟委员会。同时，兼顾其决策层与管理层的关系，保证管理层的连续性（其任期长于董事会），体现了欧洲投资银行多资助长期项目的特点。但是，如此治理结构也招致批评，认为缺少问责和信息透明度，回应社会关切不够充分。

欧洲投资银行是欧盟创始国促进欧洲经济共同体成员国经济一体化以及促进欧共体与邻近和相关地区国家友好关系发展的金融工具。以此为宗旨，进入21世纪后，欧洲投资银行大量增加对中东欧国家和地区的资助项目，特别重视投资地中海周边国家和地区的大型项目。同时，由欧盟成员国首脑组成的欧洲理事会（European Council，不同于作为欧共体行政当局的欧洲委员会或欧盟委员会）1989年12月决定创立欧洲复兴开发银行（EBRD），向中东欧国家和前苏联加盟共和国提供资助并促其体制转轨。此提议来自法国总统密特朗（1981—1995年在位），正值柏林墙倒塌之际（1989年11月）。当时一些欧盟国家反对此提议，认为类似机构已有国际货币基金组织和世界银行，无须重复设立相同功能的机构。在联邦德国的支持下，欧洲理事会通过妥协方案，欧洲复兴开发银行成员国不限于欧盟国家，欧共体和欧洲投资银行为其最大持股方（51%），美国持股10%并为最大的单一持股国，法德意英日各持股8.5%（欧盟成员国持股数计入前述51%中）。首任总裁由法国人担任（为密特朗总统的助手，上任两年后因丑闻辞职），但总部设在伦敦。初始资本金为100亿欧洲货币单位，后于1997年增至200亿欧洲货币单位（该单位等值于后来的欧元）。①

虽然由政治家创建，欧洲复兴开发银行在经营上具有很大灵活性。它既可与主权政府签订合作协议，又可直接与投资项目方直接发生关系；既可按接近市场利率水平提供贷款（不超过项目融资额的35%），又可进行股权投资或仅提供担保；既可从事普通的商业性放贷并与其他金融机构竞争，又可作为开发银行承担政策性项目。因其经营项目集中在中东欧国家和苏联加盟共和国（包括以前的东德），欧洲复兴开发银行并不与欧洲投资银行竞争。相较而言，欧洲复兴开发银行比欧洲投资银行承担更多的政治任务，如管理1997年创设的切尔诺贝利防护基金（Chernobyl Shelter Fund），并在2008年从盈利中拨出1.35亿欧元款项用于撤除核发电设施。欧洲复兴开发银行的贷款接受国中，捷克共和国于2007年“毕业”，并在此后转而成为贷款给予国。随着中东欧国家及部分前苏联加盟共和国的体制改革和经济增长，欧洲复兴开发银行的重要性有所下降。

---

① Teasdale and Bainbridge, *The Penguin Companion to European Union*, p. 286.

亚洲开发银行

亚洲开发银行（AsDB）成立于1966年12月[①]，总部设在菲律宾首都马尼拉，历任总裁（行长）皆为日本人。亚洲开发银行的正式发起者为联合国的区域组织，即当时的联合国亚洲和远东经济委员会（ECAFE）。该组织1949年成立于中国上海，后迁往泰国首都曼谷，1976年更名为联合国亚太经济社会委员会（ESCAP）。事实上，在亚洲和远东经济委员会于1963年探讨创建区域开发银行以前，日本民间人士已提出此项倡议，日本政府对此积极响应。在得到美国和日本等多国政府的同意和授权后，联合国亚洲和远东经济委员会在1963—1966年多次组织国际磋商，30个创始成员最终同意组建亚洲开发银行，并经过投票决定将行址设在马尼拉。[②]曾在日本大藏省工作并代表日本在布雷顿森林机构任职的渡边武（Takeshi Watanabe，1906—2010年）参与创建过程，出任亚洲开发银行首位总裁（1966—1972年）。

亚洲开发银行成立时资本金为10亿美元，日美各出资2亿美元，各自拥有17%的投票权。印度认缴9.6%的资本并拥有8.3%的投票权，澳大利亚认缴8.8%的资本并拥有7.6%的投票权。[③]欧洲的英国、德意志联邦共和国、意大利和荷兰等国也为创始成员国。实际上，美国的实缴资本金额远少于日本。至20世纪60年代后半期，日本经济已取得连续十多年的高速增长，收入水平大幅上升，跻身世界主要工业化国家之列。而美国经济受越南战争拖累，贸易收支顺差大为缩减，财政收支数年赤字，无力实缴认购份额。日本由此成为亚洲开发银行的主导角色。[④]

20世纪70年代和80年代，在亚洲开发银行的资本（股权）总额中，亚洲发展中国家的份额偏小。按照成立时的章程，亚洲（及太平洋）各国合计占有股权（投票权）的60%，以此确保该机构的亚洲属性，但此数包括已为发达经济体的日本和澳大利亚。属于亚洲发展中国家的股权份额仅为45%。[⑤]

与其他区域开发银行一样，亚洲开发银行除了运用自有资本，还在有关国家金融市场上发行债券。日本是该机构发债最多的地方，此外还有美国和德意志联邦共和国等。1973年石油危机后，亚洲开发银行认为石油美元是可利用的新国际资源，于1974年在

① 亚洲开发银行的英文简称在亚洲地区常为ADB，但在世界上多称为AsDB；后者有别于非洲开发银行的常用英文简称ADB或AfDB。

② Asian Development Bank, *ADB Through the Decades: ADB's First decade* (1966 - 1976), Asidan Development Bank, Manila, 2016, Table 2, p. 5.

③ Asian Development Bank, *ADB Through the Decades: ADB's First decade* (1966 - 1976), p. 6.

④ 截至1995年，日本投票权为15.601%，美国为7.979%；当年中华人民共和国拥有第三大投票权（6.651%），略多于印度的6.541%。Roy Culpeper, *The Multilateral Development Banks*, Volume 5: Titans or Behemoths? Lynne Rienner, 1997, Table A.3, p. 173.

⑤ Culpeper, *The Multilateral Development Banks*, p. 31.

科威特发行价值1 700万美元的债券，后来还与沙特阿拉伯和阿联酋货币当局合作以私募方式在中东地区发债。①在第一个10年结束时，亚洲开发银行的债券融资额已接近资本金。从表7－2可看出，其成立的50年里，亚洲开发银行资助总规模按10年周期计算，从33.86亿美元增至1 418.51亿美元，相当于年均增长9.8%。

表7－2　亚洲开发银行历年资助总额　单位：亿美元

年份	普通资本资源	亚洲发展基金	技术援助	合计
1967—1976	24.66	8.95	0.25	33.86
1977—1986	107.58	52.83	1.25	161.66
1987—1996	300.82	129.81	8.82	439.45
1997—2006	500.13	140.62	13.83	654.58
2007—2016	1106.63	296.48	15.4	1 418.51

资料来源：Asian Development Bank. ADB Through the Decades, various issues, Appendix Tables A2. 1 and A2. 2.

亚洲开发银行对受援国的资助早先分为贷款、赠款、股权投资和担保等，后来分为三类：一是“普通资本资源”（OCR），以贷款为主，期限为10～25年，利率接近市场水平；二是1974年设立的“亚洲发展基金”（Asian Development Fund），资金主要来自区域外国家（非借款国），仅为低收入亚洲发展中国家和地区提供优惠贷款或赠款（1974年之前的类似项目称为“农业特殊基金”或“多用途特殊基金”），期限长至25～30年，利率一般为1%～3%；三是“技术援助”（TA），主要为向受援国派遣专家团队，针对特定技术、企事业机构和政府政策与受援国有关方面沟通并提出解决方案。表7－2汇总亚洲开发银行自成立以来5个十年时期三大类别的资助情况。“普通资本资源”（贷款）占各时期资助总额的2/3，“亚洲发展基金”占1/3，技术援助金额通常不超过1%。

亚洲开发银行确立的贷款三原则包括：（1）贷款项目必须通过经济可行性审查；（2）项目必须有利于所在国家或地区的经济发展；（3）贷款接受国家或地区的政府须具备可信度。针对亚洲经济发展的需要，亚洲开发银行的项目贷款早期主要在能源、农业、交通和金融服务业（此领域主要是机构建设），而且很多项目贷款与工业化国家私人部门金融机构结合。重视农业部门反映了那时作为贷款接受者的许多东南亚和南亚国家社会经济的产业结构特点。

在第一个十年（1967—1976年），韩国（南朝鲜）、菲律宾、巴基斯坦、印度尼西亚和泰国是亚洲开发银行前五大受助国，占资助总额超过63%。20世纪70年代成长起来的“亚洲四小龙”“四小虎”皆曾接受亚洲开发银行的资助。

① Asian Development Bank, *ADB Through the Decades: ADB' s First decade* (1966－1976), Box 10 Petrodollar Recycling, p. 28.

亚洲开发银行在第二个十年（1977—1986 年）增长迅猛，资助总额扩大 4 倍。1975 年，越南南北统一，美国完全撤出，东南亚局势趋于缓和。1979 年中国开始改革开放，政策方针转变为以经济建设为中心，中国与世界以及与东亚周边国家和地区之间的经济关系得以发展。但由于复杂的历史和国际关系因素，中国加入亚洲开发银行的谈判过程历时数年，于 1986 年 2 月成为正式成员国（该机构同时保留中华台北的成员资格），此前已于 1985 年 5 月加入非洲开发银行。另一人口大国印度虽是亚洲开发银行的创始成员国，但在 1986 年前因多种原因未从该机构得到任何贷款。印度独立后强调“自力更生”的发展路线，此时期多次与邻国巴基斯坦发生冲突（巴基斯坦一直是亚洲开发银行资助的重要对象国）。1986 年，印度得到亚洲开发银行 2.5 亿美元贷款，中国则开始接受技术援助。这两件事的意义在于，亚洲开发银行由此成为覆盖世界人口一半的区域开发银行，其地位全球瞩目。

自第二个十年起，“亚洲四小龙”陆续从亚洲开发银行资助对象国名单中“毕业”。韩国于 1978 年不再享受亚洲开发基金的资助资格（韩国从 1997 年不再接受“普通资本资源”贷款）。此时期获得亚洲开发银行资助最多的 5 个国家分别是印度尼西亚（21%）、巴基斯坦（17）、菲律宾（12%）、孟加拉国（11%）和韩国（9%），五国合计比例为 70%。

第三个十年（1987—1996 年）是亚洲开发银行发生大变化的时期。首先，许多区内新成员国加入，它们多为苏联加盟共和国的中亚国家以及太平洋岛国。越南虽然一直是成员国，但亚洲开发银行对其贷款于 1992 年才恢复（当年美国取消对越南的禁运）。在此时期结束时，共有 8 个区内国家加入，使区内成员数目达到 40 个（另有 16 个区域外成员）。包括中国、越南、蒙古国和中亚国家在内的前计划经济体成为亚洲开发银行的重要资助对象后，它相应地调整了工作重点，将大量资源用于帮助这些国家进行机构建设，尤其加强对这些国家的技术援助项目。此 10 年中，亚洲开发银行前五大受助国依次是印度尼西亚（21.4%）、中国（14.7%）、印度（14.5%）、巴基斯坦（13.2%）和菲律宾（8.5%），五国合计比例为 72.3%，集中度高于前 10 年（70%）。对各国的资助重点转向了社会基础设施，尤其是公共卫生和教育。同时，适应时代潮流，减贫、男女平等和环境保护成为重点项目。

在亚洲开发银行的第四个十年（1997—2006 年），中国成为最大受助国，接受“普通资本资源”贷款 119.7 亿美元，技术援助金额 1.47 亿美元，合计占此时期亚洲开发银行资助总额的 18.5%。第二大受助国为印度，接受“普通资本资源”贷款 104.8 亿美元，技术援助金额 5 609 万美元，合计比例为 16.1%。在这 10 年中，中国成功避免东亚金融危机的严重冲击，在 2001 年加入世界贸易组织，开始新一轮对外经济开放和经济增长，人均收入水平显著提高。在此背景下，在亚洲开发银行的第五个十年（2007—2016 年），第一大受助国地位由中国变为印度，后者接受“普通资本资源”贷款 250.3 亿美元，技术援助金额 9 748 万美元，合计占亚洲开发银行资助总额的 17.7%；而中国接受“普通资本资源”贷款 180.7 亿美元，技术援助金额达 1.73 亿美元，合计占亚洲开发银行资助总额的 12.9%。

中印不仅在接受亚洲开发银行资助总额上有差别，更重要的是中国接受技术援助金额较多，在第四个十年和第五个十年中皆如此。这反映了中国经济、金融和社会管理体制改革与调整的需要以及亚洲开发银行对这些领域的重视。亚洲开发银行在中国的技术援助项目涉及众多领域，包括农业和能源领域中的新技术应用、减贫事业中的社会治理、中小企业发展、人力资源开发、金融机构改革（如资产管理公司转型）、区域均衡发展等。

亚洲开发银行自成立以来，对亚洲地区的许多经济体提供了重要的资金和智力支持，对亚洲发展中国家和地区经济发展的促进作用很明显。但是，亚洲幅员辽阔，区域内各国各地区差别巨大，发展很不平衡。一些后进的亚洲国家虽然接受大量外部援助，包括来自亚洲开发银行以及其他多边机构和双边来源的资助，但经济发展和制度转型仍待突破。①

美洲开发银行

“二战”爆发前，美国政府改变了对成立泛美开发银行的态度，从支持转变为搁置。“二战”后，美国原则上支持国际复兴开发银行（世界银行），但不希望其成为规模巨大的超国家金融组织。在此背景下，组建美洲地区开发银行战后一直未提上议事日程。“二战”结束至 20 世纪 50 年代中期，由于冷战，美国对外政策的重心在欧亚两大地区，拉丁美洲受到忽视。在 20 世纪 50 年代后半期，美国政府日益感到与拉美国家关系紧张。1959 年初古巴革命胜利，亲美政权下台，美国政府开始调整其拉美政策，在美洲国家组织（OAS）框架内积极推动创立美洲开发银行（也称泛美开发银行，英文简称 IDB 或 IADB）。截至 1959 年 12 月，《协议条款》签字国达到该机构成为国际组织的数目。事实上，自该机构于 1960 年 10 月正式运行，除古巴外，拉丁美洲所有国家都是创始成员国。当初的规则是仅美洲国家组织成员国可为美洲开发银行成员国，故加拿大未加入该组织。后来规则修改，加拿大先于 1972 年加入美洲开发银行，后于 1990 年加入美洲国家组织。

按照初始协议，美洲开发银行的授权资本等值于 8.5 亿美元，其中 4 亿美元为实缴资本，4.5 亿美元为待缴资本（Callable Capital）。因古巴未参加，两数后来略有更正。

---

① 21 世纪初，尼泊尔于 2001—2005 年接受多边机构援助 5 亿美元，其中亚洲开发银行为 7 340 万美元。此外，来自双边渠道（美日澳和欧洲国家）的发展援助合计为 15.4 亿美元（Alf Morten Jerve, Yasutami Shimonura and Annette Skovsted Hansen, eds. *Aid Relationships in Asia: Exploring Ownership in Japanese and Nordi Aid*, Palgrave Macmillan, 2008, Table 7.2, p. 137）。

各国实缴资本中，一半为美元，另一半为等值本币，美国则以美元全额缴纳。在总额为7 576.9万美元第一笔实缴资本中，美国付3 000万美元（占比为39.6%），阿根廷和巴西各1 031.4万美元（占比各为13.6%），墨西哥663万美元（占比为8.75%）。[①]对应这些数值，主要成员国的投票权依次为：美国为41.82%、阿根廷和巴西各为12.44%、墨西哥为8.05%。[②]各国投票权的分布后来不断变化，因为成员国在增资扩股时的认缴比例有变化，也由于新成员国的加入，尤其是区域外非借贷国家加入。加拿大1972年加入美洲开发银行即得到4%的投票权，日本于1976年加入时得到5%的投票权。美洲开发银行订立的一条规则是，美洲以外所有成员国的投票权总数不超过15%。中国于2009年成为美洲开发银行第48个成员国，时值国际金融危机后该机构亟须扩大资本金之际。但是，美洲开发银行当时实际接受中国的认缴资本数额很少，仅为220万美元。此时美国的投票权已降低至30%，但仍居首位，远超其他国家（巴西和阿根廷各占比为10%，墨西哥占比为6.9%）。[③]

2008年国际金融危机爆发后，许多多边开发银行和金融机构都提出增资请求。在美国国内，美国政府对国际金融组织的增资须经国会批准，国会故此专门安排调查多边开发银行的股权结构。2010年和2011年，与美国同类的非借款国（主要是发达国家）合计在世界银行持股为65.7%，美洲开发银行为49.9%，非洲开发银行为39.7%，亚洲开发银行为65.2%；美国一国的投票权比例依次为：世界银行16.3%，美洲开发银行30%，非洲开发银行6.5%，亚洲开发银行11.7%，欧洲复兴开发银行10.2%。[④]这些数据表明，发达国家作为一个整体在世界银行和亚洲开发银行占有较大的持股比例和投票权，美国则在世界银行和美洲开发银行拥有特别大的投票权（尤其是在美洲开发银行）。从持股比例、投票权分布以及美洲开发银行总部设在华盛顿哥伦比亚特区这些情况看，美国对美洲开发银行的影响力显著超过日本对亚洲开发银行的影响力。

美洲开发银行成立之初确立的经营原则包括：（1）既可向成员国提供主权贷款或担保，即政府作为借款人或担保人的借款，又可直接向有关国家的私人部门机构提供资助；（2）贷款资助分为"硬贷款"和"软贷款"，前者参照市场利率，可用于长期项目，偿还期限可延长至20年，后者的利率低于市场水平并通过"特殊运营基金"（FSO）来提供；（3）设立技术援助部门，向有关国家派遣任务导向的专家团队，为解决特定问题或制定政策提供智力支持。当时，虽然国际复兴开发银行（世界银行）已成立多年，但至1960年尚缺少对发展中国家的援助经验。美洲开发银行在此领域作出了有

① Inter-American Development Bank, *First Annual Report*, *Washington*, D. C., Jan 1961, p. 11.

② Inter-American Development Bank, *First Annual Report*, *Washington*, D. C., Appendix 5.

③ Inter-American Development Bank, *Annual Report* 2009, Appendix I-7, p. 65.

④ Martin A. Weiss, "Multilateral Development Banks: General Capital Increases", Congressional Research Service, Washington, D. C., Jan 2012, Table 1, p. 2.

益贡献。①世界银行集团于1960年下设国际开发协会（IDA），专门从事“软贷款”业务，此距其成立已有15年之久。

美洲开发银行的另一经营特色是它自始便十分重视社会发展领域，包括廉价住房、自来水供应、卫生设施建设和教育。在向各国农业部门提供的资助中，早期大量资源投向中小农户，希望改善受助国农业部门中的产权分布结构（一些拉美国家农业经济部门中大业主集中度偏高）。为促进受助国私人部门的成长，美洲开发银行于1986年成立“美洲投资公司”，向受助国私人中小业主提供长期贷款；并在1993年成立多边投资基金，作为美洲投资公司的补充，资助对象为拉丁美洲和加勒比海私营部门。

截至20世纪90年代中期，以资助总额衡量美洲开发银行在四大洲区域开发银行中为最大。1995年，世界银行与国际开发协会在拉美地区的资助总额为60.6亿美元，美洲开发银行与特殊运营基金在该地区的资助总额为73亿美元。在亚洲，世界银行与国际开发协会资助总额为87亿美元，而亚洲开发银行与其开发基金为55亿美元。在非洲，世界银行与国际开发协会资助总额为32.6亿美元，非洲开发银行与其开发基金则为6.7亿美元。②简言之，在美洲地区，美洲开发银行及其开发基金资助规模超过世界银行及其开发协会，而在其他地区则相反。

长期以来，美洲开发银行资助规模位居区域开发银行之首，很大程度上是因为它利用在国际金融市场上的优质评级而发行低息长期债券并因此获得大量可用金融资源。美洲开发银行的债务/股权资本比率常为3左右，即借款总额相当于实缴资本（所有者权益）的3倍左右。换言之，美洲开发银行常年向受助国提供大规模资助，重要原因是其杠杆率较高。

非洲开发银行

非洲开发银行（AfDB）于2014年庆祝50周年诞辰之际，出版“金禧”纪念册，前言中写道，“1964年本银行仅有10位工作人员，26个成员国，资本基数3.7亿美元。3年后的1967年，非洲开发银行启动初始三个项目。50年后的2014年，它有1 900名工作人员，80个会员国，资本基数1 000亿美元”。③这些数据显示了非洲开发银行成立以来的发展成就。

非洲开发银行的创立体现了战后非洲民族国家走上独立和去殖民化发展道路的追求，也是本地区主导合作发展的成果。创建非洲开发银行的提议最早来自利比里亚、加

---

① Culpeper, *The Multilateral Development Banks*, p. 32.

② Culpeper, *The Multilateral Development Banks*, Table 2.4, p. 40. 该书此处还提到，世界银行与其开发协会在欧洲资助总额1995年为45亿美元，欧洲复兴开发银行为36.5亿美元，前者多于后者，但这里未涉及欧洲投资银行。

③ African Development Bank, ed. *AfDB*: 50 *years at the service of Africa* 1964 – 2014, May 2015, Preface, p. 16 (https: //www. afdb. org/en/about – corporate – information – history/afdb – group – first – 50 – years).

纳和几内亚三国首脑 1958 年的会晤。1961 年 2 月，联合国非洲经济委员会（UNECA）将此提议交给非洲国家财政部长第四次会议，该会议遂通过决议筹建非洲开发银行。两年后，32 个非洲国家的政府代表于 1963 年 5 月在埃塞俄比亚首都亚的斯亚贝巴签署协议组建非洲统一组织（英语简称 OAU，法语简称 OUA），宗旨之一是推进非洲经济一体化。非洲统一组织（2002 年改为非洲联盟）的成立给非洲带来了团结氛围，当然有利于推进筹建非洲开发银行，但两者并无直接关系。

借鉴美洲开发银行，非洲开发银行成立时确定成员国限于非洲国家，不接受地区外国家为成员国。1995 年以前，南非由于其国内种族歧视政策未被接纳。当年南非加入后，非洲开发银行覆盖了全非洲。

非洲开发银行 1982 年开始接受区外成员国，次年 17 个区外国家成为它的新成员国，包括美国、日本和若干欧洲国家。中国于 1985 年成为非洲开发银行成员国，至 21 世纪它共有 26 个区外成员国。吸收区外成员国的最大好处是增加资本金并提高国际金融市场上的信誉等级。1987 年非洲开发银行进行第 4 次增资扩股，资本金翻番增至 223 亿美元（此前 1976 年、1981 年第 2 次和第 3 次增资时分别增加 5. 55 亿美元和 16 亿美元）。对一些非洲国家，吸收区外国家成了一个政治争议问题，很多非洲政治家都认为必须坚持《非洲宪章》（《阿非利加宪章》），即“非洲人主导”原则。20 世纪 90 年代初，区外成员国在非洲开发银行的投票权合计 35. 5%，为各大洲多边开发银行中最低。[①]至 2010 年此数仅升至 39. 7%，非洲开发银行的控股权一直掌握在非洲国家手中。

非洲开发银行于 1966 年开始营业时，总部设在象牙海岸共和国（科特迪瓦）城市阿比让。科特迪瓦为“象牙海岸”的法文词，该国政府于 1986 年 4 月决定本国正式名称为法文（Côte d’Ivoire），不再使用英文或葡萄牙语表达（Ivory Coast），尽管这些词的实际含义无异。科特迪瓦 1960 年脱离法兰西殖民体系成为独立共和国，至 20 世纪 90 年代中期保持基本政局稳定。但在世纪之交，军人发动政变，政局动荡。非洲开发银行总部于 2003 年迁往突尼斯，于 2014 年科特迪瓦政局恢复平静后迁回阿比让。

在非洲开发银行运行的最初 10 年，该机构因缺少资源未能有效开展适合本地区需要的发展援助项目，即为欠发达国家和地区提供优惠贷款（“软贷款”）。为扩大财源，非洲开发银行与主要捐赠国决定于 1973 年成立非洲开发基金（AfDF），由该机构专门从事长期优惠贷款，受助对象是非洲最不发达国家和地区。非洲开发基金每三年进行一次增资，新增资本金大部分来自发达国家。1976 年尼日利亚政府决定向非洲开发银行捐赠 8 000万美元，设立尼日利亚信托基金（NTF），与非洲开发基金一样专门从事面向低收入非洲国家和地区提供长期优惠贷款。尼日利亚在 20 世纪 70 年代出产石油，是石油输出国组织的非洲成员国并从油价暴涨中获利颇丰。尼日利亚是非洲开发银行持股最多的

---

① Culpeper, *The Multilateral Development Banks*, p. 30.

成员国（其投票权接近10%）。截至1976年，非洲开发银行集团形成，下辖非洲开发银行、非洲开发基金和尼日利亚信托基金。

1973年石油危机后，非洲开发银行开始积极利用国际金融市场筹资。1975年发行6 500万美元债券，1976年在科威特以及欧洲债券市场上发行债券（科威特是1982年非洲开发银行最早区外成员国之一）。国际市场发债帮助非洲开发银行在20世纪70年代大量增加贷款总额，年均达2.5亿美元。

与其他区域多边开发银行不同，非洲开发银行自始就采用特别组合货币单位记账，没有采用美元或其他货币。这是针对非洲各国经济和货币管理的现实而作出的安排。不少非洲国家独立后改革币制，后来却往往币值不稳，有的甚至限制货币兑换。选择何种货币作为记账单位和交易媒介显然极其重要。若直接采用某种区外货币（如美元）肯定不符《非洲宪章》精神。于是，非洲开发银行采用虚拟组合货币单位的做法，效仿布雷顿森林机构和美洲开发银行，成员国的实缴资本金分为外汇和本币两部分，计价则按统一的金平价货币单位（UA）。1976年后非洲开发银行的记账单位确定为等值于特别提款权（SDR），其与美元的汇率时有一定起伏。

2005—2014年，非洲开发银行集团（开发银行+开发基金+信托基金）发放贷款总额达600亿美元，相当于每年60亿美元。根据世界银行的统计数据显示，此10年撒哈拉以南非洲接受外部发展援助净额为4 267亿美元，相当于每年约430亿美元。换言之，非洲开发银行集团给非洲国家的资助额相当于它们接受的全部发展援助的1/7。作为一个整体，撒哈拉以南非洲是世界上接受外部发展援助最多的地区，1990年以后在世界总额中的占比一直为1/3左右。但是，撒哈拉以南非洲的人均收入相对世界平均水平却并未得到明显提升。1967年（非洲开发银行投入运行之年），撒哈拉以南非洲人均收入为159美元，世界平均为704美元（前者为后者的22.6%）；1990年，前者为661美元，后者为4 321美元（前者为后者的15.3%）；2015年，前者为1 761美元，后者为10408美元（前者为后者的16.9%，此较1990年略有提高，但仍显著低于1967年）。非洲经验表明，多边开发银行及其他形式的国际金融合作有助于提升后进地区的经济发展和人均收入，但并不必然缩小发展差距。而发展差距的存在意味着多边开发银行和其他形式的国际金融合作需要进一步加强。

除上述全球的世界银行和各洲的四大多边开发银行外，20世纪最后30年中，许多地方还诞生了小区域的多边开发银行，例如1970年投入运行的加勒比开发银行（CDB）、1975年成立的伊斯兰开发银行（IsDB）和北欧投资银行（Nordic Investment Bank），以及1997年成立的黑海贸易开发银行（BSTDB）等。在这些多边开发银行中，伊斯兰开发银行的资助对象不限于阿拉伯—穆斯林国家，北欧投资银行的资助对象则主要为区域外的发展中国家（尤其是较不发达的、收入水平较低的国家）。

21世纪以来，随着世界金融版图的变化和包括中国在内的新兴市场经济体的崛起，诞生了两大新型多边开发银行。一是金砖国家新开发银行（NDB），于2015年7月成立，总部设在上海，初始实缴资本100亿美元（2016年报数），后来陆续有新成员国加入。二是亚洲基础设施投资银行（亚投行/AIIB），于2016年1月成立，总部设在北京，初始实缴资本180亿美元（2016年报数），57个创始成员，成员后增至100多个。

“二战”结束以来，不同层次的多边开发银行成为推动国际金融关系发展变化的重要力量，它们体现了国际发展进程中不同国家所扮演的角色及其相对地位的变化。多边开发银行在20世纪最后几十年以及21世纪成为世界经济和国际金融中的新秀，反映了国际社会对有关国家经济和金融政策作为的期待。在多边开发银行的经营和治理中，各国民众的期望、国际舆论以及全球性组织的动向都具有重要影响。多边开发银行在促进发展中国家和地区的经济发展、经济结构调整、减贫和社会均衡以及跨区域经济一体化方面发挥了重要作用。但是，包括多边开发银行在内的国际金融合作究竟能在缩小国际发展差距中起多大作用，仍然有待观察。

参考文献

说明：中文文献按作者姓名拼音，英文文献按作者姓名字母顺序排列。个别文献出版年份加括号，其中数字指该书初版年份。

中文文献

A

[1] 阿贝尔斯豪塞，维尔纳．德国战后经济史［M］．史世伟译．北京：中国社会科学出版社，2018.

[2] 阿克斯沃西，迈克尔．伊朗简史：从琐罗亚斯德到今天［M］．赵象察，胡轶凡译．北京：民主与建设出版社，2020.

[3] 阿瑞基，杰奥瓦尼．漫长的20世纪［M］．姚乃强等译．南京：江苏人民出版社，2001.

[4] 埃利斯，查尔斯．高盛帝国［M］．卢青等译．北京：中信出版集团，2015.

[5] 艾克，让－弗朗索瓦．战后法国经济简史［M］．杨成玉译．北京：中国社会科学出版社，2020.

[6] 艾肯格林，巴里．资本全球化：国际货币体系史［M］．彭兴韵译．上海：上海人民出版社，2009.

[7] 艾森格林，巴里．镜厅［M］．何帆等译．北京：中信出版集团，2016.

[8] 艾伦，富兰克林，道格拉斯·盖尔．比较金融系统［M］．王晋斌等译．北京：中国人民大学出版社，2002.

[9] 安德斯，乔治．门口的野蛮人：KKR与资本暴利的崛起［M］．胡震晨译．北

京：机械工业出版社，2021.

［10］奥村宏．法人资本主义［M］．李建国等译．北京：生活·读书·新知三联书店，1990.

［11］奥马利，克里斯．债市无疆：离岸债券市场走过 50 年［M］．万泰雷等译．北京：中国金融出版社，2016.

B

［1］巴蒂洛西，斯特凡诺，杰米·瑞斯．欧美金融体系发展与政府监管：19—20 世纪的历史［M］．“成方三十二译丛”翻译组译．北京：中国金融出版社，2021.

［2］巴克尔，迈克，约翰·汤普森．英国金融体系［M］．陈敏强译．北京：中国金融出版社，2005.

［3］拜德勒克斯，罗伯特，伊恩·杰弗里斯．东欧史［M］．韩炯等译．上海：东方出版中心，2013.

［4］拜伦德，伊万．20 世纪欧洲经济史：从自由放任到全球化［M］．徐昂译．上海：格致出版社，2020.

［5］白川方明．动荡时代［M］．裴桂芬，尹凤宝译．北京：中信出版集团，2021.

［6］贝特兰，夏尔．纳粹德国经济史［M］．刘法智，杨燕怡译．北京：商务印书馆，1990.

［7］编写小组．社会主义政治经济学（未定稿）［M］．上海：上海人民出版社，1973.

［8］伯恩霍尔兹，彼得，彼得·纽曼等．新帕尔格雷夫货币金融大辞典（第二卷）［M］．北京：经济科学出版社，2000.

［9］勃朗，路易．劳动组织［M］．何钦译．北京：商务印书馆，1997.

［10］布哈林，尼．世界经济和帝国主义［M］．蒯兆德译．北京：中国社会科学出版社，1983.

［11］布劳德伯利，斯蒂芬，凯文·H. 奥罗克．剑桥现代欧洲经济史 1700—1870（第二卷）［M］．张敏，孔尚会译．北京：中国人民大学出版社，2015.

［12］布卢斯坦，保罗．惩戒：金融危机与国际货币基金组织［M］．蔡丽等译．北京/沈阳：中信出版社/辽宁教育出版社，2003.

［13］布鲁纳，罗伯特·F. 1907 年金融大恐慌：从市场完美风暴中汲取教训［M］．杨培雷，杨卓尔译．上海：上海财经大学出版社，2016.

C

［1］彻诺，罗恩．摩根财团：美国一代银行王朝和现代金融业的崛起［M］．金立

群校译．北京：中国财政经济出版社，1996.

［2］程麟荪．近代中国的银行业［M］．徐昂，袁煦筠译．北京：社会科学文献出版社，2021.

［3］茨威格，菲利普·L. 沃尔特瑞斯顿与花旗银行：美国金融霸权的兴衰［M］．孙郁根主译．海口：海南出版社，1999.

D

［1］达莱克，罗伯特．罗斯福与美国对外政策（上册）［M］．伊伟等译．北京：商务印书馆，1984.

［2］戴建兵．白银与近代中国经济（1890—1935）［M］．上海：复旦大学出版社，2005.

［3］戴建兵．中国近代商业银行史［M］．北京：中国金融出版社，2019.

［4］戴伊，托马斯．谁掌管美国：卡特年代［M］．梅士，王殿宸译．北京：世界知识出版社，1980.

［5］德鲁克，彼得·F. 养老金革命［M］．刘伟译．上海：东方出版社，2009.

［6］邓小平．邓小平文选（第三卷）［M］．北京：人民出版社，1993.

［7］迪姆森，E. P. 马什，M. 斯汤腾．投资收益百年史［M］．戴任翔，叶康涛译．北京：中国财政经济出版社，2005.

［8］丁建定．西方国家社会保障制度史［M］．北京：高等教育出版社，2010.

［9］杜尔劳夫，史蒂文·N. 劳伦斯·E. 布卢姆．新帕尔格雷夫经济学大辞典（第二版）（第二卷）［M］．北京：经济科学出版社，2016.

［10］多尔，罗纳德．股票资本主义：福利资本主义［M］．李岩，李晓桦译．北京：社会科学文献出版社，2002.

E

［1］恩格斯．共产主义原理［M］//马克思恩格斯选集．第一卷．北京：人民出版社，1972.

［2］恩格斯．论住宅问题［M］//马克思恩格斯选集．第二卷．北京：人民出版社，1972.

［3］恩格斯．社会主义从空想到科学的发展［M］//马克思恩格斯选集．第三卷．北京：人民出版社，1972.

F

［1］费正清．美国与中国［M］．张理京译．北京：世界知识出版社，2000.

［2］冯邦彦．香港金融业百年［M］．上海：东方出版中心，2007.

［3］弗格森，尼尔．顶级金融家［M］．阮东译．北京：中信出版社，2012.

［4］弗格森，尼尔．金钱关系［M］．唐颖华译．北京：中信出版社，2012.

［5］弗拉迪阿尼，米歇勒，弗兰克·斯宾里尼．意大利货币史［M］．康以同译．北京：中国金融出版社，2019.

［6］弗里德曼，米尔顿，安娜·J. 施瓦茨．美国货币史（1867—1960）［M］．巴曙松，王劲松等译．北京：北京大学出版社，2009.

［7］弗里德曼，米尔顿．实证经济学论文集［M］．伯克译．北京：商务印书馆，2014.

［8］弗里德曼，米尔顿．货币的祸害［M］．张建敏译．北京：中信出版集团，2016.

［9］富田俊基．国债的历史：凝结在利率中的过去与未来［M］．彭曦等译．南京：南京大学出版社，2011.

［10］傅高义．邓小平时代［M］．冯克利译．北京：生活·读书·新知三联书店，2013.

G

［1］盖斯特，查尔斯·R. 华尔街投资银行史：华尔街金融王朝的秘密［M］．向桢译．北京：中国财政经济出版社，2005.

［2］盖斯特，查尔斯·R. 百年并购：20 世纪的美国并购和产业发展［M］．黄一义等译．北京：人民邮电出版社，2006.

［3］高波．海合会国家金融制度［M］．北京：中国金融出版社，2017.

［4］高坚．中国国债（修订本）［M］．北京：经济科学出版社，1997.

［5］戈德史密斯，雷蒙德·W. 金融结构与发展［M］．浦寿海，毛晓威，王巍译．北京：中国社会科学出版社，1993.

［6］戈登，约翰·S. 伟大的博弈：华尔街金融帝国的崛起 1653—2004［M］．祁斌译．北京：中信出版社，2005.

［7］戈兹曼，威廉，哥特·罗文霍斯特．价值起源（修订版）［M］．王宇，王文玉译．沈阳：万卷出版公司，2010.

［8］格鲁奇，阿兰·G. 比较经济制度［M］．徐节文等译．北京：中国社会科学出版社，1985.

［9］格鲁瑟尔，迪特尔．德国统一史（第二卷）［M］．邓文子译．北京：社会科学文献出版社，2016.

［10］格申克龙，亚历山大．经济落后的历史透视［M］．张凤林译．北京：商务印

书馆，2012.

［11］葛富锐．现代银行业的中国基石：广州十三行担保制度与银行存款保险的起源［M］．何平等译．北京：中国金融出版社，2020.

［12］葛华勇．国际金融组织治理现状与改革［M］．北京：中国金融出版社，2013.

［13］宫著铭，刘小林．联邦德国金融管理体制与法规［M］．北京：中国金融出版社，1989.

H

［1］哈达赫，卡尔．二十世纪德国经济史［M］．扬绪译．北京：商务印书馆，1984.

［2］哈伦，苏丁，万·纳索非泽·万·阿兹米．伊斯兰金融和银行体系：理论、原则和事件［M］．刚健华译．北京：中国人民大学出版社，2012.

［3］哈罗德，R. F. 凯恩斯传［M］．刘精香译．北京：商务印书馆，1997.

［4］哈珀，斯蒂芬，阿曼·多拉佐，诺埃尔·毛雷尔．产权的政治学：墨西哥的制度转型［M］．何永江，余江译．北京：中信出版集团，2019.

［5］哈特，马基林，乔斯特·琼克，扬·卢滕·范赞登．荷兰财政金融史［M］．郑海洋译．上海：上海财经大学出版社，2022.

［6］汗，穆罕默德·穆丁因，赛义德．伊斯兰银行［M］．银川：宁夏人民出版社，2013.

［7］何建雄，冯润祥．澳大利亚金融制度［M］．北京：中国金融出版社，2016.

［8］贺力平．中外历史上金银比价变动的趋势及其宏观经济意义［J］．社会科学战线，2019（12）：40－50.

［9］贺力平．世界金融史：从起源到现代体系的形成［M］．北京：中国金融出版社，2022.

［10］赫夫，W. G. 新加坡的经济增长：20 世纪的贸易与发展［M］．牛磊，李洁译．北京：中国经济出版社，2001.

［11］赫莱纳，埃里克．布雷顿森林被遗忘的基石：国际发展与战后秩序的构建［M］．张士伟译．北京：人民出版社，2019.

［12］洪葭管．中国金融通史（第四卷：国民政府时期 1927—1949 年）［M］．北京：中国金融出版社，2008.

［13］胡安，阿里斯托沃洛·德．从好银行家到坏银行家：银行业风险识别与监管［M］．沈联涛译．北京：中国金融出版社，2021.

［14］胡多卡尔莫夫，A. Г. 等．俄罗斯社会经济发展史［M］．曹英华，崔铮译．北京：社会科学文献出版社，2021.

［15］华尔脱斯．国际联盟史（上卷）［M］．汉敖，宁京译．北京：商务印书

馆，1964.

［16］黄鉴晖．山西票号史（修订本）［M］．太原：山西经济出版社，2002.

［17］霍布斯鲍姆，艾瑞克．帝国的年代 1987—1914［M］．贾世美译．北京：中信出版社，2014.

［18］霍布斯鲍姆，艾瑞克．极端的年代：1914—1991［M］．郑明萱译．北京：中信出版社，2014.

［19］霍华德，M. C.，J. E. 金．马克思主义经济学史 1883—1929 年［M］．顾海良等译．北京：中央编译出版社，2014.

［20］霍墨，悉尼，理查德·西勒．利率史（第四版）［M］．肖新明，曹建海译．北京：中信出版社，2010.

J

［1］吉尔法松，索瓦多等．全球危机中的北欧国家：脆弱性与恢复力［M］．刘影祥等译．北京：社会科学文献出版社，2015.

［2］加贝德，肯尼斯·D. 美国国债市场的诞生：从第一次世界大战到“大萧条”［M］．林谦译．上海：上海财经大学出版社，2013.

［3］加尔布雷思，约翰·肯尼斯．1929 年大崩盘［M］．沈国华译．上海：上海财经大学出版社，2006.

［4］加尔布雷思，约翰·肯尼斯．新工业国［M］．嵇飞译．上海：上海人民出版社，2012.

［5］加斯纳，米歇尔，菲利普·瓦克贝克．伊斯兰金融：伊斯兰的金融资产与融资［M］．严霁帆，吴勇立译．北京：民主与建设出版社，2012.

［6］迦兰，比马尔．印度经济史：内部专家的洞见［M］．张翎译．北京：中国科学技术出版社，2021.

［7］姜建清，樊兵，高文越．非洲金融明珠：标准银行集团史［M］．北京：中国金融出版社，2018.

［8］姜建清，蒋立场．近代中国外商银行史［M］．北京：中信出版集团，2016.

［9］姜英梅．中东金融体系发展研究：国际政治经济学的视角［M］．中国社会科学出版社，2011.

［10］金德尔伯格，查尔斯·P. 1929—1939 年世界经济萧条［M］．宋承先，洪文达译．上海：上海译文出版社，1986.

［11］金德尔伯格，查尔斯·P. 西欧金融史［M］．第二版．徐子健等译．北京：中国金融出版社，2007.

［12］金中夏．翻阅尘封的档案：纪念出席布雷顿森林会议的中国代表团［J］．中

国金融，2014（18）：87－89.

［13］井上隆一郎．亚洲的财阀和企业［M］．宋金义等译．北京：三联书店，1997.

K

［1］卡多佐．巴西崛起：传奇总统卡多佐回忆录［M］．秦雪征，叶硕译．北京：法律出版社，2012.

［2］卡梅伦，龙多，拉里·尼尔．世界经济简史：从旧石器时代到20世纪末［M］．潘宁等译．上海：上海译文出版社，2012.

［3］卡斯特罗诺沃，瓦莱里奥．意大利经济史：从统一到今天［M］．沈珩译．北京：商务印书馆，2000.

［4］凯恩斯．劝说集［M］．蔡受百译．北京：商务印书馆，1962.

［5］凯恩斯．货币论（第一卷）［M］．刘志军译．西安：陕西师范大学出版社，2008.

［6］凯恩斯．印度的货币与金融［M］．安佳译．北京：商务印书馆，2013.

［7］凯恩斯．“凡尔赛和约”的经济后果［M］．李井奎译．北京：中国人民大学出版社，2017.

［8］凯恩斯．就业、利息和货币通论［M］．重译本．高鸿业译．北京：商务印书馆，2021.

［9］凯利，贾森．私募帝国：全球PE巨头统治世界的真相［M］．唐京燕译．北京：机械工业出版社，2022.

［10］凯罗米里斯，唐·查尔斯，斯蒂芬·哈珀．人为制造的脆弱性：银行业危机和信贷稀缺的政治根源［M］．廖岷，杨东宁，周叶青译．北京：中信出版集团，2015.

［11］科巴克，克里斯多夫，乔·马丁．从华尔街到贝街：美国与加拿大金融的起源与演变［M］．张翾译．北京：中译出版社，2022.

［12］科尼什，塞尔文．澳大利亚中央银行的发展与演变［M］．中国人民银行南太平洋代表处编译．北京：中国金融出版社，2010.

［13］克拉潘．现代英国经济史（下卷）［M］．姚曾廙译．北京：商务印书馆，1986/1975.

［14］克里夫兰，哈罗德，托马斯·候尔塔斯等．花旗银行1812—1970［M］．郑先炳译．北京：中国金融出版社，2005.

［15］克鲁格曼，保罗．萧条经济学的回归［M］．朱文辉，王玉清译．北京：中国人民大学出版社，1999.

［16］格鲁克曼，保罗．萧条经济学的回归和2008年经济危机［M］．刘波译．北京：中信出版社，2009.

［17］肯伍德，A. G.，A. L. 洛赫德．国际经济的成长：1820—1990［M］．王春法译．北京：经济科学出版社，1997.

［18］孔西得朗，维克多，社会命运（第一卷）［M］．李平沤译．北京：商务印书馆，1997.

［19］拉伯，亚当．巴塞尔之塔：揭秘国际清算银行主导的世界［M］．綦相，刘丽娜译．北京：机械工业出版社，2014.

L

［1］拉姆什，托马斯．弗利克家族［M］．王俊，许冰莎译．贵阳：贵州出版集团，2018.

［2］莱因哈特，卡门·M.，肯尼斯·S. 罗格夫．这次不一样：八百年金融危机史［M］．綦相等译．北京：机械工业出版社，2012.

［3］雷麦．外人在华投资［M］．蒋学楷，赵康节译．北京：商务印书馆，1962.

［4］雷默，诺顿，杰西·唐宁．投资：一部历史［M］．张田，舒林译．北京：中信出版集团，2016.

［5］里德，约翰．震撼世界的十天［M］．李娜等译．长春：时代文艺出版社，2017.

［6］联共（布）中央特设委员会．联共（布）党史简明教程［M］//中共中央马恩列斯著作编译局译．北京：人民出版社，1975.

［7］列宁．布尔什维克能保持国家政权吗?［M］//列宁选集．第三卷．北京：人民出版社，1972.

［8］列宁．无产阶级在我国革命中的任务［M］//列宁选集．第二卷．北京：人民出版社，1972.

［9］列宁．论黄金在目前和在社会主义完全胜利后的作用［M］//列宁选集．第四卷．北京：人民出版社，1995.

［10］列宁．致亚·李·舍印曼［M］//列宁全集．第二版增订版．第 52 卷．中共中央马恩列斯著作编译局编译．北京：人民出版社，2017.

［11］林德特，彼得，查尔斯·金德尔伯格．国际经济学［M］．谢树森，沈锦昶译．上海：上海译文出版社，1985.

［12］林幸司．近代中国民间银行的诞生［M］．北京：社会科学文献出版社，2019.

［13］林直道．战后国际通货危机与世界经济危机［M］．朱绍文译．北京：商务印书馆，1976.

［14］铃木淑夫．日本的金融制度［M］．李言赋译．北京：中国金融出版社，1987.

［15］铃田敦之．第一劝银财团概貌［M］．盛继勋，由其民译．上海：上海译文出

版社，1983.

［16］刘克祥．1927—1937 年中资银行再统计［J］．中国经济史研究，2007（1）：48－59.

［17］刘克祥，吴太昌．中国近代经济史（1927—1937）［M］．北京：人民出版社，2012.

［18］鲁缅采夫，A. M. 政治经济学（社会主义部分）教科书［M］．北京：人民出版社，1978.

［19］鲁斯，杰罗姆．主权债务简史［M］．黄名剑，张文婷译．北京：中信出版集团，2020.

［20］鲁特维克，艾密尔．俾斯麦［M］．郭洁等译．北京：国际文化出版公司，1999.

［21］鹿野嘉昭．日本的金融制度［M］．余熳宁译．北京：中国金融出版社，2003.

［22］罗伯茨，理查德．1914 年金融大危机［M］．杨培雷，杨卓尔译．上海：上海财经大学出版社，2017.

［23］罗斯基，托马斯．战前中国经济的增长［M］．唐巧天，毛立坤，姜修宪译．杭州：浙江大学出版社，2009.

［24］洛文斯坦，罗杰．沃伦·巴菲特传：一个美国资本家的成长（修订版）［M］．顾宇杰等译．海口：海南出版社，2007.

M

［1］马克汉姆，杰瑞．美国金融史（第一卷）［M］．黄佳译．北京：中国金融出版社，2017.

［2］马克汉姆，杰瑞．美国金融史（第二卷）［M］．高凤娟译．北京：中国金融出版社，2018.

［3］马克汉姆，杰瑞．美国金融史（第三卷）［M］．李涛，王湑凯译．北京：中国金融出版社，2018.

［4］马克汉姆，杰瑞．美国金融史（第五卷）［M］．王胜邦，叶婷译．北京：中国金融出版社，2018.

［5］马克思．1848 年至 1850 年的法兰西阶级斗争［M］//马克思恩格斯全集（第七卷）．北京：人民出版社，1962.

［6］马克思，恩格斯．共产党宣言［M］//马克思恩格斯选集（第一卷）．北京：人民出版社，1972.

［7］马克思．资本论（第一卷）［M］//马克思恩格斯全集（第二十三卷）．北京：人民出版社，1972.

［8］马汀，菲利克斯．货币野史［M］．邓峰译．北京：中信出版社，2015.

［9］迈耶，杰拉尔德·M. 世界货币秩序问题［M］．王槐安等译．北京：中国金融出版社，1989.

［10］迈耶，马丁．银行家［M］．杨敬年译．北京：商务印书馆，1982.

［11］麦迪森，安格斯．世界经济千年统计［M］．伍晓鹰，施发启译．北京：北京大学出版社，2009.

［12］麦金农，罗纳德．经济发展中的货币与资本［M］．卢骢译．上海：上海三联书店，1997.

［13］米勒，芭芭拉·L. 加拿大金融制度（外国金融制度译丛）［M］．王海晔译．北京：中国金融出版社，2005.

［14］米切尔，B. R. 帕尔格雷夫世界历史统计（欧洲卷）［M］．贺力平译．北京：经济科学出版社，2002.

［15］米塞斯．米塞斯回忆录［M］．黄华侨译．上海：上海社会科学院出版社，2015.

［16］米什金，弗雷德里克·S. 货币金融学［M］．马君潞等译．北京：机械工业出版社，2011.

［17］莫克罗夫特，奈杰儿·爱德华．资产管理的起源（1700—1960 年）：投资者的崛起［M］．李中立译．北京：中国金融出版社，2021.

［18］莫斯，戴维．别无他法：作为终极风险管理者的政府［M］．何平译．北京：人民出版社，2014.

［19］穆怀中．社会保障国际比较［M］．第三版．北京：中国劳动社会保障出版社，2014.

O

［1］欧文，道格拉斯．贸易的冲突：美国贸易政策 200 年［M］．余江等译．北京：中信出版社集团，2019.

P

［1］帕麦尔，艾伦．俾斯麦传［M］．高年生，张连根译．北京：商务印书馆，1982.

［2］帕慕克，瑟夫科特．奥斯曼帝国货币史［M］．张红地译．北京：中国金融出版社，2021.

［3］帕特曼．帕特曼报告（选译）［M］．王继祖等译．北京：商务印书馆，1980.

［4］潘庆中．近代上海金融危机的经济学分析：1870－1937［M］．清华大学出版

社，2017.

［5］匹罗夫，史蒂夫·J，沃尔特·亚当斯，詹姆士·W，布洛克．美国产业结构［M］．第十版．封新建等译．北京：中国人民大学出版社，2003.

［6］匹罗夫，史蒂夫·J，詹姆士·W. 布洛克．美国产业结构［M］．第十二版．罗宇等译．北京：中国人民大学出版社，2011.

［7］蒲鲁东．贫困的哲学（下卷）［M］．余叔通，王雪华译．北京：商务印书馆，2010.

［8］蒲鲁东．什么是所有权［M］．孙署冰译．北京：商务印书馆，2007.

Q

［1］齐世荣．世界通史资料选辑（现代部分第一分册）［M］．北京：商务印书馆，1983.

［2］奇波拉，卡洛·M. 欧洲经济史（第四卷）（下册）［M］．吴继淦，芮苑如译．北京：商务印书馆，1991.

［3］奇波拉，卡洛·M. 欧洲经济史（第五卷）（下册）［M］．林尔蔚译．北京：商务印书馆，1988.

［4］乔尔，詹姆斯，戈登·马特尔．第一次世界大战的起源［M］．薛洲堂译．北京：商务印书馆，2021.

［5］乔伊斯，约瑟福·P. IMF 与全球金融危机［M］．崔梦婷等译．北京：中国金融出版社，2015.

［6］乔治，亨利．进步与贫困［M］．吴良健，王翼龙译．北京：商务印书馆，2017.

S

［1］塞利格曼，乔尔．华尔街变迁史：证券交易委员会及现代公司融资制度的演化进程［M］．田风辉译．北京：经济科学出版社，2004.

［2］沙特阿拉伯货币管理局．沙特阿拉伯王国货币发展史［M］．李世峻译．北京：北京师范大学出版社，2021.

［3］施特弗尔，贝恩德．冷战 1947—1991：一个极端时代的历史［M］．孟钟捷译．桂林：漓江出版社，2017.

［4］世界银行．东亚奇迹：经济增长与公共政策［M］．财政部世界银行业务司译．北京：中国财政经济出版社，1995.

［5］舒伯特，奥雷尔．1931 年奥地利工商信贷银行危机［M］．沈国华译．上海：上海财经大学出版社，2018.

［6］斯基德尔斯基，罗伯特．凯恩斯传［M］．相蓝欣，储英译．上海：生活·读书·新知三联书店，2006.

［7］斯拉法．李嘉图著作和通信集（第四卷）［M］．蔡受百译．北京：商务印书馆，1980.

［8］斯泰尔，本．布雷顿森林货币战：美元如何统治世界［M］．符荆捷，陈盈译．北京：机械工业出版社，2014.

［9］斯坦，赫伯特．美国总统经济史：从罗斯福到克林顿［M］．金清，郝黎莉译．长春：吉林人民出版社，1997.

［10］斯特劳曼，托比亚斯．1931：债务、危机与希特勒的崛起［M］．刘天宇译．济南：山东人民出版社，2021.

［11］斯沃洛，严·卡里尔．中央银行面临的挑战：拉美透视［M］．翻译组译．北京：中国金融出版社，2018.

［12］宋佩玉．中国外资银行百年史（1845—1949）［M］．上海：上海远东出版社，2022.

［13］苏联科学院经济研究所．苏联社会主义经济史（第一卷）［M］．复旦大学经济系和外文系部分教员译．北京：三联书店，1979.

［14］苏联科学院经济研究所．苏联社会主义经济史（第三卷）［M］．北京：生活·读书·新知三联书店，1982.

［15］苏联科学院经济研究所．苏联社会主义经济史（第四卷）［M］．北京：生活·读书·新知三联书店，1982.

［16］苏联科学院经济研究所．苏联社会主义经济史（第五卷）［M］．北京：生活·读书·新知三联书店，1984.

［17］苏联科学院经济研究所．苏联社会主义经济史（第六卷）［M］．盛曾安等译．北京：东方出版社，1986.

［18］苏联科学院经济研究所．政治经济学教科书［M］．中共中央马恩列斯著作编译局译．北京：人民出版社，1955.

［19］苏宁．1949—2005 中国金融统计［M］．北京：中国金融出版社，2007.

［20］孙怀仁．上海社会主义经济建设发展简史（1949—1985 年）［M］．上海：上海人民出版社，1990.

T

［1］特尔切克，霍斯特．329 天：德国统一的内部视角［M］．欧阳甦译．北京：社会科学文献出版社，2016.

［2］特里芬，罗伯特．黄金与美元危机：自由兑换的未来［M］．陈尚霖，雷达译．

北京：商务印书馆，1997（英文原著出版于 1961 年）.

［3］特纳，约翰·D. 英国银行业危机：1800 年以来跌宕起伏的英国银行业［M］. 杨培雷译. 上海：上海财经大学出版社，2019.

［4］田中寿雄. 苏联东欧的金融和银行［M］. 高连福译. 北京：中国财政经济出版社，1981.

［5］图兹，亚当. 崩盘：全球金融危机如何重塑世界［M］. 伍秋玉译. 上海：上海三联书店，2021.

［6］图兹，亚当. 滔天洪水：第一次世界大战与全球秩序的重建［M］. 陈涛，史天宇译. 北京：中国华侨出版社，2021.

W

［1］王广谦. 20 世纪西方货币金融理论研究：进展与述评［M］. 修订版. 北京：经济科学出版社，2010.

［2］威尔伯，查尔斯·K. 发达与不发达问题的政治经济学［M］. 高铦等译. 北京：中国社会科学出版社，1984.

［3］威廉姆斯，马克. 国际经济组织与第三世界［M］. 张汉林等译. 北京：经济科学出版社，2001.

［4］威塔斯，蒂米奇. 金融规管：变化中的游戏规则［M］. 曹国琪译. 上海：上海财经大学出版社，2000.

［5］沃尔德，埃伦·R. 沙特公司：沙特阿拉伯的崛起与沙特阿美石油的上市之路［M］. 尚晓蕾译. 北京：中信出版集团，2019.

［6］沃尔芬森，詹姆斯. 我的世行之路［M］. 司徒爱勤译. 北京：中信出版社，2011.

［7］沃尔玛尔，克里斯蒂安. 铁路史［M］. 陈帅译. 北京：中信出版集团，2021.

［8］伍成基. 中国农业银行史［M］. 北京：经济科学出版社，2000.

X

［1］肖，爱德华. 经济发展中的金融深化［M］. 邵伏军等译. 上海：格致出版社，2015.

［2］篠原初枝. 国际联盟的世界和平之梦与挫折［M］. 牟伦海译. 北京：社会科学文献出版社，2020.

［3］谢世清. 解读国际清算银行［M］. 北京：中国金融出版社，2011.

［4］辛格顿，约翰. 20 世纪的中央银行［M］. 张慧莲等译. 北京：中国金融出版社，2015.

［5］辛乔利．现代金融创新史：从大萧条到美丽新世界［M］．北京：社会科学文献出版社，2019.

［6］熊彼特．经济分析史（第一卷）［M］．朱泱，孙鸿敞译．北京：商务印书馆，1996.

［7］徐义生．中国近代外债史统计资料 1853—1927［M］．北京：中华书局，1962.

Y

［1］燕红忠．中国金融史［M］．上海：上海财经大学出版社，2020.

［2］杨胜刚．台湾金融制度变迁与发展研究［M］．北京：中国金融出版社，2001.

［3］杨希天等．中国金融通史（第六卷）［M］．北京：中国金融出版社，2002.

Z

［1］张崇鼎．加拿大经济史［M］．成都：四川大学出版社，1993.

［2］张嘉璈．通胀螺旋［M］．于杰译．北京：中信出版集团，2018.

［3］郑德龟，金华林．增长与分配：韩国经济的未来设计［M］．北京：中国人民大学出版社，2008.

［4］中国保险学会．中国近代保险史［M］．北京：中国金融出版社，2022.

［5］中国人民银行．中国共产党领导下的金融发展简史［M］．北京：中国金融出版社，2012.

［6］中国人民银行上海市分行金融研究室．中国第一家银行［M］．北京：中国社会科学出版社，1982.

［7］中国银行国际金融研究所和中国人民大学财政系．国际金融大事记（1944—1980）［M］．北京：中国财政经济出版社，1981.

［8］中国银行行史编委会．中国银行行史（1949—1992）［M］．北京：中国金融出版社，2001.

［9］朱荫贵．近代中国的资本市场：生成与演变［M］．上海：复旦大学出版社，2021.

英文文献

A

［1］Acemoglu, Daron, and Simon Johnson and James A. Robinson. Reversal of Fortune: Geography and Institutions in the Making of the Modern World Income Distribution［R］.

NBER Working Paper, No. 8460, Sept. , 2001.

[2] Adkins, Troy. The Rise, Fall, and Complexities of the Defined – Benefit Plan [J/OL]. https: //www. investopedia. com/articles/retirement/10/demise – defined – benefit – plan. asp.

[3] African Development Bank. AfDB: 50 Years at the Service of Africa 1964 – 2014 [M/OL]. May 2015. https: //www. afdb. org/en/about – corporate – information – history/afdb – group – first – 50 – years.

[4] Ahmad, Feroz. Making of Modern Turkey [M]. London: Routledge, 1993.

[5] Alexeev, Michael, and Shlomo Weber. The Oxford Handbook of The Russian Economy [M]. Oxford: Oxford University Press, 2013.

[6] Alharbi, Ahmad. Development of the Islamic Banking System [J]. Journal of Islamic Banking and Finance, 2015, 3 (1): 12 – 25.

[7] Altunba, Yener, and Alper Kara, and Ŏzlem Olgu. Turkish Banking: Banking under Political Instability and Chronic High Inflation [M]. London: Palgrave Macmillan, 2009.

[8] Andersen, Steffen E. The Evolution of Nordic Finance [M]. London: Palgrave Macmillan, 2011.

[9] Angell, Norman. The Great Illusion: A Study of the Relation of Military Power in Nations to their Economic and Social Advantage [M]. 3rd ed. , New York and London: G. P. Purnam's Sons, 1923.

[10] Arndt, H. W. Banking in Hyperinflation and Stabilization [M]. Bruce Glassbuner, ed. The Economy of Indonesia: Selected Readings. Jakarta and Kuala Lumpur: Equinox Publishing, 1971.

[11] Arnold, Arthur Z. Banks, Credit, and Money in Soviet Russia [M]. New York: Columbia University Press, 1937.

[12] Asian Development Bank. ADB Through the Decades: ADB's First Decade (1966 – 1976) [M/OL]. Manila: Asidan Development Bank, 2016.

B

[1] Baldwin, Simeon E. The International Congresses and Conferences of the Last Century as Forces Working toward the Solidarity of the World [J]. American Journal of International Law, Jul. , 1907, Vol. 1, No. 3 (Jul. , 1907): 565 – 578.

[2] Banerji, Arun Kumar. The Presidency Banks: The Transition (Review Article) [J]. Economic and Political Weekly, Vol. 23, No. 24 (Jun. 11, 1988): 1215 – 1222.

[3] Barcsay, Thomas. Banking in Hungarian Economic Development, 1867 – 1919 [J]. Business and Economic History, Vol. 20 (1991): 216 –225.

[4] Battilossi, Stefano and Jaime Reis. State and Financial Systems in Europe and the USA: Historical Perspectives on Regulation and Supervision in the Nineteenth and Twentieth Centuries [M]. Farnham, Surrey and Burlington, Vermont: Ashgate, 2010.

[5] Battilossi, Stefano. The Eurodollar Revolution in Financial Technology. Deregulation, Innovation and Structural Change in Western Banking in the 1960 – 1970s [R]. University Carlos Ⅲ Madrid, Working Papers in Economic History, November 2009.

[6] Bernholz, Peter. Currency Substitution During Hyperinflation in the Soviet Union, 1922 –1924 [J]. Journal of European Economic History 25, 2 (1996): 297 –323.

[7] Bimal, J. The Indian Economy, Problems and Prospects [M]. New Delhi: Penguin Books, 1992.

[8] Blass, Asher A. and Richard S. Grossman. A Harmful Guarantee? The 1983 Israel Bank Shares Crisis Revisited [R]. Bank of Israel Working Papers, 1996.

[9] Blass, Asher A. and Richard S. Grossman. Assessing Damages: The 1983 Israeli Bank Shares Crisis [J]. Contemporary Economic Policy, 2001, 19 (1): 49 –58.

[10] Bonin, Hubert, and Nuno Valério. Colonial and Imperial Banking History [M]. London: Routledge, 2016.

[11] Bordo, Michael D. and Angel Redish, Hugh Rockoff. Why didn't Canada have a banking crisis in 2008 (or in 1930, or 1907, or ...)? [J]. The Economic History Review, 68: 1 (2014): 218 –243.

[12] Bordo, Michael D. and Dominique Simard, Eugene N. White. An Overplayed Hand: France and the Bretton Woods International Monetary System [R]. NBER Working Paper 4642, February, 1994.

[13] Bordo, Michael D, and Eric Monnet, and Alain Naef. The Gold Pool (1961 – 1968) and the Fall of the Bretton Woods System: Lessons for Central Bank Cooperation [J]. The Journal of Economic History, Vol. 79, No. 4 (December 2019): 1027 –1059.

[14] Born, Karl Erich. International Banking in the 19th and 20th Centuries [M]. Leamington Spa, Warwickshire: Berg Publishers Limited, 1983.

[15] Boughton, James M. Silent Revolution: The International Monetary Fund, 1979 – 1989 [M]. Washington, D. C. : International Monetary Fund, 2001.

[16] Boughton, James M. The Case Against Henry Dexter White: Still Not Proven [J]. International Monetary Fund Working Paper WP/00/149, Washington, D. C. : International Monetary Fund, August 2000.

[17] Bourguignon, François, and Christian Morrisson. The Size Distribution of Income Among World Citizens: 1820 – 1990 [J]. American Economic Review, 92 (September 2002): 727 – 744.

[18] Brandt, Loren and Sargent T J. Interpreting New Evidence about China and U. S. Silver Purchases [J]. Journal of Monetary Economics, 1989, 23 (1): 31 – 51.

[19] Broadberry, Stephen, and Mark Harrison, Broadberry and Harrison [M]. The Economics of World War I, Cambridge: Cambridge University Press, 2005.

[20] Brown, Brendan. The Flight of International Capital: A Contemporary History [M]. London: Routledge, 2018 (1987).

[21] Brown, Jeffrey R. and Stephen G. Dimmock, Jun – Koo Kang and Scott J. Weisbenner. How University Endowments Respond to Financial Market Shocks: Evidence and Implications [R]. NBER Working Paper 15861, April 2010.

[22] Brown, Richard P. C. and Timothy J. Bulman. The Clubs: Their Roles in the Management of International Debt [J]. International Journal of Social Economics, 33, 1 (January 2006): 11 – 32.

[23] Brown, Stephen J. and William N. Goetzmann and James Park. Hedge Funds and the Asian Currency Crisis [R]. NBER Working Paper 6427, February 1998.

[24] Brunner, Allan, and Jörg Decressin, Daniel Hardy, and Beata Kudela. Germany's Three – Pillar Banking System Cross – Country Perspectives in Europe [R]. Washington, D. C.: International Monetary Fund Occasional Paper 233, 2004.

[25] Brus, W. and M. C. Kaser. The Economic History of Eastern Europe 1919 – 1975 [M]. Vol. Ⅲ, Oxford: Clarendon Press, 1986.

C

[1] Cameron, Rando. Banking and Economic Development: Some Lessons of History [M]. Oxford: Oxford University Press, 1972.

[2] Cameron, Rando. Banking in the Early Stages of Industrialization: A Comparative Study [M]. Oxford: Oxford University Press, 1967.

[3] Caprio, Gerad, and Jonatharn L. Flechter, Robert E. Litan, and Michael Pomerleano. The Future of State – owned Financial Institutions [M]. Washington, D. C.: Brookings Institution Press, 2004.

[4] Carr, Raymond. Spain: A History [M]. Oxford: Oxford University Press, 2000.

[5] Carosso, V. P. Investment Banking in America: A History [M]. Cambridge, MA: Harvard University Press, 1970.

[6] Caselli, Stefano, and Giulia Negri. Private Equity and Venture Capital in Europe: Markets, Techniques, and Deals [M]. 3rd ed., Boston and New York: Academic Press, 2018.

[7] Cassis, Youssef. Capitals of Capital: A History of International Financial Centres, 1780 - 2005 [M]. Cambridge: Cambridge University Press, 2006.

[8] Cassis, Youssef. Finance and Financiers in European History, 1880 - 1960 [M]. Cambridge: Cambridge University Press, 1992.

[9] Cassis, Youssef, and Gerald D. Feldman, and Ulf Olsson. The Evolution of Financial Institutions and Markets in Twentieth-century Europe [M]. Aldershot, Hants: Scolar Press, 1995.

[10] Cassis, Youssef, and Philip Cottrell. The World of Private Banking [M]. Farnham, Surrey and Burlington, Vermont: Ashgate, 2009.

[11] Cassis, Youseef, and Richard S. Grossman, and Catherine R. Schenk. The Oxford Handbook of Banking and Financial History [M]. Oxford: Oxford University Press, 2016.

[12] Cendrowski, Harry, and Louis W. Petro, James P. Martin, and Adam A. Wadecki. Private Equity: History, Governance, and Operations [M]. 2nd ed., New York: John Wiley & Sons, 2012.

[13] Chambers, David, and Elroy Dimson. Financial Market History: Reflections on the Past for Investors Today [M]. London and Cambridge: CFA Institute Research Foundation and University of Cambridge Press, 2016.

[14] Chandavarkar, A. G. Money and Credit, 1858 - 1947 [M]. Dharma Kumar and Meghnad Desai eds. The Cambridge Economic History of India, Vol. 2: 1757 - 1970. Cambridge: Cambridge University Press, 1983.

[15] Clapham, Sir John. The Bank of England: A History [M]. Volume Ⅱ (1797 - 1914), Cambridge: Cambridge University Press, 1970.

[16] Clarke, George R. G. and Robert Cull. Bank Privatization in Argentina: A Model of Political Constraints and Differential Outcomes [J]. Journal of Development Economics, 2005, 78 (1): 133 - 155.

[17] Clavin, Patricia. Securing the World Economy: The Reinvention of the League of Nations, 1920 - 1946 [M]. Oxford: Oxford University Press, 2013.

[18] Clay, C. The Origins of Modern Banking in the Levant: The Branch Network of the Imperial Ottoman Bank, 1890 - 1914 [J]. International Journal of Middle East Studies, 1994, 26 (4): 589 - 614.

[19] Cleveland, Harold van B. and Thomas F. Huertas. Citibank 1812 - 1970 [M].

Cambridge, MA: Harvard University Press, 1985.

[20] Collins, M. Money and Banking in the UK: A History [M]. London: Croom Helm, 1988.

[21] Curtis, Glenn E. and Eric Hooglund. Iran: A Country Study [M]. Washington, D. C.: GPO for Library of Congress, 2008.

[22] Collinson, Patrick. The Maxwell Legacy: Little Change to Pension Fiasco [J]. The Guardian, 7 June 2003.

[23] Cottrell, Philip L. Rebuilding the Financial System in Central and Eastern Europe, 1918 – 1994 [M]. Aldershot, Hants: Scolar Press, 1997.

[24] Coulomb, Fanny, and Fabrizio Bientinesi and Rosario Patalano. Economists and War: A Heterodox Perspective [M]. London: Routledge, 2017.

[25] Culpeper, Roy. The Multilateral Development Banks [M]. Vol. 5: Titans or Behemoths? Boulder, CO: Lynne Rienner, 1997.

D

[1] De Cecco, Marcello. Money and Empire: The International Gold Standard, 1890 – 1914 [M]. London: Frances Pinter Publishers, 1984.

[2] Demirgüç – Kunt, Asli, and Edward Kane, and Luc Laeven. Deposit Insurance Around the World: A Comprehensive Analysis and Database [J]. Journal of Financial Stability, Vol. 20 (October 2015): 155 – 183.

[3] Demirgüç – Kunt, Asli, and Edward Kane, and Luc Laeven. Deposit Insurance Database [J]. Washington, D. C.: International Monetary Fund Working Paper WP/14/118, 2014.

[4] Demirgüç – Kunt, Asli, and Tolga Sobaci. Deposit Insurance around the World [J]. The World Bank Economic Review, Vol. 15, No. 3 (2001): 484 – 489.

[5] Denizer, Cevdet. Stabilization, Adjustment and Growth Prospects in Transition Economies [R]. World Bank Working Paper 1855. Washington, D. C.: World Bank, 1997.

[6] De Vries, Margaret Garritsen. The International Monetary Fund 1966 – 1971: The System under Stress [M]. Vol. Ⅰ: Narrative and Analysis, Washington, D. C.: International Monetary Fund, 1976.

[7] De Vries, Margaret Garritsen. The International Monetary Fund 1972 – 1978: Cooperation on Trial [M]. Vol. Ⅱ: Narrative and Analysis, Washington, D. C.: International Monetary Fund, 1985.

[8] Diaz – Alejandro, C. F. Good – Bye Financial Repression, Hello Financial Crash

[J]. Journal of Development Economics, 1985, 19 (1 -2): 1 -24.

[9] Diaz - Alejandro, C. F. Latin American Debt: I Don't Think We Are in Kansas Anymore [J]. Brookings Papers on Economic Activity, 1984, 15 (2): 335 -403.

[10] Dowd, Kevin. The Experience of Free Banking [M]. London: Routledge, 1992.

E

[1] Economist. Special Report: Asset Management [J]. November 14th, 2020.

[2] Economist. The Dutch Disease [J]. The Economist, 26 November 1977: 82 -83.

[3] Economist. The Economist 1843 -1943: A Centenary Volume [M]. Oxford: Oxford University Press, 3rd Impression, 1953.

[4] Economist. The World's Most Expensive Club [J]. 24 May 2007.

[5] Edvinsson, Rodney, and Tor Jacobson, and Daniel Waldenström. Exchange Rates Prices and Wages, 1277 -2008 [M]. Stockholm: Ekerlids Forlag, 2010.

[6] Edvinsson , Rodney, and Tor Jacobson, and Daniel Waldenström. Sveriges Riskbank and the History of Central Banking [M]. Cambridge: Cambridge University Press, 2018.

[7] Eichengreen, Barry, and Donald Mathieson. Hedge Funds and Financial Market Dynamics [J]. International Monetary Fund Occasional Paper 166, May 1998.

[8] Eichengreen, Barry. Golden Fetters: The Gold Standard and the Great Depression, 1919 -1939 [M]. Oxford: Oxford University Press, 1992.

[9] Eldem, E. Ottoman Financial Integration with Europe: Foreign Loans, the Ottoman Bank and the Ottoman Public Debt [J]. European Review, 2005, 13 (3): 431 -445.

F

[1] FDIC. A Brief History of Deposit Insurance in the United States [M]. Washington, D. C. : Federal Deposit Insurance Corporation, 1998.

[2] FDIC. Federal Deposit Insurance Corporation: The First Fifty Years [M]. Washington, D. C. : Federal Deposit Insurance Corporation, 1983.

[3] Feis, Herbert. Europe The World's Banker 1870 - 1914 [M]. New Heaven, Connecticut: Yale University Press, 1930.

[4] Ferguson, Niall. British Imperialism Revised: The Costs and Benefits of "Anglobalization" [J]. Development Research Institute Working Paper Series No. 2, Stern School of Business, New York University, April 2003.

[5] Fetter, Frank Whitson. Lenin, Keynes and Inflation [J]. Economica 44, 173 (1977): 77 -80.

[6] Financial Stability Forum. Report of the Working Group on Highly Leveraged Institutions [M]. Basel: Financial Stability Forum, April 2000.

[7] Fink, Matthew P. The Rise of Mutual Funds: An Insider's View [M]. Oxford: Oxford University Press, 2009.

[8] Flandreau, Marc. Central Bank Cooperation in Historical Perspective: A Sceptical View [J]. Economic History Review, Nov., 1997, New Series, Vol. 50, No. 4 (Nov., 1997): 735 - 763.

[9] Flandreau, Marc, and Frédéric Zumer. The Making of Global Finance 1880 - 1913 [M]. Paris: OECD, 2004.

[10] Flandreau, Marc, and Nathan Sussman. Old Sins: Exchange Clauses and European Foreign Lending in the 19th Century [M]. Washington, D. C., Nov., 2002.

[11] Flandreau, Marc. The Bank, the States, and the Market: An Austro - Hungarian Tale for Euroland, 1867 - 1914 [J]. Working Papers 43, Oesterreichische Nationalbank (Austrian Central Bank), 2001.

[12] Fohlin, Caroline. A Brief History of Investment Banking from Medieval Times to the Present [M]. The Oxford Handbook of Banking and Financial History, 2016: 156 - 157.

[13] Forsyth, Douglas J. and Daniel Verdier. The Origins of National Financial Systems: Alexander Gerschenkron Reconsidered [M]. London and New York: Routledge, 2003.

[14] Frederick, William H. and Robert L. Worden. Indonesia: A Country Study [M]. Washington, D. C.: Government Printing Office for Library of Congress, 1993.

G

[1] Galbraith, John Kenneth. The Great Crash 1929 [M]. 50th Anniversary ed., New York: Avon Books, 1979.

[2] Garber, Peter M. The Collapse of the Bretton Woods Fixed Exchange Rate System [M]. Michael D. Bordo and Barry Eichengreen, eds. A Retrospective on the Bretton Woods System: Lessons for International Monetary Reform. Chicago: University of Chicago Press, 1991.

[3] Gardener, E. P. M. The Future of Financial Systems and Services [M]. London: Palgrave Macmillan, 1990.

[4] Garvy, George. Money, Financial Flows, and Credit in the Soviet Union [M]. Cambridge, MA: National Bureau of Economic Research, 1977.

[5] Glassbuner, Bruce. The Economy of Indonesia: Selected Readings [M]. Jakarta and

Kuala Lumpur: Equinox Publishing, 1971.

[6] Goetzmann, William, Andrey Ukhov, and Ning Zhu. China and the World Financial Markets 1870 – 1930: Modern Lessons from Historical Globalization [J]. Economic History Review, 60, 2 (2007): 267 –312.

[7] Görmez, Yüksel and Serkan Yigˇit. The Economic and Financial Stability in Turkey: A Historical Perspective [J]. Fourth Conference of Southeast Europe Monetary History Network (SEEMHN), National Bank of Serbia, 2009.

[8] Greenwood, J. and B. Jovanovic. Financial Development and Economic Development [J]. Economic Development and Cultural Change, 1990, 15 (3): 257 –268.

H

[1] Hanke, Steve H. and Nicholas Krus. World Hyperinflations [M]. Randall E. Parker and Robert Whaples, eds. Routledge Handbook of Major Events in Economic History, London: Routledge, 2013: 367 –377.

[2] Harold, James, and Stephen Broadberry and Mark Harrison. The Economics of the Great War: A Centennial Perspective [M]. London: CEPR Press, 2018.

[3] Harrison, Mark. The Economics of World War Ⅱ: Six Great Powers in International Comparison [M]. Cambridge: Cambridge University Press, 1998.

[4] Heggestad, Arnold A. and Willliam G. Shepherd, Walter Adams. The Structure of American Industry [M]. 7th ed. , New York: Macmillan, 1986.

[5] He, Liping. Hyperinflation: A World History [M]. London and New York: Routledge, 2018.

[6] Hofmann, Carmen, and Martin L. Müller. History of Financial Institutions: Essays on the History of European Finance, 1800 – 1950 [M]. London and New York: Routledge, 2017.

[7] Holborn, Hajo. A History of Modern Germany: 1840 –1945 [M]. Princeton: Princeton University Press, 1969.

[8] Horsefield, J. Keith. The International Monetary Fund 1945 –1965 [M]. Vol. Ⅰ: Chronicle; Vol. Ⅲ: Documents. Washington, D. C. : International Monetary Fund, 1969.

[9] Ho, Tai –kuang. Money Doctors and Their Reform Proposals for China Reconsidered, 1903 –1929 [J]. Oxford Economic Papers, 68, 4 (July 2016): 1016 –1036.

[10] Hsu, Chia Yin, and Thomas M. Luckett, and Erika Vause. The Cultural History of Money and Credit: A Global Perspective [M]. Lanham, Maryland: Lexington Books, 2015.

[11] Hu, Anqun, and Patrick Manning. The Global Social Insurance Movement Since the

1880s ［J］. Journal of Global History 5 (2010): 125 – 148.

I

［1］ Inter – American Development Bank. First Annual Report ［M］. Washington, D. C.: Inter – American Development Bank, Jan 1961.

［2］ International Monetary Fund. Sovereign Wealth Funds—A Work Agenda ［M］. Washington, D. C.: International Monetary Fund, February 2008.

［3］ Iqbal, Munawar and David T. Llewellyn. Islamic Banking and Finance: New Perspectives on Profit Sharing and Risk ［M］. Cheltenham: Edward Elgar Publishing, 2002.

J

［1］ Jácome, M. L. I. Central Banking in Latin America: From the Gold Standard to the Golden Years ［M］. Washington, D. C.: International Monetary Fund, 2015.

［2］ Jerve, Alf Morten, and Yasutami Shimonura and Annette Skovsted Hansen. Aid Relationships in Asia: Exploring Ownership in Japanese and Nordic Aid ［M］. London: Palgrave Macmillan, 2008.

［3］ Johnson, Robert W. Subordinated Debentures: Debt That Serves as Equity ［J］. The Journal of Finance, Vol. 10, No. 1 (March 1955): 1 – 16.

［4］ Jones, F. Stuart. The Imperial Banks in South Africa 1861 – 1914 ［J］. South African Journal of Economic History, 1996, 11 (2): 21 – 54.

［5］ Jones, Stuart. Origins, Growth and Concentration of Bank Capital in South Africa, 1860 – 1992 ［J］. Business History, 1994, 36 (3): 62 – 80.

［6］ Judson, Pieter M. The Habsburg Empire: A New History ［M］. Cambridge, MA: The Belknap Press of Harvard University Press, 2016.

K

［1］ Karafolas, Simeon. Credit Cooperative Institutions in European Countries ［M］. Cham, Switzerland: Springer, 2016.

［2］ Keynes, John Maynard. The End of Laissez – faire ［M］. London: Hogarth Press, 2nd ed. 1926.

［3］ Kindleberger, Charles P. The Formation of Financial Centers: A Study in Comparative Economic History ［M］. Princeton Studies in International Finance No. 36, Princeton University, 1974.

［4］ King, Frank H. H. The History of the Hongkong and Shanghai Banking Corporation

[M]. Vol. Ⅰ, Cambridge: Cambridge University Press, 1987.

[5] Klebaner, Benjamin J. American Commercial Banking: A History [M]. Boston: Twayne Publishers, 1990.

[6] Kolodko, Grzegorz W. and Danuta Gotz - Kozierkiewicz, and Elzbieta Skrzeszewska - Paczek, Hyperinflation and Stabilization in Postsocialist Economies [M]. New York: Springer Science + Business Media, 1992.

[7] Kynaston, David. The Financial Times: A Centenary History [M]. London: Viking, 1988.

L

[1] La Porta, Rafael and Florencio Lopez - de - Silanes, Andrei Shleifer, and Robert W. Vishny. Law and finance [J]. Journal of Political Economy, 106 (1998): 1113 - 1155.

[2] Lavy, V. Egypt and Syria Under Socialism: A Forty - Year Perspective [M]. Ramon H. Myers, ed. The Wealth of Nations in the Twentieth Century: The Policies and Institutional Determinants of Economic Development, Stanford: Hoover Institution Press, 1996.

[3] Leavens, Dickson H. Silver Money [M]. Cowes Commission for Research in Economics Monograph No. 4, Bloomington, Indiana: Principia Press, 1939.

[4] Lewis, M. K. and K. T. Davis. Domestic and International Banking [M]. Cambridge, MA: The MIT Press, 1987.

[5] Lie, Einar. Learning by Failing: The Origins of the Norwegian Oil Fund [J]. Scandinavian Journal of History, 2018, 43 (2): 284 - 299.

[6] Lindert, Peter H. Key Currencies and Gold 1900 - 1913 [M]. Princeton Studies in International Finance, No. 24, 1969.

[7] Lindert, Peter H. Three Centuries of Inequality in Britain and America [M]. Anthony B. Atkinson and François Bourguignon, eds. Handbook of Income Distribution, Vol. Ⅰ, Amsterdam: Elsevier, 2000: 167 - 216.

[8] Lindert, Peter H. and Jeffrey G. Williamson. Does Globalization Make the World More Unequal? [M]. Michael D. Bordo, Alan M. Taylor and Jeffrey G. Williamson, eds. Globalization in Historical Perspective, Chicago: University of Chicago Press, 2001: 227 - 275.

[9] Lindgren, Håkan, and Hans Sjögren. Banking Systems as "Ideal Types" and as Political Economy: The Swedish Case, 1820 - 1914 [M]. Douglas J. Forsyth and Daniel Verdier eds. The Origins of National Financial Systems: Alexander Gerschenkron Reconsidered. London and New York: Routledge, 2003: 126 - 143.

[10] Lipton, David, and Jeffrey Sachs. Creating a Market Economy in Eastern Europe: The Case of Poland [J]. Brookings Papers on Economic Activity 1990 (Ⅰ): 75 – 147.

[11] Ljungberg, J. Competitive Devaluations in the 1930s: Myth or Reality? [J]. Cliometrica (2022) . https: //doi. org/10. 1007/s11698 – 022 – 00262 – 9.

[12] Loomis, Carol. The Jones Nobody Keeps up With [J]. Fortune, April 1966.

M

[1] MacDonald, Geo. A. Evolution of the Debenture [J]. Law Quarterly Review 23, No. 2 (1907): 195 – 198.

[2] Maddison, Angus. Phases of Capitalist Development [M]. Oxford: Oxford University Press, 1982.

[3] Mahathir, Mohamad. Highwaymen of Global Economy [J]. Wall Street Journal, September 23, 1997.

[4] Manson, Edward. Growth of the Debenture [J]. Law Quarterly Review, 13, No. 4 (1897): 418 – 425.

[5] Markowitz, Harry M. Foundations of Portfolio Theory [J]. The Journal of Finance, Vol. 46, No. 2 (Jun. , 1991): 469 – 477.

[6] Maxfield, John. Who Owns Bank of America [J/OL]. https: //www. fool. com/investing/general/2013/02/16/who – owns – bank – of – america. aspx.

[7] Meissner, Christopher M. A New World Order: Explaining the Emergence of the Classical Gold Standard, 1870 – 1913 [J]. Journal of International Economics, Vol. 66, 2 (July 2005): 385 – 406.

[8] Metz, Helen Chapin. Saudi Arabia: A Country Study [M]. Washington, D. C. : GPO for the Library of Congress, 1992.

[9] Michie, Ranald C. The Global Securities Market: A History [M]. Oxford: Oxford University Press, 2006.

[10] Michie, Ranald C. The London Stock Exchange: A History [M]. Oxford: Oxford University Press, 1999.

[11] Micksell, Raymond F. The Bretton Woods Debates: A Memoir [J]. Essays in International Finance No. 192, International Finance Section, Princeton University, March 1994.

[12] Miller, Richard B. Citicorp: The Story of a Bank in Crisis [M]. New York: McGraw – Hill, 1993.

[13] Mishkin, Frederic S. The Economics of Money, Banking, and Financial Markets [M]. 6th ed. update, Boston and New York: Addison Wesley, 2003.

[14] Mitchell, B. R. British Historical Statistics [M]. Cambridge: Cambridge University Press, 1988.

[15] Mohr, Joan McGuire. The Czech and Slovak Legion in Siberia 1917 – 1922 [M]. Jefferson, North Carolina and London: McFarland & Company, 2012.

[16] Montanaro, E. The Banking and Financial System in Argentina: The History of a Crisis [M]. E. P. M. Gardener, ed. The Future of Financial Systems and Services. London: Palgrave Macmillan, 1990: 72 – 84.

N

[1] Nakamura, Carlos Leonard and E. J. M. Zarazaga. Banking and Finance in Argentina in the Period 1900 – 1935 [R]. Federal Reserve Bank of Dallas, Center for Latin American Economics Working Paper No. 0501, 2001.

[2] Neal, Larry. A Concise History of International Finance: From Babylon to Bernanke [M]. Cambridge: Cambridge University Press, 2015.

[3] Nenovsky, Nikolay. Lenin and the Currency Competition: Reflections on the NEP Experience (1922 – 1924) [R]. Bulgarian National Bank and ICER Working Paper No. 22/2006.

[4] North, D. C. and B. R. Weingast. Constitutions and Commitment: The Evolution of Institutions Governing Public Choice in Seventeenth-Century England [J]. Journal of Economic History, 1989, 49 (4): 803 – 832.

O

[1] Obstfeld, Maurice and Alan M. Taylor. Globalization and Capital Markets [M]. Michael D. Bordo, Alan M. Taylor and Jeffrey G. Williamson, eds. Globalization in Historical Perspective, Chicago: University of Chicago Press, 2001: 121 – 183.

P

[1] Paarlberg, Don. An Analysis and History of Inflation [M]. Santa Barbara, CA: Praeger, 1993.

[2] Pearson, Robin. Towards an Historical Model of Services Innovation: The Case of the Insurance Industry, 1700 – 1914 [J]. The Economic History Review, 50, 2 (May 1997): 235 – 256.

[3] Perkins, Edwin J. Wall Street to Main Street: Charles Merrill and Middle-Class Investors [M]. Cambridge: Cambridge University Press, 1999.

[4] Platt, D. C. M. Foreign Finance in Continental Europe and the United States, 1815 – 1870 [M]. London: George Allen & Unwin, 1984.

[5] Plumpe, Werner, and Alexander Nützenadel, and Catherine Schenk. Deutsche Bank: The Global Hausbank, 1870 – 2020 [M]. London: Bloomsbury Publishing, 2020.

[6] Pohl, Manfred. Handbook on the History of European Banks [M]. Cheltenham: Edward Elgar, 1994.

[7] Polsi, Alessandro. The Early Development of Universal Banking in Italy in an Adverse Institutional Context, 1850 – 1914 [M]. Douglas J. Forsyth and Daniel Verdier, eds. The Origins of National Financial Systems: Alexander Gerschenkron Reconsidered. London and New York: Routledge, 2003: 105 – 116.

[8] Porter, Glenn. Encyclopedia of American Economic History: Studies of the Principal Movements and Ideas [M]. New York: Charles Scribner's Sons, 1980.

[9] Price, David A. and John Walter. Private Efforts for Affordable Mortgage Lending before Fannie and Freddie [J]. Federal Reserve Bank of Richmond Economic Quarterly, Vol. 102, No. 4 (2016): 321 – 351.

Q

[1] Queisser, Monika. Pension Reform and International Organizations: From Conflict to Convergence [J]. International Social Security Review, Vol. 53, No. 2 (April – June 2000): 31 – 45.

R

[1] Rajan, Raghuram G. and Luigi Zingales. The Great Reversals: The Politics of Financial Development in the 20th Century [R]. NBER Working Paper 8178, 2001.

[2] Rappeport, Alan. A Short History of Hedge Funds [J/OL]. https://www.cfo.com/banking – capital – markets/2007/03/a – short – history – of – hedge – funds/.

[3] Read, Donald. The Power of News: The History of Reuters [M]. 2nd ed., Oxford: Oxford University Press, 1999.

[4] Reddaway, Peter, and Dmitri Glinski. The Tragedy of Russia's Reforms: Market Bolshevism against Democracy [M]. Washington, D. C.: U. S. Institute of Peace Press, 2001.

[5] Reinhart, Carmen M. The Antecedents and Aftermath of Financial Crises as Told by Carlos F. Díaz – Alejandro [J]. Economía, Vol. 16, No. 1 (Fall 2015): 189 – 217.

[6] Robinson, Richard D. International Business Policy [M]. New York: Praeger, 1982 (1964).

［7］Ross, Peter. Commercial Bank Management［M］. 3rd ed., Beijing: McGraw - Hill, 机械工业出版社, 1998.

［8］Rostow, W. W. The World Economy: History & Prospect［M］. Austin and London: University of Texas Press, 1978.

［9］Rozanov, Andrew. Who Holds the Wealth of Nations?［J/OL］. Central Banking Journal. 15 (4). May 2005. https: //www. centralbanking. com/central - banks/financial - stability/2072255/who - holds - the - wealth - of - nations.

S

［1］Sargent, Thomas J. The Ends of Four Big Inflations［M］. Thomas J. Sargent. Rational Expectations and Inflation. 3rd edition, Princeton: Princeton University Press, 2013: 38 - 110.

［2］Schenk, Catherine R. The Origins of the Eurodollar Market in London: 1955 - 1963［J］. Explorations in Economic History, Vol. 35, No. 2 (1998): 221 - 238.

［3］Schuler, Kurt and Mark Bernkopf. Who Was at Bretton Woods?［J］. New York: Center for Financial Stability, Paper in Financial History, July 2014.

［4］Schuler, Kurt. Free Banking in Canada［M］. Kevin Dowd ed. The Experience of Free Banking. London and New York: Routledge, 1992: 79 - 92.

［5］Smith, B. Mark. A History of the Global Stock Market: From Ancient Rome to Silicon Valley［M］. Chicago: University of Chicago Press, 2003.

［6］Smith, Tim. Understanding Endowments: Types and Policies That Govern Them［J/OL］. https: //www. investopedia. com/terms/e/endowment. asp.

［7］Scot, Susan V. and Markos Zachariadis. The Society for Worldwide Interbank Financial Telecommunication (SWIFT): Cooperative Governance for Network Innovation, Standards, and Community［M］. London: Routledge, 2014.

［8］Securities and Exchange Commission. Implications of the Growth of Hedge Funds［M］. Washington, D. C.: Securities and Exchange Commission, Staff Report, September 2003.

［9］Shin, Hyun Song. Reflections on Northern Rock: The Bank Run that Heralded the Global Financial Crisis［J］. Journal of Economic Perspectives, Vol. 23, No. 1 (Winter 2009): 101 - 119.

［10］Solsten, Eric, and Sandra W. Meditz. Spain: A Country Study［M］. Washington, D. C.: GPO for the Library of Congress, 1988.

［11］Straus, Andre, and Leonardo Caruana de las Cagigas. Highlights on Reinsurance History［M］. Bruxelles and Bern: P. I. E. Peter Lang, 2017.

[12] Summerhill, William. Sovereign Commitment and Financial Underdevelopment in Nineteenth-century Brazil [M]. Thorsten Beck and Ross Levine, eds. Handbook of Finance and Development, Cheltenham: Edward Elgar, 2018.

[13] Surr, John V. The Committee of Twenty: The Origins, evolution, and procedure of the Committee on monetary reform [J/OL]. June 1974. https://www.elibrary.imf.org/view/journals/022/0011/002/article - A007 - en.xml.

[14] Swiss Re. A History of UK Insurance [M]. Zurich, 2017 (2013).

T

[1] Teasdale, Anthony and Timothy Bainbridge. The Penguin Companion to European Union [M]. 4th ed., London: Penguin Books, 2012.

[2] Teichova A, Kurgan - Van Hentenryk G, Ziegler D. Banking, Trade and Industry: Europe, America and Asia from the Thirteenth to the Twentieth Century [J]. Cambridge: Cambridge University Press, 1997.

[3] Toniolo, Gianni. Central Bank Cooperation at the Bank for International Settlements, 1930 - 1933 [M]. Cambridge: Cambridge University Press, 2005.

[4] Torre, Dominique, and Elise Tosi. Charles Rist and the French Missions in Romania 1929 - 1933: Why the "Money Doctors" Failed? [J/OL]. Post - Print Halshs - 00723887, HAL (French Online Research Open Archive), 2009.

[5] Tortella, Gabriel, and José Luis Garcia Ruiz. Spanish Money and Banking: A History [M]. London: Palgrave Macmillan, 2013.

[6] Trescott, Paul B. Financing American Enterprise: The Story of Commercial Banking [M]. New York: Harper & Row, 1963.

[7] Trescott, P. B. The Money doctor in China: Edwin Kemmerer's Commission of Financial Experts, 1929 [M]. W. J. Samuels and J. E. Biddle, eds. Research in the History of Economic Thought and Methodology, Vol. XII, Greenwich, CT: JAI Press, 1985: 125 - 158.

[8] Tschoegl, Adrian E. Foreign banks in Saudi Arabia: A brief history [J]. Transnational Corporations, Vol. 11, No. 2 (August 2002): 123 - 145.

U

[1] United States Bureau of the Census. The Statistical History of the United States from Colonial Times to the Present (1970) [M]. New York: Basic Books, 1976.

[2] United States Census Bureau. Statistical Abstract of the United States: 2000 [M]. 120th ed., Washington, D. C., 2000.

W

[1] Walter, I. Strategies in Financial Services, the Shareholders, and the System: Is Bigger and Broader Better [J]. Brookings/Wharton Papers on Financial Services 2003: 1 –36.

[2] Weiss, Martin A. Multilateral Development Banks: General Capital Increases [J]. Washington, D. C. : Congressional Research Service, Jan. 2012.

[3] White, Eugene N. Making the French Pay: The Costs and Consequences of the Napoleonic Reparations [J]. European Review of Economic History, No. 5 (2010): 337 –365.

[4] White, Michael V. , and Kurt Schuler. Who Said "Debauch the Currency": Keynes or Lenin? [J] Journal of Economic Perspectives 23 (Spring 2009): 213 –222.

[5] Wicker, Elmus. The Banking Panics of the Great Depression [M]. Cambridge: Cambridge University Press, 1990.

[6] Wilkins, Mira. The Emergence of Multinational Enterprise: American Business Abroad from the Colonial Era to 1914 [M]. Cambridge, MA: Harvard University Press, 1970.

[7] Woodruff, David. Money Unmade: Barter and the Fate of Russian Capitalism [M]. Ithaca and London: Cornell University Press, 1999.

X

[1] Xu, Yi – chong, and Gawdat Bahgat. The Political Economy of Sovereign Wealth Funds [M]. London: Palgrave Macmillan, 2010.

Y

[1] Young, A. N. Arabia S: The Making of a Financial Giant [M]. New York: New York University Press, 1983.

Z

[1] Ziegler, Philip. The Sixth Great Power: A History of One of the Greatest of all Banking Families, the House of Barings, 1762 –1929 [M]. New York: Alfred A. Knopf, 1988.

世界金融史
体系的碰撞与变化

[索　引]

说明：所有条目分别归入“人名”“地名”“金融机构名”和“金融相关名”，读者可按类检索；部分条目可相互参见。

I．人名

A

B

J

K

L

M

N

P

Q

S

T

W

X

Ⅱ. 地名（国家/地区及重要城市名）

D

E

F

G

H

J

K

L

M

N

P

R

S

T

W

X

Y

Ⅲ. 金融机构名

提示：括弧中 CB 指此为中央银行；其他为该机构原英文名称或缩写

C

D

E

F

G

H

J

K

L

M

N

O

P

Q

R

S

T

W

X

Y

Z

Ⅳ. 金融相关名

A

B

C

D

F

G

H

J

K

L

M

N

O

P

Q

R

S

T

W

X

Y

Z